名 家 精 译

古文观止

中华书局

图书在版编目(CIP)数据

名家精译古文观止/中华书局编辑部编. —北京:中华书局,
1993.2(2025.6 重印)
　ISBN 978-7-101-00927-9

　Ⅰ. 名… Ⅱ. 中… Ⅲ.①古文观止-译文②古典散文-中国
-选集 Ⅳ. H194.1

中国版本图书馆 CIP 数据核字(1999)第 72612 号

书 名	名家精译古文观止
编 者	中华书局编辑部
文字编辑	罗华彤
责任编辑	舒 琴
装帧设计	毛 淳
责任印制	陈丽娜
出版发行	中华书局
	(北京市丰台区太平桥西里 38 号　100073)
	http://www.zhbc.com.cn
	E-mail:zhbc@zhbc.com.cn
印 刷	中煤(北京)印务有限公司
版 次	1993 年 2 月第 1 版　2007 年 3 月第 2 版
	2025 年 6 月第 21 次印刷
规 格	880×1230 毫米　1/32
	印张 19　字数 480 千字
印 数	152001-155000 册
国际书号	ISBN 978-7-101-00927-9
定 价	46.00 元

前　言

　　翻译古文正如同翻译外文,都是在人与人之间架设理解的桥梁,如果说翻译外文是缩短一国与他国人的空间距离,让不同国度的人不出国门便可见面晤谈,那么翻译古文则是填平现代人和古代人的时间沟堑,让现代读者通过译文与相隔千百年的古代作者进行对话。当年苏曼殊曾为他的汉译英诗集取了个名字叫"文学因缘",这"因缘"二字不禁让人想到一句俗话:"千里姻缘一线牵。"翻译充当的角色就仿佛是文学因缘的月下老人罢!

　　提到翻译,人们自然容易想到外文的翻译,其实古文今译也是一种翻译,而这种翻译也并不是现在才有的事情,据说汉代司马迁写《史记》时,就曾把殷周时代古奥的档案文册改写成明白流畅的汉代语言;20世纪二三十年代也曾有人开始用白话文改写文言文用现代诗翻译古典诗。时光流逝,语言变易,阅读中的语言障碍造成理解的困难,这在中外都一样:在中国,《尚书》到了唐代,人们已觉得"佶屈聱牙",唐代古文到了今天,人们也会觉得它艰涩难懂;在外国,一千年前的《枕草子》对今天的日本读者已显得僻奥陌生,就是十六七世纪的莎翁剧作在三四百年之后的观众看来,也有些古怪拗口。所以,如果不加注释或翻译,大概会有不少读者被语言障碍拒之门外,不能进入古代人的心灵世界,就好像面对粮仓却没有钥匙的人一样,空守着粮食却饿肚皮。

　　毫无疑问翻译是必要的,可是翻译并不容易,《宋高僧传》卷三里对翻译有一个人们熟知的比喻,说翻译"如翻锦绣,背、面俱花,但其花有左右不同耳",意思是说原文和译文就像双面绣一样,两面都是花,只是左右不同。其实，译文很难达到这样逼肖原作的水平，虽然翻译者都很想使译文成为原文的镜子，"像忧亦忧，像喜亦喜"，除了左右相反之外纤毫不差，但翻译者打造的这面镜子总不可能没有一点走形，更不消说在拙劣的匠人手里还有成为"哈哈镜"的危险。唐代刘禹锡《送僧方及南谒柳员外》一诗里曾好心地替翻译者抱不平，他说："勿谓翻译徒，不为文雅雄。"这当然很公平，不过翻译毕竟不是自由写作，原文对于译者总是一重束缚又是一把验尺，所以即使是最好的翻译者面对原文，也不敢拍胸口打包票，保证译文完全传达了原文的精神，恢复了原文的旧貌，更不消说面对的是一篇古今传诵的名篇佳作时，译者就更不能保证译文如同原文一样有神韵妙味了。这里原因很多，撇开翻译者水平的差异不说，大概首先是古今文化的时代差异，古人生活在业已消逝的历史之中，时间已经带走了他们的精神、情感、习俗，虽然翻译者可以通过阅读去体验这种历史氛围，通过译文来重现这种历史风貌，但毕竟逝者如斯夫，再好的译者也不能重构历史的真实，而只能部分地还原与逼近真实的历史，即使加上说明、加上注释，也难以完全凸现原文中属于那个时代的精神与情趣；其次是古今语言的时代差异，古人用那个时代的语言创造了不可复制的文学范本，而我们却用这个时代的语言去追踪和复述它的用意与内容，仅仅是语言构成的差异就使我们为难，因为精密严整的白话和自由灵动的文言毕竟大不一样，更何况原文中还有一些典章、器物、习俗、礼仪的术语早已消失，翻译者不得不花很多话语去解释，原文中还有文言特有的节奏、韵律、气脉、风味在白话中无法复现，翻译者不得不另辟蹊径去模仿。所以，在原文和译文的"转运"过程中，难免颠簸磕碰得失真或走样。

当然，这并不意味着翻译者在原文面前总是一事无成，好的翻译有可能使原作"投胎转世"到译文中来，尽管同样有些"失真"或"走样"，但臻于化境的译文可以"补偿"这些损失；不过，这需要翻译者对古文有透辟的理解，对白话有娴熟的技巧。正是由于这个缘故，我们邀请了一批古典文学功底深厚的专家学者来今译《古文观止》。《古文观止》是一部选录很精的古文范本，它收录了上自先秦下至明代几百篇散文佳作，显然，这种佳作翻译起来很难，一不小心就会损伤它们的韵味，因此，我们请这些专家学者不必直译，直译固然忠实，但它蛮狠呆硬的方法仿佛给原作穿上硬邦邦的金属甲胄，少了些灵动而多了些僵直，走起路来难免不太自然；也请他们不要任意创作，因为原文毕竟是古人的专利，过分自由发挥的译文便不是译文，而是以赝品来替代真品，以译者泯灭作者。前一种方法可能连累原文，使读者倒了胃口连读原文的兴趣都被打消；后一种方法也可能殃及原文，使读者误以为译文便是原文而不再去读原文。所以，我们请译者采取了"意译"和"直译"相结合的方式，有一定的自由，不死抠字眼，又有一定的限制，时时紧跟原文，期望译文成为读者理解原文的媒介或途径。此外，在每个作家前面我们加写了一篇小传，一方面介绍作家（或书），一方面评论作品，期望它能帮助读者了解古人的人格与文风；在每篇原文之后我们添加了一些注释，诠解一些译文中不太明确的语词，解释一些译文中没有说明的名物人事，期望它能帮助读者在读译文之外再读一读原文。

我们知道古文今译的困难，但我们也明白"文学因缘"的意义，于是编辑了这本《古文观止》今译本。我们应当感谢参与今译的专家学者，他们对这种看似简易的工作用了狮子搏兔的大力，为我们写出了这些精彩的译文，我们也希望读者理解他们的用心与苦衷，通过译文，通过《古文观止》领略到中国古代散文中包涵的人文精神与艺术魅力。

中华书局编辑部
1991年6月

目　　录

3

卷六　汉文

《汉书》

6

8

11

卷一　周文

　　《左传》是《春秋左氏传》的简称。据说《春秋左氏传》是孔子同时代人左丘明为解释孔子所作的鲁史《春秋》而撰写的，但这种说法虽然来历古老却并不可靠。长期研究表明，这是战国初年一位佚名史学家的编年史著作，因为它预言的好几件战国初期才发生的事情只能是事后记述时的装神弄鬼而不可能是先知先觉的预言应验，不过早在西晋时发现的战国魏襄王墓中已有类似它的简牍，又说明它成书也不可能晚于战国中叶。

　　历来都把《左传》和《春秋》按年编在一道，是因为尽管有人怀疑过它们之间并无干系，但"《左传》释经（《春秋》）"的权威说法一直未被动摇。可是，近年来越来越多的人承认，这两部书虽然记事的时间大体相当，但《左传》并不像《公羊》《穀梁》两传那样紧紧地围着《春秋》转，而是很有意识地试图再现春秋至战国初盛衰兴亡的历史，因此，它在叙事结构、叙事语言及叙事态度上都和《春秋》大不相同：由于它不再是客观地单纯记录而是主动地再现历史，所以它的叙事不像《春秋》那样简略枯燥而是详尽曲折的描述；由于它是渗透了主观的历史追忆而不是冷静的现场记录，所以它的语言不像《春秋》那样缺乏热情而是充满了想象力；由于它是事后撰写无须任何顾忌可以明确表示意见,所以它不像《春秋》那样有闻即录而可以剪裁选择以表明爱憎。而恰恰是它委曲详尽的叙事结构、生动的叙事语言和明确的叙事态度,使它不仅成为我国第一部成熟的编年史,也成为一部杰出的叙事文学著作,后世散文家有的从它这里学到了起伏跌宕的布局结构,有的从它这里学到了富赡华丽的语词句式,有的从它这里学到了一唱三叹的议论方法,本书把它放在卷首表明编选者将它视为"古文"源头,只不过在编选者注意到了这一源头的同时却忽略了诸子之书这一源头。

郑伯克段于鄢 隐公元年

　　初,郑武公娶于申①,曰武姜②,生庄公及共叔段③。庄公寤生,惊姜氏,故名曰寤生,遂恶之。爱共叔段,欲立之,亟请于武公。公弗许。

　　及庄公即位,为之请制④。公曰:"制,岩邑也,虢叔死焉⑤。他邑唯命。"请京⑥,使居之,谓之京城大叔。祭仲曰⑦:"都城过百雉⑧,国之害也。先王之制:大都不过参国之一;中五之一;小九之一。今京不度,非制也,君将不堪。"公曰:"姜氏欲之,焉辟害?"对曰:"姜氏何厌之有! 不如早为之所,无使滋蔓,蔓难图也。蔓草犹不可除,况君之宠弟乎!"公曰:"多行不义必自毙。子姑待之。"

　　既而大叔命西鄙、北鄙贰于己。公子吕曰⑨:"国不堪贰,君将若之何? 欲与大叔,臣请事之;若弗与,则请除之,无生民心。"公曰:"无庸,将自及。"大叔又收贰以为己邑,至于廪延⑩。子封曰:"可矣。厚将得众。"公曰:"不义不昵,厚将崩。"

大叔完聚,缮甲兵,具卒乘,将袭郑,夫人将启之。公闻其期,曰:"可矣!"命子封帅车二百乘以伐京。京叛大叔段。段入于鄢⑪。公伐诸鄢。五月辛丑,大叔出奔共。

书曰:"郑伯克段于鄢。"段不弟,故不言弟。如二君,故曰克。称郑伯,讥失教也,谓之郑志。不言出奔,难之也。

遂置姜氏于城颍而誓之曰⑫:"不及黄泉,无相见也!"既而悔之。颍考叔为颍谷封人⑬,闻之,有献于公。公赐之食。食舍肉。公问之,对曰:"小人有母,皆尝小人之食矣,未尝君之羹,请以遗之。"公曰:"尔有母遗,繄我独无⑭!"颍考叔曰:"敢问何谓也?"公语之故,且告之悔。对曰:"君何患焉!若阙地及泉,隧而相见,其谁曰不然?"公从之。公入而赋:"大隧之中,其乐也融融。"姜出而赋:"大隧之外,其乐也泄泄。"遂为母子如初。

君子曰:"颍考叔,纯孝也。爱其母,施及庄公⑮。《诗》曰:'孝子不匮,永锡尔类。'其是之谓乎!"

①郑:郑国,姬姓,在今河南新郑一带。 ②武姜:武是丈夫武公的谥号,姜取娘家姓。 ③共(gōng)叔段:共,国名,在今河南辉县。段后来曾逃亡到这里,故称共叔。 ④制:地名,在今河南荥阳西北。 ⑤虢叔:东虢国君。东虢位于今河南陕县东南。 ⑥京:地名,在今河南荥阳东南。 ⑦祭(zhài)仲:郑大夫。 ⑧雉:古代城墙长三丈、高一丈为一雉。 ⑨公子吕:字子封,郑大夫。 ⑩廪延:地名,在今河南延津北。 ⑪鄢:地名,在今河南鄢陵北。 ⑫城颍:地名,在今河南临颍西北。 ⑬颍考叔:郑大夫。 颍谷:郑边邑名,在今河南登封西。 封人:掌守护疆界的官。 ⑭繄(yì):句首语气词。 ⑮施(yì):扩展。

【译 文】

起初郑武公娶了申国女公子后来叫武姜的,生了庄公和共叔段。庄公出生,足先出,分娩极困难。姜氏吓得要命,便取名"寤生",因此厌恶他。喜欢共叔段,想立段做太子,屡次请求武公。武公都不肯。

等庄公继承君位，姜氏替段请求制邑。庄公说："制是险要之地，虢叔曾死在那里。别的地方听您吩咐。"便请求京邑。庄公叫段住在京邑，段被称为京城太叔。祭仲说："都市城墙边长超过三百丈，就是国家祸害。历代制度：大都市城墙，长不超过国都三分之一；中等城市，不超过国都五分之一；小城市，不超过九分之一。现在京邑城太大，不合制度，您会受不了。"庄公说："姜氏要这样，哪里去躲避祸害？"答说："姜氏有什么满足？不如早做打算，不要使他再发展；再发展，便难对付了。蔓延的草还难得清除，何况您被宠爱的胞弟呢？"庄公说："他做不合理的事多了，必然会自取灭亡，你姑且等着罢！"

不久太叔命令西部和北部边境地段一方面听从庄公，一方面听从自己。公子吕说："国家不能忍受这样两方面听命，您打算怎么办？想把君位让给太叔，我请求索性事奉他；假若不让位，便请干掉他，不要使臣民有别的想法。"庄公说："用不着。他会自己害自己。"太叔又把两面听从的西鄙北鄙全归自己，还延伸到廪延。公子吕说："行了。他势力雄厚，会得到更多拥戴者。"庄公说："没有正义，不能团结人。势力雄厚，反会垮。"

太叔牢筑城郭，聚积粮草，修补武器，士卒满员，打算偷袭庄公。姜氏为内应，替他开城门。庄公听到举兵日期，说："行了！"命令公子吕率领二百辆兵车讨伐京城。京城人反叛太叔。太叔逃到鄢邑，庄公又讨伐鄢邑。五月二十三日，太叔逃到共邑。

《春秋》写："郑伯克段于鄢。"段不像胞弟，所以不用"弟"字；交战双方好像两个国君，所以用"克"字。称庄公为"郑伯"，讥讽他对胞弟有失教导，也表明庄公的本意。而不写太叔"出奔"，都是难于下笔的缘故。

庄公把姜氏安置在城颍，对她发誓说："不到黄泉，不再相见！"不久又后悔。颍考叔做边境颍谷镇守官，听到这事，便来到国都，向庄公献礼。庄公宴请他。吃饭时，颍考叔把肉另外放搁下。庄公问他，他说："我有老母，我的食物她都尝遍，却没尝过您所吃的，我想请她尝尝。"庄公说："你有母亲奉献，咳！我却没有。"颍考叔说："请问这是什么意思?"庄公告诉事故始末，而且讲自己的悔意。颍考叔答说："您忧愁什么，假若掘地到泉水，在隧道里相见，谁说不对？"庄公这么办了。庄公进入隧道，唱："身在隧道中，乐如乳水融。"姜氏从隧道出，唱："身在隧道外，精神真爽快。"母子关系立即恢复，和原来一样。

君子说："颍考叔的孝是纯正的。孝敬自己的母亲，又扩而给了庄公。《诗经》说：'孝心不尽不竭，永远给你同列。'说的就是颍考叔罢！"

杨伯峻译

周郑交质 隐公三年

郑武公、庄公为平王卿士①。王贰于虢②，郑伯怨王。王曰："无之。"故周、郑交质。王子狐为质于郑，郑公子忽为质于周。王崩，周人将畀虢公政③。四月，郑祭足帅师取温之麦④。秋，又取成周之禾⑤。周、郑交恶。

君子曰："信不由中，质无益也。明恕而行，要之以礼，虽无有质，谁能间之？苟有明信，涧、溪、沼、沚之毛⑥，蘋、蘩、蕰藻之菜⑦，筐、筥、锜、釜之器⑧，潢汙、行潦之水⑨，可荐于鬼神，可羞于王公，而况君子结二国之信，行之以礼，又焉用质？《风》有《采蘩》《采蘋》，《雅》有《行苇》《泂酌》，昭忠信也。"

①卿士：指执政大臣。　②虢：指西虢公。　③畀（bì）：给与。　④祭足：字仲，郑大夫。　温：周地名，在今河南温县西南。　⑤成周：周地名，在今河南洛阳东北。　⑥沼：池塘。　沚：水中小块洲地。　⑦蘋：浮萍。　蘩：白蒿。　蕰（wēn）藻：一种聚生的藻类。　⑧筐、筥（jǔ）：竹制容器，方形称筐，圆形称筥。　锜（qí）、釜：烹饪器，有足叫锜，无足叫釜。　⑨潢汙（wū）：不流动的积水。　行（háng）潦（lǎo）：流动的水。

郑武公、庄公父子先后任周平王执政大臣,平王又兼用虢公。庄公抱怨,平王说:"没有这事。"因此周王朝和郑国交换人质:平王子狐为人质去郑国,郑公子忽为人质往周王朝。平王去世,周王朝打算专任虢公。四月,郑祭足领兵割取温地麦子;秋,又割取成周谷子。周王朝和郑彼此仇恨。

君子说:"言语不发自衷心,交换人质也没有效果。设身处地互相谅解而后行事,又据礼制加以约束,纵没有人质,谁能离间?假若互信互谅,那山沟的水、池塘的野草、四叶菜、白蒿以及聚集水面的藻类,和方筐、圆筐、蒸锅、炒锅,甚至路上大大小小积水流水,都可以敬献鬼神,贡奉王公。何况君子建立两国的信赖,按照礼仪行事,又何必用人质?《诗·国风》有《采蘩》《采蘋》,《大雅》有《行苇》《泂酌》,这四篇诗都是表明忠实和信赖的。"

杨伯峻译

石碏谏宠州吁 隐公三年

卫庄公娶于齐东宫得臣之妹[①],曰庄姜,美而无子,卫人所为赋《硕人》也[②]。又娶于陈[③],曰厉妫,生孝伯,蚤死。其娣戴妫生桓公,庄姜以为己子。公子州吁,嬖人之子也[④]。有宠而好兵,公弗禁。庄姜恶之。

石碏谏曰[⑤]:"臣闻爱子,教之以义方,弗纳于邪。骄、奢、淫、佚,所自邪也。四者之来,宠禄过也。将立州吁,乃定之矣;若犹未也,阶之为祸。夫宠而不骄,骄而能降,降而不憾,憾而能眕者[⑥],鲜矣。且夫贱妨贵,少陵长,远间亲,新间旧,小加大,淫破义,所谓六逆也;君义,臣行,父慈,子孝,兄爱,弟敬,所谓六顺也。去顺效逆,所以速祸也。君人者,将祸是务去,而速之,无乃不可乎?"弗听。其子厚与州吁游,禁之,不

6

可。桓公立,乃老。

　①卫:卫国,姬姓,在今河南淇县一带。　齐:国名,姜姓,在今山东北部、中部地区。　东宫:太子的居所,这里代指太子。　②《硕人》:诗在《诗经·卫风》。③陈:国名,妫(guī)姓,在今河南东部及安徽西部。　④嬖(bì)人:指地位低下而受宠的婢妾。　⑤石碏:卫大夫。　⑥畛(zhěn):忍耐而不轻举妄动。

【译　文】

　　卫庄公娶了齐太子得臣胞妹后来叫庄姜的,很美丽却没有儿子,卫国人为她写了《硕人》一篇诗。庄公又娶了陈国女子后来叫厉妫的,生孝伯,早死。厉妫的同父妹妹戴妫,生桓公,庄姜把他认作自己儿子。公子州吁是庄公幸妾所生,得到宠爱,喜欢玩弄武器,庄公不禁止。庄姜厌恶他。

　　石碏劝庄公说:"我听说,怜爱儿子,要教他规矩道义,不让他走邪路。骄傲、奢侈、放荡、安逸是走邪路的开始。四种恶习的发生是由于过分的宠爱、过多的赏赐。您打算立州吁为太子,就定下来;若还没有,留着他会酿成祸乱。被宠爱却不骄傲,骄傲却安于地位下降,下降却不怨恨,怨恨却能克制自己的,是极少了。而且卑贱妨害高贵,年青驾凌年长,疏远代替亲近,新人压制旧人,弱小欺侮强大,淫荡破坏道义,这六种是对理义的违反;国君合理,臣下奉行,父亲慈善,儿子孝顺,兄长友爱,弟弟敬重,这六种是对理义的顺从。抛弃六种顺从,效法六种违反,这就招致祸害加速到来。作为人民君主,务必消除祸害,现在却反而加速,恐怕不可以吧?"庄公不听。他儿子石厚和州吁来往密切,石碏禁止,石厚不听。庄公死,桓公继承,石碏告老退休。

杨伯峻译

臧僖伯谏观鱼 隐公五年

　　春，公将如棠观鱼者①。

　　臧僖伯谏曰②："凡物不足以讲大事，其材不足以备器用，则君不举焉。君，将纳民于轨、物者也。故讲事以度轨量谓之轨。取材以章物采谓之物。不轨不物，谓之乱政。乱政亟行，所以败也。故春蒐、夏苗、秋狝、冬狩③，皆于农隙以讲事也。三年而治兵，入而振旅。归而饮至④，以数军实。昭文章，明贵贱，辨等列，顺少长，习威仪也。鸟兽之肉不登于俎⑤，皮革、齿牙、骨角、毛羽不登于器，则君不射，古之制也。若夫山林、川泽之实，器用之资，皂隶之事⑥，官司之守，非君所及也。"

　　公曰："吾将略地焉。"遂往，陈鱼而观之。

　　僖伯称疾不从。

　　书曰"公矢鱼于棠"⑦，非礼也，且言远地也。

　　①棠：邑名，在今山东鱼台北。　　②臧僖伯：即鲁公子姬彄（kōu），封于臧，谥号僖。　　③春蒐：春天搜寻猎取未怀孕的禽兽。　　夏苗：夏天猎取为害庄稼的禽兽。　　秋狝（xiǎn）：秋天杀伤禽兽。狝，杀。　　冬狩：冬天围猎禽兽。以上均为四季狩猎的名称。　　④饮至：诸侯朝拜、会盟、征伐完毕，在宗庙饮酒庆贺的一种典礼仪式。　　⑤俎：盛祭品的礼器。　　⑥皂隶：古代对贱役的称呼，这里泛指地位低下的人。　　⑦矢：陈设。通"施"。

【译　文】

　　五年春天，鲁隐公打算到棠地观看捕鱼。

　　臧僖伯劝阻说："一切事物，不和讲习祭祀、战争相关，材料值不得制作礼器兵器，国君就不为它举动。国君是使臣民走向正轨和实用的人。讲习祭和战来衡量器物合于法度叫作正轨，选取材料制作器物来

8

显示等级文彩的叫作实用。不合正轨,不关实用的行动叫作乱政。乱政屡次实行,就会衰败。所以春夏秋冬的田猎都是在农闲时演习军事。每三年出城大演习,进城便整顿军队,然后国君在宗庙宴请从事人员,计算田猎的擒获。这为的是显示车服旌旗的文彩、表明各级各等的贵贱、辨别各类人员的等级、依年龄长幼的次序或前或后,演习上下的威仪哩。鸟兽的肉不放进祭器,皮革、壮齿、象牙、兽骨、牛角、旄牛尾、鸟羽不放在祭器中的,国君就不去射取。这是古代制度。至于山林、河湖的产品,一般器具的材料,这是下级人员的工作,有关部门的职责,不是国君所该管的。”

隐公说:“我准备巡行视察边境。”于是去了,把捕鱼所用物品陈列展览。

僖伯托病不随从。

《春秋》写:“公矢鱼于棠。”认为这不合礼,而且远离国都。

杨伯峻译

郑庄公戒饬守臣 隐公十一年

秋七月,公会齐侯、郑伯伐许①。庚辰②,傅于许。颖考叔取郑伯之旗蝥弧以先登③,子都自下射之④,颠。瑕叔盈又以蝥弧登⑤,周麾而呼曰:“君登矣!”郑师毕登。壬午⑥,遂入许。许庄公奔卫⑦。齐侯以许让公。公曰:“君谓许不共,故从君讨之。许既伏其罪矣。虽君有命,寡人弗敢与闻。”乃与郑人。

郑伯使许大夫百里奉许叔以居许东偏,曰:“天祸许国,鬼神实不逞于许君,而假手于我寡人,寡人唯是一二父兄不能共亿⑧,其敢以许自为功乎? 寡人有弟,不能和协,而使糊其口于四方,其况能久有许乎? 吾子其奉许叔以抚柔此民也,吾将使获也佐吾子⑨。若寡人得没于地,天其以礼悔祸于许,无宁兹许公复奉其社稷,唯我郑国之有请谒焉,如

9

旧昏媾,其能降以相从也。无滋他族实逼处此,以与我郑国争此土也。吾子孙其覆亡之不暇,而况能禋祀许乎⑩?寡人之使吾子处此,不惟许国之为,亦聊以固吾圉也⑪。"乃使公孙获处许西偏,曰:"凡而器用财贿,无置于许。我死,乃亟去之!吾先君新邑于此,王室而既卑矣,周之子孙日失其序。夫许,大岳之胤也⑫。天而既厌周德矣,吾其能与许争乎?"

君子谓郑庄公"于是乎有礼。礼,经国家,定社稷,序人民,利后嗣者也。许,无刑而伐之,服而舍之,度德而处之,量力而行之,相时而动,无累后人,可谓知礼矣"。

①公:指鲁隐公。　许:国名,姜姓,在今河南许昌一带。　②庚辰:即七月一日。　③颖考叔:郑大夫。　蝥(máo)弧:一种旗帜的名称。　④子都:郑大夫。据史书记载,郑师出发前,子都与颖考叔曾发生过纠纷。　⑤瑕叔盈:郑大夫。　⑥壬午:即七月三日。　⑦卫:国名,姬姓,在今河南淇县一带。　⑧共亿:相安。亿,安。　⑨获:郑大夫公孙获。　⑩禋(yīn)祀:祭天神之礼。把牲畜、玉帛放在柴上点燃,借上升的烟气以告天神。　⑪圉(yǔ):边境。　⑫大(tài)岳:传说尧舜时的四方部落首领,姜姓,故称许是他的后代。　胤:后嗣。

【译　文】

秋七月,隐公会合齐僖公、郑庄公攻打许国。初一日,军队逼攻许城。颖考叔拿着郑庄公的旗叫"蝥弧"的抢先登城,子都从下边用箭射他,颖考叔跌下来。瑕叔盈又拿着蝥弧旗登城,向四周挥动旗子,大喊道:"国君登城了!"郑国的军队全部登城。初三日,郑庄公就进入许城。许庄公逃奔到卫国。齐僖公把许国让给隐公。隐公说:"君侯说许国不守法度,所以跟从君侯去攻打它。许国既然伏罪了,虽然君侯有这样的指示,寡人不敢听取。"于是把许国送给郑庄公。

郑庄公派许国大夫百里帮助许庄公弟许叔住在许城的东边,说:"上天降祸给许国,鬼神确实对许君不满,借我寡人的手来进行惩罚,只是寡人连一二位父老兄弟都不能相安,岂敢把进攻许国作为自己的功绩呢?寡人有个弟弟,也不能和好相处,使他到四处求食,难道还能长久占有许国吗?您侍奉许叔来安抚这里的百姓,我打算让公孙获来帮助您,倘寡人得到善终,上天或者依照礼来撤回加于许国的祸害,宁可使许庄公再来治理他的国家,那时,只要我郑有所请求,像亲戚那样,大概能够诚心允许的。不要使他国处在这里逼迫我们,来与我郑国争夺这块土地。我的子孙挽救危亡都来不及,何况能够祭祀许国的祖先呢?寡人使您处在这里,不仅是为了许国,也是姑且用来巩固我的边疆。"于是使公孙获住在许城的西边,说:"凡是你的器用财货,不要放在许城。我死后,就赶快离开这里。我的先父在这里新建城邑,周王朝已经衰落了,我们这些周朝的子孙一天天失掉自己的事业。许国,是四岳的后代,上天既然已经厌弃周朝了,我哪能还和许国争夺呢?"

君子称郑庄公"在这件事情上有礼。礼是治理国家,安定社稷,使百姓有秩序,使后代得利益的。许国,违背法度而攻击它,服罪了就宽恕它,度量自己的德行而处理它,衡量自己的力量而安置它。看准时机来行动,不连累后代,可以说懂得礼了"。

周振甫译

臧哀伯谏纳郜鼎 桓公二年

夏四月,取郜大鼎于宋①。纳于大庙②,非礼也。

臧哀伯谏曰③:"君人者,将昭德塞违,以临照百官,犹惧或失之,故昭令德以示子孙。是以清庙茅屋,大路越席④,大羹不致⑤,粢食不凿⑥,昭其俭也。衮、冕、黻、珽⑦,带、裳、幅、舄⑧,衡、纮、纮、綖⑨,昭其度也。藻、率、鞞、鞛⑩,鞶、厉、游、缨⑪,昭其数也。火、龙、黼、黻⑫,昭其文也。五色比象,昭其物也。钖、鸾、和、铃⑬,昭其声也。三辰旂旗,昭其明也。夫德,俭而有度,登降有数,文、物以纪之,声、明以发之,以临照百官。百官于是乎戒惧,而不敢易纪律。今灭德立违,而置其赂器

11

于大庙，以明示百官。百官象之，其又何诛焉？国家之败，由官邪也。官之失德，宠赂章也。郜鼎在庙，章孰甚焉？武王克商，迁九鼎于雒邑，义士犹或非之，而况将昭违乱之赂器于大庙，其若之何？"公不听。

周内史闻之⑭，曰："臧孙达其有后于鲁乎！君违，不忘谏之以德。"

①郜（gào）：国名，姬姓，在今山东成武东南。　鼎：原为炊器，多用青铜铸成。古代常以鼎为立国重器，作为国家政权的象征。　②大（tài）庙：帝王祖庙，这里指鲁国始祖周公的庙。　③臧哀伯：名达。鲁大夫。　④大路：玉路，天子祭祀用的车。路，又作辂。　越（kuò）席：蒲草编成的席子。越，通"括"。　⑤大羹：祭祀所用肉汁。　不致：指不用酸苦辛咸甘五味调和。　⑥粢食（sì）：祭祀用食物。　不凿：指不将糙米细舂加工成精米。　⑦衮：古代帝王或上公的礼服。　冕：帝王、诸侯及卿大夫的礼帽。　黻（fú）：用来遮蔽腹膝之间，皮革制成。　珽（tǐng）：天子所持的玉笏，又称大圭。　⑧带：束腰的大带。　裳：下衣称裳。　幅（bī）：缠腿的布。　舄（xì）：一种双层底的鞋。　⑨衡：横笄，固定冠冕所用。　紞（dǎn）：线织的系瑱的带子。　纮（hóng）：从颔下挽上系于笄的两端，用来系冠冕。　綖（yán）：覆盖在冠上用布包的板子。　⑩藻、率（lù）：放玉器的垫子。用木板制成，外包皮革，上面绘有花纹。　鞞（bǐng）：刀鞘。　鞛（běng）：刀鞘口上的装饰。　⑪鞶：大带。　厉：大带下垂的部分。　游（liú）：旌旗上的飘带。通"旒"。　缨：马鞅、马颈上的装饰品。　⑫黼（fǔ）、黻（fú）：古代衣服上绣的图案，黑白相间的叫黼，黑青相间的叫黻。　⑬钖（yáng）、鸾、和、铃：古代装饰在车马旌旗上的响铃。钖，系在马额上。鸾，系在马勒上。和，系在车上。铃，系在小旗上。　⑭内史：周朝官名，执掌外交、书王命和占卜等事。

【译　文】

夏四月，在宋国取得郜国的大鼎。初九日，安放在太庙里，是不合于礼的。

臧哀伯劝阻道："做人君的，要发扬道德，阻塞邪恶，用来监察百官，还怕有所缺失，所以发扬美德来晓示子孙。因此太庙用茅草盖顶，大车用蒲席作垫子，肉汁不放调味品，主食不用精米，明白晓示节俭。

12

礼服、礼帽、蔽膝、大圭，大带、裙子、绑腿、鞋子，横簪、瑱绳、冠系、冠顶版，（地位高低各不相同，）明白晓示制度。荐玉板、刀鞘、刀饰，革带、带饰、飘带、马鞯，（各级多少不同，）明白晓示数量。衣上画火、画龙、画一对斧头形、画相背弓形，（各级衣上画法不同，）明白晓示文饰。用五色来画山、龙、花、虫，明白晓示色彩。铜铃、鸾铃、和铃、小铃，（装在不同物上，）明白晓示各种声音。日月星画在旗上，明白晓示光明。讲道德应该节俭而有制度，增减有一定的数量，用文饰色彩来纪录它，用声音明亮来发扬它，用来监察百官。百官因此戒慎恐惧，不敢违反纪律。现在废除道德，建立邪恶，把人家贿赂的器物放在太庙里，用来明白晓示百官，百官跟着这样做，又能惩罚谁呢？国家的衰败，由于官的邪恶。官的丧失道德，由于受宠而贿赂公行。郜鼎放在太庙里，贿赂公行有谁比这更明显呢？周武王打败商朝，把九鼎迁到雒邑，义士还有人反对他的，何况把表明邪恶叛乱的贿赂器物放在太庙里，它将怎么办？"隐公不听。

周朝的内史听到了，说："臧孙达他在鲁国是有后代吧！君主违背礼制，他没有忘记用道德来劝阻。"

周振甫译

季梁谏追楚师 桓公六年

楚武王侵随①，使薳章求成焉②，军于瑕以待之③。随人使少师董成④。斗伯比言于楚子曰⑤："吾不得志于汉东也，我则使然。我张吾三军，而被吾甲兵，以武临之，彼则惧而协以谋我，故难间也。汉东之国，随为大。随张，必弃小国。小国离，楚之利也。少师侈，请羸师以张之。"熊率且比曰⑥："季梁在⑦，何益？"斗伯比曰："以为后图，少师得其君。"王毁军而纳少师。

少师归，请追楚师。随侯将许之。季梁止之曰："天方授楚，楚之羸，其诱我也，君何急焉？臣闻小之能敌大也，小道大淫。所谓道，忠于民而信于神也。上思利民，忠也；祝史正辞⑧，信也。今民馁而君逞欲，祝史矫举以祭，臣不知其可也。"公曰："吾牲牷肥腯⑨，粢盛丰备，何则不信？"对曰："夫民，神之主也，是以圣王先成民而后致力于神。故奉牲以告曰'博硕肥腯'，谓民力之普存也，谓其畜之硕大蕃滋也，谓其不疾瘯蠡也⑩，谓其备腯咸有也。奉盛以告曰'洁粢丰盛'，谓其三时不害而民和年丰也。奉酒醴以告曰'嘉栗旨酒'，谓其上下皆有嘉德而无违心也。所谓馨香，无谗慝也。故务其三时，修其五教⑪，亲其九族，以致其禋祀⑫。于是乎民和而神降之福，故动则有成。今民各有心，而鬼神乏主，君虽独丰，其何福之有？君姑修政而亲兄弟之国，庶免于难。"随侯惧而修政，楚不敢伐。

①随：国名，姬姓，在今湖北随县。　②薳(wěi)章：楚大夫。　③瑕：随国地名。　④少师：官名。董：主持。　⑤斗伯比：楚大夫。　⑥熊率(lǜ)且(jū)比：楚大夫。　⑦季梁：随国贤臣。　⑧祝：掌祭礼的官。史：掌祭礼时记事的官。　⑨牷：毛色纯一的牲畜。腯(tú)：肥壮。　⑩瘯(cù)蠡(luó)：疥癣。　⑪五教：指父义、母慈、兄友、弟恭、子孝五种伦理规范。⑫禋祀：古代祭天之礼。把牲畜、玉帛放在柴上点燃，借上升的烟气以告上天。

【译　文】

　　楚武王侵略随国，派薳章去求和，在瑕地驻军来等待着。随国派少师主持和谈。斗伯比对楚武王说："我国在汉水东边不能得志，是我们使它这样的。我们扩大我们的军队，整顿我们的武装，用武力临驾别国，他们害怕而联合起来对付我们，所以难于离间。在汉水东边的国家中，随国是大国。随国自高自大，必然抛弃小国。小国离心，正是楚国的利益。少师骄傲，请把我们的军队装成疲弱来使他自满。"熊率且比说："有季梁在，这样做有什么好处？"斗伯比说："这是用作以后的打算，少师得到君主的信任。"楚武王把军队搞乱了来接待少师。

　　少师回去，请求追击楚军。随侯将要允许他。季梁劝阻道："上天

14

正在帮助楚国,楚军的疲弱,是要引诱我们,君侯急什么呢？臣听说小国能够抵抗大国,是小国有道,大国无道。所谓道,是忠于百姓而得到神的信任。在上的人想到使百姓得到好处,这是忠；祝史真实不欺地祷告,这是信。现在百姓饥饿而国君放纵私欲,祝史虚报功德来祭祀,臣不知道它是可以的。"随侯说:"我祭神用的牲口毛无杂色,又很肥壮,黍稷丰盛完备,为什么不能使神信任？"季梁回答道:"百姓,是神的主人。因此圣王先安定百姓而后奉事神。所以奉献牺牲时祷告说:'牲口又大又肥',是说百姓的财力普遍富有,说他们的牲畜肥大而繁殖生长,没有得病,说他们都有肥大品种。在奉献黍稷时祝告说:'饭干净而丰盛',说是春夏秋三季没有灾害,百姓和睦而丰收。奉献甜酒时祝告说'又好又清的美酒',说是上级和下属都有美德而没有邪心。讲到祭品的芳香,是说人没有邪恶的。所以致力于农事,讲明教化,亲和亲族,用来进行祭祀。因此百姓和睦而神赐福,所以一切行动就有成功。现在百姓各有各心,鬼神没有主人,君侯虽然独自在祭品上丰盛,又有什么福呢？君侯姑且修明政事,亲近兄弟国家,这才近乎免于灾难。"随侯害怕,从事修明政治,楚国不敢来攻打。

周振甫译

曹刿论战 庄公十年

十年春,齐师伐我。公将战①。曹刿请见②。其乡人曰:"肉食者谋之,又何间焉？"刿曰:"肉食者鄙,未能远谋。"遂入见。

问:"何以战？"公曰:"衣食所安,弗敢专也,必以分人。"对曰:"小惠未遍,民弗从也。"公曰:"牺牲玉帛③,弗敢加也,必以信。"对曰:"小信未孚④,神弗福也。"公曰:"小大之狱,虽不能察,必以情。"对曰:"忠之属也,可以一战。战,则请从。"

公与之乘。战于长勺⑤。公将鼓之。刿曰:"未可。"齐人三鼓。

刿曰:"可矣!"齐师败绩。公将驰之。刿曰:"未可。"下,视其辙,登轼而望之⑥,曰:"可矣!"遂逐齐师。

　　既克,公问其故。对曰:"夫战,勇气也。一鼓作气,再而衰,三而竭。彼竭我盈,故克之。夫大国,难测也,惧有伏焉。吾视其辙乱,望其旗靡,故逐之。"

　　①公:指鲁庄公。　②曹刿(guì):鲁国人。《史记·刺客列传》写作"曹沫"。　③牺牲:祭祀用的牛羊猪牲畜。　④孚:信用。　⑤长勺:鲁国地名,在今山东莱芜东北。　⑥轼:古代车厢前面作扶手的横木。

【译　文】

　　十年春,齐国军队攻打我国,庄公准备迎击。曹刿请求进见。他的同乡人说:"吃肉的人来算计,又去参加什么?"曹刿说:"吃肉的人见识浅陋,不能作远大打算。"遂进见。

　　问庄公凭什么来作战。庄公说:"衣着吃食的享受,不敢专擅,一定用来分给别人。"曹刿对答道:"小恩小惠不能周遍,百姓不会跟从的。"庄公说:"祭祀用的牛羊玉帛,祝史祷告时不敢虚夸,必说实话。"曹刿说:"小的诚实未能使神普遍信任,神不会赐福的。"庄公说:"大大小小的官司,虽不能一一洞察,一定按照实情办理。"曹刿对答道:"这是为百姓尽心办事之类,可以打一下。打起来,请让我跟去。"

　　庄公和他同乘一辆兵车,在长勺作战。庄公将要击鼓进军,曹刿说:"不可。"齐人三次击鼓进攻,曹刿说:"可以击鼓了。"齐军大败。庄公将要追击,曹刿说:"不可。"下车,看齐军战车的轮迹,再登上车前横板望去,说:"可以了。"就追击齐军。

　　已经战胜,庄公问他什么缘故。回答说:"作战靠勇气。第一通击鼓振作士气,第二通击鼓士气就衰退了,第三通击鼓士气就枯竭了。他们的士气枯竭我们的士气旺盛,所以战胜他们。大国难于捉摸,怕有埋伏。我看他们的轮迹乱了,望他们的旗子倒下,所以追击他们。"

周振甫译

齐桓公伐楚盟屈完 僖公四年

春,齐侯以诸侯之师侵蔡①。蔡溃,遂伐楚。楚子使与师言曰:"君处北海,寡人处南海,唯是风马牛不相及也,不虞君之涉吾地也,何故?"管仲对曰②:"昔召康公命我先君太公曰③:'五侯九伯,女实征之,以夹辅周室!'赐我先君履,东至于海,西至于河,南至于穆陵④,北至于无棣⑤。尔贡包茅不入⑥,王祭不共,无以缩酒⑦,寡人是徵。昭王南征而不复⑧,寡人是问。"对曰:"贡之不入,寡君之罪也,敢不共给?昭王之不复,君其问诸水滨!"师进,次于陉⑨。

夏,楚子使屈完如师⑩。师退,次于召陵⑪。齐侯陈诸侯之师,与屈完乘而观之。齐侯曰:"岂不榖是为⑫?先君之好是继,与不榖同好何如?"对曰:"君惠徼福于敝邑之社稷,辱收寡君,寡君之愿也。"齐侯曰:"以此众战,谁能御之?以此攻城,何城不克?"对曰:"君若以德绥诸侯,谁敢不服?君若以力,楚国方城以为城⑬,汉水以为池,虽众,无所用之。"

屈完及诸侯盟。

①蔡:国名,在今河南新蔡一带。　②管仲:名夷吾,字仲。曾辅政于齐桓公。　③召(shào)康公:周文王庶子姬奭,封于召,谥康。　太公:即太公吕望,齐始祖。　④穆陵:齐地,在今山东临朐南的穆陵关。　⑤无棣:齐地,在今山东无棣一带。　⑥包茅:成捆的菁茅。　⑦缩酒:祭祀时,将酒浇在束立的菁茅上,表示神在饮酒。也用它滤掉酒滓。　⑧昭王:周昭王。相传昭王南巡,渡汉水时,船坏而溺死。　⑨陉(xíng):山名,在今河南郾城东南。　⑩屈完:楚大夫。　⑪召陵:楚地名,在今河南郾城东。　⑫不榖:诸侯谦称。　⑬方城:楚地山名,在今河南。

【译　文】

　　四年春,齐桓公率领诸侯的军队攻打蔡国,蔡军溃散,就进攻楚国。楚成王派使者来到军中说:"君侯住在北方,寡人住在南方,就是牛马发情狂奔也不能到达彼此疆界,想不到君侯到达我国的土地上,是什么缘故?"管仲回答道:"从前召康公命令我们的先祖太公说:'五等诸侯,九州之长,你实在可以讨伐他们,用来辅佐周王朝。'赐给我们先祖讨伐的范围,东边到大海,西边到黄河,南边到穆陵,北边到无棣。你们进贡的包茅不进贡,使天子的祭祀缺乏供应,无从洒酒请神,寡人为此来问罪。昭王南征没有回去,寡人为此来责问。"使者回答道:"贡品的没有送去,这是寡君的罪过,岂敢不供给。昭王的不回去,君侯还是去问水边上的人吧。"军队前进,驻扎在陉地。

　　夏,楚成王派屈完到诸侯军驻地。诸侯军后退,驻扎在召陵。齐桓公把诸侯的军队布成阵势,与屈完坐一辆战车观看。齐桓公说:"(这样布阵)难道是为了我吗? 是为了先祖建立的友好关系应该继续,与我共同友好怎样?"屈完回答道:"君侯惠临敝国求福,有劳君侯安抚寡君,这是寡君的愿望。"齐桓公说:"用这样多的军队来作战,谁能抵御他们? 用这样的军队来攻城,哪个城攻不克?"屈完回答道:"君侯倘使用德行来安抚诸侯,谁敢不服? 君侯倘使用武力,楚国有方城山作为城墙,汉水作为城池,(君侯的军队)虽然众多,没有地方用得上去。"

　　屈完和诸侯订立了盟约。

周振甫译

宫之奇谏假道 僖公五年

　　晋侯复假道于虞以伐虢①。宫之奇谏曰②:"虢,虞之表也;虢亡,虞必从之。晋不可启,寇不可玩,一之为甚,其可再乎? 谚所谓'辅车相依,唇亡齿寒'者,其虞、虢之谓也。"

公曰:"晋,吾宗也,岂害我哉?"对曰:"大伯、虞仲,大王之昭也③;大伯不从,是以不嗣。虢仲、虢叔,王季之穆也;为文王卿士,勋在王室,藏于盟府④。将虢是灭,何爱于虞?且虞能亲于桓、庄乎?其爱之也,桓、庄之族何罪?而以为戮,不唯逼乎?亲以宠逼,犹尚害之,况以国乎?"

公曰:"吾享祀丰洁,神必据我。"对曰:"臣闻之,鬼神非人实亲,惟德是依。故《周书》曰:'皇天无亲,惟德是辅。'又曰:'黍稷非馨,明德惟馨。'又曰:'民不易物,惟德繄物。'如是,则非德,民不和,神不享矣。神所冯依,将在德矣。若晋取虞,而明德以荐馨香,神其吐之乎?"

弗听,许晋使。宫之奇以其族行,曰:"虞不腊矣⑤。在此行也,晋不更举矣。"冬,晋灭虢。师还,馆于虞,遂袭虞,灭之。执虞公。

①虞:国名,姬姓,在今山西平陆北。 虢:国名,这里指北虢,在今山西平陆南。 ②宫之奇:虞大夫。 ③昭:和下文的"穆"都是指宗庙神主的位次。始祖的神主居中,子在左,为昭;子之子在右,为穆,顺次往下排列。大伯、虞仲、王季是周大王古公亶父的儿子,称昭;而虢仲、虢叔是王季的儿子,称穆。 ④盟府:掌管保存盟约文书的官府。 ⑤腊:年终合祭众神叫腊祭。

【译　文】

晋献公再向虞国借路去攻打虢国,宫之奇劝阻(虞公)道:"虢国,是虞国的外围;虢国灭亡,虞国必定跟着灭亡。晋国的野心不能开启,对待外国军队不可轻忽,一次(借路)已经过分,难道可以再来一次吗?俗谚说'面颊与牙床互相依靠,嘴唇没了牙齿受寒',这是虞国和虢国的说法。"

虞公说:"晋国是我的同宗族,难道会害我吗?"宫之奇答道:"太伯、虞仲,是太王的儿子。太伯没有跟在旁边,因此没有继承王位。虢仲、虢叔,是王季的儿子,做过文王的大臣,功在周王朝,(记录)藏在盟府里。晋国要灭掉虢国,对虞国又有什么爱惜的?况且虞国能比(晋国同宗)的桓叔、庄伯更亲近吗?他爱惜桓叔、庄伯吗?桓叔、庄伯的家族有何罪,却被杀戮,不是仅仅因为逼近吗？亲族由于受宠而逼近,尚且杀害了他们,何况国家呢？"

虞公说:"我祭祀的祭品丰盛而清洁,神必依靠我。"宫之奇回答道:"臣听说,鬼神不是只亲近哪一个人,只是依从德行。所以《周书》说:'上天没有私亲,只辅助有德行的。'又说:'祭品黍稷不是芳香的,只有明德才是芳香的。'又说:'百姓不用改变祭品,只有有德的人(主祭)神才来享受祭品。'像这样,那么不是道德,百姓就不和,神就不来享用了。神所依托的,就在德行了。如果晋国夺取了虞国,发扬美德来奉献芳香的祭品,神难道会吐弃吗？"

虞公不听,允许了晋国使臣的要求。宫之奇带领了他的族人出走,说:"虞国过不了今年的腊祭了。就在这一次行军,晋国用不着再次发兵了。"冬,晋国灭掉虢国。晋军回去,住在虞国,灭掉虞国。捉了虞公。

周振甫译

齐桓下拜受胙 僖公九年

会于葵丘①,寻盟,且修好,礼也。王使宰孔赐齐侯胙②,曰:"天子有事于文、武,使孔赐伯舅胙。"齐侯将下拜。孔曰:"且有后命。天子使孔曰:'以伯舅耋老③,加劳,赐一级,无下拜!'"对曰:"天威不违颜咫尺,小白余敢贪天子之命'无下拜'④? 恐陨越于下以遗天子羞。敢不下拜？"下,拜;登,受。

①葵丘:宋地名,在今河南民权东北。　②王:指周襄王。　宰:官名。孔:人名。　胙:祭肉。　③耋(dié):七十岁称耋。　④小白:桓公名。

夏,(僖公和宰孔、齐侯、宋子、卫传、郑伯、许男、曹伯)在葵丘会见,重温过去的盟约,并且讲求和好,是合于礼的。周天子派宰孔把祭肉赐给齐桓公,说:"天子祭祀文王、武王,派孔赐给伯舅祭肉。"齐桓公将要下阶跪拜。宰孔说:"还有以后的命令。天子使孔说:'因为伯舅老了,加上功劳,赐给一等,不用下阶跪拜!'"齐桓公回答道:"天子的威严就在面前,小白我怎敢贪得天子的宠命,'不下拜'?恐怕在下面摔倒,给天子带来羞辱。怎敢不下拜?"下阶,跪拜,登上台阶,接受祭肉。

周振甫译

阴饴甥对秦伯 僖公十五年

十月,晋阴饴甥会秦伯①,盟于王城②。

秦伯曰:"晋国和乎?"对曰:"不和。小人耻失其君而悼丧其亲,不惮征缮以立圉也③。曰:'必报仇,宁事戎狄。'君子爱其君而知其罪,不惮征缮以待秦命,曰:'必报德,有死无二。'以此不和。"秦伯曰:"国谓君何?"对曰:"小人戚,谓之不免;君子恕,以为必归。小人曰:'我毒秦,秦岂归君。'君子曰:'我知罪矣,秦必归君。贰而执之,服而舍之,德莫厚焉,刑莫威焉。服者怀德,贰者畏刑,此一役也,秦可以霸。纳而不定,废而不立,以德为怨,秦不其然。'"秦伯曰:"是吾心也。"改馆晋侯,馈七牢焉④。

①阴饴甥:复姓瑕吕,名饴甥。封于阴,因此又称阴饴甥。　秦伯:指秦穆公。
②王城:秦地名,在今陕西大荔东。　③圉(yǔ):指晋惠公太子姬圉。　④七牢:诸侯之礼。牛羊猪各一为一牢。

【译　文】

十月，晋国的阴饴甥会见秦穆公，在王城订立盟约。

秦穆公问："晋国和睦吗？"阴饴甥回答道："不和睦。小人把失掉国君认为耻辱而哀悼亲属的战死，不怕征税整军来拥立围做国君，说：'一定要报仇，宁可屈从戎狄。'君子爱护国君而知道他的罪过，不怕征税整装来等待秦国的命令，说：'一定要报德，宁可死去没有二心。'因此不和。"秦穆公问："全国认为国君会怎么样？"阴饴甥对答道："小人忧愁，认为他不会被赦免；君子宽恕，认为他一定回来。小人说：'我们毒害了秦国，秦国难道能让国君回来？'君子说：'我们知道罪过了，秦国一定让国君回来。有二心就捉了他，服罪了就释放他，没有比这再宽厚的德行，没有比这再威严的刑罚。服罪的怀念德行，有二心的害怕刑罚，这一次的事件，秦国可以作为诸侯的领导。接纳惠公做晋君而不使他安定，废去惠公而不立他为晋君，把恩德变为怨恨，秦国不会这样吧。'"秦穆公道："这是我的心意啊。"改请晋惠公住在宾馆里，馈送了七副牛羊猪的食品。

周振甫译

子鱼论战　僖公二十二年

楚人伐宋以救郑。宋公将战，大司马固谏曰①："天之弃商久矣，君将兴之，弗可赦也已。"弗听。

及楚人战于泓②。宋人既成列，楚人未既济。司马曰："彼众我寡，及其未既济也，请击之。"公曰："不可。"既济而未成列，又以告。公曰："未可。"既陈。而后击之，宋师败绩。公伤股，门官歼焉。

国人皆咎公。公曰："君子不重伤，不禽二毛。古之为军也，不以阻隘也。寡人虽亡国之余，不鼓不成列。"

子鱼曰："君未知战。勍敌之人③，隘而不列，天赞我也。阻而鼓

22

之,不亦可乎?犹有惧焉。且今之勍者^④,皆吾敌也。虽及胡耇^④,获则取之,何有于二毛?明耻、教战,求杀敌也。伤未及死,如何勿重?若爱重伤,则如勿伤;爱其二毛,则如服焉。三军以利用也,金鼓以声气也。利而用之,阻隘可也;声盛致志,鼓儳可也^⑤。"

①大司马:执掌军政的官。　②泓(hóng):水名,故道在今河南柘城西北,为古渔水支流。　③勍(qíng):强劲有力。　④胡耇(gǒu):年老的人。⑤儳(chán):参差不齐。

【译 文】

楚国攻打宋国来救郑国。宋襄公将要作战,大司马公孙固劝阻道:"上天抛弃我们亡国的商朝已经很久了,主公想兴复它,不可,赦免楚国吧。"宋襄公不听。

冬十一月初一日,宋襄公和楚军在泓水上作战。宋军已经排成列队,楚军还没有全部渡河。司马子鱼说:"他们人多,我们人少,等他们没有完全渡河,请主公下令攻击他们。"宋襄公说:"不行。"楚军已经渡河还没有排成阵势,司马又用(刚才的意见)报告。宋襄公说:"还不行。"等楚军排开阵势然后攻击他们,宋军大败。宋襄公腿上受伤,卫队被歼灭。

都城里的人都埋怨宋襄公。宋襄公说:"君子不伤害受伤的人,不捉拿头发花白的人。古代的作战,不在险隘处阻击。寡人虽然是商朝亡国的后代,不攻击没有摆开阵势的敌人。"

子鱼说:"主公没有懂得作战。强大的敌人,在地形狭险处没有摆开阵势,是上天帮助我们。加以拦截而攻击他们,不也是可以吗?还怕不能取胜。况且现在强大的国家,都是我们的敌人。虽然碰到老人,捉住了就抓回来,管什么头发是否花白!说明耻辱,教导作战,要求杀死敌人。敌人受伤而没有死,为什么不加伤害?如果爱惜伤员而不再加伤害,还不如(一开始)就不伤害他;爱惜他们头发花白的人,还不如向他们投降。军队因有利才用,锣鼓用来振作士气。有利才用他们,在险隘处阻击是可以的；鼓声大作鼓舞了士气，攻击没有摆开阵势的敌人也是可以的。"

周振甫译

寺人披见文公 僖公二十四年

吕、郤畏逼①，将焚公宫而弑晋侯。寺人披请见②。公使让之，且辞焉，曰："蒲城之役③，君命一宿，女即至。其后余从狄君以田渭滨④，女为惠公来求杀余，命女三宿，女中宿至。虽有君命，何其速也？夫袪犹在⑤，女其行乎！"对曰："臣谓君之入也，其知之矣。若犹未也，又将及难。君命无二，古之制也。除君之恶，唯力是视。蒲人、狄人，余何有焉？今君即位，其无蒲、狄乎！齐桓公置射钩，而使管仲相⑥。君若易之，何辱命焉？行者甚众，岂唯刑臣⑦！"公见之，以难告。

晋侯潜会秦伯于王城⑧。己丑晦，公宫火。瑕甥、郤芮不获公，乃如河上，秦伯诱而杀之。

①吕：吕甥。 郤（xì）：郤芮。俩人都是晋惠公、晋怀公的旧臣。 ②寺人披：指名叫披的寺人，寺人是内官，即后世所称宦官。 ③蒲城之役：指鲁僖公五年（前655），晋献公欲立骊姬子奚齐，逼死太子申生，捕捉公子重耳和夷吾，而让寺人披攻打重耳的居住地蒲城一事。蒲城，在今山西隰县北。 ④狄：对北方少数民族的称呼。 ⑤袪（qū）：衣袖。寺人披伐蒲城时，曾把晋文公重耳的衣袖割断。 ⑥管仲：鲁庄公九年（前685），鲁国帮助齐公子纠与齐桓公争夺君位，管仲当时辅佐公子纠。乾时一战，管仲射中齐桓公衣带钩。后来齐桓公不念旧恶，仍重用管仲。 ⑦刑臣：受过宫刑的人。 ⑧王城：在今陕西大荔东。

【译 文】
吕甥、郤芮害怕受逼害，将要放火烧晋文公的宫室而杀死晋文公。

寺人披请求接见。晋文公派人责备他，并且拒绝接见，说："蒲城的事件，国君命令你过一个晚上到达，你立刻就到了。后来我跟随狄君在渭水边上打猎，你为了惠公来杀我，惠公命令你过三个晚上到达，你过两晚就到了。虽然有国君的命令，为什么那么快呢？（被你扯断的）那只袖子还在，你还是走吧。"寺人披回答道："臣认为君侯回国，已经了解情况了。如果还没有，又会碰到灾难。国君的命令是惟一的，这是古代的制度。除去国君所厌恶的人，只尽自己的力量。蒲人、狄人，对我说来有什么相干呢？现在君侯即位，难道没有蒲、狄的悲难吗！齐桓公把射钩的事放在一边，使管仲辅佐自己，君侯倘改变这种做法，哪里烦劳您下命令呢？走的人很多，难道只有我这个受过宫刑的小臣？"晋文公接见了他，他把祸乱作了报告。

（三月），晋文公偷偷地和秦穆公在王城会见。三十日，晋文公的宫室被烧。瑕甥、郤芮没有找到晋文公，于是到了黄河边上，秦穆公把他们骗去杀了。

周振甫译

介之推不言禄 僖公二十四年

晋侯赏从亡者，介之推不言禄①，禄亦弗及。

推曰："献公之子九人，唯君在矣。惠、怀无亲，外内弃之。天未绝晋，必将有主。主晋祀者，非君而谁？天实置之，而二三子以为己力，不亦诬乎？窃人之财，犹谓之盗，况贪天之功以为己力乎？下义其罪，上赏其奸；上下相蒙，难与处矣。"其母曰："盍亦求之？以死，谁怼？"②对曰："尤而效之，罪又甚焉。且出怨言，不食其食。"其母曰："亦使知之，若何！"对曰："言，身之文也。身将隐，焉用文之？是求显也。"其母曰："能如是乎？与汝偕隐。"遂隐而死。

晋侯求之不获。以绵上为之田③，曰："以志吾过，且旌善人。"

①介之推：又称介推，姓介名推，之是语气助词。晋国贵族。　②怼（duì）：怨恨。　③绵上：介之推隐居的地方，在今山西介休东南。

【译　文】

晋文公赏赐跟随他逃走的人，介之推不讲（自己跟着逃走）应得的俸禄，俸禄也没有给他。

介之推说："献公的儿子九个，只有君侯在世了。惠公、怀公没有亲近的人，国外国内都抛弃他们。上天不绝晋国，必定会有君主。主持晋国祭祀的人，不是君侯又是谁呢？上天实在立他为君，他们几位却认为是自己的力量，不是欺骗吗？偷人家的财物，尚且叫作盗，何况贪上天的功劳认为自己的力量呢？下面的人把罪过当成合理，上面的人对欺骗者给予赏赐，上下互相蒙蔽，难跟他们相处了。"他母亲说："何不也去求赏？因为这样而死，又怨谁？"介之推回答道："明知错误而又去仿效，罪就更大了。况且我口出怨言，不能再吃他的俸禄。"他的母亲说："也使他知道一下，怎样？"介之推答道："自己表白，是身体的文饰。身体将要隐居，哪里用得着文饰？这是求显露了。"他母亲说："能够这样吗？我同你一起去隐居。"就隐居而死。

晋文公访求他们找不到，把绵上作为他的封田，说："用这来记载我的过失，并且表扬好人。"

周振甫译

展喜犒师　僖公二十六年

齐孝公伐我北鄙。公使展喜犒师①，使受命于展禽②。

齐侯未入竟，展喜从之，曰："寡君闻君亲举玉趾，将辱于敝邑，使下臣犒执事③。"齐侯曰："鲁人恐乎？"对曰："小人恐矣，君子则否。"齐侯曰:"室如县罄④,野无青草,何恃而不恐?"对曰:"恃先王之命。昔周公、大公股肱周室,夹辅成王。成王劳之,而赐之盟,曰:'世世子孙无相害也!'载在盟府⑤,太师职之⑥。桓公是以纠合诸侯,而谋其不协,弥缝其阙,而匡救其灾,昭旧职也。及君即位,诸侯之望曰:'其率桓之功!'我敝邑用不敢保聚,曰:'岂其嗣世九年,而弃命废职?其若先君何?君必不然。'恃此以不恐。"

齐侯乃还。

①展喜:鲁大夫,展禽弟。　②展禽:名获,字禽,谥惠。因食邑于柳下,又称柳下惠。　③执事:君王周围的办事人员。　④县罄:乐器,悬挂时为中间高出两边向下的形状,里边是空的。县同"悬";罄同"磬"。　⑤盟府:掌管保存盟约文书的官府。　⑥太师:负责国家典籍的官员。

【译　文】

齐孝公攻打我国北部边境。僖公派展喜去犒劳齐军,使他向展禽接受外交辞命。

齐孝公没有进入我国国境,展喜跟着去见他,说:"寡君听说君侯亲自出动大驾,将要有劳来到敝邑,派遣下臣来犒劳左右侍从。"齐孝公问:"鲁国人害怕吗?"展喜回答道:"小人害怕了,君子就不。"齐孝公说:"房屋像挂起的磬(中空无物),四野里没有青草,靠什么而不害怕?"展喜对答道:"靠先王的命令。从前周公、太公辅佐周朝,在左右辅佐成王。成王慰劳他们,赐给他们盟约,说:'世世代代子孙不要互相侵犯。'这个盟约藏在盟府里,由太师掌管,桓公因此联合诸侯,解决他们间的不和谐,弥补他们的缺失,救援他们的灾难,显扬过去的职责。到君侯即位,诸侯盼望道:'他会继承桓公的功业吧。'我敝邑因此不敢保城聚众,说:'难道他即位九年,就丢弃王命,废弃职责,怎么对待先君呢?君侯一定不会这样。'靠着这个才不害怕。"

齐孝公就回国了。

周振甫译

烛之武退秦师 僖公三十年

晋侯、秦伯围郑，以其无礼于晋，且贰于楚也。晋军函陵①，秦军汜南②。

佚之狐言于郑伯曰③："国危矣，若使烛之武见秦君④，师必退。"公从之。辞曰："臣之壮也，犹不如人；今老矣，无能为也已。"公曰："吾不能早用子，今急而求子，是寡人之过也。然郑亡，子亦有不利焉。"许之。

夜缒而出⑤。见秦伯曰："秦、晋围郑，郑既知亡矣。若亡郑而有益于君，敢以烦执事。越国以鄙远，君知其难也，焉用亡郑以陪邻？邻之厚，君之薄也。若舍郑以为东道主，行李之往来⑥，共其乏困，君亦无所害。且君尝为晋君赐矣，许君焦、瑕⑦，朝济而夕设版焉⑧，君之所知也。夫晋，何厌之有？既东封郑，又欲肆其西封。若不阙秦，将焉取之？阙秦以利晋，唯君图之。"秦伯说，与郑人盟，使杞子、逢孙、杨孙戍之，乃还。

子犯请击之⑨。公曰："不可。微夫人之力不及此⑩。因人之力而敝之，不仁；失其所与，不知；以乱易整，不武。吾其还也。"亦去之。

①函陵：在今河南新郑北。　②汜（fàn）：水名，这里指东汜，故道在今河南中牟南。　③佚之狐：郑大夫。　④烛之武：郑大夫。　⑤缒（zhuì）：系在绳子上放下去。　⑥行李：外交使臣。　⑦焦、瑕：晋二地名，都在今河南陕县附近。　⑧版：指打土墙用的木板。　⑨子犯：即狐偃，晋文公舅。　⑩微：非。

【译　文】

晋文公、秦穆公包围郑国，因为它对晋文公无礼，并且有二心向着楚国。晋军驻扎在函陵，秦军驻扎在汜南。

佚之狐对郑文公说："国家危险了。如果派烛之武去见秦穆公，军队一定退走。"郑文公听从了他的话。烛之武推辞道："臣年壮的时候，尚且不如别人；现在老了，无能为力了。"郑文公说："我没有能及早任用您，现在形势危急来求您，是寡人的过错。然而郑国亡了，您也有不利的！"烛之武答应了。

夜里用绳子从城上吊下来，进见秦穆公，说："秦国、晋国包围郑国，郑国已经知道要灭亡了。如果灭掉郑国对君侯有好处，就麻烦你们进攻吧。越过别国把远方的土地作为边境，君侯知道这是难办的。哪里用灭亡郑国来增加邻国的土地？邻国的加强，就是君侯的削弱。如果赦免郑国作为东方路上的主人，使者往来，供应他们所缺少的一切，对君侯也没有害处。况且君侯曾经把好处赐给晋国国君了，晋君答应给君侯焦、瑕两地，早晨渡过黄河回国，晚上就筑城拒秦，这是君侯所知道的。晋国哪有满足？已经要东向郑国来开拓疆土，又要肆意开拓它西边的疆土。不损害秦国，到哪里去取得土地？损害秦国来使晋国得到好处，请君侯考虑。"秦穆公高兴，与郑国结盟，派杞子、逢孙、杨孙驻守郑国，就回去了。

子犯请求攻击秦军。晋文公说："不行。不是这个人的力量，我到不了今天。靠了人家的力量反而破坏他，这是不仁；失掉了同盟国家，这是不智；用动乱来代替整齐，这是不武。我还是回去吧。"也回去了。

周振甫译

蹇叔哭师 僖公三十二年

杞子自郑使告于秦曰①："郑人使我掌其北门之管，若潜师以来，国可得也。"穆公访诸蹇叔②。蹇叔曰："劳师以袭远，非所闻也。师劳力竭，远主备之，无乃不可乎？师之所为，郑必知之，勤而无所，必有悖心。

且行千里，其谁不知？"公辞焉。召孟明、西乞、白乙，使出师于东门之外。蹇叔哭之，曰："孟子③！吾见师之出而不见其入也！"公使谓之曰："尔何知？中寿④，尔墓之木拱矣。"

蹇叔之子与师，哭而送之，曰："晋人御师必于殽⑤，殽有二陵焉。其南陵，夏后皋之墓也；其北陵，文王之所辟风雨也。必死是间，余收尔骨焉！"秦师遂东。

①杞子：秦大夫。僖公三十年，秦穆公与郑文公订立盟约，派杞子等三位大夫驻守在郑国。　②蹇叔：秦大夫。　③孟子：即孟明。　④中寿：指六十岁左右。　⑤殽：山名，在今河南洛宁西北。

【译　文】

杞子从郑国派人告诉秦国说："郑国派我掌管他们北门的钥匙，如果偷偷地发兵前来，郑国可以得到的。"秦穆公为此访问蹇叔。蹇叔说："劳动军队去袭击远处，我没有听说过。军队疲劳，力量衰竭，远处的主人有了防备，恐怕不行吧？我们军队的所作所为，郑国一定知道，劳动了军队而无所得，一定有抵触情绪。况且行走一千里，谁会不知道？"秦穆公辞退了他。召孟明、西乞、白乙，派他们从东门外出兵。蹇叔哭着送他们道："孟子，我看到军队出去而看不到回来了！"秦穆公派人对他说："你知道什么！如果你只活六七十岁，你坟上的树木已经合抱了。"

蹇叔的儿子在军队里，蹇叔哭着送他道："晋国必在崤山抵御，崤山有两座山陵。它的南陵，是夏后皋的坟墓；它的北陵，是周文王在那里避过风雨的。你必定死在这两座山陵中间，我在那里收你的尸骨吧！"秦国军队就向东出发。

周振甫译

卷二　周文

郑子家告赵宣子 文公十七年

晋侯合诸侯于扈①，平宋也。于是晋侯不见郑伯②，以为贰于楚也。

郑子家使执讯而与之书③，以告赵宣子④，曰："寡君即位三年，召蔡侯而与之事君⑤。九月，蔡侯入于敝邑以行。敝邑以侯宣多之难⑥，寡君是以不得与蔡侯偕。十一月，克减侯宣多，而随蔡侯以朝于执事⑦。十二年六月，归生佐寡君之嫡夷，以请陈侯于楚，而朝诸君。十四年七月，寡君又朝以蒇陈事⑧。十五年五月，陈侯自敝邑往朝于君。往年正月，烛之武往朝夷也⑨。八月，寡君又往朝。以陈、蔡之密迩于楚，而不敢贰焉，则敝邑之故也。虽敝邑之事君，何以不免？在位之中，一朝于襄，而再见于君。夷与孤之二三臣相及于绛⑩。虽我小国，则蔑以过之矣。今大国曰：'尔未逞吾志。'敝邑有亡，无以加焉。古人有言曰：'畏首畏尾，身其余几？'又曰：'鹿死不择音。'小国之事大国也，德，则其人也；不德，则其鹿也。铤而走险，急何能择？命之罔极，亦知亡矣，将悉敝赋以待于鯈⑪，唯执事命之。文公二年，朝于齐。四年，为齐侵蔡，亦获成于楚。居大国之间，而从于强令，岂其罪也？大国若弗图，无所逃命。"

晋巩朔行成于郑⑫，赵穿、公婿池为质焉⑬。

①晋侯:即晋灵公。　扈:郑地名,在今河南原阳西。　②郑伯:即郑穆公。
③子家:郑公子归生,字子家。　执讯:掌管通讯联络的官。　④赵宣子:赵盾,
晋国执政大夫。　⑤蔡侯:即蔡庄公。　君:指晋襄公。　⑥侯宣多:郑大
夫。　⑦执事:侍从于君王周围的人。以此婉称对方表示尊敬。　⑧蒇
(chǎn):完成。　⑨烛之武:郑大夫。　夷:郑太子。　⑩绛:晋国都城,在今
山西翼城东南。　⑪赋:这里指军队。古时按田赋出兵。　儵(chóu):地名,位于
晋郑交界处。　⑫巩朔:晋大夫。　⑬赵穿:晋国卿。　池:晋灵公的女婿。

【译　文】

　　晋侯在扈地会合诸侯,这是为了平定宋国内乱。当时晋侯不肯和
郑伯相见,以为他和楚国有勾结。

　　郑国的子家派遣执讯去晋国并且给他一封信,以告诉赵宣子,说:
"寡君即位三年,召请蔡侯和他一起事奉贵国国君。九月,蔡侯进入敝
邑前去贵国,敝邑由于侯宣多造成的祸难,寡君因此而不能和蔡侯同
行。十一月,消灭了侯宣多,就随同蔡侯而向执事朝觐。十二年六月,
归生辅佐寡君的嫡子夷,到楚国请求陈侯一起朝见贵国国君。十四年
七月,寡君又到贵国朝见,以完成关于陈国的事情。十五年五月,陈侯
从敝邑前去朝见贵国国君。去年正月,烛之武辅佐夷前往朝见贵国国
君。八月,寡君又前去朝见。陈、蔡两国紧紧挨着楚国而不敢和楚国勾
结,那就是由于敝邑的缘故。为什么惟独敝邑这样事奉贵国国君,反
而不能免于祸患呢?寡君在位,一次朝见贵国先君襄公,两次朝见贵国
国君。夷和我们君主的几个臣下相继来到绛城。我们虽然是小国,这
样做也已经无以复加了。现在大国还说:'你们没有让我快意。'敝邑
惟有等待灭亡,也不能再增加一点什么了。古人有话说:'怕头怕尾,
身子还能剩下多少?'又说:'鹿在临死前顾不上发出好听的鸣声。'小
国事奉大国,大国以德相待,那就会像人一样恭顺;不是以德相待,那就
会像鹿一样,狂奔走险,急迫的时候哪里还能选择?贵国的命令没有标
准,我们也知道面临灭亡了,只好准备全部派出敝邑的士兵在儵地等
待。一切就听您手下人吩咐。文公二年六月二十日,我国到齐国朝见。

32

四年二月某日，为齐国攻打蔡国，也和楚国取得媾和。处于齐、楚两大国之间而屈从于压力，难道是我们的罪过吗？大国如果不加谅解，我们将无处逃避你们的挑战。"

晋国的巩朔到郑国媾和修好，赵穿、公婿池到那儿去当人质。

沈玉成译

王孙满对楚子 宣公三年

楚子伐陆浑之戎①，遂至于雒②，观兵于周疆。定王使王孙满劳楚子③。楚子问鼎之大小、轻重焉。对曰："在德不在鼎。昔夏之方有德也，远方图物，贡金九牧，铸鼎象物，百物而为之备，使民知神、奸。故民入川泽、山林，不逢不若④。螭魅罔两，莫能逢之。用能协于上下，以承天休。桀有昏德，鼎迁于商，载祀六百。商纣暴虐，鼎迁于周。德之休明，虽小，重也。其奸回昏乱，虽大，轻也。天祚明德，有所底止。成王定鼎于郏鄏⑤，卜世三十，卜年七百，天所命也。周德虽衰，天命未改。鼎之轻重，未可问也。"

①楚子：即楚庄王。　陆浑之戎：指古代西北少数民族的一支。戎是对西北少数民族的称呼。　②雒：同"洛"。洛水源出陕西，经河南入黄河。　③王孙满：周大夫。　④不若：不顺利。　⑤郏(jiá)鄏(rǔ)：东周王城，在今河南洛阳。

【译　文】

楚王攻打陆浑之戎，乘机到达雒水，在周朝境内陈兵示威。周定王派王孙满慰劳楚王。楚王问起九鼎的大小轻重。王孙满回答说："大小轻重在于德而不在于鼎本身。从前夏王朝正当有德的时候，远方的国家把物产画成图像进献，九州的长官进贡青铜，铸造九鼎并把图像铸在鼎上，各种东西都具备，让百姓认识神鬼恶物的形状。所以百姓进入川泽、山林，就不会碰上不顺利的事。妖魔鬼怪，都不会碰上。因而能够使上下和谐，以承受上天的福佑。夏桀昏乱，鼎迁到商朝，前后六百年。商纣暴虐，鼎又迁到周朝。德行美善光明，鼎虽然小，也是重的；如果邪恶昏乱，鼎虽然大，也是轻的。上天赐福给有德之人，是有固定期限的。成王把九鼎安放在郏鄏，占卜预告传世三十代，享国七百年，这是上天所命令的。周室的德行虽然衰减，天命并没有改变。鼎的轻重，是不能询问的。"

沈玉成译

齐国佐不辱命 成公二年

晋师从齐师，入自丘舆①，击马陉②。齐侯使宾媚人赂以纪甗、玉磬与地③。"不可，则听客之所为。"

宾媚人致赂，晋人不可，曰："必以萧同叔子为质④，而使齐之封内尽东其亩。"对曰："萧同叔子非他，寡君之母也。若以匹敌，则亦晋君之母也。吾子布大命于诸侯，而曰必质其母以为信，其若王命何？且是以不孝令也。《诗》曰：'孝子不匮，永锡尔类。'若以不孝令于诸侯，其无乃非德类也乎？先王疆理天下，物土之宜，而布其利。故《诗》曰：'我疆我理，南东其亩。'今吾子疆理诸侯，而曰'尽东其亩'而已，唯吾子戎车是利，无顾土宜，其无乃非先王之命也乎？反先王则不义，何以为盟主？其晋实有阙。四王之王也⑤，树德而济同欲焉；五伯之霸也⑥，勤而抚之，以役王命。今吾子求合诸侯，以逞无疆之欲，《诗》曰：'布政优优，百禄是遒。'子实不优，而弃百禄，诸侯何害焉？不然，寡君之命使臣，则有辞矣。曰：'子以君师辱于敝邑，不腆敝赋⑦，以犒从者。畏君之震，师徒挠败。吾子惠徼齐国之福⑧，不泯其社稷，使继旧好，唯是先君之敝器、土地不敢爱。子又不许，请收合余烬，背城借一。敝邑

34

之幸，亦云从也；况其不幸，敢不唯命是听？'"

①丘舆：齐地，在今山东益都西南。　　②马陉：齐地，在今山东淄博东南。
③宾媚人：即国佐，宾姓，媚人族，齐大夫。　纪：古国名，在今山东寿光南，为齐所
灭。　甗（yǎn）：炊器，陶或青铜制作。　玉磬：玉制乐器。　④萧同叔子：齐顷
公母亲。萧，国名。同叔，萧国国君，齐顷公外祖父。子，指同叔女儿。　　⑤四
王：指禹、汤、周文王和周武王。　王（wàng）：以德治天下。　　⑥五伯（bà）：一
说指夏的昆吾、商的大彭和豕韦、周的齐桓和晋文，又一说指齐桓公、宋襄公、晋文
公、秦穆公、楚庄王。伯，通"霸"。　　⑦腆（tiǎn）：厚。　　⑧徼（yāo）：通"邀"，
求取，谋求。

【译　文】

　　晋军追赶齐军，从丘舆进入齐国，攻打马陉。齐顷公派宾媚人送上
纪甗、玉磬和土地，说："如果他们不答应媾和，就随他们怎么办吧！"
　　宾媚人送上礼物，晋国人不答应，说："一定要拿萧同叔女儿做人
质，而且要使齐国境内的田垄全部东向。"宾媚人回答说："萧同叔女
儿不是别人，是寡君的母亲。如果从对等地位来说，也就是晋君的母
亲。您在诸侯中发布重大命令，反而说一定要拿别人的母亲作为人质
以取信，那又打算怎么对待周天子的命令呢？而且这是用不孝号令诸
侯。《诗》说：'孝子的心意不会竭尽，永远可以赐福同类。'如果用不孝
号令诸侯，这恐怕不符合道德的要求吧？先王划定天下土地疆界，因
地制宜，而做有利的布置。所以《诗》说：'我划定疆界、分别田里，南
向东向开辟田亩。'现在您划定诸侯的疆界田里，却只宣布'田垄全部
东向'，只管您的兵车有利，不顾地势是否适宜，这恐怕不是先王的政令
吧？违反先王就是不合道义，怎么做盟主？这样，晋国就有过错了。四
王统一天下，树立德行而满足大家的欲望；五伯领袖诸侯，自己勤劳而安
抚大家，执行天子的命令。现在您要求会合诸侯，来满足没有止境的
欲望，《诗》说：'政事推行宽大舒徐，各种福禄都将积聚。'您如果确实
不能宽大，抛弃各种福禄，对诸侯有什么害处呢？如果您不答应，寡君

命令我使臣，就有另外的话了。寡君命令说：'您带领贵国国君的军队光临敝邑，敝邑用不富厚的财物，来犒赏您的随从。由于害怕贵国国君的震怒，军队战败了。您能开恩而为齐国求福，不灭亡我们的国家，让敝邑和贵国继续过去的友好，那么先君的破旧器物、土地是不敢爱惜的。您如果又不肯允许，敝邑请求收集残余军队，背靠城墙借机会再图一战。敝邑有幸战胜，也会服从贵国的；何况不幸而再战败，岂敢不唯命是听？'"

沈玉成译

楚归晋知罃 成公三年

晋人归楚公子穀臣与连尹襄老之尸于楚①，以求知罃②。于是荀首佐中军矣，故楚人许之。

王送知罃，曰："子其怨我乎？"对曰："二国治戎，臣不才，不胜其任，以为俘馘③。执事不以衅鼓④，使归即戮，君之惠也。臣实不才，又谁敢怨？"王曰："然则德我乎？"对曰："二国图其社稷，而求纾其民，各惩其忿，以相宥也。两释累囚，以成其好。二国有好，臣不与及，其谁敢德？"王曰："子归，何以报我？"对曰："臣不任受怨，君亦不任受德，无怨无德，不知所报。"王曰："虽然，必告不穀⑤。"对曰："以君之灵，累臣得归骨于晋，寡君之以为戮，死且不朽。若从君惠而免之，以赐君之外臣首；首其请于寡君，而以戮于宗，亦死且不朽。若不获命，而使嗣宗职，次及于事，而帅。偏师以修封疆，虽遇执事，其弗敢违，其竭力致死，无有二心，以尽臣礼，所以报也。"王曰："晋未可与争。"重为之礼而归之。

①穀臣：楚庄王的儿子。　连尹：官名。　②知罃(yīng)：晋大夫，荀首之子。　③俘馘(guó)：俘虏。馘，割耳。古代战争时以割取敌人左耳来记军功。④衅鼓：用血涂在鼓上。是古代的一种祭礼。　⑤不穀：诸侯的谦称。

【译　文】

　　晋国人把楚国公子榖臣和连尹襄老的尸体归还给楚国,以此要求交换知罃。当时荀首已经是中军副帅,所以楚国人答应了。

　　楚共王送别知罃,说:"您大概怨恨我吧?"知罃回答说:"两国兴兵,下臣缺乏才能,不能胜任,所以被俘。君王的官员没有用我来祭鼓,让我回国接受诛戮,这是君王的恩惠。下臣实在没有才能,又敢怨谁?"楚共王说:"既然这样,那么感激我吗?"知罃回答说:"两国为自己的国家打算,希望让百姓解脱,各自克制愤怒来互相谅解,两国都释放被俘的囚徒来缔结友好。两国友好,并不是为了下臣,又敢感激谁?"楚共王说:"您回去,用什么报答我?"回答说:"下臣不应当有怨恨,君王也不应当受感激,没有怨恨没有感激,不知道该报答什么。"楚共王说:"尽管如此,还是一定要告诉我。"回答说:"托君王的福,被囚的下臣能保全身体,回到晋国,寡君如果加以诛戮,死而不朽。如果跟君王一样开恩而赦免下臣,把下臣赐给君王的外臣荀首;荀首向寡君请求,把下臣在宗庙中加以诛戮,也是死而不朽。如果没有得到诛戮的命令,让下臣继承宗族的世职,承担晋国的军事要职,并率领一部分军队,加强边境的防御,即使遇上您手下人,也不敢违抗自己的使命,只有竭尽全力以至于死,没有别的念头,以尽臣下的职责,这就是用来报答于君王的。"楚共王说:"晋国是不能和它争斗的。"对荀罃加倍优待然后放他回去。

沈玉成译

吕相绝秦 成公十三年

　　晋侯使吕相绝秦[①],曰:

　　"昔逮我献公及穆公相好,戮力同心,申之以盟誓,重之以昏姻。天祸晋国,文公如齐,惠公如秦。无禄,献公即世。穆公不忘旧德,俾我惠公用能奉祀于晋。又不能成大勋，而为韩之师②。亦悔于厥心，用集我文公，是穆之成也。

"文公躬擐甲胄③，跋履山川，逾越险阻，征东之诸侯，虞、夏、商、周之胤而朝诸秦，则亦既报旧德矣。郑人怒君之疆场④，我文公帅诸侯及秦围郑。秦大夫不询于我寡君，擅及郑盟。诸侯疾之，将致命于秦。文公恐惧，绥靖诸侯，秦师克还无害，则是我有大造于西也。

"无禄，文公即世，穆为不吊，蔑死我君，寡我襄公，迭我殽地⑤，奸绝我好，伐我保城，殄灭我费滑⑥，散离我兄弟，扰乱我同盟，倾覆我国家。我襄公未忘君之旧勋，而惧社稷之陨，是以有殽之师。犹愿赦罪于穆公。穆公弗听，而即楚谋我。天诱其衷，成王陨命，穆公是以不克逞志于我。

"穆、襄即世，康、灵即位。康公，我之自出，又欲阙剪我公室⑦，倾覆我社稷，帅我蟊贼⑧，以来荡摇我边疆，我是以有令狐之役⑨。康犹不悛⑩，入我河曲⑪，伐我涑川⑫，俘我王官⑬，剪我羁马⑭，我是以有河曲之战。东道之不通，则是康公绝我好也。

"及君之嗣也，我君景公引领西望曰：'庶抚我乎！'君亦不惠称盟，利吾有狄难，入我河县，焚我箕、郜⑮，芟夷我农功，虔刘我边陲，我是以有辅氏之聚⑯。君亦悔祸之延，而欲徼福于先君献、穆，使伯车来命我景公曰⑰：'吾与女同好弃恶，复修旧德，以追念前勋。'言誓未就，景公即世，我寡君是以有令狐之会。君又不祥，背弃盟誓。白狄及君同州⑱，君之仇雠，而我之昏姻也。君来赐命曰：'吾与女伐狄。'寡君不敢顾昏姻，畏君之威，而受命于使。君有二心于狄，曰：'晋将伐女。'狄应且憎，是用告我。楚人恶君之二三其德也，亦来告我曰：'秦背令狐之盟，而来求盟于我，昭告昊天上帝、秦三公、楚三王曰："余虽与晋出入，余唯利是视。"不榖恶其无成德，是用宣之，以惩不一。'诸侯备闻此言，斯是用痛心疾首，昵就寡人。寡人帅以听命，唯好是求。君若惠顾诸侯，矜哀寡人，而赐之盟，则寡人之愿也，其承宁诸侯以退，岂敢徼乱？君若不施大惠，寡人不佞，其不能以诸侯退矣。

"敢尽布之执事，俾执事实图利之。"

①吕相:晋大夫魏锜之子。 ②韩:韩原,故城在今山西河津东。 ③擐(huàn):披。 ④疆场(yì):疆界,边境。 ⑤殽(yáo):在今河南洛宁西北。 ⑥费滑:滑国,姬姓,都于费,在今河南偃师东南。 ⑦阙:通"掘",挖掘。 ⑧蟊(máo)贼:吃禾苗的害虫,比喻内奸。 ⑨令狐:在今山西临猗西南。 ⑩悛(quān):悔改。 ⑪河曲:晋地名,在今山西芮城西风陵渡一带黄河曲流处。 ⑫涑川:水名,即今山西西南部黄河支流涑水河。 ⑬王官:晋地名,在今山西闻喜南。 ⑭羁马:晋地名,在今山西永济西南。 ⑮箕:晋邑,在今山西蒲县箕城。 郜:晋邑,在今山西祁县西。 ⑯辅氏:晋地名,在今陕西大荔。 ⑰伯车:秦桓公的儿子。 ⑱白狄:狄族的一支。

【译 文】

晋厉公派吕相去秦国宣布绝交,说:

"过去自从我们献公和穆公互相友好,合力同心,用盟誓表明它,又用婚姻巩固它。上天降祸晋国,文公到了齐国,惠公到了秦国。不幸,献公去世。穆公不忘记过去的恩德,使我们惠公能够在晋国主持祭祀,但又没有能完成这一重大功业,反而有了韩地这一战役。穆公心里后悔,因此扶助我们文公。这是穆公安定晋国的功绩。

"文公亲自披甲胄,跋涉山川,逾越艰难险阻,征讨东方的诸侯,让虞、夏、商、周的后裔都来朝见秦国,这也就已经报答过去的恩德了。郑国人侵犯君主的边境,我们文公率领诸侯和秦国一起包围郑国。秦国的大夫没有向寡君征询,擅自和郑国订立盟约。诸侯为此愤恨,准备和秦国拼命。文公为此忧惧,安抚诸侯,秦军得以回国而没有受到损害,这就是我们对西方有极大贡献了。

"不幸,文公去世,穆公不来吊唁,蔑视我们死去的国君,欺凌我们襄公软弱,侵犯我们的崤地,断绝我们的友好,攻打我们的城堡,灭亡我们的滑国,离间我们的兄弟之邦,扰乱我们的同盟之国,颠覆我们的社稷家园。我们襄公没有忘记君主过去的功劳,而又害怕国家的倾覆,所以才有崤地这次战役。但还是希望向穆公解释自己的罪过。穆公不答应,反而靠拢楚国打我们的主意。上天有眼,楚成王丧命,穆公因此不能在我国得逞。

"穆公、襄公去世，康公、灵公即位。康公，是我国穆姬所生的，却又想损害我们公室，颠覆我们社稷，领着我国的内奸，前来动摇我们的边疆，于是我国才有令狐这次战役。康公还是不肯悔改，进入我国的河曲，攻打我国的涑川，侵占我国的王官，切断我国的羁马，于是我国才有河曲这次战役。东边道路的不通，就是由于康公跟我们断绝友好的缘故。

　　"等到君主继位以后，我们的国君景公伸着脖子遥望西边说：'大概要安抚我们了吧！'然而君主不肯加恩结盟，反而乘我有狄人骚扰之难的机会，进入我国的河县，焚烧我国的箕地、郜地，抢割我国的庄稼，杀戮我国的边民，我国因此而有辅氏的战役。君主也后悔灾祸蔓延，而想求福于先君献公和穆公，派遣伯车来命令我们景公说：'我跟你同心同德，抛弃怨恨，重新恢复以往的恩惠，以追念前人的勋劳。'盟誓还没有完成，景公就去世了，我们寡君因此而有令狐的会见。君主又不做好事，背弃了盟誓。白狄跟君主同在雍州，是君主的仇人，我们的姻亲。君主派人来命令说：'我跟你攻打狄人。'寡君不敢顾惜婚姻关系，害怕君主的威严，就向官吏下达这一命令。君主两面三刀，对狄人说：'晋国将要攻打你们。'狄人一方面答应一方面又讨厌，因此告诉了我们。楚国人讨厌君主的反复无常，也来告诉我们说：'秦国背弃令狐的盟约，却来向我国请求结盟。祝告皇天上帝、秦国的三位先公、楚国的三位先王说："我虽然和晋国有来往，我不过是图谋利益而已。"我讨厌他缺乏固有的道德，因此把真相宣布，用来惩戒言行不一。'诸侯全都听到这些话，因此痛心疾首，来亲近寡人。寡人率领诸侯来听取君主的命令，只是为了请求友好。君主如果加恩于诸侯、怜悯寡人，而赐给我们盟约，那就是寡人的愿望，就会让诸侯安定而退走，哪里还敢希求动乱？君主如果不施大恩，寡人不才，就不能率领诸侯退走了。

　　"谨把详情全部报告于您的左右，请您的左右把利害估量一下。"

沈玉成译

驹支不屈于晋 襄公十四年

会于向①,将执戎子驹支②。

范宣子亲数诸朝③,曰:"来!姜戎氏!昔秦人迫逐乃祖吾离于瓜州④,乃祖吾离被苫盖、蒙荆棘以来归我先君,我先君惠公有不腆之田,与女剖分而食之。今诸侯之事我寡君不如昔者,盖言语漏泄,则职女之由。诘朝之事,尔无与焉。与,将执女。"

对曰:"昔秦人负恃其众,贪于土地,逐我诸戎。惠公蠲其大德⑤,谓我诸戎,是四岳之裔胄也⑥,毋是剪弃。赐我南鄙之田,狐狸所居,豺狼所嗥。我诸戎除剪其荆棘,驱其狐狸豺狼,以为先君不侵不叛之臣,至于今不贰。昔文公与秦伐郑,秦人窃与郑盟,而舍戍焉,于是乎有殽之师。晋御其上,戎亢其下⑦,秦师不复,我诸戎实然。譬如捕鹿,晋人角之,诸戎掎之⑧,与晋踣之。戎何以不免?自是以来,晋之百役,与我诸戎相继于时,以从执政,犹殽志也,岂敢离逖⑨?今官之师旅无乃实有所阙,以携诸侯,而罪我诸戎!我诸戎饮食衣服不与华同,贽币不通⑩,言语不达,何恶之能为?不与于会,亦无瞢焉。"赋《青蝇》而退⑪。

宣子辞焉,使即事于会,成恺悌也。

①向:吴地,在今安徽怀远。　②戎子驹支:姜戎族首领,名驹支。　③范宣子:晋国大臣。　④瓜州:地名,在今甘肃敦煌。　⑤蠲(juān):显示。⑥四岳:传说为尧、舜时四方部落首领。　⑦亢:同"抗",抵抗。　⑧掎(jǐ):拉住。　⑨逖(tì):疏远。　⑩贽币:见面时赠送的财物。　⑪《青蝇》:《诗经·小雅》中的诗篇名。

【译 文】

诸侯在向地会见。晋国人打算拘捕戎子驹支。

范宣子亲自在朝廷上责备他,说:"过来,姜戎氏!从前秦国人在瓜州追赶你的祖父吾离,你的祖父吾离身披蓑衣、头戴草帽来归附我国先君。我国先君惠公拥有并不丰厚的田地,还和你们平分而靠它吃饭。现在诸侯事奉我国国君所以不如以前,这是因为说话泄露机密,责任在你身上。明天早晨的诸侯会见,你不要参加了。如果参加,就会把你拘捕。"

戎子回答说:"从前秦国人仗着他们人多,贪求土地,驱逐我们各部戎人。惠公显示了他重大的恩德,说我们各部戎人,都是四岳的后代,不能加以去除丢弃。赐给我们南部边境的田地,狐狸在这里居住,豺狼在这里嗥叫。我们各部戎人砍伐这里的荆棘,驱除这里的狐狸豺狼,作为不侵犯不背叛先君的臣下,直到如今没有二心。从前文公和秦国攻打郑国,秦国人私下和郑国结盟而在那里安排了戍守的军队,因此就有了崤地的战役。晋国在上边抵御,戎人在下边对抗,秦国的军队回不去,实在是我们各部戎人让他们这样的。譬如捕鹿,晋国人抓住角,各部戎人拖住腿,和晋国人合力让它躺倒。戎人为什么还不能免于罪责?从此以后,晋国的多次战役,我们各部戎人一个接着一个不失时机地参加,以追随执事,如同崤地战役的态度一样,哪里敢有违背?现在晋国的官员恐怕是有不周到的地方,因而使诸侯有了二心,反倒加罪于我们各部戎人!我们各部戎人饮食衣服和中原不同,财礼不相往来,言语不通,能够做什么坏事呢?不参加会见,也没有什么不痛快的。"赋了《青蝇》这首诗然后退下。

范宣子表示歉意,让他参加会见的事务,显示了平易而不听谗言的美德。

沈玉成译

祁奚请免叔向 襄公二十一年

栾盈出奔楚①。宣子杀羊舌虎②，囚叔向③。

人谓叔向曰："子离于罪，其为不知乎？"叔向曰："与其死亡若何？《诗》曰：'优哉游哉，聊以卒岁④。'知也。"

乐王鲋见叔向⑤，曰："吾为子请。"叔向弗应。出，不拜。其人皆咎叔向。叔向曰："必祁大夫。"室老闻之，曰："乐王鲋言于君无不行，求赦吾子，吾子不许。祁大夫所不能也，而曰必由之，何也？"叔向曰："乐王鲋，从君者也，何能行？祁大夫外举不弃仇，内举不失亲，其独遗我乎？《诗》曰：'有觉德行，四国顺之⑥。'夫子，觉者也。"

晋侯问叔向之罪于乐王鲋。对曰："不弃其亲，其有焉。"

于是祁奚老矣，闻之，乘驲而见宣子⑦，曰："《诗》曰：'惠我无疆，子孙保之⑧。'《书》曰：'圣有谟勋，明征定保⑨。'夫谋而鲜过、惠训不倦者，叔向有焉，社稷之固也，犹将十世宥之，以劝能者。今壹不免其身，以弃社稷，不亦惑乎？鲧殛而禹兴，伊尹放大甲而相之，卒无怨色；管、蔡为戮，周公右王。若之何其以虎也弃社稷？子为善，谁敢不勉？多杀何为？"宣子说，与之乘，以言诸公而免之。不见叔向而归，叔向亦不告免焉而朝。

①栾盈：晋大夫。与大臣范宣子争权失利而逃亡。　②宣子：即范宣子，晋国大臣。　羊舌虎：晋大夫。　③叔向：即羊舌肸(xī)，羊舌虎兄，晋大夫。④"优哉游哉"二句：出自《诗经·小雅·采菽》。　⑤乐王鲋(fù)：晋大夫。⑥"有觉德行"二句：出自《诗经·大雅·抑》。　⑦驲(rì)：古代驿站专用的车。⑧"惠我无疆"二句：出自《诗经·周颂·烈文》。　⑨"圣有谟勋"二句：出自《古文尚书·夏书·胤征》。谟，谋略。

【译 文】

　　栾盈逃亡到楚国。范宣子杀了羊舌虎,囚禁了叔向。

　　有人对叔向说:"您遭到罪过,恐怕是由于不明智吧?"叔向说:"比起死和逃亡来怎么样?《诗》说:'自在啊逍遥啊,姑且以此度过岁月。'这正是明智啊。"

　　乐王鲋去见叔向,说:"我为您去请求。"叔向没有回答。乐王鲋退出,叔向又不按礼仪拜送。叔向的手下人都认为他有过错。叔向说:"一定要祁大夫才能办成。"家臣首领听到了,说:"乐王鲋对国君说的话没有不照办的,他想请求赦免您,您又不同意。祁大夫所做不到的,而您又说一定要由他去办,这是为什么?"叔向说:"乐王鲋,是顺从国君的人,哪里能办得到?祁大夫举拔宗族外的人不摒弃仇人,举拔宗族内的人不遗落亲人,难道独独会留下我吗?《诗》说:'有正直的德行,四方的国家向他归顺。'他老先生就是正直的人。"

　　晋侯向乐王鲋询问叔向的罪过。乐王鲋回答说:"不背弃他的亲人,他可能是参加策划叛乱的。"

　　当时祁奚已经告老退休了,听到这情况,坐上传车而去拜见范宣子,说:"《诗》说:'赐给我们的恩惠没有边际,子子孙孙永远保持。'《书》说:'智慧的人有谋略之功,应当相信保护。'说到谋略而少有过错、教育别人而不知疲倦的,叔向就是这样的人,他是国家的柱石,即使十代子孙有了过错还要赦免,用来勉励有能力的人。现在一次获罪就连本身不能赦免,抛弃国家的栋梁,这不也使人困惑吗?鲧被杀而禹兴起;伊尹放逐太甲而又做他的宰相,太甲始终没有怨恨的样子;管叔、蔡叔被诛戮,周公辅佐成王。为什么他要为了羊舌虎抛弃社稷之臣呢?您做了好事,谁敢不努力?多杀人干什么?"宣子高兴了,和他共乘一辆车子,向晋侯劝说而赦免了叔向。祁奚不去见叔向就回去了,叔向也不向祁奚报告得到赦免而直接去朝见晋平公。

沈玉成译

子产告范宣子轻币 襄公二十四年

范宣子为政①，诸侯之币重②，郑人病之。

二月，郑伯如晋③。子产寓书于子西④，以告宣子，曰："子为晋国，四邻诸侯不闻令德，而闻重币，侨也惑之。侨闻君子长国家者，非无贿之患，而无令名之难。夫诸侯之贿聚于公室，则诸侯贰。若吾子赖之，则晋国贰。诸侯贰，则晋国坏；晋国贰，则子之家坏，何没没也！将焉用贿？夫令名，德之舆也；德，国家之基也。有基无坏，无亦是务乎！有德则乐，乐则能久。《诗》云⑤，'乐只君子，邦家之基'，有令德也夫！'上帝临女，无贰尔心'，有令名也夫！恕思以明德，则令名载而行之，是以远至迩安⑥。毋宁使人谓之'子实生我'，而谓'子浚我以生'乎？象有齿以焚其身，贿也。"

宣子说⑦，乃轻币。

①范宣子：晋国执政大臣。　　②币：财礼。　　③郑伯：郑简公。　　④子产：公孙侨，字子产，又字子美，郑简公十二年（前554）为卿。　　子西：公孙夏，郑大夫。　　⑤《诗》云：以下分别引自《诗经·小雅·南山有台》及《诗经·大雅·大明》。　　⑥迩（ěr）：近。　　⑦说（yuè）：同"悦"。

【译　文】

范宣子执政，诸侯朝见晋国时的贡品很重，郑国人对此感到头痛。

二月，郑伯去到晋国，子产寄信给子西，让他告诉范宣子说："您治理晋国，四邻的诸侯不听说美德而听说要很重的贡品，侨对这种情况感到迷惑。侨听说君子领导国家和家族的，不是担心没有财礼，而是害怕没有好名声。诸侯的财货聚集在国君家里，那么诸侯就会离异；如果您从中取利，那么晋国的内部就不团结。诸侯怀有二心，那么晋国就受到损害；晋国内部不一致，那么您的家就受到损害。为什么那么糊涂呢！哪里还用得着财货？好名声，是装载德行远远传播的车子；德行，是国家的根基。有了基础才不至于毁坏，不应当于此致力吗？有了德行就快乐，快乐就能长久。《诗》说，'快乐啊君子，是国家和家族的基础'，这是因为有美德吧！'天帝在你的上面，你不要三心二意'，这是因为有好名声吧！用谅解来发扬德行，那么好名声就四处传播，因此远方的人来附，近处的人安心。您是宁可让人对您说'您确实养活了我'，还是对您说'您榨取我来养活自己'呢？象有了象牙而毁了自己，是由于它值钱的缘故。"

范宣子很高兴，就减轻了贡品。

沈玉成译

晏子不死君难 襄公二十五年

崔武子见棠姜而美之①，遂取之。庄公通焉，崔子弑之。

晏子立于崔氏之门外②，其人曰："死乎？"曰："独吾君也乎哉，吾死也？"曰："行乎？"曰："吾罪也乎哉，吾亡也？"曰："归乎？"曰："君死，安归？君民者，岂以陵民？社稷是主。臣君者，岂为其口实，社稷是养。故君为社稷死，则死之；为社稷亡，则亡之。若为己死，而为己亡，非其私昵，谁敢任之？且人有君而弑之，吾焉得死之？而焉得亡之？将庸何归？"门启而入，枕尸股而哭。兴，三踊而出。人谓崔子："必杀之！"崔子曰："民之望也，舍之，得民。"

①崔武子：崔杼，齐国卿。　棠姜：齐国大夫棠公之妻，棠公死后嫁给崔杼。
②晏子：晏婴，字平仲。历仕齐灵公、庄公、景公三世，曾任齐卿。

【译 文】

　　崔武子见到棠姜觉得她很美,于是就娶了她。齐庄公和她私通,崔武子杀了齐庄公。

　　晏子站在崔氏的门外边,他的手下人说:"死吗?"晏子说:"光是我一个人的国君吗,我死?"手下人说:"走吗?"晏子说:"是我的罪过吗,我逃之?"说:"回去吗?"晏子说:"国君死了,回哪儿去? 作为百姓的君主,难道是用他的地位来高踞于百姓之上? 应当主持国政。作为君主的臣下,难道是为了他的俸禄? 应当保养国家。所以君主为国家而死,那么臣下也就为他而死;君主为国家而逃亡,那么臣下也就为他而逃亡。如果君主是为自己而死,为自己而逃亡,不是他自己宠爱的人,谁敢承担责任? 而且受君主宠爱的人反而杀死了他,我哪里能为他死? 哪里能为他而逃亡? 但是又能回到哪里去呢?"大门打开,晏子进去,把庄公的尸体放在自己腿上而号哭,哭完站起来跳了三下以后才出去。有人对崔武子说:"一定要杀了他!"崔武子说:"他是百姓仰望的人,放了他,可以得民心。"

沈玉成译

季札观周乐 襄公二十九年

　　吴公子札来聘①。请观于周乐。使工为之歌《周南》《召南》②,曰:"美哉! 始基之矣,犹未也,然勤而不怨矣。"为之歌《邶》《鄘》《卫》③,曰:"美哉,渊乎! 忧而不困者也。吾闻卫康叔、武公之德如是④,是其《卫风》乎!"为之歌《王》⑤,曰:"美哉! 思而不惧,其周之东乎!"为之歌《郑》⑥,曰:"美哉! 其细已甚,民弗堪也。是其先亡乎?"为之歌《齐》⑦,曰:"美哉! 泱泱乎,大风也哉! 表东海者,其大公乎? 国未可量也。"

　　为之歌《豳》⑧,曰:"美哉,荡乎! 乐而不淫,其周公之东乎?"为之歌《秦》⑨，曰："此之谓夏声。夫能夏则大，大之至也，其周之旧乎！"为之歌《魏》⑩，曰："美哉，沨沨乎⑪！大而婉，险而易行，以德辅此，则明主也。"为之歌《唐》⑫，曰："思深哉！其有陶唐氏之遗民乎⑬？不然，何忧之远也？非令德之后，谁能若是？"为之歌《陈》⑭，曰："国无主，其能久乎！"自《郐》以下无讥焉⑮。

为之歌《小雅》⑯，曰："美哉！思而不贰，怨而不言，其周德之衰乎？犹有先王之遗民焉。"为之歌《大雅》⑰，曰："广哉，熙熙乎！曲而有直体，其文王之德乎！"

为之歌《颂》⑱，曰："至矣哉！直而不倨，曲而不屈，迩而不逼，远而不携，迁而不淫，复而不厌，哀而不愁，乐而不荒，用而不匮，广而不宣，施而不费，取而不贪，处而不底，行而不流。五声和⑲，八风平，节有度，守有序，盛德之所同也。"

见舞《象箾》《南籥》者⑳，曰："美哉！犹有憾。"见舞《大武》者㉑，曰："美哉！周之盛也，其若此乎！"见舞《韶濩》者㉒，曰："圣人之弘也，而犹有惭德，圣人之难也。"见舞《大夏》者㉓，曰："美哉！勤而不德，非禹，其谁能修之？"见舞《韶箾》者㉔，曰："德至矣哉，大矣！如天之无不帱也㉕，如地之无不载也。虽甚盛德，其蔑以加于此矣。观止矣！若有他乐，吾不敢请已。"

①公子札：即季札，吴王寿梦的小儿子。　②《周南》《召（shào）南》：采自周、召地方的乐歌。周、召是周公、召公的封地，在今长江、汉水一带。　③《邶（bèi）》《鄘》《卫》：采自邶、鄘、卫地区的乐歌。邶，是殷纣王子武庚的封地，在今河南汤阴；鄘，是周武王弟管叔的封地，在今河南汲县；卫，是周武王弟康叔的封地，在今河南淇县。　④武公：康叔九世孙。　⑤《王》：采自王地的乐歌。王，周朝东都，周平王迁都于此，在今河南洛阳。　⑥《郑》：采自郑地的乐歌。郑，春秋国名，在今河南新郑、郑州、荥阳一带。　⑦《齐》：采自齐地的乐歌。春秋时齐国包括今山东东北和中部。　⑧《豳（bīn）》：采自豳地的乐歌。豳，周代公刘曾迁都于此，西周亡后归于秦，在今陕西旬邑、彬县一带。　⑨《秦》：采自秦地的乐歌。秦，古国，春秋时在今陕西、甘肃一带。　⑩《魏》：采自魏地的乐歌。魏国，西周和春秋时在今山西芮城。　⑪沨沨（féng）：形容音乐婉转悠然。

⑫《唐》:采自唐地的乐歌。唐,周叔虞的封地,在今山西南部。　⑬陶(yáo)唐氏:即唐尧。　⑭《陈》:采自陈地的乐歌。陈国在今河南东南及安徽北部。
⑮《郐(kuài)》:采自郐地的乐歌。郐也作桧,周初封地,在今河南郑州南。
⑯《小雅》:主要是贵族作品,也有一些民间歌谣,多创作于西周晚期。　⑰《大雅》:西周时期贵族作品。　⑱《颂》:祭祀所用乐歌。有周颂、鲁颂、商颂。
⑲五声:指宫、商、角、徵、羽五声音阶。　⑳《象箾(shuò)》:执竿而舞,这是一种显示勇武的舞蹈。箾,是舞蹈者手持的竿。　《南籥(yuè)》:执籥而舞,这是一种象征文明的舞蹈。籥,古乐器,但也用作舞蹈者手持的道具。　㉑《大武》:歌颂周武王的乐舞。　㉒《韶濩(huò)》:歌颂商汤的乐舞。　㉓《大夏》:歌颂夏禹的乐舞。　㉔《韶箾(xiāo)》:虞舜时的乐舞。又作箫韶。　㉕帱(dào):覆盖。

【译　文】

　　吴国的公子札前来聘问,请求观赏周朝的音乐舞蹈。让乐工为他演唱《周南》《召南》,他说:"美好啊! 开始奠定基础了,还没有完成,然而百姓勤劳而不怨恨了。"为他演唱《邶》《鄘》《卫》,他说:"美好啊,深厚啊! 哀愁而不窘迫。卫康叔、武公的德行就像这样,这恐怕就是《卫风》吧!"为他演唱《王》,他说:"美好啊! 忧虑而不恐惧,恐怕是周室东迁以后的音乐吧!"为他演唱《郑》,他说:"美好啊! 但它琐碎得太过分了,百姓不能忍受的。这恐怕是要先灭亡的吧!"为他演唱《齐》,他说:"美好啊,宏大啊! 这是大国的音乐啊! 作为东海的表率的,恐怕是太公的国家吧! 国家不可限量啊!"

　　为他演唱《豳》,他说:"美好啊! 宽大啊! 欢乐而不过度,恐怕是周公东征的音乐吧!"为他演唱《秦》,他说:"这就叫作'夏声'。能发夏声就是宏大,宏大到极点了,恐怕是周朝的旧乐吧!"为他演唱《魏》,他说:"美好啊,抑扬浮动啊! 粗犷而婉转,急促而易于行腔,用德行加以辅助,就是贤明的君主了。"为他演唱《唐》,他说:"思虑深远啊! 恐怕有陶唐氏的遗民吧! 要不是这样,为什么忧思如此深远呢? 不是盛德之人的后裔,谁能像这样?"为他演唱《陈》,他说:"国家没有主人,难道能长久吗?"从《郐》以下,就没有评论了。

为他演唱《小雅》，他说："美好啊！忧愁而没有二心，怨恨而不形于言语，恐怕是周朝德行衰微时的音乐吧！还是有先王的遗民啊。"为他演唱《大雅》，他说："宽广啊，和美啊！抑扬曲折而本体刚劲，恐怕是文王的德行吧！"

为他演唱《颂》，他说："到达顶点了！正直而不放肆，曲从而不卑下，紧密而不局促，悠远而不散漫，变化而不过分，反复而不厌倦，哀伤而不忧愁，欢乐而不荒淫；用取而不匮乏，宽广而不显露，施予而不损耗，吸收而不贪婪；静止而不停滞，行进而不流荡。五声协调，八风和谐。节拍合于节度，演奏按照次序，这是盛德的人共同具有的。"

看到跳《象箾》《南籥》舞的，公子札说："美好啊！还有遗憾。"看到跳《大武》舞的，说："美好啊！周朝兴盛的时候，恐怕就是这样吧！"看到跳《韶濩》舞的，说："像圣人那样的弘大，尚且还有缺点而内愧，当圣人不容易啊！"看到跳《大夏》舞的，说："美好啊！勤劳而不自居于有德，不是禹，谁能够办到？"看到跳《韶箾》舞的，说："功德到达极点了，伟大啊！像苍天的无不覆盖，像大地的无不承载。这样盛大的德行，不能再比它有所增加了。观赏就到这里吧！如果还有其他音乐，我不敢再请求了。"

沈玉成译

子产坏晋馆垣 襄公三十一年

子产相郑伯以如晋①，晋侯以我丧故②，未之见也。子产使尽坏其馆之垣而纳车马焉。士文伯让之③，曰："敝邑以政刑之不修，寇盗充斥，无若诸侯之属辱在寡君者何？是以令吏人完客所馆，高其闬闳④，厚其墙垣，以无忧客使。今吾子坏之，虽从者能戒，其若异客何？以敝邑之为盟主，缮完葺墙，以待宾客。若皆毁之，其何以共命？寡君使匄请命。"对曰："以敝邑褊小，介于大国，诛求无时，是以不敢宁居，悉索敝赋，以来会时事。逢执事之不闲，而未得见；又不获闻命，未知见时。不敢输币，亦不敢暴露。其输之，则君之府实也，非荐陈之，不敢输也。其暴露之，则恐燥湿之不时而朽蠹，以重敝邑之罪。侨闻文公之为盟主也，宫室卑庳⑤，无观台榭⑥，以崇大诸侯之馆，馆如公寝；库厩缮修，司空以时平易道路⑦，圬人以时塓馆宫室⑧；诸侯宾至，甸设庭燎⑨，仆人巡宫；车马有所，宾从有代，巾车脂辖⑩，隶人、牧、圉各瞻其事⑪，百官之属各展其物。公不留宾，而亦无废事，忧乐同之，事则巡之；教其不知，而恤其不足。宾至如归，无宁菑患；不畏寇盗，而亦不患燥湿。今铜鞮之宫数里⑫，而诸侯舍于隶人，门不容车，而不可逾越；盗贼公行，而天厉不戒。宾见无时，命不可知。若又勿坏，是无所藏币以重罪也。敢请执事：将何所命之？虽君之有鲁丧，亦敝邑之忧也。若获荐币，修垣而行，君之惠也，敢惮勤劳！"文伯复命。赵文子曰⑬："信，我实不德，而以隶人之垣以赢诸侯⑭，是吾罪也。"使士文伯谢不敏焉。

晋侯见郑伯，有加礼，厚其宴，好而归之。乃筑诸侯之馆。

叔向曰⑮："辞之不可以已也如是夫！子产有辞，诸侯赖之，若之何其释辞也？《诗》曰：'辞之辑矣，民之协矣；辞之怿矣，民之莫矣⑯。'其知之矣。"

①子产：即公孙侨，字子产。郑简公时为卿。　②我丧：指鲁襄公之丧。③士文伯：名丐，字伯瑕，晋大夫。　④闲(hàn)闳(hóng)：门。　⑤庳(bì)：矮小。　⑥观(guàn)：宫门两旁的高大建筑物。　台榭(xiè)：坦平的高台为台，台上建有敞屋的为榭。　⑦司空：掌管土木的官员。　⑧圬(wū)人：泥瓦匠。　塓(mì)：粉刷。　⑨甸：掌薪火之官称甸人。　庭燎：庭中照明的火烛。⑩巾车：掌管车辆的官员。　辖：车轴两端的键。　⑪隶人：专司洒扫之类。牧：放牧牛羊的人。　圉(yǔ)：养马的人。　⑫铜鞮(dī)：晋国君离宫。故址在今山西沁县南。　⑬赵文子：晋大夫。　⑭赢：接受。这里是接待诸侯的意思。　⑮叔向：晋大夫。　⑯"辞之辑矣"四句：出自《诗经·大雅·板》。辑，和善亲睦。怿(yì)，欢悦。

【译　文】

子产陪同郑简公去到晋国，晋平公由于我国丧事的缘故，没有会见郑简公。子产派人全部拆毁晋国宾馆的围墙安放车马。士匄责备他说："敝邑由于政事刑罚不能修明，盗贼到处都是，无奈诸侯的臣属屈驾来向寡君问候，所以命令官吏修缮宾客的馆舍，加高它的大门，加厚它的围墙，以不让宾客使者担忧。现在您拆毁了它，虽然您的随从能够警卫，但别国的宾客怎么办呢？由于敝邑作为盟主，才修缮馆舍围墙，来接待宾客。如果都把它毁了，那又用什么来满足宾客的要求呢？寡君派遣匄前来请教。"子产回答说："由于敝邑窄小，处在大国之间，大国需索贡品又没有准时候，因此不敢安居，全部搜索敝邑的财富，用它前来参加朝会。碰上执事不得空闲，没有能进见，又得不到命令，不知道进见的日期。我们不敢奉献财币，也不敢日晒夜露。如果奉献，这些东西就是君主府库中的财物，不正式经过陈列的仪式，那是不敢奉献的。如果日晒夜露，又恐怕一时干燥一时潮湿而因此朽坏，加重敝邑的罪过。侨听说贵国文公做盟主的时候，宫室低小，没有游乐的台榭，却把接待诸侯的宾馆造得又高又大，如同今天贵国君主的寝宫一样，仓库马房加以修缮，司空按时修整道路，泥瓦工按时粉刷宾馆；诸侯宾客到达，甸人点起庭燎，仆人巡视宾馆，车马有一定的处所，随从有人替代，巾车为车辖加油，隶人和牧人、围人各自照料分内的事情；官员们各自展示他们的礼品。文公不让宾客耽误时间，可是也没有简省礼仪，和宾客同忧共乐，出了事情就安抚慰问；宾客不知道的加以教导，缺少的加以周济。宾客到来好像回到家里一样，非但没有灾害，不怕抢劫偷盗，而且也不怕干燥潮湿。现在铜鞮山的宫室绵延几里，诸侯却住在下等人的屋子里，大门进不去车，而又不能翻墙进去；盗贼公然横行，而传染病又无法防止。宾客进见没有准时候，接见的命令也不知道什么时候发布。如果还不拆毁围墙，这就没有地方收藏财礼而加重罪过了。谨敢请问执事：准备对我们有什么指示？尽管君主遇到鲁国的丧事，这也是敝邑的忧戚。如果得以奉献财礼，修好围墙然后回去，这是君主的恩惠，难道敢害怕辛苦勤劳！"士匄回去报告执行命令的情况，赵文子说：

"是这样。我们确实德行有亏,用收容下等人的围墙去接待诸侯,这是我们的罪过啊。"派士匄去表示歉意。

晋平公接见郑简公,提高礼仪规格,宴会更加隆重,赠送更加丰厚,才让他回国。于是就修筑接待诸侯的宾馆。

叔向说:"辞令的不能废弃就像这样吧!子产善于辞令,诸侯因此得利,怎么能说不要辞令呢?《诗》说:'辞令融洽,百姓就团结了;辞令动听,百姓就安定了。'他懂得这个道理。"

沈玉成译

子产论尹何为邑 襄公三十一年

子皮欲使尹何为邑①。子产曰②:"少,未知可否。"子皮曰:"愿③,吾爱之,不吾叛也。使夫往而学焉,夫亦愈知治矣。"子产曰:"不可。人之爱人,求利之也。今吾子爱人则以政,犹未能操刀而使割也,其伤实多。子之爱人,伤之而已,其谁敢求爱于子?子于郑国,栋也。栋折榱崩④,侨将厌焉,敢不尽言?子有美锦,不使人学制焉。大官、大邑,身之所庇也,而使学者制焉,其为美锦不亦多乎?侨闻学而后入政,未闻以政学者也。若果行此,必有所害。譬如田猎,射御贯⑤,则能获禽,若未尝登车射御,则败绩厌覆是惧⑥,何暇思获?"子皮曰:"善哉!虎不敏。吾闻君子务知大者、远者,小人务知小者、近者。我,小人也。衣服附在吾身,我知而慎之;大官、大邑,所以庇身也,我远而慢之。微子之言,吾不知也。他日我曰:'子为郑国,我为吾家,以庇焉,其可也。'今而后知不足。自今请虽吾家,听子而行。"子产曰:"人心之不同如其面焉,吾岂敢谓子面如吾面乎?抑心所谓危,亦以告也。"子皮以为忠,故委政焉,子产是以能为郑国。

①子皮:名罕虎。郑卿公孙舍之子。为郑上卿。   ②子产:即公孙侨。

③愿：谨慎老实。　　④榱（cuī）：屋椽。　　⑤贯：熟习，通"惯"。　　⑥厌（yā）：通"压"。

【译　文】

　　子皮想要让尹何治理封邑。子产说："年轻，不知道行不行。"子皮说："他老实谨慎，我喜欢他，他不会背叛我的。让他到了那里再学习，他也会更加懂得办事了。"子产说："不行。别人喜欢一个人，总是要求对他有利。现在您喜欢一个人却把政事交给他，如同不会用刀子而让他去切割，那就常常会使人受到损伤。您的喜欢一个人，不过是使他受到损伤，还有谁敢讨您的喜欢？您在郑国，是栋梁。栋梁折断椽子崩散，侨就会压在底下，岂敢不把话全部说出来？您有了漂亮的锦缎，是不会让人用来学裁制的。高级的官员和重要的城邑，是自身的庇护，反而使学徒去承担，它们比起漂亮的锦缎来，不是更贵重吗？侨听说学习以后才去办理政事，没有听说把办理政事作为学习的。如果真这样做，必定有所损害。譬如打猎，熟习了射箭驾车，就能够获得猎物；如果从没有登上车射过箭驾过车，那么就老害怕车覆人压，哪里有工夫去想获取猎物？"子皮说："好啊，虎真是不聪明。我听说君子致力于了解大的、远的，小人致力于了解小的、近的。我是小人啊。衣服穿在我身上，我了解而且爱惜它；高级的官员和重要的城邑是用来庇护自身的，我反而疏远而且轻视它。要是没有您的这番话，我不会明白的。从前我说：'您治理郑国，我治理我的家族以庇护自己，那就可以了。'现在才知道这样还不够。从现在起，我请求即使是我家族里的事务，也听凭您办理。"子产说："人心的不一样就好像他们的面孔，我哪里敢说您的面孔像我的面孔呢？不过心里觉得危险的，就把它告诉您。"子皮认为子产忠诚，就把政事全部交付给他，子产因此能够治理郑国。

沈玉成译

子产却楚逆女以兵 昭公元年

楚公子围聘于郑①,且娶于公孙段氏②。伍举为介③。将入馆,郑人恶之,使行人子羽与之言④,乃馆于外。

既聘,将以众逆⑤。子产患之,使子羽辞,曰:"以敝邑褊小,不足以容从者,请墠听命⑥。"令尹使太宰伯州犁对曰⑦:"君辱贶寡大夫围⑧,谓围:'将使丰氏抚有而室。'围布几筵,告于庄、共之庙而来。若野赐之,是委君贶于草莽也,是寡大夫不得列于诸卿也。不宁唯是,又使围蒙其先君,将不得为寡君老⑨,其蔑以复矣。唯大夫图之。"子羽曰:"小国无罪,恃实其罪。将恃大国之安靖己,而无乃包藏祸心以图之?小国失恃,而惩诸侯,使莫不憾者,距违君命,而有所壅塞不行是惧。不然,敝邑,馆人之属也,其敢爱丰氏之祧⑩?"

伍举知其有备也,请垂橐而入⑪。许之。

---

①公子围:楚王郏敖时为令尹,后即王位,谥灵王。 ②公孙段:字子石,食邑于丰,郑大夫。 ③伍举:楚大夫。 介:副使。 ④行人:掌朝觐聘问的官。 子羽:公孙挥,字子羽。 ⑤逆:迎接。 ⑥墠(shàn)扫除地面供祭祀之用。 ⑦太宰:掌宫廷内外事务、辅佐国君治理国家的官员。 ⑧贶(kuàng):赐。 ⑨老:大臣称老。 ⑩祧(tiāo):祖庙。 ⑪橐(gāo):装弓箭、衣甲的袋子。

【译 文】

楚国的公子围到郑国聘问,同时娶公孙段家的女子。伍举任副使。准备进入宾馆,郑国人讨厌公子围,派行人子羽同他交谈,公子围就住在城外。

聘礼完成后,公子围准备带领士兵迎娶。子产为此担心,派子羽拒绝,说:"由于敝邑窄小,无法全部容纳随从,请求在郊外开辟埠场,以听取命令。"公子围命令太宰伯州犁回答说:"承蒙君主恩赐寡大夫围,对围说:'要使丰氏让你成家。'围敬备筵席,祭告楚庄王、共王的神庙然后前来。如果在野外恩赐于我,这是把君主的恩惠丢弃在杂草丛中,也是让寡大夫不能处在卿的行列里了。不仅如此,又让围蒙骗他的先君,这样就不能再做寡君的大臣,恐怕也没有脸面回去了。请大夫斟酌一下。"子羽说:"小国没有罪过,一味依仗大国倒确实是罪过。准备依仗大国安定自己,可是大国也许包藏祸心在打小国的主意吧?小国失去依靠,因而诸侯得到教训,无不怨恨,君主的命令由此遭到抵触抗拒而不能畅通无阻,才是我们所担心的。如果不是这样,敝邑就等于宾馆一样,岂敢爱惜丰氏的祖庙?"

伍举知道郑国有了防备,请求倒转弓袋进入。郑国同意了。

沈玉成译

子革对灵王 昭公十二年

楚子狩于州来①,次于颍尾②,使荡侯、潘子、司马督、嚣尹午、陵尹喜帅师围徐以惧吴③。楚子次于乾谿④,以为之援。雨雪⑤,王皮冠,秦复陶⑥,翠被、豹舄⑦,执鞭以出⑧。仆析父从⑧。

右尹子革夕⑨,王见之,去冠、被,舍鞭,与之语,曰:"昔我先王熊绎与吕伋、王孙牟、燮父、禽父并事康王⑩,四国皆有分,我独无有。今吾使人于周,求鼎以为分,王其与我乎?"对曰:"与君王哉!昔我先王熊绎辟在荆山⑪,筚路蓝缕以处草莽⑫,跋涉山林以事天子,唯是桃弧棘矢以共御王事。齐,王舅也;晋及鲁、卫,王母弟也。楚是以无分,而彼皆有。今周与四国服事君王,将唯命是从,岂其爱鼎?"王曰:"昔我皇祖伯父昆吾⑬,旧许是宅⑭。今郑人贪赖其田,而不我与。我若求之,其与我乎?"对曰:"与君王哉!周不爱鼎,郑敢爱田?"王曰:"昔诸侯远我而畏晋，今我大城陈、蔡、不羹⑮，赋皆千乘，子与有劳焉，诸侯其畏我乎！"对曰："畏君王哉！是四国者，专足畏也。又加之以楚，敢不畏君王哉！"

工尹路请曰："君王命剥圭以为镳柲⑯，敢请命。"王入视之。

析父谓子革："吾子，楚国之望也。今与王言如响，国其若之何？"子革曰："摩厉以须⑰，王出，吾刃将斩矣。"

王出，复语。左史倚相趋过⑱，王曰："是良史也，子善视之！是能读《三坟》《五典》《八索》《九丘》⑲。"对曰："臣尝问焉，昔穆王欲肆其心，周行天下，将皆必有车辙马迹焉。祭公谋父作《祈招》之诗以止王心⑳，王是以获没于祇宫。臣问其诗而不知也。若问远焉，其焉能知之？"王曰："子能乎？"对曰："能。其《诗》曰：'祈招之愔愔，式昭德音。思我王度，式如玉，式如金。形民之力，而无醉饱之心。'"

王揖而入，馈不食，寝不寐，数日。不能自克，以及于难。

仲尼曰："古也有志：'克己复礼，仁也。'信善哉！楚灵王若能如是，岂其辱于乾谿？"

①狩（shòu）：冬猎。　州来：楚地名，在今安徽凤台。　②次：驻扎。颍尾：颍水入淮河的地方称颍尾，在今安徽颍上东南。　③徐：国名，在楚、吴之间，今江苏泗洪东南。　④乾（gān）谿：地名，在今安徽亳州东南。　⑤雨（yù）：作动词用，雨雪即下雪。　⑥秦复陶：秦国所赠可防雨雪的羽衣。　⑦豹舄（xì）：豹皮做的鞋子。　⑧仆析父（fǔ）：楚大夫。　⑨右尹：楚官名。　子革：郑大夫子然之子，名丹。由郑入楚。　夕：傍晚进见。　⑩熊绎：楚国最初受封的国君。　吕伋：齐太公吕尚之子。　王孙牟：卫国始封君康叔之子。　燮父：晋国始封君唐叔之子。　禽父：周公之子，名伯禽，始封于鲁。　康王：指周康王。　⑪荆山：这里是楚人最早居住的地方，在今湖北南漳西。　⑫筚路：柴车。　⑬皇祖伯父昆吾：楚国远祖季连之兄名昆吾，因有伯父之称。　⑭许：国名，昆吾曾居住在这里，在今河南许昌。　⑮陈：国名，在今河南淮阳一带。　蔡：国名，在今河南上蔡西南一带。　不羹（láng）：楚地名，有东西二邑，东邑在今河南舞阳西北，西邑在今河南襄城东南。　⑯圭：古玉器，长方形，上尖下方。　镳（qī）：斧。　柲（bì）：柄。　⑰摩厉：通"磨砺"。　须：等待。　⑱左史：周代

57

史官有左史、右史之分，一记言一记事。　⑲《三坟》《五典》《八索》《九丘》：传说记载三皇、五帝、八卦、九州的古书。　⑳祭(zhài)公谋父：周王卿士。

【译　文】

　　楚灵王在州来狩猎阅兵，驻扎在颍尾，派荡侯、潘子、司马督、嚣尹午、陵尹喜领兵包围徐国以威胁吴国。楚灵王驻在乾谿，作为他们的后援。下雪，楚灵王头戴皮冠，身穿秦国的羽衣，外披翠羽披肩，脚蹬豹皮鞋，手拿鞭子走出来。仆析父随侍在侧。

　　右尹子革晚上进见。楚灵王接见他，脱掉帽子、披肩，扔掉鞭子，跟他说话，说："从前我们的先王熊绎和吕伋、王孙牟、燮父、禽父一起事奉康王，四个国家都得到颁赐，惟独我国没有。现在我派人到周国，请求把鼎作为颁赐，天子会给我吗？"子革回答说："会给君王的啊！从前我们先王熊绎僻处荆山，乘柴车，穿破衣，住在杂草丛中，跋山涉水，事奉天子，只能用桃木弓枣木箭进贡天子。齐国，是天子的舅父；晋国和鲁国、卫国，是天子的同胞兄弟。楚国因此没有得到颁赐，但他们可都得到了。现在周朝和四个国家都顺服事奉君王，将会唯命是从，难道还敢爱惜鼎？"楚灵王说："从前我们远祖的伯父昆吾，居住在许国的旧地。现在郑国人贪图那里的田地，不给我们。我们如果要求得到它，会给我们吗？"子革回答说："会给君王的啊！成周不爱惜鼎，郑国哪敢爱惜田地？"楚灵王说："从前诸侯疏远我国却害怕晋国，现在我们大修陈、蔡、不羹的城墙，每地都有战车千辆，您也是有功劳的，诸侯会害怕我们吗？"子革回答说："会害怕君王的啊！这四个城邑，已经够使人害怕的了。又加上楚国，诸侯哪敢不怕君王啊！"

　　工尹路请示说："君王命令破开圭来装饰斧柄，谨请指示。"楚灵王进去察看。

　　析父对子革说："您是楚国中大家仰望的人。现在和君王应对好像他的回声，国家还怎么办？"析父说："我磨快刀刃等着，君王出来，我的刀子就要砍下去了。"

　　楚灵王出来，继续谈话。左史倚相低头快步走过，楚灵王说："这

58

是个好史官，您要好好看待他！这个人能够读《三坟》《五典》《八索》《九丘》。"子革回答说："下臣曾经问过他，从前周穆王想要满足他的欲望，走遍天下，要求到处都有他的车辙马迹，祭公谋父作了《祈招》这首诗来遏止穆王的欲望，穆王因此得以善终于祇官。下臣问他这首诗他就不知道。如果问更远的，他哪里能够知道？"楚灵王说："您能知道吗？"子革回答说："能。这首诗说：'祈招安详和悦，表明了有德者的声音。想起我君王的气度，好像玉，好像金。保存百姓的力量，自己没有醉饱之心。'"

楚灵王向子革作揖然后入内，吃不下饭，睡不着觉，有好几天。不能克制自己，因而遇上了祸难。

孔子说："古时候有记载说：'克制自己回复到礼，这是仁。'真是说得好啊！楚灵王如果能够这样，难道会在乾谿蒙受耻辱？"

沈玉成译

子产论政宽猛 昭公二十年

郑子产有疾①，谓子大叔曰②："我死，子必为政。唯有德者能以宽服民，其次莫如猛。夫火烈，民望而畏之，故鲜死焉；水懦弱，民狎而玩之，则多死焉，故宽难。"疾数月而卒。

大叔为政，不忍猛而宽。郑国多盗，取人于萑苻之泽③。大叔悔之，曰："吾早从夫子，不及此。"兴徒兵以攻萑苻之盗，尽杀之，盗少止。

仲尼曰："善哉！政宽则民慢，慢则纠之以猛。猛则民残，残则施之以宽。宽以济猛，猛以济宽，政是以和。《诗》曰④，'民亦劳止，汔可小康⑤；惠此中国，以绥四方'，施之以宽也。'毋从诡随⑥，以谨无良；式遏寇虐，惨不畏明'，纠之以猛也。'柔远能迩，以定我王'，平之以和也。又曰，'不竞不绿，不刚不柔，布政优优，百禄是遒⑦'，和之至也。"及子产卒，仲尼闻之，出涕曰："古之遗爱也。"

①子产:名侨,郑简公时为执政大夫。 ②子大(tài)叔:指游吉。 ③萑(huán)苻(pú)之泽:泽名。因葭苇丛生而便于藏身。 ④《诗》曰:以下诸句引文引自《诗经·大雅·民劳》。 ⑤汔(qì):其。 ⑥诡随:欺诈叫诡,善变叫随。 ⑦"不竞不绿"四句:出自《诗经·商颂·长发》。绿(qiú),急。

【译 文】

　　郑国的子产有病,对子太叔说:"我死以后,您必然执政。只有有德的人能用宽大来使百姓服从,其次就莫如严厉。火猛烈,百姓看着害怕,所以很少有人死于火;水懦弱,百姓轻慢而玩弄它,那就有很多人死在水里。所以宽大并不容易。"病了几个月以后死了。

　　太叔执政,不忍心严厉而务行宽大。郑国盗贼很多,聚集在芦苇塘里。太叔后悔,说:"我早点听从他老人家的话,不会到这一步的。"发动步兵攻打芦苇塘里的盗贼,全都杀了他们,盗贼稍稍收敛。

　　孔子说:"好啊! 政事宽大百姓就怠慢,怠慢就用严厉来纠正。严厉就百姓伤残,伤残就实施宽大。用宽大调剂严厉,用严厉调剂宽大,政事因此而和谐。《诗》说,'百姓已经辛劳,可以让他们稍稍安康;赐恩给中原各国,用以安定四方',这是实施宽大。'不要放纵随声附和的人,以约束不良之徒;应当制止侵夺残暴,他们从来不怕法度',这是用严厉来纠正。'安抚边远,柔服近地,来安定我王',这是用和谐来使国家平静。又说,'不急不缓,不刚不柔,施政从容不迫,百种福禄临头',这是和谐的最高境界。"等到子产死去,孔子听到这一消息,流眼泪说:"他的仁爱是古人的遗风啊。"

沈玉成译

吴许越成 哀公元年

　　吴王夫差败越于夫椒①,报檇李也②。遂入越。越子以甲楯五千保于会稽③，使大夫种因吴太宰嚭以行成④。吴子将许之。

伍员曰⑤："不可。臣闻之：'树德莫如滋，去疾莫如尽。'昔有过浇杀斟灌以伐斟鄩⑥，灭夏后相⑦，后缗方娠⑧，逃出自窦，归于有仍⑨，生少康焉。为仍牧正⑩，惎浇能戒之⑪。浇使椒求之⑫，逃奔有虞⑬，为之庖正⑭，以除其害。虞思于是妻之以二姚⑮，而邑诸纶⑯，有田一成⑰，有众一旅⑱。能布其德，而兆其谋，以收夏众，抚其官职；使女艾谍浇⑲，使季杼诱豷⑳，遂灭过、戈，复禹之绩，祀夏配天，不失旧物。今吴不如过，而越大于少康，或将丰之，不亦难乎！勾践能亲而务施，施不失人，亲不弃劳。与我同壤，而世为仇雠。于是乎克而弗取，将又存之，违天而长寇雠，后虽悔之，不可食已。姬之衰也㉑，日可俟也。介在蛮夷，而长寇雠，以是求伯㉒，必不行矣。"

弗听。退而告人曰："越十年生聚，而十年教训，二十年之外，吴其为沼乎！"

①夫差：春秋末年吴国国君。　夫椒：山名，在今江苏苏州西南太湖中。②槜（zuì）李：在今浙江嘉兴南。鲁定公十四年（前496），越国在此大败吴国，吴王阖闾脚伤致死。　③越子：指越王勾践。　甲楯（dùn）：披甲执楯的士兵。楯通"盾"。　会稽：山名，在今浙江绍兴南。　④种：文种，字子禽，越国大夫。嚭（pǐ）：吴王夫差的宠臣，官太宰。　⑤伍员：字子胥。其父伍奢为楚大夫，被杀，子胥逃到吴国为大夫。　⑥过（huō）：古国名，在今山东莱州北。　浇（áo）：传说夏时寒浞之子，封于过。　斟灌、斟鄩（xún）：夏同姓诸侯。　⑦相：传说中的夏朝君王。　⑧后缗（mín）：相的妻子，有仍氏的女儿。　⑨有仍：部落名称，在今山东济宁东南。　⑩牧正：掌管畜牧的官长。　⑪惎（jì）：忌恨。⑫椒：浇的臣子。　⑬有虞：原是舜的部落，这里指舜的后代封国，在今河南虞城北。　⑭庖正：掌管膳食的官长。　⑮虞思：虞国君。　二姚：虞思的两个女儿。虞国姚姓。　⑯纶：虞地名，在今河南虞城东南。　⑰成：土地面积单位，十方里为一成。　⑱旅：五百步卒为一旅。　⑲女艾：少康的臣子。　⑳季杼：少康的儿子。　豷（yì）：浇的弟弟，封于戈。　㉑姬：吴国的姓。　㉒伯：通"霸"。

【译 文】

吴王夫差在夫椒打败越军,这是报复檇李这一战役。并乘势进入越国。越王带着披甲持盾的士兵五千人守住会稽,派大夫种通过吴国太宰嚭去求和。吴王打算答应。

伍员说:"不行。下臣听说:'建树德行最好不断培植,去除毒害最好扫灭干净。'从前过国的浇杀了斟灌而攻打斟鄩,灭亡夏侯相,后缗正怀着孕,从城墙小洞里逃出,回到有仍,生了少康。少康后来做了有仍的牧正,对浇满怀仇恨而能警惕戒备。浇派椒寻找少康,少康逃奔到有虞,做了那里的庖正,借此逃避危害。虞思因此把两个女儿嫁给他,封他在纶邑,拥有十里见方的地田和五百个人。少康能广施恩德,开始实行复国的计划,收集夏朝的余部,安抚他们的官员;派女艾到浇那里去做间谍,派季杼去引诱豷。这样就灭亡了过国、戈国,恢复了禹的功绩,奉祀夏朝的祖先同时祭祀天帝,没有丢掉原有的天下。现在吴国不如过国,而越国大于少康,如果越国壮大,不也是我们的灾难吗?越王勾践能够亲近别人而致力于施舍,对应该施舍的人就加以施舍,对有功劳的人从不抛弃而加以亲近。越国和我国同处一块土地,而世世代代又是仇敌。在这种情况下攻下了而不拿过来,又打算让它存在下去,违背上天而壮大仇敌,以后虽然懊悔,也吃不消了。姬姓的衰微,指日可待。我国介于蛮夷之间而让仇敌壮大,用这样的办法求取霸业,必然是行不通的。"

吴王不同意。伍员下去以后告诉别人说:"越国用十年繁衍积聚,用十年教育训练,二十年以后,吴国的宫殿恐怕要成为池沼了!"

沈玉成译

卷三　周文

　　《**国语**》是一部分国记载春秋历史的史书,关于它的来历,各种说法似乎比《左传》还要多,有人说它是《左传》作者废弃不用的剩余史料的汇编,有人又说《左传》和它毫不相干,分别是记事记言两部史书,有人则根据司马迁"左丘失明,厥有《国语》"八字把左丘明也说成是它的撰人。但现在的学者大多认为这是战国中叶一个不知名的史家根据春秋各国史料汇编而成的一部重在记载贵族言论的史书。也许是春秋时代官方史官的确有"记事"和"记言"的分工,而这个编撰者恰恰选择了"记言"的资料的缘故,所以他把这部书命名为"国语"。从下面所选的十一篇中可以看到,它记载春秋时代人物的言论不仅多,而且惟妙惟肖,吻合说话者的身份与性格。

祭公谏征犬戎 周语上

　　穆王将征犬戎①,祭公谋父谏曰②:"不可。先王耀德不观兵。夫兵戢而时动,动则威,观则玩,玩则无震。是故周文公之《颂》曰:'载戢干戈，载櫜弓矢③。我求懿德，肆于时夏，允王保之。'先王之于民也，茂正其德而厚其性，阜其财求而利其器用，明利害之乡，以文修之，使务利而避害，怀德而畏威，故能保世以滋大。

"昔我先世后稷，以服事虞、夏。及夏之衰也，弃稷弗务，我先王不窋用失其官④，而自窜于戎、翟之间⑤，不敢怠业，时序其德，纂修其绪，修其训典，朝夕恪勤，守以惇笃，奉以忠信，奕世载德，不忝前人。至于武王，昭前之光明而加之以慈和，事神保民，莫不欣喜。商王帝辛，大恶于民。庶民弗忍，欣戴武王，以致戎于商牧。是先王非务武也，勤恤民隐而除其害也。

"夫先王之制：邦内甸服⑥，邦外侯服⑦，侯、卫宾服⑧，夷、蛮要服⑨，戎、翟荒服⑩。甸服者祭，侯服者祀，宾服者享，要服者贡，荒服者王。日祭、月祀、时享、岁贡、终王，先王之训也。有不祭则修意，有不祀则修言，有不享则修文，有不贡则修名，有不王则修德，序成而有不至则修刑。于是乎有刑不祭，伐不祀，征不享，让不贡，告不王。于是乎有刑罚之辟，有攻伐之兵，有征讨之备，有威让之令，有文告之辞。布令陈辞而又不至，则又增修于德无勤民于远，是以近无不听，远无不服。

"今自大毕、伯仕之终也，犬戎氏以其职来王，天子曰：'予必以不享征之，且观之兵。'其无乃废先王之训而王几顿乎！吾闻夫犬戎树惇，能帅旧德而守终纯固，其有以御我矣！"

王不听，遂征之，得四白狼、四白鹿以归。自是荒服者不至。

①犬戎：我国西部古代戎人的一支。　②祭：封邑名。　③櫜（gāo）：收藏弓矢盔甲的器具。　④不窋（zhú）：周朝先王。　⑤翟：通"狄"。　⑥甸服：指划归天子的地区。甸，田。　⑦侯服：指天子分封给诸侯的土地。⑧宾服：指诸侯封地之外、边疆以内的地区，因离王都较远，遂以宾客之礼相待，故称宾服。　⑨夷、蛮要服：指边境之地。　⑩荒服：指荒远地区。

【译　文】

周穆王准备攻打犬戎，祭公谋父劝阻，说："不可以。我们先代帝

64

王显示道德,不炫耀武力。武力应该收敛,适当时候动用,动用才有威风。炫耀等于戏弄,戏弄便没有威慑力。所以周文公作《颂》诗说:'收起干戈,藏起弓箭。追求美德,陈列于华夏。周武王诚哉保持天命!'先王对于百姓,勉励他们端正品德,使他们性情纯厚;丰富他们的财物,使他们器用便利。明白告诉他们利益和祸害所在,再用礼法道德教导,使他们一心趋利避害,怀念道德,惧怕威武,所以能够使王位世代相传并且更加强大。

"过去我们祖先相继做农业主管官,事奉虞、夏两朝。到夏朝衰微时,废除农官,我祖不窋因此失掉官职,逃到西北少数民族中,却不敢不重视他的旧业,时常整顿他的行为,继续他的事业,改进教导法度,早晚恭敬勤劳,保持惇厚,坚守忠诚信实,累代奉行,无愧于祖宗。武王又发扬前代光明,加以慈祥,事奉神明,保养百姓,没有人不高兴喜欢。商王纣大大地被人民仇恨,百姓忍受不了,拥戴武王,结果在商郊牧野和纣作战。这不是武王要动用兵力,是他可怜百姓痛苦而除掉害他们的蟊贼。

"过去王朝制度:王都近郊叫甸服,城郊以外叫侯服,侯服以外叫宾服,蛮夷地区叫要服,文化落后地区叫荒服。甸服诸侯参加周王对父亲、祖父的祭祀,侯服则参加周王对高祖、曾祖的祭祀,宾服则贡献周王始祖的祭物,要服则贡纳周王对远祖以及天地之神的祭物,荒服则只要其君朝觐一次。陪祭父和祖的每天一次,陪祭曾、高祖的每月一次,贡献始祖祭物的每季一次,贡纳远祖和天地神祭物的每年一次,朝觐的终身一次,这是前代王朝的规定。甸服诸侯有不来陪祭的,周王自责;侯服有不来陪祭的,周王自己检查言语是否失误;宾服有不来贡献祭物的,周王则搞好政令教化;要服有不来进献远祖和天地神祭物的,周王则修明法典;荒服有不来朝觐的,周王则加强道德教育。各层次都安排合理合法,却还有不遵行的,就采取相应措施:不陪祭父、祖的,依法惩治;不陪祭高、曾的,派军队讨伐;不贡献始祖祭物的,命令其他诸侯讨伐他;不进贡远祖和天地神祭物的,派专人去训斥;不来朝觐的,写好文辞通告天下。这样,有处罚的条例,有讨伐的军队,有征战的准备,有斥责的命令,有告谕的文辞。如果命令文辞发出了还不来,又自己再培养道德,加强教导,不要使百姓在辽远地域作战,所以近处诸侯没有不听从,远处诸侯没有不服帖。

"现在自从大毕、伯仕两位犬戎君主死后,犬戎都履行职责。您说:'我要用不纳贡的罪名来征讨他,而且向他炫耀武力。'这不是违反祖先的训导而您也可能危败?我听说犬戎树立了纯朴的德行,能够履行旧日职责,一直坚守不移,他会抗拒我们的。"

穆王不听,仍去征伐犬戎,得着四只白狼、四只白鹿回来。从此荒服诸侯不再朝觐王。

杨伯峻译

召公谏厉王止谤 周语上

厉王虐,国人谤王。召公告曰①:"民不堪命矣!"王怒,得卫巫,使监谤者,以告,则杀之。国人莫敢言,道路以目。

王喜,告召公曰:"吾能弭谤矣,乃不敢言。"召公曰:"是鄣之也。防民之口,甚于防川。川壅而溃,伤人必多,民亦如之。是故为川者决之使导,为民者宣之使言。故天子听政,使公卿至于列士献诗,瞽献典②,史献书,师箴,瞍赋③,矇诵④,百工谏,庶人传语,近臣尽规,亲戚补察,瞽、史教诲,耆、艾修之⑤,而后王斟酌焉,是以事行而不悖。民之有口也,犹土之有山川也,财用于是乎出,犹其有原隰。衍沃也,衣食于是乎生。口之宣言也,善败于是乎兴,行善而备败,所以阜财用、衣食者也。夫民虑之于心而宣之于口,成而行之,胡可壅也?若壅其口,其与能几何?"

王弗听,于是国人莫敢出言。三年,乃流王于彘⑥。

①召(shào)公:即召穆公,名虎,周王卿士。　　②瞽:盲人,这里指乐师。

66

③瞍(sǒu):无瞳仁的盲人。　④矇:有瞳仁而看不见的盲人。　⑤耆、艾:寿高德重的人。六十岁为耆,五十岁为艾。　⑥彘:晋地,在今山西霍州。

【译　文】

　　周厉王残酷,国都人民埋怨指摘。召公报告说:"百姓受不了了!"厉王发火,找着一卫国巫师,侦察指摘的人,发现便报告,就杀了他。从此没有人敢再说话,路上行人只用眼神示意。

　　厉王高兴,告诉召公说:"我能消灭指摘了,竟不敢开口。"召公说:"这是堵塞嘴巴。堵塞嘴巴比堵塞流水祸害更大。江河流水被堵塞,一旦堤防冲决,死伤人民一定很多,对百姓也一样。治理水患,则疏浚河道使水畅通无阻;治理人民,则开导人民,使人畅所欲言。所以天子治理政务,命令公卿大臣直到大小官吏献上诗歌,乐官献乐曲,史官献古史,少师指正缺失,闭眼盲人背诵诗,光眼盲人唱文辞,各种工匠艺人进言规劝,老百姓把意见辗转传达,亲近臣下尽力规劝,有关父兄子弟考察政事、弥补阙失,乐官和太史施以教诲,老人则加以规劝,而后天子根据这些来斟酌取舍。这样,政事才能推行下去而不违背情理。百姓有口舌犹如土地有山水,财富由此产生,也好比有高广洼湿之地、平原肥沃之土,生活资料由此得到。口舌说话,好歹才分别。好则实行,歹则防备,这是丰富财货衣食的方法。人民考虑于心,宣布于口,思想成熟便付诸行动,怎么可以堵塞? 若堵塞嘴巴,还能在位多久?"

　　厉王不听,从此都城人没人敢说话。过了三年,把厉王驱逐到彘地。

杨伯峻译

襄王不许请隧　周语中

　　晋文公既定襄王于郏①,王劳之以地,辞,请隧焉。

　　王弗许,曰:"昔我先王之有天下也,规方千里以为甸服,以供上帝山川百神之祀,以备百姓兆民之用,以待不庭、不虞之患。其余以均分公侯伯子男,使各有宁宇,以顺及天地,无逢其灾害,先王岂有赖焉?内官不过九御,外官不过九品,足以供给神祇而已,岂敢厌纵其耳目心腹以乱百度?亦唯是死生之服物采章,以临长百姓而轻重布之,王何异之有?

"今天降祸灾于周室,余一人仅亦守府^②,又不佞以勤叔父,而班先王之大物以赏私德,其叔父实应且憎,以非余一人,余一人岂敢有爱也?先民有言曰:'改玉改行。'叔父若能光裕大德,更姓改物,以创制天下,自显庸也,而缩取备物以镇抚百姓,余一人其流辟于裔土,何辞之有与?若犹是姬姓也,尚将列为公侯,以复先王之职,大物其未可改也。叔父其茂昭明德,物将自至,余敢以私劳变前之大章,以忝天下,其若先王与百姓何?何政令之为也?若不然,叔父有地而隧焉,余安能知之?"

文公遂不敢请,受地而还。

①晋文公:名重耳,春秋时期五霸之一,文公是谥号。 襄王:前649年被异母弟叔带夺取王位,逃往郑国。翌年,晋文公出兵救周,帮助襄王在郏地恢复王位。 郏(jiá):邑名,在今河南洛阳附近。 ②府:收藏国家文书的地方,这里代指国家固有的规章法令。

【译 文】

晋文公使周襄王天子之位在郏地恢复,并安定下来,襄王赏文公以田地作酬劳。文公不受,请求用天子葬礼,死后掘隧道埋葬自己。

襄王不同意,说:"过去我祖先得到天下,区划每边长一千里的地方叫甸服,用它来供应上帝以及山水各种神明的祭祀,准备大家大族和官吏的用度,又做有不来朝或意外事件的准备。另外还分别将土地给予公、侯、伯、子、男,使他们各有安宁地区来祭祀当地神明,免遭灾害,周朝历代天子难道贪图私利?天子宫内不过九等姬妾,宫外不过九等人员,足够享献天地神明罢了,难道敢放纵耳目心意肠胃嗜好来扰乱法度?我也不过生前死后各种用品仪节有所不同,用此来统治各级官吏,或轻或重的宣布功过。作为天子,和大家有什么不同?

"现在上天给王朝降下灾祸，我仅能保住先王的府库，又加缺乏才能，辛苦了叔父，如果颁发王朝高等仪节来酬报私人恩惠，您也会一面接受一面不满，责备我的不应该，我难道敢吝惜？从前有句话说：'改变佩玉，先改变职位。'您假若能发扬光大您的盛德，变更姓氏服色，普天之下创立新制度，显示最高才能，那就请直接享用最高仪式来抚佑百姓。我将逃到边远荒凉之处，还有什么可说呢？如果您还是姬姓，还列于公侯，也仍旧担负以前继承的职责，最高仪节便不可以改变。叔父您努力光明美德，最高仪节自然会到来，我哪敢因个人受惠就改变最重要的制度来玷辱天下？那我怎样对待列祖列宗和大家大族呢？又何必颁布政令呢？若不是这样，叔父您自有晋国，在您自己的土地上实行隧葬，我怎么能知道？"

文公不敢再请，接受田地而回国。

杨伯峻译

单子知陈必亡 周语中

定王使单襄公聘于宋①。遂假道于陈②，以聘于楚③。火朝觌矣④，道茀不可行也，候不在疆，司空不视涂，泽不陂，川不梁，野有庾积，场功未毕，道无列树，垦田若艺⑤，膳宰不致饩⑥，司里不授馆，国无寄寓，县无旅舍，民将筑台于夏氏。及陈，陈灵公与孔宁、仪行父南冠以如夏氏，留宾弗见。

单子归，告王曰："陈侯不有大咎，国必亡。"王曰："何故？"对曰："夫辰角见而雨毕⑦，天根见而水涸⑧，本见而草木节解⑨，驷见而陨霜⑩，火见而清风戒寒。故先王之教曰：'雨毕而除道，水涸而成梁，草木节解而备藏，陨霜而冬裘具，清风至而修城郭宫室。'故《夏令》曰：'九月除道，十月成梁。'其时儆曰：'收而场功，偫而畚挶⑪，营室之中，土功其始⑫。火之初见，期于司里。'此先王之所以不用财贿，而广施德于天下者也。今陈国，火朝觌矣，而道路若塞，野场若弃，泽不陂障，川无舟梁，是废先王之教也。

"周制有之曰：'列树以表道，立鄙食以守路。国有郊牧，疆有寓望，薮有圃草，囿有林池，所以御灾也。其余无非谷土，民无悬耜，野无奥草，不夺农时，不蔑民功。有优无匮，有逸无罢。国有班事，县有序民。'今陈国道路不可知，田在草间，功成而不收，民罢于逸乐，是弃先王之法制也。

"周之《秩官》有之曰：'敌国宾至，关尹以告，行理以节逆之，候人为导，卿出郊劳，门尹除门，宗祝执祀，司里授馆，司徒具徒，司空视涂，司寇诘奸，虞人入材，甸人积薪，火师监燎，水师监濯，膳宰致飧，廪人献饩，司马陈刍，工人展车，百官各以物至，宾入如归。是故小大莫不怀爱。其贵国之宾至，则以班加一等，益虔。至于王使，则皆官正莅事，上卿监之。若王巡守，则君亲监之。'今虽朝也不才，有分族于周，承王命以为过宾于陈，而司事莫至，是蔑先王之官也。

"先王之令有之曰：'天道赏善而罚淫，故凡我造国，无从匪彝⑬，无即慆淫，各守尔典，以承天休⑭。'今陈侯不念胤续之常⑮，弃其伉俪妃嫔，而帅其卿佐以淫于夏氏，不亦渎姓矣乎？陈，我大姬之后也。弃衮冕而南冠以出，不亦简彝乎？是又犯先王之令也。

"昔先王之教，茂帅其德也，犹恐陨越。若废其教而弃其制，蔑其官而犯其令，将何以守国？居大国之间，而无此四者，其能久乎？"

六年，单子如楚。八年，陈侯杀于夏氏。九年，楚子入陈。

①单(shàn)襄公：名朝，周定王卿士。　宋：国名，在今河南商丘。　②陈：国名，国都在今河南淮阳。　③楚：国名，在今湖南、湖北、安徽、江苏、浙江境内。　④火：古星名，即大火、商星，又叫心宿，可以在立冬前后的早晨看见。觌(dí)：见。　⑤蕺(jí)：茅草芽。　⑥饩(xì)：粮食和饲料，也指生的牲畜。　⑦角：古星名，即角宿，寒露节的早晨出现。　⑧天根：古星名，氐宿的别名，寒露节后五日出现。　⑨本：古星名，即氐星，寒露节后十日的早晨出现。　⑩驷：古星名，房宿，霜降时节的早晨可见。　⑪偫(zhì)：备置。　畚(běn)捐(jū)：用竹、木、铁做成的盛土和抬土工具。　⑫营室：古星名，室宿，又称定

70

星,夏历十月出现在天空正中,古人认为此时宜造宫室。　⑬匪彝:不法。匪,同"非"。　⑭休:恩赐。　⑮胤续:继嗣。

【译　文】

　　周定王使单襄公去宋国聘问,又向陈国借路,往楚国聘问。这时候,商星已在东方升起,夏正十月了,野草塞路,行走艰难;迎候宾客官不在边境,主管路政官不曾巡视,湖泊没有堤坝,江河没有桥梁;田野露天堆集谷物,禾场未曾修整;路边没有树木作道路标识,已经播种的田土却像块草地;膳夫官不向宾客致送牲畜,司里吏不引导宾客进入客馆,县里没有旅店;老百姓替夏氏建筑楼台。到国都,陈灵公和大夫孔宁父、仪行父戴楚国帽去夏姬家,不接见宾客。

　　单襄公返回王朝,汇报定王说:"陈侯自己若没有大祸,国家一定灭亡。"定王说:"为什么?"答说:"角星出现,雨水稀少;天根星出现,河水干枯;氐星出现,草木将凋零;房宿出现,就开始降霜;心宿出现,凉风起就到了准备过冬的时候了,所以先王的教训中说:'雨季结束就要修治道路,河梁干涸就要搞好桥梁;野草枯萎,树木脱落枝叶,准备好粮食;霜降,冬天皮裘都具备;冷风吹来,修理城郭和房舍。'所以《夏令》说:'九月修理道路,十月搞好桥梁。'这时又告诫:'收拾你们农活,准备好你们盛土抬土工具,定星出现在天空中,土木工程开始;心星出现,到司里报到集合。'这就是以前君王不浪费财物却遍布恩惠于人民的缘故。现在陈国火星已经早晨升起,道路还被野草堵塞,田野、禾场都没人过问,水泽没有堤坝,江河没有用船只拼成的桥梁,这是废弃先代君王的教导。

　　"周朝法制规定:'排列树木标识道路远近,四方边鄙有房舍饮食供应往来过路人。京城有郊野,郊野外有牧地;边疆有房舍,还有瞭望守护者。薮泽有茂盛的草,苑围有树木和池塘。这些都是准备防御灾害的。其余都是庄稼地,百姓农具不空闲地悬挂着,野外没有深草。不耽误务农时间,不浪费人民劳力。这就使人民富裕而不困乏,安逸而不疲劳。城市里有层次地办事,乡村里有秩序地服役。'现在陈国,道路找不到,田里尽是草,纵有庄稼,无人收割;百姓为陈侯淫乐而精疲力竭。这完全是废弃先王的规定。

"周朝有一篇《秩官》说:'同等国家外宾来,边境官上报,外交官拿符节迎接,候人官引导,大臣出城慰劳,管门吏打扫门庭,宗祝官陪同祭祀,里宰安排住处,司徒官为客人分派服务人员,司空巡察道路,司寇盘问有无坏人,虞人供应木材,甸人准备柴火,火师监视照明大烛,水师料理洗濯诸事,膳宰致送熟食,廪人献上谷米,司马拿出牛马饲料,工人摆出车辆,各有关人员各自拿出所掌管物资。客人如同回到自己家庭。因此大小官吏没有不喜悦而怀恋出使国或东道国的。若是尊贵国家宾客来到,就把款待礼加一等,更加恭敬。至于王朝使节来,那就各部门长官亲自办事,执政大臣监督。若是周王巡行各国来到,那国君亲自监督。'我单朝纵不能干,也是王族的一员,奉王命借路经过陈国,陈国有关人员却没有一人出面,是极端轻视先王的官员。

"先王教令说过:'天奖赏善良,惩罚淫恶。所以我们创建的国家不跟随非法,不迁就邪恶,各自保持法则,来接受上天恩赐。'现在陈侯不考虑儿孙继承父祖的通则,抛弃夫妇妃嫔,率领大臣到夏家淫乐,不也亵渎他始祖的姓么? 陈是我武王女大姬的后代,扔掉大礼服而戴楚国帽外出,不也轻视常规么? 这是违犯先王的教令。

"从前先王教令,勉力遵行,循规蹈矩,还怕堕落。假若废止他那教导,丢掉他的政令,怎么样保住国家? 夹在强大国家中间,却没有这四件行为,难道能持久?"

定王六年,单子到楚国。八年,陈侯在夏家被杀。九年,楚庄王攻打进入陈国。

杨伯峻译

展禽论祀爰居 鲁语上

海鸟曰"爰居",止于鲁东门之外二日,臧文仲使国人祭之①。展禽曰②:"越哉,臧孙之为政也!夫祀,国之大节也;而节,政之所成也。故慎制祀以为国典。今无故而加典,非政之宜也。

"夫圣王之制祀也,法施于民则祀之,以死勤事则祀之,以劳定国则祀之,能御大灾则祀之,能捍大患则祀之。非是族也,不在祀典。昔烈山氏之有天下也③,其子曰柱,能植百谷百蔬,夏之兴也,周弃继之,故祀以为稷。共工氏之伯九有也,其子曰后土,能平九土,故祀以为社。黄帝能成命百物,以明民共财,颛顼能修之。帝喾能序三辰以固民,尧能单均刑法以仪民④,舜勤民事而野死,鲧障洪水而殛死,禹能以德修鲧之功,契为司徒而民辑,冥勤其官而水死,汤以宽治民而除其邪,稷勤百谷而山死,文王以文昭,武王去民之秽。故有虞氏禘黄帝而祖颛顼,郊尧而宗舜;夏后氏禘黄帝而祖颛顼,郊鲧而宗禹;商人禘舜而祖契,郊冥而宗汤;周人禘喾而郊稷,祖文王而宗武王;幕,能帅颛顼者也⑤,有虞氏报焉;杼,能帅禹者也,夏后氏报焉;上甲微,能帅契者也,商人报焉;高圉、太王,能帅稷者也,周人报焉。凡禘、郊、祖、宗、报,此五者国之典祀也。

"加之以社稷山川之神,皆有功烈于民者也;及前哲令德之人,所以为明质也;及天之三辰,民所以瞻仰也;及地之五行,所以生殖也;及九州名山川泽,所以出财用也。非是不在祀典。

"今海鸟至,己不知而祀之,以为国典,难以为仁且知矣。夫仁者讲功,而知者处物。无功而祀之,非仁也;不知而不问,非知也。今兹海其有灾乎?夫广川之鸟兽,恒知而避其灾也。"

是岁也,海多大风,冬暖。文仲闻柳下季之言,曰:"信吾过也,季子之言不可不法也。"使书以为三筴。

①臧文仲:复姓臧孙,鲁国卿士。　②展禽:名获,字禽,又字季,又名柳下惠。鲁国大夫。　③烈山氏:神农号。　④单:通"殚",尽。　⑤帅:通"率"。

73

有种海鸟叫"爰居",在鲁都东门外停了二天,臧文仲命令都城居民祭祀它。展禽说:"臧孙主持政事太超越常规了!祭祀是国家重要仪节,仪节又是助成政治的手段,所以要慎重制定祭祀项目作为典礼。目前又无缘无故增加一项典礼,是主政者所不该做的。

"圣王明君制定祀典:一切创制法规而对人民大有好处的,就祭祀他;为国事勤劳而死的,就祭祀他;安定国家大有劳绩的,就祭祀他;抗拒大灾难的,就祭祀他;抵御大祸害的,就祭祀他。不是这类人物,不列入祀典。从前神农主宰天下,他儿子叫柱,能种植多种谷物和菜蔬;夏代兴起,周代的弃继续,所以祭祀他为谷神。共工氏主持天下,他儿子叫后土,能够整理好天下土地,便祭祀他为土神。黄帝能为各种物品创立名称,使百姓明白而为国家供给财用;颛顼加以完成。帝喾能依据日、月、星运行规律使百姓安定。尧能使刑法无不公平,百姓尽趋于善;舜则为人民辛勤死于郊野;鲧堵塞洪水失败而被杀,禹却能改正鲧的方法成功。契做司徒主管教育,人民和辑;冥做水官勤劳死于水;汤为政宽厚,消灭了残暴者;稷为栽培谷物死于山;文王以文德著称,武王除掉百姓的残暴者。所以虞舜用禘礼祭黄帝、用祖礼祭颛顼,用郊礼祭尧、用宗礼祭舜;夏代用禘礼祭黄帝、用祖礼祭颛顼,用郊礼祭鲧、用宗礼祭禹;商代用禘礼祭舜、用祖礼祭契,用郊礼祭冥、用宗礼祭汤;周代用禘礼祭喾、用郊礼祭稷,用祖礼祭文王、用宗礼祭武王。幕是能依循颛顼而行的,虞舜祭以报礼;杼是依循禹而行的,夏代祭以报礼;上甲微是依循契而行的,商代祭以报礼;高圉和太王是依循稷而行的,周代祭以报礼。禘、郊、祖、宗、报这五种祭礼,是国家祀典。

"再加上社稷山水神明,都是对人民有功绩的;以及过去大智大仁的人,是人民所信赖的;天上的日、月、星是人民所仰视的,地上的水、火、木、金、土以及各地的山水湖泊是财货出产地,不属于这些,就不在祭祀典礼之内。

"现在海鸟来了,自己不知道却祭它,用作国家典礼,难于说是仁智之举。仁人讲究功效,聪明人正确对待事物。没有功效去祭它,不是仁德;不懂又不问,不是聪明。今年大海会有灾害罢!水中广大的禽兽,经常知道预先避灾。"

这一年,海上大风多,又暖和。文仲听到柳下季的话,说:"真是我的过失,季子的话不可以不为规范。"使人书写出来,分为三份。

杨伯峻译

里革断罟匡君 鲁语上

宣公夏滥于泗渊①,里革断其罟而弃之②,曰:"古者大寒降,土蛰发,水虞于是乎讲罛罶③,取名鱼,登川禽,而尝之寝庙,行诸国人,助宣气也。鸟兽孕,水虫成,兽虞于是乎禁罝罗④,矠鱼鳖以为夏槁⑤,助生阜也。鸟兽成,水虫孕,水虞于是乎禁罜麗⑥,设阱鄂⑦,以实庙庖,畜功用也。且夫山不槎蘖⑧,泽不伐夭,鱼禁鲲鲕⑨,兽长麑麌⑩,鸟翼鷇卵⑪,虫舍蚔蝝⑫,蕃庶物也,古之训也。今鱼方别孕,不教鱼长,又行网罟,贪无艺也。"

公闻之曰:"吾过而里革匡我,不亦善乎!是良罟也,为我得法。使有司藏之,使吾无忘谂。"⑬师存侍,曰:"藏罟不如置里革于侧之不忘也。"

①滥:沉浸。 泗:泗水,发源于山东泗水,经山东境内流至江苏。 ②里革:鲁大夫。 罟:渔网。 ③水虞:掌管水产及有关政令的官。 罛(gū):大鱼网。 罶(liǔ):捕鱼的竹篓。 ④罝(jū):捕兔的网。 罗:捕鸟的网。 ⑤矠(zé):刺取。 ⑥罜麗(lù):当作"罜(zhǔ)麗",小鱼网。 ⑦鄂:埋有木桩的陷阱。 ⑧槎(chá):砍伐。 蘖(niè):被砍过树木上新生的枝条。 ⑨鲲鲕(ér):小鱼苗。 ⑩麑(ní):小鹿。 麌(yǎo):小麋鹿。 ⑪鷇(kòu):初生的小鸟。 ⑫蚔(chí):蚁的幼虫。 蝝(yuán):蝗的幼虫。 ⑬谂(shěn):规劝。

鲁宣公在夏天的泗水深处撒下渔网,被里革砍断,又扔掉,说:"古时候大寒后,蛰伏动物逐渐惊醒,水虞官才整理小网大网,捕捉大鱼,捞起甲鱼、蛤蜊之类,用在宗庙祭祀,居民也照这样做,这是帮助阳气宣扬。春季鸟兽怀孕,水中动物也在成长,兽虞官就禁用兽网、鸟网,只许刺取鱼鳖做成鱼干夏天吃,这是帮助鸟兽生长。到鸟兽成长,水生物又怀孕,水虞就禁止小网入水,只设陷阱捕捉走兽,用作祭品,又充实庖厨。这是保护水生物可以四季取用。山中不砍伐重生的嫩条,湖泊旁不采摘还没成长的草木,不捕小鱼,不捉小鹿以及走兽幼子,不取小鸟和鸟蛋,不要杀无害昆虫,都是使万物自然生长。这是古人的教导。现在鱼类正在生长,却用网笱捕捉,实在贪得无厌!"

宣公听到,说:"我错了,里革纠正我,不也好得很么?这个网是个有教益的网,使我得到教益,要让有关部门保存起来,使我不会忘怀。"乐师名存的在宣公之旁,说:"保存网,不如让里革常在您身旁,那更不会忘记。"

杨伯峻译

敬姜论劳逸 鲁语下

公父文伯退朝①,朝其母,其母方绩。文伯曰:"以歜之家而主犹绩②,惧干季孙之怒也③,其以歜为不能事主乎!"

其母叹曰:"鲁其亡乎!使僮子备官而未之闻邪?居,吾语女。昔圣王之处民也,择瘠土而处之,劳其民而用之,故长王天下。夫民劳则思,思则善心生;逸则淫,淫则忘善,忘善则恶心生。沃土之民不材,淫也;瘠土之民莫不向义,劳也。是故天子大采朝日④,与三公、九卿祖识地德⑤,日中考政,与百官之政事,师尹惟旅、牧,相宣序民事⑥;少采夕月⑦,与太史、司载纠虔天刑⑧;日入监九御⑨,使洁奉禘、郊之粢盛⑩,

而后即安。诸侯朝修天子之业命,昼考其国职,夕省其典刑,夜儆百工,使无怠淫,而后即安。卿大夫朝考其职,昼讲其庶政,夕序其业,夜庀其家事⑪,而后即安。士朝受业,昼而讲贯,夕而习复,夜而计过无憾,而后即安。自庶人以下,明而动,晦而休,无日以怠。王后亲织玄紞⑫,公侯之夫人加之以纮、綖⑬,卿之内子为大带,命妇成祭服,列士之妻加之以朝服,自庶士以下,皆衣其夫。社而赋事,烝而献功,男女效绩,愆则有辟,古之制也。君子劳心,小人劳力,先王之训也。自上以下,谁敢淫心舍力?

"今我,寡也,尔又在下位,朝夕处事,犹恐忘先人之业。况有怠惰,其何以避辟! 吾冀而朝夕修我曰:'必无废先人。'尔今曰:'胡不自安。'以是承君之官,余惧穆伯之绝祀也。"

仲尼闻之曰:"弟子志之,季氏之妇不淫矣。"

①公父文伯:即公父歜(chù),鲁国大夫,敬姜之子,其父公父穆伯也是鲁国大夫。 ②主:这里是主母的简称,古代对贵族家中女主人称主母。 ③季孙:季康子,鲁国卿。 ④大采:五采礼服。 朝日:古代帝王祭日之礼。 ⑤三公、九卿:三公指周朝中枢最高长官太师、太傅、太保。九卿指分管各部门的长官冢宰、司徒、宗伯、司马、司寇、司空、少师、少傅、少保。 ⑥师尹惟旅、牧、相:均为周朝主持各级各项事务的官员。 ⑦少采:三采礼服。 夕月:古代帝王祭月之礼。 ⑧太史:古代记事兼管星历的官。 司载:古代主管天文的官。 纠:恭。 虔:敬。 ⑨九御:帝王九宫之嫔妃。 ⑩粢(zī)盛(chéng):盛在祭器内以供祭祀用的谷物。 ⑪庀(pǐ):治理。 ⑫玄紞(dǎn):古代冠冕两旁用来悬玉的黑色丝带。 ⑬纮(hóng):古代冠冕系在颌下的带子。 綖(yán):覆在冕上的布。

【译 文】
公父文伯从朝廷办公回家,去看他母亲,他母亲正绩麻。文伯说:"拿我家说,您还绩麻,我怕季孙发火,认为我没能好好孝敬您呢!"

他母亲叹着气说:"鲁国会危亡罢! 使无知童子列于职官而没有告诉你道理么? 坐下,我告诉你。从前圣明君主对待人民,选择贫瘠土地去居住，使他们勤劳然后任用，所以长久地统治天下。人民勤劳，才去思考，思考才有好心眼；安逸就邪恶，邪恶就忘记善良，忘记善良就产生坏心眼。肥沃土地人民不成材，由于邪恶；贫瘠土地没有人不趋向道义，由于勤劳。因此天子穿着五彩礼服祭祀太阳，并和三公九卿熟悉土地性能；白天考察政事和各部门工作，给师尹、众士、州牧、国相宣布工作次第；又穿三彩礼服祭祀月亮，和太史、司载恭敬地观察天体法则；黄昏监察宫内女官，使他们把一切祭品搞得洁净，然后休息。诸侯早晨研究天子所颁职责与命令，白天考察国内情况，黄昏检查法规，晚间告诫各官，使他们不懈怠不放荡，然后休息。卿大夫早晨考察职责，白天料理事务，黄昏安排业务，晚间料理家事，然后休息。士人早晨接受学业，白天研究，黄昏复习，晚间反省，假设没有悔恨，便去休息。从一般百姓以下，天亮劳动，天黑休息，没一日懈怠。王后亲自织悬在礼帽的黑色丝绳，公侯夫人还加制固定礼帽的小丝绳和大礼帽上的方布，卿的嫡妻织素带，大夫妻缝制祭服，上士妻加制朝服，下士以至一般百姓各自为自己丈夫缝制衣服。春分祭社就开始庄稼蚕桑工作，冬日烝祭就献上谷物布帛，男女都奉上成果，有过失就有罪，这是自古以来的制度。君子劳动脑筋，小人劳动体力，这是古来的训导。从帝王以下，谁敢放荡不用气力？

　　"现在我是寡妇，你职位又不高，早晚工作，还怕忘掉祖宗的业绩，何况有所松懈，那用什么逃避刑罚？我希望你时常警告我说：'一定不要废弃祖上的功绩！'你今天却说：'为什么不自己安逸？'我害怕你父亲将没有子孙祭祀了。"

　　仲尼听到这事，说："学生们记下来，季氏家这妇女真是不逾越礼法啊。"

杨伯峻译

叔向贺贫 晋语八

叔向见韩宣子①,宣子忧贫,叔向贺之。

宣子曰:"吾有卿之名,而无其实,无以从二三子,吾是以忧,子贺我何故?"

对曰:"昔栾武子无一卒之田②,其官不备其宗器,宣其德行,顺其宪则,使越于诸侯,诸侯亲之,戎、狄怀之,以正晋国,行刑不疚,以免于难。及桓子,骄泰奢侈,贪欲无艺,略则行志,假货居贿,宜及于难,而赖武之德,以没其身。及怀子,改桓之行,而修武之德,可以免于难,而离桓之罪,以亡于楚。夫郤昭子③,其富半公室,其家半三军④,恃其富宠,以泰于国,其身尸于朝,其宗灭于绛⑤。不然,夫八郤,五大夫三卿,其宠大矣,朝而灭,莫之哀也,惟无德也。

今吾子有栾武子之贫,吾以为能其德矣,是以贺。若不忧德之不建,而患货之不足,将吊不暇,何贺之有?"

宣子拜稽首焉,曰:"起也将亡,赖子存之。非起也敢专承之,其自桓叔以下嘉吾子之赐⑥。"

①叔向:羊舌氏,名肸(xī),字叔向,春秋时晋国大夫。 韩宣子:韩起,宣子是谥号。 ②栾武子:栾书,晋国的上卿。 一卒之田:古代规定的上大夫俸禄。百人为一卒,一卒之田为百顷。但按规定上卿的俸禄应有一旅之田五百顷。 ③郤(xì)昭子:郤至,晋国卿。 ④三军:晋国所实行上军、中军、下军的军事编制。 ⑤绛:晋国都,在今山西翼城东南。 ⑥桓叔:名成师,号桓叔,晋穆侯之子。桓叔之子受封于韩邑,故韩起尊桓叔为始祖。

【译　文】

叔向进见韩宣子,宣子担忧穷困,叔向向他道贺。

宣子说:"我有卿相的名义,却没有相应的财富,没有力量和同事来往应酬,我因此发愁,你却祝贺我,为什么?"

答说:"过去栾武子没有一百顷田地,家里祭宗庙的礼器也不完备,却宣扬德行,遵守法制,名声洋溢各国,诸侯亲近他,少数民族怀念他,使晋国一切走向正轨,执行刑法,毫无弊端。虽然杀死厉公,却免除了自身的灾难。他儿子桓子骄傲奢侈,贪得无厌,宁肯犯法,一意孤行,放债取利,这人该遭祸害,却依靠武子德行,竟得到善终。等到怀子,改变桓子行为,恢复武子德行,本该免祸,但由于他父亲罪恶,却逃奔楚国。另外,郤昭子家,财富有君主一半,武力有三军一半。却凭他财势,横行国内,最后本人尸体在朝廷示众,宗族也在绛都灭亡。不这样的话,郤家八大口,五位大夫,三位卿相,荣耀极了,而一旦灭亡,没一人同情,就因为没有德行。

现在您有栾武子的贫乏,我以为也能有他的德行,所以祝贺。假若不担忧没建树德行,却担忧财货不够,我哀悼你都没工夫,哪有什么祝贺的?"

宣子作揖磕头,说:"我将被灭亡,依靠您活下来。不是我敢于单独接受,从我始祖以下族人都感激您的恩赐!"

杨伯峻译

王孙圉论楚宝 楚语下

王孙圉聘于晋①,定公飨之,赵简子鸣玉以相②,问于王孙圉曰:"楚之白珩犹在乎③?"对曰:"然。"简子曰:"其为宝也,几何矣?"

曰:"未尝为宝。楚之所宝者,曰观射父④,能作训辞,以行事于诸侯,使无以寡君为口实。又有左史倚相,能道训典,以叙百物,以朝夕献善败于寡君,使寡君无忘先王之业;又能上下说乎鬼神,顺道其欲恶,使神无有怨痛于楚国。又有薮曰云连徒洲,金、木、竹、箭之所生也,龟、珠、角、齿、皮、革、羽、毛,所以备赋⑤,以戒不虞者也。所以共币帛⑥,以宾享于诸侯者也。若诸侯之好币具,而导之以训辞,有不虞之备,而皇神相之,寡君其可以免罪于诸侯,而国民保焉。此楚国之宝也。若夫白珩,先王之玩也,何宝焉?

"围闻国之宝,六而已:圣能制议百物,以辅相国家,则宝之;玉足以庇荫嘉谷⑦,使无水旱之灾,则宝之;龟足以宪臧否,则宝之;珠足以御火灾,则宝之;金足以御兵乱,则宝之;山林薮泽足以备财用,则宝之。若夫哗嚣之美,楚虽蛮夷,不能宝也。"

①王孙围(yǔ):春秋末期楚国大夫。　　②赵简子:晋大夫赵鞅。　　③珩(héng):系在玉佩上的横玉。　　④观(guàn)射(yì)父(fǔ):楚大夫。　　⑤赋:指军备物财。　　⑥共:同"供",供给。　　⑦玉:指用于祭祀的玉器。

【译　文】

王孙围访问晋国,晋定公举行盛大宴会款待,赵简子作主要陪客,故意使所佩玉器叮叮当当响,问王孙围说:"楚国白珩还保存着吗?"答说:"存在。"简子说:"那宝贝有多大价值?"

答说:"楚国从不曾看作宝贝。楚国所宝的是观射父,能够写外交文件,在诸侯间表达意见,不致使我君主作话柄。还有左史倚相,能够说出历代君主的教导,使楚国事物安排得秩序井然;又早晚把善恶、成败的情况向我君主陈说,使他不致忘记祖宗功业;还能得到天地神明的喜悦,顺从他们的爱恶,使神明对楚国没有怨意。还有云梦泽,接连徒州,是金属、木料、粗竹、小竹的产地,又是龟壳、珍珠、牛角、象牙、虎豹皮、犀兕革、鸟羽、牦牛尾的出产地,用于战备材料,足以戒备意外。这类产物,可以作诸侯友好礼品,又可以在宴宾时作酬币。假若诸侯喜好这些礼物,辅以好文辞,又有防止意外的准备,加上神明保佑,我君将不致得罪诸侯,国家和人民得到安全。这些是楚国之宝贝。至于白珩,只是以前君王的玩物,有什么值得宝贝?

"我听说国家之宝,只有六种而已。圣智者议论制定各事有益于

81

治理国家，就以为宝；玉能够保护谷物，不致有水灾旱灾，就以为宝；龟甲可以判定是非，就以为宝；珍珠足以抵御火灾，就以为宝；五金足以抵抗兵乱，就以为宝；山林薮泽生产各种材料制作器具，就以为宝。至于叮叮当当响声的美好，楚虽是蛮夷，也不能视它是宝。”

杨伯峻译

诸稽郢行成于吴 吴语

吴王夫差起师伐越，越王勾践起师逆之江。

大夫种乃献谋曰：“夫吴之与越，唯天所授，王其无庸战。夫申胥、华登简服吴国之士于甲兵①，而未尝有所挫也。夫一人善射，百夫决拾②，胜未可成。夫谋必素见成事焉，而后履之，不可以授命。王不如设戎，约辞行成，以喜其民，以广侈吴王之心。吾以卜之于天。天若弃吴，必许吾成而不吾足也，将必宽然有伯诸侯之心焉③。既罢弊其民，而天夺之食，安受其烬，乃无有命矣。”

越王许诺，乃命诸稽郢行成于吴④，曰：“寡君勾践使下臣郢不敢显然布币行礼，敢私告于下执事曰：‘昔者越国见祸，得罪于天王。天王亲趋玉趾，以心孤勾践，而又宥赦之。君王之于越也，繄起死人而肉白骨也。孤不敢忘天灾，其敢忘君王之大赐乎！今勾践申祸无良，草鄙之人，敢忘天王之大德，而思边陲之小怨，以重得罪于下执事？勾践用帅二三之老，亲委重罪，顿颡于边。今君王不察，盛怒属兵，将残伐越国。越国固贡献之邑也，君王不以鞭箠使之，而辱军士使寇令焉。勾践请盟。一介嫡女，执箕帚以晐姓于王宫⑤；一介嫡男，奉槃匜以随诸御⑥；春秋贡献，不解于王府。天王岂辱裁之？亦征诸侯之礼也。’

“夫谚曰：‘狐埋之而狐搰之⑦，是以无成功。’今天王既封殖越国，以明闻于天下，而又刘亡之，是天王之无成劳也。虽四方之诸侯，则何实以事吴？敢使下臣尽辞，唯天王秉利度义焉！”

①申胥:即伍子胥,楚大夫伍奢之子,因父兄遭难避祸入吴,吴王封以申邑,后称申胥。 华登:吴国大夫。原为宋国人,因避祸逃至吴国。 ②决拾:射箭用具。决是骨制的扳指,套在右手大拇指上,用以钩弦。拾是革制的臂衣,套在左臂上,用以扎笼衣袖。 ③伯:通"霸"。 ④诸稽郢:越国大夫。 ⑤晐(gāi)姓:纳诸姓女子于天子宫中。晐,具备。 ⑥槃匜(yí):古代盥洗用具。槃,通"盘"。 ⑦揭(hú):掘出。

【译 文】

吴王夫差起兵打算攻打越国,越王勾践也起兵到江边迎战。

越大夫文种献计说:"吴和越,只看上天保佑谁,您用不着作战。伍子胥和华登训练的士卒,在战争中,从来没有受挫。一人会射箭,百人拿弓张弦,我们没把握战胜。计谋一定要事先料到它会成功,才去执行,不可冒昧拼命。您不如作战斗准备,但低声下气求和,使吴百姓高兴,使吴王野心更大。我们向天占问吉凶。天如果抛弃吴,一定同意讲和而认为越不值得忧虑,吴王一定也打算称霸中原。这会使吴百姓疲癃残疾,国内也会歉收乏食,我们可以不费力气地接收这一烂摊子,吴就这样灭亡了。"

越王同意,便派诸稽郢向吴王求和,说:"我国君勾践派遣他臣下郢,不敢公然陈列礼品举行朝见礼,只敢暗中向您的下级官吏禀告说:'过去天降祸于越,越得罪了天王,您天王亲自光降,本心要抛弃勾践,却又赦免他。君王对于越,等于使死人复活,使枯骨生出肌肉。我不敢忘记天降的灾难,难道敢忘掉君王的恩赐?今天勾践自作自受,又得到祸害,草野边鄙之人,难道敢于忘记天王大恩德,却考虑边疆小怨恨,又来得罪您手下人?勾践因此率领他的臣僚,承担重罪,在边疆磕头求饶。现在君王还不太明白,大发雷霆,聚集军队,打算残破越国。越国本来是向您纳贡称臣的一块地方,您君王不用皮鞭竹板直接敲打使唤他,却劳动军队像对付敌人那样来讨伐。勾践请求订立和约:让一个亲生女儿,拿着簸箕扫帚在王宫中作打扫工;让一个亲生男儿,跟随您君王服侍人员捧着接水的盘和倒水的匜伺候您的盥洗。春秋的贡献，不停顿地往您的府库去。天王难道还要屈尊用兵来制裁我们？这也是向诸侯征收的礼节呀。'

"俗语说：'狐狸自己埋藏，又自己发掘，因此没有成效。'现在您已经培植越国，您的明智天下人都知道，却又灭亡它，这会使天王没有成功。四方的各国又将怎样来向吴国大王称臣纳贡？让我冒昧说尽心中话，只请您从利害上、从情理上考虑！"

杨伯峻译

申胥谏许越成 吴语

　　吴王夫差乃告诸大夫曰："孤将有大志于齐，吾将许越成，而无拂吾虑。若越既改，吾又何求？若其不改，反行，吾振旅焉。"

　　申胥谏曰："不可许也。夫越非实忠心好吴也，又非慑畏吾甲兵之强也。大夫种勇而善谋，将还玩吴国于股掌之上①，以得其志。夫固知君王之盖威以好胜也，故婉约其辞，以从逸王志，使淫乐于诸夏之国，以自伤也。使吾甲兵钝弊，民人离落，而日以憔悴，然后安受吾烬。夫越王好信以爱民，四方归之，年谷时熟，日长炎炎。及吾犹可以战也，为虺弗摧②，为蛇将若何？"

　　吴王曰："大夫奚隆于越，越曾足以为大虞乎？若无越，则吾何以春秋曜吾军士？"乃许之成。

　　将盟，越王又使诸稽郢辞曰："以盟为有益乎？前盟口血未干③，足以结信矣。以盟为无益乎？君王舍甲兵之威以临使之，而胡重于鬼神而自轻也。"吴王乃许之，荒成不盟④。

　　①还（xuán）玩：摆弄。还，通"旋"。　　②虺（huǐ）：小蛇。　　③口血未干：指距誓盟时间不长。古代盟会要杀牲饮血，以示诚信。　　④荒：空，虚。

84

　　吴王夫差于是对臣子说："我打算向齐国伸张我的大志向,因此要同越国媾和,你们不要反对。假若越国诚心服我,我求什么?假若不服,从齐国回来,我再动员军队。"

　　申胥劝阻说："不可以同越国讲和。越不是忠心实意同吴友好,也不是惧怕吴国武力强大。大夫种勇敢而善于谋略,他把吴摆在大腿和手掌之上来玩弄,满足他的意图。他本来知道您重视威风又好逞强,所以言辞卑下,来使君王心意放纵,到中原诸国去寻乐开心,使我们自己受伤害,武器迟钝朽坏,人民离散,一天天憔悴,然后他不费气力接受我这烂摊子。越王在国内讲信实,爱百姓,邻国都归服他,庄稼丰收,时间久了,气势更强。趁我们还能打仗,他们还是条小蛇,不去摧毁;等它成大蛇了,怎么办?"

　　吴王说："你为什么这样提高越国?越国竟也值得大加忧虑么?若没有越国,我怎能在春秋二季中炫耀兵力?"于是同意讲和。

　　将要盟誓,越王又使诸稽郢推卸说："认为盟誓有效吗?上次盟誓嘴唇上歃血还没干,足够表明信义了。认为盟誓没有效果吗?为什么君王不用兵力来威胁驱使我,为什么重视鬼神力量却轻视自己力量呢?"吴王于是同意和约,仅仅订约,不盟誓。

杨伯峻译

《公羊传》是《春秋公羊传》的简称，据说它是孔子的再传弟子公羊高为解释《春秋》一书所作的，主要是阐发《春秋》中的微言大义，因此和《左传》大不相同。它最初是师徒之间口耳相传，并没有形成书面文字，直到西汉景帝时才由公羊寿和胡毋生写定成书。也许正是因为它是师徒之间讲授《春秋》的记录稿，所以它的格式都是先引"经"，然后以自问自答的形式对每一个词进行解释，看上去好像是塾师自编的启蒙教材。但是它时而穿凿附会时而别抉精深的解释和步步逼问穷追猛打所发掘的精义中，有时又隐含着中国文化尤其是儒家学说很重要的内容，所以后世也不知道有多少人在这里找到了自己可以利用的理论武器。像下面所选的几篇里，《春王正月》中的尊王大一统论、《宋人及楚人平》中的人本精神及《吴子使札来聘》中的君臣观念都曾经当过后人借题发挥托古改制干预现实的依据。

春王正月　隐公元年

　　元年者何？君之始年也。春者何？岁之始也。王者孰谓？谓文王也①。曷为先言"王"而后言"正月"？王正月也。何言乎王正月？大一统也。

　　公何以不言即位②？成公意也。何成乎公之意？公将平国而反之桓③。曷为反之桓？桓幼而贵，隐长而卑，其为尊卑也微，国人莫知。隐长又贤，诸大夫扳隐而立之④。隐于是焉而辞立，则未知桓之将必得

86

立也。且如桓立，则恐诸大夫之不能相幼君也。故凡隐之立，为桓立也。隐长又贤，何以不宜立？立適⑤，以长不以贤；立子，以贵不以长。桓何以贵？母贵也。母贵则子何以贵？子以母贵，母以子贵。

①文王：即周文王，周朝开国君主。　　②公：即鲁隐公，鲁惠公妾所生长子。③桓：即鲁桓公，鲁惠公庶子。惠公死时桓公尚年幼，由隐公摄政。后来桓公杀隐公，自立为国君。　　④扳：通"攀"，拥戴。　　⑤適：通"嫡"，正妻。

【译　文】

"元年"是什么意思？是君主即位的头一年。"春"是什么意思？是一年开始的季节。"王"说的是哪一位？说的是周文王。为什么先称"王"然后称"正月"？因为这是周王所颁历法的正月。为什么要称"王正月"？因为四方奉行周历，显示天下统一。

隐公为什么不称"即位"？是为了成全隐公的美意。为什么要成全隐公的美意？因为隐公准备治理好国家，然后把政权交还给桓公。为什么要交还给桓公？因为桓公虽然年幼却地位尊贵，隐公虽然年长却地位卑下。但他们这种尊卑的区别很小，国人无人知晓。隐公年长又贤良，诸大夫拥戴隐公而立他为君。隐公如果在这个时候辞让不立，那么他也不知道桓公日后是否一定能够立为国君。再说如果桓公立为国君，又恐怕诸大夫不能辅佐这位幼君。因此总的来说，隐公所以摄位为君，是为了日后桓公能立为国君。隐公年长又贤良，为什么不宜立为国君？因为立嫡夫人之子为君，只凭年长而不凭贤良。立其他的儿子为君，只凭地位尊贵而不凭年长。那么桓公为什么尊贵？因为他的母亲尊贵。母亲尊贵，儿子为什么也尊贵？因为儿子因母亲尊贵而尊贵，母亲又因儿子尊贵而尊贵。

陈　抗译

87

宋人及楚人平 宣公十五年

外平不书,此何以书? 大其平乎己也。何大其平乎己? 庄王围宋,军有七日之粮尔,尽此不胜,将去而归尔。于是使司马子反乘堙而窥宋城①,宋华元亦乘堙而出见之。司马子反曰:"子之国何如?"华元曰:"惫矣。"曰:"何如?"曰:"易子而食之,析骸而炊之。"司马子反曰:"嘻! 甚矣惫! 虽然,吾闻之也:围者柑马而秣之②,使肥者应客。是何子之情也?"华元曰:"吾闻之:君子见人之厄则矜之,小人见人之厄则幸之。吾见子之君子也,是以告情于子也。"司马子反曰:"诺。勉之矣。吾军亦有七日之粮尔,尽此不胜,将去而归尔。"揖而去之。

反于庄王。庄王曰:"何如?"司马子反曰:"惫矣!"曰:"何如? 曰:"易子而食子,析骸而炊之。"庄王曰:"嘻! 甚矣惫! 虽然,吾今取此,然后而归尔。"司马子反曰:"不可。臣已告之矣,军有七日之粮尔。"庄王怒曰:"吾使子往视之,子曷为告之?"司马子反曰:"以区区之宋,犹有不欺人之臣,可以楚而无乎? 是以告之也。"庄王曰:"诺。舍而止。虽然,吾犹取此,然后归尔。"司马子反曰:"然则君请处于此,臣请归尔。"庄王曰:"子去我而归,吾孰与处于此? 吾亦从子而归尔。"引师而去之。故君子大其平乎己也。此皆大夫也,其称"人"何? 贬。曷为贬? 平者在下也。

①司马子反:楚大夫。司马是掌军政的官员。 堙(yīn):小土山。 ②柑(qián)马:让马嘴衔住木棍。

【译 文】

其他的媾和不加记载,这次宋人和楚人媾和为什么记下来了? 是为了赞扬这次媾和是由两国大夫自己促成的。为什么要赞扬这次媾和是由两国大夫自己促成的？楚庄王围困宋都，军中只有七日之粮而已，吃完这些粮食而不能取胜，将离宋回国。于是派司马子反登上土堙以探测宋城中的动静。宋国的华元也登上土堙出来见他。司马子反问："你的都城中情况如何？"华元说："困顿不堪了。"问："到了什么程度？"答："交换儿子杀了吃掉充饥，劈开尸骨当柴烧饭。"司马子反说："唉！确实困顿到极点了！虽然如此，我听说过，被围困的人让马嘴里衔一根木棍，不能吃草料，然后假装喂马，而把肥壮的马牵出来欺骗客人。这次你为什么把真情和盘托出呢？"华元说："我也听说过，君子见到别人困厄而产生怜悯，小人见到别人困厄而幸灾乐祸。我见你是个君子，所以告诉你真情。"司马子反说："我知道了。你努力守城吧。我军也只有七日之粮而已，吃完这些粮食而不能取胜，将离宋回国了。"两人拱手行礼而别。

司马子反回来向庄王复命。庄王问："情况如何？"司马子反说："困顿不堪了。"问："到了什么程度？"答："交换儿子杀了吃掉充饥，劈开尸骨当柴烧饭。"庄王说："唉！确实困顿到极点了！虽然如此，我现在还是要攻取这座城邑，然后回国去。"司马子反说："不行。我已经告诉他了，军中只有七日之粮而已。"庄王发怒道："我派你去探测敌情，你为什么反去向他通风报信？"司马子反说："以区区的小国宋，尚且有不欺骗别人的臣子，我们楚国难道可以没有吗？所以我告诉了他。"庄王说："好吧。我要筑营驻扎下来。尽管宋国已经知道我军粮食短缺，我还是要攻取这座城邑，然后回国去。"司马子反说："既然如此，那么您请留在这里，我请求回国去了。"庄王说："你离开我回去，我和谁一起留在这里？我也跟着你回去吧。"于是退军离宋。所以君子赞扬这次媾和是由两国大夫自己促成的。他们都是大夫，而《春秋》称为"楚人""宋人"，这是为什么？是为了贬低他们。为什么要贬低他们？因为媾和的是处在下位的臣子。

陈　抗译

吴子使札来聘 襄公二十九年

　　吴无君、无大夫,此何以有君、有大夫? 贤季子也①。何贤乎季子? 让国也。其让国奈何? 谒也、馀祭也、夷昧也,与季子同母者四。季子弱而才,兄弟皆爱之,同欲立之以为君。谒曰:"今若是迮而与季子国②,季子犹不受也。请无与子而与弟,弟兄迭为君,而致国乎季子。"皆曰:"诺。"故诸为君者,皆轻死为勇,饮食必祝曰:"天苟有吴国,尚速有悔于予身。"故谒也死,馀祭也立;馀祭也死,夷昧也立;夷昧也死,则国宜之季子者也。

　　季子使而亡焉。僚者③,长庶也,即之。季子使而反,至而君之尔。阖庐曰④:"先君之所以不与子国而与弟者,凡为季子故也。将从先君之命与,则国宜之季子者也。如不从先君之命与,则我宜立者也。僚恶得为君乎?"于是使专诸刺僚,而致国乎季子。季子不受曰:"尔弑吾君,吾受尔国,是吾与尔为篡也。尔杀吾兄,吾又杀尔,是父子兄弟相杀,终身无已也。"去之延陵⑤,终身不入吴国。故君子以其不受为义,以其不杀为仁。

　　贤季子,则吴何以有君、有大夫? 以季子为臣,则宜有君者也。札者何? 吴季子之名也。春秋贤者不名,此何以名? 许夷狄者,不壹而足也。季子者,所贤也,曷为不足乎季子? 许人臣者必使臣,许人子者必使子也。

---

　　①季子:季札,春秋时吴王寿梦的幼子。　　②迮(zé):仓促。　　③僚:吴王夷昧之子。　　④阖庐:又作阖闾,名光,吴王谒之子。　　⑤延陵:地名,在今江苏武进。

【译 文】

从《春秋》以前的记载看，似乎吴国没有国君，没有大夫，这条记载为什么又显示出吴国有国君，有大夫呢？这是认为季子贤良的缘故。为什么认为季子贤良？因为他辞让不当国君。他辞让不当国君是怎么一回事呢？谒、馀祭、夷昧，再加上季子，同母所生的有四兄弟。季子年纪最小而很有才能，兄长们都爱他，同想立他为国君。谒说："现在如果这样仓促地把国家传给季子，季子还是不会接受的。我希望我们不要传位于子而传位于弟，弟兄依次为君，最后把国家交给季子。"大家都说："好的。"所以这几个当国君的都舍生忘死，十分勇敢，饮食时必定要祭祈祷告说："上天如果保佑吴国，希望赶快把灾难降到我身上。"所以谒死之后，馀祭继位；馀祭死后，夷昧继位；夷昧死后，国家就应该传到季子手里了。

季子出使不归，逃避在外。僚是庶子中年长者，即位为君。季子出使归来，到了吴国就也把僚当国君对待。阖庐说："先君所以不把国家传给儿子而传给弟弟，都是为了最后要传给季子的缘故。如果遵从先君的遗命，那么国家应该传到季子手里。如果不遵从先君的遗命，那么我是应该立为国君的人，僚怎么能当国君呢？"于是派专诸刺杀僚，而把国家交给季子。季子不接受，说："你杀了我的国君，我接受你交来的国家，这是我和你一起在篡位。你杀了我兄长之子，我又杀你，这是父子兄弟相互残杀，一辈子也没有停止的时候。"于是季子离开吴都到了他的封邑延陵，终其身不入吴都。所以君子认为他不受君位为义，不自相残杀为仁。

认为季子贤良，那又为什么要显示出吴国有国君、有大夫呢？既然认为季子有资格作为臣子，那就应该有国君了。"札"是什么？是吴国季子之名。《春秋》中对贤者不称名，这里为什么称名？赞许夷狄，不能因为他们有一事之美就认为他们已很完美了。季子被认为是贤良之人，为什么还认为他不算完美呢？因为赞许人臣一定要使他能与人臣的地位相适应，赞许人子一定要使他能与人子的地位相适应。

陈　抗译

《穀梁传》是《春秋穀梁传》的简称,据说它也是孔子再传弟子穀梁赤为解释《春秋》而作的,主旨、格式、语言和《公羊传》很相近,成书及写定的过程也很类似,不过,据清代学者考证,《穀梁传》成书应当比《公羊传》晚,因为它批评与引证过《公羊传》,也引述过战国中期人尸子的话,如果这些不是后人误掺进去的,那么它成书最早也只能在战国中叶。

郑伯克段于鄢 隐公元年

克者何?能也。何能也?能杀也。何以不言杀?见段之有徒众也①。

段,郑伯弟也②。何以知其为弟也?杀世子③、母弟目君,以其目君,知其为弟也。段,弟也而弗谓弟,公子也而弗谓公子,贬之也。段失子弟之道矣。贱段而甚郑伯也。何甚乎郑伯?甚郑伯之处心积虑,成于杀也。

于鄢④,远也,犹曰取之其母之怀中而杀之云尔,甚之也。

然则为郑伯者宜奈何?缓追逸贼,亲亲之道也。

①段:郑伯弟,封在京邑,因图谋不轨被郑伯挫败而逃到鄢地。　②郑伯:即郑庄公。　③世子:天子和诸侯的嫡长子。　④鄢:郑邑,在今河南鄢陵西北。

"克"是什么意思？就是能够的意思。能够干什么呢？能够杀呀。为什么不说杀呢？这就可以知道共叔段是拥有军队的呀。

共叔段，是郑伯的弟弟。凭什么知道他是弟弟呢？杀掉太子和同母弟弟的国君都称作伯，因为称他作郑伯，就知道共叔段是弟弟。共叔段，是弟弟而不称他作弟弟，是公子而不称他作公子，是贬低他的意思呀，是因为共叔段不遵守做公子和做弟弟的规矩呀。轻视共叔段却又更加轻视郑伯。为什么更轻视郑伯呢？是更轻视郑伯存心已久，费尽心机，终于致使共叔段走上了被杀的道路。

"于鄢"，是说共叔段逃得很远了，郑伯追杀共叔段就好像是从母亲怀里抢过婴儿杀掉那样。所以更加轻视他呀！

然而作为郑伯这样的人应该怎么办呢？别急着去追杀那逃亡的贼子，这才是对亲人亲善友爱的道理啊！

顾　青译

虞师晋师灭夏阳 僖公三年

非国而曰"灭"，重夏阳也①。虞无师，其曰"师"，何也？以其先晋，不可以不言师也。其先晋何也？为主乎灭夏阳也。夏阳者，虞、虢之塞邑也②，灭夏阳而虞、虢举矣。

虞之为主乎灭夏阳，何也？晋献公欲伐虢③，荀息曰④："君何不以屈产之乘、垂棘之璧⑤，而借道乎虞也？"公曰："此晋国之宝也。如受吾币⑥，而不借吾道，则如之何？"荀息曰："此小国之所以事大国也。彼不借吾道，必不敢受吾币。如受吾币，而借吾道，则是我取之中府而藏之外府，取之中厩而置之外厩也。"公曰："宫之奇存焉⑦，必不使受之也。"荀息曰："宫之奇之为人也，达心而懦，又少长于君。达心则其言略，懦则不能强谏，少长于君，则君轻之。且夫玩好在耳目之前⑧，而患在一国之后,此中知以上乃能虑之。臣料虞君,中知以下也。"公遂借道而伐虢。

宫之奇谏曰:"晋国之使者,其辞卑而币重,必不便于虞。"虞公弗听。遂受其币而借之道。宫之奇又谏曰:"语曰:'唇亡则齿寒。'其斯之谓与?"挈其妻子以奔曹。

献公亡虢,五年,而后举虞。荀息牵马操璧而前曰:"璧则犹是也,而马齿加长矣。"

①夏阳:虢邑名,在今山西平陆东北。 ②虢:春秋时国名。这里指北虢,在今山西平陆与河南陕县一带。 ③晋献公:春秋时晋国国君。 ④荀息:晋大夫。 ⑤屈:晋邑,在今山西吉县北。 乘(shèng):四匹马为一乘。 垂棘:晋地名。 ⑥币:赠送的财物。 ⑦宫之奇:虞大夫。 ⑧玩好(hào):供玩赏的物品。

【译　文】

不是一个国家而称作"灭",是因为重视夏阳。虞国没有出兵,《春秋》却称作"师",为什么呢?是因为在晋国出兵前,虞国就已经把夏阳推入了死地,所以不能不称作"师"呀。为什么说它在晋国出兵前就把夏阳推入死地了呢?是因为夏阳灭亡,它是主要的因素。夏阳,是虞国和虢国边界上的城邑。灭掉了夏阳,虞国和虢国也就可以拿到手了。

说虞国是夏阳灭亡的主要因素,这是什么意思呢?晋献公想要去攻打虢国,荀息就说:"国君为什么不用屈地出产的良马和垂棘出产的美玉去向虞国借路呢?"晋献公说:"这些都是晋国的宝物啊。如果虞国接受了我的礼物,却又不借路给我,那该怎么办呢?"荀息说:"这就是为什么小国要事奉大国的原因了。它不借路给我们,就一定不敢接受我们的礼物。如果接受了我们的礼物,又借路给我们,那么这美玉就是我们从宫中的库房里取出来而藏在宫外的库房里,这良马就是从宫内的马厩中牵出来而放在宫外的马厩中了。"晋献公说:"宫之奇还在虞国任职呢,一定不让国君接受这礼物的。"荀息说:"宫之奇的为人哪,是内心明白却又胆小懦弱,而且他又是从小到大和国君一起长大的。心里明白就使他说话简略,胆小懦弱就使他不能够强谏,从小和国君一起长大,国君就会看轻了他。况且虞国国君喜欢的珍宝就在耳边眼前,而灾祸却要在灭了一个国家之后才到来,这是中等智力以上的人才能想到的。我料定虞国国君是个中等智力以下的人。"于是,晋献公就向虞国借路,要去攻打虢国。

官之奇向虞国国君进谏道:"晋国的使者说的话虽然谦卑,但送来的礼物却十分贵重,这一定对虞国有所不利。"虞国国君听不进去,于是接受了礼物,借路给了晋国。官之奇又进谏道:"古语说:'唇亡则齿寒。'这大概就是说的虢国和虞国的关系吧?"官之奇带上他的妻子儿女一起逃到曹国去了。

晋献公灭掉了虢国,鲁僖公五年,又占领了虞国。荀息牵着良马,捧着美玉,来到晋献公跟前,说:"美玉还是老样子,但这马的年纪却大了。"

顾　青译

《檀弓》是《礼记》中的一篇,主要记载礼仪制度、注意事项、孔子和门人及其他历史人物有关礼制的言论、行为,分上下两部分。《礼记》是西汉儒学家戴圣选编的礼学论文集,共四十九篇,讨论的范围从礼仪制度、道德伦理、治世方略一直到历史经验,内容差异很大,作者时代从战国晚期到西汉中期都有,时间也拉得很长,所以文章风格也不能一概而论。就《檀弓》而言,它是用一个个事例来说明礼仪制度的,这些事例如同一段段记事记言的散文,这些散文大多写得简洁质朴,但有时出现一些精辟的言论和机智的对话使它在简朴之中显出跳动的亮色。

晋献公杀世子申生 檀弓上

晋献公将杀其世子申生①。公子重耳谓之曰:"子盖言子之志于公乎?"世子曰:"不可。君安骊姬,是我伤公之心也。"曰:"然则盖行乎?"世子曰:"不可。君谓我欲弑君也,天下岂有无父之国哉?吾何行如之?"

使人辞于狐突曰②:"申生有罪,不念伯氏之言也,以至于死。申生不敢爱其死。虽然,吾君老矣,子少,国家多难。伯氏不出而图吾君,伯氏苟出而图吾君,申生受赐而死。"再拜稽首乃卒。是以为恭世子也③。

①晋献公:春秋时晋国国君,夫人齐姜先生太子申生。又娶狐氏姊妹,生重耳、夷吾。后得骊姬,生奚齐。骊姬曾欲废申生而立奚齐。　②狐突:字伯,申生的师傅。　③恭:申生的谥号。

【译　文】

晋献公将要杀掉他的太子申生。公子重耳对申生说:"你何不把你的想法对献公说明白呢?"申生说:"不能这么做。骊姬使君王感到安适,我要是把事情明说了,对骊姬不利,这样我就伤了君王的心。"重耳说:"既然如此,你何不出奔呢?"申生说:"不行。君王说我企图弑君,天下难道有无父之国吗?我往哪儿跑呢?"

申生派人去向狐突诀别,说:"申生有罪,没有记住您的话,以致到了今日死到临头的地步。申生不敢吝惜性命。虽然如此,君王年事已高,弟弟还年幼,国家将多有危难。您不出面为君王谋划国事便罢;您若肯出面为君王筹措政事,申生我虽死,也受了您的恩惠。"申生拜了两拜,叩头至地,然后自缢而死。因此,世人称申生为恭世子。

高路明译

曾子易箦 檀弓上

　　曾子寝疾①,病。乐正子春坐于床下②,曾元、曾申坐于足,童子隅坐而执烛。

　　童子曰:"华而睆③,大夫之箦与④?"子春曰:"止!"曾子闻之,瞿然曰:"呼!"曰:"华而睆,大夫之箦与?"曾子曰:"然。斯季孙之赐也,我未之能易也。元,起易箦。"曾元曰:"夫子之病革矣⑤,不可以变。幸而至于旦,请敬易之。"曾子曰:"尔之爱我也不如彼。君子之爱人也以德,细人之爱人也以姑息。吾何求哉?吾得正而毙焉,斯已矣。"举扶而易之,反席未安而没。

　　①曾子:春秋时鲁国人,名参,字子舆,孔子的弟子。　　②乐正子春:子春是曾子弟子,官任乐正。乐正为宫室乐官名。　　③睆(huǎn):光洁。　　④箦(zé):竹席。　　⑤革(jí):通"亟",危急。

【译　文】

　　曾子卧病在床,病情很重。乐正子春坐在床下,儿子曾元、曾申坐在曾子脚旁,童子坐在角落里,手里拿着灯烛。

　　童子说:"华美而又光洁,这是大夫用的席子吧?"子春说:"别说话!"曾子听到声音惊醒了,问:"什么事?"童子说:"华美而又光洁,这是大夫用的席子吗?"曾子说:"是的。这是季孙送给我的,我还没有来得及把它换下来。元,你扶我起来,把席子换了。"曾元说:"您的病情危急,您不能动。希望您能够坚持到天亮,到时候我请求您允许我,恭敬地把席子换了。"曾子说:"你对我的爱不如童子。君子是以德来爱人,见识短浅的人是以暂时的安逸来爱人。我如今还有什么可求的呢?我只要能得到正道,即使立刻倒下,我也心甘情愿。"于是,曾元托起曾子,扶着他换了席子,等到再把他放回席子上,还没把他安顿好,他就死了。

高路明译

有子之言似夫子 檀弓上

有子问于曾子曰①:"问丧于夫子乎?"曰:"闻之矣。'丧欲速贫,死欲速朽'。"有子曰:"是非君子之言也。"曾子曰:"参也闻诸夫子也。"有子又曰:"是非君子之言也。"曾子曰:"参也与子游闻之②。"有子曰:"然。然则夫子有为言之也。"

曾子以斯言告于子游。子游曰:"甚哉,有子之言似夫子也!昔者夫子居于宋,见桓司马自为石椁③,三年而不成。夫子曰:'若是其靡也,死不如速朽之愈也。'死之欲速朽,为桓司马言之也。南宫敬叔反④,必载宝而朝。夫子曰:'若是其货也,丧不如速贫之愈也。'丧之欲速贫,为敬叔言之也。"

曾子以子游之言告于有子。有子曰:"然。吾固曰非夫子之言也。"曾子曰:"子何以知之?"有子曰:"夫子制于中都⑤,四寸之棺,五寸之椁。以斯知不欲速朽也。昔者夫子失鲁司寇⑥,将之荆,盖先之以子夏⑦,又申之以冉有⑧。以斯知不欲速贫也。"

①有子:名若,孔子弟子。　②子游:姓言,名偃,字子游,孔子弟子。
③桓司马:即桓魋(tuí)。司马是主管军事的官。　椁(guǒ):套在棺外的大棺材。
④南宫敬叔:仲孙阅,鲁国人。　⑤中都:鲁邑名,在今山东梁山东南。
⑥司寇:主管司法刑狱的官。　⑦子夏:卜商,字子夏,孔子弟子。　⑧冉有:
也称冉求,孔子弟子。

【译 文】

有子问曾子说:"你在夫子面前,听他说过失去职位以后,应当怎样做的话吗?"曾子说:"我听到过。'失去职位想快点贫穷;死后希望快些腐烂'。"有子说:"这不是君子说的话。"曾子说:"我这是从夫子那里听来的。"有子又说:"这不是君子说的话。"曾子说:"我是和子游一起听到夫子这样说的。"有子说:"是这样。然而夫子是有所指才这样说的。"

曾子把有子的话告诉了子游,子游说:"太像了,有子说话像夫子!从前,夫子在宋居住,看到桓司马自己造石椁,三年过去了也没有造好。夫子就说:'如此奢侈,死了倒不如快点腐烂更好。''死后希望快些腐烂',这是针对桓司马说的话。南宫敬叔失去职位以后回国,总是车上载着珠宝去朝拜君王。夫子说:'像这样行贿,失了职位还不如马上贫穷更好。''失了职位想快点贫穷',是针对敬叔说的话。"

曾子把子游的话告诉有子,有子说:"是这样。我本来就说你说的不是夫子的话。"曾子说:"您是根据什么知道的呢?"有子说:"夫子任中都宰的时候,制定了棺厚四寸,椁厚五寸的制度,我因此知道夫子不希望人死之后很快就腐烂。从前,夫子失去了鲁国司寇的职位,将要到楚国去任职。他先派了子夏,然后又派冉有去楚国,据此,我知道夫子不希望失去职位以后很快就贫穷。"

高路明译

公子重耳对秦客 檀弓下

晋献公之丧,秦穆公使人吊公子重耳,且曰:"寡人闻之:'亡国恒于斯,得国恒于斯。'虽吾子俨然在忧服之中,丧亦不可久也,时亦不可失也,孺子其图之。"以告舅犯①。舅犯曰:"孺子其辞焉。丧人无宝,仁亲以为宝。父死之谓何?又因以为利,而天下其孰能说之?孺子其辞焉。"

99

公子重耳对客曰："君惠吊亡臣重耳，身丧父死，不得与于哭泣之哀，以为君忧。父死之谓何？或敢有他志，以辱君义！"稽颡而不拜②，哭而起，起而不私。

子显以致命于穆公。穆公曰："仁夫，公子重耳！夫稽颡而不拜，则未为后也，故不成拜。哭而起，则爱父也。起而不私，则远利也。"

①舅犯：即狐偃，字子犯，重耳的舅父。　②稽颡(sǎng)：古代居父母之丧跪拜宾客的礼节，以额触地，表示哀痛。

【译　文】

晋献公去世后，秦穆公派子显去吊唁公子重耳，并转述他的话说："寡人听到过这样的话：'丧失君位，常在此时；夺取君位，也常在此时。'虽然您正在庄重地服丧，但流亡在外不可太久，时机切不可错过，希望您早做打算。"重耳把这些话告诉了舅犯。舅犯说："您应该辞谢他的好意。失位丧国、流亡在外的人没有什么可宝贵的东西，只有仁爱思亲才是宝。父亲的死是何等重大悲痛的事情啊？如果乘机谋取私利，天下之人有谁能理解您而替您说话呢？所以您应该辞谢他的好意。"

公子重耳回答客人说："贵国君主仁慈地吊唁了亡命之臣重耳。我流亡在外，父亲死了也不能回去以哭泣表示哀痛，贵国君主以此为忧，我深表感谢。父亲死了是一件哀痛的事，我怎敢乘机谋取君位，而有辱贵国君主对我的情义呢？"说罢，跪下叩头，却不行成拜之礼。哭着站起来，起来后也不再与客人私下交谈。

子显把这些情况向秦穆公做了禀告。穆公说："真是仁人啊，公子重耳。他叩头却不拜谢宾客，是认为自己不是晋国君主，所以不行成拜之礼。哭着站起来，是表示哀悼其父。起来后不与宾客私下交谈，是表示不以得君位为利而远远避开。"

董洪利译

杜蒉扬觯 檀弓下

知悼子卒①，未葬。平公饮酒，师旷、李调侍②，鼓钟。杜蒉自外来③，闻钟声，曰："安在？"曰："在寝。"杜蒉入寝，历阶而升。酌曰："旷饮斯。"又酌曰："调饮斯。"又酌，堂上北面坐饮之。降，趋而出。

平公呼而进之，曰："蒉，曩者尔心或开予，是以不与尔言。尔饮旷，何也？"曰："子卯不乐④。知悼子在堂，斯其为子卯也大矣。旷也，太师也。不以诏，是以饮之也。""尔饮调，何也？"曰："调也，君之亵臣也。为一饮一食忘君之疾，是以饮之也。""尔饮，何也？"曰："蒉也，宰夫也，非刀匕是共⑤，又敢与知防，是以饮之也。"平公曰："寡人亦有过焉，酌而饮寡人。"杜蒉洗而扬觯⑥。公谓侍者曰："如我死，则必毋废斯爵也。"

至于今，既毕献，斯扬觯，谓之"杜举"。

①知（zhì）悼子：知罃，晋大夫。　②师旷：春秋时晋国乐师。　李调：晋平公宠臣。　③杜蒉（kuì）：晋平公的厨师。　④子卯不乐：相传甲子日和乙卯日分别是商纣和夏桀的忌日，禁止奏乐。　⑤匕（bǐ）：羹匙。　共：通"供"。⑥觯（zhì）：古代一种酒器。

【译　文】

知悼子死后，尚未安葬。晋平公就喝起酒来，师旷和李调在一旁坐陪，并敲钟作乐。杜蒉从外面进来，听到钟声，就问："他们在哪儿饮酒作乐？"有人回答说："在寝宫。"杜蒉走进寝宫，登台阶而上。他斟了一杯酒，说："师旷，喝这杯。"又斟了一杯，说："李调，喝这杯。"然后又斟了一杯，自己在殿堂之上，北面而跪，一饮而尽。喝完，走下台阶，快步走出寝宫。

晋平公喊他进去,说:"杜蒉,刚才我以为你有什么话要启发我,所以没主动与你说话。你罚师旷喝酒,是为什么?"杜蒉回答说:"子卯忌日,君主不得饮酒作乐。如今知悼子的灵柩还停在堂上,这是比子卯忌日更重要的事。师旷是太师,却不提醒您,因此罚他一杯。"平公又问:"你罚李调喝酒,又为什么呢?"杜蒉回答说:"李调是君主的宠臣。却因贪于饮食而忘记君主应忌讳之事,因此罚他一杯。"平公又问:"那么你罚自己一杯,又为什么呢?"杜蒉回答说:"我是个厨师,不专心在厨房干事,又胆敢越职参与争谏防止错误之事,因此也罚自己一杯。"平公说:"我也有错,斟上酒罚我一杯吧。"杜蒉把觯洗净,斟上酒,高高举起,恭敬地献给平公。平公对侍者说:"如果我死了,一定不要丢弃这只觯。"

直到今天,当主人向宾客敬完酒,就举起手中的觯,人们把这个动作称为"杜举"。

董洪利译

晋献文子成室 檀弓下

晋献文子成室,晋大夫发焉。张老曰:"美哉轮焉①,美哉奂焉②。歌于斯,哭于斯,聚国族于斯。"文子曰:"武也,得歌于斯、哭于斯、聚国族于斯,是全要领以从先大夫于九京也③。"北面再拜稽首。君子谓之善颂、善祷。

①轮:高大。　②奂:通"焕",华丽。　③要领:古代有腰斩、砍头二种刑罚。要,通"腰"。领,颈。　九京:即晋国卿大夫墓地九原。

【译 文】

晋献文子的新居落成了,晋国的大夫们前往庆贺送礼。大夫张老说："多么美啊，这样宽敞高大；多么美啊，这样富丽堂皇。既可以在这里歌舞祭祀，又可以在这里举行葬礼，还可以在这里宴请国宾，聚会宗族。"文子说："我呀，能够在这里歌舞祭祀，在这里举行葬礼，在这里宴请国宾，聚会宗族，这样也就能保全我的身体和头颅免受刑戮之苦，从而跟随我的先祖先父一起葬于九原了。"说完，就面向北叩头拜谢。当时的君子称赞他们二人一个善于祝颂，一个善于祈祷。

董洪利译

卷四 秦文

《战国策》是一部分国记载战国史事的史书,包括东周、西周、秦、齐、楚、赵、魏、韩、燕、宋、卫、中山等十二"策",原编撰者是什么人现在已不清楚了,它是西汉晚期由刘向重新编校而成的,分三十三篇,因为它多记载战国时代游说之士为各国诸侯出谋划策的言论,所以起名叫"策"。这批游说之士为了打动诸侯们的心,也为了使自己谋求到一定地位,通常要想方设法地把话讲得动听,讲得有力,所以往往言辞犀利,滔滔不绝。看《战国策》的记载就能感到他们的雄辩与机智,也能感到语言逐渐从质朴简练转变为华丽富赡,节奏感很强的整齐句式与巧妙的比喻已经显示出这一文学史意义上的变化。

苏秦以连横说秦

苏秦始将连横说秦惠王曰①:"大王之国,西有巴、蜀、汉中之利②,北有胡貉、代马之用③,南有巫山、黔中之限④,东有殽、函之固⑤。田肥美,民殷富,战车万乘,奋击百万,沃野千里,蓄积饶多,地势形便,此所谓天府，天下之雄国也。以大王之贤，士民之众，车骑之用，兵法之教，可以并诸侯，吞天下，称帝而治。愿大王少留意，臣请奏其效。"

秦王曰："寡人闻之，毛羽不丰满者不可以高飞，文章不成者不可以诛罚，道德不厚者不可以使民，政教不顺者不可以烦大臣。今先生俨然不远千里而庭教之，愿以异日。"

苏秦曰："臣固疑大王之不能用也。昔者神农伐补遂⑥，黄帝伐涿鹿而禽蚩尤⑦，尧伐驩兜⑧，舜伐三苗⑨，禹伐共工，汤伐有夏，文王伐崇⑩，武王伐纣，齐桓任战而霸天下。由此观之，恶有不战者乎？古者使车毂击驰，言语相结，天下为一；约从连横，兵革不藏，文士并饬，诸侯乱惑，万端俱起，不可胜理，科条既备，民多伪态；书策稠浊，百姓不足；上下相愁，民无所聊；明言章理，兵甲愈起，辩言伟服，战攻不息；繁称文辞，天下不治；舌敝耳聋，不见成功；行义约信，天下不亲。于是，乃废文任武，厚养死士，缀甲厉兵，效胜于战场。夫徒处而致利，安坐而广地，虽古五帝、三王、五霸，明主贤君，常欲坐而致之，其势不能，故以战续之。宽则两军相攻，迫则杖戟相撞，然后可建大功。是故兵胜于外，义强于内；威立于上，民服于下。今欲并天下，凌万乘，诎敌国⑪，制海内，子元元，臣诸侯，非兵不可！今之嗣主，忽于至道，皆惛于教，乱于治，迷于言，惑于语，沉于辩，溺于辞。以此论之，王固不能行也。"

说秦王书十上而说不行。黑貂之裘敝，黄金百斤尽，资用乏绝，去秦而归。嬴縢履屩⑫，负书担囊，形容枯槁，面目黧黑，状有愧色。归至家，妻不下纴⑬，嫂不为炊，父母不与言。苏秦喟然叹曰："妻不以我为夫，嫂不以我为叔，父母不以我为子，是皆秦之罪也。"乃夜发书，陈箧数十⑭，得太公《阴符》之谋⑮，伏而诵之，简练以为揣摩。读书欲睡，引锥自刺其股，血流至足。曰："安有说人主不能出其金玉锦绣，取卿相之尊者乎？"期年，揣摩成，曰："此真可以说当世之君矣！"

于是乃摩燕乌集阙⑯，见说赵王于华屋之下⑰，抵掌而谈。赵王大说，封为武安君⑱，受相印。革车百乘，锦绣千纯⑲，白璧百双，黄金万镒⑳，以随其后，约从散横，以抑强秦。故苏秦相于赵而关不通。

当此之时，天下之大，万民之众，王侯之威，谋臣之权，皆欲决于苏秦之策。不费斗粮，未烦一兵，未战一士，未绝一弦，未折一矢，诸侯相亲，贤于兄弟。夫贤人在而天下服，一人用而天下从。故曰：式于政，不式于勇；式于廊庙之内，不式于四境之外。当秦之隆，黄金万镒为用，转毂连骑，炫熿于道，山东之国，从风而服，使赵大重。且夫苏秦特穷巷掘门、桑户棬枢之士耳㉑，伏轼撙衔㉒，横历天下，庭说诸侯之主，杜左右之口，天下莫之伉。

　　将说楚王，路过洛阳，父母闻之，清宫除道，张乐设饮，郊迎三十里。妻侧目而视，侧耳而听；嫂蛇行匍伏，四拜自跪而谢。苏秦曰："嫂，何前倨而后卑也？"嫂曰："以季子位尊而多金。"苏秦曰："嗟乎！贫穷则父母不子，富贵则亲戚畏惧。人生世上，势位富厚，盖可以忽乎哉！"

①苏秦：字季子，战国时著名的纵横家。　连横：流行于战国期间诸侯国相互争斗的一种策略，指函谷关以西的秦国与楚、齐等国的个别联合。与此相对的"合纵"，则指函谷关以东楚、燕、赵、魏、韩、齐六国的联合抗秦。　②巴：包括今四川东部、湖北西部的地区。　蜀：今四川中、西部地区。　汉中：指今陕西汉中一带。　③胡貉：产于北方地区的貉皮。貉形似狸，皮可制裘。　代马：代，相当于今河北、山西北部地区，多产马。　④巫山：山名，在今四川巫山东。　黔中：地名，在今湖南常德。　⑤嶅：通"崤"，崤山，在今河南洛宁西北。　函：函谷关，在今河南灵宝东北。　⑥补遂：古国名。　⑦涿鹿：地名，在今河北涿鹿附近。　蚩尤：传说为九黎族首领。　⑧驩（huān）兜：传说为尧的臣下。　⑨三苗：古代部落，在今湖北武昌、湖南岳阳、江西九江一带。　⑩崇：商代小国，在今河南嵩县，一说在今陕西西安西沣水侧。这里指崇侯虎。　⑪诎（qū）：屈服。　⑫羸（léi）：通"累"，缠绕。　縢（téng）：绑腿。　屩（juē）：草鞋。　⑬纴（rèn）：织布帛的丝缕。这里指织机。　⑭箧（qiè）：箱子。　⑮《阴符》：传说姜太公著有兵法《阴符经》。　⑯摩：接近。　燕乌集阙：阙名。宫室前两侧的楼台称阙。　⑰赵王：即赵肃侯。　⑱武安：地名，在今河北武安。　⑲纯（tún）：匹，束。　⑳镒（yì）：古代重量单位，二十两为一镒。又说二十四两为一镒。　㉑棬（quān）枢：用卷起来的树枝作门枢。　㉒撙（zǔn）衔：驭马使之就范。撙，节制。衔，马勒。

【译 文】

　　当初，苏秦打算推行连横的策略，便去游说秦惠王说："大王国家的四周，西面有巴、蜀、汉中的物产便于交流，北面有胡地的貉子、代地的良马可资利用，南面有巫山、黔中作为屏障，东面有崤山、函谷关这样坚固的门户。秦国本身更是土地肥美，人民富足，战车万辆，战士百万，沃野千里，财富丰足，地理形势便利，这正是人们所说的天府，真是天下的强国啊。若凭着大王的贤明，士民的众多，车马的效用，兵法的教习，那是足以兼并诸侯，统一天下，称帝而治的。现在，请大王稍加注意，请让我陈述统一天下的功效。"

　　秦惠王却说："我听说，羽毛不丰满，便不能飞得很高；法令条文不完备，便不能用来实施刑罚；道德行为不高尚，便不能指使百姓；政令教化不和顺，便不能差遣大臣。现在，尽管先生不远千里，郑重登廷，来赐教于我，但我看还是改日再说吧。"

　　苏秦说："我本来就猜想到大王是不会采用我的主张的。过去，神农攻打补遂，黄帝攻打涿鹿因而捉住蚩尤；唐尧攻打驩兜，虞舜攻打三苗，夏禹攻打共工，商汤攻打夏桀，周文王攻打崇侯虎，周武王攻打殷纣王，齐桓公运用武力称霸天下。由此可见，哪有不曾运用武力的呢？古时候，各国使臣的车驾往来奔驰，车毂相击。他们以言语相互结纳，使天下成为一体；或者实行合纵，或者实行连横，不再储藏兵器。文士都巧饰辞令，反而使各国诸侯无所适从，以致各种事端层出不穷，无法理出头绪。法令条文完备，人民却多作伪；文书政令愈为繁杂，百姓却愈见贫困。君臣上下都在为此发愁，而人民的生活却仍无着落。文士把道理讲得很清楚，但战争却更为频繁。文士身着盛装，发言雄辩，但争战攻伐并未因此停息；文士讲了那么多繁缛的文雅辞令，但天下并未因此得到治理。尽管发言者说烂了舌头，听讲者听聋了耳朵，但并未产生什么效果。尽管提倡道义，约以诚信，但天下仍不能和睦相处。在这种形势下，各国便废弃文治，采用武力，以丰厚的待遇豢养敢死之士，连缀铠甲，砥砺兵器，在战场上角逐胜负。大凡无所事事而获得利益，安然而坐而开拓疆土，便是古代的五帝、三王、五霸以及那些明主贤君时时想要实现这一愿望,但在这种情势下也是无法办到的,所以他们才把战争作为文治的继续。在宽阔的地面上,两军对攻,逼近了,便短兵相接,只有这样做了,才有可能建树巨大的功业。因此可以说,只有对外用兵取得了胜利,对内声扬道义才强劲有力;只有国君从上面把威望树立起来,下面的百姓才会心悦诚服。当前,要想兼并天下,高出于现有的大国之上,制伏敌国,控制海内,安抚百姓,臣服诸侯,是非用武力不可的!现今的新君,忽视这一最根本的道理,不明政教,不懂治道,迷惑于花言巧语,沉溺于诡辩文辞。由此而言,大王是一定不能采纳我的主张的了。"

苏秦游说秦惠王,前后上书十次,但他的主张最终未能实现。黑貂皮衣穿破了,带来的一百斤黄金花光了,费用没有了,他只好离开秦国,返回家去。他绑上裹腿,踏上草鞋,背着书箱,担着行囊,身体干瘦,脸色黝黑,面有愧色。他回到家中时,他的妻子不肯走下织机迎接他,他的嫂子不肯给他做饭吃,他的父母不肯和他讲话。苏秦长叹道:"妻子不把我当丈夫看待,嫂子不把我当小叔子看待,父母不把我当儿子看待,这都是我苏秦的罪过啊。"于是,苏秦连夜找书,摆开了几十只书箱,找到了姜太公的《阴符》一书,便埋头诵读,并有选择地予以熟习和研究。每当读书困乏,要打瞌睡的时候,他便拿锥子刺自己的大腿,以致使鲜血一直流到脚后跟。而这时他还自勉说:"要是我再去游说各国君主,哪有不能得到金玉锦绣,获取卿相高位的道理呢?"才满一年,苏秦研究成功了,他自己也说:"这次,我确实能够说服当代的国君了!"

于是,苏秦便以燕乌集阙般的说辞,在华丽的宫殿中拜见并劝说赵王。他侃侃而谈,常常击掌有声。赵王听了,大为高兴,便封他为武安君,授给他相印,让他带着兵车一百辆、锦绣一千捆,白璧一百对,黄金一万镒,跟在他的车乘之后,去相约合纵,拆散连横,以便抑制强大的秦国。所以,苏秦在赵国为相期间,函谷关的交通便断绝了。

当此时,尽管天下广大,百姓众多,王侯威严,谋臣权变,但都要取决于苏秦的决策。于是,不曾耗费一斗粮食,不曾烦劳一个兵卒,不曾有一个士人参加打仗,不曾断过一根弓弦,不曾折过一支箭,就使六国诸侯相互亲睦，胜过兄弟。大凡贤人在位，才能使天下人信服；一位贤人用事，便能使天下人服从他的号令。所以说：要在政治上用力气，而不必在武力上用力气；要在廊庙决策上用力气，而不必在周边争战上用力气。当苏秦尊显的时候，黄金万镒任凭他使用，随从的车骑络绎不绝，走在路上，好不显耀。当时，崤山以东的国家，有如风吹草动般地听从苏秦的指挥，从而使赵国的威望也大大增强。况且，苏秦只不过是个居于穷巷，掘洞为门，用桑条编成门扉，把木条操作门枢的读书人罢了，但他却能伏于车轼，勒着马嚼，走遍天下，在朝堂上游说各国诸侯，使诸侯周围的亲信无话可说，这简直是天下无人可以与他匹敌的。

后来，苏秦打算去游说楚王，恰好经过洛阳。他的父母听到这一消息，便收拾房舍，清扫街道，设置乐队，摆设酒席，走出郊外三十里，前去迎接。他的妻子不敢正眼瞧他，只是侧耳静听吩咐；他的嫂子手足伏地，像蛇一样爬行而来，并且跪倒在地，拜了四拜，向苏秦谢罪。苏秦问道："嫂子，为什么你过去对我那样倨傲，而现在又对我这般低声下气呢？"他的嫂子回答："因为现在你地位又高，钱又多啊。"苏秦于是说道："唉！我贫困失意的时候，连父母都不把我当作儿子看待，现在富贵了，连亲人都害怕我。可见，人生在世，对于权势地位荣华富贵，怎么可以忽视呢！"

王景桐译

司马错论伐蜀

司马错与张仪争论于秦惠王前①。司马错欲伐蜀，张仪曰："不如伐韩。"王曰："请闻其说。"

对曰："亲魏善楚，下兵三川②，塞轘辕、缑氏之口③，当屯留之道④，魏绝南阳⑤，楚临南郑⑥，秦攻新城、宜阳⑦，以临二周之郊，诛周主之罪，侵楚、魏之地。周自知不救，九鼎宝器必出。据九鼎，按图籍，挟天子以令天下,天下莫敢不听,此王业也。今夫蜀,西僻之国,而戎狄之长也,敝兵劳众不足以成名,得其地不足以为利。臣闻:'争名者于朝,争利者于市。'今三川、周室,天下之市朝也,而王不争焉,顾争于戎狄,去王业远矣。"

司马错曰:"不然。臣闻之,欲富国者,务广其地;欲强兵者,务富其民;欲王者,务博其德。三资者备,而王随之矣。今王之地小民贫,故臣愿从事于易。夫蜀,西僻之国也,而戎狄之长也,而有桀、纣之乱。以秦攻之,譬如使豺狼逐群羊也。取其地,足以广国也;得其财,足以富民;缮兵不伤众,而彼已服矣。故拔一国,而天下不以为暴;利尽西海,诸侯不以为贪。是我一举而名实两附,而又有禁暴止乱之名。今攻韩劫天子,劫天子,恶名也,而未必利也,又有不义之名,而攻天下之所不欲,危!臣请谒其故:周,天下之宗室也;韩,周之与国也。周自知失九鼎,韩自知亡三川,则必将二国并力合谋,以因乎齐、赵,而求解乎楚、魏。以鼎与楚,以地与魏,王不能禁。此臣所谓'危',不如伐蜀之完也。"惠王曰:"善!寡人听子。"

卒起兵伐蜀。十月取之,遂定蜀。蜀主更号为侯,而使陈庄相蜀⑧。蜀既属,秦益强富厚,轻诸侯。

①司马错:战国时秦将。 张仪:战国时魏人,曾任秦国的相。 ②三川:指今河南洛阳一带,因有黄河、洛河、伊河,故称三川,地属韩国。 ③辕辕:山名,在今河南偃师东南。 缑(gōu)氏:山名,也在今偃师。 ④屯留:在今山西屯留南。太行山的羊肠坂道即经过此地。 ⑤南阳:韩地,在今河南境内。 ⑥南郑:地名,在今河南境内。 ⑦新城:韩地,在今河南伊川西南。 宜阳:韩地,在今河南宜阳。 ⑧陈庄:秦国官员,前314年出任蜀相。

【译 文】

司马错与张仪在秦惠王面前发生了争论。司马错主张攻打蜀国,张仪却说:"还不如攻打韩国呢。"秦惠王说:"请让我听听你的见解吧。"

张仪回答说:"我们秦国,应先与魏国和楚国交好,然后出兵三川,堵住镮辕、缑氏的出口,截断屯留的通道。再让魏国隔断南阳,楚国进军南郑,秦国攻打新城和宜阳,并趁机一直打到东西二周的郊野之外,声讨两周君主的罪行,然后逐渐侵占楚国和魏国的领土。两周自知局势难以挽救,必然会交出九鼎宝器。秦国据有九鼎,掌握了那里的地理、户口、赋税情况之后,挟制天子,号令天下,天下各国没有谁敢不听命的,这正是帝王的大业啊。而现今的蜀国,只是一个西部的偏僻小国,只能算作戎人、狄人国家的头儿罢了。为此而劳师动众,不足以成就威名,得到该国的土地,不足以谋得大利。我听说:'争名的人聚于朝堂,争利的人聚于集市。'现在三川和周室,便是当今天下争名的朝堂,争利的集市,大王不于此处争夺,反而要与戎狄去争夺,这离帝王之业未免太远了吧。"

司马错说:"不对。我听说,要使国家富足,就必须开拓疆土;要使兵力强盛,就必须让百姓富裕;要成帝王之业,就必须广施恩德。如果这三个条件具备了,帝王之业便随之而成功。现在大王的国土狭小,人民贫穷,所以我打算从易处着手。蜀国的确只是个西部的偏僻小国,只能当戎狄诸国的头儿,而且还发生了像夏桀、殷纣那样的战乱。倘若秦国去攻打蜀国,就像豺狼去追逐羊群一般。夺取蜀国的土地,足以扩大秦国的领土;获得蜀国的财富,足以使秦民富庶。完成此事,只要打上一仗,不需要伤害许多人,而蜀国却已经屈服了。因此之故,秦国虽然消灭了一个国家,但天下却并不以此为残暴;秦国虽然尽得蜀国的财利,各国诸侯却并不以此为贪婪。这样做,我国是一举两得,名利双收,而且还有禁止暴戾,平定祸乱的美名。假使现在去进攻韩国,胁持天子,胁持天子本来便是很不好的名声啊,又未必能由此得到实利,反倒落个不义的名声。而且,去攻打天下所不愿让去攻打的国家,前景是很危险的!请让我说说其中的道理:周朝,是天下诸侯的宗室;韩国,是周朝的友邦。周一旦知道要失去九鼎,韩一旦知道要失去三川,那么周、韩二国必然要齐心协力,共同策划,以借助齐、赵的力量,来寻求与楚、魏的和解,于是把九鼎给楚,把土地给魏,这是大王所无法禁止的。这就是我所说的危险前景和不如攻打蜀为上策的道理。"秦惠王说:"好吧,我听您的。"

秦国到底还是发兵攻打了蜀国,并在秦惠王二十二年十月攻下了蜀国,于是平定了蜀乱。蜀国的君主被改称为侯,秦国还派陈庄去做了蜀相。蜀国既已附属秦国,秦国更加富强,也更不把各国诸侯放在眼里了。

王景桐译

范雎说秦王

范雎至①,秦王庭迎范雎②,敬执宾主之礼。范雎辞让。是日见范雎,见者无不变色易容者。秦王屏左右,宫中虚无人,秦王跪而进曰:"先生何以幸教寡人?"范雎曰:"唯唯。"有间,秦王复请,范雎曰:"唯唯。"若是者三。秦王跽曰③:"先生不幸教寡人乎?"

范雎谢曰:"非敢然也。臣闻始时吕尚之遇文王也④,身为渔父而钓于渭阳之滨耳。若是者,交疏也。已一说而立为太师,载与俱归者,其言深也。故文王果收功于吕尚,卒擅天下而身立为帝王。即使文王疏吕望而弗与深言,是周无天子之德,而文、武无与成其王也。今臣,羁旅之臣也,交疏于王,而所愿陈者,皆匡君臣之事、处人骨肉之间,愿以陈臣之陋忠,而未知王心也,所以王三问而不对者是也。

"臣非有所畏而不敢言也,知今日言之于前,而明日伏诛于后,然臣弗敢畏也。大王信行臣之言,死不足以为臣患,亡不足以为臣忧,漆身而为厉⑤,被发而为狂,不足以为臣耻。五帝之圣而死,三王之仁而死,五霸之贤而死,乌获之力而死⑥,奔、育之勇而死⑦。死者,人之所必不免。处必然之势,可以少有补于秦,此臣之所大愿也,臣何患乎?

"伍子胥橐载而出昭关⑧,夜行而昼伏,至于蔆水⑨,无以糊其口,膝行蒲伏,乞食于吴市,卒兴吴国,阖闾为霸。使臣得进谋如伍子胥,加之以幽囚不复见,是臣说之行也,臣何忧乎?箕子、接舆,漆身而为

112

厉⑩，被发而为狂，无益于殷、楚。使臣得同行于箕子、接舆，可以补所贤之主，是臣之大荣也，臣又何耻乎？

"臣之所恐者，独恐臣死之后，天下见臣尽忠而身蹶也⑪，是以杜口裹足，莫肯即秦耳。足下上畏太后之严，下惑奸臣之态；居深宫之中，不离保傅之手⑫；终身暗惑，无与照奸；大者宗庙灭覆，小者身以孤危。此臣之所恐耳！若夫穷辱之事，死亡之患，臣弗敢畏也。臣死而秦治，贤于生也。"

秦王跪曰："先生是何言也！夫秦国僻远，寡人愚不肖，先生乃幸至此，此天以寡人恩先生⑬，而存先王之庙也。寡人得受命于先生，此天所以幸先王而不弃其孤也。先生奈何而言若此！事无大小，上及太后，下至大臣，愿先生悉以教人，无疑寡人也。"范雎再拜，秦王亦再拜。

①范雎(jū)：战国时魏人，字叔。因游说秦昭王得到信用，被任国相。　②秦王：即秦昭王。　③跽(jì)：通常古人席地而坐时，以两膝着地，臀部贴在脚后跟上，臀部不贴脚跟为跪，跪而挺身直腰即为跽。　④吕尚：姜姓，字子牙，封于吕，故称吕尚。传说他垂钓于渭水之滨，周文王与他一见如故，便立为统帅军队的太师。后佐武王灭纣。　⑤厉：通"疠(癞)"，生癞疮。　⑥乌获：秦武王的力士。　⑦奔、育：指孟奔、夏育，卫国勇士。孟奔，一作"孟贲"。　⑧伍子胥：春秋时楚国人。其兄为楚平王所杀后，逃到吴国。　橐(tuó)：口袋。昭关：在今安徽含山西北小岘山上。　⑨菱水：即溧水，在今江苏溧阳一带。　⑩箕子：名胥余，商纣王叔父，官太师，封于箕(今山西太谷东)。因谏纣王不听，披发佯狂。　接舆：春秋时楚国隐者，姓陆名通。　⑪蹶：跌倒。这里是死亡的意思。　⑫保傅：古代辅导天子和诸侯子弟的官员统称保傅。　⑬恩(hùn)：打扰。

【译 文】

范雎来到秦国，秦昭王在宫廷前迎接他，对他恭敬地采用了主人接待宾客的礼节，范雎也客气地推辞着，谦让着。就在当天，秦昭王便召见了范雎，凡是在场看到召见情景的人们没有不惊讶失色的。后来，秦昭王把身边的人打发走了，宫中空无一人，秦昭王于是跪在地下，膝行上前说："先生打算用什么来指教我呢？"范雎却只是应了一声："嗯嗯。"过了一会儿，秦昭王再次发问，范雎仍然只是应了一声："嗯嗯。"一连三次都是如此。秦昭王挺直上身跪着说："难道先生不愿意指教我吗？"

范雎向秦王谢罪说："我可不敢这样。我听说，当初吕尚遇到周文王的时候，不过是垂钓于渭水北岸的一个老渔翁而已。像这种情况，说明他与周文王的交往是疏浅的。他能通过一次交谈，就被立为太师，与周文王同车而归，这是由于他所讲的道理很深刻的缘故。正因为如此，周文王也果然在吕尚的辅佐下取得了成功，终于据有天下，当了帝王。假如当初周文王疏远吕尚，不肯同他深谈，这便说明周室还不具备做天子的德行，而文王、武王也就失去佐助他们成为帝王的人了。而我呢，不过一个秦国的客居之臣，我和大王的交往很疏浅，而我要陈述的却都是匡正君臣关系的大事，需要置身于人家的至亲骨肉之间。我本愿意把我浅陋的忠言陈述出来，可是我不知道大王的想法。大王三次问我，我都未作回答，就是因为这个缘故。

"我不是因为有所畏忌而不敢讲话。虽然明知今天把话讲出来，明天就会遭到杀害，但我并不敢因此心存畏忌。倘使大王果真能够实行我的主张，即使是死掉了，也不足以成为我的顾虑；即使出亡，也不足以成为我的担忧；即使涂漆于身，遍体生癞，即使披头散发，成为狂人，也不足以成为我的耻辱。五帝那样的圣人终有一死，三王那样的仁人终有一死，五霸那样的贤人终有一死，乌获那样的力士终有一死，孟奔、夏育那样的勇士终有一死。死，是人人所不可避免的。处于人人总有一死的必然趋势之中，如果我的死能够对秦国稍有补益，这便是我的最大心愿了，我还有什么值得顾忌的呢？

"伍子胥藏身牛皮袋子之中，乘车逃出昭关，白天潜伏，黑夜赶路，来到溧水岸边，再没有东西糊口，于是匍匐爬行，到吴国的市镇上讨饭，却最终使吴国兴盛，使阖闾成为霸主。假如我能得到像伍子胥那样进献谋略的机会，即使把我囚禁起来，使我不能再次见到大王，只要这可以使我的主张得以实行，我又有什么值得担忧的呢？箕子、接舆用漆涂身，遍体生癞，披头散发，成为狂人，但对殷朝和楚国毫无益处。假使我与箕子、接舆为伍，便可对我认为贤明的君主有所裨补，这便是我最大的荣耀了，我又怎么会感到耻辱呢？

"我所担心的，只是在我死以后，天下人看到我竭尽忠言而死，因此便闭口不言，裹足不前，不肯再到秦国来了。足下对上畏惧太后的威严，对下被奸臣的媚态所迷惑。您住在幽深的宫廷之中，不能离开保傅的照料，一生昏惑不明，无人帮助您洞察奸邪，其后果，大则会使国家灭亡，小则会使您置身于孤立危险的境地。这才是我所担心的问题！至于个人穷困受辱的事情，死亡与逃亡的祸患，我是不敢有所畏忌的。我死了，秦国却得到治理，这便胜过我活着了。"

秦王于是跪着说："先生这是说的什么话！秦国地处偏僻荒远之地，我又愚昧不贤，幸蒙先生光临此地，这是上天让我来烦扰先生，好使先王的庙堂得以留存。我能得到先生的教诲，这是上天眷顾先王，而且不肯遗弃于我的表现。先生怎么能说这样的话呢！以后，不论事情大小，上到太后，下到大臣，希望先生悉数指教于我，不用对我再有怀疑。"范雎向秦王拜了两次，秦王也向范雎拜了两次。

王景桐译

邹忌讽齐王纳谏

邹忌修八尺有余①，而形貌昳丽②。朝服衣冠，窥镜，谓其妻曰："我孰与城北徐公美？"其妻曰："君美甚，徐公何能及君也！"城北徐公，齐国之美丽者也。忌不自信，而复问其妾曰："吾孰与徐公美？"妾曰："徐公何能及君也！"旦日，客从外来，与坐谈，问之："吾与徐公孰美？"客曰："徐公不若君之美也！"明日，徐公来。熟视之，自以为不如；窥镜而自视，又弗如远甚。暮，寝而思之，曰："吾妻之美我者，私我也；妾之美我者，畏我也；客之美我者，欲有求于我也。"

于是入朝见威王曰③："臣诚知不如徐公美，臣之妻私臣，臣之妾畏臣,臣之客欲有求于臣,皆以美于徐公。今齐地方千里,百二十城,宫妇左右,莫不私王;朝廷之臣,莫不畏王;四境之内,莫不有求于王。由此观之,王之蔽甚矣!"王曰:"善。"乃下令:"群臣吏民,能面刺寡人之过者,受上赏;上书谏寡人者,受中赏;能谤议于市朝,闻寡人之耳者,受下赏。"令初下,群臣进谏,门庭若市;数月之后,时时而间进;期年之后,虽欲言,无可进者。燕、赵、韩、魏闻之,皆朝于齐。此所谓战胜于朝廷。

①邹忌:齐人,齐威王时任齐相。　　②映(yì)丽:光艳美丽。　　③威王:即齐威王。

【译　文】

邹忌身高八尺有余,体格相貌清朗俊美。早晨,邹忌穿戴完毕,镜前照了照,对妻子说:"你看我与城北的徐公谁更漂亮?"他的妻子应声答道:"您太漂亮了,徐公怎能和您相比呀!"城北的徐公,他是齐国有名的美男子。邹忌一思量,怀疑自己未必比徐公美,因而又问他的妾,说:"我跟徐公,哪个漂亮?"他的妾也不加思索地说:"徐公哪里比得过您呢?"第二天,有客人从外地来,叙谈之中,邹忌问客人说:"我与徐公,谁漂亮?"客人答道:"徐公不如您漂亮!"过了一天,徐公来到这里,邹忌端详许久,自以为自己不如徐公长得美,而后又临镜自观,更觉得自己差得远。晚上,邹忌躺在床上,琢磨近日发生的事情,终于明白了个中的道理:"我的妻子说我美,这是出于私情偏爱;妾说我美,这是惧怕我疏远她;客人说我美,这是他有求于我。"

于是,当邹忌上朝拜见威王时,谏言道:"臣下实在知道自己不如徐公漂亮,由于臣下的妻子偏爱臣下,臣下的妾畏惧臣下,臣下的客人有求于臣下,所以说臣下比徐公还要漂亮。当今,齐国方圆千里,大小城池一百二十多座,宫中嫔妃侍从没有一个不效忠于您的,朝廷中大小官吏没有一个不敬畏您的,国境之内,事无巨细,没有一件不求助于您的。如此看来,您所蒙受的敝害也真够严重的了!"威王听后,恍然开

116

悟，赞道："说得好！"并立即颁布命令："不论在官在民，凡是能够敢于当面指摘我的过失的，授上等奖赏；通过上书揭发我的错误的，授中等奖赏；能够在民间或朝廷中对我评头品足、讽刺议论而又传入我的耳中的，授下等奖赏。"命令一发出，群臣纷纷上朝谏言，进谏的人从王宫大门出出进进，就像集市一样热闹。几个月后，来进谏的人已经断断续续；一年以后，虽然有人还想进谏，可是已经找不到话柄了。后来，燕、赵、韩、魏四国的国王听说齐威王治国有方，都来依附于齐国。这件事正说明了，君王贤明，民富国强，安坐朝廷之上，不动兵戈而四方归附的道理。

孙通海译

颜斶说齐王

　　齐宣王见颜斶①，曰："斶前！"斶亦曰："王前！"宣王不说。左右曰："王，人君也；斶，人臣也。王曰'斶前'，斶亦曰'王前'，可乎？"斶对曰："夫斶前为慕势，王前为趋士。与使斶为慕势，不如使王为趋士。"王忿然作色曰："王者贵乎，士贵乎？"对曰："士贵耳，王者不贵。"王曰："有说乎？"斶曰："有。昔者秦攻齐，令曰：'有敢去柳下季垄五十步而樵采者②，死不赦。'令曰：'有能得齐王头者，封万户侯③，赐金千镒④。'由是观之，生王之头，曾不若死士之垄也。"

　　宣王曰："嗟乎！君子焉可侮哉，寡人自取病耳！愿请受为弟子。且颜先生与寡人游，食必太牢⑤，出必乘车，妻子衣服丽都。"颜斶辞去曰："夫玉生于山，制则破焉，非弗宝贵矣，然太璞不完。士生乎鄙野，推选则禄焉，非不尊遂也，然而形神不全。斶愿得归，晚食以当肉，安步以当车，无罪以当贵，清净贞正以自虞。"则再拜而辞去。

　　君子曰："斶知足矣，归真反璞，则终身不辱。"

①颜斶(chù):齐国隐士。　②柳下季:即展禽,鲁国人。食采邑于柳下,谥惠,又称柳下惠。　③侯:古代五等爵位的第二等称侯。　④镒:古代重量单位,二十两为一镒。　⑤太牢:祭祀时牛、羊、猪供品俱全为太牢。

【译　文】

齐宣王召见颜斶,君臣在殿中会面,宣王说:"斶过来!"颜斶紧接着也说:"王过来!"宣王听后不高兴了。左右大臣见色不妙,连忙责备颜斶,说:"君王,那是万人的主宰;颜斶,你不过是个臣子,君王说'斶过来',你也说'王过来',这像话吗?"颜斶答道:"若要说道理嘛,我主动上前,这是敬仰权势,而君王主动过来,这是诚恳地纳贤敬士。与其使我成为'慕势'的顺臣,不如让君王成为'趋士'的明主。"宣王听后更加愤怒,追问:"王贵,还是士贵?"颜斶应声答道:"士贵,王不贵。"宣王又问:"有根据吗?"颜斶答道:"有。过去,秦国攻打齐国,曾下过一道命令,说:'如有人胆敢去柳下季墓地五十步之内砍柴采木,一律死罪不赦。'还有一道命令,说:'如有人斩获齐王头颅,就封爵万户侯,赏金千镒。'由此来看,活着的君王的头颅,还不如已死去士人的坟墓珍贵。"

宣王说道:"是啊,君子岂可受人侮辱,我这是自找苦头啊! 现在情愿拜您为老师。那时,颜先生与我交游,吃的肯定是大鱼大肉,出门必定有车马迎送,妻子儿女穿戴华丽。"颜斶婉然拒绝,临走前说道:"我听说,玉石生于山中,经过采掘琢磨就破损了,不是说琢玉不珍贵,然而对于山中璞玉来说,它已失去最本质的东西。士人生于荒野,被人推举就能吃上官家的俸禄,当官吃禄不能说不尊贵,然而对于士人来说,他的身心已经受到了功利的侵蚀。我愿意身心健全地归去,饥食素餐,以当肉糜;信步缓行,以当车辆;顺天无过,以当富贵;清净纯正,以足自娱。"说罢,颜斶向着宣王拜了两拜,昂然告辞而去。

君子说过:"像颜斶这样的人,可以说是懂得知足了,归于自然,返于纯朴,终身安乐,不受外辱。"

孙通海译

冯煖客孟尝君

齐人有冯煖者①，贫乏不能自存，使人属孟尝君②，愿寄食门下。孟尝君曰："客何好？"曰："客无好也。"曰："客何能？"曰："客无能也。"孟尝君笑而受之曰："诺。"

左右以君贱之也，食以草具。居有顷，倚柱弹其剑，歌曰："长铗归来乎③！食无鱼。"左右以告。孟尝君曰："食之，比门下之客。"居有顷，复弹其铗，歌曰："长铗归来乎！出无车。"左右皆笑之，以告。孟尝君曰："为之驾，比门下之车客。"于是乘其车，揭其剑，过其友曰："孟尝君客我。"后有顷，复弹其剑铗，歌曰："长铗归来乎！无以为家。"左右皆恶之，以为贪而不知足。孟尝君问："冯公有亲乎？"对曰："有老母。"孟尝君使人给其食用，无使乏。于是冯煖不复歌。

后孟尝君出记，问门下诸客："谁习计会，能为文收责于薛者乎？"冯煖署曰："能。"孟尝君怪之，曰："此谁也？"左右曰："乃歌夫'长铗归来'者也。"孟尝君笑曰："客果有能也，吾负之，未尝见也。"请而见之，谢曰："文倦于事，愦于忧④，而性懧愚，沉于国家之事，开罪于先生。先生不羞，乃有意欲为收责于薛乎？"冯煖曰："愿之。"于是约车治装，载券契而行，辞曰："责毕收，以何市而反？"孟尝君曰："视吾家所寡有者。"

驱而之薛，使吏召诸民当偿者，悉来合券⑤。券遍合赴，矫命以责赐诸民，因烧其券，民称万岁。

长驱到齐，晨而求见。孟尝君怪其疾也，衣冠而见之，曰："责毕收乎？来何疾也！"曰："收毕矣。""以何市而反？"冯煖曰："君云'视吾家所寡有者'。臣窃计，君宫中积珍宝，狗马实外厩，美人充下陈⑥。君家所寡有者以义耳！窃以为君市义。"孟尝君曰："市义奈何？"曰："今君有区区之薛，不拊爱子其民⑦，因而贾利之。臣窃矫君命，以责赐诸民，因烧其券,民称万岁。乃臣所以为君市义也。"孟尝君不说,曰:"诺,先生休矣!"

后期年,齐王谓孟尝君曰:"寡人不敢以先王之臣为臣。"孟尝君就国于薛,未至百里,民扶老携幼,迎君道中,终日。孟尝君顾谓冯煖:"先生所为文市义者,乃今日见之。"

冯煖曰:"狡兔有三窟,仅得免其死耳。今有一窟,未得高枕而卧也。请为君复凿二窟。"孟尝君予车五十乘,金五百斤,西游于梁⑧,谓梁王曰:"齐放其大臣孟尝君于诸侯,先迎之者,富而兵强。"于是,梁王虚上位,以故相为上将军,遣使者,黄金千斤,车百乘,往聘孟尝君。冯煖先驱诚孟尝君曰:"千金,重币也;百乘,显使也。齐其闻之矣。"梁使三反,孟尝君固辞不往也。

齐王闻之,君臣恐惧,遣太傅赍黄金千斤⑨,文车二驷⑩,服剑一,封书谢孟尝君曰:"寡人不祥,被于宗庙之祟⑪,沉于谄谀之臣,开罪于君,寡人不足为也。愿君顾先王之宗庙,姑反国统万人乎!"冯煖诫孟尝君曰:"愿请先王之祭器,立宗庙于薛。"庙成,还报孟尝君曰:"三窟已就,君姑高枕为乐矣。"

孟尝君为相数十年,无纤介之祸者,冯煖之计也。

①冯煖(xuān):孟尝君的门客。又作"冯谖"或"冯𬀪"。　②孟尝君:田姓名文,齐湣王时为相,封于薛(今山东滕州东南),号孟尝君。与魏信陵君、赵平原君、楚春申君都养有许多食客,号称战国四公子。　③铗(jiá):剑把。这里指剑。　④愦(kuì):昏乱。　⑤合券:验对债券。古时的契约,借贷双方各执一半,验证时就看这两半是否相合。　⑥下陈:台阶下面。　⑦拊:同"抚",安抚。　⑧梁:魏国都城大梁,在今河南开封。　⑨赍(jī):持物赠人。　⑩文车:绘有文彩的车子。驷:四匹马拉的车。　⑪祟:灾祸。

【译　文】
　　齐国人里有个叫冯煖的,因家境贫困无法养活自己,便托人去告诉

120

孟尝君，希望能到他门下做食客。孟尝君问来人："此人喜欢些什么？"来人回答道："这人没有什么喜欢的。"孟尝君又问："此人有什么能耐？"来人回答道："这人没有什么能耐。"孟尝君笑着同意了，说："好吧。"

　　孟尝君的随从们因为主人看不起冯煖，就给他吃些粗劣的食物。住了一段时间，冯煖靠着柱子，弹着他的佩剑，唱道："长长的剑啊，我们回去吧！吃不到鱼啊！"随从们去告诉了孟尝君。孟尝君说："给他吃吧，像我的门客一样对待他。"住了一段时间，冯煖又弹起佩剑，唱道："长长的剑啊，我们回去吧！出门没有车坐呀！"随从们都耻笑他，去告诉了孟尝君。孟尝君说："给他准备车驾，像对待有车的门客一样对待他。"于是，冯煖乘着车，举着剑，去访问他的朋友，说："孟尝君把我当客人看待。"这以后又过了一段时间，冯煖又弹起他的佩剑，唱道："长长的剑啊，我们回去吧！没有可以养家的东西啊。"随从们都讨厌他了，觉得他太贪心而不知道满足。孟尝君问道："冯公有亲人吗？"随从们回答道："有个老母亲。"孟尝君派人送去了食物和日用品，不要让她觉得缺少什么。这样冯煖不再唱歌了。

　　后来，孟尝君出了一个通告，问门下的各位客人："谁擅长算账收钱，能替我到薛地去收债呢？"冯煖签上名，说："我行。"孟尝君有些奇怪，问："这是谁呀？"随从们回答道："就是唱'长长的剑啊，我们回去吧'的那个人。"孟尝君笑道："这个门客果然有些能耐，我倒辜负了他，还没和他见过面呢！"于是把冯煖请来见面。孟尝君向他道歉说："我这个人被小事纠缠得疲惫不堪，整天忧心忡忡，昏昏沉沉，再加上天性懦弱愚笨，陷在国家的事务中无法脱身，得罪了先生。先生你不以为羞耻，真的愿意为我到薛地去收债吗？"冯煖回答："我愿意。"于是，准备车辆，收拾行装，装上债券契据，准备出发。冯煖向孟尝君告别，问道："收完了债，买些什么东西回来？"孟尝君说："你看我家里缺什么就买什么。"

　　冯煖驱车到了薛地，派小吏把应该还债的老百姓都召来核对债券。等债券都核对完，冯煖站起来，假托孟尝君的命令，把债款都赏赐给了百姓们，于是烧掉了债券。百姓们欢呼万岁。

冯煖一路驱车回到了齐国，大清早就去求见孟尝君。孟尝君对他这么快就回来有些奇怪，穿戴得整整齐齐去接见他，问道："债都收完了吗？怎么回来得这么快？"冯煖回答道："收完了。""买了什么东西回来啦？"冯煖回答道："您说'看我家缺什么就买什么'，我私下里盘算，您的官里堆满了珍奇宝物，猎狗骏马挤满了官外的牲口棚，美女侍妾站满了您的阶下，您家里缺少的只是仁义啊。我自作主张为您买回了仁义。"孟尝君问："怎么样叫买回了仁义呢？"冯煖说："现在您拥有这小小的薛地，不把老百姓看作自己的子女，好好地爱护他们，还在他们身上做生意牟利。我自作主张假托您的命令，把债款都赏赐给了老百姓，又烧掉了债券，老百姓们都欢呼万岁。我就是这样为您买回了仁义的呀！"孟尝君不高兴了，说："好吧，先生休息去吧。"

　　这以后过了一年，齐王对孟尝君说："我不敢把先王用过的大臣当作自己的臣下。"这样，孟尝君只能前往他的封邑薛地。离薛地还有一百多里地，老百姓们便扶着老人，带着孩子，在大道上迎接孟尝君，整整一天没有断过。孟尝君回头对冯煖说："先生为我买回的仁义，竟然在今天见到了。"

　　冯煖说："聪明的兔子有三个窝，才仅仅免去一死。现在您有了一个窝，还不能够垫高了枕头睡大觉。请让我为您再去建造两个窝吧。"孟尝君给他车五十乘，黄金五百斤，向西去大梁游说。冯煖对梁王说："齐王把他的大臣孟尝君放逐给诸侯国了，首先迎请他的国家将会富足，军队将会强大。"于是，梁王空出国相的位子，让以前的国相做了上将军，派使者带着黄金一千斤、车一百乘去请孟尝君。冯煖先驱车回来，提醒孟尝君说："黄金一千斤，是很贵重的聘礼；车一百乘，就知道来的是很显赫的使者。齐王应该听说了吧。"大梁的使者往返了好几趟，孟尝君坚决推辞，不去赴任。

　　齐王听说这个消息，君臣上下都很害怕，派太傅送来了黄金一千斤、文车两辆、佩剑一把，齐王写了一封信给孟尝君，道歉说："我真是倒霉啊，祖宗降下的灾祸落到了我的头上，又被那些喜欢曲阿逢迎的臣下所迷惑，得罪了您。我是不值得您帮助的了，但希望您顾念先王祖宗留下的国家，还是回齐国来统帅百姓吧！"冯煖又提醒孟尝君说："希望您向齐王请求先王传下来的祭器，在薛地建立宗庙。"等宗庙建成了，冯煖回来向孟尝君报喜道："三个窝已经都建成了，您就垫高了枕头享乐去吧！"

孟尝君担任齐国国相几十年，没遭受一点灾祸，就是因为有冯煖的计策啊！

顾　青译

赵威后问齐使

齐王使使者问赵威后①。书未发，威后问使者曰："岁亦无恙耶？民亦无恙耶？王亦无恙耶？"使者不说，曰："臣奉使使威后，今不问王，而先问岁与民，岂先贱而后尊贵者乎？"威后曰："不然。苟无岁，何有民？苟无民，何有君？故有问舍本而问末者耶？"

乃进而问之曰："齐有处士曰锺离子②，无恙耶？是其为人也，有粮者亦食③，无粮者亦食；有衣者亦衣④，无衣者亦衣。是助王养其民者也，何以至今不业也？叶阳子无恙乎⑤？是其为人，哀鳏寡，恤孤独，振困穷，补不足。是助王息其民者也，何以至今不业也？北宫之女婴儿子无恙耶⑥？撤其环瑱⑦，至老不嫁，以养父母。是皆率民而出于孝情者也，胡为至今不朝也？此二士弗业，一女不朝，何以王齐国，子万民乎？於陵子仲尚存乎⑧？是其为人也，上不臣于王，下不治其家，中不索交诸侯。此率民而出于无用者，何为至今不杀乎？"

①齐王：战国时齐王田建。　赵威后：赵孝成王之母，惠文王妻。惠文王卒，太后佐孝成王执政。　②锺离子：齐国处士。锺离是复姓。　③食（sì）：拿东西给人吃。　④衣（yì）：拿衣服给人穿。　⑤叶（shè）阳子：齐国处士。叶阳是复姓。　⑥北宫：复姓。　婴儿子：姓北宫名婴儿子，齐国有名的孝女。

123

⑦环瑱（tiàn）：女子装饰用品。环，指耳环、手镯；瑱，作耳饰的玉。　⑧於（wū）陵：齐地，在今山东长山。　子仲：齐国隐士。

【译 文】

　　齐王派使臣去向赵威后问安。问安的信还没有拆开，赵威后就问使臣："收成没有什么不好吧？百姓没有什么灾祸吧？齐王没有什么疾病吧？"这使臣有点不高兴，说："臣下是奉了齐王之命来向赵威后问安的，现在您不先问候齐王，却先询问收成和老百姓的事，难道说卑贱的应该居先，而尊贵的反而居后吗？"赵威后说："不是这样说的。如果没有收成，哪会有百姓呢？如果没有百姓，哪会有国君呢？以前的那种问法，不正是丢了根本而专找枝节吗？"

　　接着，赵威后进一步问道："齐国有个处士叫锺离子，他怎么样啦？这个人的为人哪，是对有粮食的他给食物，没粮食的他也给食物；对有衣服的他给人衣穿，没衣服的他也给人衣穿。这是个帮助国王养活国中百姓的人才啊，为什么直到现在他还没有做官呢？叶阳子他还好吧？这个人的为人哪，爱护那些娶不上老婆的鳏夫和死了丈夫的寡妇，帮助那些没有子女的老人和失去父母的孤儿，救济那些贫困潦倒的人们，补给那些缺乏衣食的人们。这是个能够帮助国王使百姓安居乐业的人才啊，为什么直到现在还没有做官呢？北宫家的女儿婴儿子，她还好吧？她除去了珠玉首饰，年纪大了也不嫁人，而事奉孝敬父母。这是个引导百姓存孝心，行孝事的人啊，为什么直到现在国王还不接见她呢？这样的两个贤士没有做官，一个孝女不被接见，齐王靠什么君临齐国，统帅百姓呢？於陵的子仲，他还活着吧？这个人的为人哪，上不向君主称臣，下不关心他的家庭，中不想着去结交诸侯国王。这是个引导百姓做出无用之事的人，为什么直到现在还不杀掉他呢？"

顾　青译

庄辛论幸臣

臣闻鄙语曰①："见兔而顾犬，未为晚也；亡羊而补牢，未为迟也。"臣闻昔汤、武以百里昌，桀、纣以天下亡。今楚国虽小，绝长续短，犹以数千里，岂特百里哉？

王独不见夫蜻蛉乎②？六足四翼，飞翔乎天地之间，俯啄蚊虻而食之③，仰承甘露而饮之，自以为无患，与人无争也；不知夫五尺童子，方将调饴胶丝，加己乎四仞之上④，而下为蝼蚁食也。

夫蜻蛉其小者也，黄雀因是以。俯噣白粒⑤，仰栖茂树，鼓翅奋翼，自以为无患，与人无争也；不知夫公子王孙，左挟弹，右摄丸，将加己乎十仞之上，以其类为招⑥。昼游乎茂树，夕调乎酸醎，倏忽之间，坠于公子之手。

夫雀其小者也，黄鹄因是以⑦。游乎江海，淹乎大沼，俯噣鳝鲤，仰啮蔆衡⑧，奋其六翮⑨，而凌清风，飘摇乎高翔，自以为无患，与人无争也；不知夫射者，方将修其碆卢⑩，治其矰缴⑪，将加己乎百仞之上，被礛磻⑫，引微缴，折清风而抎矣⑬。故昼游乎江湖，夕调乎鼎鼐⑭。

夫黄鹄其小者也，蔡灵侯之事因是以⑮。南游乎高陂⑯，北陵乎巫山⑰，饮茹溪流⑱，食湘波之鱼⑲，左抱幼妾，右拥嬖女，与之驰骋乎高蔡之中，而不以国家为事；不知夫子发方受命乎灵王⑳，系己以朱丝而见之也。

蔡灵侯之事其小者也，君王之事因是以。左州侯㉑，右夏侯，辇从鄢陵君与寿陵君，饭封禄之粟，而载方府之金，与之驰骋乎云梦之中㉒，而不以天下国家为事，而不知夫穰侯方受命乎秦王㉓，填黾塞之内㉔，而投己乎黾塞之外。

---

①臣：庄辛自称。他是楚庄王的后代，故姓庄。　②蜻蛉 (líng)：即蜻蜓。

125

③俛:同"俯",低头。　虻(méng):一种飞蝇。　④仞:八尺为一仞。　⑤噣:同"啄",鸟啄食。　⑥类:一说作"颈"。　⑦黄鹄(hú):天鹅。　⑧蔆:同"菱",菱叶。　⑨六翮(hé):因为鸟翅的主羽一般有六根,这里代指鸟翅膀。　⑩砮(bō):石箭头。　卢:黑色的弓。　⑪矰(zēng)缴(zhuó):系有丝绳的箭。矰,射鸟的箭;缴,系箭的丝绳。　⑫劗(jiān):锐利。　礛(bō):石箭头。　⑬抎:同"陨",损失,陨坠。　⑭鼎鼐(nài):古代烹煮食物用的器具。鼐是一种大鼎。　⑮蔡灵侯:春秋时蔡国国君。前531年被楚灵王诱杀。　⑯陂(bēi):山坡。　⑰巫山:山名,在今重庆巫山东。　⑱茹溪:水名,在今重庆巫山北。　⑲湘:湘水。　⑳子发:楚国令尹。　㉑州侯:与下面提到的夏侯、鄢陵君、寿陵君均是楚顷襄王宠臣。　㉒云梦:楚国大泽名,在今湖北境内。　㉓穰侯:秦相魏冉,封于穰(在今河南邓州)。　秦王:指秦昭王。　㉔黾(méng)塞:即平靖关,在今河南信阳西南,与湖北应山接界。

【译　文】

我听俗话说:"见兔顾犬,不算晚;亡羊补牢,不嫌迟。"我还听说,从前商汤和周武王依靠方圆百里的地方兴盛起来,夏桀和商纣虽拥有天下,终于灭亡。现在楚国虽小,但是截长补短,算来也还有数千里,哪里只是百里土地呢!

大王难道没有见过蜻蜓吗?它六只脚,四只翅膀,在空中飞来飞去,低头啄蚊虫和飞虻吃,仰头接甜美的露水喝,自以为没有什么灾难,和谁也没有争夺啊!哪晓得那些五尺高的小孩子,正在调糖浆,粘网丝,把它从近三丈高的地方粘下来,给蝼蛄和蚂蚁吃了。

蜻蜓还是小的哩,那黄雀也是这样。它低头啄米粒,仰头在枝叶繁茂的树枝上栖息,扑腾着翅膀,自以为没有什么灾难,和谁也没有争夺啊!哪晓得那些公子王孙左手把着弹弓,右手按上弹丸,以它的头颈为目标,把它从七八丈高的地方射下来。可怜的黄雀,白天还在茂密的树林中游玩,晚上已经被人调上油盐酱醋做成菜肴了。顷刻之间,落入公子之手。

黄雀还是小的哩,那天鹅也是这样。它在江海上遨游,在水池边栖息,低头啄食鳝鱼、鲤鱼,仰头咀嚼菱叶和荇菜,展开它强有力的翅膀,

乘着清风，飘飘摇摇地在高空飞翔，自以为没有什么灾难，和谁也没有
争夺啊！哪晓得那射手正在修理硬弓和箭头，整治系有丝绳的箭，利箭
射向七八十丈高的空中，天鹅带着射中的利箭，曳着箭的细丝绳，从清
风中掉下来了。那白天还在江湖上游玩的天鹅，晚上已被放进锅里烹
调了。

　　天鹅还是小的哩，那蔡灵侯的事也是这样。他南游高坡，北登巫
山，在茹溪饮马，在湘水食鱼。他左手抱着年轻的爱妾，右手搂着宠爱
的美女，同她们驱车游乐于高蔡之中，不把国家大事放在心上。哪晓得
子发正接受楚王下达的命令，用红绳子把他捆绑起来去见楚王哩。

　　蔡灵侯的事还是小的哩，大王您的事也是这样。您左边有州侯，右
边有夏侯，辇车后面跟着鄢陵君和寿陵君。吃的是各封邑进奉来的粮
食，挥霍的是四方所贡，纳于国库的钱财，同他们驱车游乐于云梦之中，
而不把天下国家大事放在心上，哪晓得穰侯正接受秦王下达的命令，出
兵占领黾塞之内，把大王您驱逐到黾塞之外去了。

穆克宏译

触詟说赵太后

　　赵太后新用事①，秦急攻之。赵氏求救于齐。齐曰："必以长安君
为质②，兵乃出。"太后不肯，大臣强谏。太后明谓左右："有复言令长安
君为质者，老妇必唾其面。"

　　左师触詟愿见③。太后盛气而揖之。入而徐趋，至而自谢，曰："老
臣病足，曾不能疾走，不得见久矣。窃自恕，恐太后玉体之有所郄也④，
故愿望见。"太后曰："老妇恃辇而行。"曰："日食饮得无衰乎？"曰："恃
鬻耳。"曰："老臣今者殊不欲食，乃自强步，日三四里，少益嗜食，和于
身。"曰："老妇不能。"太后之色少解。

　　左师公曰："老臣贱息舒祺⑤，最少，不肖。而臣衰，窃爱怜之。愿

令补黑衣之数⑥,以卫王宫,没死以闻。"太后曰:"敬诺。年几何矣?"对曰:"十五岁矣。虽少,愿及未填沟壑而托之。"太后曰:"丈夫亦爱怜其少子乎?"对曰:"甚于妇人。"太后曰:"妇人异甚。"对曰:"老臣窃以为媪之爱燕后贤于长安君⑦。"曰:"君过矣,不若长安君之甚。"左师公曰:"父母之爱子,则为之计深远。媪之送燕后也,持其踵为之泣,念悲其远也,亦哀之矣。已行,非弗思也,祭祀必祝之,祝曰:'必勿使反。'岂非计久长,有子孙相继为王也哉?"太后曰:"然。"

左师公曰:"今三世以前,至于赵之为赵,赵王之子孙侯者,其继有在者乎?"曰:"无有。"曰:"微独赵,诸侯有在者乎?"曰:"老妇不闻也。""此其近者祸及身,远者及其子孙。岂人主之子孙则必不善哉?位尊而无功,奉厚而无劳,而挟重器多也。今媪尊长安之位,而封以膏腴之地,多予之重器,而不及今令有功于国。一旦山陵崩,长安君何以自托于赵?老臣以媪为长安君计短也,故以为其爱不若燕后。"太后曰:"诺。恣君之所使之。"于是为长安君约车百乘质于齐,齐兵乃出。

子义闻之曰⑧:"人主之子也,骨肉之亲也,犹不能恃无功之尊,无劳之奉,以守金玉之重也,而况人臣乎!"

①赵太后:赵惠文王妻。前265年,惠文王死,其子孝成王年幼,由惠文王妻赵威后执政。　②长安君:赵威后幼子的封号。　③触詟(zhé):赵国的左师(官名)。《史记·赵世家》及长沙马王堆汉墓出土帛书《战国策纵横家书》又作触龙。　④郄(xì):同"郤",疲劳。　⑤贱息:对自己儿子的贱称。　⑥黑衣:指宫廷卫士。当时的卫士穿黑衣。　⑦媪(ǎo):对老年妇女的尊称。　燕后:赵威后嫁与燕王的女儿。　⑧子义:赵国贤士。

【译　文】

赵太后刚执政,秦国加紧攻赵。赵国向齐国求救兵,齐国表示:"一定要用长安君为人质,才出兵。"赵太后不肯,大臣们极力劝说,太后明确地对左右说:"有再说让长安君去做人质的,我一定吐他一脸唾沫!"

左师触詟说要谒见太后，太后气冲冲地等着他。触詟进了门之后，慢慢地向前走，走到太后跟前，谢罪说："老臣的脚有毛病，走不快，失礼了，久未见太后了。因为我有脚病，只好私下宽恕自己了。但恐怕太后玉体有所不适，所以希望来看望太后。"太后说："老身是靠着辇车走动。"触詟问道："每天饮食该不会减少吧？"太后说："只靠吃粥罢了。"触詟说："老臣近来特别不想吃东西，就自己勉强散散步，每天走上三、四里，稍稍增进了食欲。这对身体可好哩。"太后说："老身可做不到。"这时太后的脸色稍微和缓了一些。

左师公说："老臣的孩子舒祺，年纪最小，不成材。而臣衰老了，很喜欢他，希望能让他补上一名侍卫以保卫王宫。所以我冒着死罪来禀告太后。"太后说："好吧！年纪多大了？"左师公答道："十五岁了。年纪虽小，老臣愿意趁自己还没有死的时候，把他托付给太后。"太后问道："男子汉也疼爱他的小儿子吗？"左师公回答说："比妇女更厉害。"太后说："妇女疼爱得特别厉害。"左师公回答说："老臣私下以为太后对燕后的疼爱胜过长安君。"太后说："你错了。不如疼爱长安君那么厉害。"左师公说："父母疼爱子女，要替他们作长远的打算。您老人家送燕后出嫁的时候，燕后登车后，您还握着她的脚后跟哭泣，为她嫁到远方去而惦念、伤心。真够心疼的。燕后走了以后，您并不是不想念她啊，每当祭祀时，您一定要为她祝福、祷告，说：'千万不要让她回来。'这难道不是为她作长久打算，希望她有子孙世代为燕国的国王吗？"太后说："是的。"

左师公说："从现在起，推算到三代以前，甚至推算到赵国开始建国的时候，赵王的子孙封侯的，他们的后代有相继为侯的吗？"太后说："没有。"左师公说："不仅是赵国，其他诸侯国有相继为侯的吗？"太后说："老身没有听说过。"左师公说："这些人，近的灾祸落到自己身上，远的就落到后代身上。难道国君的子孙都一定不好吗？只是因为他们地位尊贵，却毫无功勋，俸禄丰厚，却毫无劳绩，而且拥有大量的金玉财宝。现在您老人家给长安君以尊贵的地位，封给他肥沃的土地，赐给他大量的财宝，而不让他及时为国立功，如果有一天太后不在了，长安君凭什么托身于赵国呢？老臣以为太后为长安君考虑得不够长远，所以，老臣以为您对长安君的疼爱比不上对燕后的疼爱。"太后说："好。任凭您怎样支使他。"于是为长安君备车百辆，送他到齐国去做人质。齐国就出兵了。

赵国的贤士子义听到这件事，说："国君的儿子，是骨肉之亲，还不能依靠没有功勋的尊贵地位，没有劳绩的丰厚俸禄，来保住他们的金玉财宝，何况做臣子的呢！"

穆克宏译

鲁仲连义不帝秦

秦围赵之邯郸①。魏安釐王使将军晋鄙救赵。畏秦，止于荡阴②，不进。

魏王使客将军辛垣衍间入邯郸，因平原君谓赵王曰③："秦所以急围赵者，前与齐闵王争强为帝，已而复归帝，以齐故。今齐闵王益弱。方今唯秦雄天下，此非必贪邯郸，其意欲求为帝。赵诚发使尊秦昭王为帝，秦必喜，罢兵去。"平原君犹豫未有所决。

此时鲁仲连适游赵，会秦围赵，闻魏将欲令赵尊秦为帝，乃见平原君曰："事将奈何矣？"平原君曰："胜也何敢言事？百万之众折于外，今又内围邯郸而不去。魏王使客将军辛垣衍令赵帝秦。今其人在是，胜也何敢言事？"鲁连曰："始吾以君为天下之贤公子也，吾乃今然后知君非天下之贤公子也。梁客辛垣衍安在？吾请为君责而归之。"平原君曰："胜请为召而见之于先生。"

平原君遂见辛垣衍曰："东国有鲁连先生，其人在此，胜请为绍介而见之于将军。"辛垣衍曰："吾闻鲁连先生，齐国之高士也。衍，人臣也，使事有职。吾不愿见鲁连先生也。"平原君曰："胜已泄之矣。"辛垣衍许诺。

鲁连见辛垣衍而无言。辛垣衍曰："吾视居此围城之中者，皆有求于平原君者也。今吾视先生之玉貌，非有求于平原君者，曷为久居此围城之中而不去也？"鲁连曰："世以鲍焦无从容而死者④，皆非也。今众人不知，则为一身。彼秦，弃礼义、上首功之国也⑤。权使其士，虏使其民。彼则肆然而为帝，过而遂正于天下，则连有赴东海而死耳，吾不忍为之民也！所为见将军者，欲以助赵也。"辛垣衍曰："先生助之奈何？"鲁连曰："吾将使梁及燕助之⑥。齐、楚固助之矣。"辛垣衍曰："燕则吾请以从矣。若乃梁，则吾乃梁人也，先生恶能使梁助之耶？"鲁连曰："梁未睹秦称帝之害故也，使梁睹秦称帝之害，则必助赵矣。"辛垣衍曰："秦称帝之害将奈何？"鲁仲连曰："昔齐威王尝为仁义矣，率天下诸侯而朝周。周贫且微，诸侯莫朝，而齐独朝之。居岁余，周烈王崩，诸侯皆吊，齐后往。周怒，赴于齐曰：'天崩地坼，天子下席。东藩之臣田婴齐后至，则斮之⑦。'威王勃然怒曰：'叱嗟！而母，婢也！'卒为天下笑。故生则朝周，死则叱之，诚不忍其求也。彼天子固然，其无足怪。"

　　辛垣衍曰："先生独未见夫仆乎？十人而从一人者，宁力不胜，智不若邪？畏之也。"鲁仲连曰："然梁之比于秦若仆邪？"辛垣衍曰："然。"鲁仲连曰："然则吾将使秦王烹醢梁王⑧。"辛垣衍怏然不说，曰："嘻！亦太甚矣，先生之言也！先生又恶能使秦王烹醢梁王？"鲁仲连曰："固也。待吾言之：昔者，鬼侯、鄂侯、文王，纣之三公也。鬼侯有子而好，故入之于纣，纣以为恶，醢鬼侯。鄂侯争之急，辨之疾，故脯鄂侯。文王闻之，喟然而叹，故拘之于牖里之库百日⑨，而欲令之死。曷为与人俱称帝王，卒就脯醢之地也？

　　"齐闵王将之鲁，夷维子执策而从，谓鲁人曰：'子将何以待吾君？'鲁人曰：'吾将以十太牢待子之君⑩。'夷维子曰：'子安取礼而来待吾君？彼吾君者，天子也。天子巡狩，诸侯避舍，纳筦键，摄衽抱几，视膳于堂下，天子已食，退而听朝也。'鲁人投其籥⑪，不果纳，不得入于鲁。将之薛，假涂于邹。当是时，邹君死，闵王欲入吊，夷维子谓邹之孤曰：'天子吊，主人必将倍殡柩⑫，设北面于南方，然后天子南面吊也。'邹之群臣曰：'必若此，吾将伏剑而死。'故不敢入于邹。邹、鲁之臣，生则

131

不得事养，死则不得饭含。然且欲行天子之礼于邹、鲁之臣，不果纳。今秦万乘之国，梁亦万乘之国，俱据万乘之国，交有称王之名。睹其一战而胜，欲从而帝之，是使三晋之大臣不如邹、鲁之仆妾也⑬。

"且秦无已而帝，则且变易诸侯之大臣，彼将夺其所谓不肖，而予其所谓贤，夺其所憎，而予其所爱；彼又将使其子女谗妾为诸侯妃姬，处梁之宫，梁王安得晏然而已乎？而将军又何以得故宠乎？"

于是，辛垣衍起，再拜谢曰："始以先生为庸人，吾乃今日而知，先生为天下之士也。吾请去，不敢复言帝秦。"

秦将闻之，为却军五十里。适会公子无忌夺晋鄙军以救赵击秦，秦军引而去。

于是平原君欲封鲁仲连。鲁仲连辞让者三，终不肯受。平原君乃置酒，酒酣，起，前，以千金为鲁连寿。鲁连笑曰："所贵于天下之士者，为人排患、释难、解纷乱而无所取也。即有所取者，是商贾之人也，仲连不忍为也。"遂辞平原君而去，终身不复见。

①邯郸：赵国都城，在今河北邯郸西南。　②荡（tāng）阴：地名，位于赵魏两国交界处，今河南汤阴。　③平原君：即赵胜，当时为赵相。　④鲍焦：春秋时隐士。据说他抱树饿死。　⑤上首功：崇尚斩首之功。上，通"尚"，崇尚，看重。　⑥梁：即魏国。魏惠王于前362年徙都大梁，故魏又称梁。　⑦斲（zhuó）：斩。　⑧烹醢（hǎi）：古代的酷刑。烹，下油锅。醢，剁成肉酱。　⑨牖（yǒu）里：也作羑里，地名，在今河南汤阴北。　库：监牢。　⑩太牢：祭祀时用牛羊猪各一作祭品。这里代指最高礼仪。　⑪籥（yuè）：通"钥"，锁。　⑫倍：通"背"。　⑬三晋：指魏、赵、韩三国，是春秋时的晋国分裂而成。

【译　文】

秦军围困赵国的邯郸。魏国安釐王派将军晋鄙援救赵国。晋鄙惧怕秦军，停在荡阴，不敢前进。

魏王派客籍将军辛垣衍从小路潜入邯郸，通过平原君跟赵王说："秦国之所以急着围困赵国：以前秦王和齐闵王争强称帝，不久又撤销帝号，因为齐国撤销帝号的缘故。现在齐闵王更弱了，如今只有秦国称雄天下，它这次军事行动不一定是贪图邯郸，意思是打算称帝。赵国真能派遣使臣尊崇秦昭王称帝，秦国必然喜欢，从而撤兵回去。"平原君犹豫，拿不定主意。

这时候鲁仲连恰巧在赵国，正赶上秦军围困赵国，听说魏国将要让赵国拥戴秦王称帝，于是去见平原君，说："事情准备怎么办呢？"平原君说："我赵胜怎么敢谈论国事？百万大军挫败在外，如今秦军又内围邯郸而不撤兵。魏王派客籍将军辛垣衍来让赵王拥戴秦王称帝。现在此人还在这里。我赵胜怎么敢谈论国事？"鲁仲连说："以前我以为您是天下的贤明公子，我现在才知道您不是天下的贤明公子。魏国客人辛垣衍在哪里？让我替您去责问他，叫他回去。"平原君说："让我召唤他来见先生。"

平原君就去见辛垣衍，说："齐国有位鲁仲连先生，此人现在这里，我赵胜请求做个介绍，让他来见将军。"辛垣衍说："我听说过鲁仲连先生是齐国的高人。我辛垣衍是魏王的臣，身负使命，事有专职。我不愿意会见鲁仲连先生。"平原君说："我赵胜已经把您在这里的消息泄露给他了。"辛垣衍答应了。

鲁仲连见了辛垣衍，没有说话。辛垣衍说："我看住在这围城里面的人，都是有求于平原君的。现在我看先生的尊容，不是有求于平原君的人，为什么久留这围城里而不离去呢？"鲁仲连说："世上认为鲍焦没有豁达胸襟而自杀的人，都错了。现在一般人不了解情况，就认为他是为了个人。那秦国是个抛弃礼义、崇尚战功的国家，玩弄权术来利用它的士人，像对待奴隶一样的驱使它的人民。秦王要是放肆地称帝，甚至实现统治天下，那么，我鲁仲连只有去跳东海，一死而已，我不能忍受当它的百姓！所以来见将军，是想帮助赵国啊！"辛垣衍说："先生怎么样帮助赵国呢？"鲁仲连说："我将让魏国和燕国帮助它，齐国、楚国本来就帮助它了。"辛垣衍说："燕国么，我愿意信从您的说法。至于魏国，我就是魏国人，先生怎能让魏王帮助赵国呢？"鲁仲连说："魏国没有看清秦国称帝的害处，所以如此。假使魏国看清秦国称帝的害处，那就一定要帮助赵国了。"辛垣衍说："秦国称帝的害处将会是什么样子呢？"
鲁仲连说："从前齐威王曾经讲求仁义，率领天下诸侯朝拜周天子。周
国贫穷微弱，诸侯没有朝拜的，而齐国独去朝拜。过了一年多，周烈王
去世了，诸侯都去吊唁，齐王动身较后。周国恼怒，讣告送到齐国说：
'天子逝世犹如天崩地裂，继位天子守孝在灵堂下的草席。东方藩臣
田婴齐，来晚了就杀。'齐威王勃然大怒，说：'呸！你妈是个丫头哩！'
结果被天下传笑。活着时候朝拜，死了时候叱骂，实在忍受不了它的苛
求啦。那天子本来就是这样，没什么可怪的。"

辛垣衍说："先生您就没有看见过奴仆吗？十个人听从一个人难
道是力气胜不过和智慧不如他吗？是怕他呀！"鲁仲连说："那么魏国
比起秦国来，就像奴仆和主人吗？"辛垣衍说："是的。"鲁仲连说："那么
我将要让秦王烹煮魏王，剁成肉酱。"辛垣衍满脸不高兴地说："嘿嘿！
先生这话也太过分了！先生又怎能使秦王来烹煮魏王剁成肉酱呢？"
鲁仲连说："自然能够，等我说吧！从前鬼侯、鄂侯、周文王是商纣的三
公大臣。鬼侯有个女儿，长得好，所以就进献给纣，纣认为丑，就把鬼侯
剁成肉酱。鄂侯争得急切，辩得激烈，纣就把鄂侯做成了肉干。周文王
听到了这事，发声长叹，纣就把周文王拘禁在牖里的库中一百天，打算
让他死。为什么跟人家同样称君称王，而最后落到做肉干、肉酱的地
步呢？

"齐闵王将往鲁国，夷维子拿着马鞭做随从，跟鲁国人说：'你们准
备怎么样来接待我们的国君？'鲁国人说：'我们将用十太牢的礼节接
待您的国君。'夷维子说：'你们这是按什么礼节接待我们的国君呢？
我们那国君是天子呀！天子来巡游视察，诸侯要让出正宫，避居别舍，
交出锁和钥匙，撩起衣襟，捧起几案，到堂下查看膳食，等天子用餐完
毕，才敢退回朝堂听政。'鲁国人闭关上锁，拒不接纳，不许进入鲁国。
齐王将往薛国去，向邹国借道通过。当时邹国国君刚死，齐闵王打算进
去吊唁。夷维子跟邹君的后人说：'天子来吊唁，丧主一定要把灵柩掉
转过来，让灵柩头朝北，设在南边，然后天子面朝南来致吊。'邹国的
众臣说：'一定要这样，我们将横剑自杀。'所以齐闵王不敢进入邹国。

邹、鲁的臣子们，君主生时不能亲身侍候奉养，死后又不得亲手给他口中放米含珠。然而将要打算在邹、鲁施行天子礼节，而邹、鲁的臣子们就坚决不接受。现在秦国是拥有战车万辆的大国，魏国也是拥有战车万辆的大国。同样是拥有万辆战车的大国，彼此都有称王的名分，看见秦国打了个胜仗，就打算顺从地拥戴它称帝，这是使三晋的大臣不如邹、鲁的奴婢了。

"再者说，秦国受不到阻止而当上了帝，它就要更换诸侯的大臣，它就要剥夺它认为不像样的，而授予它认为贤明的；剥夺它所恨的，而授予他所爱的。它又将让它的女儿和伶牙俐齿的侍妾来做诸侯的妃子，住在魏国的宫中，魏王怎么能平安无事呢？将军你又凭什么能够得到原来的宠信呢？"

于是辛垣衍站起身来，连拜两次说道："开始我以为先生是平凡人，现在我才知道先生是天下的高人哪！我请求离去，不敢再谈论尊秦称帝的事了。"

秦国将军听到了这个情况，为之退兵五十里。恰好魏国公子无忌夺了晋鄙的军权，来援救赵国，攻击秦军，秦军就撤回去了。

于是平原君打算封赏鲁仲连。鲁仲连再三辞让，最终也不肯接受。平原君设下酒宴，酒喝到兴头上，平原君起身上前，献上千金给鲁仲连祝寿。鲁仲连笑着说："天下之士所以可贵，就在于能替人排除祸患，消释灾难，解决纠纷而没有什么索取。假如有什么索取，那就成了生意人了。我鲁仲连是不忍心这样做的。"就辞别平原君走了，终身不再见面。

王文锦译

鲁共公择言

梁王魏婴觞诸侯于范台①，酒酣，请鲁君举觞。鲁君兴，避席择言曰："昔者，帝女令仪狄作酒而美，进之禹，禹饮而甘之，遂疏仪狄，绝旨酒，曰："后世必有以酒亡其国者。"齐桓公夜半不嗛②，易牙乃煎、熬、燔、炙，和调五味而进之，桓公食之而饱，至旦不觉，曰："后世必有以味亡其国者。"晋文公得南之威，三日不听朝，遂推南之威而远之，曰："后世必有以色亡其国者。"楚王登强台而望崩山③，左江而右湖，以临彷徨，其乐忘死，遂盟强台而弗登，曰："后世必有以高台、陂池亡其国者。"今主君之尊，仪狄之酒也；主君之味，易牙之调也；左白台而右闾须，南威之美也；前夹林而后兰台④，强台之乐也。有一于此，足以亡其国。今主君兼此四者，可无戒与？"梁王称善相属。

①梁：即魏国，因前362年迁都大梁，故又称梁。　②不嗛（qiè）：不满足。
③强台：即章华台，在今湖北监利西北。　崩山：山名，在今湖北境内。　④夹
林：楚国的一个地名。　兰台：宫苑名，在今湖北境内。

【译　文】

魏王婴在范台请诸侯饮酒，酒喝到兴头上，请鲁君举杯。鲁君站起，离开座席，有意讲了下边这段话："从前帝尧的女儿让仪狄做酒，味道挺好，进献给禹，禹喝了觉得甜美，于是疏远了仪狄，戒了美酒，说：'后世一定有因为饮酒而亡国的。'齐桓公半夜里感觉嘴亏，易牙就煎熬烧烤，调和五味，进献给齐桓公。桓公吃得很饱，直到天亮也不觉得，说：'后世一定有因为讲究滋味而亡国的。'晋文公得了南之威，三天没上朝听政，于是就推开了南之威，跟她疏远了，说：'后世一定有因为贪恋女色而亡国的。'楚王登上强台，眺望崩山，左边是江，右边是湖，居高临下，流连徘徊，快乐无极，于是发誓不再登上强台，说：'后世一定有因为爱好修建高台、池塘而亡国的。'现在主君您的酒尊内是仪狄的酒；主君您的美味是易牙烹调的；左边有白台，右边有闾须，是南之威般的美女；前面有夹林，后面有兰台，像在强台一样的快乐。这四件事里有了一件，就足以亡国。现在主君您兼有这四件，可以不警惕吗？"魏王听了，连声说好。

王文锦译

136

唐雎说信陵君

信陵君杀晋鄙①，救邯郸②，破秦人，存赵国，赵王自郊迎③。唐雎谓信陵君曰④："臣闻之曰，事有不可知者，有不可不知者；有不可忘者，有不可不忘者。"信陵君曰："何谓也?"对曰："人之憎我也，不可不知也；我憎人也，不可得而知也。人之有德于我也，不可忘也；吾有德于人也，不可不忘也。今君杀晋鄙，救邯郸，破秦人，存赵国，此大德也。今赵王自郊迎，卒然见赵王⑤，愿君之忘之也。"信陵君曰："无忌谨受教。"

①信陵君：魏无忌，魏昭王之子。　晋鄙：魏将。秦国围赵，魏派晋鄙率兵救赵，晋鄙畏缩不敢前，被无忌所杀。　②邯郸：赵国都城，在今河北邯郸西南。③赵王：赵孝成王。　④唐雎（jū）：魏国人。　⑤卒：同"猝"，突然。

【译　文】

魏国公子信陵君无忌椎杀魏国大将晋鄙，夺取兵权，援救邯郸，打败秦国围攻赵都邯郸的军队，保住了赵国，赵王亲自到郊外迎接信陵君。唐雎对信陵君说："我听到有句俗话说：事情有不该知道的，有不该不知道的；有不该忘掉的，有不该不忘掉的。"信陵君问唐雎："这是怎么说呢?"唐雎回答说："别人憎恶我的事，不应该不知道；我憎恶别人的事，不应该让人知道。别人对我有恩德的事，不应该忘掉；我对别人有恩德的事，不应该不忘掉。现在，你椎杀晋鄙，援救邯郸，打败秦军，保住了赵国，这是对赵国的大恩大德。如今，赵王亲自到郊外迎接，马上就可以见到赵王了，我希望您把这件事忘掉。"信陵君说："无忌一定真诚地听从您的指教。"

张清华译

唐雎不辱使命

秦王使人谓安陵君曰①:"寡人欲以五百里之地易安陵②,安陵君其许寡人!"安陵君曰:"大王加惠,以大易小,甚善。虽然,受地于先王,愿终守之,弗敢易。"秦王不说③。安陵君因使唐雎使于秦④。

秦王谓唐雎曰:"寡人以五百里之地易安陵,安陵君不听寡人,何也? 且秦灭韩亡魏,而君以五十里之地存者,以君为长者,故不错意也⑤。今吾以十倍之地,请广于君,而君逆寡人者,轻寡人与?"唐雎对曰:"否,非若是也。安陵君受地于先王而守之,虽千里不敢易也,岂直五百里哉?"

秦王怫然怒⑥,谓唐雎曰:"公亦尝闻天子之怒乎?"唐雎对曰:"臣未尝闻也。"秦王曰:"天子之怒,伏尸百万,流血千里。"唐雎曰:"大王尝闻布衣之怒乎?"秦王曰:"布衣之怒,亦免冠徒跣⑦,以头抢地耳。"唐雎曰:"此庸夫之怒也,非士之怒也。夫专诸之刺王僚也⑧,彗星袭月;聂政之刺韩傀也⑨,白虹贯日;要离之刺庆忌也⑩,苍鹰击于殿上。此三子皆布衣之士也,怀怒未发,休祲降于天⑪,与臣而将四矣。若士必怒,伏尸二人,流血五步,天下缟素,今日是也。"挺剑而起。

秦王色挠⑫,长跪而谢之曰⑬:"先生坐,何至于此! 寡人谕矣。夫韩、魏灭亡,而安陵以五十里之地存者,徒以有先生也。"

①秦王:即秦始皇嬴政,其时尚未称帝。 安陵君:战国时魏襄王曾封其弟为安陵君。此为安陵君后裔。 ②安陵:魏的附庸小国,在今河南鄢(yān)陵西北。 ③说:同"悦",高兴。 ④唐雎(jū):魏国人。 ⑤错意:放在心上。错,通"措"。 ⑥怫(fèi)然:愤怒的样子。 ⑦跣(xiǎn):光着脚。 ⑧专诸:春秋时吴国勇士。 王僚:春秋时吴王寿梦第三个儿子夷昧之子,名僚。寿梦长子诸樊之子公子光(即后来的阖闾)与之争夺王位,派专诸将短剑藏在鱼

腹中,借献食的机会,刺死王僚,专诸也被杀。　　⑨聂政:战国时勇士。　韩傀(guī):韩国的相。韩国大夫严仲子和韩傀有仇,聂政便替严仲子刺死韩傀,自己毁容自杀。　　⑩要离:春秋时吴国勇士。　庆忌:吴王僚之子。吴王阖闾杀死吴王僚后,庆忌出逃至卫国。要离便假装得罪吴王,逃归庆忌,并取得信任,寻机杀死庆忌,然后伏剑自尽。　　⑪休祲(jìn):征兆。休,吉兆。祲,凶兆。　　⑫色挠:脸色沮丧下来。挠,屈。　　⑬长跪:双膝跪地,直腰挺立,臀部离开脚后跟,以示郑重。

【译　文】

秦国嬴政派人对安陵君说:"我想用方圆五百里的地方换安陵,安陵君该答应我了吧!"安陵君说:"承蒙大王给我恩惠,以大换小,很好。虽然是这样,我从先王那里继承了这块封地,就想永远守着它,不敢用来交换。"秦王听了这个回话很不高兴。因此,安陵君就派唐雎出使到秦国去。

秦王对唐雎说:"我拿五百里的地方换安陵,而安陵君不听从我的意见,这是为什么呢?再说,秦国灭掉韩国,亡了魏国,而安陵君能以五十里的地方生存下来,是我把安陵君看成长者,所以,没有打他的主意。现在我拿十倍于安陵的地方,请求扩大安陵君的地盘,安陵君却拒绝我,这难道不是轻视我吗?"唐雎回答说:"不,不像你说的那样。安陵君从先王那里继承了这块土地而守护它,虽有方圆千里那样大的地方也不敢换,何况只是五百里呢?"

秦王勃然大怒。告诉唐雎说:"你曾听说过天子发怒的事吗?"唐雎回答说:"我没有听说过。"秦王说:"天子一发怒,横尸百万,流血千里。"唐雎说:"大王曾听说过老百姓发怒的事吗?"秦王说:"老百姓发怒,也不过光着头,赤着脚,拿头往地上撞罢了。"唐雎说:"这是庸常之人发怒,不是有识之士发怒。从前,专诸刺杀王僚时,彗星的扫帚光侵袭月亮;聂政刺杀韩傀时,白色长虹横贯太阳;要离刺杀庆忌时,苍鹰搏击于朝堂之上。这三位都是普通的士人,当他们胸中的怒气未暴发出来时,上天就降下了惊天动地的吉凶之兆,现在,连我算上,将成为四个人。如果有识之士真要发怒,横在地上的尸首不过二人,流血不过五步,可是天下的人都得穿白戴孝。今天就是这样!"唐雎说完,拔剑挺立,站在秦王面前。

秦王神色沮丧,直挺挺地跪着向唐雎道歉,说:"先生请坐!怎么能到这步田地呢?我明白了。韩国、魏国灭亡,而安陵君凭着五十里的地盘却能生存下来,除了有先生之外没有别的原因。"

张清华译

乐毅报燕王书

昌国君乐毅为燕昭王合五国之兵而攻齐①,下七十余城,尽郡县之以属燕。三城未下,而燕昭王死。惠王即位,用齐人反间,疑乐毅,而使骑劫代之将②。乐毅奔赵,赵封以为望诸君③。齐田单诈骑劫④,卒败燕军,复收七十余城以复齐。

燕王悔,惧赵用乐毅乘燕之敝以伐燕。燕王乃使人让乐毅⑤,且谢之曰:"先王举国而委将军,将军为燕破齐,报先王之仇,天下莫不振动,寡人岂敢一日而忘将军之功哉!会先王弃群臣,寡人新即位,左右误寡人。寡人之使骑劫代将军,为将军久暴露于外,故召将军且休计事。将军过听,以与寡人有隙,遂捐燕而归赵。将军自为计则可矣,而亦何以报先王之所以遇将军之意乎?"

望诸君乃使人献书报燕王曰:"臣不佞,不能奉承先王之教,以顺左右之心,恐抵斧质之罪⑥,以伤先王之明,而又害于足下之义,故遁逃奔赵。自负以不肖之罪,故不敢为辞说。今王使使者数之罪,臣恐侍御者之不察先王之所以畜幸臣之理,而又不白于臣之所以事先王之心,故敢以书对。

"臣闻贤圣之君,不以禄私其亲,功多者授之;不以官随其爱,能当者处之。故察能而授官者,成功之君也;论行而结交者,立名之士也。臣以所学者观之,先王之举错,有高世之心,故假节于魏王⑦,而以身得

140

察于燕。先王过举,擢之乎宾客之中,而立之乎群臣之上,不谋于父兄,而使臣为亚卿⑧。臣自以为奉令承教,可以幸无罪矣,故受命而不辞。

"先王命之曰:'我有积怨深怒于齐,不量轻弱,而欲以齐为事。'臣对曰:'夫齐,霸国之余教而骤胜之遗事也,闲于甲兵⑨,习于战攻。王若欲伐之,则必举天下而图之。举天下而图之,莫径于结赵矣。且又淮北、宋地,楚、魏之所同愿也。赵若许约,楚、赵、宋尽力,四国攻之,齐可大破也。'先王曰:'善。'臣乃口受令,具符节,南使臣于赵。顾反命,起兵随而攻齐。以天之道,先王之灵,河北之地,随先王举而有之于济上⑩。济上之军,奉令击齐,大胜之。轻卒锐兵,长驱至国。齐王逃遁走莒⑪,仅以身免。珠玉财宝,车甲珍器,尽收入燕。大吕陈于元英,故鼎反乎历室,齐器设于宁台。蓟丘之植⑫,植于汶篁⑬。自五伯以来,功未有及先王者也。先王以为顺于其志,以臣为不顿命,故裂地而封之,使之得比乎小国诸侯。臣不佞,自以为奉令承教,可以幸无罪矣,故受命而弗辞。

"臣闻贤明之君,功立而不废,故著于春秋⑭;蚤知之士,名成而不毁,故称于后世。若先王之报怨雪耻,夷万乘之强国,收八百岁之蓄积,及至弃群臣之日,遗令诏后嗣之余义,执政任事之臣,所以能循法令、顺庶孽者⑮,施及萌隶⑯,皆可以教于后世。臣闻善作者,不必善成;善始者,不必善终。昔者伍子胥说听乎阖闾⑰,故吴王远迹至于郢⑱。夫差弗是也,赐之鸱夷而浮之江⑲。故吴王夫差不悟先论之可以立功,故沉子胥而弗悔;子胥不蚤见主之不同量,故入江而不改。

"夫免身全功,以明先王之迹者,臣之上计也。离毁辱之非⑳,堕先王之名者,臣之所大恐也。临不测之罪,以幸为利者,义之所不敢出也。

"臣闻古之君子,交绝不出恶声;忠臣之去也,不洁其名。臣虽不佞,数奉教于君子矣。恐侍御者之亲左右之说,而不察疏远之行也。故敢以书报,唯君之留意焉。"

①乐毅:战国时燕将。燕昭王时任亚卿,前284年率燕军破齐,封为昌国君。
②骑劫:燕将。　③望诸君:赵国给乐毅的封号。　④田单:战国时齐人。因用反间计使乐毅奔赵,又击败骑劫,收复齐地而被齐襄王任为相国。　⑤让:责

141

怪。　⑥斧质之罪：杀身之罪。斧质，斩人刑具。质，通"锧"，腰斩用的垫座。⑦假：借。　节：外交使臣所持符节。　⑧亚卿：官名，地位仅次于上卿。⑨闲：通"娴"，熟练。　⑩济：济水，古时与淮、河、江并称四渎。发源于河南，其故道经山东，与黄河并行入海。　⑪莒：地名，在今山东莒县。　⑫蓟丘：燕都，在今北京。　植：旗杆。这里代指旗帜。　⑬汶：齐国水名，即今山东大汶河。篁：种竹的田。　⑭春秋：代指一般史书。　⑮庶孽：妾生子。　⑯萌隶：百姓。　⑰伍子胥：春秋时吴大夫，曾帮助吴王阖闾攻破楚国。后因劝阻夫差伐齐，抵制越国求和，被夫差赐死，尸体沉入江中。　⑱郢：楚国都城，在今湖北江陵。　⑲鸱（chī）夷：皮革制的口袋。　⑳离：通"罹"，蒙受。

【译　文】

　　昌国君乐毅，替燕昭王联合五国的军队攻打齐国，攻下七十多座城，全部划为郡县，归属于燕。还有三座城没有攻下，而燕昭王去世了。燕惠王即位，中了齐人的反间计，怀疑乐毅，便派骑劫代替他统兵。乐毅逃到赵国，赵王封他为望诸君。齐国田单用计欺骗骑劫，终于打败燕军，又收回七十余座城池，恢复齐国的领土。

　　燕惠王后悔了，害怕赵国任用乐毅，乘燕国疲敝的时候进攻燕国。燕王于是派人责备乐毅，并且对他表示歉意，说："先王把整个国家托付将军，将军为燕国攻破齐国，报了先王的仇，天下人无不受到震动，寡人岂敢有一天忘记将军的功劳呢？适逢先王去世，丢下群臣，寡人刚刚即位，左右之人蒙骗寡人。寡人之所以派骑劫代替将军，是因为将军长期风餐露宿在外，因而召回将军，暂时休息一下，并且商议国事。将军误信流言，于是和寡人有了隔阂。便抛弃燕国，投奔赵国。将军为自己打算是可以的，然而又怎样报答先王对待将军的一片心意呢？"

　　望诸君于是派人送信回答燕王说："臣不才，不能奉行和承受先王的教导，来顺从您左右大臣的心意，害怕回到燕国遭杀身之罪，以致有损先王的英明，而又伤害您的高义。所以逃奔赵国，自己甘愿承担不贤的罪名，而不敢用言辞辩白。如今大王派使者列数臣的罪行，臣恐怕侍候您的人不理解先王之所以栽培和重用臣的道理，而且也不明白臣之所以侍奉先王的忠心，所以才敢写这封信来回答。

"臣听说圣贤的君王,不拿爵禄私自授予亲信者,而是功劳多的人才给爵禄;不拿官职随意赐予喜爱者,而是能力合格的人才处其位。因此,考察能力来授予官职的,是成就功业的君王;按照德行来结交朋友的,是树立名声的贤士。臣按所学知识来观察,先王的行动措施,有高于一般人的理想,所以才凭借魏王的符节出使,而后得以亲受燕王的赏识。先王过分抬举,将臣从宾客中提拔起来,安排在群臣之上,不曾与宗室贵戚们商量,就任命臣为亚卿,臣自以为奉行命令承受教导,就可以幸免于罪了,所以接受命令而不敢推辞。

"先王命令我说:'我和齐国有积怨深仇,不考虑自己力量的轻微薄弱,打算以攻齐为己任。'臣回答说:'齐国,保持着霸主之国的遗教,而且有多次战胜的经验,熟习军事,长于征战。大王想要讨伐它,就必须发动天下的力量去对付它。要想发动天下的力量去对付它,没有比结盟于赵国更直接的了。况且,齐国的淮北和故宋之地,是楚国和魏国都希望得到的。赵国如果答应与我结盟,楚国、赵国、宋国都竭尽全力,用四国之力攻齐,就可以大破齐国了。'先王说:'好!'臣于是接受先王口授的命令,准备好符节,南行出使赵国,回来复命,接着就发兵随先王攻齐。依靠上天的神道和先王的威灵,黄河以北的地方,随先王大军一举而得,直抵济上。济上的军队奉命进击齐军,大获全胜。轻装的士兵,装备着精锐的武器,长驱直入,抵达齐都临淄。齐王逃到莒城,仅仅只身走脱。珠玉财宝,兵车甲仗,珍贵器物,统统收归燕国。齐国的大吕宝钟悬挂在燕国的元英殿,原先被掠走的古鼎又回到我国的历室宫,齐国的祭器陈列在燕京的宁台,我们蓟都郊外的树苗移植在齐国汶水的竹园里。从五霸以来,功业没有比得上先王的。先王认为已经如愿以偿,认为臣没有贻误使命,所以划出地方封赏臣,使臣能够相当于小国诸侯的地位。臣不才,自以为奉行命令,承受教导,就可以幸免于罪了,所以接受命令而不敢推辞。

"臣听说,贤能英明的君王,功业建立而不再废弃,所以被记载于史册;先见之明的贤士,功成名就而不再败坏,所以被称颂于后世。像先王那样报仇雪恨,踏平拥有万乘兵车的强国,夺取八百年积聚的财

143

富,直到他弃群臣而逝世之时,还留下告诫继承者的遗训。执政任事的大臣,依靠它就能遵循法令,使庶子顺从,并推行于民众。这都是可以用来教育后世的。臣听说,好的创始不一定有好的成功,好的开端不一定有好的结束。从前,伍子胥的言说被吴王阖闾接受,所以阖闾远征到楚国郢都。吴王夫差却不是这样,反而给伍子胥一只皮囊投之于江。夫差不懂得伍子胥的预见可以建功立业,所以淹死他而不后悔;伍子胥不能及早发现阖闾、夫差两位君主气量不同,所以沉入江中也没有改变自己的主张。

"使自己免于祸患,保全功名,以彰明先王的伟业,是臣的上策。遭受诋毁和侮辱性的非难,损害先王的英名,是臣最害怕的。面对不可测的罪名,却以侥幸心理决定利害,从一般道理来讲,我也是不能做的。

"臣听说古代的君子,断绝交情也不恶语伤人。忠臣离开故国,也不为自己的名声辩白。臣虽不才,也曾多次受教于君子。恐怕大王听信左右亲近者的话,而不体察被疏远者的行为,所以胆敢用这封信来回答,希望您留心考虑。"

谭家健译

李斯(? —前208),楚国上蔡(今河南上蔡)人,战国末期著名政治家,曾是吕不韦的门客,后成为秦始皇的主要辅臣,一直当到丞相。但秦始皇死后,却被赵高陷害腰斩于咸阳。李斯并不是个文学家,他一生都在从事政治,也没有多少文章传世,这篇《谏逐客书》是由《史记·李斯列传》收录才保留下来的,就连标题也还是后人加上去的。

谏逐客书

秦宗室大臣皆言秦王曰①:"诸侯人来事秦者,大抵为其主游间于秦耳,请一切逐客。"李斯议亦在逐中。

斯乃上书曰:"臣闻吏议逐客,窃以为过矣。

"昔穆公求士②,西取由余于戎③,东得百里奚于宛④,迎蹇叔于宋⑤,求丕豹、公孙支于晋⑥。此五子者,不产于秦,而穆公用之,并国二十,遂霸西戎。孝公用商鞅之法⑦,移风易俗,民以殷盛,国以富强,百姓乐用,诸侯亲服,获楚、魏之师,举地千里,至今治强。惠王用张仪之计⑧,拔三川之地⑨,西并巴、蜀⑩,北收上郡⑪,南取汉中⑫,包九夷⑬,制鄢、郢⑭,东据城皋之险⑮,割膏腴之壤,遂散六国之从,使之西面事秦,功施到今。昭王得范雎⑯,废穰侯⑰,逐华阳⑱,强公室,杜私门,蚕食诸侯,使秦成帝业。此四君者,皆以客之功。由此观之,客何负于秦哉!向使四君却客而不内,疏士而不用,是使国无富利之实,而秦无强大之名也。

"今陛下致昆山之玉⑲,有随、和之宝⑳,垂明月之珠,服太阿之剑㉑,乘纤离之马㉒,建翠凤之旗㉓,树灵鼍之鼓㉔。此数宝者,秦不生一焉,而陛下说之㉕,何也? 必秦国之所生然后可,则是夜光之璧不饰朝廷,犀象之器不为玩好,郑、魏之女不充后宫,而骏马駃騠不实外厩㉖,江南金锡不为用,西蜀丹青不为采。所以饰后宫、充下陈、娱心意、说耳目者,必出于秦然后可,则是宛珠之簪㉗、傅玑之珥㉘、阿缟之衣㉙、锦绣之饰,不进于前,而随俗雅化、佳冶窈窕赵女不立于侧也。夫击瓮叩缶㉚,弹筝搏髀㉛。而歌呼呜呜、快耳目者,真秦之声也;郑、卫、桑间,《韶》《虞》《武》《象》者㉜,异国之乐也。今弃击瓮而就郑卫,退弹筝而取韶虞,若是者何也? 快意当前,适观而已矣。今取人则不然。不问可否,不论曲直,非秦者去,为客者逐。然则是所重者在乎色乐珠玉,而所轻者在乎人民也。此非所以跨海内、制诸侯之术也。

"臣闻地广者粟多,国大者人众,兵强则士勇。是以泰山不让土壤,故能成其大;河海不择细流,故能就其深;王者不却众庶,故能明其德。是以地无四方,民无异国,四时充美,鬼神降福,此五帝、三王之所以无敌也。今乃弃黔首以资敌国㉝,却宾客以业诸侯,使天下之士退而不敢西向,裹足不入秦,此所谓'藉寇兵而赍盗粮'者也㉞。

"夫物不产于秦,可宝者多;士不产于秦,而愿忠者众。今逐客以资敌国,损民以益仇,内自虚而外树怨于诸侯,求国之无危,不可得也。"

秦王乃除逐客之令,复李斯官。

①秦王:即秦始皇嬴政。 ②穆公:指秦穆公。 ③由余:春秋时晋国人,逃亡到西戎,秦穆公以礼招其归秦,并用其计统一了西戎各部。 戎:指西部少数民族。 ④百里奚:其身世说法不一。传说他是楚国宛(今河南南阳)人,曾为楚大夫,后沦落为奴,被秦穆公用五张羊皮赎出,任为秦相,故又称五羖大夫。 ⑤蹇叔:寓居于京,经百里奚推荐,被秦穆公聘为上大夫。 ⑥丕豹:晋国人,其父被晋惠公杀死后,投奔秦穆公,为大将,助秦攻晋。 公孙支:字子桑。游于晋,后入秦,秦穆公任他为大夫。 ⑦商鞅:姓公孙,名鞅。本是卫国公族,又称卫鞅。因秦孝公曾封之以商地(在今陕西商州),故称商鞅。任秦相十年间,实行变法,使秦国强盛起来。 ⑧张仪:魏国人,曾屡任秦相,主张"连横"策略。 ⑨三川:指今河南西北一带,因有黄河、洛河、伊河流过境内,故称三川。 ⑩巴:今四川东部。 蜀:今四川西部。 ⑪上郡:魏地,在今陕西西北一带。前328年,秦攻魏,魏以上郡十五县献秦求和。 ⑫汉中:今陕西汉中地区。 ⑬九夷:泛指当时楚地少数民族。 ⑭鄢:楚国旧都,在今湖北宜城南。 郢:楚国都,故址在今湖北江陵。 ⑮城皋:地名,即今河南荥阳的虎牢。 ⑯范雎(jū):字叔游,魏国人,曾被秦昭襄王任为秦相。 ⑰穰(ráng)侯:秦昭襄王养母弟魏冉的封号。 ⑱华阳:华阳君,秦昭襄王养母弟芈(mǐ)戎的封号。 ⑲昆山:即昆仑山,指今新疆、西藏间之昆仑山脉。古代传说这里产玉。 ⑳随:春秋小国,在今湖北随州。传说随侯有一颗名贵的珠宝,称"随侯珠"。 和:春秋楚国人卞和,据说他在山中发现一块璞玉,献给楚王,称"和氏璧"。

146

㉑太阿(ē):宝剑名,相传春秋楚国人干将、莫邪合铸的宝剑之一。　㉒纤离:骏马名。　㉓翠凤之旗:以翠羽做装饰的旗帜。　㉔鼍(tuó):鳄鱼类,俗名猪婆龙,皮可蒙鼓。　㉕说:通"悦"。　㉖駃(jué)騠(tí):古代北方名马。㉗宛(yuān)珠:宛地出产的珠子。　㉘玑:不圆的珠子。　珥(ěr):耳环。㉙阿缟(gǎo):齐国东阿(今山东东阿)出产的白色的绢。　㉚瓮(wèng):汲水瓦罐。　缶(fǒu):小口大腹的瓦罐。秦国的瓮、缶为打击乐器。　㉛筝:弦乐器。　搏髀(bì):拍着大腿打拍子。　㉜桑间:卫国濮水边上的一个地名,相传是青年男女聚会歌唱的地方。《韶》《虞》:也称箫韶,相传为歌颂虞舜的音乐。《武》《象》:周初的乐舞。　㉝黔首:百姓。黔,黑色。　㉞赍(jī):送给。

【译　文】

　　秦国的宗室大臣都对秦王说:"从各诸侯国来服务于秦国的人,大都是为他们的君主游说和离间秦国的,请把外来的客卿一律驱逐出境。"李斯也在计划驱逐之中。

　　李斯于是上书秦王说:"臣听说官吏们在计议驱逐客卿,臣私下以为这是错误的。

　　"从前,穆公访求贤士,从西方的戎争取由余,从东方的宛得到百里奚,从宋国迎来蹇叔,从晋国招致丕豹、公孙支。这五位先生,不出生在秦国,而穆公任用他们,兼并了二十个小国,终于称霸西戎地区。孝公采用商鞅的新法,转移风气,改变习俗,人民因而殷实兴旺,国家因而富足强大,百姓乐于为王效力,诸侯都来亲附听命,战胜了楚国、魏国的军队,扩展土地上千里,至今政治安定,国力强盛。惠王采用张仪的计策,攻占三川地区,西并巴蜀,北收上郡,南取汉中,囊括九夷,控制鄢、郢,东据成皋之险,割取别国肥沃的土地,于是拆散六国的合纵联盟,迫使他们向西侍奉秦国,功业一直延续至今。昭王得范雎,废穰侯,驱逐华阳君,加强王室地位,遏制贵族势力,一步步吞食诸侯各国,使秦国建成了帝王的基业。这四位君王,都是依靠客卿的功劳。从上述事实看来,客卿有什么对不起秦国的地方呢?假使当初四位君王拒绝客卿而不接纳,疏远贤士而不使用,那就会使国家没有雄厚富裕的实力,而秦国也就没有强盛的威名了。

"如今，陛下得到昆山的美玉，占有随侯珠、和氏璧，悬挂明月珠，佩带太阿剑，乘骑纤离马，竖立翠凤旗，陈设灵鼍鼓。这几样珍宝，一件也不出产于秦国，而陛下却喜爱它们，为什么呢？如果必须秦国出产的然后才可以使用，那么，夜光之璧就不会装饰在您的朝廷，犀角象牙制成的器物就不会为您所赏玩，郑魏美女就不会充满您的后宫，骏马駃騠就不会养在您的外厩，江南的金锡不会为您所利用，巴蜀的颜料不会为您添光彩。您所用来装饰后宫，充满下堂，娱乐心意，愉悦耳目的，必须出产于秦国然后才可以采用。那么，这些镶嵌宛珠的簪子，缀满小珠的耳环，东阿白绢做的衣服，锦缎绣成的饰物，就不可能呈献在您面前，而且那些随着社会风尚而装扮雅致，艳丽优美的赵国美女，就不会侍立在您身旁了。敲瓮击缶，弹筝拍腿，呜呜呀呀地歌唱以开心悦耳的，那才是真正的秦国音乐呢；郑、卫《桑间》的新调，《韶》《虞》《武》《象》的古曲，都是别国的音乐。如今，放弃敲瓮击缶而听郑卫之音，停止弹筝拍腿而取《韶》《虞》之乐，像这样做是为什么呢？还不是为了心情愉快，看得舒服罢了。如今用人却不这样，不问可以还是不行，不分有理还是无理，不属秦国的人士都离开，凡是外来的客卿都驱逐。这样做只能说明您所重视的在于女色、音乐、珠宝、美玉，而所轻视的却是人民。这可不是用来统一天下、制服诸侯的政策啊！

　　"臣听说，土地广阔，粮食就充足，国家强大，人口就众多，武器精良，士兵就勇敢。因此，泰山不舍弃任何土壤，所以能那样高大；河海不排斥任何细流，所以能那样深广；帝王不拒绝任何臣民，所以能显示他们的恩德。因此，土地不论东西南北，民众不问哪个国家，四季都很美好，鬼神都来降福，这就是五帝三王之所以无敌于天下的原因。如今竟然抛弃百姓去资助敌对国家，排斥客卿以成就其他诸侯，使天下的贤士退缩而不敢向西方来，停步而不愿进入秦国，这可就是'供给敌人武器，送给强盗粮食啊'！

　　"东西不出产于秦国，然而值得珍贵的很多；贤士不出生于秦国，然而愿意效忠者不少。如今，驱逐客卿以资助敌国，损害民众而有利仇人，对内削弱自己，对外结怨诸侯，而想求得国家没有危险，是不可能

148

的啊!"

秦王于是废除逐客令,恢复了李斯的官职。

谭家健译

《**楚辞**》是西汉人刘向所编的楚地诗体作品的集子,收录了屈原、宋玉和汉代一些作家的辞赋,这些辞赋用的是楚地的诗歌体制、楚地的语言声韵、楚地特有的意象,所以叫作"楚辞"。不过,这篇《卜居》却不能算是诗歌而只能算是散文,最多其中屈原对詹尹说的那段话可以算是散文诗,在《楚辞》中是一个例外,就连它的作者也还存在着疑问,虽然注释《楚辞》的王逸说它是屈原所作,但相当多的学者都怀疑这种说法的可靠性,而下一篇《宋玉对楚王问》也同样不一定是宋玉所作,似乎它们都是后人根据屈原、宋玉的资料整理而成的,因为两篇作品的口吻都不像是作者自己的叙述而像是另一个人的记录。

卜　居

屈原既放①,三年不得复见。竭智尽忠,而蔽障于谗,心烦虑乱,不知所从。乃往见太卜郑詹尹曰②:"余有所疑,愿因先生决之。"詹尹乃端策拂龟曰③:"君将何以教之?"

屈原曰:"吾宁悃悃款款④,朴以忠乎? 将送往劳来,斯无穷乎? 宁诛锄草茆以力耕乎⑤？将游大人以成名乎？宁正言不讳以危身乎？将从俗富贵以媮生乎⑥？宁超然高举以保真乎？将哫訾栗斯⑦，喔咿嚅唲⑧，以事妇人乎⑨？宁廉洁正直以自清乎？将突梯滑稽⑩，如脂如韦⑪，以絜楹乎⑫？宁昂昂若千里之驹乎？将氾氾若水中之凫乎⑬？与波上下，偷以全吾躯乎？宁与骐骥亢轭乎⑭？将随驽马之迹乎？宁与黄鹄比翼乎⑮？将与鸡鹜争食乎⑯？此孰吉孰凶？何去何从？世溷浊而不清，蝉翼为重，千钧为轻；黄钟毁弃⑰，瓦釜雷鸣⑱；谗人高张，贤士无名。吁嗟默默兮，谁知吾之廉贞？"

詹尹乃释策而谢曰："夫尺有所短，寸有所长；物有所不足，智有所不明；数有所不逮⑲，神有所不通。用君之心，行君之意。龟策诚不能知此事！"

①屈原：名平，字原，战国时楚国人，大约生于前340年，卒于前278年。楚怀王时曾任左徒、三闾大夫，后被流放，长期过着流亡生活，最后投汨罗江而死。他传世的代表作品有《离骚》《九歌》《天问》《九章》。　②太卜：官名，卜筮官之长。　③策：蓍（shī）草。　龟：龟壳。龟和策都是古代占卜用的工具。　④悃（kǔn）悃款款：诚实忠信的样子。　⑤茆（máo）：通"茅"。　⑥媮（tōu）：通"偷"。　⑦哫（zú）訾（zǐ）：阿谀逢迎的样子。　栗斯：小心求媚的样子。斯是虚词。　⑧喔咿嚅（rú）唲（ér）：强颜欢笑的样子。　⑨妇人：指楚怀王的宠姬郑袖。　⑩突梯：滑溜的样子。　滑（gǔ）稽：圆滑的样子。　⑪脂：脂膏。韦：熟皮。　⑫絜（xié）：用绳子围绕圆柱形物体。　楹：柱子。　⑬凫（fú）：野鸭。　⑭骐骥：原是两种良马的名称。　亢：通"伉"，并。　轭：车辕前面用来驾马的横木。　⑮黄鹄（hú）：天鹅。　⑯鹜（wù）：鸭。　⑰黄钟：这里是乐器名。　⑱瓦釜：陶土制的器具。　⑲数：指占卜。

【译　文】

屈原既遭放逐，三年不能再见君王。他竭尽才智，忠贞不贰，却无端被谗人离间，不免心烦意乱，不知如何是好。于是去见太卜官郑詹尹，对他说："我心中有些疑惑，想请先生为我一决。"詹尹连忙摆正蓍草，拂净龟壳，恭谨地问道："不知您有何见教？"

屈原说:"我是应该诚恳忠实,保持心灵的纯朴呢?还是四处周旋逢迎,以免陷于穷困呢?是应该锄草耕作,勉力务农呢?还是结交权贵,去追求虚名呢?是应该直言不讳,无所避忌,不顾安危呢?还是安分随时,贪图富贵,苟且偷生呢?是应该超脱尘俗,飘然归隐,保持自己的本性呢?还是阿谀谄媚,强颜欢笑,去奉承那个妇人呢?是应该清廉正直,洁身自好呢?还是虚伪圆滑,趋炎附势呢?是昂藏不群,像日行千里的骏马呢?还是像浮游水面的野鸭,随波逐流,苟全性命呢?是应该与良马并驾齐驱呢?还是随劣马亦步亦趋呢?是应该同黄鹄比翼高飞呢?还是和鸡鸭一道争食呢?所有这些,哪个是吉?哪个是凶?我到底应该何去何从?人世间已是非颠倒,皂白不分,蝉翼以为重,千钧以为轻;黄钟竟被毁弃,瓦釜反如雷鸣,坏人窃据高位,飞扬跋扈,好人困顿失意,默默无闻。可叹世道如此混浊,有谁知道我的廉洁坚贞!"

詹尹放下蓍草辞谢道:"为尺而不足,则嫌其短;为寸而有余,反觉其长。事物总会有所欠缺,智者也有糊涂的时刻,占卜未必事事都能预料,神明也难洞察一切。就凭您的心意去支配自己的行为吧。灵龟和蓍草对此实在无能为力。"

张明非译

宋玉对楚王问

楚襄王问于宋玉曰①:"先生其有遗行与?何士民众庶不誉之甚也?"

宋玉对曰:"唯,然。有之。愿大王宽其罪,使得毕其辞。

"客有歌于郢中者②,其始曰《下里》《巴人》③,国中属而和者数千人④;其为《阳阿》《薤露》⑤,国中属而和者数百人;其为《阳春》《白雪》⑥,国中属而和者不过数十人;引商刻羽,杂以流徵⑦,国中属而和者不过数人而已。是其曲弥高,其和弥寡。

"故鸟有凤而鱼有鲲。凤凰上击九千里，绝云霓⑧，负苍天，足乱浮云，翱翔乎杳冥之上；夫藩篱之鷃⑨，岂能与之料天地之高哉！鲲鱼朝发昆仑之墟⑩，暴鬐于碣石⑪，暮宿于孟诸⑫，夫尺泽之鲵⑬，岂能与之量江海之大哉！

"故非独鸟有凤而鱼有鲲也，士亦有之。夫圣人瑰意琦行⑭，超然独处；世俗之民，又安知臣之所为哉！"

①宋玉：战国后期楚国人，相传为屈原的学生，在楚怀王、襄王时做过文学侍从类的官。　②郢：楚国国都，在今湖北江陵。　③《下里》《巴人》：都是楚国通俗的乐曲。　④属（zhǔ）：聚集。　⑤《阳阿》《薤（xiè）露》：都是楚国比较高雅的乐曲。　⑥《阳春》《白雪》：都是楚国高雅的乐曲。　⑦引商刻羽，杂以流徵（zhǐ）：古代有五声，即宫、商、角、徵、羽，后又增加了变徵、变宫，成为七声，表示七声音阶的七个音级。这里用音级的复杂变化来形容音乐技巧的高超。⑧绝：超越。　⑨鷃（yàn）：一种小鸟。　⑩昆仑：即今新疆、西藏地区的昆仑山脉。墟：山脚。　⑪暴（pù）：暴露在阳光之下。　鬐（qí）：通"鳍"，鱼脊鳍。碣石：山名，在今河北昌黎。　⑫孟诸：泽名，在今河南商丘东北。　⑬鲵（ní）：一种小鱼。　⑭瑰意琦行：卓越不凡的思想行为。

【译　文】

楚襄王问宋玉说："先生大概有失于检点的行为吧？不然士人百姓们何以对你如此不满呢？"

宋玉回答说："是的，的确如此，委实有这种情形。请大王宽恕我的罪过，让我把话说完。

"有位客人在郢都唱歌，开始唱《下里》《巴人》，城中聚在一起跟着应和的有数千人之多；后来唱《阳阿》《薤露》，城中聚在一起跟着应和的减少到数百人；等到唱《阳春》《白雪》，城中聚在一起跟着应和的只有数十人了；最后引用商声、刻画羽声、再以徵声相和，城中聚在一起跟着应和的不过数人而已。这样看来，所唱的曲调愈是高妙，与之应和的也就愈少。

"所以鸟类中有凤，鱼类中有鲲。凤凰展翅高飞九千里，穿越云霓,背负苍天,脚踏浮云,翱翔在九天之上。那落在篱笆上的鹦雀怎能和它一样了解天地的高远呢?鲲鱼清晨从昆仑山脚出发,中午在渤海边的碣石山上歇息,夜晚停宿在孟诸的大泽里。那浅水塘里的小鲵怎能和它一样测知江海的广阔呢?

"不只是鸟类中有凤,鱼类中有鲲,士人之中也有英才。圣人见识卓越,行为不凡,超尘脱俗,卓尔不群,那些凡夫俗子又哪里能够理解我的所作所为呢?"

张明非译

卷五　汉文

　　《**史记**》是西汉史学家司马迁所撰写的一部自先秦到西汉历史的史书,包括记载上古五帝、夏商周三代帝王世系、秦朝世系、项羽及汉初几个帝王事迹的十二本纪、排列大事年代的十表、考论天文水利乃至商业各方面现象的八书、叙述诸侯贵族的三十世家及记载各种历史人物的七十列传,共一百三十篇。这是中国第一部以"人"为中心的纪传体通史,也是中国旧时代写得最成功、最具有开创意味的史著。

　　司马迁(约前145—前93),左冯翊夏阳(今陕西韩城)人,在汉武帝元封三年(前108)接替父亲任太史令后即开始准备修撰《史记》,但因为替投降匈奴的李陵辩护被处腐刑,出狱后发愤著书,终于以一生精力完成了这部伟大的著作。

　　作为一部以"人"为中心的纪传体史书,《史记》在文学上最大的成就,是以生动传神的文字写了一个个活灵活现有血有肉的历史人物。在旧时代的史书中有一个明显的弊病,就是把人物传记写成"履历表"或"档案簿",那种流水账簿式的记述往往让人生厌,但《史记》却没有这个毛病,一是由于司马迁时代史书尚未被纳入官方计划仍是私人著述,没有那么多条条框框或规矩条令,也没有审查机构来吹毛求疵，史学家尽可以按照情感好恶臧否人物、描绘人物；二是由于司马迁是个个性极强、感情极重的文人，他写历史时常常渗入了个人的感情，尤其是他遭受酷刑的悲愤和被人"俳优视之"的抑郁，更使他的笔下有一种强烈的"不平之气"；三是当时文学与史学并没有后世那么严格的界线，司马迁往往是以文学家写散文的方法来写历史，这虽然使他的著作不免有过分想象的疏漏，但却使《史记》多了许多人情味与浪漫气息。

五帝本纪赞

太史公曰[1]：学者多称五帝，尚矣[2]。然《尚书》独载尧以来[3]，而百家言黄帝，其文不雅驯，荐绅先生难言之[4]。孔子所传《宰予问五帝德》及《帝系姓》[5]，儒者或不传。余尝西至空峒[6]，北过涿鹿[7]，东渐于海，南浮江淮矣，至长老皆各往往称黄帝、尧、舜之处，风教固殊焉。总之，不离古文者近是。予观《春秋》《国语》[8]，其发明《五帝德》《帝系姓》章矣，顾弟弗深考[9]，其所表见皆不虚。《书》缺有间矣，其轶乃时时见于他说。非好学深思，心知其意，固难为浅见寡闻道也。余并论次，择其言尤雅者，故著为本纪书首[10]。

①太史公：《史记》作者司马迁自称。　②尚：久远。　③《尚书》：现存最早关于上古典章文献的汇编。　④荐绅：即搢绅。搢，插。绅，腰带。古代官员上朝时把手板插在腰里。这里指有一定身份的人。　⑤《宰予问五帝德》：见《大戴礼》。　《帝系姓》：见《孔子家语》。　⑥空峒：又作"崆峒"，山名，在今甘

肃平凉。传说黄帝曾问道于此。　　⑦涿鹿：山名，在今河北涿鹿东南。山边的
涿鹿城，相传为黄帝、尧、舜之都。　　⑧《春秋》：春秋时期鲁国的编年体史书。
《国语》：西周末至春秋时期周、鲁、齐等八国国别史。　　⑨弟：通"第"，只。
⑩本纪：纪传体史书中的帝王传记。

【译　文】

　　太史公说：读书人多谈说黄帝、颛顼、帝喾、尧、舜五帝的事，的确追
溯到历史的源头了。然而《尚书》只载尧以来的事情，诸子著述里谈及
黄帝的，也往往怪诞不经，士大夫们难以挂齿。孔子所传《宰予问五帝
德》和《帝系姓》，五帝事迹虽多，有些儒者怀疑它并非出自圣人，多不
传习。我曾游历各地，西达崆峒，北至涿鹿，东近于海，南渡长江、淮水。
所到之处，当地老人往往指说黄帝、尧、舜足迹所至的陈迹往事，各地
风俗教化固然不同，但总之说来，与《五帝德》《帝系姓》等古文文献
所载相合的，应该说比较接近事实了。我读《春秋》《国语》，其中阐发
《五帝德》《帝系姓》的说法，十分显著。只是人们没有进行深入考索，
它实际体现出来的东西，都实而不虚。《尚书》显然有脱佚，记事不免有
所间断了。它所失载的内容，往往见于别的书籍。如果不是好学而深
入思考，善于心领神会，自然无从辨识和了解。这些是很难对那些识
见浅薄、孤陋寡闻的人们言说的。所以，我将有关的记载加以编次，去
掉妄诞不实的部分，选择雅正可信的内容，写成《五帝本纪》，作为《本
纪》的开篇。

孙　静译

项羽本纪赞

　　太史公曰：吾闻之周生曰"舜目盖重瞳子"，又闻项羽亦重瞳子①。
羽岂其苗裔邪？何兴之暴也！夫秦失其政，陈涉首难②，豪杰蜂起，相

与并争,不可胜数。然羽非有尺寸,乘势起陇亩之中,三年,遂将五诸侯灭秦,分裂天下而封王侯,政由羽出,号为"霸王"。位虽不终,近古以来未尝有也。及羽背关怀楚,放逐义帝而自立③,怨王侯叛己,难矣。自矜功伐,奋其私智而不师古,谓霸王之业欲以力征经营天下,五年卒亡其国,身死东城④,尚不觉寤而不自责,过矣。乃引"天亡我,非用兵之罪也",岂不谬哉!

①项羽:名籍,字羽。秦末下相(今江苏宿迁西南)人。　　②陈涉:秦末人。③义帝:指前208年被项羽所奉立的楚怀王熊心。项羽自称"西楚霸王",定都于彭城(今江苏徐州)后,自彭城迁义帝至郴县(今湖南郴州),途中便派人杀了义帝。④东城:在今安徽定远东南。项羽垓下突围之后,逃至东城,又向南至乌江边自刎而死。这里泛指那一带地区。

【译　文】

太史公说:我听周生说"舜的眼睛是双瞳仁",又听说项羽也是双瞳仁。莫非项羽是舜的后代吗?他的崛起,是多么迅猛啊!当秦国统治无道,丧尽民心的时候,陈涉首先发难反秦。一时间,各地豪杰依恃自己控制的地方和势力,蜂拥而起,相与争夺天下,多得数不胜数。可是项羽没有尺寸地盘可为凭依,徒手起于田野之中,三年工夫,遂以诸侯上将军,统帅齐、赵、燕、韩、魏五国诸侯的军队,灭亡了秦国。然后,分割天下的土地,分封功臣为王为侯,一切政令由他发布,号称霸王。虽然王位没能维持多久,他的业绩,也是三代以后不曾有过的了。待到后来,项羽遗弃形势优越的关中,怀念楚国故地,东归彭城,又放逐了起事后拥立的义帝楚怀王熊心,自立为天下之主,以致惹起王侯怨怒,纷纷离叛自己,要巩固基业,不是太难了吗?对自己的功业自夸自傲,只凭一己的心意行事,不肯师法古先传统的仁义之道,醉心于霸王事业,想只凭武力征服和控制天下,五年工夫,终于使国家倾覆,身死于东城。结局如此,却至死还不觉悟,不肯反省认识自己的过错,实在太过分了。始终迷信力战,最后还说是"天要灭亡自己,并非用兵作战不力的缘故",不是太荒唐了吗？

孙　静译

秦楚之际月表

　　太史公读秦楚之际，曰：初作难，发于陈涉；虐戾灭秦，自项氏；拨乱诛暴，平定海内，卒践帝祚，成于汉家。五年之间，号令三嬗①，自生民以来，未始有受命若斯之亟也②。

　　昔虞、夏之兴，积善累功数十年，德洽百姓，摄行政事，考之于天，然后在位。汤、武之王，乃由契、后稷，修仁行义十余世，不期而会孟津八百诸侯③，犹以为未可；其后乃放弑。秦起襄公，章于文、穆、献、孝之后，稍以蚕食六国；百有余载，至始皇乃能并冠带之伦④。以德若彼，用力如此，盖一统若斯之难也。

　　秦既称帝，患兵革不休，以有诸侯也，于是无尺土之封，堕坏名城⑤，销锋镝⑥，钮豪杰⑦，维万世之安。然王迹之兴，起于闾巷，合从讨伐，轶于三代。乡秦之禁⑧，适足以资贤者为驱除难耳。故愤发其所为天下雄，安在无土不王？此乃传之所谓大圣乎！岂非天哉？岂非天哉？非大圣孰能当此受命而帝者乎！

　　①嬗(shàn)：变更。　②亟(jí)：急促。　③孟津：古黄河津渡名，在今河南孟津东北。　④冠带之伦：戴冠束带之辈。这里指六国诸侯。　⑤堕：通"隳(huī)"，毁坏。　⑥镝(dí)：箭头。　⑦钮(chú)：同"锄"，铲除。　⑧乡：通"向"，从前。

【译　文】

　　太史公读了秦汉之际的有关记载说：首难反秦，发起于陈涉；用残暴的手段消灭秦朝，出自项羽之手；拨乱反正，诛除强暴，平定天下，终

158

于登上帝位,完成于汉家。在五年时间里,发号施令者发生了三次变更,自有人类以来,是从来没有接受天命如此急剧过的。

过去,虞、夏两朝兴起,创业者都曾广积善行、累建事功长达数十年之久,使他们的恩德遍及于百姓。他们还要先行代理执政,经过天象的验证,然后才正式即位。商汤和周武王称王,正是由于从契、后稷以来修仁行义已有十几代。以武王而言,孟津会盟,八百诸侯不约而至,但武王还嫌时机不够成熟,此后又经过一段时间,才诛杀了殷纣王。秦国从襄公时兴起,在文公、穆公时显示出强大的力量,献公、孝公以后,逐渐蚕食关东六国。前后经过一百多年,到秦始皇在位的时候,才能兼并六国诸侯士民。以德行取天下,一如虞、夏、商、周所做的那个样子;以强力取天下,一如秦朝所做的这个样子。可见,统一天下本来就是如此艰难的啊。

秦始皇称帝以后,担心诸侯的存在会造成无休止的战乱,所以他没有把一尺土地用于分封,而且他还拆除名城,销毁兵器,铲除豪杰之士,希望由此达到万代安宁。但是,帝王之业的兴起,这次却来自民间,而联合攻打秦朝的规模,远远超过夏商周三代。以往秦朝所设下的禁令,这时却恰好帮助贤人清除了灭秦的困难。所以,奋发而起,勇于作为,便能称雄天下,哪有什么没有封土便不能称王的道理! 而能有如此作为的人,恐怕便是书传上所讲的大圣人了吧? 这难道不是天意吗,这难道不是天意吗? 如果不是大圣人,又怎能承受得起这样的天命而建立帝业呢?

石旭红译

高祖功臣侯年表

太史公曰:古者人臣功有五品,以德立宗庙、定社稷曰勋,以言曰劳,用力曰功,明其等曰伐,积日曰阅。封爵之誓曰:"使河如带,泰山若厉①，国以永宁，爰及苗裔。"始未尝不欲固其根本，而枝叶稍陵夷衰微也②。

余读高祖侯功臣，察其首封，所以失之者，曰：异哉所闻！《书》曰"协和万国"③，迁于夏、商，或数千岁。盖周封八百，幽、厉之后，见于《春秋》。《尚书》有唐、虞之侯伯，历三代千有余载，自全以蕃卫天子④，岂非笃于仁义、奉上法哉？汉兴，功臣受封者百有余人。天下初定，故大城名都散亡，户口可得而数者十二、三，是以大侯不过万家，小者五六百户。后数世，民咸归乡里，户益息，萧、曹、绛、灌之属或至四万，小侯自倍，富厚如之。子孙骄溢，忘其先，淫嬖。至太初⑤，百年之间，见侯五，余皆坐法陨命亡国，耗矣。罔亦少密焉⑥，然皆身无兢兢于当世之禁云。

居今之世，志古之道，所以自镜也，未必尽同。帝王者各殊礼而异务，要以成功为统纪，岂可绲乎⑦？观所以得尊宠及所以废辱，亦当世得失之林也，何必旧闻？于是谨其终始，表见其文，颇有所不尽本末，著其明，疑者阙之。后有君子，欲推而列之，得以览焉。

①厉：通"砺"，磨刀石。　②陵夷：衰落。　③协和万国：出自《尚书·尧典》，原文作"协和万邦"，汉代避刘邦讳，改"邦"为"国"。　④蕃：通"藩"，屏障。　⑤太初：汉武帝年号（前104—前101年）。　⑥罔：同"网"，法禁之网。　⑦绲（gǔn）：缝合。

【译　文】

太史公说：古时候人臣立下的功绩分为五个等级：凭德行立下创建基业、安定国家功绩的，称作勋；凭进言立下功绩的，称作劳；凭武力立下功绩的，称作功，表明功绩的等级，称作伐；日积月累建立功绩的，称作阅。汉初封爵时的誓词说："即使到了黄河变得像衣带一样细，泰山变得像砺石一样小的时候，朝廷也要使分封诸国永享安宁，由此使朝廷的恩泽延及子孙后代。"开始分封的时候，朝廷并不是不想巩固封国的根基，但后来的封国最终还是逐渐衰颓没落下去了。

我读高祖分封功臣为侯的有关记载,考察第一批被分封者失去爵位的原因时曾经说过:关于分封,传闻与实际情况真是大为异趣的啊。《尚书》说"尧以前的诸侯万国和睦相处",流传到夏商时代,大约有几千年。周朝大概分封了八百诸侯,幽王、厉王以后的诸侯,在《春秋》上还有记载。《尚书》所记唐尧、虞舜分封的侯与伯,经历了夏商周三代一千多年,仍能保全自己的藩属地位,起到屏卫周室的作用,难道这不就是坚守仁义,奉行国法吗?汉朝兴起,功臣受到爵位封赏的有一百多人。当时全国刚刚安定,大城名都的人口流散在外,剩下来可以计算的户口仅有十分之二三,因此,大侯的封邑不过万家,小侯的封邑只有五六百户。以后几代,百姓都已返回家乡,户口益发繁衍增多。萧何、曹参、周勃、灌婴一班人的后代,有的拥有封邑多至四万户,小侯的封户自然也是成倍增加,他们的殷富程度也相应地成倍增强。但是,封国的子孙终于骄傲自满起来,他们忘记了先人创业的艰难,干起邪恶放荡的勾当来了。从汉初至太初,经过一百年,现存的侯只剩下五人,其余的受封者全都因犯法而丧命亡国,不复存在了。自然,朝廷对封国的立法也的确稍稍严厉了一些,但是,这些失封爵者也确实都没有小心翼翼地遵守当时的禁令。

　　生活在当今社会之中,记取古人的处世之道,正是引以为借鉴的好材料,而不必强求古今完全相同。古今帝王礼法和政务各有不同,关键在于以成功为目的,哪能强求一致呢?分析今世诸侯王由得到尊重荣宠到遭受废弃屈辱的缘由,也正是今世成功与失败的道理所在,为什么一定要古代的传闻才可借鉴?于是,我慎重地考核了诸侯王的废立始末,并用表格列出说明文字。凡遇到那些与事情原委颇不相符的材料,我便只记下那些确切的材料,对有疑问的材料则缺而不录。如果后世有哪位君子想考述这一史迹,这个表可以供他参阅。

石旭红译

孔子世家赞

太史公曰:《诗》有之,"高山仰止,景行行止①"。虽不能至,然心乡往之②。余读孔氏书③,想见其为人。适鲁,观仲尼庙堂、车服、礼器,诸生以时习礼其家,余低回留之,不能去云。天下君王至于贤人众矣,当时则荣,没则已焉。孔子布衣,传十余世,学者宗之。自天子王侯,中国言《六艺》者折中于夫子④,可谓至圣矣!

①《诗》:我国最早的一部诗歌总集。因为汉代把《诗》奉为经典,又称《诗经》。引诗见其《小雅·车舝(xiá)》。 止:句尾语气词。 景行(háng):大道。②乡往:即向往。乡,通"向"。 ③孔氏:即孔子,名丘,字仲尼,春秋末鲁国人。曾做过鲁国司寇,后周游列国。记录其言行的著作主要有《论语》。 ④《六艺》:指《易》《礼》《乐》《诗》《书》《春秋》。 折中:调和取其中正。

【译 文】

太史公说:《诗经》中有这样的诗句:"高高的山岳,为人所瞻仰;宽广的大道,为人所遵行。"虽然我无法亲眼看到孔子其人,可是内心却向往着他。每当我读孔氏著作的时候,便能够想象出他为人处世的风采。我曾到过鲁国故地,参观过孔子的庙堂、车驾、衣服和礼器,见到过当地儒生在孔子家庙中按时演习礼仪的情景。我在那里依依不舍地徘徊着,流连着,简直不肯离去。天下的君王以至于贤人实在是太多啦,但他们得志的时候很荣显,去世以后便湮没无闻了。孔子虽然身为布衣之士,但他的声名却已经流传了十多代,学者至今仍然宗奉他。自天子、王侯起,以至于整个中国谈论六艺的人,统统以孔夫子的学说为标准,孔子真可以说是至高无上的圣人了!

石旭红译

外戚世家序

自古受命帝王及继体守文之君，非独内德茂也，盖亦有外戚之助焉。夏之兴也以涂山①，而桀之放也以妹喜②；殷之兴也以有娀③，纣之杀也嬖妲己④；周之兴也以姜原及大任⑤，而幽王之禽也淫于褒姒⑥。故《易》基《乾》《坤》⑦，《诗》始《关雎》，《书》美釐降⑧，《春秋》讥不亲迎。夫妇之际，人道之大伦也。礼之用，唯婚姻为兢兢。夫乐调而四时和。阴阳之变，万物之统也，可不慎与？人能弘道，无如命何。甚哉，妃匹之爱⑨，君不能得之于臣，父不能得之于子，况卑下乎！既驩合矣，或不能成子姓；能成子姓矣，或不能要其终，岂非命也哉？孔子罕称命，盖难言之也。非通幽明之变，恶能识乎性命哉？

①涂山：指涂山氏，传说为夏禹所娶。　②妹喜：夏桀的宠妃。　③有娀(sōng)：古国名。传说有娀氏女子简狄生契，为殷始祖。　④嬖(bì)：宠爱。妲(dá)己：商纣宠妃。相传她助纣为虐，纣王死后被杀。　⑤姜原：传说为周始祖后稷的母亲。　大任：周文王母亲。　⑥褒姒(sì)：周幽王宠妃。传说幽王为博她一笑，妄举烽火，戏耍诸侯。后来犬戎入侵，幽王再举烽火，诸侯都不再来，幽王因此被杀，褒姒也被虏。　⑦《易》：《周易》，相传周人所作占卜之书。《乾》《坤》：是其中的两个卦名，分别代表阳阴。　⑧釐降：指尧亲自办理两个女儿嫁给舜的事。釐，理。降，下嫁。事见《虞书》。　⑨妃(pèi)：通"配"，匹配，婚配。

【译　文】

自古以来，那些能够秉承天命的开国帝王和那些继承帝统、遵守成文的君主，不单是因为他们的个人品德高尚，而且还因为他得到了外戚的佐助。夏朝的兴起，是与涂山氏分不开的；而夏桀遭受放逐，是与妹喜分不开的。商朝的兴起，是与有娀氏分不开的；而纣王被周诛杀，是与宠幸妲己分不开的。周朝的兴起，是与姜原和大任分不开的；而幽王被诸侯俘获，是与过于溺爱褒姒分不开的。所以，《易经》以《乾》《坤》二卦为基础，《诗经》以《关雎》一篇为篇首，《尚书》赞美帝尧下嫁二女的故事，《春秋》讥刺不亲自迎娶的失礼行为。可见，夫妇关系，是人们社会道德规范中的伦常大道。礼的应用，惟独在婚姻方面特别谨慎。大凡音乐若能调理得和谐了，四时节令便会相应地协调起来。阴阳变化，乃是万物生化的本源，怎么可以不慎重地对待呢？作为人，虽然能够弘扬大道，但是对天命却往往无可奈何。看来夫妇之爱是太重要了，这种爱，君主不能从臣子那儿得到，父亲不能从儿子那儿得到，何况处于卑贱地位的人呢？男女欢合以后，或许还不能孕育成子孙后代；即使能够孕育成子孙后代，或许还不能够得其善终，难道这就不正是天命支配的结果吗？孔子很少谈论天命，大概是因为很难把天命讲明白的缘故吧。假如不通晓阴阳变化，又怎么能够把人性与天命认识清楚呢？

石旭红译

伯 夷 列 传

　　夫学者载籍极博，犹考信于六艺①。《诗》《书》虽缺，然虞、夏之文可知也。尧将逊位，让于虞舜，舜、禹之间，岳牧咸荐②，乃试之于位，典职数十年，功用既兴，然后授政，示天下重器③。王者大统，传天下若斯之难也。而说者曰，尧让天下于许由，许由不受，耻之逃隐。及夏之时，有卞随、务光者。此何以称焉？太史公曰④：余登箕山⑤，其上盖有许由冢云。孔子序列古之仁圣贤人，如吴太伯⑥、伯夷之伦详矣。余以所闻由、光义至高，其文辞不少概见，何哉？

　　孔子曰⑦："伯夷、叔齐，不念旧恶，怨是用希。""求仁得仁，又何怨乎？"余悲伯夷之意，睹轶诗可异焉。其传曰：伯夷、叔齐，孤竹君之二子也⑧。父欲立叔齐，及父卒，叔齐让伯夷。伯夷曰："父命也。"遂逃去。叔齐亦不肯立而逃之。国人立其中子。于是伯夷、叔齐闻西伯昌善养老⑨，"盍往归焉⑩！"及至，西伯卒，武王载木主⑪，号为文王，东伐纣。伯夷、叔齐叩马而谏曰："父死不葬，爰及干戈，可谓孝乎？以臣弑君，可谓仁乎？"左右欲兵之，太公曰⑫："此义人也。"扶而去之。武王已平殷乱，天下宗周，而伯夷、叔齐耻之，义不食周粟，隐于首阳山⑬，采薇而食之。及饿且死，作歌。其辞曰："登彼西山兮，采其薇矣。以暴易暴兮，不知其非矣。神农、虞、夏忽焉没兮，我安适归矣？于嗟徂兮⑭，命之衰矣！"遂饿死于首阳山。由此观之，怨邪非邪？

或曰："天道无亲，常与善人。"若伯夷、叔齐，可谓善人者非邪？积仁絜行如此而饿死！且七十子之徒，仲尼独荐颜渊为好学⑮。然回也屡空，糟糠不厌，而卒蚤夭。天之报施善人，其何如哉？盗跖日杀不辜⑯，肝人之肉，暴戾恣睢⑰，聚党数千人，横行天下，竟以寿终，是遵何德哉？此其尤大彰明较著者也。若至近世，操行不轨，专犯忌讳，而终身逸乐，富厚累世不绝；或择地而蹈之，时然后出言，行不由径，非公正不发愤，而遇祸灾者，不可胜数也。余甚惑焉，傥所谓天道，是邪非邪？

子曰⑱："道不同，不相为谋。"亦各从其志也。故曰："富贵如可求，虽执鞭之士，吾亦为之。如不可求，从吾所好。""岁寒，然后知松柏之后凋。"举世混浊，清士乃见。岂以其重若彼，其轻若此哉？

"君子疾没世而名不称焉"。贾子曰："贪夫徇财，烈士徇名，夸者死权，众庶冯生⑲。"同明相照，同类相求。"云从龙，风从虎，圣人作而万物睹⑳"。伯夷、叔齐虽贤，得夫子而名益彰；颜渊虽笃学，附骥尾而行益显。岩穴之士，趋舍有时，若此类名堙灭而不称，悲夫！闾巷之人，欲砥行立名者㉑，非附青云之士，恶能施于后世哉㉒！

①六艺：指《诗》《书》《礼》《乐》《易》《春秋》。　②岳：四岳，传说中尧、舜时分掌四方部落的四个首领。　牧：九牧，传说为九州之长。　③重器：象征国家权力的重要器物。　④太史公曰：这里是转述司马迁之父司马谈的话。　⑤箕(jī)山：山名，在今河南登封东南。　⑥太伯：周朝祖先古公亶父的长子，

165

因让位于其弟季历,出走到吴地。　⑦孔子曰:以下引文分别见于《论语·公冶长》和《论语·述而》。　⑧孤竹:商时国名,姓墨胎,在今河北卢龙。　⑨西伯昌:即周文王姬昌,因是西方诸侯之长,故称西伯。　⑩盍(hé):何不。　⑪木主:木牌位。　⑫太公:即姜太公,又名吕尚。曾辅佐周武王伐纣,建立周朝。　⑬首阳山:山名,在今山西永济南。　⑭徂(cú):通“殂”,死。　⑮仲尼:孔丘字仲尼。　颜渊:名回,字子渊,孔子的弟子。　⑯盗跖(zhí):相传为春秋时期的大盗。　⑰恣睢(suī):任意肆虐。睢,恣意。　⑱子曰:下面引文分别见于《论语》的《述而》《子罕》和《卫灵公》。　⑲贾子:指贾谊,西汉文帝时曾为博士、太中大夫,后又相继为长沙王太傅和梁怀王太傅。引文见其《鹏鸟赋》。冯(píng):依仗。　⑳“云从龙”三句:引文见《易·乾卦》。　㉑砥(dǐ):磨刀石。这里是磨炼的意思。　㉒恶(wū):何。　施(yì):延续。

【译　文】

　　大凡有学问的人,尽管书籍极其广博,但还是要考查六经中的记载作为可靠的依据的。《诗经》《尚书》虽然残缺不全了,但是记载虞、夏的文字,还是可以让人知道当时史实的。尧将要退位,把帝位让给虞舜,从禅舜到禅禹,都是由四岳、九牧一致推荐,在他们所担任的职位上考验他们,掌管职务几十年,功效非常之显著了,才把帝位让给他们的,表示天下是不轻易授人的重器。帝王是最大的权力执掌者,所以把天下传给人是那样子的谨慎啊。可是有的传说说:尧曾经让天下给许由,许由不肯接受,还把这件事当作自己的耻辱,逃到山林中隐居起来。到了夏代末年,又有不肯接受商汤让位的卞随和务光。这些事为什么也被称道呢? 太史公说:我曾登上过箕山,那山上面就有传说是许由的坟墓。孔子列述古代的仁人、圣人、贤人,像让王位的吴始祖太伯和伯夷这类人,都很详细了。我以为我听到的许由、务光,德义都很高,可是记述他们的文辞,在经书中却见不到一点梗概,这是什么缘故呢?

　　孔子说:“伯夷、叔齐从不记着旧日的仇怨,因此就很少有怨恨在心。”又说:“他们的目的在寻求仁,而且也寻求到了,又有什么可怨恨的呢?”可是我却为伯夷的心意悲哀,读了他们所作的在民间流传的歌辞,感到有不同于孔子所说的令人惊异的地方。他们的传记是这样说的:伯夷、叔齐,是孤竹君的两个儿子。他们的父亲打算立叔齐做君位继承人,等到父亲死后,叔齐还是让给伯夷。伯夷说:"那是父亲的遗命呀。"于是就逃走了。叔齐也不肯即君位而逃了出去。国中臣民只好立孤竹君的次子为君。这时候伯夷、叔齐听说西伯姬昌能很好地赡养国中的老人,便说:"我们为什么不去投奔西伯呢!"当他们到达周地的时候,西伯已经死了,周武王用兵车载了西伯的灵牌,号称为文王,说是奉文王遗命出兵东下伐商纣。伯夷、叔齐走到武王车前牵住马进谏说:"父亲死了还没有安葬,就先动干戈,这能说是孝道吗?以臣子身份去诛杀君王,这能说是仁德吗?"武王身边卫士想持兵刃杀掉他们,太公吕尚说:"他们是义士啊。"便让人把他们搀扶到一边去。武王已平定了殷民的反抗,天下尊奉周朝政令,伯夷、叔齐却认为这是耻辱,便坚持大义不肯吃周朝的粟米,隐居在首阳山上,采摘山上的蕨菜来吃。饿到快死了的时候,他们作了一首歌。歌辞是:"登上那西山山坡啊,采摘那山坡上的蕨菜吃呀。以暴君代替一个暴君啊,没有人认识到那是不对呀。神农、舜、禹那盛世飞快地消逝了啊,我们又到哪里去寻归宿呀?唉哟哟,我们即将死去了啊,这是我们命运的不济呀!"就在首阳山饿死了。由这些歌辞看,他们是怨恨呢?还是不怨恨呢?

有的人说:"天道没有任何偏私,总是帮助善人的。"像伯夷、叔齐,可以称为善人呢?还是不可以称为善人呢?积仁德、洁操行到如此地步的人竟然饿死!并且,在七十弟子间,孔子惟独举荐颜渊是好学的,然而他常常穷得一无所有,吃糟咽糠还不能饱腹,因此终于早死。天对善人的报应,到底怎样呢?盗跖天天杀害无罪的人,食人肝肉,凶残肆虐,集聚徒党几千人,横行于天下,居然活到高寿才死,他是遵行了什么道德而得到好报呢?这是最大的也是最明白昭著的事例呀。至于像到了近代,有些人行为不遵道德规范,总是违法乱纪,但一生都安逸享乐,家财富厚几辈子用不完;有些人先把地方选择妥当了才迈脚,时机选择合适了才讲话,走路不走捷径,不公正的事情不发愤去做,但这样的人碰上灾祸的,多的数也数不清呀。我深感迷惑呢,倘如说天道帮助善人,是那样呢?还是不是那样呢?

孔子说:"观点主张不同,谁也不能替谁谋划。"也就是各自按照自己意愿去做罢了。所以又说:"富贵如果可以以道义求得,虽然是做给人执鞭的前驱、开道的小吏,我也做。如果说富贵不可以以道义求得,那就按照我所爱好的去做。""岁暮天寒,才能知道松柏的叶子凋落得最迟。"当整个时世都昏暗污浊的时候,清白的人士才能显现出来。这种情况,难道是由于他们把道义看得那样之重,把富贵看得这样之轻吗!

孔子又说:"君子担心死后名声不被人们称道。"贾谊说:"贪财的人为钱财死去,仗义的人为名声丧身,喜煊赫的人为权势送命,普通老百姓只求维持生存。"同样发光的东西才能够互相照映,同一气质的物类才能够互相吸引。"云随龙而上升,风随虎而振起,圣人一出现而万物性能才被揭明"。伯夷、叔齐虽然仁贤,受到孔夫子的赞美声名才更显扬;颜渊虽然专心好学,附到千里马的尾上飞驰,德行才更加显现。僻居山岩洞穴的贫士,进取或退隐,都随时代是否清明为转移,像这类人名字却埋没消灭而不被人称道,真是可悲呀!出身于普通里巷的士人,要想磨砺操行,树立名声,如果不依赖有极崇高德望的人的表彰,又怎能使声名流传于后世呢!

王达津译

管晏列传

管仲夷吾者,颍上人也①。少时常与鲍叔牙游②,鲍叔知其贤。管仲贫困,常欺鲍叔,鲍叔终善遇之,不以为言。已而鲍叔事齐公子小白,管仲事公子纠。及小白立为桓公,公子纠死,管仲囚焉。鲍叔遂进管仲。管仲既用,任政于齐,齐桓公以霸,九合诸侯,一匡天下,管仲之谋也。

管仲曰:"吾始困时,尝与鲍叔贾,分财利多自与,鲍叔不以我为贪,知我贫也。吾尝为鲍叔谋事而更穷困,鲍叔不以我为愚,知时有利不利也。吾尝三仕三见逐于君,鲍叔不以我为不肖,知我不遭时也。吾尝三战三走,鲍叔不以我为怯,知我有老母也。公子纠败,召忽死之③,吾幽囚受辱,鲍叔不以我为无耻,知我不羞小节而耻功名不显于天下也。生我者父母,知我者鲍子也。"

鲍叔既进管仲,以身下之,子孙世禄于齐,有封邑者十余世,常为名大夫。天下不多管仲之贤而多鲍叔能知人也。

管仲既任政相齐,以区区之齐在海滨,通货积财,富国强兵,与俗同好恶。故其称曰:"仓廪实而知礼节,衣食足而知荣辱,上服度则六亲固。""四维不张,国乃灭亡。""下令如流水之源,令顺民心。"故论卑而易行。俗之所欲,因而予之;俗之所否,因而去之。其为政也,善因祸而为福,转败而为功。贵轻重,慎权衡。桓公实怒少姬④,南袭蔡,管仲因而伐楚,责包茅不入贡于周室⑤。桓公实北征山戎,而管仲因而令燕修召公之政⑥。于柯之会,桓公欲背曹沫之约⑦,管仲因而信之,诸侯由是归齐。故曰:"知与之为取,政之宝也。"

管仲富拟于公室,有三归、反坫⑧,齐人不以为侈。管仲卒,齐国遵其政,常强于诸侯。

后百余年而有晏子焉。

晏平仲婴者,莱之夷维人也⑨。事齐灵公、庄公、景公,以节俭力行重于齐。既相齐,食不重肉,妾不衣帛。其在朝,君语及之,即危言;语不及之,即危行。国有道,即顺命;无道,即衡命。以此三世显名于诸侯。

越石父贤⑩,在缧绁中⑪。晏子出,遭之途,解左骖赎之⑫,载归。弗谢,入闺,久之。越石父请绝。晏子戄然⑬,摄衣冠谢曰:"婴虽不仁,免子于厄,何子求绝之速也?"石父曰:"不然。吾闻君子诎于不知己而信于知己者⑭。方吾在缧绁中,彼不知我也。夫子既已感寤而赎我,是知己;知己而无礼,固不如在缧绁之中。"晏子于是延入为上客。

晏子为齐相,出,其御之妻从门间而窥其夫。其夫为相御,拥大盖,策驷马,意气扬扬,甚自得也。既而归,其妻请去。夫问其故,妻曰:"晏子长不满六尺,身相齐国,名显诸侯。今者妾观其出,志念深矣,常有以自下者。今子长八尺，乃为人仆御，然子之意自以为足，妾是以求去也。"其后夫自抑损。晏子怪而问之，御以实对。晏子荐以为大夫。

太史公曰：吾读管氏《牧民》《山高》《乘马》《轻重》《九府》及《晏子春秋》，详哉其言之也。既见其著书，欲观其行事，故次其传。至其书，世多有之，是以不论，论其轶事。管仲世所谓贤臣，然孔子小之。岂以为周道衰微，桓公既贤，而不勉之至王，乃称霸哉？语曰"将顺其美，匡救其恶，故上下能相亲也⑮"。岂管仲之谓乎？方晏子伏庄公尸哭之，成礼然后去，岂所谓"见义不为，无勇"者邪⑯？至其谏说，犯君之颜，此所谓"进思尽忠，退思补过"者哉⑰！假令晏子而在，余虽为之执鞭，所忻慕焉。

①颍：颍水，源出河南登封，至今安徽寿县正阳关入淮河。　②鲍叔牙：春秋时齐大夫。　③召(shào)忽：齐人，与管仲一起事奉公子纠，纠被杀后召忽也自杀。　④桓公实怒少姬：齐桓公二十九年(前657)，桓公与夫人少姬戏于船中，少姬摇荡船只惊吓了桓公，被送回蔡国。蔡国将少姬另嫁后，桓公怒而伐蔡。⑤包茅：裹成捆的青茅，祭祀时在上边洒酒。　⑥山戎：又称北戎，在今河北北部。　召(shào)公：周代燕国的始祖。　⑦柯：在今山东东阿西南。　曹沫之约：齐桓公五年(前681)，桓公与鲁庄公会盟于柯，鲁将曹沫以匕首挟持桓公要求归还被侵占的土地，桓公应允，不久却想毁约。　⑧三归：供游赏用的三座高台。反坫(diàn)：堂屋两柱间设土台放置酒器。按照礼制，只有诸侯才享有三归和反坫。　⑨莱：古莱国在今山东平度以西。　夷维：今山东高密。　⑩越石父：齐人。　⑪缧(léi)绁(xiè)：拘系犯人的绳索。　⑫骖：指一车三马或四马中两旁的马匹。　⑬憱(jué)然：惊异的样子。　⑭诎：通"屈"。　⑮"将顺其美"三句：出自《孝经·事君》。　⑯见义不为，无勇：出自《论语·为政》。　⑰进思尽忠，退思补过：出自《孝经·事君》。

【译 文】

　　管仲名叫夷吾，他是颍上地方的人。少年的时候，他常和鲍叔牙交游，鲍叔牙深深了解管仲的贤明。管仲家境贫穷困乏，常常占鲍叔牙的

170

便宜，鲍叔牙却始终好好待他，从不提起这类事。随后鲍叔牙去事奉齐公子小白，管仲去事奉公子纠。等到小白被立为齐桓公，公子纠在鲁国被杀害，管仲也被囚送回国了。鲍叔就荐举管仲辅佐齐桓公。管仲既被重用，在齐国执政，齐桓公依靠他建立了霸业，曾经九次召集诸侯会盟，有力地纠正了天下的僭乱，都是管仲的谋略啊。

管仲说："我当初贫困的时候，曾经和鲍叔在一起经商，分财总多分给自己，鲍叔不认为我贪婪，是知道我家贫啊。我曾为鲍叔的事出谋划策，反而弄得更窘困，鲍叔不认为我愚蠢，知道时机有利有不利啊。我曾经三次入仕三次被君斥逐，鲍叔不认为我不成器，是知道我没有碰上好时运啊。我曾经三次作战三次逃退，鲍叔不认为我怯懦，是知道我有年迈的母亲在堂啊。公子纠失败，召忽为他而死，我甘愿受囚禁蒙耻辱，鲍叔不认为我没有廉耻心，是知道我不以小节不拘为耻，而是把功名不能显扬于天下为耻辱啊。生养我的是父亲母亲，真了解我的是鲍叔啊。"

鲍叔荐举了管仲在桓公左右，甘愿自己地位处在管仲之下，子子孙孙世世在齐国受俸禄，享有封邑的就有十多代，他们还常常是很有名望的大夫。天下人并不以为管仲的贤明难得，却以为鲍叔能够知人为难得。

管仲既已经执政做了齐相，就凭着小小的在东海之滨的齐国，流通货物，积累财富，做到了国富兵强，办事能与老百姓同爱好同憎恶。所以他在著作里面说："粮仓粟囤充实了，老百姓才能懂得礼节，衣食丰足了，老百姓才能懂得什么是光荣什么是耻辱。君上能遵守法度，内外亲族才能团结无异心。""礼、义、廉、耻四大纲维不能伸张，国家就要灭亡。""颁布政权，要像流水的源头下通无阻，要让它顺应民心。"所以管仲的言论不唱高调也就容易推行。老百姓所需要的东西，就顺应他们的意愿给予他们；老百姓所不需要的东西，就顺应他们的意愿摒弃它们。管仲的处理政务啊，最善于把祸害改变为福庆，把失败转化为成功。他极重视控制物价的贵贱，极谨慎地掌握赋税等的均平。桓公实际上是愤恨蔡国把他的少姬改嫁，出兵南下袭击蔡国，管仲却趁这个机会进讨楚国，去谴责楚国长期不向周王朝进贡菁茅的罪责。桓公实际上是北伐山戎去救燕国，管仲却趁这个机会，要求燕国恢复召康公的善政照旧向周王朝进贡。在柯地的盟会上，桓公想要背弃和曹沫订下的归还所占鲁国土地的盟约，管仲却趁这个机会要桓公守信用而履行它，诸侯因此都归服齐国。所以管仲说："认识到给予就是索取，这是政治上的珍宝啊。"

管仲的富有能够和齐国君主相比，他府里筑有三归之台和诸侯才设置的酬宾后放饮爵的反坫，但是齐国人不认为是僭上越分。管仲死后，齐国还照旧遵行他的政策，常能保持比其他诸侯强大。

在他之后大约百多年光景，齐国又有了晏子出现。

晏平仲，名叫婴，他是莱国地方的夷维邑人。他服事过齐灵公、齐庄公、齐景公三朝，凭着他节约俭朴和竭力办事的作风而被齐国所倚重。他担任了齐相之后，吃饭也没有两样肉菜，姬妾不穿绸缎。但在朝廷上时，齐君有话问到他时，他就严肃回答；没有问到他，他照常坚持谨慎办事。国家政治清明的时候，他就顺从政令；国家政治昏乱的时候，他就衡量政令可行才行。因此他连续三朝名声显扬于诸侯。

越石父很贤明，却因罪被囚系起来。晏子外出的时候，在路上遇到他，晏子就解下车辕左边的骖马，把他赎了出来，载他一同回府。到了相府，晏子没有向越石父告辞，就进了内室，逗留了很久。越石父请求绝交。晏子听了悚然一惊，便把衣冠穿戴整齐，出来对越石父表示歉意说："我晏婴虽然不仁德，但毕竟把你从祸难中解救出来，为什么你要求同我绝交这样之快呢？"越石父说："你的话不对。我听说君子会受委屈于不了解自己的人，而一定会受到了解自己的人的充分礼待。当我被囚系的时候，是他们不了解我啊。夫子你既然觉察明白我的为人，把我赎了出来，那就是知己了；既然是知己而待我无礼，那实在不如仍旧被囚系。"晏子于是邀请他进入相府作为贵宾。

晏子做齐相时，一次出门，他的驾驭马车的御官妻子从门缝中偷看她的丈夫。她丈夫为宰相驾车，坐在大车盖前方，鞭策着驷马，意气昂扬，自己很得意呀。不久之后御官回到家，他的妻子就请求和他离异，她丈夫问她为什么，妻子说："晏子身高还不满六尺，却做了齐国的

172

相公，名声显扬于诸侯。今天我看他出门时，他的所虑所思很深远了，还时常露出抑制自己的谦虚态度。可你身高八尺，却给人家做仆御，但是你倒自以为很满足，我就是为这才要求和你离异的呀。"自此之后，她丈夫便努力自我克制。晏子惊奇他的御官态度的变化便询问他，御官把实情告诉了晏子，晏子便荐举他做了大夫。

太史公说：我读了管子的《牧民》《山高》《乘马》《轻重》《九府》等篇著作和《晏子春秋》，讲述的是多么详尽哪。我既已看过他们所著的书，就想知道他们所作所为，所以编次了他们的传记。至于他们的著作，社会上到处都有，因此不去论述，只论述他们流传在世间的事迹。管仲是世人所说的贤明之臣，但是孔子却小看了他。难道是因为周王朝衰微，桓公既是贤君，管仲却不勉励他力行至王道而只帮他称霸吗？古语说："顺承君王的美德，纠正君王的过恶，君臣上下就能相亲睦了。"这不正说得是管仲吗？晏子跪伏在庄公尸身上痛哭，直到完成臣子之礼然后才离开，这难道是古语所说的"见义不为，没有勇气"那样的人吗？至于他平时进谏言规说，冒犯君上的尊严，这不正是古语所说的"在朝时想着竭尽忠心，退朝后想着补正朝政缺失"那样的人吗？假如晏子现在还活着，我虽然为他执鞭开道作前驱，也是我所欣慰和心甘情愿的。

王达津译

屈　原　列　传

屈原者，名平，楚之同姓也①。为楚怀王左徒②。博闻强志，明于治乱，娴于辞令。入则与王图议国事，以出号令；出则接遇宾客，应对诸侯。王甚任之。

上官大夫与之同列③，争宠而心害其能。怀王使屈原造为宪令，屈平属草稿未定④。上官大夫见而欲夺之，屈平不与，因谗之曰："王使屈平为令,众莫不知,每一令出,平伐其功曰⑤:以为'非我莫能为'也。"
王怒而疏屈平。

屈平疾王听之不聪也,谗谄之蔽明也,邪曲之害公也,方正之不容
也,故忧愁幽思而作《离骚》。离骚者,犹离忧也。夫天者,人之始也;
父母者,人之本也。人穷则反本,故劳苦倦极,未尝不呼天也;病痛惨
怛,未尝不呼父母也。屈平正道直行,竭忠尽智以事其君,谗人间之,可
谓穷矣。信而见疑,忠而被谤,能无怨乎?屈平之作《离骚》,盖自怨生
也。《国风》好色而不淫,《小雅》怨诽而不乱。若《离骚》者,可谓兼之
矣。上称帝喾,下道齐桓,中述汤、武,以刺世事。明道德之广崇,治乱
之条贯,靡不毕见。其文约,其辞微,其志洁,其行廉,其称文小而其指
极大,举类迩而见义远。其志洁,故其称物芳。其行廉,故死而不容。
自疏濯淖污泥之中⑥,蝉蜕于浊秽,以浮游尘埃之外,不获世之滋垢,皭
然泥而不滓者也。推此志也,虽与日月争光可也。

屈原既绌⑦,其后秦欲伐齐,齐与楚从亲⑧,惠王患之,乃令张仪详
去秦⑨,厚币委质事楚⑩,曰:"秦甚憎齐,齐与楚从亲,楚诚能绝齐,秦
愿献商、於之地六百里⑪。"楚怀王贪而信张仪,遂绝齐,使使如秦受地。
张仪诈之曰:"仪与王约六里,不闻六百里。"楚使怒去,归告怀王。怀
王怒,大兴师伐秦。秦发兵击之,大破楚师于丹、淅⑫,斩首八万,虏楚
将屈匄⑬,遂取楚之汉中地⑭。怀王乃悉发国中兵,以深入击秦,战于
蓝田⑮。魏闻之,袭楚至邓⑯。楚兵惧,自秦归。而齐竟怒不救楚,楚
大困。

明年,秦割汉中地与楚以和。楚王曰:"不愿得地,愿得张仪而甘
心焉。"张仪闻,乃曰:"以一仪而当汉中地,臣请往如楚。"如楚,又因厚
币用事者臣靳尚,而设诡辩于怀王之宠姬郑袖。怀王竟听郑袖,复释去
张仪。是时屈原既疏,不复在位,使于齐,顾反,谏怀王曰:"何不杀张
仪?"怀王悔,追张仪不及。

其后,诸侯共击楚,大破之,杀其将唐眜。

时秦昭王与楚婚,欲与怀王会。怀王欲行,屈平曰:"秦,虎狼之
国,不可信,不如无行。"怀王稚子子兰劝王行:"奈何绝秦欢!"怀王卒

行。入武关⑰，秦伏兵绝其后，因留怀王，以求割地。怀王怒，不听。亡走赵，赵不内。复之秦，竟死于秦而归葬。

长子顷襄王立，以其弟子兰为令尹⑱。楚人既咎子兰以劝怀王入秦而不反也。

屈平既嫉之，虽放流，眷顾楚国，系心怀王，不忘欲反，冀幸君之一悟，俗之一改也。其存君兴国，而欲反覆之。一篇之中三致意焉。然终无可奈何，故不可以反，卒以此见怀王之终不悟也。人君无愚智、贤不肖，莫不欲求忠以自为，举贤以自佐，然亡国破家相随属，而圣君治国累世而不见者，其所谓忠者不忠，而所谓贤者不贤也。怀王以不知忠臣之分，故内惑于郑袖，外欺于张仪，疏屈平而信上官大夫、令尹子兰。兵挫地削，亡其六郡，身客死于秦，为天下笑。此不知人之祸也。《易》曰："井渫不食⑲，为我心恻，可以汲。王明，并受其福。"王之不明，岂足福哉！

令尹子兰闻之大怒，卒使上官大夫短屈原于顷襄王。顷襄王怒而迁之。

屈原至于江滨，被发行吟泽畔，颜色憔悴，形容枯槁。渔父见而问之曰："子非三闾大夫欤？何故而至此？"屈原曰："举世混浊而我独清，众人皆醉而我独醒，是以见放。"渔父曰："夫圣人者，不凝滞于物而能与世推移。举世混浊，何不随其流而扬其波？众人皆醉，何不铺其糟而啜其醨⑳？何故怀瑾握瑜而自令见放为㉑？"屈原曰："吾闻之，新沐者必弹冠，新浴者必振衣，人又谁能以身之察察，受物之汶汶者乎㉒！宁赴常流而葬乎江鱼腹中耳，又安能以皓皓之白而蒙世之温蠖乎㉓！"乃作《怀沙》之赋。于是怀石遂自投汨罗以死㉔。

屈原既死之后，楚有宋玉、唐勒、景差之徒者，皆好辞而以赋见称。然皆祖屈原之从容辞令，终莫敢直谏。其后，楚日以削，数十年竟为秦所灭。

自屈原沉汨罗后百有余年，汉有贾生，为长沙王太傅，过湘水，投书以吊屈原。

太史公曰：余读《离骚》《天问》《招魂》《哀郢》，悲其志。适长沙，观屈原所自沉渊,未尝不垂涕,想见其为人。及见贾生吊之,又怪屈原以彼其材,游诸侯,何国不容,而自令若是! 读《鹏鸟赋》,同生死,轻去就,又爽然自失矣。

①楚之同姓:楚本姓芈(mǐ)。楚武王的儿子瑕封于屈(今湖北秭归东),其后代遂以屈为姓,瑕是屈原的祖先。　②左徒:楚官名,仅次于令尹。　③上官大夫:指下文的靳尚,上官是复姓。　④属(zhǔ):撰写。　⑤伐:夸耀。⑥濯(zhuó)淖(nào):污水泥沼。　⑦绌:通"黜",贬退。　⑧从(zòng)亲:合纵结亲。从,同"纵"。　⑨张仪:魏人,战国时纵横家。当时为秦相。⑩质:通"贽",礼物。　⑪商、於(wū):在今河南淅川西南,或以为是秦二邑名,商在今陕西商县东南,於在今河南内乡东。　⑫丹、淅:二水名。丹水源于陕西,经河南、湖北入汉水;淅水源于河南,为丹水支流。　⑬屈匄(gài):楚大将军。⑭汉中:楚地,在今陕西汉中一带。　⑮蓝田:秦县名,治所在今陕西蓝田西。⑯邓:古国名,其时属楚,在今河南邓州。　⑰武关:在今陕西商洛西南丹江北岸,是秦国的南关。　⑱令尹:楚国最高行政长官。　⑲渫(xiè):掏去污泥。⑳餔:同"哺",吃。　醨:淡酒。　㉑瑾、瑜:美玉。此处用来比喻人的高才美德。㉒汶汶(mén):污垢。　㉓温蠖(huò):一说昏聩,一说尘埃。　㉔汨(mì)罗:湘江支流,在湖南东北部。

【译　文】

屈原,又名屈平,和楚王室是同姓。做楚怀王的左徒之官。他智识闻见渊博、记忆力特别强,明了一个国家的或治或乱,又善于言辞有口才。进王宫就和怀王商议军国大事,代王发布命令,出来在政府或宾馆里就接待宾客,回答诸侯各国使节的问题。怀王很信任他。

上官大夫和屈原同朝做官,总想争取到怀王对他的宠信因而很忌妒屈原的才能。怀王叫屈原起草宪令,屈原写成草稿还没有修订成定本。上官大夫见了就想夺过手去,屈原不给他,因此他向怀王进谗言说:"大王叫屈原起草宪令,大家都是知道的,每发布一种命令,屈原就夸大他的功劳说:'要不是我就做不到这一点。'"怀王听了很生气,从此疏远了屈原。

屈原愤疾怀王的耳朵被堵塞住了,谗谄面谀之言把他的眼睛蒙蔽了,邪恶歪曲危害了公道,端方正直之士不被容纳,所以他怀着极深远的忧伤愁苦著了一篇《离骚》。离骚,就是遭到忧患。有那大自然的苍天,才开始有人类;而父母亲,是一个人的生养根本。人处在困穷中就会想回到原始状态,所以当他劳苦疲惫到极点时,就不会不喊天哪;当他疾痛惨毒哀伤时,就没有不呻唤爹呀娘呀。屈原正道直行不拐弯,竭尽忠忱智慧去奉事他的君上,而遭到谗邪小人离间其君臣关系,可以说是很困窘了。信义而被猜疑,忠诚而被诽谤,能够没有怨愤吗?屈原之所以作《离骚》,是怨恨自己生不逢时啊。《诗经·国风》写了男女之情但不过分,《诗经·小雅》写了士大夫怨愤非议其君王却不主张犯上作乱。像《离骚》这种作品,可以说兼有《国风》《小雅》的长处。它远古称道帝喾,近世称道齐桓公,中间述说汤、武革命,用这些历史事件来讽刺世事现实。阐明王道仁德的广大崇高,世事治乱的原则条件,无不明白赅括。它的文句省约,它的词语隐微,它的志趣高洁,它的行为廉正,它所称引的事物微小而它的指归意义却极伟大,列举的事物近在眼前而寓意却很深远。他的志趣高洁,所以称引的物件是芳香的。他的行为廉正,所以到死也不容许自己疏荡。自己远离污泥浊水,像蝉那样脱一层皮以去掉污秽,而浮游于尘埃之外,不染上人世间的肮脏,是那么洁白干净出污秽而不染。推论屈原的这种志趣胸衿,虽然说他和日月同样光辉高远也是可以的。

　　屈原既被黜退,其后秦国想攻打齐国,而齐国和楚国合纵相亲,秦惠王很忧虑他们的关系密切,于是叫张仪假意离开秦国,带着丰厚的礼品送给楚王表示愿委贽为臣,说:"秦王很憎恨齐国,而齐与楚合纵相亲,楚国如果真的能和齐国绝交,秦国愿将他的商、於之地六百里献给楚国。"楚怀王贪得土地信了张仪的话,遂和齐国绝交,派使者去秦国接受土地。张仪欺诈使者说:"我与你们楚王约定是六里,没听说是六百里。"楚使者气愤而退,回到楚国报告怀王。怀王大怒,调发大兵去攻打秦国。秦国发兵抗击楚军,在丹、淅一带彻底打败楚军,杀掉楚军甲士八万,还活捉了楚将军屈匄,于是攻占了楚国所属的汉中之地。怀王又将国内所有的军队调去深入秦境攻打,秦楚大战于蓝田。魏国闻知楚国内空虚,发兵袭击楚国直打到邓侯城。楚军怕截断后路,只得从秦境撤回。而齐国终因愤怒楚国的绝交,不发兵相救,楚国兵挫地丧从此陷入困境。

第二年,秦国割让汉中侵地与楚媾和。楚王说:"我不愿得地,但愿得到张仪就甘心。"张仪知道这一消息,就说:"以我一个张仪抵汉中之地值得,大王请放我到楚国去。"张仪到了楚国,又送了一份厚礼给当权大臣靳尚,让他在怀王的宠姬郑袖面前设辞诡辩,开脱罪责。(郑袖就在怀王面前为张仪辩护。)怀王竟然听信了她的话,释放了张仪。这时屈原既被怀王疏远,不在左徒之位,出使于齐,回国后,立即去劝谏怀王:"为何不杀张仪?"怀王失悔错放,派人去追杀却没追上。

此后,诸侯各国联兵击楚,楚军大将唐眜也战败被杀。

那时秦昭王娶楚女为后,想约请怀王与他会晤。怀王就打算去,屈原说:"秦国凶猛贪狠如虎狼,不可轻信,不如不去为好。"怀王的小儿子子兰却劝他前去赴约,说:"怎么能拒绝秦王的欢晤好意!"怀王终于决定前往。进入武关,秦国的伏兵突起,断绝了怀王的归路,因此拘留了怀王要求割地,怀王很愤怒,不答应。逃亡到赵国,赵国怕得罪秦国,不敢容纳。怀王只好仍然回到秦国,终于死在秦国而灵柩归葬于楚。

怀王的长子顷襄王继位,用他的小弟子兰为令尹。楚国人都归罪子兰劝怀王入秦以致未能生还。

屈原也很憎恨子兰,他虽然被流放,然而他的眼睛始终离不开楚国,心里老是眷恋着怀王,从来没有忘记想回到郢都,总希望有幸国君觉悟,恶俗改变。他那种心存君国的赤诚反复流露,《离骚》一篇再三表明了那种心理。然而终于无可奈何,所以屈原终究未能回到郢都,也终于从这里看出怀王始终没有觉悟。作为国主君上不论他愚昧或聪明、贤能或不贤能,没有谁不想为自己求得忠良、选得贤能之臣做辅佐,然而国亡家破身败名裂的人主国君一个接着一个,而圣德之君治理国家一世接着一世却不见出现,这是因为他们所说的忠良并不忠,贤能并不贤啊。怀王就因为不知道忠臣的职责,所以内里被郑袖迷惑,外则受张仪的欺骗,疏远屈平而信任上官大夫、令尹子兰。兵力挫伤,国土沦丧,失去六郡,他自身也被拘留死在秦国,被天下人讪笑。这就是他不知人招来的祸败啊。《易经·井卦·九三爻辞》说:"井已淘去泥浊还不汲那井水喝,让人感到心中凄恻。应该可以汲饮嘛。君王明白了这个道理,就会享受福佑。"而怀王是那样的糊涂,岂能享受福佑呢!

令尹子兰知道屈原对他很不满,勃然大怒,终于唆使上官大夫在顷襄王面前说屈原的坏话,顷襄王一怒之下将屈原迁谪到江南去。

屈原到了江边,披着头发在水边一面走一面吟诗。脸色蜡黄,身材消瘦。有个渔翁见了问道:"您不是三闾大夫吗,怎么又到了这里?"屈原说:"整个人世混浊而我独清白,众人都醉生梦死而我独清醒,因此被放逐。"渔翁说:"作为一个圣人,不会拘泥于外物而能与世俗相一致。整个人世混浊,您何不跟他们同流掀起更大的浊浪?众人醉生梦死,您何不把那酒糟吸吮把那薄酒也喝掉?您何苦守身如玉自命清高,以致自己被放逐呢?"屈原说:"我认为,刚洗了头的人必弹去冠上的灰尘才戴,刚洗了澡的人必抖掉衣服上的尘土才穿,哪个人又能以清洁之身去蒙受污垢呢!我宁肯跳进那浩浩江水,葬身于鱼腹中,又哪能以清白之身去蒙受那尘世的浑浊和污蔑呢?"于是作了一篇《怀沙赋》,就抱石自投汨罗江而死。

屈原死了以后,楚国有宋玉、唐勒、景差等人,他们都爱好文辞而以擅长作赋被人称道,但是他们只效法屈原的从容谈吐作文,始终不敢向君王直言谏诤。从那以后楚国领土一天天减少,几十年后竟然被秦国灭掉了。

从屈原自沉汨罗一百多年后,汉王朝有个贾谊,被贬为长沙王太傅,路过湘水,有感而作了一篇《吊屈原赋》投入湘水中,表示哀悼。

太史公说:我读《离骚》《天问》《招魂》《哀郢》等作品,很为屈原的抱负悲伤。我去长沙途中,观看了屈原抱石自沉的地方,未尝不感伤流泪,想见他为人的崇高品格。及至见了贾谊的《吊屈原赋》,又奇怪屈原以他杰出的才能去游说诸侯国君,哪一国不会接纳重用他呢?然而却选择了自杀!我读贾谊著的《鹏鸟赋》,他齐同生死,轻于得失,又似乎明白了许多道理不禁惘然自失了。

谭优学译

酷吏列传序

　　孔子曰：“道之以政，齐之以刑，民免而无耻。道之以德，齐之以礼，有耻且格①。”老氏称：“上德不德，是以有德；下德不失德，是以无德。”“法令滋章，盗贼多有②。”太史公曰：信哉是言也！法令者治之具，而非制治清浊之源也。昔天下之网尝密矣，然奸伪萌起，其极也，上下相遁，至于不振。当是之时，吏治若救火扬沸，非武健严酷，恶能胜其任而愉快乎？言道德者，溺其职矣。故曰：“听讼，吾犹人也，必也使无讼乎③！”“下士闻道大笑之④”，非虚言也。汉兴，破觚而为圜⑤，斲雕而为朴，网漏于吞舟之鱼，而吏治烝烝⑥，不至于奸，黎民艾安⑦。由是观之，在彼不在此。

　　①“道之以政”六句：出自《论语·为政》。格，至。引申为归服的意思。②“上德不德”六句：出自《老子》。上德，指有道德的人。下德，指没有道德的人。③“听讼”三句：出自《论语·颜渊》。听讼，审理诉讼。　④下士闻道大笑之：出自《老子》。下士，指下愚之士。　⑤觚（gū）：有棱角的酒器。　圜：通“圆”。⑥烝（zhēng）烝：兴盛的样子。　⑦艾（yì）安：平安。艾，通“乂”，治理。

【译　文】

　　孔子说：“用政教来诱导他们，用刑罚来整顿他们，人民只是暂时地免于罪过，却没有廉耻之心。如果用道德来诱导他们，用礼教来整顿他们，人民不但有廉耻之心，而且人心归服。”老子称说：“‘上德’不在于表现为形式上的‘德’，因此就是有‘德’。‘下德’死守着形式上的‘德’，因此就是没有‘德’。”“法令越分明，盗贼反倒越多。”太史公说：

180

确实对呀,孔子、老子的这些话! 法律命令是治国治民的工具,但不是治国治民变浊为清的根本办法。以前天下的法网律令也曾经是很严密的,然而奸慝诈伪的违法事件纷纷产生,达到极点时,举国上下借法为奸,以至于整个社会秩序、治安邻于崩溃。当那时,官吏整顿社会秩序,就像负薪救火、像扬汤止沸那样无补于事,如不用强大武力严厉残酷办法,又怎能做到胜任其职而心情愉快呢? 主张以道德为治的,就沉溺于他的职守里而不能展开工作了。所以说:"审理诉讼,我和别人差不多。但一定要使诉讼的事件完全消灭才好。""'下士'听见了'道'的道理,就认为空洞,而加以诽笑",这都不是空话啊。汉王朝建立之初,(对待人民宽厚犹如)砍去八个棱角使成圆形,削去那些雕饰刻镂,使归于朴质,法令像一面疏眼大网,能吞下船舟的鱼也可以漏出去,然而官吏治民清闲,社会秩序治安却蒸蒸日上,百姓也不作奸犯科,生产生活日益平安昌盛。由这样看来,关键在于用德治而不在于酷吏的严刑峻法。

谭优学译

游侠列传序

韩子曰①:"儒以文乱法,而侠以武犯禁②。"二者皆讥,而学士多称于世云。至如以术取宰相、卿大夫,辅翼其世主,功名俱著于春秋,固无可言者。及若季次、原宪③,闾巷人也,读书怀独行君子之德,义不苟合当世,当世亦笑之。故季次、原宪终身空室蓬户,褐衣疏食不厌④。死而已四百余年,而弟子志之不倦。今游侠,其行虽不轨于正义,然其言必信,其行必果,已诺必诚,不爱其躯,赴士之厄困,既已存亡死生矣,而不矜其能,羞伐其德,盖亦有足多者焉⑤。

且缓急,人之所时有也。太史公曰:昔者虞舜窘于井廪⑥,伊尹负于鼎俎⑦,傅说匿于傅险⑧,吕尚困于棘津⑨,夷吾桎梏⑩,百里饭牛⑪,

仲尼畏匡，菜色陈、蔡⑫。此皆学士所谓有道仁人也，犹然遭此菑，况以中材而涉乱世之末流乎？其遇害何可胜道哉！

鄙人有言曰："何知仁义，已飨其利者为有德⑬。"故伯夷丑周，饿死首阳山，而文、武不以其故贬王；跖蹻暴戾⑭，其徒诵义无穷。由此观之，"窃钩者诛，窃国者侯；侯之门，仁义存⑮"，非虚言也。

今拘学或抱咫尺之义，久孤于世，岂若卑论侪俗⑯，与世浮沉而取荣名哉！而布衣之徒，设取予、然诺，千里诵义，为死不顾世，此亦有所长，非苟而已也。故士穷窘而得委命，此岂非人之所谓贤豪间者邪？诚使乡曲之侠，予季次⑰、原宪比权量力，效功于当世，不同日而论矣。要以功见言信，侠客之义又曷可少哉！

古布衣之侠，靡得而闻已。近世延陵⑱、孟尝、春申、平原、信陵之徒，皆因王者亲属，借于有土卿相之富厚，招天下贤者，显名诸侯，不可谓不贤者矣。比如顺风而呼，声非加疾，其势激也。至如闾巷之侠，修行砥名，声施于天下，莫不称贤，是为难耳。然儒、墨皆排摈不载。自秦以前，匹夫之侠，湮灭不见，余甚恨之。以余所闻，汉兴有朱家、田仲、王公、剧孟、郭解之徒，虽时扞当世之文罔⑲，然其私义，廉洁退让，有足称者。名不虚立，士不虚附。至如朋党宗强，比周设财役贫，豪暴侵凌孤弱，恣欲自快，游侠亦丑之。余悲世俗不察其意，而猥以朱家、郭解等令与豪暴之徒同类而共笑之也。

①韩子：韩非。　②"儒以文乱法"二句：出自《韩非子·五蠹》。　③季次：公皙哀，字季次，孔子弟子。　原宪：字子思，孔子弟子。　④厌：通"餍"，满足。　⑤多：称赞。　⑥廪：粮仓。　⑦伊尹：商汤贤相。　鼎：烹煮器具。俎（zǔ）：切肉的砧板。　⑧傅说（yuè）：殷王武丁贤相。　傅险：即傅岩，在今山西平陆东。　⑨吕尚：又称姜子牙，曾辅佐周武王灭殷建立周朝。　棘津：故址在今河南滑县西南。　⑩夷吾：管仲字夷吾，春秋时齐桓公相。　桎：脚镣。　梏：手铐。　⑪百里：秦穆公贤相百里奚。　饭（fàn）：喂。　⑫匡：春秋时卫地，在今河南长垣西南。　陈：国名，建都于今河南淮阳。　蔡：国名，地在今河南、安徽一带。　⑬已：通"以"。　飨：通"享"。　⑭跖（zhí）：盗跖。　蹻（jué）：庄蹻，与跖都是古代的"大盗"。　⑮"窃钩者诛"四句：出自《庄子·胠箧》。

⑯侪 (chái) 俗：混同于流俗。　　⑰予：通"与"。　　⑱延陵：春秋时吴国公子季札。封于延陵，因此又称延季子。　　⑲扞 (hàn)：触犯。

【译　文】

　　韩非子说："儒生利用文献扰乱法律的实行，而游侠凭借武装暴力干犯禁令的贯彻。"对于儒、侠皆有所讥刺，但是儒者学士还是多被世人称赞的。至于那些以儒术谋取宰相、卿大夫的地位，辅佐当代君主，他们的功业、名望已经昭著于青史之上，我固然没有什么再说的了。谈到季次、原宪这些里巷平民，他们苦读诗书，谨守着君子所应有的道德规范，坚持正义而不与世俗同流合污。他们的行为也为世俗所讥笑。因此，季次、原宪终生住在蓬草为门、家徒四壁的空室之中，连粗布衣、野菜饭这些极简朴的要求都得不到满足。他们已经死去四百余年，后代传世弟子对他们的信仰和怀念，至今仍旧不断。游侠的行为虽然不一定都合于现在的道德准则，但是他们出言必讲信义，行事必有结果，已经允诺的事情一定认真去做，甚至为了解救士人的危难而不吝惜其性命。在解救了濒于危亡者之后，他们并不自我夸耀，更是羞于张扬自己对他人的恩德，这真是值得称颂的吧！

　　况且，危难是人们经常遇到的。太史公说：过去，虞舜曾在淘井和修仓时遭逢危险，伊尹曾背负鼎俎、亲为厨役，傅说曾因罪隐匿于傅岩，吕尚曾穷困潦倒于棘津，管仲曾被枷带锁成为囚犯，百里奚曾喂养耕牛，孔子的生命在匡地受到威胁，又绝粮于陈蔡，因而面有菜色。这些都是为儒者学士津津乐道的谨守道德的仁人志士，他们尚且遭受到这些灾难，何况处于乱世中的最昏乱时期的芸芸众生呢！他们遇到的灾害还说得完吗？

　　俗语有云："谁知道什么是仁义，谁对人有恩，谁就有德。"伯夷认为周人灭商是可耻的暴行，因而不食周粟，饿死在首阳山，但是周文王、周武王并不因此损其圣王之号。盗跖、庄蹻残暴乖戾，然而其党徒却永远称颂他们的义气。由此可见，"偷窃衣钩的被斩首，盗窃国家的做王侯。只有王侯门内，才有仁义存在"，这话真是不假！

现在一些拘谨的学者，他们把自己限定在狭隘的道义之中，又为世俗所孤立。这样哪如降低论调、迎合世俗，随高就低取得名望和荣誉好呢？然而，平民出身的游侠，注重取得及给予的原则和对他人的许诺。因此，他们的义气传诵千里，并且不顾世俗议论、勇于为此献身，这也正是他们的长处，不是随随便便就可以做到的，所以士人在穷困窘迫之时也往往以性命相托，难道这不是人们所说的贤士豪杰之间的人物吗？假如我们把这些民间豪侠与季次、原宪等儒生的权力、影响以及对当代的贡献加以比较，那么，两者是不能同日而语的。总之，要从办事见功效、说话讲信用来看，游侠所表现的义气又怎么能够没有呢？

古代的平民游侠，我没有听到过传闻。近代吴国的季札、齐国的孟尝君、楚国的春申君、赵国的平原君、魏国的信陵君等人都是国王的亲属，又有土地财富、卿相高位作为凭借。他们招揽天下贤士，使自己的声名昭著于诸侯之间，不可以说不是贤者。这好像顺风呼喊，声音并未增大，但借风势可以传播得更远。至于民间的游侠，他们只是凭借严格的修养、高尚的行为，使自己名播天下，而且无不称颂他们的贤德，这才是最难的啊！然而，游侠的行为，儒家、墨家皆加以排斥，不肯载之书史，所以先秦的平民游侠事迹全部泯灭，为此，我感到十分遗憾。我所听说的都是汉朝建立以后的游侠，他们有朱家、田仲、王公、剧孟、郭解等人。这些人虽然干犯当代的法令，但是作为个人道德品质，他们注重信义谦逊退让，有很多值得称赞的地方。侠士们的盛名不是凭空而来，士人对他们的拥戴也并非无缘无故。至于那些豪门强族、聚党结朋、相互勾结、凭借财富以奴役贫困之人、依仗着强暴势力侵凌孤门弱小，以逞己欲为快事，这种作风，在游侠看来也是可耻的。令人痛心的是世俗舆论，不认真考察游侠的抱负、心志，而且不分青红皂白地把朱家、郭解等游侠与豪强暴徒等同起来而一概加以讥笑。

王学太译

184

滑 稽 列 传

　　孔子曰："六艺于治一也。《礼》以节人，《乐》以发和，《书》以导事，《诗》以达意，《易》以神化，《春秋》以道义。"太史公曰：天道恢恢，岂不大哉！谈言微中，亦可以解纷。

　　淳于髡者①，齐之赘婿也。长不满七尺，滑稽多辩②，数使诸侯，未尝屈辱。齐威王之时，喜隐，好为淫乐长夜之饮，沉湎不治，委政卿大夫。百官荒乱，诸侯并侵，国且危亡，在于旦暮，左右莫敢谏。淳于髡说之以隐曰："国中有大鸟，止王之庭，三年不蜚又不鸣③，王知此鸟何也？"王曰："此鸟不蜚则已，一蜚冲天；不鸣则已，一鸣惊人。"于是乃朝诸县令长七十二人，赏一人，诛一人，奋兵而出。诸侯振惊，皆还齐侵地。威行三十六年。语在《田完世家》中。

　　威王八年，楚大发兵加齐。齐王使淳于髡之赵请救兵，赍金百斤④，车马十驷⑤。淳于髡仰天大笑，冠缨索绝。王曰："先生少之乎？"髡曰："何敢！"王曰："笑岂有说乎？"髡曰："今者臣从东方来，见道旁有穰田者⑥，操一豚蹄，酒一盂，而祝曰：'瓯窭满篝⑦，污邪满车⑧，五谷蕃熟，穰穰满家。'臣见其所持者狭而所欲者奢，故笑之。"于是齐威王乃益赍黄金千镒⑨，白璧十双，车马百驷。髡辞而行，至赵。赵王与之精兵十万，革车千乘。楚闻之，夜引兵而去。

　　威王大说，置酒后宫，召髡赐之酒。问曰："先生能饮几何而醉？"对曰："臣饮一斗亦醉，一石亦醉。"威王曰："先生饮一斗而醉，恶能饮一石哉！其说可得闻乎？"髡曰："赐酒大王之前，执法在傍，御史在后，髡恐惧俯伏而饮，不过一斗径醉矣。若亲有严客，髡帣韝鞠䠊⑩，侍酒于前，时赐余沥，奉觞上寿⑪，数起，饮不过二斗径醉矣。若朋友交游，久不相见，卒然相睹⑫，欢然道故，私情相语，饮可五六斗径醉矣。若乃州闾之会，男女杂坐，行酒稽留，六博投壶⑬，相引为曹，握手无罚，目眙不禁⑭，前有堕珥，后有遗簪，髡窃乐此，饮可八斗而醉二参。日暮酒阑，合尊促坐，男女同席，履舄交错⑮，杯盘狼藉，堂上烛灭，主人留髡而送客，罗襦襟解，微闻芗泽⑯，当此之时，髡心最欢，能饮一石。故曰酒极则乱，乐极则悲。万事尽然，言不可极，极之而衰。"以讽谏焉。齐王曰："善!"乃罢长夜之饮，以髡为诸侯主客。宗室置酒，髡尝在侧。

①淳于髡 (kūn)：复姓淳于。　②滑 (gǔ) 稽：诙谐。　③蜚：通"飞"。
④赍 (jī)：以礼物送人。　⑤驷：驾同一车的四匹马。　⑥穰：庄稼丰熟。
⑦瓯 (ōu) 窭 (lóu)：狭小的高地。　篝：竹笼。　⑧污邪 (yé)：水洼地。
⑨镒：古代重量单位，二十四两为一镒。　⑩帣 (juǎn)：通"卷"。　韝 (gōu)：袖套。　鞠：弯曲。　腏 (jì)：通"跽"。　⑪觞：古代酒器。　⑫卒：通"猝"。
⑬六博：相当于下棋的一种赌博游戏。　投壶：用箭投入一种壶中的竞赛游戏。
⑭眙 (chì)：直视。　⑮舄 (xì)：木底鞋。　⑯芗：通"香"。

【译　文】

孔子说："六艺都是用于政治的。《礼》用以节制人们的欲望；《乐》用以发挥人们之间的协调精神；《书》记载政治要事；《诗》表达人们的情态；《易》可以参透事物之间的微妙变化；《春秋》可以指明君臣父子之间的道义。"太史公说：天道恢宏，难道不是广阔无垠的吗？谈笑之间把道理讲清，亦可以解决重大的政治问题。

有个名叫淳于髡的，他是齐国的招门女婿，身高不足七尺，却能言善辩。多次出使诸侯而不辱使命。齐威王时，齐王喜欢说"隐语"，又爱饮酒作乐，自夜达旦，沉湎于酒，不管国家大事，把政务委托给卿大夫处理。于是百官懈怠、政治昏乱，诸侯各国，纷纷入侵，齐国危亡，即在眼前，左右大臣都不敢劝谏。这时，淳于髡用隐语对齐威王说："京城之中有只大鸟，落在大王的庭堂之上。它三年不飞，也不叫，您知道这是什么鸟吗？"威王回答说："此鸟不飞便罢，一飞便要冲入云霄；不鸣便罢，一鸣就要惊动世人。"于是，齐王便召见全国七十二县的令长，表彰赏赐了一位，惩罚诛杀了一位，随之统兵奋力而出。这震惊了诸侯，他们退还了入侵齐国的土地。从此齐国威震诸侯三十六年。此事详见《田敬仲完世家》。

齐威王八年,楚国派出大军攻齐。威王派淳于髡携带一百斤黄金和四驾马车十辆到赵国请求救兵。淳于髡仰天大笑,连帽子带都挣断了。威王问:"先生是不是埋怨礼物少呢?"淳于髡回答:"我怎么敢?"威王又问:"那么你为何而发笑呢?"淳于髡回答:"我刚刚从东方来,看到道边有个向天乞求丰收的人。他拿着一只猪蹄,一杯酒,向上天祷告说:'高狭的旱地收获,装满笼箱,低洼的水田收获,装满车厢,五谷丰登,堆满粮仓。'我见他拿来奉献的祭品太少,而要求又太高,所以笑他。"于是,齐威王马上把送给赵王的礼物增加到黄金二万两、白玉璧十双、四驾马车百辆。淳于髡告辞威王出使,到了赵国。赵王给他精兵十万,战车千辆。楚军听说此事,连夜撤兵而去。

齐威王十分高兴,在后宫摆酒设宴,以赏赐淳于髡。威王问:"先生的酒量有多大?"淳于髡回答说:"我喝一斗也可能醉,喝一石也可能醉。"威王说:"您喝一斗就醉了,怎么可能喝一石呢?这其间有什么道理可以说给我听听吗?"淳于髡回答说:"在大王面前,喝您赏赐的美酒,旁边有执行酒令的令官,后面有监察人员的监督,我十分恐惧,伏地而饮,喝不了一斗就会醉了。如果父亲有贵客光临,我卷着衣袖弓身跪着,在客人面前侍酒,有时他们也赐我酒喝,我还要多次起身为客人与父亲祝福。这样饮酒,不过二斗也就醉了。如果久别的老友突然相逢,我们一起愉快地回忆往事,互相倾诉衷肠。这样可饮五六斗酒而醉。如果乡里举行集会,男女混杂,坐在一起,行酒迟缓。客人们自愿组合进行棋艺与投壶比赛,互相握手也不会受到责罚,彼此注视也不会遭到禁止。前面席上有遗落的珠宝耳饰,后面席上有掉落的金玉发簪。我最喜欢这样的宴集,酒喝到八斗才有二三分醉意。待到日色将晚、酒也将尽,人们把余酒并在一起,促膝而坐。男女同在一席,鞋子纵横满地,杯盘错杂席间。庭堂上的烛光已经熄灭,主人送走了客人只留下了我。有人便把丝罗短衣的大襟解开,可以微微闻到彼此的香泽。这个时候我最高兴,可以喝一石酒。所以说,饮酒过度则会发生昏乱,欢乐过度也会导致悲哀，万事都是如此，这话说的就是什么都不可走到极端，走到极端就会转向衰微。"淳于髡用这些话劝谏齐王。威王说："真是好极了！"于是，他便取消了通宵达旦的夜饮，并且任命淳于髡为接待各国诸侯的主客大夫。齐国王室置酒饮宴，也往往令淳于髡在旁边作陪。

王学太译

货殖列传序

《老子》曰："至治之极，邻国相望，鸡狗之声相闻，民各甘其食，美其服，安其俗，乐其业，至老死不相往来。"必用此为务，晚近世涂民耳目，则几无行矣。

太史公曰：夫神农以前，吾不知已。至若《诗》《书》所述虞、夏以来，耳目欲极声色之好，口欲穷刍豢之味①，身安逸乐，而心夸矜势能之荣，使俗之渐民久矣，虽户说以眇论②，终不能化。故善者因之，其次利道之，其次教诲之，其次整齐之，最下者与之争。

夫山西饶材、竹、穀、纑、旄、玉石③，山东多鱼、盐、漆、丝、声色，江南出楠、梓、姜、桂、金、锡、连、丹沙、犀、瑇瑁、珠玑、齿、革④，龙门、碣石北多马、牛、羊、旃、裘、筋、角⑤，铜、铁则千里往往山出棋置。此其大较也。皆中国人民所喜好，谣俗被服饮食、奉生送死之具也。故待农而食之，虞而出之⑥，工而成之，商而通之。此宁有政教发征期会哉？人各任其能，竭其力，以得所欲。故物贱之征贵，贵之征贱，各劝其业，乐其事，若水之趋下，日夜无休时，不召而自来，不求而民出之。岂非道之所符而自然之验邪？

《周书》曰⑦："农不出则乏其食，工不出则乏其事，商不出则三宝绝，虞不出则财匮少。"财匮少而山泽不辟矣。此四者，民所衣食之原也。原大则饶，原小则鲜。上则富国，下则富家。贫富之道，莫之夺予，而巧者有余,拙者不足。故太公望封于营丘⑧,地潟卤⑨,人民寡,于是太公劝其女功,极技巧,通鱼盐,则人物归之,繦至而辐凑⑩。故齐冠带衣履天下,海岱之间敛袂而往朝焉。其后齐中衰,管子修之,设轻重九府⑪,则桓公以霸,九合诸侯,一匡天下;而管氏亦有三归,位在陪臣,富于列国之君。是以齐富强至于威、宣也。

故曰:"仓廪实而知礼节,衣食足而知荣辱。"礼生于有而废于无。故君子富,好行其德;小人富,以适其力。渊深而鱼生之,山深而兽往之,人富而仁义附焉。富者得势益彰,失势则客无所之,以而不乐。谚曰:"千金之子,不死于市。"此非空言也。故曰:"天下熙熙,皆为利来;天下攘攘,皆为利往。"夫千乘之主、万家之侯、百室之君尚犹患贫,而况匹夫编户之民乎!

①刍豢:泛指各种牲畜的肉。刍是吃草的牲畜,豢是吃粮食的牲畜。　②眇:通"妙",微妙。　③榖(gǔ):楮木,树皮可以造纸。　垆(lú):野麻,可以织布。　旄(máo):牦牛尾,尾上长毛可以作旗帜的装饰。　④连:未炼的铅。　瑇(dài)瑁(mào):即玳瑁,海中动物,甲壳可做装饰品。　珠玑:分别为圆的和不圆的珠子。　⑤龙门:山名,在今山西河津西北黄河两岸。　碣石:山名,在今河北昌黎。　旃:通"毡"。　⑥虞:掌管山林水泽的官员。　⑦《周书》:周代文诰,今不存。　⑧太公望:即姜尚,曾辅佐周武王灭殷,封于营丘(在今山东昌乐东南)。　⑨潟(xì)卤(lǔ):盐碱地。　⑩繦(qiǎng):用绳子穿成的钱串。　⑪轻重:指物价的高低,是利用物价调节经济的一种办法。

【译　文】

《老子》上说:"治理得很好的社会发展到极好时期,虽然邻近国家的人民互相望得见,鸡、狗的叫声也可以彼此听到,而百姓却都认为自己的饮食甘美,自己的服装漂亮,习惯于本地的风俗,喜爱自己的事业,以至于老死不相往来。"到了近世,如果还一定按照这一套去办事,等于堵塞人民的耳目,就几乎无法行得通。

太史公说:神农以前的情况,我不了解。至于像《诗经》《尚书》里所讲的从虞舜、夏朝以来,人们总是要使自己的耳目极力地取得音乐、女色的享受，使口尝遍牲畜肉类的美味，身体安于舒适、安乐的环境，而内心又夸耀有权势、有才干的光荣，让这样的风气浸染民心已经很久了，即使用《老子》的这些微妙言论挨家挨户地去劝导，也终于不能改变了。所以，对于人民，最好的办法是顺其自然，其次是用利引导，其次是教诲，其次是用法律、政令来约束，最下策是与民相争。

太行山以西富有木材、竹子、楮木、野麻、旄牛尾和玉石，太行山以东盛产鱼、盐、漆、丝和音乐、女色，江南出产楠木、梓木、生姜、木犀、金、锡、铅矿石、丹砂、犀牛角、玳瑁、珠玑、兽牙、皮革，龙门山、碣石山以北盛产马、牛、羊、毛毡、毛皮和兽筋、兽角，铜铁则分布在千里的地域，常常是逢山就有，密布有如棋子。这是物产分布的大略情况。这些都是中原人民所喜好的，是老百姓穿衣饮食养生送死所需要的东西。所以，人们要靠农民耕作来供给食物，靠虞人开发出山泽的物产，靠工匠制成器物，靠商人去流通货物。这难道用得着发布政令、征调人民按期集会的办法吗？人们都自动地发挥自己的才能，竭尽自己的力量，来得到自己所要得到的东西。所以，卖东西，物价贱了就去寻求贵的地方卖；买东西，物价贵了就去寻求贱的地方买。人们各自勤勉致力于他们的本业，乐于从事他们的工作，就像水向下流，日日夜夜没有休止的时候一样，人不用召唤便自己来了，东西不用去寻求而人民就把它生产出来了。这难道不是符合于规律而得以自然发展的证明吗？

《周书》上说："农民不种田，粮食就会缺乏；工匠不生产，器物就会短缺；商人不做买卖，吃的、用的和钱财就会断绝；虞人不开发山泽，财源就会减少。"财源缺少了，山泽也得不到开辟。这四个方面，是人民穿衣吃饭的来源。来源大就富裕，来源小就贫乏，来源大了，上可以富国，下可以富家。贫富的规律，没有谁能够夺走或赐予，而机敏的人总是有余，愚笨的人总是不足。所以，姜太公封在营丘，那里的土地是盐碱地，人口少，这时姜太公就鼓励妇女纺织，极力提倡工艺的技巧，沟通鱼盐外运的渠道。这样，其他地方的人和物都流归到齐国，就像钱串一样络绎不绝，像车轮辐条一样聚集到这里。所以，齐国制造的帽子、带子、衣服、鞋子供天下所用，从沿海到泰山之间的诸侯都衣袖整齐地去朝拜齐国。从那以后，齐国一度衰落，管仲治理齐国，设立调节经济的九个官府，齐桓公因此得以称霸，多次以霸主身份会合诸侯，使天下政治得到匡正。而管仲自己也建筑了三归台，虽然他的地位仅是陪臣，却比各国君主还要富有。因此，齐国富强一直持续到齐威王、齐宣王时期。

所以说："粮仓充实了，百姓就会懂礼节；衣食充足了，百姓就会知道荣辱。"礼产生于富有，而废弃于贫穷。因此，君子富有了，就愿意去做仁德的事；小人富有了，就把力量用在适当的地方。渊深了，里面就会有鱼；山深了，野兽就会到那里去；人富有了，仁义就会依附于他。富有者得势，越发显赫；失势则连客人都没有人来了，因而心情不快。谚语说："千金之家的子弟不会因犯法而在市上处死。"这不是空话。所以说："天下之人，熙熙攘攘，都是为利而来，为利而往。"有千乘兵车的天子，有万家封地的诸侯，有百户封邑的大夫，尚且担心贫穷，何况编在户口册子上的普通老百姓呢！

安平秋译

太史公自序

太史公曰："先人有言：'自周公卒五百岁而生孔子。孔子卒后至于今五百岁，有能绍明世，正《易传》，继《春秋》，本《诗》《书》《礼》《乐》之际。'意在斯乎！意在斯乎！小子何敢让焉。"

上大夫壶遂曰①："昔孔子何为而作《春秋》哉？"太史公曰："余闻董生曰②：'周道衰废，孔子为鲁司寇③，诸侯害之，大夫壅之。孔子知言之不用、道之不行也，是非二百四十二年之中，以为天下仪表，贬天子，退诸侯，讨大夫，以达王事而已矣。'子曰：'我欲载之空言，不如见之于行事之深切著明也。'夫《春秋》，上明三王之道，下辨人事之纪，别嫌疑，明是非，定犹豫，善善恶恶，贤贤贱不肖，存亡国，继绝世，补敝起废,王道之大者也。《易》著天地、阴阳、四时、五行,故长于变。《礼》经纪人伦,故长于行;《书》记先王之事,故长于政;《诗》记山川、溪谷、禽兽、草木、牝牡、雌雄,故长于风;《乐》乐所以立,故长于和;《春秋》辨是非,故长于治人。是故《礼》以节人,《乐》以发和,《书》以道事,《诗》以达意,《易》以道化,《春秋》以道义。拨乱世反之正,莫近于《春秋》。《春秋》文成数万,其指数千,万物之散聚皆在《春秋》。《春秋》之中,弑君三十六,亡国五十二,诸侯奔走不得保其社稷者不可胜数。察其所以,皆失其本已。故《易》曰'失之毫厘,差以千里④。'故曰:'臣弑君,子弑父,非一旦一夕之故也,其渐久矣⑤。'故有国者不可以不知《春秋》,前有谗而弗见,后有贼而不知。为人臣者不可以不知《春秋》,守经事而不知其宜,遭变事而不知其权。为人君父而不通于《春秋》之义者,必蒙首恶之名。为人臣子而不通于《春秋》之义者,必陷篡弑之诛,死罪之名。其实皆以为善,为之不知其义,被之空言而不敢辞。夫不通礼义之旨,至于君不君,臣不臣,父不父,子不子。君不君则犯,臣不臣则诛,父不父则无道,子不子则不孝。此四行者,天下之大过也。以天下之大过予之,则受而弗敢辞。故《春秋》者,礼义之大宗也。夫礼禁未然之前,法施已然之后;法之所为用者易见,而礼之所为禁者难知。"

壶遂曰:"孔子之时,上无明君,下不得任用,故作《春秋》,垂空文以断礼义,当一王之法。今夫子上遇明天子,下得守职,万事既具,咸各序其宜,夫子所论,欲以何明?"太史公曰:"唯唯,否否,不然。余闻之先人曰:'伏羲至纯厚,作《易》八卦;尧、舜之盛,《尚书》载之,礼乐作焉;汤、武之隆,诗人歌之。《春秋》采善贬恶,推三代之德,褒周室,非独刺讥而已也。'汉兴以来,至明天子,获符瑞,建封禅⑥,改正朔⑦,易服色,受命于穆清,泽流罔极,海外殊俗,重译款塞⑧,请来献见者,不可胜道。臣下百官力诵圣德,犹不能宣尽其意。且士贤能而不用,有国者之耻;主上明圣而德不布闻,有司之过也。且余尝掌其官,废明圣盛德不载,灭功臣、世家、贤大夫之业不述,堕先人所言,罪莫大焉。余所谓述故事,整齐其世传,非所谓作也,而君比之于《春秋》,谬矣。"

于是论次其文。七年而太史公遭李陵之祸⑨,幽于缧绁⑩。乃喟然而叹曰："是余之罪也夫！是余之罪也夫！身毁不用矣。"退而深惟曰："夫《诗》《书》隐约者，欲遂其志之思也。昔西伯拘羑里⑪，演《周易》；孔子厄陈、蔡，作《春秋》；屈原放逐，著《离骚》；左丘失明，厥有《国语》；孙子膑脚⑫，而论兵法；不韦迁蜀，世传《吕览》；韩非囚秦，《说难》《孤愤》；《诗》三百篇，大抵贤圣发愤之所为作也。此人皆意有所郁结，不得通其道也，故述往事，思来者。"于是卒述陶唐以来⑬，至于麟止⑭，自黄帝始。

①上大夫：汉代沿用古制将大夫分上、中、下三等。　②董生：即董仲舒。　③司寇：掌刑狱司法的官。　④失之毫厘，差以千里：出自《易纬·通卦验》，今本《易经》中无。　⑤故曰：以下文见《易·坤卦·文言》。　⑥封禅（shàn）：古代帝王祭祀天地的典礼。封指在泰山上筑台祭天，禅指在泰山下的梁父山祭地。　⑦正朔：指历法。正，岁首。朔，初一。　⑧重（chóng）译：辗转翻译。　款：叩。　⑨李陵：字少卿，汉代名将李广之孙。汉武帝时率兵与匈奴交战，战败而降。　⑩缧（léi）绁（xiè）：捆绑用的绳索，这里指监狱。　⑪西伯：即周文王。　羑（yǒu）里：地名，在今河南汤阴。　⑫膑：挖掉膝盖骨的一种酷刑。　⑬陶唐：陶唐氏，即尧。尧曾被封在陶，后又迁于唐，故有此称。　⑭麟：指汉武帝元狩元年（前122），在雍狩猎时获一白麟事。

【译　文】

太史公说："先父说过：'周公死后五百年而孔子出生，孔子死后至今又五百年了，到了接续清明盛世，订正对《周易》的解释，续作《春秋》，以《诗》《书》《礼》《乐》作为衡量事物的根本的时候了。'这番话的意思就在这里吧！意思就在这里吧！我怎敢谦让呢！"

上大夫壶遂说："从前孔子为什么作《春秋》呢？"太史公说："我听董先生说：'周朝的制度衰落废弃，孔子作鲁国的司寇，诸侯把他视为对他们的危害，大夫处处给他设置障碍。孔子知道自己的意见不被采用，主张不能施行，便对二百四十二年的历史予以评论、褒贬，以此作为天下的法则。他贬责天子，斥抑诸侯，声讨大夫，只是为了要实行王道罢了。'孔子说：'我想只提出褒贬的空论，不如寓褒贬于当时所发生事情的记述中，更为深刻切实而又清楚明白。'《春秋》这部书，上能阐明三王之道，下能分辨人世的伦理纲常，判别嫌疑纠葛，辨明是非，判断犹豫难定的事情，表彰善良，贬斥丑恶，推崇贤良，鄙视不肖之人，恢复已经灭亡的国家，接续断绝了的世系，弥补残缺，振兴衰废，这些都是王道中的重大事情。《易》说明天地、阴阳、四时、五行的关系，所以长处在于指示变化；《礼》规范人间伦理纲常，所以长处在于指导行动；《书》记载过去帝王的事迹，所以长处在于指导政事；《诗》记述山川、溪谷、禽兽、草木、牝牡、雌雄的状况，所以长处在于表现风俗；《乐》使怡悦之情得以产生，所以长处在于使人和乐；《春秋》明辨是非，所以长处在于治理人民。因此，《礼》用来节制人的行动，《乐》用来引发人的和乐之情，《书》用来指导政事，《诗》用来表达心意，《易》用来指导事物变化，《春秋》用来引导人们遵守道义。如果拨转乱世使它回到正路上来，没有比《春秋》更切合需要的了。《春秋》全文几万字，其精髓只有几千字，万事万物的分合聚散之理都在《春秋》之中。在《春秋》一书中，记载杀死国君的有三十六起，国家灭亡的有五十二个，诸侯逃亡而失去政权的数不胜数。考察所以如此的缘故，都是由于失去了礼义这个根基。所以，《易》中说：'失之毫厘，差以千里。'所以说：'臣子杀死君主，儿子杀死父亲，这种情况不是一朝一夕所造成的，而是在很长时间内逐步发展的。'因此，治理国家的人不能不通晓《春秋》，不通晓《春秋》，面前有人进谗言却看不出，背后有叛逆作乱的人也不了解。做臣子的不能不通晓《春秋》，不通晓《春秋》就不知道日常事务怎样办理才恰当，遇到事变就不会相机应付。作为君主、父亲，而不通晓《春秋》大义的，一定会蒙受首恶的名声。作为臣下、儿子，而不通晓《春秋》大义的，一定会陷于因篡上弑父而被诛杀处死之罪。他们实际上都以为是在做好事，却因为不知大义，人家给他们加上空洞的罪名也不敢推卸。不通晓礼义的要旨，就会到了君不像君、臣不像臣、父不像父、子不像子的地步。君不像君，就会受到臣下的干扰；臣不像臣，就会被诛杀；父不像父，就会抛弃人伦之道；子不像子，就会忤逆不孝。这四种行为，是天下的大过错。用天下大过错的罪名加给他们，那么也只好接受而不敢推卸。所

194

以,《春秋》这部书是礼义的根本。礼是在坏事发生之前起到禁止的作用,法是在坏事发生之后去施行制裁。法所起的作用显而易见,而礼所起的防止作用却不易被人了解。”

壶遂说:“孔子的时候,在上没有圣明的君主,在下不被重用,所以才作《春秋》,使文辞得以流传,用文辞来判断礼义之分,作为一代圣王的法典。现在您上遇圣明的天子,下有应得的职守,万事已备,各项事情都安排得各得其宜,您所论述的,要阐明什么呢?”太史公说:“是是,不不,不是这个意思。我听先父说:‘伏羲极其纯朴厚道,他作了《易》的八卦;尧、舜那样的盛德,《尚书》予以记载,礼乐由此而兴;商汤,周武王功业那样地兴隆,得到诗人的歌颂。《春秋》推举善良,贬斥邪恶,推崇夏、商、周三代的盛德。褒扬周王室,不仅仅是讽刺而已。’从汉代建国以来,到当今的圣明天子,这期间,获得了吉祥的符瑞,举行了祭天地的大典,改革历法,变更衣服、器物的颜色,受命于上天,天子的恩泽如流水滋润无边,海外异俗之地域,派来懂汉话的使者叩境,请求献礼朝见,这样的人多得说不完。臣下百官极力颂扬天子的圣德,还不能完全表达自己的心意。况且,士人贤能而不被重用,是当权者的耻辱;主上圣明而他的盛德不能宣扬于天下,是主管官员的过错。而且,我担任史官,抛开了圣明天子的盛德而不去记载,埋没了功臣、世家、贤大夫的功业而不去记述,背弃了先父的嘱托,没有比这罪过更大的了!我所说的是记述历史事实,整理、归纳世代相传的史料,不是人们所说的著作,而您把这比成作《春秋》,就不对了。”

于是对史料加以整理、编排,写成文章。写作七年,太史公因替李陵辩解而遭受灾祸,被幽禁在监狱之中。于是喟然长叹道:“这是我的罪过啊!这是我的罪过啊!身体残废没有什么用了!”事后仔细思量说:“《诗》《书》的文义所以含蓄隐约,是作者出于要实现自己的意志这样一种考虑。当初西伯被拘禁在羑里,却推演出《周易》;孔子在陈、蔡遭到困厄,回到鲁国便作《春秋》;屈原被放逐,却著作了《离骚》;左丘明双目失明,这才写出《国语》;孙子被挖去膝盖骨,却论著了兵法;吕不韦因罪迁居西蜀,他的《吕览》得以传世;韩非在秦国被捕下狱,却写出了《说难》《孤愤》；《诗》三百篇，大都是贤人、圣人抒发内心的愤懑而作出来的。这些人都是由于心意有所抑郁闷结，自己的理想不能实现，所以才追述过去的事情，期望未来的人对自己有所了解。"于是，我终于又着手记述从黄帝开始，经陶唐，直至武帝获麟为止的历史。

安平秋译

司马迁，传见《史记》条。

这篇《报任安书》出自《文选》，是司马迁除《史记》外为数不多的几篇作品之一。在这篇给朋友的书信中，司马迁叙述了自己的志向与不幸，可以和《太史公自序》合看，其中那按捺不住的悲愤忧郁之情却是后者所没有的，而悲愤之余的自强不息精神则更是后者所没有的，这是因为《太史公自序》是"公开"的序言必须写得严肃正经，而《报任安书》是私人的信件，完全可以和朋友毫无顾忌地倾吐衷肠。

报 任 安 书

太史公牛马走司马迁再拜言①，少卿足下②：曩者辱赐书，教以慎于接物，推贤进士为务。意气勤勤恳恳，若望仆不相师，而用流俗人之言。仆非敢如此也。仆虽罢驽，亦尝侧闻长者之遗风矣。顾自以为身残处秽，动而见尤，欲益反损，是以独抑郁而谁与语。谚曰："谁为为之？孰令听之？"盖锺子期死，伯牙终身不复鼓琴。何则？士为知己者

196

用,女为说己者容。若仆大质已亏缺矣,虽才怀随、和,行若由、夷,终不可以为荣,适足以见笑而自点耳。书辞宜答,会东从上来,又迫贱事,相见日浅,卒卒无须臾之间得竭志意③。今少卿抱不测之罪,涉旬月,迫季冬④,仆又薄从上雍⑤,恐卒然不可为讳⑥。是仆终已不得舒愤懑以晓左右,则长逝者魂魄私恨无穷。请略陈固陋。阙然久不报,幸勿为过。

仆闻之:修身者,智之符也;爱施者,仁之端也;取予者,义之表也;耻辱者,勇之决也;立名者,行之极也。士有此五者,然后可以托于世,而列于君子之林矣。故祸莫憯于欲利⑦,悲莫痛于伤心,行莫丑于辱先,诟莫大于宫刑。刑余之人,无所比数,非一世也,所从来远矣。昔卫灵公与雍渠同载,孔子适陈;商鞅因景监见,赵良寒心;同子参乘⑧,袁丝变色⑨:自古而耻之。夫中材之人,事有关于宦竖,莫不伤气,而况于慷慨之士乎!如今朝廷虽乏人,奈何令刀锯之余荐天下之豪俊哉!仆赖先人绪业,得待罪辇毂下⑩,二十余年矣。所以自惟:上之,不能纳忠效信,有奇策材力之誉,自结明主;次之,又不能拾遗补阙,招贤进能,显岩穴之士;外之,不能备行伍,攻城野战,有斩将搴旗之功;下之,不能积日累劳,取尊官厚禄,以为宗族交游光宠。四者无一遂,苟合取容,无所短长之效,可见于此矣。向者,仆亦尝厕下大夫之列,陪奉外廷末议,不以此时引纲维,尽思虑,今已亏形为扫除之隶,在阘茸之中⑪,乃欲仰首伸眉,论列是非,不亦轻朝廷、羞当世之士邪!嗟乎!嗟乎!如仆尚何言哉!尚何言哉!

且事本末未易明也。仆少负不羁之才,长无乡曲之誉,主上幸以先人之故,使得奏薄伎,出入周卫之中⑫。仆以为戴盆何以望天,故绝宾客之知,亡室家之业,日夜思竭其不肖之才力,务一心营职,以求亲媚于主上。而事乃有大谬不然者。

夫仆与李陵俱居门下⑬,素非能相善也,趋舍异路,未尝衔杯酒、接殷勤之余欢。然仆观其为人自守奇士,事亲孝,与士信,临财廉,取与义,分别有让,恭俭下人,常思奋不顾身以殉国家之急。其素所蓄积也,仆以为有国士之风。夫人臣出万死不顾一生之计,赴公家之难,斯已奇

197

矣。今举事一不当，而全躯保妻子之臣随而媒蘖其短⑭，仆诚私心痛之。且李陵提步卒不满五千，深践戎马之地，足历王庭，垂饵虎口，横挑强胡，仰亿万之师，与单于连战十有余日，所杀过当，虏救死扶伤不给。旃裘之君长咸震怖⑮，乃悉征其左右贤王，举引弓之人，一国共攻而围之。转斗千里，矢尽道穷，救兵不至，士卒死伤如积。然陵一呼劳军，士无不起，躬自流涕，沫血饮泣，更张空拳⑯，冒白刃，北向争死敌者。陵未没时，使有来报，汉公卿王侯皆奉觞上寿。后数日，陵败书闻，主上为之食不甘味，听朝不怡。大臣忧惧，不知所出。仆窃不自料其卑贱，见主上惨怆怛悼⑰，诚欲效其款款之愚。以为李陵素与士大夫绝甘分少，能得人之死力，虽古之名将，不能过也。身虽陷败，彼观其意，且欲得其当而报于汉。事已无可奈何，其所摧败，功亦足以暴于天下矣。仆怀欲陈之，而未有路，适会召问，即以此指推言陵之功，欲以广主上之意，塞睚眦之辞⑱。未能尽明，明主不晓，以为仆沮贰师，而为李陵游说，遂下于理。拳拳之忠，终不能自列，因为诬上，卒从吏议。家贫，货赂不足以自赎，交游莫救视，左右亲近不为一言。身非木石，独与法吏为伍，深幽囹圄之中，谁可告诉者！此真少卿所亲见，仆行事岂不然乎？李陵既生降，颓其家声，而仆又佴之蚕室⑲，重为天下观笑。悲夫！悲夫！事未易一二为俗人言也。

　　仆之先非有剖符、丹书之功⑳，文、史、星、历近乎卜、祝之间㉑，固主上所戏弄，倡优所畜，流俗之所轻也。假令仆伏法受诛，若九牛亡一毛，与蝼蚁何以异？而世俗又不能与死节者次比，特以为智穷罪极，不能自免，卒就死耳。何也？素所自树立使然也。人固有一死，死或重于泰山，或轻于鸿毛，用之所趣异也㉒。太上不辱先，其次不辱身，其次不辱理色，其次不辱辞令，其次诎体受辱㉓，其次易服受辱，其次关木索、被箠楚受辱㉔，其次剔毛发、婴金铁受辱，其次毁肌肤、断肢体受辱，最下腐刑极矣！传曰："刑不上大夫㉕。"此言士节不可不勉励也。猛虎在深山，百兽震恐，及在槛阱之中，摇尾而求食，积威约之渐也。故士有画地为牢，势不可入，削木为吏，议不可对，定计于鲜也㉖。今交手足，受木索，暴肌肤，受榜箠㉗，幽于圜墙之中，当此之时，见狱吏则头抢地，视徒隶则心惕息。何者？积威约之势也。及以至是，言不辱者，所谓强颜耳，曷足贵乎！且西伯㉘，伯也，拘于羑里㉙；李斯，相也，具于五刑；淮阴㉚，王也，受械于陈；彭越、张敖，南面称孤，系狱抵罪；绛侯诛诸吕㉛，权倾五伯，囚于请室㉜；魏其，大将也，衣赭衣，关三木；季布为朱家钳奴；灌夫受辱于居室。此人皆身至王侯将相，声闻邻国，及罪至罔加，不能引决自裁，在尘埃之中。古今一体，安在其不辱也？由此言之，勇怯，势也；强弱，形也。审矣，何足怪乎？夫人不能早自裁绳墨之外，以稍陵迟，至于鞭箠之间，乃欲引节，斯不亦远乎！古人所以重施刑于大夫者，殆为此也。夫人情莫不贪生恶死，念父母，顾妻子，至激于义理者不然，乃有所不得已也。今仆不幸早失父母，无兄弟之亲，独身孤立，少卿视仆于妻子何如哉？且勇者不必死节，怯夫慕义，何处不勉焉！仆虽怯懦欲苟活，亦颇识去就之分矣，何至自沉溺缧绁之辱哉㉝！且夫臧获婢妾犹能引决㉞，况仆之不得已乎！所以隐忍苟活，幽于粪土之中而不辞者，恨私心有所不尽，鄙陋没世而文采不表于后世也。

　　古者富贵而名磨灭，不可胜记，唯倜傥非常之人称焉。盖文王拘而演《周易》；仲尼厄而作《春秋》；屈原放逐，乃赋《离骚》；左丘失明，厥有《国语》；孙子膑脚㉟，兵法修列；不韦迁蜀，世传《吕览》；韩非囚秦，《说难》《孤愤》；《诗》三百篇，大底贤圣发愤之所为作也。此人皆意有所郁结，不得通其道，故述往事，思来者。乃如左丘无目，孙子断足，终不可用，退而论书策以舒其愤，思垂空文以自见。仆窃不逊，近自托于无能之辞，网罗天下放失旧闻，略考其事，综其终始，稽其成败兴坏之纪，上计轩辕，下至于兹，为十表、本纪十二、书八章、世家三十、列传七十，凡百三十篇。亦欲以究天地之际，通古今之变，成一家之言。草创未就，会遭此祸，惜其不成，是以就极刑而无愠色。仆诚已著此书，藏之名山，传之其人通邑大都，则仆偿前辱之责，虽万被戮，岂有悔哉！然此可为智者道，难为俗人言也。

　　且负下未易居，下流多谤议。仆以口语遇遭此祸，重为乡党所戮笑，以污辱先人，亦何面目复上父母之丘墓乎？虽累百世，垢弥甚耳！是以肠一日而九回，居则忽忽若有所亡，出则不知其所往。每念斯耻，汗未尝不发背沾衣也！身直为闺阁之臣，宁得自引深藏岩穴邪？故且从俗浮沉，与时俯仰，以通其狂惑，今少卿乃教以推贤进士，无乃与仆私心刺谬乎㊲？今虽欲自彫琢，曼辞以自饰，无益，于俗不信，适足取辱耳。要之，死日然后是非乃定。书不能悉意，略陈固陋。谨再拜。

①太史公：汉代史官称太史令，这里是司马迁自称。　牛马走：像牛马那样奔走。　②少卿：任安，字少卿，西汉人。他在任益州刺史时，曾写信给司马迁，希望身为中书令的司马迁能"推贤进士"。后来，他因罪将获死刑，司马迁才写了回信。但不久他也被赦，免于一死。　③卒卒 (cù)：急迫。卒，通"猝"。　④季冬：十二月。汉代规定十二月是行刑的时候。　⑤薄：迫近。　⑥卒然：突然。卒，通"猝"。　⑦憯：通"惨"，惨毒，惨痛。　⑧同子：即赵谈，汉文帝时的宦官。他与司马迁父亲司马谈同名，为避父讳，司马迁称他为同子。子，是尊称。⑨袁丝：袁盎字丝，汉文帝时大臣。　⑩辇毂：皇帝的车驾。　⑪阘茸 (róng)：卑贱。　⑫周卫：指严密防卫的宫禁。　⑬李陵：字少卿，汉代名将李广之孙。汉武帝时率兵与匈奴交战，兵败而降。　⑭媒蘖 (niè)：酒曲。这里用作动词，酝酿的意思。　⑮旃：通"毡"。　⑯棬 (quān)：弓弩。　⑰惨怆怛 (dá) 悼：悲痛伤心。　⑱睚 (yá) 眦 (zì)：怒目相视。　⑲佴 (èr)：居。　蚕室：是受过宫刑的人所呆的密不通风的屋子。　⑳剖符：剖开的信符，古代君臣各执一半，以为凭信。　丹书：在铁券上用朱砂写下誓词。　㉑卜：掌占卜的官。　祝：掌祭礼的官。　㉒趣：通"趋"。　㉓诎：通"屈"。　㉔木索：木枷、绳索。　箠楚：棍棒、荆条。　㉕刑不上大夫：出自《礼记·曲礼上》。　㉖鲜：鲜明。指决计自杀。　㉗榜：击打。　㉘西伯：即周文王。　㉙羑 (yǒu)里：地名，在今河南汤阴境内。　㉚淮阴：即汉初大将淮阴侯韩信。　㉛绛侯：即周勃，汉初功臣。　诸吕：指吕后的亲族。　㉜请室：请罪之室，囚禁有罪官吏的牢狱。　㉝缧 (lěi) 绁 (xiè)：捆绑用的绳子。　㉞臧获：古代部分地区对奴婢的不同称呼。　㉟膑：挖掉膝盖骨的一种酷刑。　㊲剌 (là) 谬：违背。

【译　文】

太史公马前卒司马迁再拜陈言，少卿足下：前些时候承您屈尊赐信给我，教我谨慎地待人接物，并担负起向皇帝推荐人才的责任。信中情意诚挚恳切，好像是抱怨我没能遵从您的意见行事，反而听信了世俗之人的话。我是不敢这样做的。我虽然平庸无能，也曾听说过德高望重的长者遗留下来的风尚。只是我认为自己的身体已经残废，而又处于卑贱的地位，稍有举动就要受到责难，想要对事情有所补益，反而会招致损害，因此独自愁闷而无处诉说。正如谚语所说的："为谁做呢？又让谁听呢？"锺子期死了，伯牙终生不再操琴。为什么呢？因为士人为了解自己的人去效力，女子为喜爱自己的人去打扮。像我这样身体已经残废的人，即使才能像随侯珠、和氏璧那样可贵，品德如许由、伯夷那样高洁，终究不能引以为荣，恰恰足以被人耻笑而自己受辱罢了。来信本该早复，适逢随从皇帝东巡回来，又忙于烦琐的事务，彼此能相见的日子很少，而我又匆匆忙忙地没有片刻空闲得以详尽地说明我的心意。如今你遭到无法揣测的罪过，过一个月就接近十二月了，我随从皇帝去雍地的日期也迫近了，恐怕转眼之间你就会遭到不幸。这样，我便终究不能抒发心中的愤懑让你有所了解，而死去的人由于得不到回信，他的灵魂会抱憾无穷。请允许我大略地说说鄙陋之见。隔了很长时间没有给你回信，希望不要见责。

我听说：加强自我修养，是有智慧的象征；乐于施舍是行仁德的开端；索取与给予得当，是守道义的标志；如何对待耻辱，是判断一个人是否勇敢的标准；树立好的名声，是品行的最高准则。一个士人具备了这五条，就可据此在社会上立足，而进入君子的行列。所以，灾祸没有比贪图私利更悲惨的了，悲哀没有比好心受到损伤更痛心的了，行为没有比使祖先受辱更丑恶的了，耻辱没有比受宫刑更严重的了。受过宫刑的人，没有人肯和他相提并论，这不是一朝一代的事，由来已久了。过去卫灵公与雍渠同车，孔子感到耻辱，便离开卫国到了陈国；商鞅通过景监见到秦孝公，赵良感到寒心；赵谈为皇帝的参乘，袁盎满面怒容。自古以来人们就看不起这种人。就是一般人，涉及有关宦官的事，没有不伤害情绪、感到羞辱的，何况激昂刚毅而又有志气的人呢！如今朝廷虽然缺乏人才，怎么能让受过刑罚的人推荐天下的豪杰俊士呢？我依靠父亲的余业，得以在京师任职，已经二十多年了。平日自己常想，对上，未能效尽忠心与信诚，也没有策略卓异和才干特出的声誉，以取得圣明君主的赏识；其次，又不能替君主拾遗补阙，招延、推荐贤能之人和隐居之士；在外，不能参与军队攻城野战，取得斩将拔旗的功绩；对下，不能逐步积累功劳取得高官厚禄，使宗族、朋友增光得宠。四个方面没有一个方面有成就，我苟且迎合主上的心意，以求得容纳，也不会有或大或小的建树，从这里也可以看出来了。过去，我也曾厕身于下大夫的行列，侍奉于朝堂之上，发表些微不足道的议论，不在当时伸张国家的法度，为国竭尽智谋，如今形体已残，成了地位低下的人，处于卑贱者的行列里，竟要昂首扬眉，陈说是非，不是轻蔑朝廷、羞辱当今的士人吗？唉！唉！像我这样的人还说什么呢！还说什么呢！

　　况且，事情的原委不容易明了。我年轻时怀有高远放达的才能，长大成人不能博得乡里的推誉，幸赖主上因为我父亲的关系使我得以贡献微薄的才能，出入于宫禁之中。我认为顶着盆子怎么还能望见天呢，所以我断绝了与宾朋的交往，把家庭私事抛在一边，日夜想着竭尽我微薄的才力，专心致力于本职事务，以期取得主上的信任与宠幸。然而事情竟会出现与此全然相反的情况。

　　我和李陵都在宫中任职，平素并非相要好，各人走各人的路，不曾在一起饮过一杯酒来表示互相殷勤的情谊。但是，我看他的为人，是个能自守节操的出众人物。他侍奉双亲很孝敬，结交士人讲信用，对待财货廉洁奉公，索取或给予按照理义办事，能分别尊卑长幼而有礼让，谦恭自约，礼贤下士，常常想着奋不顾身，为国家的急难而献身。他平素所含蕴的品德，我以为具有国家杰出人才的风度。作为臣子，出于宁肯万死、不求一生的考虑，奔赴国家的危难，这已经是很出众了！如今行事一有不当，那些贪生怕死、保全自己和家室的臣子，随即夸大他的过失，以图酿成大罪，对此我实在感到痛心。况且李陵率领不到五千名步兵，深入胡地，足迹到达单于的王廷，这就像在虎口边设下诱饵，勇猛地向强大的胡军挑战，向居高临下的众多的敌军展开进攻，与单于率领的军队连战十几天，所杀敌人超过自己军队的数目，敌军连救死扶伤都顾不上。胡人的君长都震惊了，便征调了左贤王、右贤王所部，出动了所有能拉弓射箭的人，全国共同围攻他们。李陵军转战千里，箭矢已尽，

202

无路可走，而救兵不至，死伤的士卒堆积如山。但是李陵一声号召，疲劳的士卒无不复起，人人无不落泪，血流满面，拉开空的弓弩，冒着敌人的兵刃，向北争着与敌人决死搏斗。李陵未遭覆没的时候，有使者来报战况，汉朝廷上的公卿王侯都向主上举杯祝贺。过了几天，李陵兵败的奏章报闻主上，主上为此吃饭无味，听政不悦。大臣们担忧害怕，不知如何是好。我个人不自量地位的卑贱，看到主上极度悲痛伤心，实在想献出自己诚恳的愚昧见解。我认为李陵对部下能做到有好吃的东西自己不吃，把仅有的少量物品分给别人，因而能得到部下拼死出力，即使古代的名将也不能超过他。李陵虽然失败被俘，他所显示出的心意，是想得到适当的机会立功报效汉朝。事到如今已无可奈何，但他挫败敌人的功劳也足以彰明天下。我要把所想的这些向主上陈说，而没有机会，适逢主上召见询问，我就本着这个意思，论说李陵的功绩，想要以此宽慰主上之心，堵塞那些对李陵怨恨的言辞。我没能完全表达明白，明主不深晓我的心意，以为我诋毁贰师将军而替李陵开脱，于是把我交给大理寺问罪。我的诚恳的忠心始终没有机会表白，因而被定了诬上的罪名，主上终于同意了法吏的判决。我因为家贫，没有那么多钱财用来赎罪，朋友们没有谁来营救，主上身边的人也不替我说一句话。我身非木石，独自和法官打交道，拘禁在监狱之中，能向谁去诉说呢！这些正是你亲眼看到的，我做事难道不是这样吗？李陵已经活着投降了，败坏了他家族的声誉，而我又在蚕室中蒙受耻辱，深为天下人所耻笑。可悲呀！可悲呀！这些事情不容易对世俗上的人逐一说清。

我的父祖并没有受赐剖符丹书那样的功劳，只是掌管文献、历史、天文、历法，与卜官、祝官相近似，本为主上所戏弄，像乐师、优伶那样被豢养，而为世人所看不起。假使我被法办遭杀戮，如同九牛失去一毛，同死去一只蝼蛄、蚂蚁有什么不同呢？而世俗又不把我和为坚持气节而死的人相提并论，只是认为智虑穷尽，罪恶极大，不能自脱，终于被杀而已。为什么呢？平素自己立身于世的职业使人们有这样的看法。人总有一死，有的人死得比泰山还重，有的人死得比鸿毛还轻，这是因为他们在为什么而死上有区别。作为一个士人，最好是不使祖先受辱，其次是自身不受辱,其次是不使自己的脸面受辱,其次是不因言辞违背了礼义而受辱,其次是被捆绑而受辱,其次是被换上犯人的狱服而受辱,其次是戴刑具、被杖打而受辱,其次是剃毛发、戴铁圈而受辱,其次是毁坏肌肤、截断肢体而受辱,最下等的是腐刑,受辱到了极点!书上记载说:"刑罚不用于大夫以上。"这是说作为士人不可不磨砺他的气节。猛虎在深山里,足以使百兽震恐,一旦落进陷坑或笼子里,便摇着尾巴向人求食,这是由于威势的逼迫而逐渐造成的状况。所以,有这样的士人,在地上划个范围作监牢使他不敢进入,削个木头人作法吏,对其判决不敢对案,而是决计在受辱之前便自杀。如今捆绑了手脚,戴上了刑具,暴露肌肤,被杖打,幽禁在牢狱之中。当这时候,见到狱吏就叩头触地,看见狱卒就惶恐不敢喘气。为什么呢?这是由于威势的逼迫而逐渐造成的状态。已经到了这种地步,却说自己没有受辱,不过是厚着脸皮而已,哪里值得尊重呢!况且,西伯是一方诸侯之长,而被拘禁在羑里;李斯是丞相,身受五种刑罚;淮阴侯本是王,却在陈地戴上了刑具;彭越、张敖都是面南背北、称孤道寡的王,却被捕入狱抵罪;绛侯灭掉诸吕,权势超过春秋五霸,却被囚禁在请室之中;魏其侯是大将军,却穿上赭色囚衣,戴上木枷、手铐和脚镣;季布自受钳刑给朱家做奴隶;灌夫在居室中受辱。这些人都是身至王侯将相,声闻邻国,及至犯罪落入法网,却不能自杀,而被囚禁在监狱之中。古今一样,哪里有不受屈辱的呢?由此说来,勇怯强弱都是形势所造成的。明白了这个道理,还有什么值得奇怪的呢?一个人不能早在法律制裁之前自尽,因而逐渐受挫而颓唐,到了身受鞭杖的时候,才想为守气节而死,这不也太晚了吗?古人不轻易对大夫施刑的原因,大概就是这个缘故。按人之常情,没有不贪生恶死、顾念父母妻子儿女的,至于为义理所激的人不是这样,他们乃是有不得已之处。如今我不幸父母早逝,没有兄弟那样的亲人,独自一个孤立世上,你看我对妻子儿女怎么样呢?而且勇敢的人不一定为节义而死,怯懦的人如果仰慕节义,在什么情况下不能勉励自己为节义献身呢!我虽然怯懦,想苟且活下来,也大略懂得舍生就义的道理,何至于甘心陷入囚禁而受污辱呢!而且奴仆婢妾尚且能够自杀,何况我处在不得已的情况下,不是更该一死吗?我所以暗自忍耐着苟活下来,陷身于污秽的监狱中而不死去,是因为我感憾于内心想做的事尚未完成,如果在耻辱中离开人世,我的文章著述便不能彰明于后世。

古时候富足尊贵而声名磨灭不传的人,多得无法记述,惟有卓越特出的人能受到后人的称道。周文王被拘禁而推演出《周易》;孔子受困厄而著作《春秋》;屈原被放逐才写出《离骚》;左丘明双目失明,写出《国语》;孙子被剜去膝盖骨而兵法得以编写出来;吕不韦迁居蜀地,《吕览》流传于后世;韩非在秦国被捕下狱,写出了《说难》《孤愤》;《诗》三百篇,大都是贤人、圣人抒发他们内心的愤懑而作出来的。这些人都是心意有抑郁闷结之处,理想不得实现,所以才追述过去的事,而寄希望于未来的人。就像左丘明双目失明,孙子废去双足,再也不能被重用了,于是退隐著书,以此抒发内心的愤懑,期望文章能流传后世,使自己的心意得以表白。近年来,我不自量力,运用拙劣的文辞,搜集天下散失的历史传闻,总略地考订其事实,综合其本末,考察其成功、失败、兴起、衰亡的规律,上从黄帝算起,下至于今,写成表十篇、本纪十二篇、书八篇、世家三十篇、列传七十篇,共一百三十篇。也是想用来弄清自然和人事之间的关系,通晓从古到今的变化,而成为一家之言。草创未完,恰逢这起灾祸。我痛惜全书没有完成,因此,受极残酷的刑罚而没有怨恨的表示。如果我真能著成这部书,将它藏在名山之中,传播于知我之人和交通发达的大都邑,那么我就偿还了此前受辱的债,即使一万次受刑被杀,有什么可后悔的呢!然而这些只可以向有智慧的人去说,难于对一般的人去讲。

而且,背负着因罪受刑的坏名声在社会上不容易居处,处于低下卑贱地位的人常受到诽谤、非难。我因说话而遭逢这场灾祸,深为乡里所耻笑。因为玷污辱没了祖上,我又有什么脸面再到父母的坟墓上去呢?即使延续到百世,耻辱仍会越来越深!因此,痛苦之情在肠中整天转来转去,平日在家往往恍惚迷离,若有所失,出门常常不知要到何处去。每当念及这桩耻辱,未尝不汗流浃背、沾湿衣服。我仅是宫中的臣仆,岂能自我引退隐居山中呢!所以,暂且随世俗而浮沉,与时势相俯仰地活下去,以抒发自己内心的郁结。如今少卿竟教我推贤进士,不是和我个人的想法相违背吗?现在即使我想用推贤进士的行动来雕饰自己,用美好的言辞来解脱自己,也没有用,不会取得世俗的信任,恰恰得到耻辱而已。总之,人死了之后是非才能有定论。这封信不能详尽地表达我的心意,只是大略地陈说我的鄙陋之见。谨再拜。

安平秋译

卷六　汉文

《汉书》是东汉人班固所撰的一部纪传体史书,记载西汉一代历史,共一百篇,分十二纪、八表、十志、七十列传。

班固(32—92)字孟坚,扶风安陵(今陕西咸阳)人,他的父亲班彪曾修《史记后传》,但未成而卒,班固接着撰写,却被人诬告私改国史而下狱,他的弟弟班超向皇帝上书辩白,汉明帝便任命班固当了兰台令史,后又升迁为郎,典校秘书,继续修史,经二十多年终于写成了《汉书》。

《汉书》在很多方面都和《史记》相仿,关于汉武帝以前的史事也基本上取材于《史记》,但它多了一个"奉诏而作"的框框,于是正统的官方意识就处处掣肘,把作者个人情感好恶淹没殆尽,读《汉书》时可以感觉到,它不像《史记》那样富于激情,也不像《史记》那样富于人情,有些拘谨迂腐,好像是一个记录员面无表情地宣读案牍文书,时时还要不安地偷看一下站在背后的法官,后世史书越来越程式化、公文化的弊病多少要溯源到它的身上,而历史意识的官方化、正统化的趋向似乎也是从它这里开始膨胀起来;就在文字风格上,它也不如《史记》那么生动潇洒,虽然组织严密、结构整饬、简洁干净、典雅规范,但毕竟缺少个性风采。只是它在采录汉代人议论奏疏书信文章时大多保留原文,使后人能从中窥见汉代人散文的旧貌。下面所选的高、文、景、武帝、贾谊、晁错、司马相如、路温德、杨恽等人的诏、论、策、疏、书等,就是从《汉书》中摘录的,所以前后还常常保留了《汉书》作者的一些说明性文字。

高帝求贤诏

盖闻王者莫高于周文,伯者莫高于齐桓,皆待贤人而成名。今天下贤者智能岂特古之人乎?患在人主不交故也,士奚由进!今吾以天之灵、贤士大夫定有天下,以为一家,欲其长久,世世奉宗庙亡绝也。贤人已与我共平之矣,而不与吾共安利之,可乎?贤士大夫有肯从我游者,吾能尊显之。布告天下,使明知朕意。御史大夫昌下相国①,相国酂侯下诸侯王②,御史中执法下郡守③,其有意称明德者④,必身劝,为之驾,遣诣相国府,署行、义、年⑤。有而弗言,觉免。年老癃病⑥,勿遣。

①御史大夫:汉朝中枢机构的最高长官之一,掌管机要文书和监察事务,与丞相、太尉合称三公。 相国:即丞相,处理国家政事的最高行政长官。 ②酂(zàn)侯:指萧何。 ③御史中执法:又称御史中丞,是地位仅次于御史大夫的官员。 郡守:郡的最高长官。 ④意:名声。 称:相符。 明德:才德。 ⑤署行:题写事迹。 义:通“仪”,相貌。 ⑥癃(lóng):年老病弱。

208

岂不听说三王中以周文王之德最高,五霸中以齐桓公之功最高,他们都靠贤人的辅佐而成名。若论天下贤人的智慧和才能,难道只有古人才具有吗?只怕君主不去和他们交往,贤士怎能进身呢?现在我靠老天佑助,依仗贤士大夫们平定天下,把天下统一为一家。想要使政权长久,世世不断地奉祠宗庙。贤士们已和我一起平定了天下,可以不来跟我一起享受太平吗?贤士们有肯和我交游的,我能使他们尊贵。因此布告天下,使大家知道我的意思。这诏书由御史大夫周昌下达给相国,相国酂侯萧何将它下达给诸侯王,御史中执法下达到各郡的郡守。地方上有确具才德的士人,地方官一定要亲自去劝说,给他驾上马车,送到相国府,注明被举者的为人行状、容貌和年龄。地方上有贤才而郡守不荐举,被发觉后即予免职。年老有病的,不必遣送。

曹道衡译

文帝议佐百姓诏

间者数年比不登①,又有水旱疾疫之灾,朕甚忧之。愚而不明,未达其咎。意者朕之政有所失而行有过与?乃天道有不顺、地利或不得、人事多失和、鬼神废不享与?何以致此?将百官之奉养或费、无用之事或多与?何其民食之寡乏也?夫度田非益寡②,而计民未加益,以口量地,其于古犹有余,而食之甚不足者,其咎安在?无乃百姓之从事于末③,以害农者蕃为酒醪以靡谷者多④,六畜之食焉者众与⑤?细大之义,吾未能得其中。其与丞相、列侯、吏二千石、博士议之⑥,有可以佐百姓者,率意远思,无有所隐!

①间:近来。 比:屡屡。 登:庄稼成熟。 ②度(duó):计量。
③末:指工商业。 ④醪(láo):酒酿。 ⑤食(sì):通"饲"。 ⑥列侯:汉

代制度,称异姓封侯者为列侯。 二千石:是官员的俸禄,这里指汉代郡守以上的官。 博士:掌管书籍文献,通晓古今,为当政者出谋划策的官员。

【译 文】

近几年来接连着歉收,又有水灾、旱灾和瘟疫等灾害,我很忧虑。由于我愚笨而不明治道,不能深知灾害的来由。想来是我在政治上有失误、行为上有过错吧? 还是遇上天道有不顺当处,或未能恰当地尽地利,或人事有失和,或有该祭祀的鬼神没祭祀吗? 为什么会这样? 也许百官的俸禄给养过高,花在无用的事情上的费用太多吧? 为什么人民的口粮这样缺乏呢? 至于计量天下的田地并不比以前少,而人口又未增加,计算土地与人口的比例,较古时人的土地还富裕,而粮食很匮乏,其错处究竟在哪里? 是不是百姓中从事商业而妨害农业的人多了,造酒浪费的稻谷多了,还是牲畜吃去的粮食多了呢? 这些大大小小的原因,我还没有确知其主要之点。希望跟丞相、列侯们、俸禄二千石的官吏和博士们讨论,有可以帮助百姓改善生活的意见,尽量深思明言,不要有所隐讳!

曹道衡译

景帝令二千石修职诏

雕文刻镂,伤农事者也;锦绣纂组①,害女红者也。农事伤,则饥之本也;女红害,则寒之原也。夫饥寒并至,而能无为非者寡矣。朕亲耕,后亲桑,以奉宗庙粢盛②、祭服,为天下先。不受献,减太官③,省繇赋,欲天下务农蚕,素有畜积④,以备灾害。强毋攘弱,众毋暴寡,老耆以寿终⑤,幼孤得遂长。今岁或不登,民食颇寡,其咎安在? 或诈伪为吏,吏以货赂为市,渔夺百姓,侵牟万民。县丞⑥,长吏也,奸法与盗盗,甚无谓也。其令二千石各修其职⑦;不事官职,耗乱者⑧,丞相以闻,请其

210

罪。布告天下,使明知朕意。

①纂(zuǎn)组:赤色绶带。　②粢盛(chéng):盛在祭器内供祭祀用的谷物。　③太官:掌宫廷膳食的官。　④畜:通"蓄"。　⑤耆(qí):古代六十岁以上的人称耆。　⑥县丞:县令的副职。　⑦二千石:指俸禄二千石的郡守和国相。　⑧耗(mào)乱:昏乱不明。耗,通"眊",不明。

【译　文】

(我知道)如果对器具一味追求精细雕刻的花纹,势必妨害百姓的农务;如果对衣饰要求锦绣和精美的丝制印绶,势必会妨害妇女们从事的丝织业。妨害农务,就会使粮食不足;妨害妇女们纺织,就会使百姓寒冷。缺衣乏食,饥寒交迫的人而能不为非作歹的是很少的。(所以)我亲自耕籍田,皇后亲自采桑养蚕,来供给宗庙里祭祖先的饭米和祭祀时穿的礼服,以此来为天下人带头。我不受人们的奉献,(又)减省太官所进奉的膳食、减轻徭役和赋税,想使天下人致力农桑,经常有所蓄积,以备灾荒。我愿天下的强者不要攘夺弱者,也不要有人依仗人多去欺压少数人,老人都得寿终,幼小的孤儿们也长大成人。尽管如此,若年成歉收,百姓的口粮就很缺乏,其故究竟何在?或许有狡诈虚伪的人充当了官吏,一些官吏纳贿徇私,掠夺、压榨百姓。例如县丞本是吏中之长,但舞弊乱法,形同盗贼,这就完全与设长吏的本意相反了。现在命令各地二千石(郡守)们严格执行自己的职责,督察那些长吏。如果郡守们不能负起责任,办事昏乱不明,就由丞相奏闻皇帝,请求将他治罪。故此布告天下,使大家明知我的意思!

曹道衡译

武帝求茂材异等诏

盖有非常之功,必待非常之人,故马或奔踶而致千里①,士或有负俗之累而立功名②。夫泛驾之马③,跅弛之士④,亦在御之而已。其令州郡察吏民有茂材异等可为将相及使绝国者⑤。

①踶(dì):踢。　②负俗之累(lèi):被世俗讥笑的过失。　③泛驾:指狂奔不驯服的马。泛,通"覂"(fěng),颠覆。　④跅(tuò)弛:不受礼俗约束而放荡不羁。　⑤州:监察区的名称,汉代设有十三个监察区。　郡:指地方行政区。

【译　文】

若要建立不平凡的功业,必须有不平凡的人(来完成)。所以有的马骑上去就狂奔甚至踢人,却能(日行)千里(之遥);士人中有的被人们所讥议却能立功(扬)名。那些不循轨辙的骏马,行为放荡不遵礼法的士人,只在驾车者或(君主)能驾驭他们而已。(我)命令(各)州郡考察吏民中有优秀才能、超越寻常人,可以任为将相及充任出使绝远之国的人才。

曹道衡译

贾谊(前200—前168),洛阳(今河南)人,曾任博士、太中大夫,因多次上疏议论政事,被元老权贵排斥,贬为长沙王太傅,后又当了梁怀王太傅。怀王不慎坠马而亡,他郁郁不欢,一年后便去世了,年仅三十三岁。贾谊的散文兼有荀孟的雄辩气势和庄骚的酣畅流丽,多少还有一些战国纵横之士的谲诡机智。下面所选两篇中,《过秦论》写得波澜起伏、气势磅礴,从布局结构上来说,"着眼在'仁义不施,攻守势异'一语,为画龙之点睛,然初不说明……一个闷葫芦中贮了无数机关"(林纾语),然后一层一层推进,像抽茧剥笋,显出极强的逻辑力量;

从语言风格上来说，它词采华丽，在一篇文章中综合运用了夸张、比喻的修辞手段和对偶、排比的句式，使文章变化多端，气脉流贯而又不浅直，形成强烈的节奏感，所以清人金圣叹赞它"最是疏奇之笔"，姚鼐则赞它"特雄骏阔肆"；至于《治安策》，又名《陈政事疏》，则写得词锋凌厉，气势逼人，慷慨激昂，虽然不及《过秦论》文采华丽潇洒，但似乎更为老辣精练，显出一种峻刻健劲的风格，正如清人林云铭所说"语语皆可诵法"。

过 秦 论 上

秦孝公据殽函之固①，拥雍州之地②，君臣固守，以窥周室。有席卷天下、包举宇内、囊括四海之意，并吞八荒之心。当是时也，商君佐之③，内立法度，务耕织，修守战之具；外连衡而斗诸侯④。于是秦人拱手而取西河之外⑤。

孝公既没，惠文、武、昭蒙故业，因遗策，南取汉中⑥，西举巴蜀⑦，东割膏腴之地，收要害之郡。诸侯恐惧，会盟而谋弱秦，不爱珍器、重宝、肥饶之地，以致天下之士，合从缔交，相与为一。当此之时，齐有孟尝，赵有平原，楚有春申，魏有信陵⑧。此四君者，皆明智而忠信，宽厚而爱人，尊贤而重士，约从离横，兼韩、魏、燕、赵、宋、卫、中山之众。于是六国之士，有宁越、徐尚、苏秦、杜赫之属为之谋，齐明、周最、陈轸、召滑、楼缓、翟景、苏厉、乐毅之徒通其意，吴起、孙膑、带佗、兒良、王廖、田忌、廉颇、赵奢之伦制其兵。尝以什倍之地，百万之众，叩关而攻秦。秦人开关而延敌，九国之师遁逃而不敢进。秦无亡矢遗镞之费⑨，而天下

213

诸侯已困矣。于是从散约解，争割地而赂秦。秦有余力而制其弊，追亡逐北，伏尸百万，流血漂橹[10]。因利乘便，宰割天下，分裂河山。强国请服，弱国入朝。

施及孝文王、庄襄王[11]，享国之日浅，国家无事。

及至始皇，奋六世之余烈，振长策而御宇内，吞二周而亡诸侯[12]，履至尊而制六合[13]，执敲扑以鞭笞天下[14]，威振四海。南取百越之地[15]，以为桂林、象郡[16]，百越之君俛首系颈，委命下吏。乃使蒙恬北筑长城而守藩篱[17]，却匈奴七百余里，胡人不敢南下而牧马，士不敢弯弓而报怨。于是废先王之道，燔百家之言，以愚黔首。隳名城[18]，杀豪俊，收天下之兵聚之咸阳，销锋镝[19]，铸以为金人十二，以弱天下之民。然后践华为城，因河为池，据亿丈之城，临不测之溪以为固。良将劲弩，守要害之处；信臣精卒，陈利兵而谁何。天下已定，始皇之心，自以为关中之固，金城千里，子孙帝王万世之业也。始皇既没，余威震于殊俗。

然而陈涉，瓮牖绳枢之子，氓隶之人，而迁徙之徒也，材能不及中庸，非有仲尼、墨翟之贤，陶朱、猗顿之富[20]，蹑足行伍之间，俛起阡陌之中[21]，率罢弊之卒[22]，将数百之众，转而攻秦。斩木为兵，揭竿为旗，天下云集而响应，赢粮而景从[23]，山东豪俊遂并起而亡秦族矣[24]。

且夫天下非小弱也，雍州之地，殽函之固，自若也；陈涉之位，不尊于齐、楚、燕、赵、韩、魏、宋、卫、中山之君也；锄耰、棘矜[25]，不铦于钩、戟、长铩也[26]；谪戍之众，非抗于九国之师也；深谋远虑，行军用兵之道，非及曩时之士也。然而成败异变，功业相反。试使山东之国与陈涉度长絜大[27]，比权量力，则不可同年而语矣。然秦以区区之地，致万乘之权，招八州而朝同列，百有余年矣。然后以六合为家，殽函为宫。一夫作难而七庙隳[28]，身死人手，为天下笑者，何也？仁义不施，而攻守之势异也。

①殽：通"崤"，崤山，在今河南洛宁北。　函：函谷关，在今河南灵宝东北。这是当时秦国的东关。　②雍州：古九州之一，相当于今陕西、甘肃、青海等部分地区。　③商君：指商鞅。　④衡：通"横"。　⑤西河：魏地，在黄河西岸。

⑥汉中:今陕西汉中一带。 ⑦巴蜀:地在今四川。 ⑧孟尝:孟尝君田文。
平原:平原君赵胜。 春申:春申君黄歇。 信陵:信陵君魏无忌。 ⑨镞(zú):
箭头。 ⑩橹:大盾牌。 ⑪施(yì):延续。 ⑫二周:战国时的西周、东周
两个小国,分别建都于今河南洛阳和河南巩义。 ⑬六合:指天地四方。
⑭敲朴:杖棒。短的叫敲,长的叫朴。 ⑮百越:对东南少数民族各部的统称。
⑯桂林、象郡:二郡都在今广西境内。 ⑰蒙恬:秦国将领,曾率军渡黄河北逐
匈奴,修筑长城。 ⑱隳(huī):毁坏。 ⑲镝:通"镝",箭头。 ⑳陶朱:
即范蠡,春秋末越大夫。他晚年到陶(今山东定陶西北)经商致富,号称陶朱公。
猗顿:春秋时鲁国人,在猗氏(今山西临猗)经营畜牧业而成巨富。 ㉑俛:通
"勉",尽力。 ㉒罢(pí):疲倦。 ㉓赢:背负。 景:通"影"。 ㉔山东:
指崤山以东。 ㉕耰(yōu):平整土地所用的农具。 棘矜:棘木棍。 ㉖铦
(xiān):锋利。 铩:大矛。 ㉗度(duó)长絜(xié)大:比较长短大小。
㉘七庙:天子宗庙。古代制度规定天子宗庙奉祀七代祖先。

【译 文】

　　秦孝公依据崤山、函谷关的坚固关隘,拥有雍州的土地,君主臣民
一起牢固地守卫着,以此窥伺周王朝。他们怀有席卷天下、控制列国、
征服四海的意图和并吞八方的野心。就在这时,商君辅佐他,在秦国内
部制定法令制度,发展农耕纺织,修造防守攻战的器械;对外实行连横
政策,使各国诸侯互相争斗。于是,秦国人拱手就轻而易举地取得了西
河以外的大片土地。

　　秦孝公死后,惠文王、武王、昭襄王蒙受祖宗的业绩,继承传统的策
略,向南攻取汉中,向西占领巴蜀,到东面割据肥沃富饶的土地,收服地
势要害的区域。关东诸侯惊慌害怕,聚会结盟来商量削弱秦国,他们
不吝惜珍贵器具、重要宝物、肥饶的土地,用来招引天下的士人,订立盟
约,互相结为一体。此时,齐国有孟尝君,赵国有平原君,楚国有春申
君,魏国有信陵君。这四个人,都睿明智慧而忠诚信义,宽大厚道而爱
惜人民,尊敬贤良而重视士人,使六国纵向联合,横向与秦国分离,同时
聚合了韩国、魏国、燕国、赵国、宋国、卫国、中山国的军队。于是,六国
的士人,有宁越、徐尚、苏秦、杜赫之类为他们出谋划策,齐明、周最、陈

轸、召滑、楼缓、翟景、苏厉、乐毅之徒为他们互通信息，吴起、孙膑、带佗、兒良、王廖、田忌、廉颇、赵奢之辈掌握军队。他们曾经以十倍于秦国的土地、百万的军队，敲击函谷关而进攻秦国。秦国人打开函谷关来迎接敌军，但九国的军队却躲避逃走不敢进关。秦国没有丧失一箭一镞的耗费，然而天下诸侯已经被困住了。于是合纵分散，约定解除，六国诸侯争着割让土地来贿赂秦国。秦国有充足的力量来制服陷于困境的六国，追逃兵，赶败军，倒地的尸体上百万，流淌的血液漂盾牌。凭借有利形势，乘着便宜时机，秦国控制天下人民，分裂各国河山。使强国请求臣服，让弱国来秦国朝拜。

相沿到秦孝文王、庄襄王，他们享有国祚的日子较短，秦国没有战事。

等到了秦始皇，他继承发扬秦国六代积累的丰功伟绩，高举长鞭来驾御天下，吞并东周西周而灭亡所有诸侯，登上最尊贵的皇帝宝座而控制上下四方，拿着棍子木杖来鞭策敲打天下人民，威风振动四海。向南攻取百越的土地，规划为桂林郡、象郡，百越的君主们低下头被拴住脖子，把性命交给了秦朝小吏。于是就派遣蒙恬到北边修筑长城来守住帝国的边界，打退匈奴七百多里，使胡人不敢到南面来牧马，匈奴战士不敢弯弓动武来报复仇怨。于是秦始皇废弃了先前圣王的道理，焚烧了诸子百家的论著，用来愚昧黎民百姓。他毁坏各国名城，杀戮豪杰俊才，没收天下的兵器，聚集到咸阳，熔化锋刃和箭头，用来铸造金人十二个，用以削弱天下人民的力量。然后，他凭借华山来做帝国的城墙，利用黄河来做帝国的护城河，占据高大亿丈的城防，面临深度不测的溪水，以此来为坚固的屏障。派遣良将，配备强弓，守住城池的要害据点；忠诚的臣子，精悍的士兵，部署锋利的武器，因而有谁敢来试探？天下已经稳定，秦始皇的心里，自以为关中这样坚固，钢铁般城市长达千里，这就是为子子孙孙创立下称帝称王的万代不变的事业了。秦始皇死后，他留下的威力还震慑着习俗颇不相同的远方。

然而陈涉这个破瓮作窗洞、绳子栓门户的穷小子，这个奴隶，而又发配守边的人，他的智能比不上中等庸人，并非有孔子、墨子那样的贤才,陶朱公、猗顿那样的财富,只是夹在戍卒行伍之中,在田间小路上勉强起事,带领疲败的士兵,指挥几百人的军队,反过来攻打秦朝。他们砍断树木做武器,挑起竹竿做大旗,却得到天下人民行云一样的响应,自带干粮跑来像影子般地紧随,崤山以东的豪杰俊士于是就都起来灭亡秦朝皇族了。

况且这时天下并非又小又弱,雍州的土地,崤山、函谷关的坚固关隘,依然如故;陈涉的地位,比不上齐国、楚国、燕国、赵国、韩国、魏国、宋国、卫国、中山国的君主们尊贵;锄头锄把,杂树木棍,比不上钩子、长戟、长矛等兵器锐利;贬谪服役的队伍不可以对抗九国的军队;深谋远虑,行军用兵的战略战术,赶不上从前六国的谋士们。然而成功与失败却变得不同,建功与立业恰好相反。试想,假使让崤山以东的诸侯国跟陈涉量量长短,称称大小,比比权力,算算实力,那么就不能相提并论了。但是秦国以它原来那一点点地方,达到万乘大国的权力,招来八州诸侯而使他们一同列班朝拜,也有一百多年了。此后把天地四方作为秦国一家所有,把崤山、函谷关当作自家宫室。结果一个匹夫发难,而就使秦朝宗庙毁灭,自己死在人家手里,被天下人嘲笑,是什么原因?这就是因为仁义不能施行,而进攻与防守的势态也大不相同了。

倪其心译

治 安 策 一

夫树国固,必相疑之势,下数被其殃,上数爽其忧,甚非所以安上而全下也。今或亲弟谋为东帝①,亲兄之子西乡而击②,今吴又见告矣③。天子春秋鼎盛,行义未过,德泽有加焉,犹尚如是,况莫大诸侯,权力且十此者乎!然而天下少安,何也?大国之王幼弱未壮,汉之所置傅、相方握其事④。数年之后,诸侯之王大抵皆冠⑤,血气方刚,汉之傅、相称病而赐罢,彼自丞尉以上遍置私人,如此,有异淮南、济北之为邪？此时而欲为治安，虽尧、舜不治。

黄帝曰："日中必熭⑥，操刀必割。"今令此道顺而全安，甚易；不肯早为，已乃堕骨肉之属而抗刭之⑦，岂有异秦之季世乎？夫以天子之位，乘今之时，因天之助，尚惮以危为安，以乱为治，假设陛下居齐桓之处，将不合诸侯而匡天下乎？臣又知陛下有所必不能矣。假设天下如曩时⑧，淮阴侯尚王楚⑨，黥布王淮南⑩，彭越王梁⑪，韩信王韩，张敖王赵⑫，贯高为相⑬，卢绾王燕⑭，陈豨在代⑮，令此六、七公者皆亡恙，当是时而陛下即天子位，能自安乎？臣有以知陛下之不能也。天下淆乱，高皇帝与诸公并起，非有仄室之势以豫席之也⑯。诸公幸者乃为中涓⑰，其次厪得舍人⑱，材之不逮至远也。高皇帝以明圣威武即天子位，割膏腴之地以王诸公，多者百余城，少者乃三四十县，德至渥也？然其后七年之间，反者九起。陛下之与诸公，非亲角材而臣之也，又非身封王之也，自高皇帝不能以是一岁为安，故臣知陛下之不能也。

然尚有可诿者，曰疏。臣请试言其亲者。假令悼惠王王齐⑲，元王王楚⑳，中子王赵㉑，幽王王淮阳㉒，共王王梁㉓，灵王王燕㉔，厉王王淮南，六、七贵人皆亡恙，当是时陛下即位，能为治乎？臣又知陛下之不能也。若此诸王，虽名为臣，实皆有布衣昆弟之心，虑亡不帝制而天子自为者。擅爵人，赦死皋㉕，甚者或戴黄屋，汉法令非行也。虽行，不轨如厉王者，令之不肯听，召之安可致乎！幸而来至，法安可得加！动一亲戚，天下圜视而起㉖，陛下之臣虽有悍如冯敬者㉗，适启其口，匕首已陷其胸矣。陛下虽贤，谁与领此？故疏者必危，亲者必乱，已然之效也。其异姓负强而动者，汉已幸胜之矣，又不易其所以然。同姓袭是迹而动，既有征矣，其势尽又复然。殃祸之变，未知所移，明帝处之尚不能以安，后世将如之何！

屠牛坦一朝解十二牛，而芒刃不顿者，所排击剥割，皆众理解也㉘。至于髋髀之所㉙，非斤则斧。夫仁义恩厚，人主之芒刃也；权势法制，人主之斤斧也。今诸侯王皆众髋髀也，释斤斧之用，而欲婴以芒刃㉚，臣以为不缺则折。胡不用之淮南、济北？势不可也。

臣窃迹前事，大抵强者先反。淮阴王楚，最强，则最先反；韩信倚

218

胡,则又反;贯高因赵资,则又反;陈豨兵精,则又反;彭越用梁,则又反;黥布用淮南,则又反;卢绾最弱,最后反。长沙乃在二万五千户耳③①,功少而最完,势疏而最忠,非独性异人也,亦形势然也。曩令樊、郦、绛、灌据数十城而王③②,今虽已残,亡可也;令信、越之伦列为彻侯而居③③,虽至今存,可也。然则天下之大计可知已。欲诸王之皆忠附,则莫若令如长沙王;欲臣子之勿菹醢③④,则莫若令如樊、郦等;欲天下之治安,莫若众建诸侯而少其力。力少则易使以义,国小则亡邪心。令海内之势如身之使臂,臂之使指,莫不制从;诸侯之君不敢有异心,辐凑并进而归命天子;虽在细民,且知其安,故天下咸知陛下之明。割地定制,令齐、赵、楚各为若干国,使悼惠王、幽王、元王之子孙毕以次各受祖之分地,地尽而止,及燕、梁他国皆然。其分地众而子孙少者,建以为国,空而置之,须其子孙生者,举使君之。诸侯之地,其削颇入汉者,为徙其侯国及封其子孙也,所以数偿之。一寸之地,一人之众,天子亡所利焉,诚以定治而已,故天下咸知陛下之廉。地制一定,宗室子孙莫虑不王,下无倍畔之心③⑤,上无诛伐之志,故天下咸知陛下之仁。法立而不犯,令行而不逆,贯高、利幾之谋不生③⑥,柴奇、开章之计不萌③⑦,细民乡善,大臣致顺,故天下咸知陛下之义。卧赤子天下之上而安③⑧,植遗腹,朝委裘③⑨,而天下不乱,当时大治,后世诵圣。一动而五业附,陛下谁惮而久不为此?

　　天下之势方病大瘇④⓪。一胫之大几如要④①,一指之大几如股,平居不可屈信,一二指搐④②,身虑无聊④③。失今不治,必为锢疾,后虽有扁鹊,不能为已。病非徒瘇也,又苦跖盭④④。元王之子,帝之从弟也;今之王者,从弟之子也。惠王之子,亲兄子也;今之王者,兄子之子也。亲者或亡分地以安天下,疏者或制大权以逼天子。臣故曰非徒病瘇也,又苦跖盭。可痛哭者,此病是也。

①亲弟:指汉文帝弟淮南厉王刘长。淮南国都寿春(今安徽寿春县),地在长安东,故曰"谋为东帝"。　　②亲兄之子:指汉文帝兄刘肥之子济北王刘兴居。　乡:通"向"。　　③吴:指汉高祖侄子吴王刘濞(bì)。　　④傅:指朝廷为年幼诸侯

设的太傅、少傅。　相:朝廷派到诸侯国的最高行政长官。　⑤冠:成年。古时男子二十岁行冠礼。　⑥爨(wèi):暴晒。　⑦抗刭(jǐng):杀头。　⑧曩(nǎng):从前。　⑨淮阴侯:韩信。汉初封为楚王,后贬为淮阴侯。　楚:在今江苏境内。　⑩黥(qíng)布:即英布,汉初封为淮南王。　淮南:在今安徽境内。　⑪彭越:汉初封为梁王。　梁:在今河南境内。　⑫张敖:刘邦女婿,袭父张耳位为赵王。　赵:在今河北境内。　⑬贯高:张敖的相。　⑭卢绾(wǎn):汉初封为燕王。　燕:在今河南延津东北。　⑮陈豨(xī):汉初封为阳夏侯,统帅赵、代两地军队。高祖十二年自立为代王。　代:在今河北境内。　⑯仄室:指非正妻所生之子。　豫:通"预",事先。　席:凭借。　⑰中涓:皇帝近侍官员。　⑱厪:通"仅"。　舍人:地位次于中涓的近侍官员。　⑲悼惠王:齐悼惠王,高祖长子刘肥。　⑳元王:楚元王,高祖弟刘交。　㉑中子:赵隐王,高祖第三子刘如意。　㉒幽王:赵幽王,高祖子刘友。原为淮阳王,后徙赵。　㉓共(gōng)王:赵共王,高祖子刘恢。原为梁王,后徙赵。　㉔灵王:燕灵王,高祖子刘建。　㉕皋(zuì):通"罪"。　㉖圜视:瞪眼怒视。圜,通"圆"。　㉗冯敬:御史大夫。曾揭发淮南王谋反而被刺杀。　㉘理:肌肉纹理。解:关节缝隙。　㉙髋(kuān):胯骨。　髀(bì):大腿骨。　㉚婴:蹂,触动。　㉛长沙:指长沙王吴芮。　㉜樊:樊哙,汉初封舞阳侯,后升左丞相。　郦:郦商,封曲周侯,后升右丞相。　绛:指周勃,封绛侯,文帝时为右丞相。　灌:指颍阴侯灌婴,官至太尉、丞相。这四人在封地内只收租税而无行政权。　㉝彻侯:是秦汉二十级爵位的最高一级,又称通侯、列侯。　㉞菹(zǔ)醢(hǎi):古代一种把人剁成肉酱的酷刑。　㉟倍畔:通"背叛"。　㊱利几:原项羽的大将。汉初封颍川侯,后叛逆被杀。　㊲柴奇、开章:二人均为淮南王谋士。　㊳赤子:幼儿。这里指年幼的皇帝。　㊴朝委裘:朝见已故皇帝的衣裘。委,放置。　㊵瘇(zhǒng):脚肿病。　㊶要:通"腰"。　㊷搐(chù):抽动。　㊸无聊:无所依靠,难以支撑。　㊹蹠(zhí):脚掌。　盭(lì):扭折。

【译　文】

　　如果建立的诸侯国强固,那么一定造成皇帝与诸侯互相怀疑的趋势。臣下屡次被君上怀疑,就会受讨伐而遭祸殃;君上屡次被臣下怀疑,就要发愁而感伤;这是很不能使君上安定而让臣下保全的势态。如今有的亲弟弟阴谋当东方的皇帝,亲哥哥的儿子向西发动攻击,现在吴

220

国又被告发了。天子年岁正是兴盛阶段,施行正义,不曾有过失,道德恩泽播撒他们身上,尚且发展到这样,何况最大的诸侯,权力将大于这类诸侯十倍的呢!但是如今天下暂时安定,这是为什么?因为诸侯大国的国王年幼体弱,还没有壮大,汉朝委任的王国师傅、丞相们正掌握着王国政事。过了几年以后,如今诸侯中的国王大都加冠成人,血气方刚,就要让汉朝委任的师傅、丞相们称病辞官,那些国王就要从丞、尉以上普遍安插自己的人手,如果这样,他们与谋反的淮南王、济北王的行为有什么不同呢?到这种时候再想要求治理安定,虽然圣明如唐尧、虞舜也是治理不了的。

黄帝说:"太阳正当中午一定要晒,手里拿着刀一定要割。"如今要使形势顺利发展而全下安上,很是容易;如果不肯及早行动,过了这个时机,就会毁了骨肉之亲而使人头落地了,这难道跟秦朝末代的情形有什么不同吗?凭借天子的地位,利用当今的时机,靠着上天的帮助,尚且不愿意将危险改作安全,把混乱变为治理,假使陛下处在齐桓公当年的地位,恐怕就不肯集合诸侯而纠正天下的混乱了吧?臣下我又知道陛下是一定不会行动的了。假使当今天下就像从前高祖的时候,淮阴侯在楚国为诸侯王,黥布在淮南为王,彭越在梁国为王,韩信在韩国为王,张敖在赵国为王,贯高做赵国丞相,卢绾在燕国为王,陈豨在代郡,假使这六、七位王公身体健康无恙,当着这样的时势而陛下登上天子之位,自己能觉得安全吗?臣下我有理由知道陛下是不能觉得安全的。天下混乱,高皇帝与这几位王公们一同起事,并非有亲族的权势预先用来安排他们的位置。这些王公中的幸运者当上了中涓官职,其次的只不过得个舍人职位,他们的才能不及高皇帝,相差是极远的。高皇帝以他的明智圣睿、威严雄武登上天子之位,把肥沃富饶的土地割让出来封这几位为王,多的有一百多个城邑,少的就有三、四十县,德泽极其优厚了吧?然而在此后七年当中,反叛的就有九起。陛下您与当今王公们,不是亲自较量才能而使他们为臣的,又不是您亲自封他们为王的,即使高皇帝都不能得到一年的安定,所以臣下我知道陛下也是不能以为安定的。

然而还有可以推托的理由，叫作亲属关系疏远。臣下我请求容许试着说说亲属关系亲近的情况。假使让悼惠王在齐国为诸侯王，元王在楚国为王，高皇帝的儿子如意在赵国为王，幽王在淮阳为王，共王在梁国为王，灵王在燕国为王，厉王在淮南为王，这六、七位贵人都健康无恙，当着这样的时候，陛下登上皇帝之位，能够做到天下太平吗？臣下我又知道陛下不能感到太平。像这些位国王，虽然名义上是臣子，其实都怀有与天子的关系就像老百姓中的兄弟关系一样的心思，他们没有不想在王国实行皇帝体制而自己做皇帝的。他们擅自封人爵位，赦免死罪，甚至有的乘坐皇帝享用的黄屋车，汉朝法令在他们王国并不实行。有的虽然实行，但是行为不合法令就像厉王那样，现在如此不肯听从法令，一旦要召见他们，怎么会来呢！幸而被召来了，法令怎么能够施加给他们！如果依法处置了一个亲戚，天下贵族都会圆瞪着眼吃惊起来。陛下的臣子中虽然有冯敬这样勇敢的，但是他刚刚要开口，匕首已经捅进他胸膛了。陛下虽然贤明，但是有谁与您一起治理这种非法行为呢？所以疏远的亲属一定危险，亲近的亲属一定作乱，这已经是事实。那些异姓王自负强大而动乱的，汉朝已经侥幸战胜他们了，却又不改变造成他们恃强动乱的根源。同姓王沿袭这样的道路而动乱起来，已经有征兆了，形势似乎又会重演。祸殃的产生变化，还不知道它转移到何处，圣明的皇帝处在这样的形势中尚且不能觉得安定，后代又将怎么办！

　　宰牛的坦，一个早晨可以宰割十二头牛，而他的刀刃却不钝的原因，是他用屠刀捅入、剥开、切割，都是顺着肌肉纹理来的。至于髋骨、股骨这样的地方，不是改用小斧，就是换了大斧。仁爱信义，恩惠原道，是君主手中的锋利刀刃；权柄势力，法令制度，是君主的大小斧头。如今的诸侯王都是一些髋骨、股骨，放开大小斧头，而要用锋利刀刃去碰，臣下我以为其结果不是锋刃缺口，就是屠刀折断。为什么不用仁义的锋刃来处置淮南王、济北王呢？因为事势不容许这样处置。

　　臣下我考察从前事势发展的轨迹，大多是强大的诸侯王先反叛。淮阴侯在楚国为王，最强，就最先反叛；韩王信靠近胡人地区，也反；贯高利用赵国资助，也反；陈豨武器精良，也反；彭越因为在梁国，也反；黥布因为在淮南，也反；卢绾最弱小，就最后反叛。长沙国只有二万五千户，功劳少却最完好，关系远却最忠心，这不仅是各人性格不同，也是形势使然。如果从前让樊哙、郦商、绛侯、灌婴割据几十个城邑而封为王，到今天虽然已经破残，但是可以让他们灭亡；让韩信、彭越之辈封为通侯，虽然到今天还存在，也可以让他们存在。像这样，则天下的大计可以知道了。如果要诸侯王们都忠心依附汉朝，那么不如让他们都像长沙王；要臣子们不遭杀戮成肉酱的下场，那么不如让他们像樊哙、郦商那样；要天下治理安定，就不如更多地建立诸侯而削弱他们的力量。力量弱小了，就容易用信义指挥他们；国小了，就没有歪邪的念头。使得海内的形势像身体指使手臂，手臂指使手指，没有不能控制服从的；诸侯国的君主不敢有不同的心思，像辐条凑集向轮毂一样而归从于天子使命；虽然是小民，也知道这样安定，所以天下人民都知道陛下的贤明。分割土地，确定制度，使齐国、赵国、楚国各分为若干小国，使悼惠王、幽王、元王的子孙全部按照世代次序各自接受祖上的领地，把领地分完为止，至于燕国、梁国等其他诸侯国都这样办理。那些领地多而子孙少的诸侯国，也建成若干小诸侯国，让它们空着，等他们的子孙生了孩子，举来做这空缺的君主。诸侯国的土地，其中有的因犯罪削减没收入汉朝的，在替他们迁移诸侯国以及封他们的子孙的时候，按照原建国所有土地数量全部偿还。他们的一寸土地，一个民众，天子都丝毫不沾边，这确实是为了安定治理罢了，所以天下人民都知道陛下的廉洁。封地制度一经确定，宗室子孙没有一个忧虑自己当不上诸侯国的统治者，臣下没有背叛的念头，君上没有诛伐的意思，所以天下人民都知道陛下的仁爱。法制确立而不触犯，法令施行而不违反，贯高、利幾之类阴谋不发生，柴奇、开章之流反策不萌芽，小民向善，大臣顺从，所以天下人民都知道陛下的信义。幼主当政而天下依然安定；立遗腹子，让臣下朝拜先帝的裘衣，而天下不会动乱，当时天下太平，后代念诵先帝圣明。这一举动带来五方面业绩，陛下还担心什么而长久不作这项治安的举动呢！

天下的形势正像患了腿脚肿大的疾病，一支小腿大得几乎像腰粗，一个脚趾大得几乎像大腿，平常不能屈折伸展，一两个脚趾抽动，整个身体就没有依靠。错过了当今时机不进行治疗，一定要成为不治的顽症，将来虽然有扁鹊那样的良医，也不能治了。毛病不只有腿脚肿大，又苦于脚掌扭歪不能行走。元王的儿子是皇帝的堂弟，如今在位的元王是皇帝堂弟的儿子。惠王的儿子是皇帝亲兄的儿子，如今在位的惠王是皇帝亲兄的儿子的儿子。有的亲近的皇族没有领地来使天下安定，有的疏远的皇族却控制大权来逼迫天子。臣下我所以说这不是只患了腿脚肿大的疾病，又苦于脚掌扭歪不能行走。令人痛哭的，就是这个病。

倪其心译

晁错（前200—前154），颍川（今河南禹州）人，汉文帝时任太常掌故，太子家令，景帝时任御史大夫。他是汉景帝时削藩以强皇权的主要策划者，但当各诸侯王以"诛晁错以清君侧"的口号起兵反抗削藩计划时，他便被抛了出来，斩首以缓解矛盾。他主要是一个政治家，所写的文章主要是政论，同时他也是一个经学专家，所以所作论文都有一种经术意味，这样就使得他的文风不那么华丽、不那么潇洒、不那么飘逸，而多一些犀利、深刻、严谨和质朴。

论 贵 粟 疏

圣王在上而民不冻饥者，非能耕而食之①，织而衣之也②，为开其资财之道也。故尧、禹有九年之水，汤有七年之旱，而国无捐瘠者，以畜积多而备先具也。今海内为一，土地人民之众不避禹、汤，加以亡天灾数年之水旱，而畜积未及者，何也？地有余利，民有余力，生谷之土未尽垦，山泽之利未尽出也，游食之民未尽归农也。民贫，则奸邪生。贫生于不足，不足生于不农，不农则不地著，不地著则离乡轻家，民如鸟兽，虽有高城深池，严法重刑，犹不能禁也。

夫寒之于衣，不待轻暖；饥之于食，不待甘旨；饥寒至身，不顾廉耻。人情，一日不再食则饥，终岁不制衣则寒。夫腹饥不得食，肤寒不得衣，虽慈母不能保其子，君安能以有其民哉！明主知其然也，故务民于农桑，薄赋敛，广畜积，以实仓廪，备水旱，故民可得而有也。

民者，在上所以牧之，趋利如水走下，四方无择也。夫珠玉金银，饥不可食，寒不可衣，然而众贵之者，以上用之故也。其为物轻微易藏，在于把握，可以周海内而亡饥寒之患。此令臣轻背其主，而民易去其乡，盗贼有所劝，亡逃者得轻资也。粟米布帛，生于地，长于时，聚于力，非可一日成也。数石之重，中人弗胜，不为奸邪所利，一日弗得而饥寒至。是故明君贵五谷而贱金玉。

今农夫五口之家，其服役者不下二人，其能耕者不过百亩，百亩之收不过百石。春耕夏耘，秋获冬藏，伐薪樵，治官府，给徭役；春不得避风尘，夏不得避暑热，秋不得避阴雨，冬不得避寒冻，四时之间无日休息；又私自送往迎来，吊死问疾，养孤长幼在其中。勤苦如此，尚复被水旱之灾，急政暴虐，赋敛不时，朝令而暮改。当其有者半贾而卖③，亡者取倍称之息，于是有卖田宅、鬻子孙以偿债者矣。而商贾大者积贮倍息，小者坐列贩卖，操其奇赢④，日游都市，乘上之急，所卖必倍。故其男不耕耘，女不蚕织，衣必文采，食必粱肉，亡农夫之苦，有阡陌之得。因其富厚，交通王侯，力过吏势，以利相倾，千里游敖，冠盖相望，乘坚策肥，履丝曳缟⑤。此商人所以兼并农人，农人所以流亡者也。今法律贱商人，商人已富贵矣；尊农夫，农夫已贫贱矣。故俗之所贵，主之所贱也；吏之所卑，法之所尊也。上下相反，好恶乖迕，而欲国富法立，不可得也。

方今之务,莫若使民务农而已矣。欲民务农,在于贵粟。贵粟之道,在于使民以粟为赏罚。今募天下入粟县官,得以拜爵,得以除罪。如此,富人有爵,农民有钱,粟有所渫⑥。夫能入粟以受爵,皆有余者也。取于有余,以供上用,则贫民之赋可损,所谓损有余、补不足,令出而民利者也。顺于民心,所补者三:一曰主用足,二曰民赋少,三曰劝农功。今令民有车骑马一匹者,复卒三人。车骑者,天下武备也,故为复卒。神农之教曰:"有石城十仞⑦,汤池百步,带甲百万,而亡粟,弗能守也。"以是观之,粟者,王者大用,政之本务。令民入粟受爵至五大夫以上⑧,乃复一人耳,此其与骑马之功相去远矣。爵者,上之所擅,出于口而无穷。粟者,民之所种,生于地而不乏。夫得高爵与免罪,人之所甚欲也。使天下人入粟于边,以受爵免罪,不过三岁,塞下之粟必多矣。

①食(sì):给人吃。　②衣(yì):给人穿。　③贾:通"价",价格,价值。④奇(jī)赢:余物余利。　⑤缟(gǎo):是一种白细的丝织品。　⑥渫(xiè):分散。　⑦仞:古代以七尺或八尺为一仞。　⑧五大夫:一种爵位,纳粟四千石。

【译　文】

　　圣明的君主高居上位而老百姓却能不受冻不挨饿的原因,并不在于君主能亲自耕田来供他们饭吃,亲自织布来供他们衣穿,是因为能开发天下百姓的增产生财之道,让他们自己富足起来。因此唐尧大禹时发生过连续九年的水灾,商汤时发生过连续七年的旱灾,而国家竟没有一个人丧生饿瘦的,正是因为积蓄丰足,有备在先,才得以无患。当今海内天下一统,土地人民数量之多不减禹汤当年,加上没有发生上天连降数年水旱之灾的情况,而积蓄却不及禹汤之时,这是什么原因呢?是因为土地尚有余利,民众尚有余力,生产粮食的土地没有完全开垦,山林湖沼的资源没有全部开发出来,游荡求食的人没有完全回到务农本业。老百姓贫困,那么奸诈邪恶就会滋生。贫困产生于不富足,不富足产生于不务农,不务农就不能安居乡土,不安居乡土就会离乡背井轻易弃家,结果老百姓像鸟兽四散,即使有很高的城墙,很深的护城河,严厉的法令，很重的刑罚，也还是不能禁止他们。

受寒挨冻时对于衣着，不奢求轻暖舒适；忍饥挨饿时对于食物，不奢求甜美可口；饥寒交迫，就会不顾廉耻。人之常情，一天吃不上两顿饭就会饥饿，整年不做衣服就会寒冷。如果肚子饿了得不到食物吃，身上寒冷得不到衣服穿，即使是慈祥的母亲也不能保全他的儿子，君主又怎能在这种情况下笼络住他的人民呢！圣明的君主懂得这个道理，所以使百姓致力于种田养蚕，给他们减轻赋税，让他们增加积蓄，以便充实仓廪，防备水旱之灾，故而能得到民心而拥有人民。

老百姓如何，取决于君主用来管理引导他们的方法，他们追逐实利，就像水总是往低处流一样，是不管东西南北的。珠玉金银，饥饿时不能吃，寒冷时不能穿，然而大家都珍贵它，这是因君主重用它的缘故。这类东西轻便小巧，易于收藏，拿在手里，就可以遍行海内而无饥寒之忧。这会使臣下有可能轻易背叛他的君主，百姓有可能轻易背井离乡出走，盗贼有了竞相追逐的财宝，逃亡的人可以得到轻便易带的盘缠。粮食衣料，从地里生出，按季节成长，靠人力收获，不可能一天之内完成。几石重的粮食，连中等体力的人都不能承担，所以不为奸诈邪巧之人所贪图，但是如果一天得不到粮食就会饥寒交迫。因此圣明的君主总是视五谷为贵重，视金玉为轻贱。

当今农民五口人的一般家庭，成员为公家服役的不少于两人，所能耕种的田地不过百亩，百亩田地的收成不过百石。春天耕种，夏天锄草，秋天收获，冬天贮藏，还得采薪伐柴，修缮官府，供给杂役。春天不能避风沙，夏天不能避暑热，秋天不能避阴雨，冬天不能避寒冻，一年四季没有闲日子得以休息。其间还得忙于私家的送往迎来，吊丧探病，赡养孤老，抚育幼童。已经如此辛勤劳苦，还可能再遭到水旱之灾，紧急的征取，残暴肆虐，常例的赋税也不按时，清早刚下命令，傍晚就加以更改。农民中有粮的往往半价出卖以应急用，无粮的不得不向人借贷任其取加倍的利息。于是就有卖田宅、甚至卖子孙用来还债的。而商人之中，大的囤积放贷，成倍赚取利息；小的上市贩卖，掌握时机，获取高利。他们每日游逛都市，乘朝廷急需，出卖的粮食，价格一定加倍。因此这些人中男的不耕田种地，女的不养蚕织布，穿的一定是华丽的衣裳，吃的一定是精美的米肉，没有农民的劳苦，却有田间的收获。他们依靠自己的丰厚财富，交结王侯，势力超过官吏，因争权夺利而互相倾轧，千里之间，四处游荡，高贵衣冠，豪华车盖，相望不绝，乘坚固的车，骑肥壮的马，脚蹬丝鞋，身着绫罗。这正是商人兼并农民、农民流离失所的原因。如今法律鄙贱商人，商人却已经富贵起来，尊重农民，农民却已经变得贫贱。因此世俗所尊贵的，正是君主所鄙贱的；官吏所瞧不起的，正是法律所尊贵的。上面与下面颠倒，喜好与厌恶相背，却想使国家富足，法律有效，那是不可能的。

当今要做的事情，没有比促使老百姓从事农业更重要的了。要想使老百姓从事农业，关键在于抬高粮食的价值。抬高粮食价值的方法，在于让老百姓可以用粮食来求赏免罚。现在应该号召天下人：只要向地方官府交纳粮食，就能得到爵位，就能赎免罪行。这样，富人有爵位，农民有钱财，粮食也有分散的用场了。能通过交纳粮食来得到爵位的，都是富裕的人。向富裕的人索取粮食，以供给朝廷使用，那么贫民的赋税可减，这正是损有余而补不足，此令一出，老百姓就会得到利益的事啊！顺乎人民的意愿，得到的益处有三方面：一是君主的费用充足，二是老百姓的赋税减轻，三是农业生产受到鼓励。现在法令规定，老百姓能出一匹战马的，可以免除三人的兵役。驾战车的马，为天下通用的军事装备，所以可以替人免去兵役。神农氏有遗教说："有石头城十仞高，有充满沸水的护城河百尺宽，有带甲的士兵百万多，如果没有粮食，也是不能守得住的。"由此看来，粮食这个东西，是帝王最重要的备用物资，是国家政务最根本的致力所在。让百姓交纳粮食换取爵位，升到五大夫以上，才能免除一个人的兵役，这与那交纳战马的实效相差甚远。爵位，是居上位的君主所掌握的，可以开口无穷无尽地赏赐给人。粮食，是百姓种出来的，可以从地里不断生产出来。取得高爵与赎免罪罚，是人们非常渴望的事。如果让天下百姓向边境交纳粮食，用来换得爵位、赎免罪罚，用不到三年，边塞的粮食一定会多起来。

孙钦善译

邹阳（约前206—前129），临淄（今山东）人，汉文帝时在吴王刘濞手下，吴王要起兵反抗中央朝廷，他劝谏无效，就和枚乘等人投奔梁孝王去了，后来因故下狱，他就在狱中写了这封给梁孝王自述冤屈的信，据说梁孝王见信后大为惊喜，立即将他释放，并奉为上宾。邹阳现存的作品极少，从仅存的《上吴王书》和这篇《狱中上梁王书》来看，他善于用典，好写骈句，文采华丽，在当时是比较时髦的新潮文人，不过这篇书信虽然用典较多、骈句较多，不免有些啰唆，但衔接自然，意脉流畅，而且感情深切，正像清人李兆洛在《骈体文抄》卷十六中说的那样，"迫切之情，出以微婉，呜咽之响，流为激亮"，虽然实际上是在喊冤，却绝没有丝毫乞怜之相，反而写得"气盛语壮"（刘熙载《赋概》），似乎倒是他在狱外痛斥狱中的谗人。

狱中上梁王书

邹阳从梁孝王游①。阳为人有智略，忼慨不苟合，介于羊胜、公孙诡之间②。胜等疾阳，恶之孝王。孝王怒，下阳吏，将杀之。阳乃从狱中上书曰：

"臣闻'忠无不报，信不见疑'，臣常以为然，徒虚语耳。昔荆轲慕燕丹之义③，白虹贯日，太子畏之；卫先生为秦画长平之事④，太白食

229

昂⑤，昭王疑之。夫精变天地，而信不谕两主，岂不哀哉！今臣尽忠竭诚，毕议愿知，左右不明，卒从吏讯，为世所疑。是使荆轲、卫先生复起，而燕、秦不寤也。愿大王熟察之。

"昔玉人献宝，楚王诛之；李斯竭忠，胡亥极刑。是以箕子阳狂，接舆避世，恐遭此患也。愿大王察玉人、李斯之意，而后楚王、胡亥之听，毋使臣为箕子、接舆所笑。臣闻比干剖心，子胥鸱夷⑥，臣始不信，乃今知之。愿大王熟察，少加怜焉！

"语曰：'有白头如新，倾盖如故⑦。'何则？知与不知也。故樊於期逃秦之燕⑧，藉荆轲首以奉丹事；王奢去齐之魏⑨，临城自刭，以却齐而存魏。夫王奢、樊於期非新于齐、秦而故于燕、魏也，所以去二国死两君者，行合于志，慕义无穷也。是以苏秦不信于天下，为燕尾生⑩；白圭战亡六城，为魏取中山。何则？诚有以相知也。苏秦相燕，人恶之燕王，燕王按剑而怒，食以䮣骏⑪；白圭显于中山，人恶之于魏文侯，文侯赐以夜光之璧。何则？两主二臣，剖心析肝相信，岂移于浮辞哉！

"故女无美恶，入宫见妒；士无贤不肖，入朝见嫉。昔司马喜膑脚于宋⑫，卒相中山；范雎拉胁折齿于魏⑬，卒为应侯。此二人者，皆信必然之画，捐朋党之私，挟孤独之交，故不能自免于嫉妒之人也。是以申徒狄蹈雍之河⑭，徐衍负石入海⑮。不容于世，义不苟取比周于朝以移主上之心⑯。故百里奚乞食于道路，穆公委之以政；宁戚饭牛车下，桓公任之以国。此二人者，岂素宦于朝，借誉于左右，然后二主用之哉？感于心，合于行，坚如胶漆，昆弟不能离，岂惑于众口哉？故偏听生奸，独任成乱。昔鲁听季孙之说逐孔子，宋任子冉之计囚墨翟⑰。夫以孔、墨之辩，不能自免于谗谀，而二国以危。何则？众口铄金，积毁销骨也。秦用戎人由余而伯中国，齐用越人子臧而强威、宣。此二国岂系于俗，牵于世，系奇偏之浮辞哉？公听并观，垂明当世。故意合则胡越为兄弟，由余、子臧是矣；不合则骨肉为仇敌，朱、象、管、蔡是矣⑱。今人主诚能用齐、秦之明，后宋、鲁之听，则五伯不足侔，而三王易为也。

"是以圣王觉寤，捐子之之心⑲，而不说田常之贤⑳，封比干之后，

230

修孕妇之墓㉑,故功业覆于天下。何则?欲善无厌也。夫晋文亲其仇,强伯诸侯;齐桓用其仇,而一匡天下。何则?慈仁殷勤,诚加于心,不可以虚辞借也。至夫秦用商鞅之法,东弱韩、魏,立强天下,卒车裂之。越用大夫种之谋,禽劲吴而伯中国,遂诛其身。是以孙叔敖三去相而不悔,於陵子仲辞三公为人灌园㉒。今人主诚能去骄傲之心,怀可报之意,披心腹,见情素,堕肝胆,施德厚,终与之穷达,无爱于士,则桀之犬可使吠尧,跖之客可使刺由,何况因万乘之权,假圣王之资乎!然则荆轲湛七族㉓,要离燔妻子㉔,岂足为大王道哉!

"臣闻明月之珠,夜光之璧,以暗投人于道,众莫不按剑相眄者。何则?无因而至前也。蟠木根柢,轮囷离奇㉕,而为万乘器者,以左右先为之容也。故无因而至前,虽出随珠、和璧,只怨结而不见德。有人先游㉖,则枯木朽株,树功而不忘。今夫天下布衣穷居之士,身在贫羸,虽蒙尧、舜之术,挟伊、管之辩,怀龙逢、比干之意,而素无根柢之容,虽竭精神,欲开忠于当世之君,则人主必袭按剑相眄之迹矣。是使布衣之士不得为枯木朽株之资也。是以圣王制世御俗,独化于陶钧之上㉗,而不牵乎卑乱之语,不夺乎众多之口。故秦皇帝任中庶子蒙嘉之言以信荆轲㉘,而匕首窃发;周文王猎泾、渭,载吕尚归,以王天下。秦信左右而亡,周用乌集而王㉙。何则?以其能越牵拘之语㉚,驰域外之议,独观乎昭旷之道也。今人主沉谄谀之辞,牵帷廧之制㉛,使不羁之士与牛骥同皂㉜,此鲍焦所以愤于世也。

"臣闻盛饰入朝者不以私污义,底厉名号者不以利伤行㉝。故里名'胜母',曾子不入㉞,邑号'朝歌',墨子回车㉟。今欲使天下寥廓之士笼于威重之权,胁于位势之贵,回面污行,以事谄谀之人,而求亲近于左右,则士有伏死堀穴岩薮之中耳㊱,安有尽忠信而趋阙下者哉!"

①梁孝王:刘武,西汉文帝次子,封为梁王。　②羊胜、公孙诡:均为梁孝王门客。　③荆轲:战国末卫人。　燕丹:燕国太子丹,曾在秦国为人质,后来派荆轲去刺杀秦王。　④长平之事:秦将白起伐赵,在长平(今山西高平西北)大败赵军,为乘胜灭赵,派秦人卫先生说秦昭王增兵益粮。　⑤太白:金星。　昂

(mǎo):星宿名。古人认为昴宿在赵国分野。　⑥鸱(chī)夷:皮口袋。

⑦倾盖:指道路上两车相遇,车盖相交。　⑧樊於期:原为秦将,后逃往燕国。因为秦王用重金买他的头,他便自杀以头颅作为荆轲见秦王的礼物。　⑨王奢:原为齐国大臣,逃亡到魏。　⑩尾生:传说他是个守信的人,因与一女子约定桥下相见,女子未到而洪水涨起,于是抱柱而死。　⑪食(sì):给人吃。　骐(jué)骃(tí):良马。　⑫膑(bìn):一种刑法,砍掉膝盖骨。　⑬拉(là):折断。　⑭申徒狄:殷末人。　⑮徐衍:周末人。　⑯比周:结党。　⑰墨翟(dí):又称墨子,战国初鲁人,墨家学派的创始人。　⑱朱:丹朱,尧的儿子。因为不贤,尧传位于舜而不传给他。　象:舜后母弟,传说曾与其母谋害舜。管、蔡:是周武王的两个弟弟,封于殷地。武王死,成王继位,周公摄政,管叔、蔡叔同武庚一起叛乱。　⑲子之:子之是燕王哙的相,他曾骗取哙让位于他。⑳田常:即陈恒,春秋时齐简公的臣下,简公欣赏他,他却杀了简公。　㉑修孕妇之墓:传说殷纣王曾剖孕妇之腹以观胎儿,周武王灭殷后,就为被害者修了墓。㉒於(wū)陵:战国齐地,在今山东邹平南。　三公:周代指司马、司徒、司空。㉓湛:通"沉",灭绝。　㉔要离:春秋时吴人。吴王阖闾派他刺杀王子庆忌,他为了接近庆忌,砍断右手,烧死妻子,佯装犯罪逃走。　㉕轮囷(qūn)离奇:盘绕屈曲的样子。　㉖游:宣扬推荐。　㉗陶钧:陶工使用的转轮。　㉘中庶子:太子属官。　㉙乌集:乌鸦聚集在一起。这里指偶然相遇的人。　㉚牵拘:拳曲。这里指狭隘偏执的言论。　㉛帷廧:指妻妾宠臣。廧,同"墙"。　㉜皂:通"皂",喂牛马的槽。㉝底厉:通"砥砺",磨刀石。　㉞曾子:春秋时鲁人。据说他极为孝顺,取名"胜母"的地方不肯进去,因为这名称有违孝道。　㉟墨子:春秋时哲学家,主张"非乐"。商代曾建别都名"朝歌",墨子认为这名称不合自己的主张,回车不入。　㊱堀:通"窟"。

【译　文】

邹阳侍奉梁孝王。他为人聪明而有谋略,志向远大,不与流俗苟合,和羊胜、公孙诡同为梁孝王门客。羊胜等人嫉恨他,在孝王面前说坏话。孝王因此而恼怒,把他交给了狱吏,将要杀他。于是,邹阳从狱中上书,写道:

"臣听说过'忠诚不会不受报答,信义不会招致怀疑',臣曾经以为这话说得对,实际上远不是那回事。早先荆轲仰羡燕国太子丹的道义,而太子丹看到白虹横穿太阳，竟担心刺秦王事要败露；卫先生曾为秦国策划长平灭赵之谋，正好太白星出现在昴方，秦昭王却犹疑起来。两人的精诚感动了天地，而两位君主还不相信，岂不令人悲哀！今天臣竭尽忠诚，毫无保留地讲出我的想法，希望得到理解，而您左右之人仍不明白，还把我交有关部门审讯，使我被世人所怀疑，这就像是荆轲、卫先生再世，而燕、秦两国君主仍不觉悟啊！愿大王您仔细思考一下。

"过去有怀玉之人卞和献宝，被楚王杀掉了；李斯曾尽忠于秦国，却被秦二世胡亥处以极刑。所以殷朝的箕子要装疯，春秋时的接舆情愿逃离尘世，他们都是怕得到那样的祸患。但愿大王您能体察玉人和李斯的本意，而抛弃楚王和胡亥的那种待人态度，让臣不至于被箕子、接舆所嘲笑。臣听说过比干被殷纣王挖出心来，伍子胥自杀后被吴王夫差用皮浮子弃尸江中，臣起初还不信有这等事，现在可全懂了。但愿大王您细加审察，给我一点儿怜悯吧！

"有句老话说：'相处到老，如不相识；陌路偶遇，如老朋友。'这是怎么回事？原来说的是人与人彼此间的互相了解和不了解。所以樊於期逃离秦国到燕国，愿把脑袋交给荆轲，用来完成燕太子丹的大业；王奢离开齐国到魏国，登城自刎，以使齐军退去，保存魏国。那王奢、樊於期与齐、秦并不是新交，与燕、魏也没有什么旧谊，他们之所以离开前两个国家，又为后二位君主去死，是因为燕丹和魏君的行为合乎自己的志尚，他们仰慕道义的心情无比深厚。因此，苏秦不能取信于天下，在燕国却成为尾生一样守信的人；白圭在中山国曾打仗丧失六个城池，后来却为魏国夺取了中山。他们为什么这样做？诚然是受到信任的缘故。苏秦当了燕国丞相，有人到燕王那儿去讲他坏话，燕王听了按剑发怒，反而更优待苏秦；白圭因攻克中山而位显于魏国，有人到魏文侯面前去讲他坏话，文侯听了，反而赐给他夜光宝璧，这又是为什么？这两位国君两名臣子剖心沥胆互相信任，其关系岂能为无根据瞎说所动摇！

"女子无论美丑，一入官中就会受人嫉妒，士子也无论贤或不肖，一入朝廷就会受人嫉恨。过去司马喜在宋国被割去膝盖骨，后来到中山国当了丞相；范雎在魏被敲断肋骨打掉牙齿，后来到秦国封了应侯。这两位都是深信必定实现的筹划、舍弃营结朋党的私心、怀着孤芳自赏的态度与人打交道，所以不能避免嫉妒之人的攻讦。就为此，申徒狄自投雍水，徐衍背着石块入海，他们既不被世所容，就大义昭然，决不肯在朝廷里同流合污苟取功名，以蒙蔽君主的心。所以，百里奚在道路乞食，秦穆公却让他执政；宁戚在车下喂牛，而齐桓公任命他治国。这两人岂是因常在朝廷里当官、可以靠左右之人造声誉，然后才得到二位君主重用的呢？只要心意相通，行为相合，彼此关系就牢如胶漆，连亲兄弟也不能离间，又岂能被众人的说长道短所迷惑呢？所以偏听偏信就会产生奸邪，专用某一人就会造成混乱。过去鲁国君主偏听季孙氏而赶走了孔子，宋国君主相信了子冉的计谋而把墨子囚禁起来。以孔子、墨子二位的口才，竟无法使自己避免谗言中伤，致使两国对他们采取危害措施，这里的原因是什么？那就是众人的蜚长流短可以毁掉真金，无数诽谤堆积起来可以置人死地。所以，秦国任用西戎人由余而称霸中原，齐国任用越国人子臧而威王、宣王得以强盛。此二国的做法，岂是拘泥于俗情、牵制于世人、服从于偏执片面主张的呢！只要公正地听取意见，广泛地观察，就能建立当代的英明政治。所以彼此心意相合，则北胡和南越都可当作兄弟，由余、子臧就是这样；心意不合则骨肉同胞也可成为仇敌，丹朱、象、管叔、蔡叔这些人就是这样。今天国君若真能运用齐国和秦国的英明做法，抛弃宋国和鲁国的办法，那么不但可以超过五霸，还能与三王比肩。

"因此，圣王应自觉除掉燕国子之那样的心思，而且莫喜欢齐国田常那种贤才，要封忠臣比干的后代，修被害孕妇的墓冢，这样才能功业覆盖天下。这是什么道理呢？就是要推行善政不止。那晋文公能够亲近他的仇敌，终于称霸诸侯；齐桓公能够任用他的仇人，终于号令天下。为什么？心地仁慈，待人恳切，不是用虚言假语装出来的。至于秦国用商鞅变法，削弱东方的韩、魏等国，很快成为天下强国，然而最后却车裂处死了商鞅；越国用大夫文种的计谋，力克强大的吴国而称霸中原，结果又把文种诛杀了。因此孙叔敖三次罢相而不悔恨，於陵陈仲子拒绝三公高位而去给人浇水种菜。今天的君主要是真能去掉骄傲之心，怀

234

着有功必报之意,披露心腹,显出真情,肝胆相照,厚施恩德,对士子穷达与共,毫无保留,那么夏桀的狗可以使它冲着尧吠叫,而盗跖的刺客可以叫他去杀许由,何况现在还可以利用国君的大权、凭借圣王的资本呢!倘若这样,那荆轲不怕祸及七族,要离甘愿妻儿被烧死,这种事在大王您这儿,简直就不算什么了!

"臣听说有明月之珠、夜光之璧,如偷偷地将它们扔在路人面前,大家见了就莫不按剑互相察看对方。为什么呢?因为它们无缘无故地出现在眼前。又有弯曲的树根,模样曲折难看,可它成了国君的器玩,这又是为什么?是因为有左右之人事先将它雕琢装饰过了。所以,无故而至的东西,即令是隋侯之珠、夜光之璧,也只能使人结怨而不感恩。而只要有人推荐在先,即令是枯木朽株,也会被重视而加以利用。现在天下的布衣穷居之士,身份贫贱,他们即使学到了尧、舜般的本事,具有伊尹、管仲那样的口才,怀着龙逢、比干般的诚意,但一向没有像树根那样经过雕琢,他们虽然竭尽精神,想亮出自己的忠信,希望辅佐人君治理国家,但人君必定会如上述按剑察看对方的做法来对待他们,这就使得布衣之士不能得到枯木朽株那样的对待。所以圣王治理社会驾驭世道,只是依据上天造物的原理去做,不被卑下的言论所牵制,不为众人的七嘴八舌所转移。所以秦始皇因信任中庶子蒙嘉,就相信了荆轲的话,终于突然遭到匕首袭击;周文王在泾渭河边田猎,偶遇吕尚而将他载归朝中,结果成就了统治天下的王业。秦因信任左右而亡国,周则因偶然收罗到的人才而成就了王业,这又是什么道理?原因就在于周文王能够超越那些狭隘的言论,发扬普天下的道义,慧眼独具地看到那光明正大的治国之道。今天的人君沉溺于谄谀言辞,拘牵于帷墙之内左右幸臣的说法,使得才具高远的士人,受到与牛马同等的待遇,这就是为什么鲍焦怨于世道,不愿享受富贵之乐的原因。

"臣听说:服饰庄重进入朝廷者,切莫因私心而玷污了道义;修立自己的名声者,切莫因贪利而损害了德行。所以一个里巷名叫'胜母',曾子就不肯走进去;一个城邑名叫'朝歌',墨子就宁愿绕开它走。现在要使天下胸怀大志的士子,去受威重权力的诱惑,受高位势力的胁迫,改变面孔、玷污德行,拍那些谄谀小人的马屁,以此求得亲近于国君左右,那么,士子宁可死于山泽土窟之中,岂有人会来向君主效忠诚而跑进宫廷的!"

徐公持译

司马相如(前179—前118)字长卿,成都(今四川)人,景帝时当过武骑常侍,因病免职,和邹阳、枚乘一道当过梁孝王的宾客。汉武帝时,因辞赋为武帝赏识,召为郎,后升孝文园令。司马相如是西汉最著名的大赋作家,所作如《子虚赋》《上林赋》都是赋史上的名篇,一般说来,他的作品文字绮丽、格局阔大,气象壮丽,但这篇《上书谏猎》却写得比较质朴简练,语气委婉,情辞恳切,引征典故与谚语也恰到好处。

上 书 谏 猎

相如从上至长杨猎①。是时天子方好自击熊豕,驰逐壄兽②。相如因上疏谏曰:

"臣闻物有同类而殊能者,故力称乌获,捷言庆忌,勇期贲、育。臣之愚,窃以为人诚有之,兽亦宜然。今陛下好陵阻险,射猛兽,卒然遇逸材之兽,骇不存之地,犯属车之清尘,舆不及还辕,人不暇施巧,虽有乌获、逢蒙之技不得用,枯木朽株尽为难矣。是胡、越起于毂下③,而羌、

236

夷接轸也④,岂不殆哉!虽万全而无患,然本非天子之所宜近也。

"且夫清道而后行,中路而驰,犹时有衔橛之变⑤。况乎涉丰草,骋丘墟,前有利兽之乐,而内无存变之意,其为害也不亦难矣!夫轻万乘之重不以为安,乐出万有一危之涂以为娱⑥,臣窃为陛下不取。

"盖明者远见于未萌,而知者避危于无形,祸固多藏于隐微而发于人之所忽者也。故鄙谚曰:'家累千金,坐不垂堂⑦。'此言虽小,可以喻大。臣愿陛下留意幸察。"

①长杨:宫殿名。故址在今陕西。　②壄:同"野"。　③胡、越:古代对北方、南方少数民族的泛称。　毂(gǔ)下:车驾之下。　④羌、夷:古代对西方、东方少数民族的泛称。　轸(zhěn):车厢底框。　⑤衔:置于马口内用来勒马的铁具。　橛(jué):固定车厢底部与车轴之间的木橛。　⑥涂:通"途"。
⑦垂堂:靠近屋檐处。屋檐处瓦片容易掉下来伤人,是危险的地方。

【译　文】

司马相如曾跟随皇上到长杨一带打猎。那时天子正喜好亲自击熊射豕,驱车追逐野兽。相如为此上书规劝,说:

"臣听说,有些事物虽然同类而能力各不相同,所以同是武士,论大力必称乌获,论敏捷必提庆忌,要说勇敢则不外乎孟贲、夏育。以臣下愚陋之见,内心觉得人类固然有这种现象,野兽也应该是这样的。如今陛下喜好涉足险境,射击猛兽,万一突然遇上凶猛异常的野兽,使它在绝境之下狗急跳墙,朝着皇上随行车马扬起的尘土猛扑过来,那时候车乘来不及掉转车头,卫士顾不上施展武器,即使有乌获、逢蒙般的技艺也派不上用场,连枯树烂草一下子都成为防身的障碍了。这好比蛮荒敌寇突然出现在眼皮底下,尾随在车子后头,难道不危险吗?就算是预备周全万无一失,然而那种地方本来就不是身为天子所应该靠近的。

"说起来,纵然派人先开路而后出行,奔驰在大道之中,尚且不时可能发生诸如拉断马嚼、车钩心之类断裂而造成的事故,更何况涉足于荒林草莽之中，驰骋于丘陵山野之上，眼前只顾猎取禽兽的快乐，而内心毫无防备意外的警惕，这种场合下发生祸害恐怕是很难避免的了。不在乎天下的重任，不安于此，却喜好奔波于并不绝对安全的道路上并以此为乐，臣内心为陛下着想，觉得是不妥当的。

"大凡英明的人能在事情尚未萌发之前就早已预见，智慧的人能在危险尚未形成之时便设法避免，灾祸往往潜伏在看似细小隐蔽之处，发生于人们疏忽大意之时。所以俗话说：'家中富千金，不坐堂沿边。'此话虽然说的是小事，却可以反映大道理。臣衷心希望陛下留神注意这一点。"

詹鄞鑫译

李陵（？—前74）字少卿，陇西成纪（今甘肃秦安）人，西汉名将李广之孙，汉武帝时任骑都尉，天汉二年（前99）率兵击匈奴，被匈奴大军包围，一直战斗到只剩下十几个人时才投降，匈奴单于封他为右校王，后死于匈奴。这封信选自《文选》卷四十一，是写给出使匈奴而被困的汉朝使节苏武的，主要是想向苏武表白心迹，说明自己降敌之不得已，文笔委婉生动。但很多人都认为这并不是李陵写的，而是后人伪作，就像李陵和苏武的赠答诗一样靠不住，但似乎辨伪的证据也不是那么过硬。

答 苏 武 书

子卿足下①:

勤宣令德,策名清时②,荣问休畅③,幸甚,幸甚!

远托异国,昔人所悲,望风怀想,能不依依!昔者不遗,远辱还答,慰诲勤勤,有逾骨肉,陵虽不敏,能不慨然!

自从初降,以至今日,身之贫困,独坐愁苦。终日无睹,但见异类;韦韝毳幕④,以御风雨;膻肉酪浆,以充饥渴;举目言笑,谁与为欢?胡地玄冰,边土惨裂,但闻悲风萧条之声;凉秋九月,塞外草衰,夜不能寐,侧耳远听,胡笳互动,牧马悲鸣,吟啸成群,边声四起。晨坐听之,不觉泪下。嗟乎,子卿!陵独何心,能不悲哉!

与子别后,益复无聊,上念老母,临年被戮,妻子无辜,并为鲸鲵⑤。身负国恩,为世所悲,子归受荣,我留受辱,命也何如!身出礼义之乡,而入无知之俗,违弃君亲之恩,长为蛮夷之域,伤已!令先君之嗣,更成戎狄之族,又自悲矣!功大罪小,不蒙明察,孤负陵心区区之意。每一念至,忽然忘生。陵不难刺心以自明,刎颈以见志,顾国家于我已矣,杀身无益,适足增羞,故每攘臂忍辱,辄复苟活。左右之人,见陵如此,以为不入耳之欢,来相劝勉,异方之乐,祗令人悲,增忉怛耳⑥。

嗟乎,子卿!人之相知,贵相知心。前书仓卒未尽所怀,故复略而言之。昔先帝授陵步卒五千,出征绝域,五将失道,陵独遇战,而裹万里之粮,帅徒步之师,出天汉之外,入强胡之域,以五千之众,对十万之军,策疲乏之兵,当新羁之马。然犹斩将搴旗,追奔逐北,灭迹扫尘,斩其枭帅,使三军之士视死如归。陵也不才,希当大任,意谓此时,功难堪矣。

匈奴既败,举国兴师,更练精兵,强逾十万,单于临阵,亲自合围。客主之形,既不相如;步马之势,又甚悬绝。疲兵再战,一以当千,然犹扶乘创痛,决命争首。死伤积野,余不满百,而皆扶病,不任干戈。然陵振臂一呼，创病皆起，举刃指虏，胡马奔走；兵尽矢穷，人无尺铁，犹复徒首奋呼，争为先登。当此时也，天地为陵震怒，战士为陵饮血。单于谓陵不可复得，便欲引还，而贼臣教之，遂使复战，故陵不免耳。

昔高皇帝以三十万众，困于平城⑦。当此之时，猛将如云，谋臣如雨，然犹七日不食，仅乃得免。况当陵者，岂易为力哉？而执事者云云，苟怨陵以不死。然陵不死，罪也。子卿视陵，岂偷生之士而惜死之人哉？宁有背君亲、捐妻子，而反为利者乎？然陵不死，有所为也。故欲如前书之言，报恩于国主耳。诚以虚死不如立节，灭名不如报德也。昔范蠡不殉会稽之耻⑧，曹沫不死三败之辱⑨，卒复勾践之仇，报鲁国之羞。区区之心，窃慕此耳。何图志未立而怨已成，计未从而骨肉受刑。此陵所以仰天椎心而泣血也！

足下又云："汉与功臣不薄。"子为汉臣，安得不云尔乎！昔萧、樊囚絷，韩、彭菹醢⑩，晁错受戮，周、魏见辜；其余佐命立功之士，贾谊、亚夫之徒，皆信命世之才，抱将相之具，而受小人之谗，并受祸败之辱，卒使怀才受谤，能不得展，彼二子之遐举，谁不为之痛心哉！陵先将军，功略盖天地，义勇冠三军，徒失贵臣之意，到身绝域之表。此功臣义士所以负戟而长叹者也！何谓"不薄"哉？

且足下昔以单车之使，适万乘之虏，遭时不遇，至于伏剑不顾，流离辛苦，几死朔北之野。丁年奉使，皓首而归，老母终堂，生妻去帷，此天下所希闻，古今所未有也。蛮貊之人尚犹嘉子之节⑪，况为天下之主乎？陵谓足下当享茅土之荐⑫，受千乘之赏，闻子之归，赐不过二百万，位不过典属国⑬，无尺土之封，加子之勤；而妒功害能之臣尽为万户侯，亲戚贪佞之类悉为廊庙宰。子尚如此，陵复何望哉？

且汉厚诛陵以不死，薄赏子以守节，欲使远听之臣望风驰命，此实难矣，所以每顾而不悔者也。陵虽孤恩，汉亦负德。昔人有言："虽忠不烈，视死如归。"陵诚能安，而主岂复能眷眷乎？男儿生以不成名，死则葬蛮夷中，谁复能屈身稽颡⑭，还向北阙⑮，使刀笔之吏弄其文墨耶！愿足下勿复望陵。

嗟乎，子卿！夫复何言？相去万里，人绝路殊，生为别世之人，死为

240

异域之鬼，长与足下，生死辞矣。幸谢故人，勉事圣君。足下胤子无恙⑯，勿以为念。努力自爱。时因北风，复惠德音。李陵顿首。

①子卿：苏武字子卿。　②策名：名字写在官府的简策上。　③荣问：美好的名声。问，通"闻"，声誉。　④韦鞴（gōu）：皮制臂套。　毳（cuì）幕：毡帐。　⑤鲸鲵：鲸鱼。雄曰鲸，雌曰鲵。这里指被杀戮之身。　⑥刌（dāo）怛（dá）：忧伤。　⑦平城：治所在今山西大同东北古城。　⑧会稽之耻：指春秋时吴王夫差攻入越国，越王勾践退守会稽，用范蠡计与吴暂时讲和事。　⑨三败之辱：指春秋时鲁国大将曹沫与齐国交战，屡战屡败，割地求和之辱。　⑩菹（zū）醢（hǎi）：把人剁成肉酱的酷刑。　⑪蛮貊（mò）：对四边少数民族的称呼。⑫茅土之荐：受到分封土地的奖励。古代皇帝的祭坛用五色土建成。分封诸侯时，把诸侯所在方位的泥土用茅草包了送给受封之人，作为分得土地的象征。⑬典属国：掌少数民族事务的官。　⑭稽（qǐ）颡（sǎng）：屈膝下拜，以额触地行礼。　⑮北阙：宫殿北面的门楼，是臣子朝见上书的地方。　⑯胤（yìn）子：儿子。指苏武与一匈奴女生下的儿子。

【译　文】

子卿足下：

您努力发扬美德，封爵于政治清明的时代，荣誉传扬四方，真是非常幸运，非常幸运！

远离故土寄身异国，古人曾为此悲伤。遥思风采心中怀念，哪能不依依惜别！过去承蒙不弃，万里之外屈身给我回信，诚恳地安慰和教诲，情意超过了亲骨肉，我虽然愚昧，哪能不感慨非常！

自从我降归匈奴，直到现在，处境窘困，常常独坐而发愁苦闷。一天到晚见到的都是异族人，别的什么也看不到；抵御风雨用的是皮臂套毡幕帐，充饥解渴吃的是膻羊肉酸酪乳；举目无亲，跟谁一起谈笑欢乐呢？匈奴之地冷森森冰封雪积，塞外之土阴惨惨冻裂成块，只听到悲风萧瑟的声音。凄凉的秋九月，塞外野草枯萎零落，夜间更是难以入眠。侧耳细听，远处的胡笳声此起彼伏，牧马一声声悲哀地嘶叫，边地的各种声音交织在一起，不断地从四方传来。清晨起来坐着，听到这些声音,禁不住流下泪水。唉!子卿啊,我难道有什么特别的心肠,能不感到悲哀吗?

自从跟您分手后,益发觉得无聊。上念老母,临近年终而遭受杀戮;妻子儿女并无罪过,却一同死于非命;我个人有负国家的恩义,也被世人耻笑。您回到祖国接受荣耀,我留在这里蒙受耻辱,命运是怎样安排的啊!我出身于礼义之邦,却加入未开化的民族中生活,背离君长抛弃亲人,长久地处在蛮夷的地域,真是忧伤啊!让祖先的后嗣,变成戎狄的家族,又为自己感到悲哀!功大过小,得不到明察,辜负了我的一片苦心。每想到此,就一下子不想活了。我不难做到自刺胸膛来表明自己,自割脖颈来显示内心,只不过国家对我已经恩断义绝,自杀不仅对自己没有好处,反而更增加了羞耻,因此每当不想活时又勉励自己要忍受耻辱,以致总是又苟且地活了下来。身边的人见到我这个样子,便制造一些其实令我难以接受的欢乐场面来安慰我。异国的欢乐,只能更让人悲伤,增加忧愁而已。

可叹哪,子卿!人与人的相互了解,贵在了解内心。前次仓促去信,心里的话言犹未尽,因此这里再稍微作一些补充。过去先帝授予我步兵五千,出征到遥远的地方,其他五名将领都走错了路,惟独我所率领的军队遇上敌人发生战斗。当时我军万里携粮,徒步行师,远出大汉国边境之外,深入强劲匈奴的地域,以区区五千人众,对当十万敌军,指挥疲乏的战士,抗御新出营的轻骑。尽管如此,战士们仍然斩将夺旗,追逐逃亡的敌人,就像掩埋脚迹扫除尘灰一样地斩杀猛将。使得我三军将士视死如归。我没有什么才干,也难得承当重任,心想这时的功劳,实在是寻常难以胜任的了。

匈奴战败之后,举国征兵出动,重新挑选精兵,其强劲之势超出十万人。单于王亲临战阵,指挥包围我军。敌我双方的力量既不相当,步兵与骑兵的形势对比更是悬殊,我军将士本已疲惫,还得以一个对付千个再次应战。尽管如此,战士们仍然忍受着创伤和疼痛,豁出生命冲锋陷阵。死伤躺倒的人遍野都是,剩下的不足百人,而且都带着创伤和疾病,扛不动武器了。然而,每当我振臂一呼,身带创伤疾病的全都站立起来,举着刀剑奔向敌人,吓得敌骑四处奔逃。坚持到最后武器箭支都用尽了,战士们赤手空拳,身无盔甲,仍然高呼喊杀,争先恐后地抢登高地。那时候,天地为我震动发怒,战士为我吞饮热血。单于认为不可能再捉住我了,便打算退兵回师。没料到出现叛徒贼臣把军情报告给单于,终于使他们又一次发动攻击,因此我才不幸被俘。

过去高皇帝凭着三十万军队还被围困在平城。那个时候,手下的猛将谋臣多如云雨,尚且七天得不到食物,仅能免于被歼灭,何况像我这样的情况,难道是容易做到的吗?可是皇上身边执事者的那些议论,只是一味地埋怨我不为国而死。当然,我没有为国而死,这是罪过。子卿您看我这个人,难道是那种贪生怕死的人吗?是那种宁可背弃君主和亲人,丢下妻子儿女,反而认为对自己有利的人吗?我所以不死,自有我的安排,本来就打算像前次信中所说的,要对国君报答恩义罢了;实在是认为无谓地死去还不如有所建树,毁灭自己还不如以实际行动来报答恩德。昔年范蠡不为会稽的国耻殉难,曹沫不为屡次战败的耻辱去死,最终为勾践报了仇,为鲁国雪了恨。我的小小愿望不过是暗自钦佩仿效他们的榜样而已。没想到志愿未曾实现却已结成怨恨,计划没得到实施而亲人骨肉却受到刑杀。这是最令我仰望苍天捶胸痛恨而流下血泪的事啊!

足下还说:"汉朝对待功臣不薄。"您身为汉朝臣子,哪能不这样说呢!过去萧和、樊哙被逮捕拘囚,韩信、彭越被剁成肉酱,晁错遭到杀戮,周勃、魏其侯蒙受罪过;其他一些辅佐天子建立功勋的人士,像贾谊、周亚夫这帮人,都确实是成就大事的人才,怀抱将相的本事,却遭到小人的谗言,全都蒙受灾祸和毁灭的耻辱,终于落得身怀才干而受到诽谤、能力得不到施展的结局。那几位的下场,谁能不为他们感到痛心呢!我的先祖父身为将军,功勋谋略压倒天下,忠义英勇居三军之首,只因为没有迎合贵臣的心意,结果自杀于边远的疆外。这是令功臣义士身负戈戟于疆场而长久叹息的事啊!什么叫"不薄"呢?

再说,足下过去只凭单车使者的身份出使胡虏大国,不幸遭受变故挫折,以至于不顾一切拔剑自杀;又经颠沛流离,千辛万苦,几乎死于大北方的荒野上；壮年奉命出使，到白头才回归祖国；老母去世，妻子改嫁。这是天下罕见的奇闻，古今未有的壮举。蛮夷之人尚且褒奖您的节操，何况身为天下之主的皇上呢？依我看足下应享有封土为侯的晋升，接受千乘车马的赏赐；可是听说您回国之后，赏赐不过二百万钱，职位不过是典属国，没有一尺土地的封赏来嘉奖您的辛劳。而那帮妨碍国事陷害贤能的佞臣却一个个成为拥有万户属民的诸侯，皇亲国戚贪婪谄媚之流全都成为左右朝政的高官。对您尚且如此不公，我还能有什么指望呢？

再说汉朝以残酷的诛杀惩治我没有死的罪过，以微薄的待遇赏赐您守节的功勋，而希望在远方听命的臣属闻风奔走为国效劳，这实在是难以做到的。这就是我之所以每当回顾往事而并不后悔的缘故。我虽然背弃了汉朝的恩义，汉朝也辜负了我的功德。古人有句话说："虽然忠诚并不壮烈，也能做到视死如归。"我固然能安心地去死，可皇上难道还能再怀念我吗？男子汉活着不能成就名节，死后还得葬身在蛮夷的土地上，谁还能屈身折腰、叩头请罪再回到朝廷，让刀笔吏玩弄笔墨来处置我呢？请足下不要再指望我回去了。

哎，子卿，还有什么话可说呢？咱俩相隔万里，人不往来路不相通，我活着是另一世界的人，死后是异国他域之鬼，永远与足下生离死别了！希望向老朋友们转达我的心意，努力事奉圣王君主。足下的亲生儿子在这里挺好的，请勿挂念。多加保重，珍惜身体。望不时能借着北风，传来您的声音教诲。李陵顿首拜上。

詹鄞鑫译

路温舒（生卒年不详）字长君，钜鹿（今河北）人，狱吏出身，汉宣帝时当到临淮太守。这篇《尚德缓刑书》选自《汉书》，读上去有些迂腐但不失忠厚，让人觉得作者不像是一个手持水火棍的狱吏出身的人,倒像是一个饱读四书五经的老儒出身的呆官。

尚德缓刑书

昭帝崩,昌邑王贺废,宣帝初即位①,路温舒上书,言宜尚德缓刑。其辞曰:

"臣闻齐有无知之祸,而桓公以兴②;晋有骊姬之难,而文公用伯③。近世赵王不终,诸吕作乱,而孝文为太宗④。由是观之,祸乱之作,将以开圣人也。故桓、文扶微兴坏,尊文、武之业,泽加百姓,功润诸侯,虽不及三王,天下归仁焉。文帝永思至德,以承天心,崇仁义,省刑罚,通关梁,一远近,敬贤如大宾,爱民如赤子,内恕情之所安,而施之于海内,是以囹圄空虚,天下太平。夫继变化之后,必有异旧之恩,此贤圣所以昭天命也。往者,昭帝即世而无嗣,大臣忧戚,焦心合谋,皆以昌邑尊亲,援而立之。然天不授命,淫乱其心,遂以自亡。深察祸变之故,乃皇天之所以开至圣也。故大将军受命武帝,股肱汉国,披肝胆,决大计,黜亡义,立有德,辅天而行,然后宗庙以安,天下咸宁。

"臣闻《春秋》正即位⑤,大一统而慎始也。陛下初登至尊,与天合符,宜改前世之失,正始受命之统,涤烦文,除民疾,存亡继绝,以应天意。

"臣闻秦有十失,其一尚存,治狱之吏是也。秦之时,羞文学,好武勇,贱仁义之士,贵治狱之吏,正言者谓之诽谤,遏过者谓之妖言,故盛服先生不用于世,忠良切言皆郁于胸,誉谀之声日满于耳,虚美熏心,实祸蔽塞。此乃秦之所以亡天下也。方今天下赖陛下恩厚,亡金革之危、

245

饥寒之患，父子夫妻勠力安家，然太平未洽者，狱乱之也。夫狱者，天下之大命也，死者不可复生，繈者不可复属⑥。《书》曰：'与其杀不辜，宁失不经。'今治狱吏则不然，上下相驱，以刻为明，深者获公名，平者多后患。故治狱之吏皆欲人死，非憎人也，自安之道在人之死。是以死人之血流离于市，被刑之徒比肩而立，大辟之计岁以万数，此仁圣之所以伤也。太平之未洽，凡以此也。夫人情安则乐生，痛则思死。棰楚之下，何求而不得？故因人不胜痛，则饰辞以视之⑦；吏治者利其然，则指道以明之，上奏畏却，则锻练而周内之⑧。盖奏当之成，虽咎繇听之⑨，犹以为死有余辜。何则？成练者众，文致之罪明也。是以狱吏专为深刻，残贼而亡极，媮为一切⑩，不顾国患，此世之大贼也。故俗语曰：'画地为狱，议不入；刻木为吏，期不对。'此皆疾吏之风，悲痛之辞也。故天下之患，莫深于狱；败法乱正，离亲塞道，莫甚乎治狱之吏。此所谓一尚存者也。

"臣闻乌鸢之卵不毁，而后凤皇集；诽谤之罪不诛，而后良言进。故古人有言：'山薮藏疾，川泽纳污，瑾瑜匿恶，国君含诟。'唯陛下除诽谤以招切言，开天下之口，广箴谏之路，扫亡秦之失，尊文、武之德，省法制，宽刑罚，以废治狱，则太平之风可兴于世，永履和乐，与天亡极。天下幸甚！"

上善其言。

①宣帝：汉武帝曾孙刘询。昭帝死后，汉武帝孙、昌邑王刘贺即位，不久便被废黜，刘询即帝位。　②桓公：指齐桓公，齐襄公之弟。因襄公无道，流亡国外。齐人公孙无知杀襄公自立，不久被国人所杀，齐桓公遂归国即位。　③文公：指晋文公重耳。其父晋献公的宠妃骊姬想让自己生的儿子继位，就设法逼死太子，赶走了另外两个公子重耳、夷吾。重耳后来在秦国帮助下重回晋国，掌握了政权。伯：通"霸"。　④赵王：指高祖宠姬戚夫人所生子刘如意，高祖死后，被吕后毒死。　孝文：汉文帝刘恒，原为代王。汉惠帝死，太后吕雉专政，吕氏家族中许多人封王封侯，并图谋作乱。太尉周勃、丞相陈平消灭诸吕势力后，迎立刘恒为皇帝，庙号太宗。　⑤正即位：古代帝王新即位，都要改变历法，也叫改正朔。正，是一年的开始，朔，是一月的开始。　⑥繈：通"绝"，断。　⑦视：通"示"，告

诉。　　⑧周内 (nà)：网罗罪名,陷人于罪。内,通"纳"。　　⑨咎繇：又作皋陶,相传是舜时掌刑法的官。　　⑩媮 (tōu)：通"偷",苟且。

【译　文】

汉昭帝逝世后,昌邑王刘贺刚继位就被废黜,宣帝开始登上皇位。路温舒趁这个时机上书,主张崇尚德治缓解刑法。书中说:

"臣听说,齐国有公孙无知的祸乱,齐桓公才得以兴起;晋国有骊姬的作难,晋文公才得以称霸;近世赵王不得善终,吕氏家族图谋作乱,孝文帝才成为太宗。由此看来,祸乱的发生,其实是为圣人的即将出现开创了条件。所以齐桓公、晋文公扶持弱小的国家,振兴衰败的旧业,尊崇周文王、武王的业绩,恩泽施于百姓,功德惠及诸侯,即使还赶不上三代圣王,天下都能归附他们。汉文帝始终不忘极尽德政,以秉承上天的旨意,推崇仁义,减省刑罚,开放关卡桥梁,远近一视同仁;对贤臣敬如贵宾,对人民爱如赤子;按个人内心的愿望欲求,把它广施于天下百姓;因此监狱无罪犯,天下太平安宁。大凡经历政治动乱之后,必定有不同于以往的恩惠,这是圣贤君主用以显明上天所授使命的措施。往年昭帝逝世后没有继位的儿子,大臣们为此忧愁焦虑,经过共同讨论协商,一致认为昌邑王地位尊贵血统亲近,拥他入宫立为皇帝。然而上天并不授予他帝王的使命,让他内心淫乱,终于自取灭亡。深入地探究祸害事变发生的原因,实在是老天爷借此为至圣君主的出现开创条件。所以大将军霍光接受武帝的嘱托,如手足一般辅佐汉国,剖肝见胆竭诚尽忠,决定国家大计,废黜无道昏君,拥立有德明主,辅助上天行事,从此宗庙得以稳定,天下一片安宁。

"臣听说,《春秋》的精神就是拨乱反正于帝王即位之初,这表明了重视政治制度的统一和谨慎于新事业开端的思想。陛下刚刚登上天下至尊的地位,与天意完全吻合,应一改前代的偏差失误,重新端正国家纲纪,精简烦琐的法律条文,解除人民的枷锁疾苦,让灭亡的家族得到保存,断绝的祭祀得到延续,以顺应老天的旨意。

"臣听说,秦朝有十大失误,其中有一条至今还没有纠正,那就是用司法官吏来加强统治的做法。秦朝时代，贬黜儒术，推崇勇力，压抑主张仁义的人士，提拔主管刑狱的官吏，把直言不讳当作诽谤，揭发过错视为妖言。所以宽衣大冠的儒生不被任用，忠良切实的意见都淤塞于胸中，浮夸谄谀的美言充斥于两耳，虚假的美名令人陶醉，实在的危机却被掩盖。这正是秦王朝失去天下的原因啊！如今普天之下依赖陛下的深厚恩泽，既无战乱的危险，又无饥寒的忧虑，人人得以安心地治理家业，然而天下还没有完全达到太平美满，这正是司法部门扰乱社会而造成的后果。说起司法，那是涉及天下人的主宰。处死的人不可能再救活，砍断的肢体不可能再接上。所以《尚书》说：'与其错杀无罪的人，宁可失误于不按法办案的过错。'现在主持刑法的官吏却不是这样，他们上下互相催督，把苛刻当作明察，严酷者获得公正的名声，平和的反而有很多后患。因此主管刑狱的官吏都想置人于死地。这不是因为他们特别憎恨别人，而是保全自己的途径正在于置人于死地。由于这个原因，处死者的鲜血淋漓于市场，受到肉刑的人随处可见，死刑的统计数每年都以万计。这是仁主圣君感到忧伤的状况。太平还达不到完美，大概就是由于这个缘故吧！大凡人之常情，安乐则求生，痛苦就想死。在严刑拷打之下，有什么口供会得不到呢？所以，被囚禁的人不堪痛苦的折磨，就用编造的假话来招供；主持刑狱的人利用这一点，就引导囚犯，让他们明白不能不招供的道理；结案上报时担心被驳退，于是又雕琢词句设法使人陷入法网。大凡罪名一经定案，即使是皋陶来听取汇报，也会认为犯人处死也还不足以抵偿所犯的罪行。为什么呢？这是因为罗织的罪状很多，按律所定的罪名也很明白。正因为如此，司法官吏总是严酷而苛刻，无止境地残害他人，为了一时的裁决结案而不顾给国家带来的后患，这真是世上的大祸害啊！所以俗话说：'就是画地为牢狱，也千万不可进入；哪怕是木雕的狱吏，也决不能跟它对质。'这些都是疾恨法官的民谣，悲切深痛的言辞。可见天下的祸患，没有比刑狱更严峻的；败坏法律扰乱正轨，离散亲人堵塞道义，没有比法官更厉害的。这就是前文所说的至今还没有纠正的秦朝十大失误之一。

"臣听说，乌鸦老鹰的卵不被毁弃，然后才有凤凰飞来停留；诽谤

248

的罪不加惩治,然后才有人敢提忠良的意见。古人有句话说:'高山深林隐藏毒秽,江河湖泽容纳污浊,宝石美玉含匿瑕疵,国君应能忍受辱骂。'希望陛下能革除诽谤的罪名以招纳切实的言论,让天下之人都敢讲话,使批评的途径宽广通畅,扫除已经灭亡的秦朝的过失,尊崇周文王武王的德政,精简法律制度,放宽严刑峻法,乃至废止刑狱。这样的话,太平的风气就将在世上盛兴起来,人民永远走上和平安乐的道路,与苍天一样无限长久,天下人都将无比庆幸!"

皇上很满意路温舒的意见。

詹鄞鑫译

杨恽(? —前54) 字子幼,华阴(今陕西)人,丞相杨敞之子,司马迁之外孙,封过侯,当到光禄勋。据说他好揭人阴私,打小报告,所以惹翻了不少人,有人就接二连三地以其人之道还治其人之身,结果汉宣帝反把他逮捕入狱并抄出了他这封给孙会宗的信,于是定了个大逆不道的罪名腰斩于市。现在读这封《报孙会宗书》,似乎并没有多少"大逆不道"的意味,最多是心怀不满而已,有许多人都觉得这封信的笔调很像司马迁的《报任安书》,其实杨恽的胸襟要狭窄得多,虽然直言不讳、嬉笑怒骂,但也只是与其外祖在表面上仿佛相似,并没有司马迁自强不息的精神,却多了一些贵介公子的玩世不恭和满腹牢骚。

报孙会宗书

恽既失爵位家居,治产业,起室宅,以财自娱。岁余,其友人安定太守西河孙会宗①,知略士也,与恽书谏戒之,为言大臣废退,当阖门惶惧,为可怜之意,不当治产业,通宾客,有称誉。恽宰相子,少显朝廷,一朝晻昧语言见废,内怀不服,报会宗书曰:

"恽材朽行秽,文质无所底,幸赖先人余业,得备宿卫②;遭遇时变③,以获爵位,终非其任,卒与祸会。足下哀其愚蒙,赐书教督以所不及,殷勤甚厚。然窃恨足下不深惟其终始,而猥随俗之毁誉也。言鄙陋之愚心,若逆指而文过;默而息乎,恐违孔氏'各言尔志'之义,故敢略陈其愚,唯君子察焉。

"恽家方隆盛时,乘朱轮者十人④,位在列卿⑤,爵为通侯⑥,总领从官,与闻政事,曾不能以此时有所建明,以宣德化,又不能与群僚同心并力,陪辅朝廷之遗忘,已负窃位素餐之责久矣。怀禄贪势,不能自退,遭遇变故,横被口语,身幽北阙⑦,妻子满狱。当此之时,自以夷灭不足以塞责,岂意得全首领,复奉先人之丘墓乎?伏惟圣主之恩,不可胜量。君子游道,乐以忘忧;小人全躯,说以忘罪⑧。窃自私念,过已大矣,行已亏矣,长为农夫以没世矣。是故身率妻子,戮力耕桑,灌园治产,以给公上,不意当复用此为讥议也。

"夫人情所不能止者,圣人弗禁,故君父至尊亲,送其终也,有时而既。臣之得罪,已三年矣。田家作苦,岁时伏腊,烹羊炰羔⑨,斗酒自劳。家本秦也,能为秦声,妇赵女也,雅善鼓瑟,奴婢歌者数人,酒后耳热,仰天拊缶⑩,而呼乌乌。其诗曰:'田彼南山,芜秽不治,种一顷豆,落而为萁。人生行乐耳,须富贵何时!'是日也,拂衣而喜,奋襃低昂⑪,顿足起舞,诚淫荒无度,不知其不可也。恽幸有余禄,方籴贱贩贵,逐什一之利,此贾竖之事,污辱之处,恽亲行之。下流之人,众毁所归,不寒

250

而栗。虽雅知恽者,犹随风而靡,尚何称誉之有?董生不云乎:'明明求仁义⑫,常恐不能化民者,卿大夫意也;明明求财利,尚恐困乏者,庶人之事也。'故'道不同,不相为谋'。今子尚安得以卿大夫之制而责仆哉!

"夫西河魏土,文侯所兴,有段干木、田子方之遗风,漂然皆有节概,知去就之分。顷者,足下离旧土,临安定,安定山谷之间,昆戎旧壤⑬,子弟贪鄙,岂习俗之移人哉?于今乃睹子之志矣。方当盛汉之隆,愿勉旃⑭,毋多谈。"

①孙会宗:西河郡(今属内蒙古)人,为安定郡(治所高平在今宁夏固原)太守。杨恽被诛后,他也受牵连被罢官。　②宿卫:宫廷警卫官。　③遭遇时变:指揭发霍光子孙谋反而封平通侯事。　④朱轮:用丹漆涂的车毂。汉代公卿列侯及俸禄二千石以上的官员才能乘这种朱轮车。　⑤列卿:汉代中央政府主管各个官署的长官。　⑥通侯:异姓功臣封侯者称通侯,也叫列侯、彻侯。　⑦北阙:宫廷北面门楼。大臣们上书奏事或被皇帝召见,都在这里。　⑧说:通"悦"。　⑨炰(páo):裹起来烤。　⑩缶(fǒu):瓦器,秦人用作乐器。⑪袅:通"袖"。　⑫"明明"以下六句:见董仲舒《贤良对策》。明明,或写作"皇皇",皇皇即"惶惶"。　⑬昆戎:即西戎,殷周时代西部的一个部落。　⑭旃(zhān):"之焉"的合音,语气词。

【译　文】

杨恽丢了爵位住在家里,治理产业,兴建房宅,以经营家财取乐。过了一年多,他的朋友安定太守、西河人孙会宗,一位有知识谋略的士人,给杨恽写了一封信加以劝诫,说道大臣免职以后,应当关起门来惶然思过,博取同情,而不该治理产业,结交宾客,得到赞誉。杨恽是丞相之子,年轻时即在朝廷崭露头角,一时不明白说了错话,而被罢免官职,内心却不服气,他复孙会宗的信里说:

"我杨恽天生不是块好材料,操行也无所取,文与质两方面又没有什么成就,有幸托了祖上的荫庇,能够到宫廷里充当侍卫之职,正巧碰到那一次朝中变故,我因此得以封爵。不过到底不配其位,终于遇到了这次祸难。足下您可怜我愚蠢糊涂，赐给我书信，对我没办好的事给予指教，关心爱护我的心意深厚。然而，我内心却很遗憾足下您没有深入了解事情原委，而是跟着世俗舆论来褒贬我。我想对您讲出我鄙陋的心里话，却似乎是在违逆您的意思而文过饰非；把自己的想法闷在肚里，又恐怕有悖于孔夫子要弟子'各言尔志'的教诲，所以斗胆讲一下愚意，但愿君子能予以体察。

"当初我杨恽家势隆盛之际，够资格坐红漆轮子车的就有十人，我做着卿的官，封着侯的爵位，统率侍从官员，参与政治事务，可惜未能趁此时机提出好主张，以宣扬道德教化，又不能与同僚们一起努力，辅佐朝廷做些补缺拾遗的工作，因此就早有了尸位素餐的指责了。再加上留恋禄位、贪享权势，不能自己引退，于是遭到变故，被人横加诬告，我自己被关在北阙，妻儿们也都进了监狱。这时候，自己觉得即使被诛灭了，也不能完全抵消自己的责任，哪里还想到保全一条性命，再到祖先坟墓上去祭祀呢？低头想来，那圣明天子的恩德，真是无法计量。君子沉湎在道中，愉快得忘掉忧愁；小人则只要保全性命，就高兴得忘记罪过。我私下里想，自己的过失是够大了，德行已经有了亏缺，那就去当农夫以度过余生算了。所以率领着妻儿，努力耕田养蚕，浇灌菜地，治理产业，用以供给官家的赋税。想不到为此竟又遭到一些人的挑剔议论了。

"凡是从人的本性上说不能禁止的事，圣人是不会加以禁绝的。所以，君和父虽是最尊贵最亲近的，而给他们送终服丧，满了一定时间也就完毕了。从臣我得罪算起，到今天也有三年了。种田人家劳作辛苦，每逢伏天或腊月时节，要烹制些羊肉，饮酒自慰。我本是秦地人，能唱秦声，妻是赵地女子，善于弹琴，又有几个能唱的奴婢，喝了酒耳朵根发热，就拍着瓦盆仰天唱出呜呜的秦声来，唱的歌词是：'种田在南山，荒芜不去管，种下一顷豆，豆落为秸秆。人生不过行乐呵，富贵等到哪一天！'那天的情形，高兴得我撩开衣服，甩起袖子高低挥动，踏着步点子跳起了舞，确实是荒淫无度，不知道这是不可以的。杨恽我侥幸有些余财，正在搞贱买贵卖，赚个十分之一的利钱。这是小商贩们干的事，有辱于身份的活计,可我杨恽亲自去干了。我身处低下地位,成了众人的攻击对象,感到不寒而栗。即使是了解我杨恽的人,也随风倒来攻击我,哪里还会有人替我讲好话呢?董仲舒不是说过吗:'急迫地追求仁义,常担心不能教化老百姓的,那是卿大夫的想法;急迫地追求财利,常担心受穷的,那是老百姓的事情。'所以,'走不同道路的人,就不在一起商量事儿'。现在您怎么还可以用卿大夫的规矩来要求我呢?

"那西河地区旧属魏地,从魏文侯时就兴盛了,有古代贤人段干木、田子方遗留下来的风气,那里的人都凛然有气节,明白什么该干什么不该干的界线。近来,您离开这一块旧土,去到安定,安定位于山谷之间,过去是昆戎族的地界,那里的人性情贪鄙,难道是被昆戎习俗影响所致吗?现在我可看清您的志尚了。当今正值大汉隆盛之时,愿您努力,兹不多谈。"

徐公持译

《后汉书》是南朝刘宋时范晔所撰的一部纪传体史书,记载东汉一代近二百年的历史。范晔(398—445)字蔚宗,顺阳(今河南)人,东晋末当过彭城王刘义康的参军,刘宋王朝时当过尚书吏部郎、宣城太守,后因参与立刘义康为帝的阴谋而被杀。他是个多才多艺的文人,对自己的文笔极为自负,《后汉书》纪传的文字也确实很精彩,既流畅清新,又富于韵律美感。但下面从《后汉书》中所选的两篇,一是汉光武帝慰劳耿弇的发言,一是东汉伏波将军马援给侄子的书信,似乎不能算是他的作品,最多是经过他的润色加工。

光武帝临淄劳耿弇

　　车驾至临淄①，自劳军，群臣大会。帝谓弇曰②："昔韩信破历下以开基③，今将军攻祝阿以发迹④，此皆齐之西界，功足相方。而韩信袭击已降，将军独拔勍敌⑤，其功乃难于信也。又田横烹郦生，及田横降，高帝诏卫尉不听为仇⑥。张步前亦杀伏隆，若步来归命，吾当诏大司徒释其怨⑦，又事尤相类也。将军前在南阳建此大策⑧，常以为落落难合，有志者事竟成也！"

　　①车驾：代指皇帝，这里指光武帝刘秀。　临淄：在今山东淄博。　　②弇 (yǎn)：耿弇，字伯昭。曾随刘秀起兵，后拜建威大将军，封好畤侯。　　③历下：今山东济南。　　④祝阿：在今山东历城西南。　　⑤勍 (qíng)：强。　　⑥卫尉：西汉时掌宫门警卫，统领宫廷屯卫兵的官。这里指郦生 (郦食其) 的弟弟郦商。　　⑦大司徒：相当于汉初的丞相。这里指伏湛，其子伏隆被张步所杀。　　⑧南阳：郡名，治所宛县在今河南南阳。

【译　文】

　　光武帝来到临淄，亲自慰劳军队，群臣隆重地集会。光武帝对耿弇说："从前韩信因攻破历下而开创基业，现在将军因攻取祝阿而立身扬名。历下和祝阿都是齐国的西界，你和韩信的功绩也足以相比。但是韩信袭击的是已经投降的敌人，而将军却独力战胜了强大的对手。这功绩的取得，确实比韩信要难。再说田横烹杀了郦生，等到田横投降，汉高帝下诏告诫卫尉郦商，不许他与田横结仇。张步从前也杀过伏隆，如果张步前来归降，我也要下诏给大司徒伏湛，要他消除仇怨。这事又更加相像了。将军早在南阳时，就提出了这项重要的计策，我原以为不

254

切合实际而难以实现，如今看来，真是有志者事竟成啊！"

俞绍初译

马援诫兄子严敦书

援兄子严、敦并喜讥议①，而通轻侠客。援前在交趾②，还书诫之曰：

"吾欲汝曹闻人过失如闻父母之名，耳可得闻，口不可得言也。好议论人长短，妄是非正法，此吾所大恶也，宁死不愿闻子孙有此行也。汝曹知吾恶之甚矣，所以复言者，施衿结缡③，申父母之戒，欲使汝曹不忘之耳。

"龙伯高敦厚周慎，口无择言，谦约节俭，廉公有威，吾爱之重之，愿汝曹效之。杜季良豪侠好义，忧人之忧，乐人之乐，清浊无所失，父丧致客，数郡毕至。吾爱之重之，不愿汝曹效也。效伯高不得，犹为谨敕之士，所谓刻鹄不成尚类鹜者也④。效季良不得，陷为天下轻薄子，所谓画虎不成反类狗者也。讫今季良尚未可知⑤，郡将下车辄切齿，州郡以为言，吾常为寒心，是以不愿子孙效也。"

①援：马援，东汉初扶风茂陵（今陕西兴平东北）人，字文渊。新莽末，为新城大尹，后跟随刘秀，任伏波将军。 ②交趾：郡名，治所在今越南河内西北。趾，又作"阯"。 ③衿（jīn）：佩带。 缡（lí）：佩巾。 ④鹄（hú）：天鹅。 鹜（wù）：家鸭。 ⑤讫：通"迄"，到，至。

【译 文】

马援的侄儿马严、马敦都好讥笑和议论人事，而且结交那些轻浮的侠客。马援以前在交趾时，写信回来告诫他们说：

"我希望你们听到别人的过失，就像听到父母的名字一样，只可耳

255

朵听，不可口中说。好议论别人的长短，任意褒贬国家的政治法制，这是我最厌恶的。我宁可死，也不愿听到自己的子孙有这种行为。你们知道我对这种行为厌恶极了，之所以再向你们提起，正好像女儿出嫁时，父母亲手给她结上带子，系上佩巾，并且再三叮嘱她到夫家不可出差错那样，想教你们牢牢记住罢了。

"龙伯高为人朴实厚道，办事周密谨慎，口无恶言，谦逊而又节俭，廉洁奉公而又有威严。我喜爱他，尊重他，希望你们学习他。杜季良为人豪放任侠，很重义气，忧愁别人所忧愁的，喜欢别人所喜欢的，人不论贵贱贤愚，他都善于相处而不失礼数，父亲出丧时邀请宾客，几郡的人都赶来了。我喜爱他，尊重他，却不希望你们学习他。学龙伯高不成，还可以做一个谨慎严肃的人，也就是所谓'刻鹄不成尚类鹜'；学杜季良不成，就会堕落成世上的轻薄子弟，那正是所谓'画虎不成反类狗'了。到今天杜季良究竟如何还不可知，郡守一上任便对他表示切齿痛恨，州郡官员把这情况告诉过我，我常替他寒心，所以不希望我的子孙学习他。"

俞绍初译

诸葛亮 (181—234) 字孔明，琅琊阳都 (今山东沂南) 人。青年时随叔父逃避战乱隐居于南阳隆中 (今湖北襄阳西)，由于刘备多次盛情邀请，便加入刘备阵营成了主要谋臣，并为刘备建立蜀汉，形成魏、吴、蜀三国鼎立格局立下大功。蜀汉建立后当丞相，刘备死后，他辅佐刘禅，一面采取以攻为守的方法北抗曹魏，一面采取和解的手段东连孙吴，使蜀汉一直保持了较好的生存环境。下面这两篇《出师表》是他在建兴五年 (227) 准备北伐曹魏前写给刘禅的劝诫信与表白书，文辞恳切生动，态度诚挚感人，透过表文似乎可以窥见一个老臣忠心耿耿、披肝沥胆的形象,宋人苏轼说它"简而直,尽而不肆"(《乐全先生文集叙》),明人归有光说它"沛然从肺腑中流出,不期文而自文"(《文章指南》),都颇有道理,其中"鞠躬尽力,死而后已"两句虽是千古传诵的名句,但两篇末尾的"临表涕泣,不知所云"和"至于成败利钝,非臣之明所能逆睹也",却更能令人想到"出师未捷身先死,长使英雄泪满襟"的悲凉。

前 出 师 表

臣亮言:"先帝创业未半而中道崩殂,今天下三分,益州疲敝①,此诚危急存亡之秋也。然侍卫之臣不懈于内,忠志之士忘身于外者,盖追先帝之殊遇,欲报之于陛下也。诚宜开张圣听,以光先帝遗德,恢宏志士之气,不宜妄自菲薄,引喻失义,以塞忠谏之路也。宫中府中,俱为一体,陟罚臧否②,不宜异同。若有作奸犯科及为忠善者,宜付有司论其刑赏,以昭陛下平明之治,不宜偏私,使内外异法也。

"侍中、侍郎郭攸之、费祎、董允等③,此皆良实,志虑忠纯,是以先帝简拔以遗陛下。愚以为宫中之事,事无大小,悉以咨之,然后施行,必能裨补阙漏,有所广益。将军向宠,性行淑均,晓畅军事,试用于昔日,先帝称之曰能,是以众议举宠以为督④。愚以为营中之事,事无大小,悉以咨之,必能使行阵和穆,优劣得所也。亲贤臣,远小人,此先汉所以兴隆也;亲小人,远贤臣,此后汉所以倾颓也。先帝在时,每与臣论此事,未尝不叹息痛恨于桓、灵也。侍中、尚书、长史、参军⑤,此悉贞亮死节之臣也,愿陛下亲之信之,则汉室之隆,可计日而待也。

257

"臣本布衣,躬耕于南阳⑥,苟全性命于乱世,不求闻达于诸侯。先帝不以臣卑鄙,猥自枉屈,三顾臣于草庐之中,谘臣以当世之事,由是感激,遂许先帝以驱驰。后值倾覆,受任于败军之际,奉命于危难之间,尔来二十有一年矣。先帝知臣谨慎,故临崩寄臣以大事也。受命以来,夙夜忧叹,恐托付不效,以伤先帝之明,故五月渡泸⑦,深入不毛。今南方已定,兵甲已足,当奖帅三军,北定中原,庶竭驽钝,攘除奸凶,兴复汉室,还于旧都⑧。此臣之所以报先帝,而忠陛下之职分也。至于斟酌损益,进尽忠言,则攸之、祎、允之任也。愿陛下托臣以讨贼兴复之效;不效,则治臣之罪,以告先帝之灵。若无兴德之言,则责攸之、祎、允之咎,以彰其慢。陛下亦宜自谋,以谘诹善道,察纳雅言,深追先帝遗诏,臣不胜受恩感激。今当远离,临表涕泣,不知所云。"

①益州:相当于今四川大部及云南、贵州部分地区。　②陟(zhì):升迁。臧(zāng)否(pǐ):善恶。这里指表扬和批评。　③侍中:侍从皇帝左右,以备应对顾问的官员。　侍郎:宫廷近侍官。　④督:指中部督,掌禁卫军。　⑤尚书:协助皇帝处理政务的官。　长史:设于丞相、三公府中,行其辅佐之职。　参军:丞相府或诸王府中的重要幕僚。　⑥南阳:郡名。诸葛亮曾隐居于南阳隆中(今湖北襄阳西)。　⑦泸:泸水,即金沙江。　⑧旧都:指东汉都城洛阳。

【译　文】

　　臣诸葛亮上表进言:先帝开创大业未完成一半,竟中途去世。如今天下分成三国,我益州地区人力疲惫、民生凋敝,这真是处在万分危急、存亡难料的时刻。但是,宫廷里的侍奉守卫的臣子,不敢稍有懈怠;疆场上的忠诚有志的将士,舍生忘死地作战,这都是追念先帝的特殊恩遇,想报答给陛下的缘故。陛下确实应该广开言路听取群臣意见,发扬光大先帝遗留下来的美德,振奋鼓舞志士们的勇气,绝不应随便看轻自己,说出无道理的话,从而堵塞了忠诚进谏的道路。宫里身边的近臣和丞相府统领的官吏,本都是一个整体,升赏惩罚,扬善除恶,不应标准不同。如有做坏事违犯法纪的,或尽忠心做善事的,应该一律交给主管部门加以惩办或奖赏，以显示陛下在治理方面公允明察，切不应私心偏袒，使宫廷内外施法不同。

"侍中、侍郎郭攸之、费祎、董允等，这都是些品德良善诚实、情志意念忠贞纯正的人，因而先帝才选留下来辅佐陛下。我认为宫内的事情，事无论大小，都要征询他们的意见，然后再去施行。这样一定能够补正疏失，增益实效。将军向宠，性情德行平和公正，了解通晓军事，当年试用，先帝曾加以称赞，说他能干，因而经众人评议荐举任命为中部督。我认为军营里的事情，事情无论大小，都要征询他的意见，就一定能够使军伍团结和睦，德才高低的人各有合适的安排。亲近贤臣，远避小人，这是汉朝前期所以能够兴盛的原因；亲近小人，远避贤臣，这是汉朝后期所以衰败的原因。先帝在世的时候，每次跟我评论起这些事，对于桓帝、灵帝时代，没有不哀叹和憾恨的。侍中郭攸之、费祎，尚书陈震，长史张裔，参军蒋琬，这些都是忠贞、坦直，能以死报国的节义臣子，诚愿陛下亲近他们，信任他们，则汉王室的兴盛，就指日可待了。

"我本是个平民，在南阳郡务农亲耕，在乱世间只求保全性命，不希求诸侯知道我而获得显贵。先帝不介意我的卑贱，委屈地自我降低身份，接连三次到草庐来访看我，征询我对时局大事的意见，因此我深为感激，从而答应为先帝驱遣效力。后来正遇危亡关头，在战事失败的时候我接受了任命，在危机患难期间我受到委任，至今已有二十一年了。先帝深知我做事谨慎，所以临去世时把国家大事嘱托给我了。接受遗命以来，日夜担忧兴叹，只恐怕托付给我的大任不能完成，从而损害先帝的英明。所以我五月率兵南渡泸水，深入荒芜之境。如今南方已经平定，武库兵器充足，应当鼓励和统率全军，北伐平定中原地区，我希望竭尽自己低下的才能，消灭奸邪势力，复兴汉朝王室，迁归旧日国都。这是我用来报答先帝，并尽忠心于陛下的职责本分。至于掂量利弊得失，毫无保留地进献忠言，那就是郭攸之、费祎、董允的责任了。希望陛下责成我去讨伐奸贼并取得成效，如果不取得成效，那就惩治我失职的罪过，用来上告先帝的神灵。如果没有发扬圣德的言论，那就责备郭攸之、费祎、董允等人的怠慢，公布他们的罪责。陛下也应该自己思虑谋划，征询从善的道理，明察和接受正直的进言，远念先帝遗诏中的旨意，我就受恩、感激不尽了。如今正当离朝远征，流着泪写了这篇表文，激动得不知说了些什么话。"

褚斌杰译

后 出 师 表

先帝虑汉、贼不两立①，王业不偏安，故托臣以讨贼也。以先帝之明，量臣之才，固知臣伐贼才弱敌强也；然不伐贼，王业亦亡，惟坐而待亡，孰与伐之？是故托臣而弗疑也。臣受命之日，寝不安席，食不甘味，思惟北征，宜先入南，故五月渡泸，深入不毛，并日而食。臣非不自惜也，顾王业不可偏安于蜀都，故冒危难以奉先帝之遗意，而议者谓为非计。今贼适疲于西，又务于东，兵法乘劳，此进趋之时也。谨陈其事如下：

高帝明并日月，谋臣渊深，然涉险被创，危然后安。今陛下未及高帝，谋臣不如良、平，而欲以长策取胜，坐定天下，此臣之未解一也。刘繇、王朗各据州郡②，论安言计，动引圣人，群疑满腹，众难塞胸，今岁不战，明年不征，使孙策坐大，遂并江东，此臣之未解二也。曹操智计殊绝于人，其用兵也，仿佛孙、吴，然困于南阳③，险于乌巢④，危于祁连⑤，逼于黎阳⑥，几败北山⑦，殆死潼关⑧，然后伪定一时尔，况臣才弱，而欲以不危而定之，此臣之未解三也。曹操五攻昌霸不下⑨，四越巢湖不成⑩，任用李服而李服图之⑪，委任夏侯而夏侯败亡⑫。先帝每称操为能，犹有此失，况臣驽下，何能必胜？此臣之未解四也。自臣到汉中，中间期年耳，然丧赵云、阳群、马玉、阎芝、丁立、白寿、刘郃、邓铜等及曲长、屯将七十余人⑬，突将无前賨、叟、青羌散骑、武骑一千余人⑭，此皆数十年之内所纠合四方之精锐，非一州之所有；若复数年，则损三分之二也，当何以图敌？此臣之未解五也。今民穷兵疲，而事不可息；事不可息,则住与行劳费正等,而不及早图之,欲以一州之地与贼持久,此臣之未解六也。

夫难平者,事也。昔先帝败军于楚⑮,当此时,曹操拊手,谓天下已定。然后先帝东连吴、越⑯,西取巴、蜀⑰,举兵北征,夏侯授首,此操之失计而汉事将成也。然后吴更违盟,关羽毁败⑱,秭归蹉跌⑲,曹丕称帝。凡事如是,难可逆料。臣鞠躬尽力,死而后已,至于成败利钝,非臣之明所能逆睹也。

①汉:指蜀汉。 贼:指曹魏。 ②刘繇:汉末扬州刺史。扬州州治寿春被袁术占领后,他过江逃到曲阿(今江苏丹阳),孙策渡江攻击,又弃军而逃。 王朗:汉献帝时任会稽太守,孙策渡江时投降。 ③南阳:东汉郡名,郡治宛(今河南南阳)。建安二年(197),曹操进军宛攻击张绣,曾被流矢击中,长子曹昂战死,曹军大败。 ④乌巢:地在今河南延津东南。建安五年(200),袁绍重兵攻曹操,兵临官渡(今河南中牟东北),屯大量军粮于乌巢。时曹军粮少兵疲,幸曹操率奇兵夜袭乌巢,继而在官渡大破袁军,才转危为安。 ⑤祁连:似指郏(今河北祁县)附近的祁山。 ⑥黎阳:地在今河南浚县东北。建安八年(203),曹操在黎阳救袁谭,次年转攻郏,袁谭马上随后相逼,略取甘陵等地。 ⑦北山:山在今甘肃境内。建安二十四年(219),曹操与刘备争汉中,运粮经北山,被蜀将赵云袭击,曹军损失巨大。 ⑧潼关:以潼水得名,古代军事要地,当今陕西、山西、河南三省要冲。建安十六年(211),曹操西征马超于潼关,曾被马超追赶于黄河船上。 ⑨昌霸:东海昌霸。建安五年(200),他背叛曹操,依附刘备,曹操数攻不克。 ⑩巢湖:在今安徽。魏以合肥为重镇,相邻的巢湖与吴接界,曹操屡次从巢湖进攻孙权,多无功而还。 ⑪李服:生平不详。 ⑫夏侯:曹魏大将夏侯渊。他留守汉中,被刘备大将黄忠所杀。 ⑬曲、屯:古代军队的编制单位。 ⑭賨(cóng)、叟、青羌:都是西南地区少数民族。 ⑮败军于楚:指建安十三年(208),刘备败兵于古楚地当阳长坂事。 ⑯东连吴、越:指建安十六年(211),刘备联合江东孙吴共击曹操事。吴国包括古吴、越两国地。 ⑰西取巴、蜀:指建安十六年(211),刘备率军入巴蜀,十九年(214)围成都,取益州事。 ⑱关羽:蜀将。建安二十四年(219),孙权袭荆州,击杀关羽。 ⑲秭归:地在今湖北。指章武二年(222)刘备在秭归被吴军所败。

【译 文】

先帝思虑到汉王室和篡汉的奸贼不能两存,汉王室的大业不能偏处一方而自安,所以临终时托付我讨伐奸贼。凭先帝的英明,揣度我的才干,本知由我率兵伐贼,我的才能微弱而敌人强大。但是不去发兵征讨奸贼,王室大业也会灭亡,与其坐等灭亡,何如去讨伐他们呢?因此,毫无疑虑地把讨贼兴汉的大业托付给我了。我自接受任命那天起,就每日睡眠不安,进食不香。思虑北伐中原,应该先进军安定南方。所以五月率兵渡过泸水,深入荒芜地带,两日才吃一日的军粮。我并非不知自我爱惜,但思虑到王室大业不可偏处在蜀地而自安,所以甘冒着危险艰难,来奉行先帝的遗愿,而议政的群臣官员,却以为这并不是上好的计策。如今贼军正在西方疲于奔命,又忙着应付东方的战事,按兵法中的原则,要抓住敌人疲劳的机会,这正是前去进击的时机。现敬述有关事实如下:

汉高帝的英明可比日月,周围的谋臣思广虑深,但是历尽艰险和战争创伤,经过危难而后取得平安稳定。如今陛下赶不上高帝,谋臣不如张良、陈平,而想用长久对峙的军略取得胜利,坐着不动就能够安定天下,这是我不能理解的第一点。刘繇、王朗,各据有州郡,讲论安定天下的计策,动不动就称引圣人的话,大家心里满是疑问,众人胸中疑难不解,他们今年不作战,明年不出征,结果使孙策坐享强大,从而吞并了江东地区,这是我不能理解的第二点。曹操的智谋心计,高过常人。他在用兵方面,跟古代孙膑、吴起相仿。但是曾败困在南阳郡,遇险在乌巢地区,遭危在祁连一带,受逼在黎阳,几乎大败于北山,差点儿死在潼关,然后才僭称国号而一时得逞。况且我的才干微弱,而想不冒危难而安定天下,这是我不能理解的第三点。曹操曾五次攻击昌霸叛军不能取胜,四次越过巢湖围攻孙吴未能成功。任用李服,而李服却图谋杀害他。委任夏侯渊,夏侯渊战败身亡。先帝屡次称赞曹操是个有才能的人,还有这些失误,况且我才能低下,怎么能出师一定胜利?这是我不能理解的第四点。自从我进驻汉中地区以来,已经有一年时间。但是这期间丧失了赵云、阳群、马玉、阎芝、丁立、白寿、刘郃、邓铜等人,以及

262

曲长、屯将七十余人，这些都是敢于冲锋陷阵的战将；还散失了賨、叟、青羌等族的散骑、武骑一千多人，这些都是数十年里从四面八方招集到的精锐，不是我蜀地一州所能有的。如果再经过几年，就会损失三分之二了。那时当怎么去对付敌人？这是我不能理解的第五点。如今民生穷困，士兵疲惫，而战事势不能停。战事不能停，驻军和进击，在劳力和费用上实际相等。如果不趁早策划去征讨敌人，妄想用一州的地方，来跟贼人长久对峙，这是我不能理解的第六点。

在所有事情中最难预测的就是战事。过去先帝在楚地战败，那时候，曹操高兴得拍手，认为天下已经平定。但是后来先帝联合东吴，夺取了西方的巴地、蜀地，发兵向北征伐，斩了夏侯渊的头。这是曹操没算计到的，而复兴汉室的大业眼看就要成功了。但是后来东吴违背盟约，关羽战败身亡，伐吴时在秭归又遭挫败，曹丕篡汉称帝。一切事情就像这样，难以预料。我只有勤谨地为国尽力，到死为止，至于成功或失败，顺利或遭挫折，绝不是我的聪明所能够预见到的了。

褚斌杰译

卷七 六朝唐文

李密（224—287）字令伯，一名虔，犍为武阳（今四川彭山）人，曾任蜀国尚书郎。晋灭蜀后，晋武帝召他任职，他以祖母年老多病，无人奉养为由推辞，直到祖母去世后，才出任尚书郎、汉中太守等职，这篇《陈情表》就是当时他写给晋武帝推辞官职的奏章。一般说来，臣下写给皇帝的章疏表奏都是最不具文采的公文，但这篇《陈情表》却是个例外，它写得情辞恳切，语言生动，虽然是骈体文，却毫不呆板，所以有人称赞它"沛然从肺腑中流出，殊不见斧凿痕"。李密传世的作品不多，不像有的作家著作等身，但偏偏有这一篇精彩的作品，便使他的名声超过了不少文人而为后世所知。

陈 情 表

臣密言：臣以险衅①，夙遭闵凶。生孩六月，慈父见背；行年四岁，舅夺母志。祖母刘，愍臣孤弱②，躬亲抚养。臣少多疾病，九岁不行，零丁孤苦,至于成立。既无叔伯,终鲜兄弟。门衰祚薄,晚有儿息③。外无期功强近之亲④,内无应门五尺之童,茕茕孑立,形影相吊。而刘夙婴疾病⑤,常在床蓐,臣侍汤药,未尝废离。

逮奉圣朝,沐浴清化。前太守臣逵⑥,察臣孝廉⑦;后刺史臣荣⑧,举臣秀才。臣以供养无主,辞不赴命。诏书特下,拜臣郎中⑨;寻蒙国恩,除臣洗马⑩。猥以微贱,当侍东宫,非臣陨首所能上报。臣具以表闻,辞不就职。诏书切峻,责臣逋慢;郡县逼迫,催臣上道;州司临门,急于星火。臣欲奉诏奔驰,则以刘病日笃;欲苟顺私情,则告诉不许。臣之进退,实为狼狈。

伏惟圣朝以孝治天下,凡在故老,犹蒙矜育,况臣孤苦,特为尤甚。且臣少事伪朝,历职郎署⑪,本图宦达,不矜名节。今臣亡国贱俘,至微至陋,过蒙拔擢,宠命优渥,岂敢盘桓,有所希冀?但以刘日薄西山,气息奄奄,人命危浅,朝不虑夕。臣无祖母,无以至今日;祖母无臣,无以终余年。母孙二人,更相为命,是以区区不能废远。臣密今年四十有四,祖母刘今年九十有六,是臣尽节于陛下之日长,报养刘之日短也。乌鸟私情,愿乞终养。

臣之辛苦,非独蜀之人士及二州牧伯所见明知,皇天后土,实所共鉴。愿陛下矜愍愚诚,听臣微志。庶刘侥幸,卒保余年,臣生当陨首,死当结草⑫。臣不胜犬马怖惧之情,谨拜表以闻。

①险衅:厄运。　　②愍:通"悯",怜悯。　　③息:儿子。　　④期(jī):周年。　功:服丧的期限,九个月叫"大功",五个月叫"小功"。古代以亲属关系远近来规定服丧的期限。　强(qiǎng)近:勉强说得上近的。　⑤婴:纠缠。　⑥太守:郡的长官。　　⑦孝廉:从汉武帝开始,郡国向朝廷推荐孝顺廉洁的人才。　　⑧刺史:州的长官。　⑨郎中:尚书曹司的官员。　⑩除:授职拜官。　洗(xiǎn)马:太子属官。　⑪郎署:李密曾官至尚书郎。　　⑫结草:据《左传·宣公十五年》记载,春秋时晋大夫魏颗没有听从父亲遗命将他的宠妾杀死,而是让她改了嫁。后来与秦将杜回交战时,只见一个老人结草绊倒杜回,因此将杜回擒获。夜间梦见老人,自称是那宠妾的父亲,特来报恩。

【译 文】

臣李密上言：臣命运不好，从小遭遇凶祸。生下来刚六个月，慈父便弃臣逝世；到四岁时，舅父又强迫母亲改变守节心愿而改嫁。祖母刘氏，怜悯臣孤单幼弱，亲自抚养。臣从小多病，到九岁还不能走路，伶仃孤苦，直到长大。家族内既没有叔伯，也没有兄弟，门庭衰微，福分浅薄，很晚才得到儿子。外面没有关系密切的亲戚，家里没有照看门户的僮仆。臣平时十分孤单，只有自己的影子作为伴侣。祖母刘氏，早就疾病缠身，时常卧床不起，臣侍奉她服用汤药，一直没有离开过。

到了当今圣朝，臣沐浴着清明政治的教化。先是太守逵，察举臣为孝廉；其后刺史荣，荐举臣为秀才。臣考虑外出做官，祖母无人供养，因此辞谢没有应命。陛下特地下达诏书，任命臣为郎中；不久又蒙国家恩典，任命臣为太子洗马。像臣这样卑微低贱之人，去东宫侍奉太子，如此恩遇，臣即使碎首捐躯，也不能报答。臣曾将自己的心情处境，上表陈述，辞谢不去就职。如今诏书又下，急切严峻，指责臣回避怠慢；郡、县官府，上下逼迫，催臣上路；州官登门催促，急迫之状，超过星火。臣想接受诏命，赶路就职，但刘氏病情，日益加重；想姑且迁就私情，但虽经上诉苦衷，未蒙准许。臣目下实在进退两难，处境狼狈。

臣想到圣朝重视以孝道治理天下，凡属故旧老人，尚且蒙受怜恤抚养，何况臣的孤苦情况，更加严重。再说臣年轻时曾在伪朝蜀汉任职，做过郎官，本愿仕途显达，并不矜尚名节。如今臣是亡国贱俘，极为卑微鄙陋，蒙受过分的提拔，恩宠深厚，怎敢徘徊观望，而有非分之想？只因刘氏如同迫近西山的残阳，气息奄奄，生命危殆，朝不保夕。臣过去如无祖母抚育，就不能长大以至今日；祖母现在如无臣的侍奉，就不能度过余年。祖孙二人，相依为命，因此臣区区一点心意，不愿废弃对祖母的侍养而远出为官。臣密如今四十四岁，祖母刘氏九十六岁，这样看来，臣今后尽忠于陛下的日子还长，而报答刘氏的日子却很短了。臣怀着乌鸦反哺的私情，乞求为祖母养老送终。

臣的辛苦情状，不但蜀地人士和梁州、益州长官，目睹心知，天地神灵，也都鉴察。希望陛下怜悯臣愚诚的心意，准许臣实现卑微的志愿，使刘氏能侥幸地保养余年。臣生时应当献身，死后变鬼，也应当结草，以报答陛下的恩遇。臣怀着犬马对主人十分恐惧的心情，谨上表禀报。

王运熙译

王羲之（321—379）字逸少，琅琊临沂（今山东临沂）人，家居会稽山阴（今浙江绍兴），他是东晋最大的世家的子弟，曾任江州刺史、会稽内史、右军将军。他是中国古代著名的书法家，也是东晋出色的文学家，那些被后人临来摹去的"帖"常常就是一则则风神飘逸、散淡自如的短文，而这篇《兰亭集序》则更是一篇包含着无限感慨的佳作，清人林云铭说它"笔意疏旷淡宕，渐近自然"（《古文析义》卷十)，其实它"渐近自然"，并不仅仅是由于他写得疏旷淡宕，更重要的是他超越了汉魏文人单纯哀叹人生短暂的旧套，表现了一种在有限的人生中体味宇宙的旷达、在无限的宇宙中反观人生的悲凉所交织起来的复杂情绪，而这种情绪才使得它"苍凉感叹之中自有无穷逸趣"。

兰 亭 集 序

永和九年①，岁在癸丑，暮春之初，会于会稽山阴之兰亭②，修禊事也③。群贤毕至，少长咸集。此地有崇山峻岭，茂林修竹，又有清流激湍,映带左右,引以为流觞曲水④,列坐其次,虽无丝竹管弦之盛,一觞一咏,亦足以畅叙幽情。是日也,天朗气清,惠风和畅。仰观宇宙之大,俯察品类之盛,所以游目骋怀,足以极视听之娱,信可乐也。

夫人之相与,俯仰一世,或取诸怀抱,晤言一室之内;或因寄所托,放浪形骸之外。虽取舍万殊,静躁不同,当其欣于所遇,暂得于己,快然自足,曾不知老之将至。及其所之既倦,情随事迁,感慨系之矣!向之所欣,俯仰之间,已为陈迹,犹不能不以之兴怀,况修短随化,终期于尽!古人云:"死生亦大矣⑤。"岂不痛哉!

每览昔人兴感之由,若合一契,未尝不临文嗟悼,不能喻之于怀。固知一死生为虚诞,齐彭殇为妄作⑥,后之视今,亦犹今之视昔,悲夫!故列叙时人,录其所述,虽世殊事异,所以兴怀,其致一也。后之览者,亦将有感于斯文。

①永和九年:即353年,永和是东晋穆帝的年号。　②会稽:郡治在今浙江绍兴。　山阴:县治也在绍兴。　兰亭:在今浙江绍兴西南。　③修禊(xì):古代每年三月上旬的巳日,人们在水边举行熏香沐浴,消除不祥的一种仪式。曹魏以后,这一天定在每年的三月三日,仪式的内容也简化为水边嬉游。　④流觞曲水:指将杯酒放在水面上任它随着弯曲的溪水漂流,漂到谁面前谁就取杯饮酒的一种活动。　⑤死生亦大矣:语见《庄子·德充符》引孔子话。　⑥彭:指传说中的长寿者彭祖。

【译　文】

永和九年,正值癸丑,暮春三月上旬的巳日,我们在会稽郡山阴县的兰亭集会,举行禊饮之事。此地德高望重者无不到会,老少济济一堂。兰亭这地方有崇山峻岭环抱,林木繁茂,竹篁幽密。又有清澈湍急的溪流,如同青罗带一般映衬在左右,引溪水为曲水流觞,列坐其侧,即使没有管弦合奏的盛况,只是饮酒赋诗,也足以令人畅叙胸怀。这一天,晴明爽朗,和风习习,仰首可以观览浩大的宇宙,俯身可以考察众多的物类,纵目游赏,胸襟大开,极尽耳目视听的欢娱,真可以说是人生的一大乐事。

人们彼此亲近交往,俯仰之间便度过了一生。有的人喜欢反躬内省,满足于一室之内的晤谈;有的人则寄托于外物,生活狂放不羁。虽然他们或内或外的取舍千差万别,好静好动的性格各不相同,但当他们遇到可喜的事情,得意于一时,感到欣然自足时,竟然都会忘记衰老即将要到来之事。等到对已获取的东西发生厌倦,情事变迁,又不免会引发无限的感慨。以往所得到的欢欣,很快就成为历史的陈迹,人们对此尚且不能不为之感念伤怀,更何况人的一生长短取决于造化,而终究要归结于穷尽呢!古人说:"死生是件大事。"这怎么能不让人痛心啊!

每当看到前人所发的感慨,其缘由竟像一张符契那样一致,总难免要在前人的文章面前嗟叹一番,不过心里却弄不明白这是怎么回事。我当然知道把死和生混为一谈是虚诞的,把长寿与夭亡等量齐观是荒谬的,后人看待今人,也就像今人看待前人,这正是事情的可悲之处。所以我要列出到会者的姓名,录下他们所作的诗篇。尽管时代有别,世事变化,但触发人们情怀的动因,无疑会是相通的。后人阅读这些诗篇,恐怕也会由此引发同样的感慨吧。

许逸民译

陶渊明(365—427)字元亮,一名潜,世称靖节先生,浔阳柴桑(今江西九江)人,曾任江州祭酒、镇军参军,四十一岁时任彭泽令,当了八十多天,因不愿意为"五斗米折腰",所以弃职归隐。他是中国古代最著名的田园隐逸诗人,诗写得淡雅自然,散文也很像他的诗,语言淳朴流畅、干净省利,常常表现一种恬淡朴素的意趣,然而在其中也可以隐隐约约地感到他心灵深处有一些无可奈何的惆怅与悲凉。下面所选的三篇也许都偏向于追求自然恬淡生活的主题,但未选入的《感士不遇赋》却可以显露他心灵的另一面。

归 去 来 辞

　　归去来兮,田园将芜,胡不归!既自以心为形役,奚惆怅而独悲!悟已往之不谏,知来者之可追;实迷途其未远,觉今是而昨非。舟摇摇以轻扬,风飘飘而吹衣。问征夫以前路,恨晨光之熹微。乃瞻衡宇①,载欣载奔。僮仆欢迎,稚子候门。三径就荒②,松菊犹存。携幼入室,有酒盈樽。引壶觞以自酌,眄庭柯以怡颜。倚南窗以寄傲,审容膝之易安。园日涉以成趣,门虽设而常关。策扶老以流憩,时矫首而遐观。云无心以出岫,鸟倦飞而知还。景翳翳以将入,抚孤松而盘桓。

　　归去来兮,请息交以绝游。世与我而相遗③,复驾言兮焉求④?悦亲戚之情话,乐琴书以消忧。农人告余以春及,将有事于西畴⑤。或命巾车⑥,或棹孤舟。既窈窕以寻壑,亦崎岖而经丘。木欣欣以向荣,泉涓涓而始流。善万物之得时,感吾生之行休。

　　已矣乎!寓形宇内复几时,曷不委心任去留?胡为遑遑欲何之?富贵非吾愿,帝乡不可期。怀良辰以孤往,或植杖而耘耔⑦。登东皋以舒啸⑧,临清流而赋诗。聊乘化以归尽,乐夫天命复奚疑!

　　①衡宇:以横木为门的房屋,形容居处简陋。　　②三径:据《文选》李善注引《三辅决录》记载,汉代蒋诩归隐后,在房前开辟了三条小路,只与另外两个隐士来往。这里指陶渊明的旧居。　　③遗:或写作"违"。　　④驾言:驾,驾车。言,语助词。《诗经·邶风·泉水》有"驾言出游"。　　⑤畴:田亩。　　⑥巾车:有帷幕的车子。　　⑦耘耔(zǐ):锄草培土。　　⑧皋:水边高地。

　　回去喽！田园将要荒芜了，为什么还不回归！既然自己使心灵受形体的奴役（那就赶快采取行动吧），为什么还要独自惆怅伤悲？我明白了，以往的不能挽救；我知道了，靠将来还可以补回。真的，走入迷途还不算远，我觉得今是而昨非。船儿轻轻地摇荡着前进，风儿飘飘地吹着我的上衣。向行人打听前面的路程，恨晨光还是这样隐约依稀。终于看到了家里的屋檐，一边奔跑着一边怀着满腔的欢欣。僮仆跑出来迎接，小儿子等候在家门。旧居已经荒废，可是我心爱的松菊却还幸存。拉着幼子的手走进屋门，已准备了美酒盛满酒樽。高高地举起酒壶和酒觞自酌自饮，悠闲地看着庭园的树枝露出了笑颜。依靠着南窗（窗外有傲天的孤松）寄托自己傲世的情怀，确实感到这小小的空间就可以使人心安。每天在庭园散步已经养成乐趣，虽然安了家门却常常把它闲关。拄着拐杖走走歇歇，时时昂首观看远方的青天。白云无心地飘出山去，鸟儿飞倦了也知道归还。夕阳暗淡将坠入大地，我仍抚着孤松盘桓流连。

　　回去喽！愿停止断绝那世俗的交游。既然这社会和我的愿望相违，我驾车出来又有什么可以追求？我喜欢的是亲戚间知心的交谈，或者是弹琴读书以消解忧愁。农人告诉我春天已经来临，将要耕种去到那西边的田畴。有时我振策驱车，有时我划桨行舟。有时沿着幽深曲折的溪水进入山谷，有时也崎岖坎坷地走过山丘。树木啊欣欣向荣，泉水啊涓涓始流。我赞美万物的得时，感慨自己的一生行将罢休。

　　算了吧！寄身天地之间还会有多久，为什么不听任自己的心愿以决定去留？为什么栖栖惶惶地，还想到哪里去！富贵不是我的愿望，仙境又不可预期。趁着这大好的时机独自走了吧，或者就像古代的隐士那样把手杖插在地上躬耕耘耔。登上东边的高地放声长啸，靠近清澈的溪流尽情赋诗。姑且顺着生命的变化走到尽头，高高兴兴地接受天命还有什么怀疑！

袁行霈译

桃 花 源 记

晋太元中①,武陵人捕鱼为业②;缘溪行,忘路之远近。忽逢桃花林。夹岸数百步,中无杂树,芳草鲜美,落英缤纷。渔人甚异之,复前行,欲穷其林。

林尽水源,便得一山。山有小口,仿佛若有光。便舍船从口入。初极狭,才通人。复行数十步,豁然开朗。土地平旷,屋舍俨然,有良田、美池、桑竹之属,阡陌交通,鸡犬相闻。其中往来种作,男女衣著,悉如外人。黄发垂髫③,并怡然自乐。见渔人,乃大惊,问所从来,具答之。便要还家④,设酒杀鸡作食。村中闻有此人,咸来问讯。自云先世避秦时乱,率妻子邑人,来此绝境,不复出焉,遂与外人间隔。问今是何世,乃不知有汉,无论魏、晋。此人一一为具言所闻,皆叹惋。余人各复延至其家,皆出酒食。停数日,辞去。此中人语云:"不足为外人道也。"

既出,得其船,便扶向路,处处志之。及郡下,诣太守说如此。太守即遣人随其往,寻向所志,遂迷不复得路。

南阳刘子骥⑤,高尚士也。闻之,欣然规往,未果,寻病终。后遂无问津者。

①太元:东晋孝武帝(376—396)年号。　②武陵:郡名,郡治在今湖南常德境内。　③黄发:指老人。　垂髫:古时幼儿垂发,稍长总角。这里指儿童。④要(yāo):通"邀",邀请。　⑤南阳:郡名,郡治在今河南南阳。　刘子骥:名骥之,是当时隐士。

【译 文】

晋朝太元年间,有个武陵人以打鱼为职业。一天,他驾着船沿着一条小溪往前行驶,忘记走了多远。忽然遇见一片桃花林,夹着小溪的两岸有几百步宽。其中没有杂树,芳草如茵新鲜而又美丽,落花缤纷铺在草地上。这美丽的景致使渔人很惊奇,他继续往前走,想要寻到桃林的尽头。

桃林的尽处是溪水的源头,在那里发现一座山。山有一个小洞,仿佛像是有光亮。渔人就舍弃自己的船从小洞走进去。开始的一段很狭窄,刚刚能通过一个人。又走了几十步,觉得忽然宽敞开阔了。只见土地平旷,房屋整齐,有肥沃的田地、清丽的池塘,还有桑竹之类的植物。田间的小路南北东西纵横交错,鸡犬的叫声彼此都听得到。其中的人正来来往往地耕田种地,男男女女的,衣着都和外面的人一样。老人小孩儿,都高高兴兴自得其乐。他们发现了渔人,于是大惊,问他从什么地方来,他详细地回答了他们。他们便邀请他回家,摆下酒杀了鸡做了吃的请他。村中听说有这么个人,都来打听消息。他们自己介绍说,先辈因逃避秦朝的大乱,率领老婆孩子和乡亲们来到这个与世隔绝的地方,再没有出去,于是就和外人隔绝了。他们问如今是什么朝代,竟然不知道有个汉朝,更不用说什么魏朝、晋朝了。这渔人把自己听到的事情一一详细地告诉了他们,他们都感叹不已。其余的人又各自把渔人请到家里,都摆出酒食招待他。渔人停留了几天,要告辞了。这里边的人告诉他说:"这里的情况可不要向外边的人说呀!"

渔人出来以后,找到自己的船,便沿着原先的路回去,沿途处处标上记号。到了郡里,去见太守报告了这一情况。太守就派人跟着他前去,寻找原先的标记,结果都已迷失,找不到路了。

南阳的刘子骥是个高士,听到这个消息,高高兴兴地计划前往。没有去成,不久就病死了。此后便没有想去的人了。

袁行霈译

五柳先生传

　　先生不知何许人也,亦不详其姓字。宅边有五柳树,因以为号焉。闲静少言,不慕荣利。好读书,不求甚解;每有会意,便欣然忘食。性嗜酒,家贫不能常得。亲旧知其如此,或置酒而招之。造饮辄尽,期在必醉;既醉而退,曾不吝情去留①。环堵萧然,不蔽风日,短褐穿结,箪瓢屡空②,晏如也。常著文章自娱,颇示己志。忘怀得失,以此自终。

　　赞曰:黔娄有言③:"不戚戚于贫贱,不汲汲于富贵。"其言兹若人之俦乎④? 衔觞赋诗,以乐其志,无怀氏之民欤? 葛天氏之民欤⑤?

　　①吝情:顾惜,措意。吝,同"吝"。　　②箪(dān):竹制食器。　瓢:葫芦剖制的饮器。　③黔娄:战国时齐国隐士,家贫,却不求仕进。　④俦(chóu):类。　⑤无怀氏:传说中上古帝王。　葛天氏:传说中上古帝王。

【译　文】

　　先生不知道是什么地方人,也不清楚他的姓和字。住宅旁边有五棵柳树,因而就以"五柳"为号。性情闲静,说话不多,不羡慕名利。好读书,不钻牛角尖;每有会意之处,便高兴得忘了吃饭。好喝酒,可惜家境贫穷不能常常得到。亲戚或老朋友知道他这样,有时就准备了酒邀请他来喝。他只要一去总是喝光,约定必醉方休,要去就去要留就留,从不掩饰自己的感情。家里四壁空荡荡的,挡不住风雨也遮不住太阳。短短的粗麻布衣服破破烂烂的,缝缀补绽着;常常没有吃的没有喝的,但心里很坦然。常写文章娱乐自己,显示了自己的志趣。得失完全忘怀了,并坚守这原则直到死去。

　　赞曰:黔娄有这样的话:"不为贫贱而忧虑悲伤,不为富贵而匆忙追求。"他就是说这一类人吧! 醉酒赋诗,以娱乐自己的心志。是无怀氏之民吗？是葛天氏之民吗？

袁行霈译

> **孔稚珪**（447—501）字德璋，会稽山阴（今浙江绍兴）人，曾于南朝宋时当过记室参军，南朝齐时当过太子詹事，加散骑常侍。据说他是一个不乐世务、热爱山水的文人，但他对那些假装归隐自然实际心怀欲望的人却很瞧不起，这篇《北山移文》就是假托北山神灵口吻对那些假隐士的调侃和讽刺。

北山移文

钟山之英①，草堂之灵，驰烟驿路，勒移山庭。

夫以耿介拔俗之标，潇洒出尘之想，度白雪以方洁，干青云而直上，吾方知之矣。若其亭亭物表，皎皎霞外，芥千金而不盼，屣万乘其如脱②，闻凤吹于洛浦③，值薪歌于延濑④，固亦有焉。岂期终始参差，苍黄反复，泪翟子之悲，恸朱公之哭，乍回迹以心染，或先贞而后黩，何其谬哉！呜呼！尚生不存⑤，仲氏既往⑥，山阿寂寥，千载谁赏？

世有周子，俊俗之士；既文既博，亦玄亦史。然而学遁东鲁⑦，习隐南郭⑧；窃吹草堂，滥巾北岳⑨。诱我松桂，欺我云壑。虽假容于江皋，乃缨情于好爵。

其始至也，将欲排巢父，拉许由，傲百氏，蔑王侯，风情张日⑩，霜气横秋。或叹幽人长往，或怨王孙不游。谈空空于释部，核玄玄于道流。

275

务光何足比^⑪，涓子不能俦^⑫。

及其鸣驺入谷^⑬，鹤书赴陇^⑭；形驰魄散，志变神动。尔乃眉轩席次，袂耸筵上^⑮，焚芰制而裂荷衣^⑯，抗尘容而走俗状。风云凄其带愤，石泉咽而下怆，望林峦而有失，顾草木而如丧。

至其纽金章，绾墨绶，跨属城之雄，冠百里之首，张英风于海甸^⑰，驰妙誉于浙右^⑱。道帙长摈^⑲，法筵久埋。敲扑喧嚣犯其虑，牒诉倥偬装其怀^⑳。琴歌既断，酒赋无续。常绸缪于结课，每纷纶于折狱。笼张赵于往图^㉑，架卓鲁于前录^㉒。希踪三辅豪^㉓，驰声九州牧。使其高霞孤映，明月独举，青松落荫，白云谁侣？磵户摧绝无与归，石径荒凉徒延伫。至于还飙入幕，写雾出楹^㉔，蕙帐空兮夜鹤怨，山人去兮晓猿惊。昔闻投簪逸海岸^㉕，今见解兰缚尘缨。

于是南岳献嘲，北陇腾笑，列壑争讥，攒峰竦诮^㉖。慨游子之我欺，悲无人以赴吊。故其林惭无尽，涧愧不歇，秋桂遣风，春萝罢月，骋西山之逸议，驰东皋之素谒。

今又促装下邑，浪栧上京^㉗。虽情投于魏阙，或假步于山扃^㉘。岂可使芳杜厚颜，薜荔蒙耻，碧岭再辱，丹崖重滓，尘游躅于蕙路，污渌池以洗耳。宜扃岫幌^㉙，掩云关，敛轻雾，藏鸣湍，截来辕于谷口，杜妄辔于郊端。于是丛条瞋胆，叠颖怒魄，或飞柯以折轮，乍低枝而扫迹。请回俗士驾，为君谢逋客。

①钟山：即今南京紫金山，在建康（今南京）北，又名北山。山南有草堂寺。
②屣（xǐ）：草鞋。　③凤吹：相传周灵王太子晋（即王子乔）善吹箫，如凤鸣，游于伊水、洛水之间。　洛浦：洛水边。　④薪歌：据说苏门先生游于延濑，曾见一隐者砍柴并为他唱歌。　延濑：指长长的河沙岸。　⑤尚生：即尚长，字子平，东汉隐士。　⑥仲氏：仲长统，字公理，东汉末人。　⑦东鲁：指春秋时鲁国颜阖。《庄子·让王》有颜阖逃官的故事。　⑧南郭：南郭子綦，是《庄子·齐物论》中的隐士。　⑨滥巾：滥穿隐士的头巾服装。　⑩张（zhàng）：遮蔽。　⑪务光：传说夏代隐士，因拒不接受天子之位而负石沉水。　⑫涓子：齐国隐士，隐于宕山。　⑬鸣驺（zōu）：指呼喝前行的车马。驺，皇帝的骑士。　⑭鹤书：又称鹤头书，字体如鹤头。古代用这种字体写诏书。　⑮袂（mèi）：衣

袖。　⑯荜(jì)制：菱叶做的衣裳。　⑰海甸：滨海地区。　⑱浙右：指浙江(今钱塘江)北面。　⑲道帙：道家书籍。帙，书套。　⑳牒：公文。　诉：诉讼。　倥(kǒng)偬(zǒng)：事物繁多、急促。　㉑张赵：指张敞、赵广汉，西汉名臣，都做过京兆尹。　㉒卓鲁：指卓茂、鲁恭，东汉人，二人分别做过密云县令和中牟县令。　㉓三辅：西汉京畿地方分成京兆尹、左冯翊、右扶风三个政区，合称三辅。　㉔写：通"泻"。　㉕投簪：脱掉乌纱帽。　㉖攒(cuán)：聚集。竦(sǒng)：伸脖子踮脚。　㉗浪栧(yì)：划动船桨。　㉘山扃(jiōng)：山门。　㉙岫(xiù)幌：山的门户。

【译　文】

钟山的英灵，草堂的神明，一路飞烟驰驱而来，把移文刻在山庭。

有着耿介不俗的仪表，豁达出世的情怀，纯洁的品格可以和白雪媲美，高尚的志向凌跨云霄的人，才是我所知道的隐士。至于那种卓然挺立于世俗之外，光洁灿烂胜过云霞，视千金如草芥，弃帝位如敝屣，吹笙作凤鸣而游于伊、洛之间，在长河畔悠然采薪作歌的人，原本也是有的。但谁能想到还会有前后不一，反复无常，让见过染丝的墨翟悲痛得下泪(因为白丝可以染黄，也可以染黑)，让途经岔路的杨朱感慨至于流涕(因为岔路可以通向南方，也可以通向北方)的人呢？他们暂时潜迹于山林，而身心却早已被世俗所污染，或许有的人开始时还曾洁身自好，但后来也与世俗同流合污了，这些人是何等荒唐可笑啊！唉，隐居不仕的尚生已不在人世，称病不出的仲长统也已死去，山林遭受冷落，千百年来还会有谁来赏玩呢？

当今有位周先生，是个才智出众的人物，既有文采，又很博学，既通玄学，又精史学。可是他却要仿效东鲁颜阖的遁世，学习南郭子綦的隐居，在草堂滥竽充数，在北山伪装清高。他诱惑我山中的青松丹桂，欺侮我山中的白云幽壑。尽管他在这座长江岸边的山里装模作样，而其内心竟始终钟情于高官厚禄。

他刚到北山来的时候，其态度之坚定几乎要推倒巢父，压垮许由，傲视诸子百家，轻蔑将相王侯，豪情如狂风蔽天盖日，气势似秋霜横扫一切。时而感叹隐士幽人一去不返,时而怨恨公子王孙再不到山林游处。整日里讲论四大皆空的佛教经典,研讨玄之又玄的道家学说。就连逃避禅让的务光也不足以和他相比,食术求仙的涓子更不能与之匹敌。

然而等到朝廷征聘的车马进入山谷,诏书送到北山,他便得意忘形,神飞魄散,马上改变了初衷。于是在筵席上眉飞色舞,指手举袖,焚毁了隐士的兰佩荷衣,表现出一副庸俗的嘴脸和趋炎附势的举止。风云因为他的离去而哀凄含恨,泉石因为他的出山而呜咽悲怆,遥望林壑峰峦茫然若有所失,环顾花草树木也似乎在黯然神伤。

当他身佩铜印,印上系着墨色绶带,掌管一个郡中的大县,成为威风百里的县令时,英名传扬到东海之滨,美誉远播于浙江右岸。从此道家的典籍被长期抛在一边,论佛说法的讲席则永久尘封埋没。鞭笞拷问的喧嚣干扰着他的思虑,烦冗急迫的文牍堵塞了他的胸怀。抚琴作歌的雅事早已中断,饮酒赋诗的闲情也已无法接续。日常总为考核官吏的事务所纠缠,在审案断狱中忙忙碌碌。一心想兼有从前张敞、赵广汉的干才,超过卓茂、鲁恭的政绩。希望追随三辅贤豪的足迹,把自己的名声传遍天下。他的离去使我山中的霞光明月孤单自照,青松空余浓荫,白云有谁为伴?山涧门户已经坍塌败坏,仍不见有人回还;溪流石径一片荒凉,依然空等着斯人归来。旋风卷进了帐幔,堂前吞吐着云雾,夜空中的鹤唳好像是怨愤人去帐空,破晓时的猿啼也像是惊诧隐者出山。过去只听说有人投簪弃官而逃往海边隐居,今天却看到有人解下隐士的兰佩而戴上俗世的冠缨。

于是南山表示嘲讽,北岭发出哄笑,条条沟壑争相讥刺,座座山峰挺身斥责。既感慨出山远行的人欺骗了自己,又悲伤没有人为此前来慰问。因而山中的林木羞惭不已,溪涧愧悔莫及,桂树不再要秋风传播花香,女萝不再要明月增添春色,西山提出了对于隐逸的评论,东皋还散布着布衣的高论。

现在他又在县里忙于置办行装,准备坐船到京城去。虽然他向往的是朝廷宫阙,但也许会借路经的机会再次走进山门。岂能让芳洁的杜若含羞,让薜荔蒙耻,让碧岭再受侮辱,让丹崖重遭玷污,让芳草路留下俗子的印迹,让洗耳池破坏了往日的清澈? 应该关闭山间的窗帷,紧锁云中的门户,收起飘拂的轻雾,掩藏潺湲的湍流,在山谷口就挡住他的行辕,把乱窜的车马拦在远远的山脚之下。于是丛集的枝条瞋目而视,繁茂的野草怒发冲冠,忽而高扬枝柯打断车驾的轮毂,忽而低拂枝叶扫去车驾的辙痕。让我们把这个俗人的车驾赶回去,为北山之神拒绝曾经从山中逃跑的那个人。

许逸民译

魏徵(580—643)字玄成,魏州曲城(今河北巨鹿)人。年轻时曾是道士,后参加反隋义军,起义失败后转入唐高祖李渊部下,逐渐成为唐太宗李世民的重要文臣,官至左光禄大夫,封郑国公。魏徵是历史上出了名的谏臣,敢于说话,常常给李世民以义正词严的劝告;他又是一个历史学家,在劝谏时常常引述历史的教训与经验。因此在他的奏议中常常能看到类似于这篇《谏太宗十思疏》的文章,话说得虽直率,论据却常借古讽今显得较委婉,虽理直气壮,但又不伤害皇上的面子,词锋虽犀利,但情辞却很恳切,所以志得意满的唐太宗看了之后也很感动,据说还亲自写了诏书承认自己的过失。

谏太宗十思疏

臣闻求木之长者,必固其根本;欲流之远者,必浚其泉源①;思国之安者,必积其德义。源不深而望流之远,根不固而求木之长,德不厚而思国之安,臣虽下愚,知其不可,而况于明哲乎!人君当神器之重,居域中之大,不念居安思危,戒奢以俭,斯亦伐根以求木茂,塞源而欲流长也。

凡昔元首,承天景命,善始者实繁,克终者盖寡②。岂取之易、守之难乎?盖在殷忧必竭诚以待下,既得志则纵情以傲物。竭诚则胡越为一体,傲物则骨肉为行路。虽董之以严刑③,振之以威怒,终苟免而不怀仁,貌恭而不心服。怨不在大,可畏惟人。载舟覆舟,所宜深慎。

诚能见可欲则思知足以自戒,将有作则思知止以安人,念高危则思谦冲而自牧④,惧满盈则思江海下百川,乐盘游则思三驱以为度,忧懈怠则思慎始而敬终,虑壅蔽则思虚心以纳下,惧谗邪则思正身以黜恶,恩所加则思无因喜以谬赏,罚所及则思无以怒而滥刑。总此十思,弘兹九得,简能而任之,择善而从之。则智者尽其谋,勇者竭其力,仁者播其惠,信者效其忠。文武并用,垂拱而治。何必劳神苦思,代百司之职役哉!

①浚(jùn):深挖。　②克:能。　③董:监督。　④冲:谦和。

【译　文】

臣听说希望树木长得茂盛,就必定要强固它的根本;想要河水流得长远,就必须深挖它的源头;思虑国家安定,就一定要广积恩德和仁义。水源不深却希望水长流远,根本不固却想要树木茂盛,恩德不厚却期望国家安定,臣虽然愚笨,尚且知道这是不可能办到的,何况英明圣哲的人呢！国君承担着帝王的重任,据有天下最高的位置,如果不考虑居安思危,力戒奢侈,崇尚节俭,那么也就如同砍伐树根却希望树木繁茂,阻塞源头却想要水流长远一样了啊。

大凡从前的国君,承受上天的圣明的意旨,能有一个好的开端的确实很多,但能坚持到底的却很少。难道是取天下容易,守天下就很难么?这大概是创业时忧患深重,国君必然对下属臣民竭诚相待。等到志向得到实现,就放纵情欲、傲视他人。诚心诚意待人,可以使相距遥远的胡人和越人成为一体;傲慢待人,骨肉之亲也会变得像路人一样疏远。在这种情况下,即使用酷烈的刑罚来督责,用威严的势力来震慑,最终也仅能使人苟且地免受刑罚,而并不感怀帝王的恩德,外表恭顺而内心并不诚服。怨恨不在大小,可怕的只是百姓。百姓就像水一样,可以载船,也可以使船翻覆,这是应当特别谨慎对待的。

若真能做到,看见自己喜欢的东西,就想到知足来警诫自己;将要兴建土木,就想到要适可而止,使人民安定;考虑到身处高位会常有危险,就想到要谦虚,加强自我修养;害怕自己自满,就想到要像江海一样,有容纳百川的器量;喜欢游乐,就想到帝王打猎应三面包围而网开一面的法度;担心自己懒于政事,就想到凡事开始时要谨慎,结束时要严肃;忧虑受到蒙蔽,就想到要虚心采纳臣下的意见;害怕被谗佞包围,就想到端正自己,而摈斥邪恶的人;施恩于人时,就想到不因自己的高兴而赏赐不妥;实行刑罚时,就想到不因自己的恼怒而惩办失当。如果能把握这十个方面,弘扬美好品德,选拔任用有才能的人,择取采用好的意见,那么聪慧的人就会贡献他全部的智谋,勇武的人就会拿出他所有的力量,仁爱的人会传播他的美德,诚实的人会竭尽他的忠心。国君只要文武并用,就可以垂衣拱手,无为而治了。何必亲自劳心伤神,去代替百官的职事呢?

么书仪译

骆宾王（约640—约684），婺州义乌（今浙江义乌）人，曾为武功主簿、侍御史，因上书议论朝政，武后时被贬为临海丞，徐敬业起兵讨伐武则天，骆宾王便为他写了这篇声讨檄文，据说武则天读这篇檄文，很为它的文采吸引，当读到"一抔之土未干，六尺之孤何托"时，还埋怨"宰相安得失此人"。骆宾王和王勃、卢照邻、杨炯合称"初唐四杰"，诗写得很好，而散文作品多少还残留了一些六朝风习，这篇原名为《传檄天下文》的《为徐敬业讨武曌檄》就是用的骈四俪六的文体，但他能把它写得义正词严、激昂感奋，用典使事恰到好处，情绪与结构又回环起伏，就远远超过了那些吟风弄月、空洞无物而只有巧辞丽藻的骈文了。

为徐敬业讨武曌檄

伪临朝武氏者①，性非和顺，地实寒微。昔充太宗下陈②，曾以更衣入侍③。洎乎晚节④，秽乱春宫⑤。潜隐先帝之私，阴图后房之嬖。入门见嫉，蛾眉不肯让人；掩袖工谗，狐媚偏能惑主。践元后于翚翟⑥，陷吾君于聚麀⑦。加以虺蜴为心⑧，豺狼成性。近狎邪僻，残害忠良，杀姊屠兄，弑君鸩母⑨。人神之所同嫉，天地之所不容。犹复包藏祸心，窥窃神器。君之爱子，幽之于别宫；贼之宗盟，委之以重任。呜呼！霍子孟之不作⑩，朱虚侯之已亡⑪。燕啄皇孙⑫，知汉祚之将尽；龙漦帝后⑬，识夏庭之遽衰。

282

敬业皇唐旧臣⑭，公侯冢子。奉先君之成业，荷本朝之厚恩。宋微子之兴悲⑮，良有以也；袁君山之流涕⑯，岂徒然哉！是用气愤风云，志安社稷。因天下之失望，顺宇内之推心，爰举义旗，以清妖孽。南连百越⑰，北尽三河⑱，铁骑成群，玉轴相接。海陵红粟⑲，仓储之积靡穷；江浦黄旗，匡复之功何远。班声动而北风起，剑气冲而南斗平。暗鸣则山岳崩颓⑳，叱咤则风云变色。以此制敌，何敌不摧！以此图功，何功不克！

公等或居汉地，或叶周亲㉑，或膺重寄于话言㉒，或受顾命于宣室㉓。言犹在耳，忠岂忘心！一抔之土未干，六尺之孤何托？倘能转祸为福，送往事居，共立勤王之勋㉔，无废大君之命，凡诸爵赏，同指山河。若其眷恋穷城，徘徊歧路，坐昧先几之兆㉕，必贻后至之诛。请看今日之域中，竟是谁家之天下！

①武氏：武则天，名曌(zhào)，山西文水人。唐太宗时入宫为"才人"，太宗死后，削发为尼。高宗时被召为嫔妃，并立为皇后，开始参与朝政。中宗继位，以皇太后身份临朝听政。不久废中宗，立睿宗。不久又废睿宗，自称"圣神皇帝"，改国号周。　②下陈：堂下。这里指姬妾。　③更衣入侍：借用卫子夫的典故。据说汉武帝一次遇歌女卫子夫，卫子夫因替武帝更衣而得宠幸，成为皇后。　④洎(jì)：及，至。　⑤春宫：太子所居宫室。指当时太子、后来的高宗李治。　⑥元后：皇后。　翚(huī)翟(dí)：野鸡，五彩羽毛的叫翚，长尾的叫翟。唐代皇后的礼服上有翚翟图饰。　⑦聚麀(yōu)：指两头公鹿共有一只母鹿。　⑧虺(huǐ)：一种毒蛇。　蜴(yì)：蜥蜴。　⑨鸩(zhèn)：鸟名，羽毛有毒，可以浸酒毒死人。　⑩霍子孟：霍光，字子孟。汉武帝死，扶立昭帝。昭帝死，又于乱政之中扶立宣帝。　⑪朱虚侯：即刘章，封朱虚侯。汉高祖死，吕氏家族总揽朝政，刘章等大臣消灭诸吕，迎立文帝。　⑫燕啄皇孙：用赵飞燕故事。西汉成帝时，赵飞燕入宫为皇后，妹为昭仪，姐妹俩都无子，却嫉恨别人，暗中杀害皇孙，使成帝无嗣。武则天当政时也有"燕飞来，啄皇孙，皇孙死，燕啄矢"的谣谚。　⑬龙漦(chí)：龙的涎沫。传说夏帝曾将两条自称是褒地二君的龙的涎沫收藏起来。周厉王末年，龙涎流出，一宫女遇上后怀孕生下一女即褒姒。褒姒后来成为周幽王宠妃，并导致了周朝灭亡。　⑭敬业：即徐敬业，唐开国功臣徐勣的长孙，曾任太仆

少卿、眉州刺史,后贬柳州司马。他在扬州兴兵讨伐武则天被击败。　⑮宋微子:是商纣王庶兄,周武王封他于宋。相传微子过殷旧都,触景伤怀,作《麦秀歌》。⑯袁君山:即袁安,东汉汝南(今属河南)人。和帝时,见天子幼弱,外戚专权,暗自呜咽流泪。　⑰百越:泛指南方广大地区。　⑱三河:汉代设河南、河东、河内三郡。相当于今天河南、黄河南北及山西一部分地区。　⑲海陵:今江苏泰州。⑳喑(yīn)呜:怒气郁积。　㉑叶:通"协",合乎。　㉒膺:承受。　㉓宣室:汉未央宫正殿室。　㉔勤王:天子有难,臣下起兵相救。　㉕昧:看不清。先几之兆:事先显出的预兆。

【译　文】

　　窃据帝位的武氏,生性就不良善和顺,出身实在寒微低贱。从前充当太宗的才人,利用侍奉太宗的机会得到宠幸。及至年岁稍长,又在太子宫中淫乱。先帝即位以后,她隐瞒了与太宗的私情,暗暗谋求在后宫的宠幸。入宫以后便心怀妒忌,依仗貌美,压倒别人;巧于谗言,卖弄姿色,使君主受到迷惑。窃据了皇后的位置,陷君王于败坏人伦的境地。加上她心同蛇蝎,性如豺狼。亲近奸佞,残害忠良;谋害兄姊,弑君毒母。使得她为人神所共恨,天地所不容。她还包藏祸心,阴谋篡夺帝位。君王的爱子,被她囚于别宫,而武氏同族,却被委以重任。唉!霍子孟那样辅佐幼主的忠臣不能兴起;朱虚侯那样诛杀外戚的义士也已不存。赵飞燕杀害皇孙,预示了汉朝将亡;而龙沫化为帝后褒姒,标志着夏朝将很快走向衰亡。

　　敬业是大唐旧臣,公侯的嫡孙。接续先辈建立的功业,蒙受朝廷的厚恩。宋微子过殷墟而悲叹商亡,确是事出有因;袁君山言及外戚专权而涕泣,又岂是无缘无故!因此,由气愤激起风云,志在安定社稷。凭借天下百姓对武氏的失望情绪,顺应海内人心的向背,举起义旗,以清除妖孽。南至百越,北到三河,铁骑相连,战车相接。海陵仓廪充盈,粮米无尽;江浦黄旗挥动,兵卒无数,匡复天下,指日可待。班马嘶鸣,如北风骤起;剑气冲天,与南斗相齐。军士怒气填胸,使山岳崩毁;叱咤怒吼,使风云变色。拿这样的军队去制服敌人,什么样的敌人不可摧毁!

用这样的军队图谋功业,什么功业不可以成就!

　　诸位有的是异姓王侯,有的是皇室至亲,有的在外面肩负重要的使命,有的在朝廷领受君王的重托。先帝的遗言犹在耳边,难道就可以忘记臣子的忠心!先帝坟上的土还未干,幼小的孤儿托付何人!倘若能转祸为福,送别先帝,辅立幼主,共同为王事尽力,不弃先帝的遗命,那么,一切封爵赏赐,都可以指山河以为凭信。如果有人仍然留恋困窘的城池,在歧路上徘徊不定,白白地坐失已经显露的吉兆,必定会因丢失时机而招致惩罚。请看今天的国内,究竟是谁家的天下!

么书仪译

王勃(649—676)字子安,绛州龙门(今山西稷山)人。年轻时曾被视为天才少年,当过朝散郎、沛王府修撰。因写了一篇游戏文章触怒唐高宗,被赶出王府。此后又一度当虢州参军,但又因得罪同僚而被革职。唐高宗上元二年(675),他到交趾探望父亲,渡海时溺水而死。王勃是初唐四杰之一,诗歌成就远比散文高,但这篇《滕王阁序》的知名度却几乎超过他所有诗歌,被人传诵的程度也可以和他那两句诗"海内存知己,天涯若比邻"相比。

滕 王 阁 序

南昌故郡,洪都新府①。星分翼、轸②,地接衡、庐。襟三江而带五湖③，控蛮荆而引瓯越④。物华天宝，龙光射牛斗之墟⑤；人杰地灵，徐孺下陈蕃之榻⑥。雄州雾列，俊彩星驰。台隍枕夷夏之交，宾主尽东南之美。都督阎公之雅望，棨戟遥临⑦；宇文新州之懿范，襜帷暂驻⑧。十旬休暇，胜友如云；千里逢迎，高朋满座。腾蛟起凤，孟学士之词宗；紫电清霜，王将军之武库。家君作宰⑨，路出名区；童子何知⑩，躬逢胜饯。

时维九月，序属三秋。潦水尽而寒潭清，烟光凝而暮山紫。俨骖騑于上路⑪，访风景于崇阿；临帝子之长洲⑫，得仙人之旧馆。层峦耸翠，上出重霄；飞阁流丹，下临无地。鹤汀凫渚⑬，穷岛屿之萦回；桂殿兰宫，列冈峦之体势。披绣闼，俯雕甍⑭，山原旷其盈视，川泽盱其骇瞩⑮。闾阎扑地，钟鸣鼎食之家⑯；舸舰迷津，青雀黄龙之轴⑰。虹销雨霁⑱，彩彻云衢。落霞与孤鹜齐飞，秋水共长天一色。渔舟唱晚，响穷彭蠡之滨；雁阵惊寒，声断衡阳之浦。

遥吟俯畅，逸兴遄飞⑲。爽籁发而清风生⑳，纤歌凝而白云遏。睢园绿竹㉑，气凌彭泽之樽㉒；邺水朱华㉓，光照临川之笔㉔。四美具，二难并。穷睇眄于中天㉕，极娱游于暇日。天高地迥，觉宇宙之无穷；兴尽悲来，识盈虚之有数。望长安于日下，指吴会于云间㉖。地势极而南溟深，天柱高而北辰远。关山难越，谁悲失路之人？萍水相逢，尽是他乡之客。怀帝阍而不见㉗，奉宣室以何年㉘？

呜呼！时运不齐，命途多舛。冯唐易老㉙，李广难封㉚。屈贾谊于长沙㉛，非无圣主；窜梁鸿于海曲㉜，岂乏明时？所赖君子安贫，达人知命。老当益壮，宁知白首之心；穷且益坚，不坠青云之志。酌贪泉而觉爽㉝，处涸辙以犹欢㉞。北海虽赊，扶摇可接；东隅已逝㉟，桑榆非晚㊱。孟尝高洁㊲，空怀报国之心；阮籍猖狂㊳，岂效穷途之哭？

勃，三尺微命，一介书生。无路请缨，等终军之弱冠㊴；有怀投笔㊵，慕宗悫之长风㊶。舍簪笏于百龄㊷，奉晨昏于万里㊸。非谢家之宝树㊹，接孟氏之芳邻㊺。他日趋庭，叨陪鲤对㊻；今晨捧袂㊼，喜托龙门。杨意不逢㊽，抚凌云而自惜；钟期既遇㊾，奏流水以何惭㊿？

呜呼！胜地不常，盛筵难再。兰亭已矣○51，梓泽丘墟○52。临别赠

言,幸承恩于伟饯;登高作赋,是所望于群公。敢竭鄙诚,恭疏短引。一言均赋,四韵俱成:

> 滕王高阁临江渚,佩玉鸣鸾罢歌舞。画栋朝飞南浦云,朱帘暮卷西山雨。闲云潭影日悠悠,物换星移几度秋。阁中帝子今何在? 槛外长江空自流。

①南昌:一作"豫章"。汉代豫章郡治所南昌(今江西南昌),唐代改为江南道洪州中都督府治所。　②翼、轸(zhěn):二星宿名。古人用天上二十八星宿的位置来划分地面上相应的区域。　③三江:说法不一,一般认为指荆江、松江、浙江。　五湖:指太湖、鄱阳湖、青草湖、丹阳湖和洞庭湖。　④蛮荆:指楚地。荆即楚。　瓯(ōu)越:泛指今浙江南部及福建一带。　⑤龙光射牛斗之墟:据《晋书·张华传》记载,张华见牛、斗二星之间有紫气,便问精通天象的雷焕,雷焕说这是由于丰城有宝剑的精气上通于天的缘故。丰城属洪城。　⑥徐孺下陈蕃之榻:徐稚字孺子,南昌人,东汉名士。据《后汉书·徐稚传》载,豫章太守陈蕃素不待客,只有徐稚来才招待,并特为他设一榻,以示尊敬。　⑦棨(qǐ)戟:有衣套的戟,用作官吏出行时的仪仗。　⑧襜(chān)帷:车的帷幔。　⑨家君作宰:指王勃的父亲当时在交趾任职。　⑩童子:王勃自指。　⑪俨:整齐的样子。　骖(cān)騑(fēi):驾车的马,左称骖,右称騑。　⑫帝子:指滕王李元婴。　⑬汀:水中平地。　凫(fú):野鸭。　渚(zhǔ):小洲。　⑭甍(méng):屋脊。　⑮盱(xū):张大眼睛。　骇瞩:看了感到吃惊。　⑯闾阎:里巷的门。　钟鸣鼎食:古时贵族吃饭要奏乐列鼎,所以它常用来指富贵人家。　⑰轴:通"舳",船尾。这里指整个船。　⑱霁(jì):雨雪停止。　⑲遄(chuán):急速。　⑳籁:箫管一类乐器。　㉑睢(suī)园:汉梁孝王在睢水旁修建的竹园,他常与文人在此聚会。　㉒彭泽:指东晋末诗人陶渊明,他曾作过彭泽令。　㉓邺水:邺是曹魏兴起的地方,曹氏父子常在此招集文人聚会。当时诗人经常写到这里的荷花,如曹操《公讌诗》:"朱华冒绿池。"　㉔临川:指南朝诗人谢灵运,他曾做过临川内史。　㉕睇(dì)眄(miǎn):斜视,这里作目光上下左右浏览讲。　㉖吴会(kuài):指今苏州。　㉗帝阍(hūn):原是传说中天帝的守门人,这里指朝廷。　㉘宣室:汉未央宫前殿正室。　㉙冯唐:西汉人,有才干而不受重用,到老了还是个职位很低的官。　㉚李广:西汉名将,但终身未得封侯。　㉛贾谊:西汉著名政论家,曾任博士、太中大夫,后贬为长沙王太傅。　㉜梁鸿:东汉

人,因受汉章帝猜忌,曾隐名埋姓于齐鲁一带。　　㉝贪泉:传说广州有贪泉,人喝了会贪婪。　　㉞涸辙:干涸的车辙。《庄子·外物篇》有一则寓言说,一条鱼在涸辙里奄奄待毙,哀求过路人给一瓢水,而那人却说要引西江水来救它。鱼便说,那就只好到卖鱼干的地方找我了。鱼处涸辙比喻处境困难。　　㉟东隅:东方日出的地方。　　㊱桑榆:指日落时余光照在桑树和榆树顶梢,比喻黄昏。　　㊲孟尝:东汉时一个贤能的官吏。　　㊳阮籍:魏晋时放荡不拘礼法的文人。　　㊴终军:西汉人。二十多岁时曾请缨抓回南越王。　　㊵投笔:指弃文从武。《后汉书·班超传》说班超先在官府抄文书,后掷笔于地,要"立功异域,以取封侯"。　　㊶宗悫(què):南朝宋人,年轻时有"愿乘长风破万里浪"的志向。　　㊷簪笏(hù):古代官员用的冠簪、手版。　百龄:百年,一生。　　㊸晨昏:古代礼节规定早晚向父母请安。　　㊹谢家之宝树:东晋谢安曾称其侄谢玄是"吾家之宝树"。见《晋书·谢安传》。　　㊺孟氏之芳邻:传说孟母为了找好邻居曾三次搬家,以使孟子有个好环境。　　㊻叨(tāo):惭愧,表示自谦。　鲤对:孔子曾在儿子孔鲤走过庭前时对他进行教育。见《论语·季氏》。　　㊼捧袂(mèi):捧着衣袖的恭敬样子。　　㊽杨意:即杨得意,汉武帝时宫廷狗监。司马相如便是由他引荐的。㊾锺期:锺子期,琴师伯牙的知音。　㊿流水:伯牙奏琴,志在流水。　　○51兰亭:东晋王羲之等文人的聚会之地。　　○52梓泽:又名金谷园,西晋石崇所建,常在此与当时名流宴饮聚会。

【译　文】

　　旧名南昌郡,新改洪州府。天上挂着翼、轸两座星宿,地下连着衡、庐两座名山。旁边围着三江和五湖,前后靠着荆楚和闽越。宝剑发出天生的光芒,龙文直射到牛、斗星座之间;英杰显示地方的灵气,徐稚高卧在陈蕃榻床之上。州郡密布,像雾那么浓;人才辈出,像星那么多。城楼正在夷夏结合的地方,宾主都是东南著名的人物。都督阎公的声望卓著,跟着仪仗远来;宇文知州的风度不凡,停下车马暂驻。趁十天的假期,好友群聚;赶千里的远道,高朋齐来。孟学士的文章,像蛟腾凤舞;王将军的武艺,像电闪霜飞。做官的父亲,曾路过这名城;无知的孩子,也参与这盛宴。

　　正当九月,刚入深秋。积水退干了而池潭清冷,晚烟凝聚而山峦青紫。大路旁准备鞍马，高坡上采访风景。走到了王子的长洲，登上了仙人的高阁。翠峦重叠，高耸入云；红楼一角，横空临水。仙鹤野鸭栖宿的水滩，回环在岛屿的周围；桂树木兰建筑的宫殿，排列成山岗的形状。打开绣画的门屏，俯视雕花的屋栋。山原吸引我的目光，河流拓开我的视野。门户整齐，都是鸣钟列鼎的人家；船艇联翩，还有青雀黄龙的画舵。虹消雨霁，光彩满天。落霞和鸭子齐肩飞驰，秋水和长天连成一色。晚上渔船的歌声，响遍彭蠡湖边；寒夜雁群的惊叫，直到衡阳山下。

　　高歌远眺，兴致飞扬。箫管吹起了清风，歌声遏住了白云。睢园的绿竹高昂，发扬陶渊明的气节；邺水的红花灿烂，照耀谢灵运的文笔。四美俱备，二难齐全。极目瞭望远空，尽情欢度假日。天高地远，认识宇宙的无穷；兴尽悲来，早知盛衰的有命。望天边向往长安，从云间指点吴会。地势斜倾，直到南海岸；天柱高耸，仰望北极星。关山无法飞越，谁会可怜失意之人？萍水偶然相逢，都是暂过他乡之客。怀念宫门，怎能到达；献身朝廷，岂有指望？

　　唉！时机不好，命运多难。冯唐容易年老，李广不得封侯。贾谊流放到长沙，不是没有圣明的君主；梁鸿隐居在海边，难道不遇太平的时代？好在君子安于清贫，达人懂得天命。人老心不老，谁理解毕生的苦心；人穷志更坚，决不改凌云的壮志。喝了贪泉更头脑清醒，处于困境还心情愉快。北海虽远，可以乘风而到；朝阳已过，还有晚景可追。正如孟尝清高，空怀报国之心；阮籍放荡不羁，怎能学他轻弹哭穷之泪？

　　我王勃只是腰带三尺的小官，孤立无助的书生。没有请缨卫国的门路，正赶上终军的青年时代；怀着投笔从军的志愿，最羡慕宗悫的远大理想。抛开一辈子的前途，探望万里外的亲人。虽不及谢家的杰出人才，却愿找孟母的善良邻居。以后到家里可以学孔鲤那样报告父亲，今天在会上如同登龙门那样见到贵人。（司马相如）没逢见杨得意，只能捧着赋而自我惋惜；（伯牙）既遇上锺子期，不怕弹起琴而众人见笑。

　　啊！胜地不会长存，华筵难以再遇。兰亭已成了古迹，金谷也变为废墟。临别赠言，幸而分得盛会的光荣；登高作赋，还得仰仗诸公的大笔。表示区区的诚意，写成短短的前言。每人各用一个韵，大家都作八

句诗:

　　　　滕王建的高阁面临江边,佩玉响的时候舞罢歌阑。早晨南浦的云飞上画栋,傍晚西山的雨卷入朱帘。云闲水静啊自在悠悠,时过境迁啊几度春秋。阁中的王子现在哪里? 门外的赣江空自长流。

程毅中译

李白(701—762)字太白,自号青莲居士。关于他的出生地至今仍众说纷纭,但可以知道他的青少年时代是在蜀中度过的,二十五岁后才出蜀漫游,四十二岁时因道士吴筠等人推荐被唐玄宗任命为翰林学士,不久又因蔑视权贵而遭到谗言飘然去职,安史之乱中曾参加过永王李璘的队伍,却又因李璘与唐肃宗斗争失败而被流放夜郎,后虽遇赦,但漂泊困苦,死于当涂(今安徽)。他是唐代最豪爽飘逸的大诗人,人们对他在诗歌上的天才早已耳熟能详,但大都并不注意他在散文创作上的成就,其实,他的散文写得很流畅潇洒,颇有些他的诗歌那种韵味,而且他还是象征着中唐散文文体革新前兆的作家之一,张说等人的碑志传文,李白、王维等人的书、序、记,以参差句式和质朴的语词、流畅的气脉,已经启迪了中唐的古文运动。下面所选的两篇,一篇以散行为主,间有骈句,一篇以骈句为主,间有散行,都写得很漂亮很潇洒。

与韩荆州书

　　白闻天下谈士相聚而言曰："生不用封万户侯①,但愿一识韩荆州。"何令人之景慕一至于此! 岂不以周公之风,躬吐握之事②,使海内豪俊,奔走而归之,一登龙门③,则声价十倍! 所以龙蟠凤逸之士④,皆欲收名定价于君侯。君侯不以富贵而骄之,寒贱而忽之,则三千之中有毛遂⑤,使白得颖脱而出⑥,即其人焉。

　　白,陇西布衣⑦,流落楚、汉⑧。十五好剑术,遍干诸侯。三十成文章,历抵卿相。虽长不满七尺,而心雄万夫。皆王公大人许与气义。此畴曩心迹⑨,安敢不尽于君侯哉! 君侯制作侔神明,德行动天地,笔参造化,学究天人。幸愿开张心颜,不以长揖见拒。必若接之以高宴,纵之以清谈,请日试万言,倚马可待⑩。今天下以君侯为文章之司命,人物之权衡,一经品题,便作佳士。而今君侯何惜阶前盈尺之地,不使白扬眉吐气、激昂青云耶?

　　昔王子师为豫州⑪,未下车即辟荀慈明⑫,既下车又辟孔文举⑬。山涛作冀州⑭,甄拔三十余人,或为侍中、尚书⑮,先代所美。而君侯亦一荐严协律,入为秘书郎;中间崔宗之、房习祖、黎昕、许莹之徒,或以才名见知,或以清白见赏。白每观其衔恩抚躬,忠义奋发,白以此感激,知君侯推赤心于诸贤之腹中,所以不归他人而愿委身国士。倘急难有用,敢效微躯。

　　且人非尧、舜,谁能尽善? 白谟猷筹画⑯,安能自矜? 至于制作,积成卷轴,则欲尘秽视听,恐雕虫小技,不合大人。若赐观刍荛⑰,请给纸笔,兼之书人,然后退扫闲轩,缮写呈上。庶青萍、结绿,长价于薛、卞之门⑱。幸推下流,大开奖饰,唯君侯图之。

　　①万户侯:有食邑万户的诸侯。　　②吐握:吐哺握发。《史记·鲁周公世

291

家》记载,周公"一沐三捉发,一饭三吐哺,起以待士,犹恐失天下之贤人"。
③登龙门:《后汉书·李膺传》记载,李膺声名很高,当时士人能得到他接纳的,都叫"登龙门"。 ④龙蟠凤逸:比喻有才能的人。蟠,盘旋。逸,奔跑、飞翔。
⑤毛遂:战国时赵平原君的门客。他告诉平原君"使遂早得处囊中,乃颖脱而出",自荐参加与楚怀王的谈判。 ⑥颖:锥柄。 ⑦陇西:李白的祖籍。 ⑧楚、
汉:今湖北、湖南一带。 ⑨畴曩:往昔。 ⑩倚马可待:典出《世说新语·文学》。东晋桓温北征,要袁宏立即起草一份文告,袁宏倚在马前,手不停笔,一口气写了七页。后来常用此比喻才思敏捷。 ⑪王子师:名允。东汉灵帝时任豫州刺史,后因密谋杀董卓而被杀。 ⑫荀慈明:名爽,一名谞,东汉人,官至司空。
⑬孔文举:名融,孔子后代。东汉时曾任北海相、太中大夫,后被曹操杀害。
⑭山涛:西晋名士,字巨源。曾任冀州刺史,又任吏部尚书。 ⑮侍中:西晋时主要侍卫皇帝左右。 尚书:当时为朝官,分掌尚书各曹。 ⑯谟(mó)猷(yóu):谋划。 ⑰刍荛(ráo):割草打柴的人,多指草野之民。 ⑱薛:薛烛,春秋时越国人,善于相剑。 卞:卞和,春秋时楚国人,善于识玉。

【译 文】

我听到天下善言谈的人们相聚时议论说:"此生宁愿不封万户侯,但愿认识一下韩荆州。"您怎么会令人景仰敬慕到这样的程度?还不是因为您身体力行周公的尊贤重士、"三握""三吐"的作风,才使天下的豪杰才俊之士,都愿趋赴奔走于您的门下,犹如鲤鱼一旦跃上龙门,就可成龙,身价陡增。所以,胸怀才智的英杰之士,都想获得您的品题与评价。您既不以自己地位的尊贵而傲视他们,也不以他们寒贱的出身而轻忽他们,在您的三千门客之中,必然会有毛遂,如果能给我显露才华的机会,我就是您的毛遂了。

我是陇西的一个平民,流落在楚汉一带。十五岁爱好剑术,曾到处干谒过地方官;三十岁文章有成,又屡次投拜公卿。身长虽不满七尺,而雄心在万夫之上。王公大臣一致称许我的节操和义气。这些我素日的抱负与行事,怎敢不向您尽情吐露呢?您的著述可比神明,德行感动天地,文笔之妙可与造化比美,学识之深探究了大自然与人类社会的奥秘。但愿您能心情愉快,不拒绝我谒见您的诚心。如若能在您的筵席

之上,容我高谈纵论,请测试我的文章,万言之篇,也可以倚马而成。如今,天下人把您看作是文章的主宰,评价人物的标准,一经您的鉴定,就成了优秀人才。您又何必爱惜台阶前边那一尺之地,不给我进见机会,不让我扬眉吐气,振奋于青云之上呢?

过去,王允到豫州作刺史,尚未到任,就征用了荀慈明,到任后又聘用了孔文举。山涛任冀州刺史,选择提拔了三十多人,或被任命为侍中,或被任命为尚书,这些都受到了前人的赞美。您也曾推荐过严武做秘书郎,又引荐过崔宗之、房习祖、黎昕、许莹等人。他们或以才华出众为您所知,或以品格清高为您赏识。我常常看到他们发自内心的感恩戴德的话,并为之奋发图强不已,也因此知道您是如何对他们推心置腹以赤诚相待了,我深受感动,因而不去依附他人,而把自己委托给您,您如有什么急难需要,我愿以微躯为您效劳。

而且,人不是尧舜,谁能尽善尽美?在运筹策划方面,我哪敢自恃?至于制作诗文,则已积累成卷轴,很想打扰您,请您过目。只恐这些雕章琢句的小玩意,不合乎您的趣味。如若您愿意赏阅草野之人的这些文章,请赐给纸笔和抄手,我将退而洒扫静室,誊清奉上。以便这些诗赋像青萍宝剑和结绿宝石一样,得到赏识者的鉴别。我这个地位低下的人希望能得到奖励和夸饰,请君侯考虑!

乔象钟译

春夜宴桃李园序

夫天地者,万物之逆旅;光阴者,百代之过客。而浮生若梦,为欢几何? 古人秉烛夜游①,良有以也。况阳春召我以烟景,大块假我以文章。会桃李之芳园,序天伦之乐事。群季俊秀,皆为惠连②;吾人咏歌,独惭康乐③。幽赏未已,高谈转清。开琼筵以坐花④,飞羽觞而醉月⑤。不有佳作,何伸雅怀? 如诗不成,罚依金谷酒数⑥。

①秉烛夜游：《古诗十九首》有"昼短苦夜长，何不秉烛游"之句，意思是人生短暂，应及时行乐。　②惠连：谢惠连，南朝文学家，与族兄谢灵运并称"大小谢"。③康乐：谢灵运，袭封康乐侯。　④琼筵：盛宴。　⑤羽觞：一种双耳酒杯。⑥金谷：西晋石崇在金谷园宴请宾客，座中不能赋诗的，罚酒三杯。

【译　文】

天地，是万物的旅舍；光阴，是百代的过客。而虚浮的人生像梦幻一样，能有几多欢乐？所以古人掌灯夜游，是有道理的。况且和暖的春天以绮丽的景色在召唤我们，大自然又提供我们如此灿烂的文采。我们聚会在这桃李芬芳的园里，畅叙天伦间的乐事。诸位贤弟都是俊才秀士，个个比得上谢惠连，只有我所吟咏的诗，有愧于谢康乐。寻幽探奇尚未已，纵兴的高谈又转而成为会心的清论。敞开琼筵于花丛之中，飞动羽觞于明月之下，没有好的诗歌，怎能表述我们风雅的怀抱？如果谁写不成诗，依照金谷园的旧例，罚他饮酒三杯！

乔象钟译

李华（约715—774）字遐叔，赞皇（今河北）人。唐玄宗开元年间中进士后，当过监察御史、右补阙。安史之乱时，他被叛军俘获，不得已接受了官职，乱平后因而被贬职当了杭州司户参军，后因病辞职。他是中唐之初最早最激烈地提倡散行古文的人，他的古文如《著作郎厅壁记》也写得不错，但不知为什么本书偏偏选了他的这篇骈体的《吊古战场文》，当然，这篇文章的确笔调哀婉动人，结构回环往复，虽然是骈体，却没有当时骈文繁缛绮丽的弊病，写法很朴实洗练，偶尔羼入的一些古文句法也常常能使平滞单调的骈文节奏有些变化。

吊古战场文

浩浩乎平沙无垠，夐不见人①，河水萦带，群山纠纷。黯兮惨悴，风悲日曛。蓬断草枯，凛若霜晨。鸟飞不下，兽铤亡群②。亭长告余曰："此古战场也。常覆三军。往往鬼哭，天阴则闻。"伤心哉！秦欤？汉欤？将近代欤？

吾闻夫齐、魏徭戍③，荆、韩召募。万里奔走，连年暴露④。沙草晨牧，河冰夜渡。地阔天长，不知归路。寄身锋刃，腷臆谁诉⑤？秦、汉而还，多事四夷。中州耗斁⑥，无世无之。古称戎、夏⑦，不抗王师。文教失宣，武臣用奇。奇兵有异于仁义，王道迂阔而莫为。呜呼噫嘻！

吾想夫北风振漠，胡兵伺便，主将骄敌，期门受战⑧。野竖旄旗⑨，川回组练⑩。法重心骇，威尊命贱。利镞穿骨，惊沙入面。主客相搏，山川震眩，声析江河⑪，势崩雷电。至若穷阴凝闭，凛冽海隅，积雪没胫，坚冰在须，鸷鸟休巢，征马踟蹰，缯纩无温⑫，堕指裂肤。当此苦寒，天假强胡，凭陵杀气，以相剪屠。径截辎重，横攻士卒。都尉新降，将军覆没。尸填巨港之岸，血满长城之窟。无贵无贱，同为枯骨。可胜言哉！鼓衰兮力尽，矢竭兮弦绝，白刃交兮宝刀折，两军蹙兮生死决⑬。降矣哉？终身夷狄。战矣哉？骨暴沙砾。鸟无声兮山寂寂，夜正长兮风淅淅。魂魄结兮天沉沉，鬼神聚兮云幂幂⑭。日光寒兮草短，月色苦兮霜白。伤心惨目，有如是耶？

吾闻之：牧用赵卒⑮，大破林胡，开地千里，遁逃匈奴。汉倾天下，财殚力痡⑯。任人而已，其在多乎？周逐猃狁⑰，北至太原，既城朔方，全师而还。饮至策勋⑱,和乐且闲,穆穆棣棣,君臣之间。秦起长城,竟海为关,荼毒生灵,万里朱殷。汉击匈奴,虽得阴山⑲,枕骸遍野,功不补患。

苍苍蒸民⑳,谁无父母?提携捧负,畏其不寿。谁无兄弟,如足如手?谁无夫妇,如宾如友?生也何恩?杀之何咎?其存其没,家莫闻知。人或有言,将信将疑。悁悁心目㉑,寝寐见之。布奠倾觞,哭望天涯。天地为愁,草木凄悲。吊祭不至,精魂何依?必有凶年,人其流离。鸣呼噫嘻!时耶?命耶?从古如斯。为之奈何?守在四夷。

①夐(xiòng):远。　②铤:快跑。　③徭:劳役。　戍:守边。　④暴(pù):同"曝",暴露。　⑤腷(bì)臆:郁阿的心情。　⑥斁(dù):毁坏。　⑦戎:指边疆少数民族。　夏:指中原民族。　⑧期门:军营营门。　⑨旄(máo)旗:旄牛尾装饰的旗子。　⑩组练:战士穿的两种衣甲。这里指军队。　⑪析:崩裂。　⑫缯(zēng)纩(kuàng):丝、棉做成的衣服。缯,丝织品。纩,棉絮。　⑬蹙(cù):迫近。　⑭幂幂(mì):阴森凄惨的样子。　⑮牧:李牧,战国时赵国名将,曾率赵兵大破匈奴中名叫林胡的一支。　⑯痡(pū):疲弱。　⑰猃(xiǎn)狁(yǔn):北方少数民族,又作"獯狁"。《诗经·小雅·弓月》有"薄伐獯狁,至于太原";《小雅·出车》又有"天子命我,城彼朔方"。　⑱饮至:古时征伐完毕,要在宗庙告祭祖先,饮酒庆贺。　策勋:在简策上记下功勋。　⑲阴山:今河套以北、大漠以南群山的总称。　⑳蒸:通"烝",众。　㉑悁悁(yuān):忧郁的样子。

【译　文】

辽阔啊,莽莽平沙,一望无垠。万里空旷,不见一人。举目四望,但见河水萦绕如带,群山交错纵横。暗淡惨凄,风声悲,日色昏。蓬根断,百草枯,凛冽像是下霜的清晨。鸟惊飞而不落,兽狂奔而失群。亭长对我说:"这儿就是古战场!常在这里覆没三军。鬼哭声经常出现在天阴雨湿的时分。"多么令人痛心啊!这里是秦时的战场?汉时的战场?还是近代的战场呢?

听说战国时的齐、魏、楚、韩,曾为戍守边塞,招募士卒,调遣役夫。

戍卒们连年日晒雨淋，跋涉于万里征途。清晨在荒漠的草原上放牧，深夜从结冰的河面上穿渡。望故乡地阔天遥，不知何处是归路。托身于刀刃枪锋间，满怀忧郁又向谁诉？秦汉以来，边境常有战事，致使中原凋敝，代代如此。古人说，"戎""夏"不抗拒朝廷的仁义之师。后来礼乐教化废弛，武将擅权而战伐相继。暴力与仁义教化不同，王道被认为是迂阔不切实际。唉！可叹呀！

我想，当北风席卷沙漠的时候，胡兵伺机进犯，主将却骄傲轻敌，被迫营门应战。原野竖立起军旗，沿着地形曲折排开阵势。军令严，人心惊惶恐惧，军威重，士卒性命微贱。利箭穿骨，飞沙扑面。敌我激烈搏斗，山川为之震撼。金鼓连天响，厮杀声不断。响声巨大似江河崩裂，攻势迅猛如霹雳闪电。至于阴云密布，严寒笼罩着边隅。积雪没过小腿，坚冰挂上胡须。鹰鹞藏进窝里，战马徘徊踟蹰。士卒的棉衣冰冷，冻断了手指，皲裂了皮肤。在这酷寒的时节，老天帮助了强胡。胡人凭借这肃杀之气，前来抢掠杀戮。他们恣意截取物资，疯狂屠杀士卒。都尉刚投降，将军又战殁。将士的尸身堆积河边，鲜血流满了长城洞窟。不论贵贱，一起化为枯骨。此情此景，岂是语言所能描述！鼓声渐弱了啊战士力竭，箭矢用尽了啊弓弦断绝。白刃拼杀啊宝刀折，两军肉搏啊生死相决。投降吗？将终身沦为夷狄；拼死吗？将尸骨横卧沙砾。鸟无声啊群山寂寂，夜正长啊风声凄厉。魂魄不散啊天昏沉，鬼神聚集啊云阴森。日光暗淡啊百草不长，月色惨凄啊映着白霜。谁能相信，世间竟然有这种叫人心碎、不忍卒睹的景象？

我听说，战国时良将李牧率领赵军，一举大败林胡。拓地千里，驱逐匈奴。汉朝倾全国之力抗击匈奴，却导致人疲财枯。戍守边疆，关键在于用人，岂只在戍卒众多？周朝驱逐猃狁，把他们赶到北面的太原，筑城凯旋。回到京师，宗庙告祭，饮酒记功，和乐又安闲。君臣之间，相敬相安。秦始皇征调役夫修长城，关塞东达海边，残害百姓，万里血染。汉武帝北击匈奴，虽夺取了阴山，却弃尸遍川原，功劳弥补不了灾难。

天下的百姓，哪个没有父母？尽心供养，唯恐他们不能长寿。哪个没有兄弟，亲如手足？哪个没有夫妻，彼此相敬如宾，相爱如友？战争中幸存者是谁的恩？战死者是谁的过。他们是生是死，家人都得不到消息。偶尔听到些传言，也将信将疑。他们内心充满了疑虑、抑郁，亲骨肉只能梦中相聚。亲人们洒洒祭奠，泪眼遥望天涯。天地为之哀愁，草木为之悲泣。边塞遥远，吊祭之情难以到达，孤魂将何处归依？大战之后，必有凶年，百姓背井离乡逃亡流离。多么可悲啊！怨天？怨命？自古以来就是如此！怎么办呢？只有行王道、施仁义，华夷和睦。国家的屏障就是四方之夷！

冯仲芸译

刘禹锡（772—842）字梦得，洛阳人，唐德宗贞元九年（793）中进士。贞元二十一年（805），他和柳宗元都参与了王叔文、王伾领导的革新，失败后被贬外地，除了一度回长安外，近二十年中都任地方行政官员，直到敬宗宝历年间才调回中央任职，后来又一度出任苏州、汝州、同州刺史，开成元年（836）再一次回到东都洛阳任太子宾客，这时他已是六十五岁的老人了。刘禹锡以诗闻名，散文比不上他的诗，但他也是当时擅写古文的名家，这一篇《陋室铭》是他的名作，有几句话成了千年来知识分子聊以自慰的口头禅，它不仅写得轻快隽永，而且琅琅上口，挪用了骈文音韵铿锵的特长，却改变了骈文四六交替的呆板句式，或三或五、或四或六，显得轻灵跳动，妙趣横生。

陋 室 铭

　　山不在高，有仙则名；水不在深，有龙则灵。斯是陋室，唯吾德馨。苔痕上阶绿，草色入帘青。谈笑有鸿儒，往来无白丁。可以调素琴，阅金经①。无丝竹之乱耳，无案牍之劳形。南阳诸葛庐②，西蜀子云亭③。孔子云："何陋之有④?"

　　①金经：指用泥金颜料书写的佛教或道教经文。　　②诸葛庐：指诸葛亮未出山前在南阳居住过的草庐，在今湖北襄阳。　　③子云亭：扬雄字子云，西汉人。今成都玄亭又名子云亭。　　④何陋之有：语见《论语·子罕》。

【译　文】

　　山不在高，住有仙人就获得盛名。水不在深，藏有蛟龙就显示神灵。这是个简陋的小屋，会因我的美质而散发芳馨。苔藓悄悄地爬上石阶，染成一片翠绿；草色透过帘栊，满室漾着青葱。共谈笑的都是饱学多识的学者，相往来的没有一个缺少见识的白丁。在这里，可以弹不加彩饰的琴，可以披阅修身养性的经；没有世俗急管繁弦的喧闹，没有批阅公文案卷的苦劳。南阳郡有诸葛亮的草庐，成都府有扬子云的玄亭。有美德的人的住所，正如孔子说的："何陋之有?"

冯仲芸译

杜牧（803—853）字牧之，京兆万年（今陕西西安）人，大和二年（828）中进士，曾长期在各方镇为幕僚，武宗会昌年间又出任过黄州、池州、睦州刺史，大中年间回长安，历任司勋员外郎、史馆修撰、吏部员外郎，最后当到中书舍人。他出身世代为官的家庭，他的祖父杜佑，既是高官，又是学者，著有《通典》二百卷，对这一点杜牧一直很自豪，所以他也很想追随先祖，一方面"仕宦至公相，致君作尧汤"，一方面精研"治乱兴亡之迹，财赋甲兵之事"，于是又注释《孙子兵法》，又写《罪言》《论战》之类的论文。然而他那些治世论战的东西只不过是纸上谈兵或自我消遣的产物，无论在当时还是在后世，人们只把他当作文人，对他的诗文感兴趣，只是在这篇《阿房宫赋》里，我们还是可以看到他强烈而执拗的入世意识。但他试图借这种赋的形式来告诫当权者却又有些迂腐得可爱，因为晚唐一片乱糟糟的形势下，很难有哪个当权者来认真琢磨这篇赋的深意，而作为一个文人，他的声音也太微弱，因此《阿房宫赋》并不可能成为扭转颓势的谏书而只能给文学史留下一篇精美的名篇。

阿 房 宫 赋

六王毕，四海一，蜀山兀，阿房出。覆压三百余里，隔离天日。骊山北构而西折①，直走咸阳②。二川溶溶，流入宫墙。五步一楼，十步一阁；廊腰缦回，檐牙高啄；各抱地势，钩心斗角。盘盘焉，囷囷焉③，蜂房水涡，矗不知其几千万落。长桥卧波，未云何龙？复道行空，不霁何虹④？高低冥迷，不知西东。歌台暖响，春光融融；舞殿冷袖，风雨凄

300

凄。一日之内，一宫之间，而气候不齐。

妃嫔媵嫱⑤，王子皇孙，辞楼下殿，辇来于秦，朝歌夜弦，为秦宫人。明星荧荧，开妆镜也；绿云扰扰，梳晓鬟也；渭流涨腻，弃脂水也；烟斜雾横，焚椒兰也；雷霆乍惊，宫车过也；辘辘远听，杳不知其所之也。一肌一容，尽态极妍，缦立远视⑥，而望幸焉。有不得见者，三十六年⑦。燕、赵之收藏，韩、魏之经营，齐、楚之精英，几世几年，取掠其人，倚叠如山。一旦不能有，输来其间。鼎铛玉石⑧，金块珠砾，弃掷逦迤，秦人视之，亦不甚惜。

嗟乎，一人之心，千万人之心也。秦爱纷奢，人亦念其家。奈何取之尽锱铢⑨，用之如泥沙？使负栋之柱，多于南亩之农夫；架梁之椽，多于机上之工女；钉头磷磷，多于在庾之粟粒⑩；瓦缝参差，多于周身之帛缕；直栏横槛，多于九土之城郭；管弦呕哑，多于市人之言语。使天下之人，不敢言而敢怒，独夫之心，日益骄固。戍卒叫，函谷举⑪，楚人一炬，可怜焦土。

呜呼！灭六国者，六国也，非秦也。族秦者，秦也，非天下也。嗟夫！使六国各爱其人，则足以拒秦。秦复爱六国之人，则递三世，可至万世而为君，谁得而族灭也？秦人不暇自哀，而后人哀之；后人哀之而不鉴之，亦使后人而复哀后人也！

①骊山：在今陕西临潼东南。　②咸阳：在今陕西咸阳东北。　③囷囷(qūn)：曲折回旋的样子。　④霁(jì)：雨后初晴。　⑤妃：又指太子王侯之妻。　嫔(pín)、嫱(qiáng)：都是宫廷女官。　媵(yìng)：陪嫁的人。　⑥缦立：久久站立。　⑦三十六年：指秦始皇在位的三十六年。　⑧铛(chēng)：一种平底浅锅。　⑨锱铢：古代重量单位。六铢为一锱，一铢则相当于后来一两的二十四分之一。　⑩庾：露天谷仓。　⑪函谷：函谷关，在今河南灵宝东北。

【译　文】

六国消灭，天下统一。蜀山秃顶，阿房矗起。覆盖三百多里，隔断了天上的阳光。从北面的骊山建起，折向西面的咸阳。渭川和樊川的水，缓缓地流入宫墙。五步一楼，十步一阁。回廊像腰带曲折，屋檐像鸟嘴高啄。依随着地势回旋环抱，围绕着中心四外开拓。曲曲的，弯弯的，好像一格格的蜂房，一棱棱的瓦沟，不知有几千万个院落。长桥像龙卧水上，可哪有风起云涌？复道像虹贯空中，怎没见雨霁斜晖？四周围高低起伏，分不清东西南北。台前正歌声热闹，春光融融；殿后却舞袖清凉，风雨凄凄。一日之间，一宫之内，而气候不一。

妃嫔媵嫱，公主帝女，出了六国的宫殿，拉上秦国的囚车。早上唱啊晚上弹，为供秦王的欢娱。化妆时打开明镜，像闪闪星辰；梳头时披散秀发，像朵朵绿云。渭河泛腻，是脂水倾盆；烟雾弥漫，是椒兰香熏；雷霆震耳，是宫车过门；隆隆地由近而远，不知向哪里停轮。不同的身材，不同的容貌，摆出各种姿势，久立远盼，等候皇帝驾到，有的三十六年都没见到一面。燕国、赵国的收藏，韩国、魏国的经营，齐国、楚国的精英，多少代多少年，取之于民，堆积如山。一旦保不住，都往宫里搬。鼎当作铁铛，玉当作顽石，金子当土块，珍珠当瓦砾，到处抛掷，秦国人见了，也毫不可惜。

啊！一个人的心，也就是千万人的心。秦王爱奢华，人民也得顾自己的家。为什么搜括时不留颗粒，挥霍时看作泥沙？竟使架房的柱子，比田里的农夫还多；梁上的椽子，比机上的织女还多；一个个钉头，比粮仓里的谷粒还多；一道道瓦缝，比人身上的丝缕还多；横七竖八的栏槛，比九州的城郭还多；咿哑嘈杂的管弦，比百姓的话语还多。使天下的人民，不敢说话而只敢含怒。独裁者的心，日益骄横顽固。起义军振臂一呼，函谷关顿时攻破。楚国人一把大火，可惜啊一片焦土！

唉！消灭六国的，是六国自己而不是秦国；消灭秦国的，是秦国自己而不是天下人。啊！假使六国各自爱惜自己的人民，就足以抵抗秦国；秦国爱惜六国的人民，就可以传三世以至万世而做皇帝，谁又能消灭它呢！秦国人来不及哀怜自己，只有后人来哀怜它；后人哀怜它而不借鉴它，又该让后来的人再来哀怜后人了！

程毅中译

韩愈（768—824）字退之，河南河阳（今河南孟州）人，郡望昌黎（今河北昌黎），自称昌黎韩愈，所以后人也称他为韩昌黎。贞元八年（792）中进士，当过观察推官、四门博士、监察御史，贞元十九年（803）因言灾情得罪上司，被贬为连州阳山（今广东）县令，唐宪宗即位后任江陵府法曹参军、国子监博士，后来一直当到兵部侍郎、吏部侍郎。在中唐文坛上，韩愈可以说是最重要的人物，一方面他作为文坛领袖，广交文友，提携后学，在他周围聚集了一大批志趣相投、风格相近的文人如孟郊、贾岛、李贺、皇甫湜、卢仝、李翱等，形成了一股诗文革新的力量；另一方面他提出了"以文载道"的口号，借"宜师古圣贤人"的旗帜反对浮靡空洞、徒尚丽辞的骈体文，以"不平则鸣""穷苦之言易好"的说法补充载道文章缺乏真性情的缺陷，以"辞必己出"的主张提出了"自树立，不因循"的创作风格，使中唐文坛形成了一股散文革新的浪潮，即后人所谓的"古文运动"，使中唐文体发生了巨大的变化，就像他的朋友王建所说的那样，"重登太学领儒流，学浪词锋压九洲。不以雄名疏野贱，唯将直气折王侯"（《寄上韩愈侍郎》）。作为唐宋八大家之首、古文运动领袖，他的散文的确别具一格，完全打破了六朝以来骈俪文风，首先是情感色彩与个性意识很强烈，用他自己的话来说就是"气"很充实，无论在论辩为主的议论文中、纪实为主的叙事文中还是在抒情为主的记序杂文中，那种滔滔汩汩的个人感情似乎总是要冲出语言扑面而来；其次是语言多创新，他不仅注意从古人语言里推陈出新，还注意从口语俗话中提炼新词，既善于化古为今，又善于化俗为雅，甚至一些刺激性很强或生涩拗口的词汇也被他拈来融入文中并产生了强烈的凸现效果；再次，韩愈散文很注意句式设计，他常运用重复、排比和对仗等句式，或长或短，变化无常，以此来增加文章的节奏感与韵律感，弥补了散文音节不够响亮的缺陷；同时，他还极为注意通篇的布局结构，或急或缓，或正反对映，或层层推进，灵活多变。总之，正如柳宗元所说的，他的散文"猖狂恣肆"（《答韦珩示韩愈相推以文墨事》)，这正是个性强烈、气势逼人、文字奇崛新颖、句式参差交错、结构变化开阖这种内容与形式的结合而产生的文学效果。

原　道

博爱之谓仁，行而宜之之谓义，由是而之焉之谓道，足乎己无待于外之谓德。仁与义为定名，道与德为虚位。故道有君子小人，而德有凶有吉。老子之小仁义，非毁之也，其见者小也。坐井而观天，曰"天小"者，非天小也。彼以煦煦为仁，孑孑为义，其小之也则宜。其所谓道，道其所道，非吾所谓道也；其所谓德，德其所德，非吾所谓德也。凡吾所谓道德云者，合仁与义言之也，天下之公言也；老子之所谓道德云者，去仁与义言之也，一人之私言也。

周道衰，孔子没，火于秦。黄、老于汉①，佛于晋、魏、梁、隋之间。其言道德仁义者，不入于杨②，则入于墨③，不入于老，则入于佛。入于彼，必出于此。入者主之，出者奴之；入者附之，出者污之。噫！后之人其欲闻仁义道德之说，孰从而听之？老者曰："孔子，吾师之弟子也。"佛者曰："孔子，吾师之弟子也。"为孔子者，习闻其说，乐其诞而自小也,亦曰:"吾师亦尝师之云尔。"不惟举之于其口,而又笔之于其书。噫! 后之人虽欲闻仁义道德之说,其孰从而求之? 甚矣! 人之好怪也! 不求其端,不讯其末,惟怪之欲闻。

古之为民者四,今之为民者六;古之教者处其一,今之教者处其三。农之家一,而食粟之家六;工之家一,而用器之家六;贾之家一,而资焉之家六。奈之何民不穷且盗也!

古之时,人之害多矣。有圣人者立,然后教之以相生相养之道,为之君,为之师。驱其虫蛇禽兽,而处之中土。寒然后为之衣,饥然后为之食。木处而颠,土处而病也,然后为之宫室。为之工以赡其器用,为之贾以通其有无,为之医药以济其夭死,为之葬埋、祭祀以长其恩爱,为之礼以次其先后,为之乐以宣其湮郁,为之政以率其怠倦④,为之刑以锄其强梗。相欺也,为之符玺、斗斛、权衡以信之⑤;相夺也,为之城郭、甲兵以守之。害至而为之备,患生而为之防。今其言曰:"圣人不死,大盗不止;剖斗折衡,而民不争⑥。"呜呼! 其亦不思而已矣! 如古之无圣人,人之类灭久矣。何也? 无羽毛鳞介以居寒热也,无爪牙以争食也。

是故君者,出令者也;臣者,行君之令而致之民者也;民者,出粟米麻丝、作器皿、通货财以事其上者也。君不出令,则失其所以为君;臣不行君之令而致之民,则失其所以为臣;民不出粟米麻丝、作器皿、通货财以事其上,则诛。今其法曰:"必弃而君臣,去而父子,禁而相生相养之道。"以求其所谓"清净""寂灭"者。呜呼! 其亦幸而出于三代之后,不见黜于禹、汤、文、武、周公、孔子也;其亦不幸而不出于三代之前,不见正于禹、汤、文、武、周公、孔子也。

帝之与王,其号虽殊,其所以为圣一也。夏葛而冬裘,渴饮而饥食,其事虽殊,其所以为智一也。今其言曰:"曷不为太古之无事?"是亦责冬之裘者曰:"曷不为葛之之易也?"责饥之食者曰:"曷不为饮之之易也?"传曰:"古之欲明明德于天下者,先治其国;欲治其国者,先齐其家;欲齐其家者,先修其身;欲修其身者,先正其心;欲正其心者,先诚其意。"然则古之所谓正心而诚意者,将以有为也。今也欲治其心,而外天下国家,灭其天常,子焉而不父其父,臣焉而不君其君,民焉而不事其事。孔子之作《春秋》也,诸侯用夷礼则夷之⑦,进于中国则中国之。经曰:"夷狄之有君,不如诸夏之亡。"《诗》曰:"戎狄是膺,荆舒是惩⑧。"今也举夷狄之法,而加之先王之教之上,几何其不胥而为夷也!

　　夫所谓先王之教者,何也?博爱之谓仁,行而宜之之谓义,由是而之焉之谓道,足乎己无待于外之谓德。其文,《诗》《书》《易》《春秋》;其法,礼、乐、刑、政;其民,士、农、工、贾;其位,君臣、父子、师友、宾主、昆弟、夫妇;其服,麻、丝;其居,宫、室;其食,粟米、果蔬、鱼肉。其为道易明,而其为教易行也。是故以之为己,则顺而祥;以之为人,则爱而公;以之为心,则和而平;以之为天下国家,无所处而不当。是故生则得其情,死则尽其常;郊焉而天神假⑨,庙焉而人鬼飨⑩。曰:"斯道也,何道也?"曰:"斯吾所谓道也,非向所谓老与佛之道也。尧以是传之舜,舜以是传之禹,禹以是传之汤,汤以是传之文、武、周公,文、武、周公传之孔子,孔子传之孟轲;轲之死,不得其传焉。荀与扬也⑪,择焉而不精,语焉而不详。由周公而上,上而为君,故其事行;由周公而下,下而为臣,故其说长。"然则如之何而可也?曰:"不塞不流,不止不行。人其人,火其书,庐其居,明先王之道以道之,鳏寡孤独废疾者有养也。其亦庶乎其可也。"

①黄、老:指汉初流行起来以黄、老为祖的道家流派。黄,黄帝。老,老子。　②杨:杨朱,战国时哲学家。　　③墨:墨翟,战国初年思想家。　④率:通"律"。　　⑤符:符节,双方各执一半以为凭信。　玺:印信。　斛(hú):量器。权:秤砣。　衡:秤杆。　⑥"圣人不死"四句:出自《庄子·胠箧》。　⑦夷:这里泛指中原地区之外的少数民族。　　⑧戎狄是膺,荆舒是惩:出自《诗经·鲁颂·閟宫》。　戎狄:古代指西北地区的少数民族。　膺:攻击。　荆舒:古代指东南地区的少数民族。　⑨假:通"格",到。　⑩飨:通"享",享用。　⑪荀:荀子,名况,战国末年思想家。　扬:扬雄,西汉思想家、文学家。

【译　文】

　　博爱叫作仁,行动合宜叫作义,循此而往叫作道,自我具足、无须凭借外物叫作德。仁与义是有确定内容的概念,道与德是内容不具体、不确实的名称。因此道有君子之道、小人之道,而德有恶德有美德。老子之藐视仁义,并不是诋毁它们,而是他的眼界狭小。坐在井里看天,说"天小",并不是真的天小。他把和颜悦色、小惠小爱当作仁,把谨小慎微当作义,那么他藐视仁义是当然的。他所说的道,是将他所认为的道当作道,不是我所说的道;他所说的德,是将他所认为的德当作德,不是我所说的德,凡是我所说的道德,是结合着仁与义而言的,是天下的公论;老子所说的道德,是离开了仁与义而言的,是一家的私言。

　　周道衰微,孔子逝世,《诗》《书》焚毁于秦,黄老之学充斥于汉,佛教盛行于晋、魏、梁、隋之间。那些谈论道德仁义的,不趋入于杨朱之说,便趋入于墨翟之学,不趋入于老子说,便趋入于佛家言。趋入于彼,必然背离于此。所趋入者奉之为主,所背离者抑之为奴;所趋入者归依之,所背离者污蔑之。唉!后世之人想要了解仁义道德之说,该依从于谁,听谁的呢?崇奉老子的说:"孔子是我们祖师的弟子。"崇奉佛教的说:"孔子是我们祖师的弟子。"研治孔子学说的,听惯了那一些话,喜欢那些新奇怪诞的说法而轻视自己,也说:"我们的祖师也曾经以他们为师呢。"不仅挂在嘴上,而且又写进书里。唉!后世之人即使想了解仁义道德之说,又该从哪里去探求呢?人们喜欢新奇古怪之说,也太过分了!不探求其始,不追究其末,只爱听些怪诞之说。

　　古代人民分为四类,今天人民分为六类;古代进行教化的占其中之一,今天进行教化的占其中之三。务农的一家,而吃粮的六家;做工的一家,而使用器具的六家;经商的一家,而借以得到方便的六家。人民怎么不困穷而盗窃呢!

　　古时候,人民的祸害多极了。有圣人出来,这才把互相供给生活资料、提供生活条件的道理教给人民,做他们的君主,做他们的老师。驱赶那些虫蛇禽兽,让人民安居于中原。冷了,于是教他们制衣以御寒;饿了,于是教他们生产以获食。住在树上会坠落,住在洞里易患病,于是教他们构建房屋。教他们做工以供给器具,教他们经商以流通有无,教他们医药知识,以拯救其短命夭折者;为他们制定埋葬、祭祀的制度,以增长其恩爱之情;为他们制定礼仪节文,以标志其尊卑之序;为他们制作乐舞,以宣泄其抑郁之气;为他们制定政令,以督励那些倦惰者;为他们设立刑法,以铲除那些强横者。他们互相欺骗,乃为之制作符节、印玺、量器、衡器以作凭信;他们互相争夺,乃为之设置城郭、甲衣、兵器以供守卫。有灾害来临,给他们做好准备;有祸患发生,给他们做好防范。如今道家的话说:"圣人不死,大盗便不会停止;砸碎量具,折断衡器,人民便不会争夺。"唉!那也真是不加思考的话罢了!如果古代没有圣人,那么人类灭绝已久了。为什么呢?因为人类是没有羽毛鳞甲来对付寒暑的,是没有利爪坚牙来夺取食物的。

　　因此,君主是发布政令的,臣子是推行君主之令而将它们实施于民众之中的,民众是生产粟米丝麻、制作器皿、流通财货以事奉居于其上、统治他们的人的。君主不发布政令,便丧失了他做君主的资格;臣子不推行君主之令而将它们实施于民众之中,便丧失了他做臣子的资格;民众不生产粟米丝麻、制作器皿、流通财货以事奉在上统治的人,便受责罚。如今佛教的法规说:"必须抛弃你们的君臣之义,舍去你们的父子之亲,禁止你们的相生相养之道。"以追求他们所谓的"清净""寂灭"。哎呀!他们也幸而出现于三代之后,才没有被夏禹、商汤、周文王、周武王、周公、孔子所贬斥;他们也不幸而不出现于三代之前,故未能被夏禹、商汤、周文王、周武王、周公、孔子所纠正。

　　五帝与三王,其名号虽不同,而他们之所以是圣人,其原因是一样的。夏天穿葛衣,冬天穿皮裘,渴了便喝水,饿了便吃饭,其事虽不同,而他们之所以都是人类的智慧,其道理是一样的。如今道家的话说:"为什么不实行上古的无为而治?"这也就等于责怪冬天穿裘衣的人说:"为什么不穿葛衣?那多方便!"责怪饿了吃饭的人说:"为什么不喝水?那多方便!"《礼记》说:"古代想要将其光明的德行发扬于天下的,先要治理好他的国家;想要治理好他的国家的,先要整治好他的家庭;想要整治好他的家庭的,先要搞好自身的修养;想要搞好自身的修养的,先要端正其心志;想要端正其心志的,先要具有诚意。"那么,古代所谓正心而诚意,是要因此而有所作为。现在呢,想要修治其心,却将天下国家置之度外,灭绝天道,儿子不把他父亲当作父亲,臣子不把他君主当作君主,民众不做他们该做的事。孔子写《春秋》时,凡诸侯用夷狄之礼,便视之为夷狄;进步到用中国之礼,便视之为中国诸侯。《论语》说:"夷狄虽有君主,也不如华夏的没有君主。"《诗经》说:"打击戎狄,惩治荆舒。"现在呢,标举夷狄之法,而置于先王之教之上,那么,即使说没有都成为夷狄,其间又相去几何呢!

所谓先王之教,是什么呢? 就是博爱叫作仁,行动合宜叫作义,循此而往叫作道,自我具足、无须凭借外物叫作德。其文籍是《诗经》《尚书》《周易》《春秋》,其方法是礼、乐、刑、政,其人民是士、农、工、商,其人伦关系、地位是君臣、父子、师友、宾主、兄弟、夫妇,其衣服是麻布、丝绸,其居处是房屋,其食物是粟米、瓜菜、鱼肉。它作为"道"是明白易懂的,而作为教化是容易施行的。因此,用它修身,则顺当而吉祥;用它对人,则恩爱而公正;用它治心,则和谐而平静;用它治理天下国家,没有用在哪里而不恰当的。因此,人们活着,能够合乎情理地生活;死了,是正常地活到了尽头、正常地逝去;祀天,则天神降临;祭祖,则祖先的灵魂前来享用。若有人说:"这个道,是什么道呀?"答曰:"这是我所说的道,不是刚才说的老子与佛教的道。尧将它传给舜,舜将它传给禹,禹将它传给汤,汤将它传给文王、武王、周公,文王、武王、周公传给孔子,孔子传给孟轲;孟轲死后,未能再传下去。荀况与扬雄,对它有所拣取,但不精粹;谈论过它,但不周备。自周公以上,居上位为人君,故其事得以实行;自周公以下,处下位为人臣,故其说得以发展。"那么,该怎么办才行呢? 答曰:"不加堵塞便不能流畅,不加禁止便不能施行。将那些僧道还俗为民,将他们的经籍焚毁,将他们的寺观改作民房。阐明先王之道以引导人民,鳏夫、寡妇、孤儿、没有子孙的、残废疾病的,都能得到供给赡养。那也就差不多可以了吧。"

杨　明译

原　毁

　　古之君子,其责己也重以周,其待人也轻以约。重以周,故不怠;轻以约,故人乐为善。闻古之人有舜者,其为人也,仁义人也。求其所以为舜者,责于己曰:"彼,人也;予,人也。彼能是,而我乃不能是!"早夜以思,去其不如舜者,就其如舜者。闻古之人有周公者,其为人也,多才与艺人也。求其所以为周公者,责于己曰:"彼,人也;予,人也。彼能是,而我乃不能是!"早夜以思,去其不如周公者,就其如周公者。舜,大圣人也,后世无及焉;周公,大圣人也,后世无及焉。是人也,乃曰:"不如舜,不如周公,吾之病也。"是不亦责于身者重以周乎? 其于人也,曰:"彼人也,能有是,是足为良人矣。能善是,是足为艺人矣。"取其一,不责其二;即其新,不究其旧。恐恐然惟惧其人之不得为善之利。一善,易修也。一艺,易能也。其于人也,乃曰:"能有是,是亦足矣。"曰:"能善是,是亦足矣。"不亦待于人者轻以约乎?

　　今之君子则不然。其责人也详,其待己也廉。详,故人难于为善;廉,故自取也少。己未有善,曰:"我善是,是亦足矣。"己未有能,曰:"我能是,是亦足矣。"外以欺于人,内以欺于心,未少有得而止矣。不亦待其身者已廉乎? 其于人也,曰:"彼虽能是,其人不足称也。彼虽善是,其用不足称也。"举其一,不计其十;究其旧,不图其新。恐恐然惟惧其人之有闻也①。是不亦责于人者已详乎? 夫是之谓不以众人待其身,而以圣人望于人,吾未见其尊己也。

　　虽然,为是者,有本有原,怠与忌之谓也。怠者不能修,而忌者畏人修。吾尝试之矣。尝试语于众曰:"某良士,某良士。"其应者,必其人之与也;不然,则其所疏远不与同其利者也;不然,则其畏也。不若是,强者必怒于言,懦者必怒于色矣。又尝语于众曰:"某非良士,某非良士。"其不应者,必其人之与也;不然,则其所疏远不与同其利者也;不然,则其畏也。不若是,强者必说于言,懦者必说于色矣②。是故事修而谤兴,德高而毁来。呜呼!士之处此世,而望名誉之光、道德之行,难已!

将有作于上者,得吾说而存之,其国家可几而理欤③!

①闻 (wèn):声誉、名望。　　②说:通"悦",高兴。　　③几 (jī):庶几,差不多。

【译　文】

古时候的君子,要求自己严格而全面,对待别人宽容而简约,因为对己要求严格全面,所以从不松懈怠惰;因为对人宽容简约,所以人家都愿多做好事。听说古代有个叫舜的人,从为人行事看,是个仁义长者。于是探求舜所以为舜的缘由,对照着要求自己:"舜是个人,我也是个人。他能做到的,我怎么就做不到呢!"早也想,晚也想,去掉自己不如舜的方面,而学着舜的样子办事。又听说古代有个周公,从为人行事看,是个多才多艺的人。于是探求周公所以为周公的缘由,对照着要求自己:"周公是人,我也是人。他能做到的,我怎么就做不到呢!"早也想,晚也想,去掉自己不如周公的方面,而学着周公的样子办事。舜是个著名的圣人,后代人没法赶上他;周公也是个著名的圣人,后代人没法赶上他。所以这位古代的君子便说:"我不如舜,不如周公,这就是我的缺陷啊!"这不就是要求自己既严格又全面的表现吗?可是对别人却不是这样,而总是说:"那个人能做到这个,就够得上是个良善之人了;能擅长这个,就称得上是个有才艺的人了。"肯定人家一个方面,而不苛求其他方面;只看人家今日的进步,而不计较他的过去。小心翼翼地惟恐人家得不着做好事应得的好处。做一件好事,是容易办到的;精熟一种技能,也是容易办到的。而古代的君子对于这样的人,就说:"能做到这样,也就足够了。"又说:"能擅长这个,也就够了。"这不是他对待别人既宽容又简约的表现吗?

现今的君子却不是这样。他要求别人很多很细,要求自己倒很少很低。要求得既多又细，所以别人就难以做成好事；要求得又少又低，所以他自己的进步就小。自己并没有做什么好事，却说："我做好了那个，也就够了。"自己并没有什么能耐，却说："我有这点才能，也就够了。"对外欺骗别人，对己欺骗良心，还没有取得多少进步就停止不前。这不是现今君子要求自己很少很低的表现吗？可是他对于别人，却这样说："那个人虽然有这个才能，但人品不值得称道。那个人虽然善于做这个，但这事儿本身没有什么价值。"抓住人家某个方面的问题，根本不考虑他多方面的长处；追究人家以往的缺点，完全不管他今日的变化。担惊受怕地惟恐人家得到好的名声。这不是现今君子要求别人又多又细的表现吗？这就叫不拿普通人的标准来衡量自身，却用圣人的标准去期望别人，要说他这是尊重自己，我可看不出来。

尽管如此，这样做的人是有他的根源的。那根源就是怠惰和妒忌。怠惰，就不能提高修养；妒忌，就害怕人家修养的提高。我曾经试验过。我曾试着在众人面前说："某某是个贤良之士，某某是个贤良之士。"那与我应和表示赞同的，必定是这个人的伙伴好友；要不，便是跟他疏远没有利害关系的人；再不，就是畏惧他的人。倘不是这三种情况，那么，性格强硬的人必定用言语表示愤怒，性格软弱的也必定满脸怒色。我又曾试着在众人面前说："某某不是好人，某某不是好人。"那些不理睬我的话的人，就必定是某某的伙伴好友；要不，便是跟他疏远没有利害冲突的人；再不，就是畏惧他的人。倘不是这三种情况，那么，性格强硬的人必定用言语表示高兴，性格软弱的也必定满脸喜色。正因为这样，随着事业成功，诽谤也就兴起，随着德望提高，攻讦也就来到。唉！一个读书人生活在当今世界，竟还希望名誉能够光大，道德能够推广，实在太难了！

想要有一番作为的在位者们，听到我上面的话而时时念想起它，那么该可以把国家治理好了吧！

董乃斌译

获 麟 解

麟之为灵①,昭昭也。咏于《诗》,书于《春秋》,杂出于传记百家之书,虽妇人小子皆知其为祥也。

然麟之为物,不畜于家,不恒有于天下。其为形也不类,非若马、牛、犬、豕、豺、狼、麋、鹿然。然则虽有麟,不可知其为麟也。角者,吾知其为牛;鬣者②,吾知其为马;犬、豕、豺、狼、麋、鹿,吾知其为犬、豕、豺、狼、麋、鹿;惟麟也不可知。不可知,则其谓之不祥也亦宜。虽然,麟之出,必有圣人在乎位,麟为圣人出也。圣人者,必知麟。麟之果不为不祥也。

又曰:麟之所以为麟者,以德不以形。若麟之出不待圣人,则谓之不祥也亦宜。

①麟:麒麟,古代传说中的一种动物,其性柔和,是吉祥的象征。　②鬣(liè):马颈上的长毛。

【译 文】
麒麟被看作灵物,这是众所周知的。《诗经》里歌咏过它,《春秋》里记载过它,史传和诸子百家的书里也常常提到它,虽是妇女儿童,都知道麒麟是一种祥瑞之物。

可是,麒麟这种动物,不畜养在人们家中,也不经常在天下出现。它的形状什么也不像,不像人们见惯的马、牛、狗、猪、豺、狼、麋、鹿那样。因而虽有麒麟这东西,人们见了也不知道它就是麒麟。头上长角的,我知道它是牛;长着长长鬣毛的,我知道它是马;狗、猪、豺、狼、麋、鹿,我都能认出它们是狗、猪、豺、狼、麋、鹿。惟独麒麟,不知道它是什么模样。连它的模样都不知道,那么说它是个不祥之物,似乎也可以。

不过,麒麟出现,就意味着当今在位的帝王必定是个圣人。麒麟为圣人而出现,圣人也一定认得麒麟,所以麒麟果真不是不祥之物。

再说:麒麟之所以被看作祥瑞,是因为它的德行灵性而不在于它的外貌形状。所以,倘若它竟然没等圣人登上帝位就贸然出现,那么,有人要说它不祥,自然也是可以的。

董乃斌译

杂 说 一

龙嘘气成云,云固弗灵于龙也。然龙乘是气,茫洋穷乎玄间①,薄日月②,伏光景③,感震电④,神变化,水下土,汩陵谷⑤。云亦灵怪矣哉!

云,龙之所能使为灵也。若龙之灵,则非云之所能使为灵也。然龙弗得云,无以神其灵矣,失其所凭依,信不可欤!异哉!其所凭依,乃其所自为也。《易》曰:“云从龙。”既曰龙,云从之矣。

①茫洋:浩渺无际的样子。 玄间:天空。古代有“天玄地黄”之说。玄是青黑色。 ②薄:迫近。 ③伏:藏匿,遮蔽。 ④感:通“撼”,动摇。⑤汩(gǔ):淹没。

【译 文】

龙呼出气来成为云,云当然不比龙神灵啊。但是龙乘驾着这云气,浩浩茫茫,遍游青天,它逼近日月,使天光黯然失色,雷电为之震动;它变化入神,降水于大地,浸没了山谷。云也可称为灵怪的了啊!

云,是龙的神力使它成为灵怪的啊;至于龙的神灵,就不是云的能力所可能使它成为神灵的了。可是,龙如果没有云,就无法使自己的灵异变化入神了啊!(凡事)失去了依靠的东西,确实不行啊!奇怪啊,龙所依靠的东西，竟是它自己所造就的。《易经》说"云随龙发生"，可见，既然说到龙，就一定有云随从它了。

赵昌平译

杂 说 四

　　世有伯乐①，然后有千里马。千里马常有，而伯乐不常有，故虽有名马，只辱于奴隶人之手，骈死于槽枥之间②，不以千里称也。

　　马之千里者，一食或尽粟一石，食马者不知其能千里而食也③。是马也，虽有千里之能，食不饱，力不足，才美不外见，且欲与常马等不可得，安求其能千里也！

　　策之不以其道，食之不能尽其材，鸣之而不能通其意，执策而临之曰："天下无马。"呜呼！其真无马邪？其真不知马也！

　　①伯乐：春秋时的一个善于相马的人。　　②槽枥：马厩。盛马料的叫槽，马厩叫枥。　　③食(sì)：喂养。

【译 文】

　　世上有了伯乐，然后才有千里马被发现；千里马经常有，可是伯乐却不常见，所以虽然有名马降世，也只是在奴仆厮役手中遭受欺辱，最后相连相比死在马厩之中，并不作为千里马著称于世啊！

　　马中的千里马，一顿食可能要吃掉一石粟米，喂马的人，不知道它力能日行千里而像对普通马那样来喂养它。于是，这匹千里马，虽有日行千里的能力，却因食料不够，力气不足，内在的优良素质不能表现出来，即使想做到与普通的马一样也不能够，又怎能希求它能日行千里呢！

　　驾驭千里马，却不能依顺它的本性来喂养它；不能满足它的需要使它充分发挥才质;它嘶鸣时,又不能了解它的意向,却拿着马鞭对着它说:"天下没有良马。"唉!难道是真的没有良马吗?恐怕是人们原来就不会识别良马吧!

赵昌平译

卷八 唐文

师　说

古之学者必有师。师者，所以传道、受业①、解惑也。人非生而知之者，孰能无惑？惑而不从师，其为惑也，终不解矣。

生乎吾前，其闻道也，固先乎吾，吾从而师之；生乎吾后，其闻道也，亦先乎吾，吾从而师之。吾师道也，夫庸知其年之先后生于吾乎？是故无贵无贱，无长无少，道之所存，师之所存也。

嗟乎！师道之不传也久矣，欲人之无惑也难矣。古之圣人，其出人也远矣，犹且从师而问焉；今之众人，其下圣人也亦远矣，而耻学于师。是故圣益圣，愚益愚。圣人之所以为圣，愚人之所以为愚，其皆出于此乎？

爱其子，择师而教之。于其身也，则耻师焉，惑矣！彼童子之师，授之书而习其句读者也，非吾所谓传其道、解其惑者也。句读之不知，惑之不解，或师焉，或不焉，小学而大遗，吾未见其明也。

巫医、乐师、百工之人，不耻相师。士大夫之族，曰师、曰弟子云者，则群聚而笑之。问之，则曰："彼与彼年相若也，道相似也。位卑则足羞，官盛则近谀。"呜呼！师道之不复，可知矣。巫医、乐师、百工之人，君子不齿，今其智乃反不能及，其可怪也欤！

圣人无常师。孔子师郯子、苌宏、师襄、老聃②。郯子之徒，其贤不及孔子。孔子曰："三人行，则必有我师③。"是故弟子不必不如师，师不必贤于弟子，闻道有先后，术业有专攻，如是而已。

李氏子蟠④,年十七,好古文,六艺经传皆通习之,不拘于时,学于余。余嘉其能行古道,作《师说》以贻之。

①受:通"授",传授。　②郯(tán)子:春秋时郯国国君。据说孔子曾向他请教少皞氏时代的官职名称。　苌(cháng)宏:东周敬王时大夫。　师襄:春秋时鲁国乐官。　老聃(dān):即老子。　③三人行,则必有我师:出自《论语·述而》。④李氏子蟠:李蟠,唐德宗贞元十九年(803)进士。

【译　文】

古时候求学的人一定有老师。所谓老师,是传授真理、教授学业和解答困惑的。人人都不是生下来就有知识的,谁能够没有困惑呢? 有困惑却不去请教老师,他的困惑,也就永远无法解开了。

比我年纪大的人,他懂得真理必然比我早,我可以跟他学;比我年纪轻的人,如果他懂得真理也比我早,我也要跟他学。我所要学习的只是真理,哪里用得着管他的年纪比我大还是小呢。所以说,不论贵贱,不分老少,只要谁掌握有真理,谁就有资格做老师。

可惜呀! 从师求学的道理已经好长时间都不被人提起了。这样,想要人家没有困惑也就太不容易了。古时候的圣人,高过一般人太多了,尚且还要拜老师向他求教。今天一般的人呢,比圣人差得太远了,却耻于向老师去请教、学习。所以圣人愈加聪明,愚人愈加无知。圣人之所以能成为圣人,愚人之所以那么无知,原因恐怕也就在这里吧!

一个人喜爱自己的孩子,可以为他选择一个老师,让老师来教他,具体到自己呢,就不好意思找老师去讨教了,这真是太糊涂! 那些教小孩子的老师,教他们读书断句,这与我所说的传播真理、解决疑惑可不是一回事。不知断句,愿意找老师去请教,心里有疑惑解不开,却不愿去问老师。注意了小的事,却忽略了大的事。我可是看不出这能叫聪明人的做法。

巫医、乐师等各种有一技之长的人,他们都是不耻于向别人学习的,而士大夫群中呢,如果说到老师呀、弟子呀什么的,许多人就会凑拢来笑话他们。问他们笑话什么,他们就会说:"某人与某人差不多大,真理的修养也差不多,如果拜地位低的人为师,真是一种羞耻,拜地位高的人为师呢,又似乎有些阿谀奉承的味道了。"唉!这足可见出从师求学的风尚是不可能重新树立起来的了。巫医、乐师一类的技艺之人,君子们是不屑于与他们相提并论的,现在其识见却反而赶不上他们,真是奇怪得很呢!

圣人是没有固定的老师的。孔子便曾向郯子、苌宏、师襄、老聃请教过。可郯子这一般人,他们的品德是赶不上孔子的。孔子说:"三个人在一块儿走路,那里面便一定有我可以向他求教的人。"所以,弟子不一定就不如老师,老师也不一定必然比弟子强。懂得真理,先后不同,专业各异,擅长不同,如此而已。

青年李蟠,年纪十七,喜好古文,对六经的经文和传文都做过全面的研习。他不受时俗观念的束缚,来向我求学,我很赞赏他能行古人之道,所以要作这篇《师说》送给他。

启功　刘石译

进 学 解

国子先生晨入太学①,招诸生立馆下,诲之曰:"业精于勤,荒于嬉;行成于思,毁于随。方今圣贤相逢,治具毕张,拔去凶邪,登崇俊良。占小善者率以录,名一艺者无不庸。爬罗剔抉,刮垢磨光。盖有幸而获选,孰云多而不扬。诸生业患不能精,无患有司之不明;行患不能成,无患有司之不公。"

言未既,有笑于列者曰:"先生欺余哉!弟子事先生,于兹有年矣。先生口不绝吟于六艺之文,手不停披于百家之编;纪事者必提其要,纂言者必钩其玄;贪多务得,细大不捐;焚膏油以继晷②,恒兀兀以穷年③。先生之业,可谓勤矣。觝排异端,攘斥佛老;补苴罅漏④,张皇幽眇⑤，寻坠绪之茫茫，独旁搜而远绍；障百川而东之，回狂澜于既倒。先生之于儒，可谓劳矣。沉浸醲郁⑥，含英咀华。作为文章，其书满家。上规姚姒⑦，浑浑无涯，周诰殷盘⑧，佶屈聱牙，《春秋》谨严，《左氏》浮夸，《易》奇而法，《诗》正而葩；下逮《庄》《骚》，太史所录⑨，子云、相如，同工异曲。先生之于文，可谓闳其中而肆其外矣。少始知学，勇于敢为；长通于方，左右具宜。先生之于为人，可谓成矣。然而公不见信于人，私不见助于友，跋前踬后⑩，动辄得咎。暂为御史⑪，遂窜南夷⑫。三年博士⑬，冗不见治。命与仇谋，取败几时。冬暖而儿号寒，年丰而妻啼饥。头童齿豁⑭，竟死何裨？不知虑此，反教人为？"

先生曰："吁！子来前！夫大木为杗⑮，细木为桷⑯，欂栌、侏儒，椳、闑、扂、楔⑰，各得其宜，施以成室者，匠氏之工也。玉札、丹砂、赤箭、青芝，牛溲、马勃，败鼓之皮，俱收并蓄，待用无遗者，医师之良也。登明选公，杂进巧拙，纡余为妍，卓荦为杰，校短量长，惟器是适者，宰相之方也。昔者孟轲好辩，孔道以明，辙环天下，卒老于行；荀卿守正，大论是弘，逃谗于楚，废死兰陵⑱。是二儒者，吐辞为经，举足为法，绝类离伦，优入圣域，其遇于世何如也？今先生学虽勤而不由其统，言虽多而不要其中⑲，文虽奇而不济于用，行虽修而不显于众。犹且月费俸钱，岁靡廪粟⑳，子不知耕，妇不知织，乘马从徒，安坐而食，踵常途之役役㉑，窥陈编以盗窃，然而圣主不加诛，宰臣不见斥，非其幸欤！动而得谤，名亦随之。投闲置散，乃分之宜。若夫商财贿之有亡，计班资之崇庫㉒，忘己量之所称，指前人之瑕疵，是所谓诘匠氏之不以杙为楹㉓，而訾医师以昌阳引年㉔，欲进其豨苓也㉕。"

①国子先生：韩愈自称。国子指国子学，唐代的教育主管机构和最高学府，隶属国子监。韩愈当时任国子学博士。 ②晷（guǐ）：日影。 ③兀兀：劳苦的样子。 ④补苴（jū）：弥补。 罅（xià）：裂缝。 ⑤张皇：张大、光大。 ⑥醲（nóng）郁：浓厚。 ⑦姚姒：姚，虞姓。姒，夏姓。这里指《尚书》中的《虞书》《夏书》。 ⑧周诰：指《尚书》中的《大诰》《康诰》《酒诰》《召诰》《洛诰》等篇。 殷盘：指《尚书》中的《盘庚》三篇。 ⑨太史：指太史公司马迁，曾任

太史令。　　⑩跋前疐(zhì)后:《诗经·豳风·狼跋》有:"狼跋其胡,载疐其尾。"说老狼往前踩住自己额下的肉,往后则被尾巴绊住。比喻进退困难。跋,踏。胡,老狼额下的悬肉。疐,绊。　　⑪御史:御史大夫,专掌监察。　　⑫南夷:南方少数民族地区。贞元十九年(803),韩愈由监察御史贬为阳山(今广东阳山)令。⑬三年博士:韩愈在元和年间共做了三年国子博士。　　⑭童:山无草木。这里比喻秃顶。　　⑮宋(máng):屋梁。　　⑯桷(jué):屋椽。　　⑰欂(bó)栌(lú):短柱。　侏儒:短椽。　椳(wēi):门臼。　闑(niè):门中间竖的短木。　扂(diàn):门栓。　楔(xiē):门旁竖的两根长柱。　　⑱兰陵:在今山东苍山西南兰陵镇一带。荀卿曾为兰陵令,后被废,即死在这里。　　⑲要(yāo):把握。　　⑳糜(mǐ):同"靡",耗费。　廪(lǐn):米仓。　　㉑役役:拘谨的样子。　　㉒庳(bì):低。㉓杙(yì):小木桩。　　㉔訾(zǐ):指责。　昌阳:即菖蒲,据说久服可以延年益寿。㉕豨(xī)苓:即猪苓,有利尿作用。

【译　文】

国子先生清晨来到太学,把学生们召集来,站在讲舍之下,训导他们说:"学业靠勤奋才能精湛,如果贪玩就会荒废;德行靠思考才能形成,如果随大流就会毁掉。当今朝廷,圣明的君主与贤良的大臣遇合到了一起,规章制度全都建立起来了,它们能铲除奸邪,提拔贤俊,略微有点儿优点的人都会被录用,以一种技艺见称的人都不会被抛弃。仔细地搜罗人才、改变他们的缺点,发扬他们的优点。只有才行不够而侥幸被选拔上来的人,哪里会有学行优长却没有被提举的人呢?学生们,不要担心选拔人才的人眼睛不亮,只怕你们的学业不能精湛;不要担心他们做不到公平,只怕你们的德行无所成就!"

话还没说完,队列中有个人笑着说:"先生是在欺骗我们吧!学生跟着先生,到今天也有些年了。先生口里就没有停止过吟诵六经之文,手里也不曾停止过翻阅诸子之书,记事的一定给它提出主要内容来,立论的一定勾画出它的奥妙之处来。贪图多得,务求有收获,不论无关紧要的还是意义重大的都不让它漏掉。太阳下去了,就燃起油灯,一年到头,永远在那里孜孜不倦地研究。先生对于学业,可以说是够勤奋了吧。抵制排除那些异端邪说,驱除排斥佛家和道家的学说,补充完善儒学理论上的缺陷与不足，阐发光大其深奥隐微的意义，钻研那些久已失传的古代儒家学说，还要特别广泛地发掘和继承它们。阻止异端邪说，像拦截洪水一样，向东海排去，把将被狂澜压倒的正气重新挽救回来。先生对于儒家学说，可以说是立了功劳的吧。沉浸在如醇厚美酒般的典籍中，咀嚼品味着它们的菁华，写起文章来，一屋子堆得满满的。上取法于虞、夏之书，那是多么的博大无垠啊，周诰文、殷盘铭，那是多么的曲折拗口啊。《春秋》是多么的谨严，《左传》又是多么的铺张，《易经》奇异而有法则，《诗经》纯正而又华美。下及《庄子》《离骚》、太史公的《史记》，以及扬雄、司马相如的著述，它们虽然各不相同，美妙精能这一点却都是一样的。先生对于文章，可以说是造诣精深博大而下笔波澜壮阔了吧。先生少年就知道好学，敢作敢为，长大以后，通晓礼义，行为得体。先生对于做人，可以说是很成熟的了吧。可是呢，在官场上不被人所信用，私交上也没人帮助你。你就同狼一样，往前走会踩住自己的颌肉，往后退又要绊着自己的尾巴，一举一动都会招来过错。当了一段时间的御史，又被贬逐到边远的南方。当了三年的博士，懒懒散散，也没表现出什么政绩。你的运气就像与你有仇似的，早晚总要碰得一败涂地的。冬天天气暖和，你的孩子还要叫冷；年岁本来富饶，你的妻子还要喊饿。头发也光了，牙齿也缺了，你就是死了，又于事何补呢？你不想一想这些，还要来教训人，这是干什么呢？"

先生说："咦！你走到前面来！粗木料做房梁，细木料当椽子，壁柱、斗拱、梁上短柱、门枢、门橛、门闩、门两旁的木头，各得其所，用它们把房子建成，这可是工匠的技术呀。地榆、朱砂、天麻、龙芝、车前草、马屁菌、破朽的鼓皮，兼收并蓄，一无遗漏，预备着日后派上用场，这可是医师的好习惯呢。既明察又公平地选拔人才，能力强的和能力弱的都能一起量材录用，委婉随和是一种美德，超然不群则可叫作杰出，比较、衡量各人不同的优缺点，根据他们的才能给予合理的使用，这就是当宰相的本事了。想当初，孟子喜欢辩论，孔子之道才得以发扬光大，可他的车迹遍于天下，却最终在周游列国的途中度过一生。荀卿信守正道，其博大的学说才得以弘扬，可是却为了躲避谗言逃到楚国，最终被废了

322

官职,死在兰陵。这两个了不起的学者啊,说出话来就可当作经典,一抬脚的行动,都可成为别人效法的准则,出类拔萃,真能达到圣人的地步。他们在世上的遭遇又是怎样的呢?今天,先生我学习虽然勤奋,却没有什么系统;话虽然说得多,却抓不住要害之处;文章虽然奇特,却不能起点实用;道行虽然修习了,在一般人中却都显现不出来。就这样,还每年每月花着国家的钱,吃着国家的饭,孩子不懂种田,妻子也织不来布。骑马行路时,奴仆跟在后面。自己不费力就可安然地坐下吃饭。行事呢,老是按着世俗常规去做;学问呢,不过是沿袭窃取些古书上的道理。然而圣君不加罪责,大臣也不予指斥,这难道不已是我的侥幸了吗?动不动就受到别人的毁谤,可是名声也随之增大了。被弃置在无关紧要的位置上,这正是理所当然的事。如果还要计算财产的有无、官阶的高低,忘记了自己的才能到底有多少,还要来指摘别人的毛病,这就真好比是去责问工匠为什么不拿小木桩来做厅堂的大柱子,或非议医师为什么用有轻身明目效用的菖蒲而不用有排泄作用的猪苓去使人延年了!"

启功　刘石译

圬者王承福传

圬之为技①,贱且劳者也。有业之,其色若自得者。听其言,约而尽。问之,王其姓,承福其名,世为京兆长安农夫②。天宝之乱③,发人为兵,持弓矢十三年,有官勋,弃之来归,丧其土田,手镘衣食④。馀三十年,舍于市之主人,而归其屋食之当焉。视时屋食之贵贱,而上下其圬之佣以偿之。有余,则以与道路之废疾饿者焉。

又曰:粟,稼而生者也;若布与帛,必蚕绩而后成者也;其他所以养生之具,皆待人力而后完也,吾皆赖之。然人不可遍为,宜乎各致其能以相生也。故君者,理我所以生者也,而百官者,承君之化者也。任有小大，惟其所能，若器皿焉。食焉而怠其事，必有天殃，故吾不敢一日舍镘以嬉。夫镘易能，可力焉，又诚有功，取其直⑤，虽劳无愧，吾心安焉。夫力易强而有功也，心难强而有智也；用力者使于人，用心者使人，亦其宜也。吾特择其易为而无愧者取焉。嘻！吾操镘以入富贵之家有年矣。有一至者焉，又往过之，则为墟矣；有再至、三至者焉，而往过之，则为墟矣。问之其邻，或曰：噫！刑戮也。或曰：身既死而其子孙不能有也。或曰：死而归之官也。吾以是观之，非所谓食焉怠其事而得天殃者邪？非强心以智而不足、不择其才之称否而冒之者邪？非多行可愧、知其不可而强为之者邪？将富贵难守、薄功而厚飨之者邪⑥？抑丰悴有时、一去一来而不可常者邪？吾之心悯焉，是故择其力之可能者行焉。乐富贵而悲贫贱，我岂异于人哉？

又曰：功大者，其所以自奉也博。妻与子，皆养于我者也，吾能薄而功小，不有之可也。又吾所谓劳力者，若立吾家而力不足，则心又劳也。一身而二任焉，虽圣者不可为也。

愈始闻而惑之，又从而思之，盖贤者也，盖所谓独善其身者也。然吾有讥焉，谓其自为也过多，其为人也过少，其学杨朱之道者邪⑦？杨之道，不肯拔我一毛而利天下。而夫人以有家为劳心，不肯一动其心以畜其妻子，其肯劳其心以为人乎哉！虽然，其贤于世之患不得之而患失之者，以济其生之欲、贪邪而亡道、以丧其身者。其亦远矣！又其言有可以警余者，故余为之传，而自鉴焉。

①圬（wū）：涂刷墙壁。　②京兆长安：指京兆府治长安，在今陕西。③天宝之乱：指天宝十四年（755）安禄山反叛，唐玄宗逃离长安而导致的长达几年的战乱。天宝，唐玄宗李隆基的年号。　④镘（màn）：泥瓦匠所用的工具。⑤直：价值。这里指工钱。　⑥将：还是。　飨（xiǎng）：通"享"。　⑦杨朱：战国时期人。

【译　文】

泥水匠这种手艺，卑贱而且辛苦。有个干这一行当的，看他的样子倒很能自我满足。听他讲起来,话不多,却说得很尽理。我问他,他说:我姓王,名叫承福,几世都是京兆府长安县的农民。天宝之乱,朝廷征发老百姓当兵,我拿了十三年的弓箭。立功有了官勋,抛弃掉跑回老家来,土地也没有了,只得拿起瓦刀来养活自己。此后三十多年,就住在街市里一家人家,付给这家主人价格相当的房饭钱。房饭钱有涨有落,给人家做工的工钱也就有加有减,用来偿付租钱。如果还有剩余,就送一些给街道上那般残疾人、病人以及一些饿肚子的人。

他又说:粮食,是要靠人种植才能生长,布帛,得靠养蚕、绩麻才能做成。其他用来维持生计的东西,都得靠人力才能完成。这都是我靠它们来过日子的。但是一个人不能什么都干,应当各尽其能,相互帮衬。所以做皇帝的,是治理我们这般人,教我们懂得生活的道理;当官的,得奉行皇帝的教化。职任有大有小,各尽各的能力,就像器皿那样各有各的用处。吃饭而懒于做事,就必定会有天祸,这也就是我一天也不敢放下瓦刀的缘故。泥瓦工不难学,可以凭力气做好,还确实能干出成绩,我就拿我应得的那份工钱,虽然劳累一些,但不会感到惭愧,心里很踏实。干体力活是可以咬咬牙干好的,动脑子的事就很难硬干使人一定能变得聪明,所以干体力活的供人驱使,动脑的人驱使人,这也是规定如此的。我只不过特为选择那容易做而于心中无愧的行当来做罢了。唉!像我这样做泥瓦工的,到富贵人家干活,也有不少年头了。有到过一次的,第二次再去,那已变成废墟了;有时去过两次三次,以后再去,也已成为废墟了。问邻居人家,或者说:唉,吃官司被杀了。或者说:上代一死,儿孙辈保不住这份产业了。或者说,死了以后没入官府了。我想由此看来,这岂不是吃饭而懒于做事,因此就招致天祸了吗?这不是硬要逞能,而脑子又不聪明,不管能力才干配得上配不上,非要去干不可的吗?这不是尽做些对不住良心的事,明明知道做不得,而硬要去干的吗?这是富贵终归难于长久,功劳不大而享受却很丰厚呢,还是盛衰总有一定的时机,有去有来,总不会一成不变的呢?这些事情想来我心里总是不大好受,因此我就选择自己做得到的事情来做,至于爱慕富贵、悲怜贫贱,这份心思,我与别人会有什么不同的吗?

王承福又说：功劳大的人，能使自己享受的东西当然也就多。妻子与儿女都是靠我来养的，我能力差，功劳小，没有妻子儿女也就算了。况且我是所谓干力气活的，如果成了家，而能力又不足，就得操心，这样一个人又劳力又操心，即使是圣人也是办不到的吧。

我最初听了他的话不免有所疑惑，接着又寻思了一下，心想这大概是一位贤者，大概是人们通常所说的独善其身的人吧。但我对他还是要有所批评，那就是他为自己打算的过多，为他人考虑的过少，难道是学杨朱那一套理论的吗？杨朱的理论，是不肯拔一毛而利天下的。这个人以为一有家室就得操心，而竟不肯以此来养活妻子儿女，那就岂肯再为别人考虑呢？不过虽然这样，比起世界上那些惟恐得不到又惟恐失掉的人，比起那些为满足一己的私欲，做出贪邪无道的行为，以致丧失性命的人，那真是高明得多了！况且他的这番言论足可使我有所警惕，因此我就为他写这一篇传文，并用来对照对照自己。

傅璇琮译

讳　辩

愈与李贺书①，劝贺举进士②。贺举进士有名，与贺争名者毁之，曰："贺父名晋肃，贺不举进士为是，劝之举者为非。"听者不察也，和而倡之，同然一辞。皇甫湜曰③："若不明白，子与贺且得罪。"愈曰："然。"

律曰："二名不偏讳④。"释之者曰："谓若言'徵'不称'在'，言'在'不称'徵'是也⑤。"律曰："不讳嫌名。"释之者曰："谓若'禹'与'雨''丘'与'蓲'之类是也。"今贺父名晋肃，贺举进士，为犯二名律乎？为犯嫌名律乎？父名晋肃，子不得举进士。若父名仁，子不得为人乎？

夫讳始于何时？作法制以教天下者，非周公、孔子欤？周公作诗不讳,孔子不偏讳二名,《春秋》不讥不讳嫌名。康王钊之孙,实为昭王。曾参之父名皙⑥,曾子不讳"昔"。周之时有骐期,汉之时有杜度,此其子宜如何讳? 将讳其嫌,遂讳其姓乎? 将不讳其嫌者乎? 汉讳武帝名"彻"为"通",不闻又讳车辙之"辙"为某字也。讳吕后名"雉"为"野鸡",不闻又讳治天下之"治"为某字也。今上章及诏,不闻讳"浒""势""秉""机"也⑦。惟宦官宫妾,乃不敢言"谕"及"机"⑧,以为触犯。士君子立言行事,宜何所法守也? 今考之于经,质之于律,稽之以国家之典,贺举进士为可邪? 为不可邪?

凡事父母,得如曾参,可以无讥矣。作人得如周公、孔子,亦可以止矣。今世之士,不务行曾参、周公、孔子之行,而讳亲之名则务胜于曾参、周公、孔子,亦见其惑也。夫周公、孔子、曾参,卒不可胜。胜周公、孔子、曾参,乃比于宦官宫妾。则是宦官宫妾之孝于其亲,贤于周公、孔子、曾参者邪?

①李贺:字长吉,唐代诗人。因避父讳,终身未能参加进士科考试,只做过奉礼郎一类的小官。　②进士:指唐代科举制度中的进士科。　③皇甫湜(shí):字持正,唐代文学家,曾跟从韩愈学习古文。　④二名不偏讳:出自《礼记·曲礼上》,下文所引一条亦同。　偏:本作"徧",全部。　⑤释之者:指注《礼记》的东汉人郑玄。　徵在:孔子母亲的名字。　⑥曾参:春秋时人,以孝行著名。　⑦浒、势、秉、机:这四个字分别与唐太祖名"虎"、太宗名"世民"、世祖名"昞"、玄宗名"隆基"同音。　⑧谕:与唐代宗名"豫"同音。

【译　文】

我写信给李贺,劝他参加进士科考试。贺应考能考中,与他争名的人便攻击他,说:"贺的父亲名晋肃,贺不参加进士科考试才对,劝他考的人错了。"听者不明辨,随声附和,一个腔调。皇甫湜对我说:"如果不辩白,你与李贺都将获罪。"我说:"是。"

礼法上说:"两个字的名字只避讳一个字。"解释者说:"就像说'徵'字不说'在'字,说'在'字不说'徵'字那样。"礼法上又说:"不避讳声音相近的字。"解释者说:"就像说'禹'和'雨''丘'和'蓝'一类字。"李贺的父亲名晋肃,李贺应进士科试,是犯了两个字的名字只避讳一个字的礼法呢? 还是犯了不避讳声音相近的字的礼法? 父亲名叫晋肃,儿子就不能参加进士科考试,如果父亲名叫人,儿子就不能做人了吗?

这避讳起于何时? 制定礼法制度以教天下百姓的,不就是周公、孔子吗? 周公作诗不避讳,两个字的名字,孔子只避讳其中的一个字;对于不避讳声音相近的字,《春秋》也并不讥刺。周康王名钊,他的儿子谥号昭王。曾参的父亲名晳,曾子不避讳"昔"字。周朝有人叫骐期,汉朝有人叫杜度,他们的儿子应该如何避讳? 是避讳声音相近的字而改姓呢? 还是不避讳声音相近的字? 汉朝讳武帝名,改"彻"为"通",没听说又改"车辙"的"辙"为别的什么字;讳吕后名,改"雉"为"野鸡",没听说又把"治天下"的"治"改为别的什么字;现在上奏章和下诏书,没有听说避讳"浒""势""秉""机"一类字。只有宦官和宫女,才不敢说"谕"字和"机"字,以为说了就犯讳。君子著书行事,该遵守何种礼法? 考之经籍,对照礼法,验之国家典章,贺应进士试,是可以? 还是不可以?

大凡侍奉父母能像曾参,便无可指责;做人能像周公、孔子,也算做到了头。如今读书人不去学曾参、周公、孔子的行为,避讳亲长的名字却要超过曾参、周公、孔子,可见他们的糊涂。那周公、孔子、曾参,终究是超不过的。在避讳上超过周公、孔子、曾参,就等同于宦官、宫女了。那么宦官、宫女孝顺父母,还胜过周公、孔子、曾参了吗?

罗宗强译

争 臣 论

或问谏议大夫阳城于愈①:"可以为有道之士乎哉? 学广而闻多,

不求闻于人也。行古人之道，居于晋之鄙②。晋之鄙人熏其德而善良者几千人。大臣闻而荐之，天子以为谏议大夫。人皆以为华，阳子不色喜。居于位五年矣，视其德如在野。彼岂以富贵移易其心哉！"

愈应之曰："是《易》所谓恒其德贞而夫子凶者也③。恶得为有道之士乎哉？在《易·蛊》之上九云：'不事王侯，高尚其事。'《蹇》之六二则曰：'王臣蹇蹇，匪躬之故④。'夫亦以所居之时不一，而所蹈之德不同也。若《蛊》之上九，居无用之地，而致匪躬之节；以《蹇》之六二，在王臣之位，而高不事之心，则冒进之患生，旷官之刺兴。志不可则，而尤不终无也⑤。今阳子在位不为不久矣，闻天下之得失不为不熟矣，天子待之不为不加矣，而未尝一言及于政。视政之得失，若越人视秦人之肥瘠，忽焉不加喜戚于其心。问其官，则曰：'谏议也。'问其禄，则曰：'下大夫之秩也⑥。'问其政，则曰：'我不知也。'有道之士，固如是乎哉？且吾闻之：'有官守者，不得其职则去；有言责者，不得其言则去⑦。'今阳子以为得其言乎哉？得其言而不言，与不得其言而不去，无一可者也。阳子将为禄仕乎？古之人有云：'仕不为贫，而有时乎为贫。'谓禄仕者也。宜乎辞尊而居卑，辞富而居贫，若抱关击柝者可也⑧。盖孔子尝为委吏矣，尝为乘田矣⑨，亦不敢旷其职，必曰：'会计当而已矣。'必曰：'牛羊遂而已矣⑩。'若阳子之秩禄，不为卑且贫，章章明矣，而如此其可乎哉？"

或曰："否，非若此也。夫阳子恶讪上者，恶为人臣招其君之过而以为名者⑪。故虽谏且议，使人不得而知焉。《书》曰：'尔有嘉谟嘉猷⑫，则入告尔后于内，尔乃顺之于外，曰："斯谟斯猷，惟我后之德。"'夫阳子之用心，亦若此者。"

愈应之曰："若阳子之用心如此，滋所谓惑者矣。入则谏其君，出不使人知者，大臣宰相者之事，非阳子之所宜行也。夫阳子本以布衣隐于蓬蒿之下，主上嘉其行谊，擢在此位。官以谏为名，诚宜有以奉其职，使四方后代知朝廷有直言骨鲠之臣，天子有不僭赏从谏如流之美。庶岩穴之士，闻而慕之，束带结发，愿进于阙下而伸其辞说，致吾君于尧舜，熙鸿号于无穷也⑬。若《书》所谓，则大臣宰相之事，非阳子之所宜行也。且阳子之心将使君人者恶闻其过乎？是启之也。"

或曰："阳子之不求闻而人闻之，不求用而君用之，不得已而起，守其道而不变，何子过之深也？"

愈曰："自古圣人贤士皆非有求于闻、用也。闵其时之不平，人之不乂[14]，得其道，不敢独善其身，而必以兼济天下也。孜孜矻矻[15]，死而后已。故禹过家门不入，孔席不暇暖，而墨突不得黔[16]。彼二圣一贤者，岂不知自安佚之为乐哉[17]？诚畏天命而悲人穷也。夫天授人以贤圣才能，岂使自有余而已？诚欲以补其不足者也。耳目之于身也，耳司闻而目司见。听其是非，视其险易，然后身得安焉。圣贤者，时人之耳目也。时人者，圣贤之身也。且阳子之不贤，则将役于贤以奉其上矣。若果贤，则固畏天命而闵人穷也，恶得以自暇逸乎哉？"

或曰："吾闻君子不欲加诸人，而恶讦以为直者[18]。若吾子之论，直则直矣，无乃伤于德而费于辞乎？好尽言以招人过，国武子之所以见杀于齐也[19]，吾子其亦闻乎？"

愈曰："君子居其位，则思死其官；未得位，则思修其辞以明其道。我将以明道也，非以为直而加人也。且国武子不能得善人，而好尽言于乱国，是以见杀。《传》曰：'惟善人能受尽言[20]。'谓其闻而能改之也。子告我曰：'阳子可以为有道之士也。'今虽不能及已，阳子将不得为善人乎哉？"

①谏议大夫：掌侍从规谏的官，属门下省。　②晋：古国名。阳城曾隐居的中条山（在今山西南部）、陕州夏县（治所在今山西夏县）都是古代晋国所辖地区。③"是《易》"句：原文在《恒》卦六五中为："恒其德贞，妇人吉，夫子凶。"　④蹇蹇（jiǎn）：忠心的样子。　匪：通"非"。　躬：自身。　⑤尤：过失。　⑥下大夫：唐代谏议大夫为正五品，相当于古代下大夫。　⑦"有官守"四句：出自《孟子·公孙丑下》。下文"仕不为贫"二句出自《孟子·万章下》。　⑧抱关：守关门。　击柝（tuò）：打更。柝，是打更用的梆子。　⑨乘（shèng）田：春秋时鲁国管畜牧的小官。　⑩遂：成功。这里引申为长成。　⑪招（qiáo）：举、揭露。　⑫谟（mó）：计谋。　猷（yóu）：谋划。　⑬熙：明。　鸿号：大名声。⑭乂（yì）：治理。　⑮孜孜矻矻（kū）：勤谨不已的样子。　⑯突：烟囱。　黔：

330

黑。　⑰佚：通"逸"，安乐，安逸。　⑱讦(jié)：攻击别人。　⑲国武子：名佐，春秋时齐国国卿。　⑳惟善人能受尽言：出自《国语·周语》。《国语》又称《春秋外传》。

【译文】

　　有人对我提到谏议大夫阳城，说："他可以算是有道的人了吧？学问广博，见识也多，却不求出名。住在晋地边远的乡间，躬行古人的立身处世之道。当地人受到他的品德的熏陶而从善者近千人。大臣知道了荐举他，天子任命他为谏议大夫。人们认为这是他的荣耀，他却没有喜色。他任职五年，操守仍和隐居时一样，他是不会因为富贵而改变自己的志向的！"

　　我回答说："这正是《周易》恒卦说的，保持柔顺服从的德性，对妇人来说是正道，对男子来说却危险。怎能算是有道的人呢？《周易》蛊卦'上九'爻辞说：'不侍奉王侯，高尚自己的志向。'蹇卦'六二'爻辞则说：'君上有难，臣子应该奋不顾身去救助。'那是因为所处的境遇不同，所奉行的准则也就不一样。如果像蛊卦'上九'所说，处于没被任用的境地，却表现出奋不顾身的节操，那就会产生贪求仕禄的祸害；像蹇卦'六二'所说，处于人臣的地位，却以不侍奉王侯的心志为高尚，那就会出现对荒废职守的指责。这样的心志既不可效法，结果过失也终免不了。如今阳子居官的时间不可谓不长，了解朝政的得失不可谓不清楚，天子待他不可谓不优厚，但是他却没有一句话涉及朝政。他看待朝政的得失，就像越国人看待秦国人的胖瘦一样，漫不经心，忧喜无动于衷。问他的官职，就说：'谏议大夫。'问他的俸禄，就说：'下大夫的官俸。'问他朝政，却说：'我不知道。'有道德的人，原来如此吗？我听说过'有官职的人，不尽责就应该辞职；负有进谏责任的人，不尽言责也应该辞去。'现在阳子认为尽了言责了吗？应尽言责而不进言，不进言又不离职，都是不对的。阳子是为了俸禄而做官的吧！古人说过：'做官不是因为家贫，但有时也有因为家贫的。'说的就是为了俸禄而做官的人。这样的人应该辞高官而就卑职，弃富贵而甘贫寒，做守门巡夜一类差使就可以了。孔子曾做过管仓库的小官,当过管畜牧的小官,也不敢荒废职守,必说:'财物账目不要出差错。'必说:'要使牛羊肥壮才行。'像阳子这样的官阶和俸禄,不低下也不贫苦,这是明摆着的。他却如此行事,难道可以吗?"

有人又说:"不,不是这样。阳子不爱讥讽君上,不喜欢身为臣子而以揭露君上的过错换取名声,所以虽规谏了并且议论了朝政得失,却不让他人知道。《尚书》说:'你有好谋略,就进去告诉你的君主,随后出来外边说:"这些谋略都是我们主上的创造。"'阳子的用心,也是这样的。"

我回答说:"如果阳子的用心果真如此,这就使人大惑不解了。入内进谏君主,出来不让他人知道,这是大臣宰相们的事,不是阳子所应该做的。阳子本是平民,隐居草野之中。主上赞赏他的品行,选拔他到这个职位上。官职名为'谏议',当然应该有与职位相称的行动,让天下之人、子孙后代,知道朝廷有刚正直言之臣,天子有赏而不滥、从谏如流之美德,以便草野之人,知而仰慕,整衣结发奔赴朝廷,陈述自己的意见,使君主德比尧舜,光耀名声于千载之下。至如《尚书》所说,那是大臣宰相的事,不是阳子所应该做的。况且阳子那种用心,将会使为君者不爱听自己的过失,开启君主文过饰非的弊端。"

又有人说:"阳子不求扬名而扬了名,不求任用而君上任用他,不得已而出来做了官,又守持自己的情操不变,您何以如此苛责他呢?"

我说:"自古以来,圣人贤士都无求于扬名与被用。他们忧虑世道不平,民事不治,有了道德学问,不敢独善其身,而一定要兼济天下,勤谨劳瘁,死而后已。所以大禹治水,过家门而不入,孔子回家,席未及坐暖,墨子回家,一顿饭未做完,又出门了。这两位圣人一位贤人,难道不知道闲逸是乐事吗?实是因为他们敬畏天命而又同情百姓的贫穷。上天把圣、贤、才能赐给人,岂是让他们在这些方面有余而已,实在是希望他们以此来弥补他人在这些方面的不足。耳目之于身体,耳管听而目管看,听明是非,看清安危,而后身体得以安全。圣贤,就是世人的耳目;世人,就是圣贤的身体。如果阳子不是贤人,就应该被贤人役使以侍奉上级；如果是贤人，那么就应该敬畏天命而且同情人民的贫困，怎么能只图个人的安逸呢？"

还有人说："我听说，君子不强加于人，而且厌恶以揭露别人的短处来表现自己的耿直。像您这种议论，率直是率直了，不是有损于道德修养，且又浪费口舌吗？国武子在齐国被杀，就是因为爱直言不讳揭露别人的过失，您大概也听说了吧！"

我回答说："君子任职，就要准备以身殉职；没有得到官职，就想著书立说来阐明'道'。我是要阐明'道'，并不是要自命耿直而强加于人。况且国武子是因为没有遇到好人，在昏乱的国家讲话直言不讳，因此被杀的。《国语》说：'只有好人才能接受直言不讳的批评。'是说他听到批评之后能改正。您对我说：'阳子可以算得上是有道的人了吧！'我看，现在虽还算不上，但阳子就不能成为听到批评就改正的好人吗？"

罗宗强译

后十九日复上宰相书

二月十六日，前乡贡进士韩愈①，谨再拜言相公阁下②。

向上书及所著文后，待命凡十有九日，不得命。恐惧不敢逃遁，不知所为。乃复敢自纳于不测之诛，以求毕其说，而请命于左右。

愈闻之，蹈水火者之求免于人也，不惟其父兄子弟之慈爱，然后呼而望之也。将有介于其侧者，虽其所憎怨，苟不至乎欲其死者，则将大其声疾呼而望其仁之也。彼介于其侧者，闻其声而见其事，不惟其父兄子弟之慈爱然后往而全之也。虽有所憎怨，苟不至乎欲其死者，则将狂奔尽气，濡手足，焦毛发，救之而不辞也。若是者何哉？其势诚急，而其情诚可悲也。

愈之强学力行有年矣。愚不惟道之险夷③，行且不息，以蹈于穷饿之水火，其既危且亟矣，大其声而疾呼矣，阁下其亦闻而见之矣。其将往而全之欤，抑将安而不救欤？有来言于阁下者曰："有观溺于水而爇于火者④，有可救之道，而终莫之救也。"阁下且以为仁人乎哉？不然，若愈者，亦君子之所宜动心者也。

或谓愈："子言则然矣，宰相则知子矣，如时不可何？"愈窃谓之不知言者，诚其材能不足当吾贤相之举耳。若所谓时者，固在上位者之为耳，非天之所为也。前五六年时，宰相荐闻，尚有自布衣蒙抽擢者，与今岂异时哉？且今节度、观察使及防御、营田诸小使等⑤，尚得自举判官⑥，无间于已仕未仕者，况在宰相，吾君所尊敬者，而曰不可乎？古之进人者，或取于盗，或举于管库，今布衣虽贱，犹足以方于此。情隘辞蹙⑦，不知所裁，亦惟少垂怜焉。愈再拜。

①乡贡进士：唐代由州县荐举出来参加科举考试而考中进士的人称乡贡进士。　②再拜：指一拜而又拜。　③惟：考虑。　④爇（ruò）：焚烧。⑤节度：即节度使，负责掌管边疆地区军事、民政和财务的官员。　观察使：掌管州县官吏政绩和民事的长官。　防御：即防御使，是唐代设于军事重地的官吏，多以刺史兼任。　营田：即营田使，唐代边区专掌屯田的官吏。　⑥判官：唐代为节度、观察和防御使的属官。　⑦隘：窘迫。　蹙（cù）：急促。

【译　文】

二月十六日，前科乡贡进士韩愈，谨向宰相阁下叩拜进言：

前些日子呈上书信及拙著文章后，等待了十九天，未见示复。内心惶恐而不敢逃避，不知如何是好。只得再次甘受可能受到的不可预料的惩罚，以期能把自己想说的话说完，而恳请阁下指示。

我听说，陷于水火灾祸的人向别人求救，并不只考虑对方跟自己有着父母、兄弟、子女的慈爱感情，然后呼唤他们而盼望他们前来拯救自己。倘有人正在旁边，即使是自己憎恶和怨恨的人，只要他还不至于希望自己死去，也就会向他大声疾呼而期望他能怜悯自己、救助自己。那个站在他旁边的人，耳听他呼救的声音，眼看他危险的处境，也并不只考虑自己与对方有着父母、兄弟、子女的慈爱感情，然后前去救他的性

334

命,即使他对他心存憎恶和怨恨,只要还不至于要他死去,也就会拼命地跑过去,不顾弄湿自己手脚,烧焦胡须头发,也要救他脱险而不会推辞。为什么会如此呢?那是因为他的处境实在危急而他的情态实在可怜啊!

我刻苦学习、努力实践已经好多年了。生性愚笨不考虑道路的险阻与平坦,一直向前行走而从不停息,以至于落入穷困饥饿的水深火热之中。处境既危险而又紧急,就只好声嘶力竭地呼喊了,阁下想必也已经听到看到了吧?是准备前来相援呢,还是无动于衷而不予救助呢?有人来对阁下禀告说:"有人看到别人掉到水里去了、被围困在火里了,本有办法可以去救他的而终于没有去救。"阁下将认为此人是有仁爱之心的人吗?倘不以为如此,像我这样的境况,德高望重的人是应该见了动心的啊!

有人对我说:"你的话是对的,宰相也是了解你的,可当前时机还不允许,有什么办法呢?"我私下认为,那些言论不被您阁下所看重的人,确实是他们的才能不足以得到我们贤明的宰相的荐举罢了。倘若说到时机,那本来就是身居高位的人所创造的,并非是老天爷所赐予。五六年前,由于宰相的荐举,尚有从平民百姓中被提拔擢升的,与今天相比,难道时机有什么两样吗?况且当今的节度使、观察使,以及防御、营田各种小使等,尚且能够自己选拔判官,对有官职的或无官职的都一律看待,何况是宰相,我们君主所尊敬的人,而可以说办不到吗?古时候推举人才,有的从盗贼中选取,有的从管理仓库的人中提拔,现在我这样的无官平民,虽然地位卑贱,还是足以与那些人相比的。心情积郁不舒,言辞急切悲苦,不知写了些什么,也只希望能稍稍得到您的一点照顾怜惜啊!韩愈再拜。

蔡义江译

后廿九日复上宰相书

三月十六日，前乡贡进士韩愈①，谨再拜言相公阁下②。

愈闻周公之为辅相，其急于见贤也，方一食三吐其哺，方一沐三握其发。当是时，天下之贤才皆已举用，奸邪谗佞欺负之徒皆已除去，四海皆已无虞③，九夷、八蛮之在荒服之外者皆已宾贡④，天灾时变、昆虫草木之妖皆已销息，天下之所谓礼、乐、刑、政教化之具皆已修理，风俗皆已敦厚，动植之物、风雨霜露之所沾被者皆已得宜⑤，休征嘉瑞⑥、麟凤龟龙之属皆已备至，而周公以圣人之才，凭叔父之亲，其所辅理承化之功又尽章章如是。其所求进见之士，岂复有贤于周公者哉？不惟不贤于周公而已，岂复有贤于时百执事者哉？岂复有所计议、能补于周公之化者哉？然而周公求之如此其急，惟恐耳目有所不闻见，思虑有所未及，以负成王托周公之意，不得于天下之心。如周公之心，设使其时辅理承化之功未尽章章如是，而非圣人之才，而无叔父之亲，则将不暇食与沐矣，岂特吐哺握发为勤而止哉？维其如是，故于今颂成王之德，而称周公之功不衰。

今阁下为辅相亦近耳。天下之贤才岂尽举用？奸邪谗佞欺负之徒岂尽除去？四海岂尽无虞？九夷、八蛮之在荒服之外者岂尽宾贡？天灾时变、昆虫草木之妖岂尽销息？天下之所谓礼、乐、刑、政教化之具岂尽修理？风俗岂尽敦厚？动植之物、风雨霜露之所沾被者岂尽得宜？休征嘉瑞、麟凤龟龙之属岂尽备至？其所求进见之士，虽不足以希望盛德，至比于百执事，岂尽出其下哉？其所称说，岂尽无所补哉？今虽不能如周公吐哺握发，亦宜引而进之，察其所以而去就之，不宜默默而已也。

愈之待命，四十余日矣。书再上，而志不得通。足三及门，而阍人辞焉⑦。惟其昏愚，不知逃遁，故复有周公之说焉。阁下其亦察之。古

336

之士三月不仕则相吊,故出疆必载质⑧。然所以重于自进者,以其于周不可则去之鲁,于鲁不可则去之齐,于齐不可则去之宋,之郑,之秦,之楚也。今天下一君,四海一国,舍乎此则夷狄矣,去父母之邦矣。故士之行道者,不得于朝,则山林而已矣。山林者,士之所独善自养,而不忧天下者之所能安也。如有忧天下之心,则不能矣。故愈每自进而不知愧焉,书亟上⑨,足数及门,而不知止焉。宁独如此而已,惴惴焉惟不得出大贤之门下是惧。亦惟少垂察焉。渎冒威尊,惶恐无已。愈再拜。

①乡贡进士:唐代由州县荐举出来参加科举考试而考中进士的人,称乡贡进士。　②再拜:指一拜而又拜。　③虞:忧虑,戒备。　④荒服:五服之一。古代王畿外围每五百里为一区划,按远近距离分五等地区,称五服。荒服是离王畿最远的地区。　宾:归顺。　⑤沾:浸湿。　被:覆盖。　⑥休征嘉瑞:四者都指美好吉祥的征兆。　⑦阍人:守门人。　⑧质:通"贽",古代的见面礼物。　⑨亟(qì):屡次。

【译　文】

三月十六日,前科乡贡进士韩愈,谨向宰相阁下叩拜进言:

我听说,周公担任辅佐君王的宰相时,他急切地要接见那些贤德之士,以致吃一餐饭,要好几次吐出口中的饭菜,洗一次头,要好几次用手握住湿漉漉的头发。就在那个时候,天下的贤才,都已经被选拔任用了,奸诈邪恶、好进谗言、巧言献媚、欺上负恩之类的坏人,都已经清除出去了,四海之内都已经太平无事了,那些荒远地区的众多少数民族,都已经归顺、纳贡了,天降的灾祸、时世的变化,由此而产生的昆虫草木的妖异现象,都已经销声匿迹了,天下的所谓礼仪、音乐、刑法、政令等教育感化人的工具,都已经完备了,社会风气习俗都已朴实淳厚,凡蒙受风雨霜露的滋润养育的动植物,都已经得到了合适的生存环境,吉祥的征兆,诸如麒麟、凤凰、灵龟、神龙之类,都已经出现,而周公以他圣人的才智、凭着他是君王的叔叔的亲近关系,他那辅佐君王、治理国家、让百姓接受教化的功绩,又都如此的昭彰卓著。那些请求周公接见的人,难道还有比周公更贤明的吗？非但不可能比周公更贤明，难道还有比当时执掌各部门政务的官员更贤明的吗？难道他们还有什么策略、议论能够补周公教化之不足吗？然而周公求贤是如此之急切，惟恐有自己耳朵、眼睛所没有听到、看到的，头脑所没有考虑到的，从而辜负了周成王委托他治国的一番心意，不能得到天下百姓的一致拥戴。像周公这样的心思，假设他当时辅佐治理、实行教化的功绩，没有能够如此昭彰卓著，而他本人也并没有圣人的才智，没有作为君王叔叔的亲近关系，那么，恐怕连吃饭、洗头的功夫都没有了，哪里还只是以吃饭时吐食、洗头时握发为勤劳就算了呢？正因为如此，所以直到今天，大家还不断地歌颂成王的德行，而赞美周公的功绩啊！

如今阁下做宰相和周公的情形大概近似。天下的贤才，难道都已荐举任用了？奸诈邪恶，好进谗言，巧言诌媚，欺君负恩之流，难道都已清除干净了？四海之内难道都已太平无事了？各方荒远地区的异族，难道都已归顺、纳贡了？天灾人祸、昆虫草木的妖异，难道都已绝迹了？天下的所谓礼仪、音乐、刑法、政令等进行教化的工具，难道都已完备了？社会风气习俗，难道都已朴实淳厚了？受风雨霜露滋养的动植物，难道都已得到了适宜的生存环境？吉祥的征兆，诸如麒麟、凤凰、灵龟、神龙之类，难道都已出现了？那些请求进见的人，虽然不足以得到有崇高道德的阁下的青睐，至于和执掌各方面政务的百官们相比较，难道他们的才能全都在百官们之下吗？他们所提出的主张、所发的议论，难道对朝廷一点补益也没有吗？今天虽然不能像周公那样为求贤而吐食、握发，也应该召见他们并加以推荐，考察他们的实际德才而决定辞退或任用，不应该不予理睬就算了的。

我等待您的指示已经四十多天了。信，一而再地奉上，而心意却未能得到您的理解。脚，多次去登府上的门，而守门人却加以拒绝。只是因为生性糊涂愚笨，不知逃避，所以才又说了一通周公的事，想必阁下也能明察的吧！古时候的读书人，三个月不能出仕做官，便要相互慰问，所以一出国界，一定要带着进见的礼物。但他们重视自我引荐的原因，是因为如果周朝不用他们，他们就去往鲁国，鲁国不用他们，就去往齐国，齐国不用他们，就去往宋国，去往郑国，去往秦国，去往楚国。如今天下只有一个皇帝，四海之内只有一个国家，除此以外，就是异族的土地了，也就是离开生我养我的国家了。所以读书人所走的道路，不是被朝廷任用，就只有去山林隐居一条路了。山林，是读书人中那些只求独善其身、保养自我，而对天下大事都不再忧虑的人才能够安心居住的。如果还有为天下大事担忧的心思，就不能安居了。所以我才多次自我推荐而不知羞愧，信一再地奉上，脚不断地登门而不知休止了。哪里仅仅如此而已，还惴惴不安地惟恐不能出自大贤的门下。也希望您能对我稍稍有所谅解。亵渎冒犯了阁下的威望尊严，不胜惶恐之至。韩愈再拜。

蔡义江译

与于襄阳书

七月三日，将仕郎守国子四门博士韩愈①，谨奉书尚书阁下②。

士之能享大名、显当世者，莫不有先达之士、负天下之望者为之前焉。士之能垂休光、照后世者，亦莫不有后进之士、负天下之望者为之后焉。莫为之前，虽美而不彰；莫为之后，虽盛而不传。是二人者，未始不相须也。然而千百载乃一相遇焉。岂上之人无可援、下之人无可推欤？何其相须之殷而相遇之疏也？其故在下之人负其能不肯谄其上，上之人负其位不肯顾其下。故高材多戚戚之穷，盛位无赫赫之光。是二人者之所为皆过也。未尝干之，不可谓上无其人；未尝求之，不可谓下无其人。愈之诵此言久矣，未尝敢以闻于人。

侧闻阁下抱不世之才，特立而独行，道方而事实，卷舒不随乎时，文武唯其所用，岂愈所谓其人哉？抑未闻后进之士，有遇知于左右、获礼于门下者，岂求之而未得邪？将志存乎立功，而事专乎报主，虽遇其人，未暇礼邪？何其宜闻而久不闻也？

愈虽不材,其自处不敢后于恒人。阁下将求之而未得欤?古人有言:"请自隗始③。"愈今者惟朝夕刍、米、仆、赁之资是急④,不过费阁下一朝之享而足也。如曰:"吾志存乎功,而事专乎报主。虽遇其人,未暇礼焉。"则非愈之所敢知也。世之龊龊者既不足以语之,磊落奇伟之人又不能听焉,则信乎命之穷也!谨献旧所为文一十八首,如赐览观,亦足知其志之所存。愈恐惧再拜。

①将仕郎:文散官。 守:唐代品级较低的人担任较高官职的叫守。 国子:指国子监,中央教育机构。 四门:即四门学,为国子监所统辖,其中设博士若干人。 ②阁下:指于頔。因做过襄州大都督,故称于襄阳。贞元十四年(798),由工部尚书迁任山南东道节度使。 ③隗:郭隗。据《战国策》记载,燕昭王为拯救燕国去请教郭隗,郭隗建议昭王礼贤待士"先从隗始"。 ④刍:草。 赁(lìn):租用。

【译 文】

七月三日,将仕郎守国子监四门学博士韩愈,谨向尚书阁下呈上此信。

士人能享大名、显耀于当世的,没有一个不是靠地位显贵、为天下所仰望的前辈替他作先导;士人能留下美好的声望、光照后世的,同样没有一个不是靠饮誉天下的后起之秀来充当他的后继之人。没有人替他作先导,那他虽有美好的才华,也不能扬名于世;没有人作他的后继者,那他虽然飞黄腾达,也不能流芳后世。这两种人,未尝不是相互期待着,然而千百年才能偶一相遇。难道是身处高位的人中没有可以请托的人,身处下位的人中没有值得举荐的人么?为什么他们相互期待时那么殷切,相遇时却又那么艰难呢?其原因在于身处下位的人自恃才能出众而不肯奉迎身处高位的人,身处高位的人自恃地位显贵而不肯照应身处下位的人。因此才高之士往往郁郁不得志,位尊之人往往没有留下显赫的名声。这两种人的作为都是不妥的。既然没有去拜访过,那就不能说身处高位的人中没有可以请托的人;既然没有去物色过,也就不能说身处下位的人中没有值得举荐的人。我默念这些话已经很久了,从来不敢冒昧地对别人说起。

我从旁听说阁下身怀世间少有的才能,立身行世超绝常人,道德端方处事切实,进退有度不随时俗,文韬武略运用自如,难道您不就是我所说的那种负天下众望的先达之士么?可是却又未曾听说过有哪位晚辈被您赏识,在您门下受到礼遇。是不是曾经访求却没有找到?还是志在建功立业,致力于报效君主的政务,虽然遇到了那样的贤才,却无暇以礼相待?为什么本应该听到您荐举后进的事迹,却久久没有听到呢?

我虽然没有才干,但对自己的要求却不敢低于常人。阁下是不是想寻求贤才而没有得到?古人曾有这样的话:"请从我郭隗开始吧!"我现在只为早晚的柴草、粮食、仆役和租金等费用着急,这些只不过耗费阁下一顿早餐的费用就足够了。如果阁下说:"我志在建功立业,致力于报效君主的政务,虽然遇到了那样的贤才,却无暇以礼相待。"那就不是我敢知道的了。世上那些拘谨狭隘的人,既不值得我把这些话告诉他们,而那些心胸宽广、雄奇不凡的人又不能倾听这些话,那么我的命运必定是穷困的了!谨向阁下献上过去所写的十八篇文章,如蒙过目,也足以了解我的志向所在。韩愈诚惶诚恐,再拜。

周勋初　武秀成译

与陈给事书

愈再拜:愈之获见于阁下有年矣①。始者亦尝辱一言之誉。贫贱也,衣食为奔走,不得朝夕继见。其后阁下位益尊,伺候于门墙者日益进。夫位益尊,则贱者日隔;伺候于门墙者日益进,则爱博而情不专。愈也道不加修,而文日益有名。夫道不加修,则贤者不与;文日益有名,则同进者忌。始之以日隔之疏,加之以不专之望,以不与者之心,而听忌者之说,由是阁下之庭无愈之迹矣。

去年春,亦尝一进谒于左右矣。温乎其容,若加其新也;属乎其言②,若闵其穷也。退而喜也,以告于人。其后如东京取妻子,又不得朝夕继见。及其还也,亦尝一进谒于左右矣。邈乎其容,若不察其愚也;悄乎其言,若不接其情也。退而惧也,不敢复进。

今则释然悟、翻然悔曰:其邈也,乃所以怒其来之不继也;其悄也,乃所以示其意也。不敏之诛,无所逃避。不敢遂进,辄自疏其所以,并献近所为《复志赋》以下十首为一卷,卷有标轴③。《送孟郊序》一首,生纸写④,不加装饰,皆有揩字、注字处,急于自解而谢,不能竢更写,阁下取其意,而略其礼可也。愈恐惧再拜。

①阁下:指陈京。唐德宗贞元十九年(803)由考功员外郎升给事中。给事中,是当时门下省的要职,掌管驳正政令的得失。　　②属(zhǔ):连续不断。
③标轴:卷轴上做有标记。古代把用纸或帛写的书做成卷子,中心安轴,一卷也为一轴。　　④生纸:未经煮捶或涂蜡的纸。唐代书写纸分生、熟两种,生纸一般用于草稿或丧事中。

【译　文】

韩愈再拜:我有幸与阁下结交已经多年了。开始也曾承蒙您夸奖过一两句。由于贫贱,为了衣食而到处奔走,不能时常来拜见您。其后阁下的地位越来越尊贵,依附在您门下的人越来越多。地位越来越尊贵,那么与贫贱者便相隔日远;依附于门下的人越来越多,那么喜爱的人多了,感情也就不能专注。我在道德修养方面没有提高,文章却日益有名。道德修养没有提高,那么贤人就不屑同我交往;文章日益有名,那么跟我一同寻求出路的人便会产生妒忌。您开始由于贵贱相隔而疏远我,加上期望不能专注,以不屑与人交往的心态,又听信妒忌者的逸言,这样阁下的门庭也就难见韩愈的足迹了。

去年春天,我也曾拜谒过您一次。您态度温和,好像接待新交的朋友;好话不断,好像很同情我的失意。告辞回家,心情十分高兴,便把这些告诉了别人。自此之后，我往东京洛阳接家眷，又不能时常去看望您。等到我回来，又曾拜见过您一次。您态度淡漠，好像不体察我的心思，默然无语，好像不领会我的情意。告辞回家，感到很不安，不敢再来拜见您了。

现在我才恍然大悟、顿觉懊悔，想道：您态度冷漠，正是恼恨我没有时常来看望您；您默然不语，正用来表示内在的心意。对我生性愚钝的责怪，我是无处逃避的了。现在我不敢贸然再来进见，特呈上此信陈述情由，并献上近来所作的《复志赋》以下十篇诗文，作为一卷，卷子上有做标记的卷轴；《送孟郊序》一篇，用生纸写成，未加装饰，又都有涂改添字的地方，因为急于表白自己的心迹并向您谢罪，来不及重新誊写清楚了。阁下能鉴察我的心情而不计较礼节也就好了。韩愈诚惶诚恐，再拜。

周勋初　武秀成译

应科目时与人书

　　月、日，愈再拜。天池之滨①，大江之渍②，曰有怪物焉，盖非常鳞凡介之品汇匹俦也③。其得水，变化风雨，上下于天不难也。其不及水，盖寻常尺寸之间耳④。无高山、大陵、旷途、绝险为之关隔也，然其穷涸，不能自致乎水，为獱獭之笑者⑤，盖十八九矣。如有力者，哀其穷而运转之，盖一举手、一投足之劳也。然是物也，负其异于众也，且曰："烂死于沙泥，吾宁乐之。若俯首帖耳⑥，摇尾而乞怜者，非我之志也。"是以有力者遇之，熟视之若无睹也。其死其生，固不可知也。

　　今又有有力者当其前矣，聊试仰首一鸣号焉，庸讵知有力者不哀其穷而忘一举手⑦、一投足之劳，而转之清波乎？其哀之，命也。其不哀之，命也。知其在命，而且鸣号之者，亦命也。愈今者实有类于是。是以忘其疏愚之罪，而有是说焉。阁下其亦怜察之。

①天池:指南海。《庄子·逍遥游》中说:"南冥者,天池也。" ②濆(fén):水边。 ③鳞、介:泛指有鳞和介甲的水生动物。 ④寻常:古代以八尺为寻,二寻为常。 ⑤猵(bīn):小獭。 ⑥俛:同"俯"。 ⑦庸讵:哪儿。

【译 文】

　　某月某日,愈谨叩首致候。南海的水边,长江的滩旁,有那么一种奇物,绝非普通的鳞甲动物所能比拟。它如果能得到水,那么变化于风雨之间,上天下地,容易得很。但如果没有水,那么即使咫尺方寸,其间并无大山、高丘、远途、险关的阻隔,也只好困处于干枯,不能使自己到达有水的地方,十有八九会被区区的水獭所嘲笑。这时候如果有一位有力气的人,哀怜它的穷困,而把它拉运到水里去,这只不过一举手一抬足之劳罢了。但此物却因其与众不同而自负,还说:"烂死在泥沙中,我是乐意的,但要我俯首帖耳、摇尾乞怜,就绝非我的本愿。"这样,即使有力气的人走过,也像看惯了那样不放在眼里,听之任之。到底是死还是活,实在是不可预测。

　　现在又有一位有力者在眼前了,它或者会试一试,抬头号叫一声,看看有力者是否会哀怜其穷困的遭际,而忘举手投足之劳,把它转到碧波中去呢?如果有人能哀怜它,那是命,不哀怜它,也是命,而明白一切都是命中注定但还是想号叫一声的,也算是一种命吧。我目前的处境,实在与它有类似处。因此也就忘掉自己粗疏与笨拙的毛病,而诉说出这番言辞。请您哀怜而亮察之。

傅璇琮译

送孟东野序

　　大凡物不得其平则鸣。草木之无声,风挠之鸣。水之无声,风荡之鸣。其跃也或激之,其趋也或梗之,其沸也或炙之。金石之无声,或击之鸣。人之于言也亦然,有不得已者而后言,其谓也有思①,其哭也有怀。凡出乎口而为声者,其皆有弗平者乎!

乐也者,郁于中而泄于外者也,择其善鸣者而假之鸣。金、石、丝、竹、匏、土、革、木八者②,物之善鸣者也。维天之于时也亦然,择其善鸣者而假之鸣。是故以鸟鸣春,以雷鸣夏,以虫鸣秋,以风鸣冬。四时之相推夺,其必有不得其平者乎!

其于人也亦然。人声之精者为言,文辞之于言,又其精也,尤择其善鸣者而假之鸣。其在唐、虞,咎陶、禹③,其善鸣者也,而假以鸣。夔弗能以文辞鸣,又自假于《韶》以鸣④。夏之时,五子以其歌鸣⑤。伊尹鸣殷⑥,周公鸣周⑦。凡载于《诗》《书》六艺,皆鸣之善者也。周之衰,孔子之徒鸣之,其声大而远。传曰:“天将以夫子为木铎⑧。”其弗信矣乎? 其末也,庄周以其荒唐之辞鸣⑨。楚,大国也,其亡也,以屈原鸣⑩。臧孙辰、孟轲、荀卿⑪,以道鸣者也。杨朱、墨翟、管夷吾、晏婴、老聃、申不害、韩非、慎到、田骈、邹衍、尸佼、孙武、张仪、苏秦之属⑫,皆以其术鸣。秦之兴,李斯鸣之⑬。汉之时,司马迁、相如、扬雄⑭,最其善鸣者也。其下魏、晋氏,鸣者不及于古,然亦未尝绝也。就其善者,其声清以浮,其节数以急,其辞淫以哀,其志弛以肆,其为言也,乱杂而无章。将天丑其德莫之顾邪? 何为乎不鸣其善鸣者也?

唐之有天下,陈子昂、苏源明、元结、李白、杜甫、李观⑮,皆以其所能鸣。其存而在下者,孟郊东野始以其诗鸣⑯。其高出魏、晋,不懈而及于古,其他浸淫乎汉氏矣。从吾游者,李翱、张籍其尤也⑰。三子者之鸣信善矣。抑不知天将和其声而使鸣国家之盛邪? 抑将穷饿其身、思愁其心肠而使自鸣其不幸邪? 三子者之命,则悬乎天矣。其在上也,奚以喜? 其在下也,奚以悲? 东野之役于江南也,有若不释然者,故吾道其命于天者以解之。

①谓:同“歌”。　　②金、石、丝、竹、匏(páo)、土、革、木:中国传统乐器的八种制作材料,也用来指各类乐器。　　③咎(gāo)陶(yáo):相传为舜时的臣。

禹:传说中氏族社会部落首领。　　④《韶》:传说舜时乐官夔所作的乐曲。
⑤五子:传说为夏王太康的五个弟弟,曾作歌讽谏太康。　　⑥伊尹:商初贤相。
传说他曾作《汝鸠》等文,今佚。　　⑦周公:西周初重要政治家。作有《大诰》等
文。　　⑧天将以夫子为木铎:出自《论语·八佾》。木铎,以木为舌的铃。
⑨庄周:战国时哲学家。其思想见于《庄子》一书。　　⑩屈原:战国时文学家。有
《离骚》等作品传世。　　⑪臧(zāng)孙辰:春秋时鲁大夫。　　孟轲:战国时思想
家。其言行主要见之于《孟子》一书。　　荀卿:战国时思想家。其言行主要见于《荀
子》一书。　　⑫杨朱:战国时思想家。　　墨翟:春秋时思想家,其言行主要见于《墨
子》一书。　　管夷吾:字仲,春秋时人,有《管子》一书为其后人收集他的言论。
晏婴:春秋时人,后人收集其言行资料编为《晏子春秋》一书。　　老聃:春秋时思
想家,著有《老子》。　　申不害:战国时人,相传著作《申子》,现仅存其中的《大体》
篇。　　韩非:战国时思想家,著有《韩非子》。　　慎到:战国时人,著有《慎子》。
田骈:战国时人,其著《田子》一书今已不存。　　邹衍:战国时人,其文不传世。
尸佼(jiǎo):战国时人,著有《尸子》。　　孙武:春秋时人,著有《孙子兵法》。　　张
仪:战国时纵横家。　　苏秦:战国时纵横家。　　⑬李斯:曾任秦相。世有《谏逐
客书》流传。　　⑭司马迁:西汉时人,著作有《史记》。　　相如:西汉时人,即司
马相如,辞赋家。　　扬雄:西汉时人,辞赋家,著作有《太玄》《法言》《方言》等。
⑮陈子昂:唐初诗人。　　苏源明:唐代人,工文辞。　　元结:唐代文学家。　　李白:
唐代诗人。　　杜甫:唐代诗人。　　李观:唐代文学家。　　⑯孟郊:字东野,中晚
唐诗人。一生贫寒,直到五十岁时才得了个溧阳县尉的官。　　⑰李翱:唐代散文
家,曾从韩愈学古文,是“古文运动”的积极参与者。　　张籍:唐代文学家。

【译　文】

　　大凡事物不得其平就发出鸣叫声。草木本身没有声音,风吹动它
才响。水也没有声音,风摇荡它才响。它淙淙跳跃,由于受阻而激起波
澜。它哗哗急流,是因为遭梗塞所致。它噗噗沸腾,是有火在煮它。金
石没有声音,如果敲它就响。人讲话也是一样,有了不得已的事然后才
讲。唱歌嘛是有了情思,哭泣嘛是有所怀念。凡是出于口发为声音的,
那都是有所不平的啊!

　　音乐,是将郁结在心中的思想感情宣泄出来,选择善于鸣的凭借它
来鸣。金(钟镈)、石(磬)、丝(琴瑟)、竹(箫管)、匏(笙)、土(埙)、革

346

（鼓）、木（柷敔）这八类，是器物中善于鸣的。天对于四时也是这样，选择善于鸣的凭借它来鸣。所以让鸟为春天鸣，雷为夏天鸣，虫为秋天鸣，风为冬天鸣。四季这样推移变化，其中必定有什么地方不得其平吧！

对于人来说也是一样。人类声音中精粹的是语言，文辞对于语言而论，又是语言中最精粹的，所以尤其要选择善于鸣的凭借他们来鸣。这在唐虞时代，咎陶、禹是善于鸣的，就凭借他们来鸣。夔不能用文辞来鸣，又凭借自己制作的《韶》来鸣。夏代，五子用他们的歌来鸣。伊尹鸣于殷代，周公鸣于周代。凡是记载在《诗》《书》六艺中的，都是鸣得最好的。周朝衰败了，孔子师徒鸣了起来，他们的声音又大又远。经传上说："天将把夫子当作木铎。"这能不相信吗？到了周朝末年，庄周用他那宏大玄虚的文辞来鸣。楚，是个大国，到它衰亡时，通过屈原来鸣。臧孙辰、孟轲、荀卿，都是用道来鸣的。杨朱、墨翟、管夷吾、晏婴、老聃、申不害、韩非、慎到、田骈、邹衍、尸佼、孙武、张仪、苏秦这一类人，都用他们的主张来鸣。秦朝兴起，李斯出来为它而鸣。到了汉代，司马迁、司马相如、扬雄，是其中最善于鸣的了。下面的魏晋时期，鸣的人虽然赶不上古代，但也从未断绝。就其中鸣得较好的而论，他们的声音清脆而浮泛，节奏频繁而急促，文辞淫靡而哀伤，意志弛废而恣肆，发出来的言论嘛，杂乱无章。这莫非是上天憎恶其德而不给予顾全么？何以不让他们中善于鸣的去鸣呢？

唐得天下以来，陈子昂、苏源明、元结、李白、杜甫、李观，都拿他们各自所擅长的来鸣。现尚健在而处于下位的，有孟郊东野，开始用他的诗来鸣。他的诗已经高出于魏、晋，精妙而无败笔的可以赶上古人，其他的作品也接近汉代的了。跟我交游的人中，以李翱、张籍最杰出。这三位先生的鸣确乎是不错的了。但不知道上天将会和谐他们的声音而让他们来鸣国家的兴盛呢？还是想穷饿他们的身子、愁苦他们的心肠而让他们来鸣各自的不幸呢？这三位先生的命运如何，就完全取决于上天了。那么高居上位有什么可喜的？沉沦下僚又有什么可悲？东野这次去江南任职，好像有些不愉快的样子，所以我跟他讲讲命由天定的道理来宽解他。

陈贻焮译

送李愿归盘谷序

太行之阳有盘谷。盘谷之间，泉甘而土肥，草木丛茂，居民鲜少。或曰："谓其环两山之间，故曰盘。"或曰："是谷也，宅幽而势阻，隐者之所盘旋。"友人李愿居之①。

愿之言曰："人之称大丈夫者，我知之矣。利泽施于人，名声昭于时。坐于庙朝②，进退百官，而佐天子出令。其在外，则树旗旄③，罗弓矢，武夫前呵，从者塞途，供给之人，各执其物，夹道而疾驰。喜有赏，怒有刑。才俊满前，道古今而誉盛德，入耳而不烦。曲眉丰颊，清声而便体④，秀外而惠中，飘轻裾，翳长袖⑤，粉白黛绿者，列屋而闲居，妒宠而负恃，争妍而取怜。大丈夫之遇知于天子，用力于当世者之所为也。吾非恶此而逃之，是有命焉，不可幸而致也。

"穷居而野处，升高而望远，坐茂树以终日，濯清泉以自洁。采于山，美可茹；钓于水，鲜可食。起居无时，惟适之安。与其有誉于前，孰若无毁于其后；与其有乐于身，孰若无忧于其心。车服不维，刀锯不加，理乱不知，黜陟不闻。大丈夫不遇于时者之所为也，我则行之。

"伺候于公卿之门，奔走于形势之途，足将进而趑趄⑥，口将言而嗫嚅，处污秽而不羞，触刑辟而诛戮，侥幸于万一，老死而后止者，其于为人贤不肖何如也？"

昌黎韩愈，闻其言而壮之，与之酒而为之歌曰："盘之中，维子之宫。盘之土，可以稼。盘之泉，可濯可沿。盘之阻，谁争子所？窈而深，廓其有容；缭而曲，如往而复。嗟盘之乐兮，乐且无央。虎豹远迹兮，蛟龙遁藏。鬼神守护兮，呵禁不祥。饮且食兮寿而康，无不足兮奚所望？膏吾车兮秣吾马，从子于盘兮，终吾生以徜徉。"

348

①李愿:韩愈的朋友,当时隐居在太行山南面的盘谷。　②庙:这里指帝王的宗庙,是古代帝王祭祀和议事的地方。　③旄(máo):古代用牦牛尾装饰的旗帜。　④便(pián)体:体态轻盈。　⑤曳(yì):通"曳",拖着。　⑥趑(zī)趄(jū):犹豫不前的样子。

【译　文】

太行山的南麓有个叫盘谷的地方。盘谷中间,泉水甜美而土地肥沃,草木丰茂,居民稀少。有人说:"因为它处在两山环抱之间,所以叫'盘'。"有人说:"这个谷,境地幽静而山势险阻,是隐居的人盘旋的地方。"我的朋友李愿就隐居在这里。

李愿曾经发过这样的议论:"人们称之为大丈夫的,我太知道了。那就是要施利益恩泽于人,让自己的名望声誉昭著于世。他们坐在庙堂朝廷之上,任免文武百官,辅佐天子发布诏令。到了外地,就树起旗旄,罗列着弓箭,武士在前面喝道,随从把路都堵塞了,供应服侍的人,拿着各自的东西,夹道奔驰。喜有赏,怒有罚。才智杰出之士拥满跟前,道古称今地赞扬他们盛大的功德,教对方听起来很入耳而不厌烦。此外还有那些眉毛弯弯脸蛋儿丰满的美人,声音清脆而体态轻盈,外貌秀美而内心聪颖,飘动着轻轻的衣襟,低拖着长长的袖子,扑面粉白而描眉黛绿,舒适地养在一列列的后房里,失去依仗而妒忌别人受宠,为了博取怜爱而斗美争妍。这就是那些被天子赏识、为当代出力的大丈夫的所作所为啊。我倒并非厌恶这些而故意逃避,只是人各有命,不可能侥幸得到。

"要是在草野之间过穷困的隐居生活,登高可以望远,一天到晚坐在茂盛的树林里悠然自得,用清澈的泉水把自己洗得很洁净。从山上采来的,甘美可口;从水中钓到的,鲜嫩可食。生活作息没有一定的时间,只要舒适就行。与其当面听到赞誉之辞,不如背后不遭人毁谤;与其身体得到快乐,不如内心无所忧虑。不受官车官服的束缚,也没有遭刀锯刑戮的危险,天下治乱不须知道,贬谪升迁一概不闻。这是那些生不逢时的大丈夫所能做的,我就是这样做了。

"另外一种人则在公卿的门前伺候,奔走于势利途中,脚刚迈出又犹豫不前,口刚张开又嗫嚅不语,处于污秽之中而不知羞愧,触犯刑律而将遭诛戮,即使这样还想万一能侥幸发迹,直到老死而后已,在为人处世上哪种人贤哪种人不肖呢?"

昌黎韩愈,听了这番话而不觉心气为之一壮,就敬他的酒为他唱了这首歌说:"盘谷中间,有你先生的家园。盘谷的土地,可以种植。盘谷的清泉,可以洗濯可以盘桓。盘谷山势险阻,又有谁来争夺你先生的住所? 又幽又深,空阔得能广为包容;又弯又曲,走过去又绕回到原处。赞叹盘谷的乐趣啊,快乐久长。虎豹的脚迹远去啊,蛟龙逃遁深藏。鬼神守护着啊,呵禁不祥。注意饮食啊长寿而健康,没有不满足的啊又有什么奢望? 给我的车辖上好油啊还喂好我的马,跟随先生你去盘谷啊,让我一辈子在那儿栖息徜徉。"

陈贻焮译

送董邵南序

燕、赵古称多感慨悲歌之士①。董生举进士②,连不得志于有司③,怀抱利器,郁郁适兹土,吾知其必有合也。董生勉乎哉!

夫以子之不遇时,苟慕义强仁者,皆爱惜焉,矧燕④、赵之士出乎其性者哉! 然吾尝闻风俗与化移易,吾恶知其今不异于古所云邪? 聊以吾子之行卜之也。董生勉乎哉!

吾因之有所感矣。为我吊望诸君之墓⑤,而观于其市,复有昔时屠狗者乎⑥? 为我谢曰:"明天子在上,可以出而仕矣!"

---

①燕、赵:古国名,燕国辖今河北、辽宁一带,赵国辖今河北、山西一带。这里指当时的河北地区。　②董生:董邵南,寿州安丰(今安徽寿县)人。　③有司:

官吏,这里指主考官。　　④矧(shěn):况且。　　⑤望诸君:乐毅,战国时赵人。
曾佐燕昭王破齐,晚年避祸归赵,封于观津(今河北武邑东南),称望诸君。
⑥屠狗者:指高渐离,据《史记·刺客列传》记载,高渐离曾以屠狗为业。荆轲刺秦
王未遂被杀,高渐离替他报仇,也未遂而死。

【译　文】

　　河北一带,自古就以出现过许多以悲壮的歌声来表达内心忧愤的
人著称。董先生参加进士科考试,接连几年都没有被录取,只好怀着卓
越的才干,满腔抑郁地到那个地方去碰碰机会。我想上去,总该有较好
的际遇吧。董先生,您可要努力啊!

　　像您这样怀才不遇,只要是向往仁义实行仁义的人,都会爱护您
的,何况对于河北一带的人来说,这种向往还是出自他们的本性呢!可
是我也曾听说过,风俗是会随着政治影响而改变的,我怎么能够知道它
的今天和过去人们所说的情况没有差别呢?那么,就只好从您这一次
的旅行的结果来判断了。董先生,请允许我再一次嘱咐您,您可要努
力啊!

　　由于您的这次出行,我不禁有些感慨。到了河北以后,请为我去凭
吊一下因为得不到信任而客死异乡的燕国将军乐毅的坟墓吧!也希望
您去市集上看看,还有没有像从前那种靠卖狗肉来混日子的豪侠之士
呢?如果有,就请替我向他们致意:"现在,圣明天子在位,可以出来为
朝廷效力了!"

程千帆译

送杨少尹序

　　昔疏广、受二子①,以年老,一朝辞位而去。于时公卿设供张②,祖
道都门外,车数百两③。道路观者,多叹息泣下,共言其贤。汉史既传

其事，而后世工画者又图其迹，至今照人耳目，赫赫若前日事。

国子司业杨君巨源④，方以能《诗》训后进，一旦以年满七十，亦白丞相去归其乡。世常说古今人不相及，今杨与二疏，其意岂异也？

予忝在公卿后，遇病不能出。不知杨侯去时，城门外送者几人、车几两、马几匹，道边观者亦有叹息知其为贤与否，而太史氏又能张大其事，为传继二疏踪迹否，不落莫否。见今世无工画者，而画与不画，固不论也。然吾闻杨侯之去，丞相有爱而惜之者，白以为其都少尹⑤，不绝其禄。又为歌诗以劝之，京师之长于诗者，亦属而和之⑥。又不知当时二疏之去，有是事否。古今人同不同未可知也。

中世士大夫以官为家，罢则无所于归。杨侯始冠⑦，举于其乡，歌《鹿鸣》而来也⑧。今之归，指其树曰："某树吾先人之所种也。某水某丘，吾童子时所钓游也。"乡人莫不加敬，诫子孙以杨侯不去其乡为法。古之所谓乡先生，没而可祭于社者⑨，其在斯人欤？其在斯人欤？

①疏广：西汉时曾为太子太傅。　受：疏受，疏广的侄子，同时为太子少傅。②供（gòng）张（zhàng）：陈设帷帐等用具。　　③两：通"辆"。　　④国子司业：即国子监的副主管官。　杨君：名巨源，蒲州（今山西永济蒲州）人。　⑤少尹：唐代中期所置的官，相当于郡守的副官。　⑥属（zhǔ）：作文章。　⑦冠：古代男子二十岁时，行冠礼以示成年。　⑧《鹿鸣》：《诗经·小雅》中的一首诗。⑨没（mò）：通"殁"。

【译　文】

从前疏广、疏受两位先生，因为年纪老了，就毅然辞去官职离开京城。当时朝中大臣设宴于都门外为他们饯行，送行的车子多达数百辆。路旁围观的人纷纷为之叹息、落泪，无不称道他们的贤德。《汉书》已经记载了他们的事迹，而后世擅长绘画的人，又把当时的情景画成图像。直至今天，给人的印象还那么鲜明、清晰，就好像是前几天发生的事情一样。

国子司业杨巨源先生，精通《诗》学，正在国子监教授学生，一旦年满七十,也禀告丞相请求辞职还乡。世人常说今人不及古人,如今杨先生与二疏相比,他们的思想意趣有什么不同呢!

我当时也在朝廷充当一个官职,正碰上有病没能出去送行。不知杨先生离京的时候,有多少人到城门外送别,车有多少辆,马有多少匹?路旁围观的人是否也有赞叹其贤德的?当朝史官又能否张扬其事,写成传记以承接二疏的事迹,而不至于使他受到冷落?现今世上没有擅长绘画的人,画不画成图像,姑且不去管它。然而,我听说杨先生辞官离京,丞相曾表示惋惜,奏明皇上让他担任原籍河东郡的少尹,不中断他的俸禄,还赋诗勉励他,京城那些擅长写诗的人,也都作诗奉和。不知道当年二疏辞官离京的时候,有没有这样的事情?某些细节,古人与今人相同还是不同,是不大搞得清楚了。

中古时候的士大夫,以官府为家,一旦离职就无处可以归宿。杨先生刚成年时,由家乡推荐应试中举,当地人士演唱《鹿鸣》之诗欢送他来到京城做官。如今他回到家乡去,指点着那些树木山水说:"那棵树,是我先人种的。那条河、那个山丘,是我童年时鱼钓、游玩的地方。"家乡人无不更为敬重他,告诫子孙效法杨先生不忘怀故里的美德。古时候所说的"乡先生",那种死后可以入乡贤祠受祭的人,我想就是杨先生这样的人吧!就是杨先生这样的人吧!

金涛声译

送石处士序

河阳军节度、御史大夫乌公为节度之三月①,求士于从事之贤者。有荐石先生者②。公曰:"先生何如?"曰:"先生居嵩、邙、瀍、穀之间③,冬一裘,夏一葛;食,朝夕饭一盂、蔬一盘。人与之钱,则辞;请与出游,未尝以事免;劝之仕,不应;坐一室,左右图书。与之语道理,辨古今事当否,论人高下,事后当成败,若河决下流而东注,若驷马驾轻车、就熟路,而王

353

良、造父为之先后也,若烛照数计而龟卜也④。"大夫曰:"先生有以自老,无求于人,其肯为某来邪?"从事曰:"大夫文武忠孝,求士为国,不私于家。方今寇聚于恒⑤,师环其疆,农不耕收,财粟殚亡。吾所处地,归输之涂,治法征谋,宜有所出。先生仁且勇,若以义请而强委重焉,其何说之辞?"于是撰书词,具马币,卜日以授使者,求先生之庐而请焉。

先生不告于妻子,不谋于朋友,冠带出见客,拜受书礼于门内。宵则沐浴,戒行李,载书册,问道所由,告行于常所来往。晨则毕至张上东门外⑥,酒三行,且起,有执爵而言者曰⑦:"大夫真能以义取人,先生真能以道自任,决去就。为先生别。"又酌而祝曰:"凡去就出处何常?惟义之归。遂以为先生寿。"又酌而祝曰:"使大夫恒无变其初,无务富其家而饥其师,无甘受佞人而外敬正士,无昧于谄言,惟先生是听,以能有成功,保天子之宠命。"又祝曰:"使先生无图利于大夫,而私便其身图。"先生起拜祝辞曰:"敢不敬早夜以求从祝规!"于是东都之人士咸知大夫与先生果能相与以有成也。遂各为歌诗六韵⑧,遣愈为之序云。

①河阳军:治所在今河南孟州西,因节度使的辖区也是军区,故称河阳军。乌公:即乌重胤。唐元和五年(810),升任河阳节度使、御史大夫。　②石先生:石洪,唐代河阳人。曾做过黄州录事参军,后回到河阳隐居。乌重胤到河阳后,召他为幕僚,又奉诏为昭应尉、集贤校理。　③嵩、邙:二山都在今河南。　瀍(chán)、榖:二水都源出于河南,并于洛阳与洛水会合。　④数计:用蓍草计数算卦。　龟卜:用龟甲占卜。　⑤恒:指恒州,治所在今河北正定,属当时成德军。元和四年(809),成德节度使王士真死,其子王承宗反叛,第二年唐宪宗被迫任命王承宗为成德节度使。　⑥张(zhàng):供张,为宴会设置器具。　⑦爵:酒器。⑧六韵:六次押韵。古诗一般隔行押韵,六韵即为十二行诗。

【译　文】

河阳军节度使、御史大夫乌公,担任节度使的第三个月,就向贤能的僚属访求人才。有人推荐了石洪先生。乌公问道:"这位石先生怎么样?"回答说:"石先生住在嵩、邙两山与瀍、榖两水之间,冬天披一件皮裘,夏天穿一身葛衫,早晚吃饭,粗饭一碗,蔬菜一盘。别人送钱给

354

他，他谢绝不收；邀请他一起去游玩，从未借故推辞；劝他出来做官，却不肯答应。经常坐在一间房子里，左右堆满图书。跟他谈论道理，辨析古今事件的是非，评论人物的高下，推断事情的成败，他的话语就像河水决堤向东方奔流直下那样滔滔不绝；就像四匹骏马驾轻车上熟路，而由能手王良、造父在前后掌鞭那样纵横驰骋；就像灯光照耀那样明察秋毫，像蓍草算卦、龟甲占卜那样灵验准确。"乌大夫说："石先生有志以隐居终老，无求于人，他肯为我出来吗？"僚属说："大夫文武双全，忠孝兼备，网罗人才出于公心，不是谋求私利。当今叛寇聚集于恒州，军队环布在边界，农夫不能耕种收获，前方财空粮尽。我们所处的地方，是输送军需钱粮的要道，如何治理地方，征伐叛军，应该有人出来谋划。石先生仁爱而有胆识，如若以大义相请并委以重任，他还有什么可说的呢？"于是写好聘请的书信，准备了马匹、礼物，选个吉日交付使者，寻访石先生的住处，恳请他出来。

石先生闻讯之后，不告诉妻子，不跟朋友商量，便戴冠束带出来见客，在屋里恭敬地接受了书信和礼物。当夜就沐浴更衣，准备行李，装载书籍，问明前往的道路，并向日常来往的朋友一一告别。第二天清晨，朋友们都来送行，设宴于上东门外为他饯行。酒斟过三次，石先生就要起身上路。有人举杯致辞说："乌大夫真能以大义取人，石先生真能以道自任，决定进退。这杯酒为先生送别！"又有人斟了一杯酒，祝愿道："人生进退去留依据什么准则？惟有以义作为归宿。就以这杯酒祝先生长寿！"又有人斟了一杯酒，说："但愿乌大夫永远不改变初衷，不要只顾自家富足而让士兵挨饿，不要内心喜欢巧言令色之人而只在表面敬重正直之士，不要被谗言所蒙蔽，而能一心听从先生的高见，这样才能获得成功，保全天子赐予的光荣使命。"又有人说："希望先生不要在大夫那里谋求私利，趁便达到个人的目的。"石先生起身敬答这些祝词，说："我怎敢不时刻自励，遵照诸位的规嘱去做？"这样一来，东都洛阳的人士都知道乌大夫与石先生一定能相互协作而有所成就。在座的人便各赋诗六韵，并叫我为它写这篇序文。

金涛声译

送温处士赴河阳军序

伯乐一过冀北之野①，而马群遂空。夫冀北马多天下，伯乐虽善知马，安能空其群邪？解之者曰：吾所谓空，非无马也，无良马也。伯乐知马，遇其良，辄取之，群无留良焉。苟无良，虽谓无马，不为虚语矣。

东都，固士大夫之冀北也。恃才能深藏而不市者，洛之北涯曰石生②，其南涯曰温生③。大夫乌公以铁钺镇河阳之三月④，以石生为才，以礼为罗，罗而致之幕下。未数月也，以温生为才，于是以石生为媒，以礼为罗，又罗而致之幕下。东都虽信多才士，朝取一人焉，拔其尤；暮取一人焉，拔其尤。自居守、河南尹以及百司之执事，与吾辈二县之大夫，政有所不通，事有所可疑，奚所谘而处焉？士大夫之去位而巷处者，谁与嬉游？小子后生，于何考德而问业焉？缙绅之东西行过是都者，无所礼于其庐。若是而称曰：大夫乌公一镇河阳，而东都处士之庐无人焉，岂不可也？

夫南面而听天下，其所托重而恃力者惟相与将耳。相为天子得人于朝廷，将为天子得文武士于幕下，求内外无治，不可得也。愈縻于兹⑤，不能自引去，资二生以待老。今皆为有力者夺之，其何能无介然于怀邪？生既至，拜公于军门，其为吾以前所称，为天下贺；以后所称，为吾致私怨于尽取也。留守相公首为四韵诗歌其事⑥，愈因推其意而序之。

①冀：古九州之一，指今河北一带。　②石生：石洪，河阳（今河南孟州西）人。　③温生：温造，并州（今山西太原附近）人。曾隐居于洛阳一带。④乌公：乌重胤，元和五年（810）任河阳节度使。　河阳：在今河南孟州西。　铁(fū)钺(yuè)：一种杀人的刑具。这里指掌有军权的节度使。　⑤縻(mí)：系。指当时韩愈正在做河南令。　⑥四韵：古诗隔行押韵，故此指八行诗。

356

【译 文】

伯乐一过冀北之野,而马群尽空。冀北为天下产马最多之地,伯乐虽善相马,怎么能使马群一空呢?解释的人说:我所讲的"空",不是说没有马,而是说没有良马。伯乐善于相马,遇到良马,即把它挑走,马群中留下的就没有良马了。如若没有良马,即使说没有马,也不算言过其实。

东都洛阳,本来是士大夫的"冀北"。很有才能而隐逸山林不肯出仕的,洛水之北有一个石生,洛水之南有一个温生。御史大夫乌公,以节度使的身份镇守河阳的第三个月,看中石生是个人才,即以礼相请,把他罗致到自己幕下。没过几个月,又看中温生是个人才,于是通过石生介绍,以礼相邀,又把他罗致到自己幕下。东都洛阳虽是人才荟萃之地,但早上挑走一个,选拔了其中的尖子;晚上挑走一个,又选拔了其中的尖子。这样一来,从东都留守、河南尹及其各个部门的官员,到我们这些洛阳、河南二县的官员,施政碰到障碍,事情有了疑难,到哪儿去咨询请教从而加以妥善处理呢?离职闲居在家的士大夫,跟谁去交游娱乐呢?青年后辈,到哪儿去考察德行、请教学业呢?东西往来路过洛阳的官员,也无法登门拜访了。像这样的情况,我们说:御史大夫乌公一镇守河阳,而东都处士的住所就没有人才了,难道不可以吗?

帝王治理天下,他所得力的依靠者,只有宰相与大将。宰相为天子网罗人才到朝廷,大将为天子网罗文人武士于幕下,若能这样,国家内外治理不好,那是绝对不可能的。我羁留此地做个县令,不能自行引退,依赖石、温二生的帮助而颐养天年。如今他们都被很有权力的人夺走了,怎能不使我耿耿于怀呢?温生到任,在军门拜见了乌公,就我前面所说的那样,幕府得了这样的人才,应该为国家庆贺;就我后面所说的那样,把本地的人才都选空了,我个人是不无抱怨的。东都留守相公,首先作诗四韵颂扬这件事,我就势推演他的意思写了这篇序文。

金涛声译

祭十二郎文

年、月、日,季父愈闻汝丧之七日,乃能衔哀致诚,使建中远具时羞之奠,告汝十二郎之灵①:

呜呼! 吾少孤,及长,不省所怙②,惟兄嫂是依。中年,兄殁南方,吾与汝俱幼,从嫂归葬河阳③。既又与汝就食江南,零丁孤苦,未尝一日相离也。吾上有三兄,皆不幸早世,承先人后者,在孙惟汝,在子惟吾,两世一身,形单影只。嫂尝抚汝指吾而言曰:"韩氏两世,惟此而已!"汝时尤小,当不复记忆;吾时虽能记忆,亦未知其言之悲也。

吾年十九,始来京城。其后四年,而归视汝。又四年,吾往河阳省坟墓,遇汝从嫂丧来葬。又二年,吾佐董丞相于汴州④,汝来省吾,止一岁,请归取其孥⑤。明年,丞相薨,吾去汴州,汝不果来。是年,吾佐戎徐州⑥,使取汝者始行,吾又罢去,汝又不果来。吾念汝从于东,东亦客也,不可以久,图久远者,莫如西归,将成家而致汝。呜呼! 孰谓汝遽去吾而殁乎⑦! 吾与汝俱少年,以为虽暂相别,终当久相与处,故舍汝而旅食京师,以求斗斛之禄。诚知其如此,虽万乘之公相,吾不以一日辍汝而就也!

去年,孟东野往⑧,吾书与汝曰:"吾年未四十,而视茫茫,而发苍苍,而齿牙动摇。念诸父与诸兄,皆康强而早世,如吾之衰者,其能久存乎? 吾不可去,汝不肯来,恐旦暮死,而汝抱无涯之戚也。"孰谓少者殁而长者存,强者夭而病者全乎! 呜呼! 其信然邪? 其梦邪? 其传之非其真邪? 信也,吾兄之盛德而夭其嗣乎? 汝之纯明而不克蒙其泽乎? 少者强者而夭殁、长者衰者而存全乎? 未可以为信也! 梦也,传之非其真也,东野之书,耿兰之报⑨,何为而在吾侧也? 呜呼! 其信然矣! 吾兄之盛德而夭其嗣矣! 汝之纯明宜业其家者,不克蒙其泽矣! 所谓天者诚难测,而神者诚难明矣! 所谓理者不可推,而寿者不可知矣！

虽然，吾自今年来，苍苍者或化而为白矣，动摇者或脱而落矣，毛血日益衰，志气日益微，几何不从汝而死也！死而有知，其几何离？其无知，悲不几时，而不悲者无穷期矣。汝之子始十岁，吾之子始五岁，少而强者不可保，如此孩提者，又可冀其成立邪？呜呼哀哉！呜呼哀哉！

汝去年书云："比得软脚病，往往而剧。"吾曰："是疾也，江南之人常常有之。"未始以为忧也。呜呼！其竟以此而殒其生乎？抑别有疾而致斯乎？汝之书，六月十七日也；东野云，汝殁以六月二日；耿兰之报无月日。盖东野之使者，不知问家人以月日；如耿兰之报，不知当言月日；东野与吾书，乃问使者，使者妄称以应之耳。其然乎？其不然乎？

今吾使建中祭汝，吊汝之孤与汝之乳母。彼有食可守以待终丧，则待终丧而取以来；如不能守以终丧，则遂取以来。其余奴婢，并令守汝丧。吾力能改葬，终葬汝于先人之兆⑩，然后惟其所愿。呜呼！汝病吾不知时，汝殁吾不知日，生不能相养以共居，殁不能抚汝以尽哀，敛不凭其棺，窆不临其穴⑪，吾行负神明，而使汝夭，不孝不慈，而不得与汝相养以生、相守以死，一在天之涯，一在地之角，生而影不与吾形相依，死而魂不与吾梦相接，吾实为之，其又何尤！彼苍者天，曷其有极⑫！

自今以往，吾其无意于人世矣！当求数顷之田于伊、颍之上⑬，以待余年。教吾子与汝子，幸其成；长吾女与汝女，待其嫁。如此而已。呜呼！言有穷而情不可终，汝其知也邪？其不知也邪？呜呼哀哉！尚飨⑭！

①十二郎：韩愈次兄韩介之子，过继给其长兄韩会，因在族中排行十二，故称十二郎。　②怙（hù）：依靠。《诗经·小雅·蓼莪》里有"无父何怙"，后来就常用来形容对父亲的依靠。　③河阳：在今河南孟州西。　④董丞相：指董晋。曾任御史中丞、御史大夫，兼任过汴州刺史。　汴州：州治在今河南开封。　⑤孥（nú）：妻子儿女统称。　⑥佐戎：辅佐军事。韩愈当时在徐州任节度推官。徐州：即今江苏徐州。　⑦遽（jù）：突然。　⑧孟东野：孟郊字东野，唐代著

名诗人。 　　⑨耿兰:十二郎的仆人。 　　⑩兆:墓地。 　　⑪窆(biǎn):落葬。
⑫曷(hé):何。 　　⑬伊:伊河,在今河南西部。 　　颍:颍河,在今安徽西部和河南
东部,是淮河的支流。 　　⑭尚飨(xiǎng):亦作"尚享"。飨,祭品。

【译　文】

　　某年某月某日,小叔叔愈,在听到你去世消息的第七天,才能强忍
哀痛,倾吐衷情,派遣建中打老远赶去,备办些时鲜食品,祭告于十二郎
灵前:

　　唉! 我从小就做了孤儿,等到长大,连父亲是什么样子都记不清,
惟一的依靠,就是哥哥和嫂嫂。哥哥才到中年,又死于南方,我和你都
年幼,跟随嫂嫂把哥哥的灵柩送回河阳安葬。后来又和你跑到江南宣
州找饭吃,虽然伶仃孤苦,但没有一天和你分离过。我上面有三个哥哥,
都不幸早死,继承先人后嗣的,在孙子辈中只有一个你,在儿子辈中只有
一个我,两代都是独苗苗,身子孤单,影子也孤单。嫂嫂曾经一手抚你、
一手指我说:"韩家两代人,就只有你们了!"你当时更小,大概没有留下
什么记忆;我虽然能记得,但那时候并不懂得嫂嫂的话有多么悲酸啊!

　　我十九岁那年,初次来到京城。此后四年,我到宣州去看你。又过
了四年,我往河阳扫墓,碰上你送我嫂嫂的灵柩前来安葬。又过了两
年,我在汴州做董丞相的助手,你来看我,住了一年,要求回去接妻子。
第二年,董丞相去世,我离开汴州,你接家眷来与我同住的事儿便化为
泡影。这一年,我在徐州协理军务,派去接你的人刚动身,我又离职,你
又没有来得成。我想就算你跟我到徐州,那还是异乡作客,不是长久之
计。作长远打算,不如回到西边的故乡去,等我先安好家,然后接你来。
唉! 谁能料到你突然离开我去世了呢? 我和你都年轻,满以为尽管暂
时分离,终于会长久团聚的,所以才丢下你跑到京城求官做,企图挣几
斗禄粮。如果早知道会弄出这么个结局,即便有万乘之国的宰相职位
等着我,我也不愿一天离开你而去就任啊!

　　去年孟东野到你那边去,我捎信给你说:"我论年纪虽然还不到四
十岁,可是两眼已经昏花,两鬓已经斑白,牙齿也摇摇晃晃。想到我的

360

几位叔伯和几位兄长都身体健康、却都过早地逝世,像我这样衰弱的人,哪能长命呢?我离不开这儿,你又不肯来,生怕我早晚死去,使你陷入无边无际的悲哀啊!"谁料年轻的先死而年长的还活着、强壮的夭折而病弱的却保全了呢?唉!这是真的呢?还是做梦呢?还是传信的弄错了真实情况呢?如果是真的,我哥哥的美好品德反而会使他的儿子短命吗?你这样纯洁聪明却不应该承受先人的恩泽吗?年轻的强壮的反而夭亡,年长的衰弱的反而全活,这是万万不能相信的啊!这是在做梦,这是传错了消息。可是,东野报丧的信件,耿兰述哀的讣文,为什么又分明放在我身边呢?唉!这是真的啊!我哥哥的美好品德反而使得他的儿子夭亡了啊!你纯洁聪明最适于继承家业,却不能承受先人的恩泽了啊!所谓"天",实在测不透;所谓"神",的确弄不清啊!所谓"理",简直没法推;所谓"寿",根本不可知啊!

虽然如此,我从今年以来,花白的头发有的已经全白了,动摇的牙齿有的已经脱落了,体质一天比一天衰弱,精神一天比一天衰退,还有多少时间不跟随你死去呢!死后如果有知觉,那我们的分离还能有多久?如果没有知觉,那我哀伤的时间也就不会长,而不哀伤的日子倒是无穷无尽啊!你的儿子才十岁,我的儿子才五岁。年富力强的都保不住,这样的小孩儿,又能期望他们长大成人吗?唉!实在伤心啊!实在伤心啊!

你去年来信说:"近来得了软脚病,越来越厉害。"我回信说:"这种病,江南人多数有。"并不曾为此而发愁。唉!难道这种病竟然夺去了你的生命吗?还是另患重病而无法挽救呢?你的信,是六月十七日写的;东野来信说,你死于六月二日;耿兰报丧的信没有说明你死于哪月哪日。大约东野的使者没有向家人问明死期;耿兰报丧的信不懂得应当说明死期;东野给我写信时向使者询问死期,使者不过信口胡答罢了。是这样呢?不是这样呢?

如今我派遣建中祭奠你,慰问你的儿子和你的乳母,他们如果有粮食可以维持到三年丧满,就等到丧满以后接他们来;如果生活困难而无法守满丧期,现在就把他们接来。其余的奴婢,都让他们为你守丧。等到我有力量改葬的时候，一定把你的灵柩从宣州迁回，安葬于祖先的坟地，这样才算了却我的心愿。唉！你生病我不知道时间；你去世我不知道日期；你活着我们不能互相照顾，同住一起；你死后我又不能抚摸你的遗体，尽情痛哭；入殓之时不曾紧靠你的棺材；下葬之时不曾俯视你的墓穴；我的德行有负于神灵，因而使你夭亡；我不孝顺、不慈爱，因而既不能和你互相照顾，一同生活，又不能和你互相依傍，一起死去。一个在天涯，一个在地角。活着的时候，你的影子不能和我的身子靠拢；去世以后，你的灵魂不能和我的梦魂亲近。这都是我自己造成的恶果，还能怨谁呢！茫茫无际的苍天啊，我的悲哀何时才有尽头呢！

从今以后，我对这个世界还有什么可以留恋的！打算回到故乡去，在伊水、颖水旁边买几顷田，打发我剩余的岁月。教育我的儿子和你的儿子，希望他们成才；抚养我的女儿和你的女儿，等待她们出嫁。我想要做的，不过如此罢了。唉！话有说尽的时候，而悲痛的心情却是没完没了的，你是能够理解呢？还是什么都不知道了呢？唉！伤心啊！希望你的灵魂能来享用我的祭品啊！

霍松林译

祭鳄鱼文

维年月日①，潮州刺史韩愈②，使军事衙推秦济③，以羊一、猪一投恶溪之潭水④，以与鳄鱼食，而告之曰：

昔先王既有天下，列山泽⑤，罔绳擉刃⑥，以除虫蛇恶物为民害者，驱而出之四海之外。及后王德薄，不能远有，则江、汉之间，尚皆弃之以与蛮、夷、楚、越，况潮，岭海之间，去京师万里哉！鳄鱼之涵淹卵育于此，亦固其所。今天子嗣唐位，神圣慈武，四海之外，六合之内，皆抚而有之，况禹迹所掩，扬州之近地⑦，刺史、县令之所治，出贡赋以供天地宗庙百神之祀之壤者哉！鳄鱼其不可与刺史杂处此土也！

刺史受天子命，守此土，治此民，而鳄鱼睅然不安溪潭⑧，据处食民、畜、熊、豕、鹿、獐，以肥其身，以种其子孙，与刺史亢拒⑨，争为长雄。刺史虽驽弱，亦安肯为鳄鱼低首下心，伈伈睍睍⑩，为民吏羞，以偷活于此邪？且承天子命以来为吏，固其势不得不与鳄鱼辨。

鳄鱼有知，其听刺史言：潮之州，大海在其南，鲸、鹏之大，虾、蟹之细，无不容归，以生以食，鳄鱼朝发而夕至也。今与鳄鱼约，尽三日，其率丑类南徙于海，以避天子之命吏。三日不能，至五日；五日不能，至七日；七日不能，是终不肯徙也，是不有刺史、听从其言也。不然，则是鳄鱼冥顽不灵，刺史虽有言，不闻不知也。夫傲天子之命吏，不听其言，不徙以避之，与冥顽不灵而为民物害者，皆可杀。刺史则选材技吏民，操强弓毒矢，以与鳄鱼从事，必尽杀乃止。其无悔！

①维：句首语气词。　②潮州：州治在今广东潮安。　刺史：唐代州级行政长官。　③军事衙推：唐代节度、观察使等下属官吏。　④恶溪：指今广东韩江及其上游梅江。　⑤列：同"迣"，阻挡。　⑥擉(chuò)：刺。　⑦扬州：古代九州之一。　⑧睅(hàn)然：凶狠的样子。睅，眼睛突出。　⑨亢：通"抗"。　⑩伈伈(xǐn)睍睍(xiàn)：恐惧不敢正视的样子。

【译　文】

维年月日，潮州刺史韩愈，派遣军事衙推秦济，把一头羊、一口猪投到恶溪的潭水里，给鳄鱼吃，并对鳄鱼说：

在古代，有贤德的帝王拥有广大的国土，封锁深山大泽，用网捕，用刀刺，把那些祸害人民的毒虫凶蛇恶兽驱逐到四海之外。到了后代，有些君主德薄力弱，不能维护辽远的地区，连长江、汉水之间都丢给蛮、夷、楚、越，更何况地处五岭、南海之间，距离京城万里之遥的潮州呢？鳄鱼在这里潜伏繁殖，也算很合宜的场所。当今的天子，继承了大唐帝国的皇位，神圣、仁慈、威武，四海之外，宇宙之内，所有地方都归他统治，更何况大禹行踪所至、古代扬州所辖、刺史县令所管、进贡纳税以供天地宗庙百神祭祀之费的潮州呢？鳄鱼啊，你们不应该和我这个刺史官共同居住在这片土地上啊!

刺史奉天子的命令,镇守这里的土地,治理这里的人民,而鳄鱼却张大眼睛,跃出潭水,侵占土地,吞食人、畜、熊、豕、鹿、獐,从而养肥你们的身体,孕育你们的子孙,与刺史抗拒争雄。我这个刺史官,虽然驽钝软弱,又怎肯在鳄鱼面前低首下心、战惧恐栗、给吏民丢脸,苟且偷生于堂堂官府之中呢!况且,我是接受天子的任命来这里做官的,我的地位和职责,使我不得不向鳄鱼讲明道理:

鳄鱼啊!你们如果有灵性,就听刺史说:潮州这地方,大海就在它的南边,鲸、鹏之类的大动物,虾、蟹之类的小生命,无一不在这里安家,靠海生长,靠海吃喝。鳄鱼们!你们早晨出发,晚上就可以到达那里了。现在与鳄鱼约定:限三天之内,率领你们的同伙迁到南边的大海里去,避开天子任命的刺史。三天不够,就五天;五天不够,就七天。如果过了七天还不见行动,那就是始终不肯迁移了!那就是眼中没有刺史,不听我的话了!要不然,那就是愚蠢顽劣,我这个做刺史的虽然对你们讲了不少话,你们却听不见、弄不懂了!要知道:凡是傲视天子任命的刺史、不听刺史告诫、不回避刺史而迁入大海,和愚蠢顽劣而祸害人民生畜的一切丑类,统统都应该杀掉。刺史就要挑选武艺高强的吏民,拿起强弓毒箭,和鳄鱼较量,直到斩尽杀绝,才肯罢手。你们可别后悔啊!

霍松林译

柳子厚墓志铭

子厚,讳宗元①。七世祖庆,为拓跋魏侍中,封济阴公。曾伯祖奭,为唐宰相,与褚遂良、韩瑗俱得罪武后,死高宗朝。皇考讳镇②,以事母弃太常博士③,求为县令江南④;其后以不能媚权贵,失御史;权贵人死,乃复拜侍御史⑤;号为刚直,所与游皆当世名人。

子厚少精敏,无不通达。逮其父时,虽少年,已自成人,能取进士第,崭然见头角,众谓柳氏有子矣。其后以博学宏词授集贤殿正字⑥。俊杰廉悍,议论证据今古,出入经史百子,踔厉风发⑦,率常屈其座人,名声大振,一时皆慕与之交。诸公要人,争欲令出我门下,交口荐誉之。

贞元十九年⑧,由蓝田尉拜监察御史⑨。顺宗即位,拜礼部员外郎⑩。遇用事者得罪,例出为刺史⑪。未至,又例贬州司马⑫。居闲益自刻苦,务记览,为词章,泛滥停蓄,为深博无涯涘,而自肆于山水间。元和中⑬,尝例召至京师,又偕出为刺史,而子厚得柳州。既至,叹曰:"是岂不足为政邪?"因其土俗,为设教禁,州人顺赖。其俗以男女质钱,约不时赎,子本相侔,则没为奴婢。子厚与设方计,悉令赎归。其尤贫力不能者,令书其佣,足相当,则使归其质。观察使下其法于他州⑭,比一岁,免而归者且千人。衡、湘以南为进士者,皆以子厚为师。其经承子厚口讲指画为文词者,悉有法度可观。

其召至京师而复为刺史也,中山刘梦得禹锡亦在遣中,当诣播州。子厚泣曰:"播州非人所居,而梦得亲在堂,吾不忍梦得之穷,无辞以白其大人,且万无母子俱往理。"请于朝,将拜疏,愿以柳易播,虽重得罪,死不恨。遇有以梦得事白上者,梦得于是改刺连州。呜呼!士穷乃见节义。今夫平居里巷相慕悦,酒食游戏相征逐,诩诩强笑语以相取下,握手出肺肝相示,指天日涕泣,誓生死不相背负,真若可信。一旦临小利害,仅如毛发比,反眼若不相识;落陷阱,不一引手救,反挤之,又下石焉者,皆是也。此宜禽兽夷狄所不忍为,而其人自视以为得计,闻子厚之风,亦可以少愧矣。

子厚前时少年,勇于为人,不自贵重顾藉,谓功业可立就,故坐废退。既退,又无相知有气力得位者推挽,故卒死于穷裔,材不为世用,道不行于时也。使子厚在台、省时,自持其身,已能如司马、刺史时,亦自不斥;斥时,有人力能举之,且必复用不穷。然子厚斥不久,穷不极,虽有出于人,其文学辞章,必不能自力以致必传于后,如今,无疑也。虽使子厚得所愿,为将相于一时,以彼易此,孰得孰失,必有能辨之者。

子厚以元和十四年十一月八日卒,年四十七。以十五年七月十日归葬万年先人墓侧⑮。子厚有子男二人,长曰周六,始四岁;季曰周七,子厚卒乃生。女子二人,皆幼。其得归葬也,费皆出观察使河东裴君行立⑯。行立有节概,重然诺,与子厚结交,子厚亦为之尽,竟赖其力。葬子厚于万年之墓者,舅弟卢遵。遵涿人⑰,性谨慎,学问不厌。自子厚之斥,遵从而家焉,逮其死不去。既往葬子厚,又将经纪其家,庶几有始终者。

铭曰:是惟子厚之室,既固既安,以利其嗣人。

①讳:避讳。在死者名字前加一"讳"字表示尊敬。　②皇考:称呼已故去的父亲,也叫考。　③太常博士:唐太常寺有博士四人,专门讨论谥法。④县令:县的行政长官。　⑤侍御史:负责纠劾百官、督察郡县及处理御史台内部事务的官。　⑥博学宏词:唐代科举所设科目。　集贤殿正字:负责刊刻经籍、搜求佚书、校正文字的官员。　⑦踔(chuō)厉风发:精神奋发。　⑧贞元十九年:803年。贞元,唐德宗年号。　⑨蓝田尉:蓝田县尉,辅佐县令掌管县事。蓝田,在今蓝田县。　⑩礼部员外郎:掌管礼部的官员。　⑪刺史:一州的行政长官。　⑫司马:州刺史的属官。　⑬元和:唐宪宗年号(806—820)。⑭观察使:考察州县官吏政绩的官。　⑮万年:在今陕西长安境内。　⑯河东:郡名,在今山西永济蒲州。　⑰涿:今河北涿州。

【译　文】

子厚,名宗元。七世祖柳庆,北魏时官至侍中,封济阴公。曾伯祖柳奭,在唐朝曾出任宰相,与褚遂良、韩瑗一同得罪了武后,死于高宗朝。父柳镇,为就便侍奉母亲,放弃了太常博士的任命,请求到江南去做县令。后来又因为不能迎合权贵,失去了殿中侍御史的官职,直到那个权贵死了,才重新被用为侍御史。为人以刚直著称,所交往的朋友都是当时很有名望的人。

子厚小时候就精锐敏捷,通达事理。当他父亲还在世时,他虽然年纪轻,已经独立成人,能够考中进士,显露出超凡的气象,众人都说柳家有了个好儿子。以后又应博学宏词科考试合格,授集贤殿正字。他才能出众,端方坚毅,每有议论往往引据古今事典为证,贯通经史百家学说,识见高远,意气风发,经常使在座的人为之折服。他的名声因此大振,一时间人人都向往和他交游。那些公卿显要们,也争着要把他收到自己的门下,异口同声地赞誉举荐他。

贞元十九年,他由蓝田县尉晋升为监察御史。顺宗即位后,出任礼部员外郎。这时遇上当权的人获罪,他被视为一党,同被遣出京城做州刺史。还未到任,又一道被贬为州司马。居官清闲,愈加刻苦自励,专心读书记诵,写作诗文,如江河泛滥,湖海蓄积,其造诣可谓精深博大无有止境,但只能恣意寄情于山水之间罢了。元和年间,曾将他和一道被贬的人召回京城,又再次一道出京为刺史,这次子厚分在柳州。到任之初,他感慨系之地说:"这里难道就不值得实施政教吗?"于是按照当地的风俗,制定了劝谕和禁止的政令,赢得了柳州民众的顺从和信赖。此地人借钱时习惯用子女作为人质相抵押,如不能按约期赎回,等到利息与本钱相等时,子女就要沦为债主的奴婢。子厚为借钱的人想尽办法,让他们全都能把子女赎回去。其中特别贫穷实在无力赎取的,就让债主记下人质当佣工所应得到的酬劳,等到酬劳和所借钱数相当时,便要债主归还人质。观察使把这个办法下达到其他的州,刚到一年,免除了奴婢身份而回归自己家里的就有近千人。衡山、湘江以南考进士的人,都以子厚为老师。那些经过子厚亲自指点而撰写文辞的人,从他们的文章中都可以看到很好的章法技巧。

当子厚被召回京城而又复出为刺史的时候,中山人刘梦得禹锡也在遣放之列,应当前往播州。子厚流着眼泪说道:"播州不适宜人居住,而梦得有母亲健在,我不忍心看到梦得处境困窘,以至于无法向母亲说明一切,况且也绝没有让母子同赴贬所的道理。"准备向朝廷上疏请求,愿以柳州更换播州,即使因此再次获罪,虽死无遗憾。此时正好又有人将梦得的事报告了朝廷,梦得于是改为连州刺史。呜呼!人在困窘时才最能表现出他的气节和道义。当今的人们平日里互相敬慕爱悦,相邀饮宴,追逐游戏,强颜欢笑以示谦卑友好,握手发誓以见肝胆相照,指天画日,痛哭流涕,表示死也不会背弃朋友,似乎像真的一样可信。然而一旦碰上小的利害冲突,哪怕只有毛发一般细微,也会反目相向,装出从来不认识的样子。你已落入陷阱,他不但不伸手援救,反而乘机排挤，往下扔石头，前面说到的那种人都是这副嘴脸。这种事情恐怕连禽兽和异族都不忍心去做，而那些人却自以为得计，当他们听到子厚的为人风度，也应该感到稍许有些惭愧吧。

子厚过去年轻，勇于助人，不知道保重和顾惜自己，以为功名事业可以立见成就，结果反受其牵连而遭贬黜。被贬以后，又缺少有权有势的知己援引推荐，所以最终死于荒远穷困的边地，才能不得施展，抱负也未能实现。假使子厚在御史台、尚书省任职时，能够持身谨慎，像后来做司马、刺史时一样，也就不会遭受贬斥。假使遭受贬斥时，有人大力推举他，也将会重新得到起用而不致陷入困境。然而子厚被贬斥的时间如果不长，其困窘如果不至于极点，他即便有过人之处，而对文学创作来说，必定不会自强不息，从而取得像今天这样的名传后世的业绩，这一点是确定无疑的。尽管说让子厚满足了个人心愿，可以使他在一个时期内出将入相，但用那个交换这个，何者为得，何者为失，人们肯定能分辨得一清二楚。

子厚于元和十四年十一月八日逝世，享年四十七岁。他的灵柩于十五年七月十日归葬在万年县祖先墓旁。子厚有两个儿子，长子名周六，才四岁；次子名周七，子厚死后出生。又有两个女儿，都还在幼年。子厚所以能归葬祖茔，全赖观察使河东人裴行立出资相助。行立有节操气概，信守诺言，和子厚结交为朋友，子厚对他也曾尽心尽力，谁知到头来竟然全靠他出力料理。经手把子厚安葬在万年县墓地的，是他的姑舅表弟卢遵。遵，涿州人，生性谨慎，好学不倦。自从子厚被贬斥以来，遵一直跟他住在一起，直到他去世从没有离开过。送子厚归葬以后，还将要妥善安排子厚的家事，这样的人真可以说是一位有始有终的人了。

铭文：这里是子厚的墓室，既坚固又安宁，但愿一切有利于他的后嗣。

许逸民译

卷九　唐宋文

柳宗元（773—819）字子厚，河东（今山西永济）人。贞元九年（793）中进士，参加过王叔文、王伾领导的革新活动，失败后被贬永州、柳州任地方行政长官，当唐宪宗因裴度的请求而下诏召回他的时候，他却与世长辞了，年仅四十七岁。柳宗元在后世与韩愈齐名，并称"韩柳"，八大家中只有他们二人是唐代人，但在中唐，由于政治见解与个人经历的不同，柳宗元并不属于韩愈周围的作家集团，而且他长期贬谪在南方，离文学中心很远，所以他在古文运动中影响远没有韩愈大，他对唐宋之际散文创作的意义主要在于他以别具一格的作品拓宽了散行古文的表现力。如果说韩愈的散文偏重于个人情感的直率宣泄，以雄大的力量冲击读者的心灵，那么柳宗元则比较偏重于情感纡曲婉转的表现，让读者在咀嚼与涵永中渐渐领略，因此柳宗元的散文在力度、气势上不如韩愈，但在隽永、含蓄上却超过韩愈。尤其是他的山水游记，更是以诗一样的笔调写出了一个个凄清、幽静、清雅、秀丽的境界，突破了过去散体文字主要囿于政治与历史的范畴，改变了散体文字以先秦两汉以来以诰誓典谟史传书序为主的观念，使散体文有了更文字化、抒情化的表现领域。

驳复仇议

臣伏见天后时①,有同州下邽人徐元庆者②,父爽为县尉赵师韫所杀③,卒能手刃父仇,束身归罪。当时谏臣陈子昂建议诛之而旌其闾④,且请"编之于令,永为国典"。臣窃独过之。

臣闻礼之大本,以防乱也,若曰无为贼虐,凡为子者杀无赦;刑之大本,亦以防乱也,若曰无为贼虐,凡为治者杀无赦。其本则合,其用则异,旌与诛莫得而并焉。诛其可旌,兹谓滥,黩刑甚矣;旌其可诛,兹谓僭⑤,坏礼甚矣。果以是示于天下,传于后代,趋义者不知所向,违害者不知所立,以是为典可乎?

盖圣人之制,穷理以定赏罚,本情以正褒贬,统于一而已矣。向使刺谳其诚伪⑥,考正其曲直,原始而求其端,则刑、礼之用,判然离矣。何者? 若元庆之父,不陷于公罪,师韫之诛,独以其私怨,奋其吏气,虐于非辜,州牧不知罪,刑官不知问,上下蒙冒,吁号不闻,而元庆能以戴天为大耻⑦,枕戈为得礼⑧,处心积虑,以冲仇人之胸,介然自克,即死无憾,是守礼而行义也。执事者宜有惭色,将谢之不暇,而又何诛焉? 其或元庆之父,不免于罪,师韫之诛,不愆于法⑨,是非死于吏也,是死于法也。法其可仇乎? 仇天子之法,而戕奉法之吏,是悖骜而凌上也。执而诛之,所以正邦典,而又何旌焉?

且其议曰:"人必有子,子必有亲,亲亲相仇,其乱谁救?"是惑于礼也甚矣。礼之所谓仇者,盖其冤抑沉痛,而号无告也;非谓抵罪触法,陷于大戮。而曰"彼杀之,我乃杀之",不议曲直,暴寡胁弱而已。其非经背圣,不亦甚哉!《周礼》:"调人⑩,掌司万人之仇。""凡杀人而义者,令勿仇,仇之则死。""有反杀者,邦国交仇之。"又安得"亲亲相仇"也?《春秋公羊传》曰:"父不受诛,子复仇可也。父受诛,子复仇,此推

370

刃之道,复仇不除害。"今若取此以断两下相杀,则合于礼矣。且夫不忘仇,孝也;不爱死,义也。元庆能不越于礼,服孝死义,是必达理而闻道者也。夫达理闻道之人,岂其以王法为敌仇者哉?议者反以为戮,黩刑坏礼,其不可以为典,明矣。

请下臣议,附于令,有断斯狱者,不宜以前议从事。谨议。

①天后:即武则天武曌,690年自立为皇帝。 ②同州:州治在今陕西大荔。下邦(guī):在今陕西渭南北,下邦东南渭河北岸。 ③县尉:执掌一县军事治安的官。 ④陈子昂:唐初诗人。曾受武则天赏识,官至右拾遗。 ⑤僭:越过。 ⑥刺:探察。 谳(yàn):审判定罪。 ⑦戴天:共存于天下。《礼记》曰:"父之仇,不与共戴天。" ⑧枕戈:以戈为睡觉时的枕头。《礼记》曰:"居父母之仇,侵苫枕戈,不仕,弗与共天下也。" ⑨愆(qiān):失误。 ⑩调人:官名,掌管排解纠纷。

【译 文】

臣俯伏阅见则天皇后时,有个同州下邦人叫徐元庆的,父亲徐爽被县尉赵师韫杀害,他竟能为父报仇并自缚面官服罪。而当时谏官陈子昂建议将他诛死,然后在他的家乡立旌题阊,表彰他的孝义,还请朝廷"把这一建议编入律令,永远作为国家定法"。臣私下以为这是错误的。

臣听说礼的根本目的是为防乱。意思是说,不要伤害别人,儿子为父报仇,伤害了别人,就应处死,决不赦免;刑的根本目的也是为了防乱,意思是说,不要伤害别人,官吏不依法律,胡乱杀人,也应处死,决不赦免。礼和刑的根本目的相合,而实际应用却不一样,那么对杀人者来说,或受表彰,或被诛戮,二者不能兼施。诛戮那该受表彰的人,叫作滥,亵渎刑法太甚了;反之,表彰那该受诛戮的人,叫作僭,破坏礼义也太甚了。若真的把陈子昂的建议昭示天下,传给后代,就会使追慕节义的人难寻守法之途,躲避刑罚的人不辨立身之道,用它作为定法,行吗?

圣人制礼作法,参透道理来定赏罚,根据人情来正褒贬,不过是统一全面地加以考察罢了。假如当初弄清真伪之情,察明是非曲直,探寻它的起始根由，则或依刑，或守礼，两者区别是很显然的。为什么这样说呢？如果元庆的父亲，不因犯法而获罪，赵师韫杀他，全是出于私人的怨恨，施展起当官的气焰，虐杀无罪的人，而上级州官却不予治罪，执法官吏不予查问，上下一气，欺骗遮掩，面对呼吁号啕，却充耳不闻。而徐元庆能做到与杀父仇人不共戴天，把枕戈而眠、不忘报仇看作合乎礼义，处心积虑，冲刺仇人的胸膛，然后耿直磊落地捆缚自己，蹈义就死而无恨，这是守礼行义的行为啊。对此，主事官应该感到羞惭，连自愧弗如还来不及，还谈什么诛戮呢？或者元庆的父亲确实有罪不能赦免，赵师韫杀他，并不违法，那么他的死，并非死于官吏个人的私怨，而是死于王法了。难道可以把王法看成仇敌么？以天子之法为仇敌，戕杀依法施刑的官吏，那就是狂悖傲慢犯上的行为了。捉住他杀掉，是为了维护王法的尊严，又如何能表彰他呢？

陈子昂的奏议还说："人必然有儿子，儿子必然有双亲，人人因亲而互相结仇，这种混乱，谁能解救？"这是对礼的认识太迷惑了。礼法上所说的报仇，指的是冤枉压抑沉痛，呼号而无处申告，不是讲犯法当罪而陷于死刑的那种情况。既然如此，却还说什么"他杀了人，我便杀了他"，不议论是非曲直，那不过是仗着人多势强，欺侮人少势弱罢了。它的诋毁经书、违背圣教不是太严重了么？《周礼》上说："调人，主管万人的相仇。""凡是杀人而合乎义的，不要把他看作仇人，如果报仇，就是死罪。""有反过来再去杀人的，邦国共同把他视作仇人。"这样，又怎么会"亲亲相仇"呢？《春秋公羊传》说："父亲不应被杀，儿子复仇是可以的。父亲有罪当诛，儿子为父报仇，这是你来我往的报私仇。报仇只能针对仇家本人，不得累及仇家后代。"现在如果采取这些原则来决断两下相杀的案件，就合乎礼法了。况且不忘为亲报仇，这是孝；报仇不惜一死，这是义。元庆能不超出礼法，执守孝道、殉于节义，他一定是个通达事理、懂得圣人之道的人。一个通达事理、懂得圣人之道的人，难道他会是把王法视作仇敌的人么？那些议者（包括陈子昂）反而认为他该受戮，这是亵渎刑法、破坏礼义，它不可以作为定法，是再明显不过了。

请朝廷将臣此议颁下,附入律令,有断这类案件的,不应该再按过去的意见办事。谨此写下以上意见。

李　华译

桐叶封弟辨

古之传者有言①,成王以桐叶与小弱弟②,戏曰:"以封汝。"周公入贺③。王曰:"戏也。"周公曰:"天子不可戏。"乃封小弱弟于唐④。

吾意不然。王之弟当封邪,周公宜以时言于王,不待其戏而贺以成之也;不当封邪,周公乃成其不中之戏⑤,以地以人与小弱弟者为之主,其得为圣乎?且周公以王之言不可苟焉而已,必从而成之邪?设有不幸,王以桐叶戏妇、寺,亦将举而从之乎?凡王者之德,在行之何若。设未得其当,虽十易之不为病;要于其当,不可使易也,而况以其戏乎!若戏而必行之,是周公教王遂过也。

吾意周公辅成王,宜以道,从容优乐,要归之大中而已,必不逢其失而为之辞。又不当束缚之,驰骤之,使若牛马然,急则败矣。且家人父子尚不能以此自克,况号为君臣者邪?是直小丈夫𡙇𡙇者之事⑥,非周公所宜用,故不可信。

或曰:封唐叔,史佚成之⑦。

①周公促成桐叶封弟的故事,见于《吕氏春秋·重言》和《说苑·君道》。　②成王:姬姓,名诵,生卒年不详,西周武王之子。　小弱弟:指成王的弟弟叔虞。　③周公:即周公旦,武王弟。武王死,成王立,周公摄政辅成王。　④唐:古国名,在今山西翼城西。　⑤不中(zhòng):不恰当,不合适。　⑥𡙇𡙇(quē):耍聪明的样子。　⑦史佚:周武王时太史尹佚。《史记·晋世家》记载这段故事把促成桐叶封弟的人说成是史佚。

古代记事者有这样的说法：周成王拿着一片桐树叶子给年幼的弟弟，同他开玩笑说："凭着这个给你封藩。"周公进来祝贺。成王说："是个玩笑。"周公说："天子不可以随便开玩笑。"于是封小弟弟在唐这个地方。

我认为事情不当如此。成王的弟弟理该受封的话，周公应及时向成王进言，不必等他开了玩笑再去祝贺和促成；若不该受封，周公竟将一句不合适的戏言变成事实，拿土地、人民交给像小弟弟那样的人去做主宰，还算得上圣人吗？再说周公只是认为君王说话不能随随便便罢了，难道一定要听从并促成它吗？万一碰得不巧，成王拿桐叶跟妃嫔、太监开玩笑，也要照此办理吗？大凡君王的德性，在于他如何施行政事。如果做得不当，即使更改十次也不为过；总要处理得当，使事情不再能更动为止，又何况是拿来开玩笑的呢？倘若玩笑也一定要奉行，这就成了周公教唆成王顺随自己的过错了。

我料想周公辅佐成王，当会用正确的原则加以引导，让他从容自得、优游和乐，最终归于中道，决不会迎合他的过失来为他找借口。又不应当束缚他，驱迫他，像对待牛马那样，操之过急，不免坏事。要说家庭父子之间，尚且不能用这种方式来约束，何况还有君臣的名分呢？这不过是见小识浅而又自作聪明的人干的事，不是周公应当采用的办法，所以不足凭信。

有人说：封唐叔这件事，是太史尹佚促成的。

陈伯海译

箕 子 碑

凡大人之道有三：一曰正蒙难，二曰法授圣，三曰化及民。殷有仁人曰箕子[①]，实具兹道，以立于世。故孔子述六经之旨，尤殷勤焉。

当纣之时，大道悖乱，天威之动不能戒，圣人之言无所用。进死以并命，诚仁矣，无益吾祀，故不为；委身以存祀，诚仁矣，与亡吾国，故不忍。具是二道，有行之者矣。是用保其明哲，与之俯仰，晦是谟范②，辱于囚奴，昏而无邪，陨而不息③。故在《易》曰："箕子之明夷④。"正蒙难也。及天命既改，生人以正，乃出大法，用为圣师，周人得以序彝伦而立大典⑤。故在《书》曰："以箕子归，作《洪范》⑥。"法授圣也。及封朝鲜，推道训俗，惟德无陋，惟人无远，用广殷祀，俾夷为华，化及民也。率是大道，丛于厥躬，天地变化，我得其正，其大人欤？

於虖！当其周时未至，殷祀未殄，比干已死⑦，微子已去⑧，向使纣恶未稔而自毙，武庚念乱以图存⑨，国无其人，谁与兴理？是固人事之或然者也。然则先生隐忍而为此，其有志于斯乎？

唐某年，作庙汲郡⑩，岁时致祀。嘉先生独列于《易·象》，作是颂云⑪。

①箕子：名胥余，商纣王叔父，因封在箕地，又称箕子。　②谟：谋划。范：法，原则。　③陨(tuí)：跌倒。　④明夷：卦名，见《易经·明夷》，象征黯君在上、明臣在下，明臣隐藏起自己的智慧。　⑤彝：常规。伦：人伦。⑥《洪范》：《尚书》中的一篇。相传为禹时的文献，箕子增订并献给周武王。⑦比干：商朝大臣，谏纣王而被杀。　⑧微子：名启，纣王庶兄，因劝谏纣王却不被采纳而出走。武王灭商，他自缚降周，被封于宋，保存了商宗族。　⑨武庚：名禄父，纣王子。周武王灭商，封武庚以存殷祀。武王死，武庚与管叔、蔡叔反叛被杀。　⑩汲郡：治所在今河南汲县西南。　⑪文后原附颂文近百字，此处未录。

【译　文】

大凡做伟人的原则有三条：一是按正道来对付磨难，二是将规范传授给圣王，三是施教化及于万民。殷朝有个仁人叫箕子的，确实具备这些操行，用来立身于世。因而孔子在阐述"六经"的宗旨时，对他特别情意备至。

当殷纣王统治时，整个法度陷于颠倒混乱之中，天威的震动不能予以戒止,圣人的话语亦无所作用。在那时候,冒死进谏,把个人的一切委之于天命,是称得上"仁"了,但无益于殷人宗祀的延续,所以箕子不这么做;保全身子,以求先人宗祀的留存,也称得上"仁",但等于是参与了亡国的行动,所以箕子也不忍做。再说这两条路子,都已经有人去实行了。于是箕子便采用了保持住聪明才智,却又跟着世俗浮沉的办法,藏匿起胸中的韬略,辱身于被囚禁的奴隶中间,表面昏昏然而骨子里毫无邪气,外形颓放而精神上进不息。所以《易经》上说道:"箕子之明夷。"这就是按正道来对付磨难的表现。待到殷朝灭亡,周朝代兴,周朝以正道教化人民,箕子便拿出他的宏大法规,作为圣王的老师,而周人也才能借此规范社会伦常,创立国家典章。所以《尚书》上说道:"箕子回到镐京,作《洪范》篇。"这就是拿法规授予了圣王。再到箕子受封于朝鲜,在那里推行道义,训育民俗,宗尚德行而不问出身鄙陋,爱重人力而不论关系远近,用以光大殷人的宗祀,使夷地变为华夏。这就是教化普及于万民。这许多重大的原则,集在他一人身上,天地间的变化,箕子独得其正,难道还不算伟人吗?

唉!当那周王朝尚未建立,殷王朝尚未灭亡,比干已死,微子离去,设使纣王的恶贯尚未满盈即已自毙,继位的武庚忧虑祸乱而谋求自存,这时国中若没有这样的人才,谁能辅助治理天下呢?这本也是人事中可能会有的情况啊!那么,先生肯隐忍受辱去这样做,是否对这个前景有所考虑呢?

大唐某年,在汲郡建立箕子庙,年年祭祀。钦佩先生独列名于《易经》的卦象,特作此颂词。

陈伯海译

捕 蛇 者 说

永州之野产异蛇①,黑质而白章,触草木尽死,以啮人,无御之者。

然得而腊之以为饵②，可以已大风、挛踠、瘘、疠，去死肌③，杀三虫④。其始，太医以王命聚之⑤，岁赋其二，募有能捕之者，当其租入，永之人争奔走焉。

有蒋氏者，专其利三世矣。问之，则曰："吾祖死于是，吾父死于是，今吾嗣为之十二年，几死者数矣。"言之，貌若甚戚者。

余悲之，且曰："若毒之乎？余将告于莅事者，更若役，复若赋，则何如？"蒋氏大戚，汪然出涕曰："君将哀而生之乎？则吾斯役之不幸，未若复吾赋不幸之甚也。向吾不为斯役，则久已病矣。自吾氏三世居是乡，积于今六十岁矣，而乡邻之生日蹙⑥，殚其地之出，竭其庐之入，号呼而转徙，饥渴而顿踣⑦，触风雨，犯寒暑，呼嘘毒疠，往往而死者相藉也。曩与吾祖居者，今其室十无一焉；与吾父居者，今其室十无二三焉；与吾居十二年者，今其室十无四五焉。非死则徙尔，而吾以捕蛇独存。悍吏之来吾乡，叫嚣乎东西，隳突乎南北⑧，哗然而骇者，虽鸡狗不得宁焉。吾恂恂而起⑨，视其缶⑩，而吾蛇尚存，则弛然而卧。谨食之，时而献焉。退而甘食其土之有，以尽吾齿。盖一岁之犯死者二焉，其余则熙熙而乐，岂若吾乡邻之旦旦有是哉！今虽死乎此，比吾乡邻之死则已后矣，又安敢毒邪？"

余闻而愈悲。孔子曰："苛政猛于虎也⑪。"吾尝疑乎是，今以蒋氏观之，犹信。呜呼！孰知赋敛之毒，有甚是蛇者乎！故为之说，以俟夫观人风者得焉。

①永州：治所在今湖南零陵。　②腊(xī)：风干。　③已：止，治愈。挛(luán)踠(wǎn)：四肢弯曲不能伸展。　瘘(lòu)：颈部肿。　疠(lì)：恶疮。④三虫：指人体内的寄生虫。古代道家把人的脑、胸、腹称为"三尸"，虫入三尸，就会生病。　⑤太医：皇帝的医师。　⑥蹙(cù)：窘迫。　⑦顿踣(bó)：困顿倒毙。　⑧隳(huī)突：骚扰。　⑨恂恂：小心谨慎的样子。　⑩缶(fǒu)：一种口小肚大的罐子。　⑪苛政猛于虎也：出自《礼记·檀弓》。

　　永州野外出产一种特异的蛇,黑色身体,白色花纹。它触到草木,草木全枯死;咬到人,没有能抗得住的。但捕杀、晾干了做成药饵,可用来治麻疯、曲肢、颈部脓肿、恶性疮疥,消除坏死的肌肉,杀死侵害人体的三尸虫。当初,太医奉皇帝诏命征集这种蛇,每年收取两次,招募能捕捉它的人,充抵应交的租税而进献,永州的人都争着奔逐于这件事。

　　有个姓蒋的,独占这个差使的权利已有三代了。问到他有关情形,他说:"我祖父死在这上头,我父亲死在这上头,如今我承接着干了十二年,好几次也差点儿送命。"说时,脸色似乎显得很忧伤。

　　我为他难过,便说:"你怨恨这差使吗?我将向管事的人报告,让他更换你的差使,恢复你的赋税,你看怎样?"姓蒋的听了大为伤心,眼泪汪汪地说:"您是哀怜我,想让我活下去吗?那么我干这个差使的不幸,还不及恢复我的赋税那样严重。假使当初我不应这个差,早已经困顿不堪了。自从我家三代居住此乡,累计至今有六十年了,而乡邻们的生活一天比一天窘迫。在赋税逼迫之下,他们竭尽田里的出产,罄空室内的收入,哭哭啼啼地迁离乡土,饥渴交加地倒仆在地,吹风淋雨,冒寒犯暑,呼吸着毒雾瘴气,由此而死去的人往往积尸成堆。先前和我祖父同时居住此地的,现今十户人家里剩不到一家;和我父亲同时居住的,十家里剩不到两三家;和我本人同住十二年的,十家里也剩不到四五家。不是死了,就是搬走了,而我却因为捕蛇独能留存。每当凶横的差吏来到我乡,从东头闹到西头,从南边闯到北边,吓得人们乱嚷乱叫,连鸡狗也不得安宁。这时候,我便小心翼翼地爬起身来,探视一下那只瓦罐,见我捕获的蛇还在里面,于是又安然睡下。平时精心喂养,到时候拿去进献,回家就能美美地享用土田里的出产,来安度我的天年。这样,一年里头冒生命危险只有两次,其余时间便怡然自得,哪像我的乡邻们天天有这种危险呢!现在即使死在这上头,比起我乡邻们的死已经是晚了,又怎么敢怨恨呢?"

　　我听了愈加难过。孔子说过:"苛政比老虎凶猛。"我曾经怀疑过这句话。如今拿蒋姓的事例来看,说的还是真情。唉!有谁知道横征暴敛对老百姓的荼毒,比毒蛇更厉害呢? 因此我对这件事加以述说,留待考察民情风俗的官吏参考。

陈伯海译

种树郭橐驼传

郭橐驼,不知始何名,病偻①,隆然伏行,有类橐驼者②,故乡人号之"驼"。驼闻之曰:"甚善,名我固当。"因舍其名,亦自谓"橐驼"云。其乡曰丰乐乡,在长安西。驼业种树,凡长安豪家富人为观游及卖果者,皆争迎取养。视驼所种树,或迁徙,无不活,且硕茂,蚤实以蕃。他植者虽窥伺效慕,莫能如也。

有问之,对曰:"橐驼非能使木寿且孳也,能顺木之天,以致其性焉尔。凡植木之性,其本欲舒,其培欲平,其土欲故,其筑欲密。既然已,勿动勿虑,去不复顾。其莳也若子③,其置也若弃,则其天者全而其性得矣。故吾不害其长而已,非有能硕茂之也;不抑耗其实而已,非有能蚤而蕃之也。他植者则不然,根拳而土易,其培之也,若不过焉则不及。苟有能反是者,则又爱之太殷,忧之太勤,旦视而暮抚,已去而复顾,甚者爪其肤以验其生枯,摇其本以观其疏密,而木之性日以离矣。虽曰爱之,其实害之;虽曰忧之,其实仇之。故不我若也。吾又何能为哉!"

问者曰:"以子之道,移之官理可乎?"驼曰:"我知种树而已,官理非吾业也。然吾居乡,见长人者好烦其令④,若甚怜焉,而卒以祸。且暮吏来而呼曰:'官命促尔耕,勖尔植⑤,督尔获,蚤缫而绪⑥,蚤织而缕,字而幼孩⑦,遂而鸡豚⑧。'鸣鼓而聚之,击木而召之。吾小人辍飧饔以劳吏者⑨,且不得暇,又何以蕃吾生而安吾性邪? 故病且怠。若是,则与吾业者其亦有类乎?"

问者嘻曰:"不亦善夫! 吾问养树,得养人术。"传其事以为官戒也。

①偻:脊椎弯曲。　　②橐(tuó)驼:骆驼。　　③莳(shì):栽种。　　④长人者:管辖人的人,指官吏。　　⑤勖(xù):勉励。　　⑥缲(sāo):煮茧抽丝。　　⑦字:养育。　　⑧遂:成长。　　⑨飧(sūn):晚饭。　饔(yōng):早饭。

【译　文】

郭橐驼其人,不知原名什么。他患有伛偻病,行走时背脊高起,脸朝下,就像骆驼,所以乡里人给他取了个"驼"的外号。橐驼听到后说:"很好啊,给我取这个名字挺恰当。"于是他索性放弃了原名,也自称橐驼。他的家乡叫丰乐乡,在长安城西边。郭橐驼以种树为职业,长安城的富豪人家为了种植花木以供玩赏,还有那些以种植果树出卖水果为生的人,都争着接他到家中供养。大家看到橐驼所种,或者移植的树,没有不成活的,而且长得高大茂盛,果实结得又早又多。别的种树人即使暗中观察模仿,也没有谁能比得上。

有人问他,他回答说:"我郭橐驼并没有能使树木活得久、生长快的诀窍,只是能顺应树木的天性,让它尽性生长罢了。大凡种植树木的特点是:树根要舒展,培土要均匀,根上带旧土,筑土要紧密。这样做了之后,就不要再去动它,也不必担心它,种好以后离开时可以头也不回。栽种时就像抚育子女一样细心,种完后就像丢弃它那样不管。那么它的天性就得到了保全,从而按它的本性生长。所以我只不过不妨害它的生长罢了,并没有能使它长得高大茂盛的诀窍;只不过不压制耗损它的果实罢了,也并没有能使果实结得又早又多的诀窍。别的种树人却不是这样,种树时树根卷曲,又换上新土;培土不是过分就是不够。如果有与这做法不同的,又爱得太深,忧得太多,早晨去看了,晚上又去摸摸,离开之后又回头去看看。更过分的做法是抓破树皮来验查它是死是活,摇动树干来观察栽土是松是紧,这样就日益背离它的天性了。这虽说是爱它,实际上是害它,虽说是担心它,实际上是与它为敌。所以他们都比不上我,其实,我又有什么特殊能耐呢?"

问的人说:"把你种树的方法,转用到做官治民上,可以吗?"橐驼说:"我只知道种树而已,做官治民不是我的职业。但是我住在乡里,看见那些当官的喜欢不断地发号施令,好像很怜爱百姓,结果却给百姓带来灾难。早早晚晚那些小吏跑来大喊:'长官命令:催促你们耕地,勉励你们种植,督促你们收割,早些缫你们的丝,早些织你们的布,养好你们的小孩,喂大你们的鸡、猪。'一会儿打鼓招聚大家,一会儿鼓梆召集大家,我们这些小百姓放下饭碗去招待那些小吏都忙不过来,又怎能使我们人丁兴旺,人心安定呢?所以我们既这样困苦,又这样疲劳。如果我说的这些切中事实,它与我所从事的种树大概也有相似的地方吧?"

问的人说:"这不是很好吗?我问种树,却得到了治民的方法。"于是,我把这件事记载下来,作为官吏们的鉴戒。

邓绍基　史铁良译

梓　人　传

裴封叔之第,在光德里①。有梓人款其门,愿佣隙宇而处焉②。所职寻引、规矩、绳墨③,家不居砻斫之器④。问其能,曰:"吾善度材,视栋宇之制,高深、圆方、短长之宜,吾指使而群工役焉。舍我,众莫能就一宇。故食于官府,吾受禄三倍;作于私家,吾收其直大半焉。"他日,入其室,其床阙足而不能理,曰:"将求他工。"余甚笑之,谓其无能而贪禄嗜货者。

其后,京兆尹将饰官署⑤,余往过焉。委群材,会众工。或执斧斤,或执刀锯,皆环立向之。梓人左持引,右执杖,而中处焉。量栋宇之任,视木之能,举挥其杖曰:"斧!"彼执斧者奔而右;顾而指曰:"锯!"彼执锯者趋而左。俄而斤者斫,刀者削,皆视其色,俟其言,莫敢自断者。其不胜任者,怒而退之,亦莫敢愠焉。画宫于堵,盈尺而曲尽其制,计其毫厘而构大厦,无进退焉。既成,书于上栋曰"某年某月某日某建",则其姓字也。凡执用之工不在列。余圜视大骇,然后知其术之工大矣。

继而叹曰:彼将舍其手艺,专其心智,而能知体要者欤?吾闻劳心

者役人，劳力者役于人。彼其劳心者欤？能者用而智者谋，彼其智考
欤？是足为佐天子相天下法矣！物莫近乎此也。彼为天下者本于人。
其执役者，为徒隶，为乡师、里胥⑥；其上为下士，又其上为中士、为上
士；又其上为大夫、为卿、为公⑦。离而为六职⑧，判而为百役。外薄四
海，有方伯、连率⑨。郡有守，邑有宰，皆有佐政。其下有胥吏，又其下
皆有啬夫、版尹⑩，以就役焉，犹众工之各有执技以食力也。彼佐天子
相天下者，举而加焉，指而使焉，条其纲纪而盈缩焉，齐其法制而整顿
焉，犹梓人之有规矩、绳墨以定制也。择天下之士，使称其职；居天下之
人，使安其业。视都知野，视野知国，视国知天下，其远迩细大，可手据
其图而究焉，犹梓人画宫于堵而绩于成也。能者进而由之，使无所德；
不能者退而休之，亦莫敢愠。不炫能，不矜名，不亲小劳，不侵众官，日
与天下之英才讨论其大经，犹梓人之善运众工而不伐艺也。夫然后相
道得而万国理矣。相道既得，万国既理，天下举首而望曰："吾相之功
也。"后之人循迹而慕曰："彼相之才也。"士或谈殷、周之理者，曰伊、
傅、周、召，其百执事之勤劳而不得纪焉，犹梓人自名其功而执用者不列
也。大哉相乎！通是道者，所谓相而已矣。其不知体要者反此。以恪
勤为公，以簿书为尊，炫能矜名，亲小劳，侵众官，窃取六职百役之事，听
听于府庭，而遗其大者、远者焉，所谓不通是道者也。犹梓人而不知绳
墨之曲直、规矩之方圆、寻引之短长，姑夺众工之斧斤刀锯以佐其艺，又
不能备其工，以至败绩、用而无所成也。不亦谬欤？

　　或曰："彼主为室者，傥或发其私智，牵制梓人之虑，夺其世守而道
谋是用，虽不能成功，岂其罪邪？亦在任之而已。"余曰："不然。夫绳
墨诚陈，规矩诚设，高者不可抑而下也，狭者不可张而广也。由我则固，
不由我则圮⑪。彼将乐去固而就圮也，则卷其术，默其智，悠尔而去，不
屈吾道，是诚良梓人耳。其或嗜其货利，忍而不能舍也，丧其制量，屈而
不能守也，栋桡屋坏⑫，则曰：'非我罪也。'可乎哉？可乎哉？"

　　余谓梓人之道类于相，故书而藏之。梓人，盖古之审曲面势者，今
谓之"都料匠"云。余所遇者，杨氏，潜其名。

382

①裴封叔:名瑾,柳宗元妹夫,曾做过唐长安县令。　　光德里:旧址在西安西南郊。　　②隙宇:空屋。　　③寻引:用来计量长度,八尺为寻,十丈为引。规矩:规是校正圆形、矩是校正方形的木工工具。　　绳墨:用来画直线的木工工具。　　④砻(lóng):磨砺用的工具。　　⑤京兆尹:职官名。唐京兆府(治所在今陕西西安)的长官。　　⑥徒隶:服役的犯人。这里泛指社会底层从事各种劳动的人。　　乡师:一乡之长。　　里胥:一里之长,这里泛指各基层小官吏。⑦下士、中士、上士、大夫、卿、公:原是西周时期级别不同的官吏的称号,这里泛指各种大小官僚。　　⑧六职:据《周礼·天官·小宰》,六职是治、教、礼、敬、刑、事六种职事。这里泛指各种不同的事务。　　⑨方伯:一方诸侯之长。　　连率:统辖十国的诸侯。这里指各地方长官。率,同"帅"。　　⑩胥吏:办理文书的小吏。啬(sè)夫:辅助县令管理赋税、诉讼等事务的乡官。　　版尹:主管户籍的官吏。⑪圮(pǐ):倒塌。　　⑫桡(náo):弯曲变形。

【译　文】

　　裴封叔的家在长安光德里。一天,有个木匠来敲他的门,希望租间空屋居住。这位木匠持有寻引、规矩、绳墨,但他居室中却不存放磨砺、砍削的工具。问他有什么本领,他说:"我善于估算木材,审察房屋的规模,以及高深、圆方、短长的适当情况,指使工匠们干活。没有我,大家连一间房子也造不出来。所以我在官府做工,工资是一般工匠的三倍;如果在私人家做工,我收取工钱的大半。"一次,我走进他的房中,见他的床缺了腿却不能自己修理,说:"要请其他工匠。"我觉得他十分可笑,认为他是个没有能耐却贪图财物的家伙。

　　后来京兆尹将要整修官厅,我去探望,只见那里堆积了许多木材,集合了一群工匠,有的拿着斧头,有的拿着刀锯,都面向那个木匠围成一圈。那木匠左手拿着引,右手拿着杖,站在中间。他估量房屋的负荷,审察木头的承受力,然后举杖一挥说:"斧!"那些拿斧头的便跑到右边;又回头一指说:"锯!"那些拿锯子的便跑到左边。一会儿,拿斧头的砍起来,拿刀的削起来,都察言观色,等他发话,没有敢自作主张的。其中那些不能胜任工作的,他便愤怒地将他们撤下,也没有谁敢表露不满和怨恨。他在墙上画出的房屋的图形,只一尺见方却能详尽周

383

到地绘出它的规模,计算出房子的一毫一厘,据此建成大厦,竟没有一点出入。官厅建成后,他在屋梁上写道"某年某月某日某建",原来是他的姓名,那些干活的工匠都不能列名。我环视后大吃一惊,这才懂得他的技术真够精深高超的。

后来,我感叹地说:那个木匠必定是个放弃他的手艺,专门运用他的智力,因而能够掌握事物关键的人吗?我听说用脑力的人使唤别人,用体力的人被人使唤,那个木匠该是个用脑力的人吧?有技能的操作,有智慧的只谋划,那个木匠该是个有智慧的人吧?这足可以为辅佐天子治理国家的人效法!因为没有比这更接近治理国家的事了。治理国家以人为根本,那些从事具体工作的人,是徒隶,是乡师、里胥,他们的上面是下士,下士上面是中士、上士,再往上是大夫、卿、公。可以分为六种职别,又细分为各种差事。京城之外直至四方边境,有方伯、连率等高级地方官员,郡有郡守,县有县令,都有僚属助理。下面有胥吏,再往下还有啬夫、版尹,这些人都是用来担当职役的。就像工匠们各有技能、靠劳力而生活一样。那辅佐天子治理国家的人,推荐并提拔他们,指挥并使用他们。条理纲纪而予以进退,规范法制而加以整顿。就像那位木匠有规矩、绳墨用来确定格局、规模一样。他选择天下的人才,使他们能够称职,他安顿天下的百姓,使他们能够乐业。他看了京城便能了解乡野,看了乡野便能了解封地,看了封地便能了解全国,那远近小大的地方,他都可以手拿地图考究出来,就像那位木匠在墙上画好房屋,按图建筑即可取得建成的功效一样。有才能的人,按正常途径推荐他,使他不必感激谁的恩德;没有能力的,就辞退他,也没有谁敢怨恨。他不炫耀自己的才能,不夸大自己的名声,不亲自干费力的小事,不侵犯各级官员的职权。每天与天下的杰出人士讨论治国的重大方针。就像那位木匠善于指挥众工匠而不夸耀自己的手艺一样。这样,就找到了做宰相的方法,整个国家也就得到了治理。找到做宰相的方法,国家得到治理之后,全国人都会景仰地说:"这是我们宰相的功劳啊!"后世人遵循他的业绩而羡慕地说:"那宰相真有才能啊!"有些谈论殷、周之治的读书人只称赞伊尹、傅说、周公、召公,而那些从事各种具体事务的官员虽然勤劳,却不能记载下来。就像那位木匠当房子建成后在屋梁上写上自己的姓名,而那些干活的工匠却不能列名一样。伟大啊宰相,通晓这些道理的,只有宰相而已。那些不懂得事物关键的人与此相反,他们将恭谨劳苦当作功业,把处理公文作为重任。炫耀自己的能力,夸大自己的声名,亲自去干费力的小事,侵犯各级官员的职权,不恰当地包揽各种差事,还在政府厅堂上为此而辩论、争吵,从而忽略了重大和长远的事业。这就是不通晓做宰相方法的人啊。就像木匠不知绳墨的曲直,规矩的方圆,寻引的短长,姑且夺过工匠们的斧头刀锯来帮他们干活,活儿又干不好,以致失败,因而没有什么成就。这岂不是荒谬吗?

有人说:"如果那主持建房的人,为了表现自己的聪明,就束缚木匠的智慧,剥夺他的职责,却与路人商量,用他们的意见。那么房子虽然不能建成,却也与木匠无关,难道是他的过失吗?成功与否,不过在信任如何而已。"我说:"不然。如果经过绳墨规矩确定,高的地方就不能压低,窄的地方就不能扩大。按照我的意见办房子就能坚固,不按照我的意见办就会倒塌。那个主持人乐意放弃坚固选择倒塌,那么就该收回自己的方法,不暴露自己的智慧,悠然自得地离开,坚持自己的主张而不屈服,这才是个真正的好木匠啊。如果他贪图主持人的财物,忍气吞声而不能离去,那就丧失了原则,向人屈服而不能坚持自己的职守。结果屋梁被压弯,房子倒塌,却说:'不是我的过错。'这可以吗?这可以吗?"

我认为那木匠的方法与做宰相相似,所以写下来留存。木匠大概就是古书上说的"审曲面势"的人,现在叫作"都料匠"。我遇到的那位木匠姓杨,名潜。

邓绍基　史铁良译

愚 溪 诗 序

灌水之阳有溪焉①，东流入于潇水②。或曰："冉氏尝居也，故姓是溪为冉溪。"或曰："可以染也，名之以其能，故谓之染溪。"余以愚触罪，谪潇水上，爱是溪，入二三里，得其尤绝者家焉。古有愚公谷，今余家是溪，而名莫能定，土之居者犹龂龂然③，不可以不更也，故更之为"愚溪"。

愚溪之上，买小丘，为愚丘。自愚丘东北行六十步，得泉焉，又买居之，为愚泉。愚泉凡六穴，皆出山下平地，盖上出也。合流屈曲而南，为愚沟。遂负土累石，塞其隘，为愚池。愚池之东为愚堂，其南为愚亭，池之中为愚岛。嘉木异石错置，皆山水之奇者，以余故，咸以愚辱焉。

夫水，智者乐也。今是溪独见辱于愚，何哉？盖其流甚下，不可以灌溉，又峻急，多坻石④，大舟不可入也；幽邃浅狭，蛟龙不屑，不能兴云雨。无以利世，而适类于余，然则虽辱而愚之，可也。

宁武子"邦无道则愚"⑤，智而为愚者也；颜子"终日不违如愚"⑥，睿而为愚者也。皆不得为真愚。今余遭有道，而违于理，悖于事，故凡为愚者莫我若也。夫然，则天下莫能争是溪，余得专而名焉。

溪虽莫利于世，而善鉴万类，清莹秀澈，锵鸣金石，能使愚者喜笑眷慕，乐而不能去也。余虽不合于俗，亦颇以文墨自慰，漱涤万物，牢笼百态，而无所避之。以愚辞歌愚溪，则茫然而不违，昏然而同归，超鸿蒙⑦，混希夷⑧，寂寥而莫我知也。于是作《八愚诗》，记于溪石上。

---

①灌水：湘江的一个支流，在今广西东北部。　　②潇水：湘江的一个支流。与灌水都在当时的永州境内。　　③龂龂(yín)然：辩争的样子。　　④坻(chí)：水中小洲。　　⑤宁武子：春秋时卫国大夫。《论语·公冶长》中说他："邦无道则愚。"　　⑥颜子：名回，孔子学生。《论语·为政》记载他："终日不违如愚。"⑦鸿蒙：指宇宙形成前的混沌状态。　　⑧希夷：指空虚玄妙的境界。《老子》称：

"视之不见名曰夷,听之不闻名曰希。"

【译　文】

灌水的北面有一条小溪,向东流入潇水。有人说:"因为有姓冉的曾在这儿住过,所以把这条溪冠以姓氏称为'冉溪'。"又有人说:"这溪水可以用来染色,以它的功用来命名,所以称它为'染溪'。"我因为愚昧无知而犯了罪,被贬谪到潇水边来,喜爱上这条溪,沿溪上溯二三里,找到一个风景最好的地方安下了家。古代有个"愚公谷",现在我安家在溪旁,而溪名究竟叫什么难以确定,当地居民仍在为此争论不休,看来不能不给它改个名了,所以改称它为"愚溪"。

我在愚溪的上面买下一个小山丘,把它叫作"愚丘"。从愚丘向东北走六十步远,找到一处泉水,又买了下来,称为"愚泉"。愚泉总共有六个泉眼,都分布在山丘下面的平地处,原来泉水是由地下涌出的。泉水汇合后弯弯曲曲往南流去,形成水沟,叫"愚沟"。于是运土堆石,把河道的狭窄处堵塞起来,积成水池,叫"愚池"。愚池东边是"愚堂",南面是"愚亭",水池中央是"愚岛"。其间交错排列着赏心悦目的树木和奇异的石头,这些都是罕见的山水景观,因为我的缘故,它们都被屈辱地蒙受了"愚"的名号。

流水本来是聪明的人所喜爱的。现在这条溪水却不幸被用"愚"字命名,这是为什么呢?原来是它的水位很低,无法用来灌溉农田;水流湍急,有许多石块突出水面,大船开不进去;而且地处偏僻,既浅又狭,蛟龙不屑一顾,不能兴云作雨。它对世人没有什么益处可言,而恰和愚昧无知的我相类似,所以即使让它受委屈被称为"愚",也是完全可以的。

古代的宁武子"在国家政治黑暗时便显得愚昧",那是聪明人的装傻;颜回"整天提不出不同的见解,好像很笨",那是通达人貌似愚钝,他们都不是真的愚蠢。现在我遭逢清明的时世,所作所为却违背了事理,所以世上再没有像我这样愚蠢的人。正因为如此,天下的人谁也不能和我争这条溪水,我可以独自占有它并给它命名了。

愚溪虽然对世人没有什么用处，但它能洞察万物，秀丽清澈，发出音乐般悦耳动听的声音，能使愚人欢喜爱慕，快活得流连忘返。我虽然和世俗不合，平素也还能用写文章来安慰自己，描摹各种事物，表现它们的千姿百态，没有什么不可以写的。用我愚笨的文辞来歌颂愚溪，茫茫然昏昏然吻合无间、融为一体，超越天地宇宙，融入空虚寂静，在寂寥空阔中达到了忘我的境地。于是我写了《八愚诗》，记在溪边的石头上。

钟元凯译

永州韦使君新堂记

将为穷谷、嵚岩、渊池于郊邑之中①，则必辇山石②，沟涧壑，陵绝险阻，疲极人力，乃可以有为也。然而求天作地生之状，咸无得焉。逸其人，因其地，全其天，昔之所难，今于是乎在。

永州实惟九疑之麓③。其始度土者④，环山为城。有石焉，翳于奥草；有泉焉，伏于土涂。蛇虺之所蟠⑤，狸鼠之所游，茂树恶木，嘉葩毒卉，乱杂而争植，号为秽墟。

韦公之来既逾月⑥，理甚无事。望其地，且异之。始命芟其芜，行其涂，积之丘如，蠲之浏如⑦。既焚既酾⑧，奇势迭出，清浊辨质，美恶异位。视其植，则清秀敷舒；视其蓄，则溶漾纡余。怪石森然，周于四隅，或列或跪，或立或仆，窍穴逶邃，堆阜突怒。乃作栋宇，以为观游。凡其物类，无不合形辅势，效伎于堂庑之下⑨。外之连山高原，林麓之崖，间厕隐显；迩延野绿，远混天碧，咸会于谯门之内⑩。

已乃延客入观，继以宴娱。或赞且贺曰："见公之作，知公之志。公之因土而得胜，岂不欲因俗以成化？公之择恶而取美，岂不欲除残而佑仁？公之蠲浊而流清，岂不欲废贪而立廉？公之居高以望远，岂不欲家抚而户晓？夫然，则是堂也，岂独草木、土石、水泉之适欤？山、原、林

388

麓之观欤？将使继公之理者,视其细,知其大也。"

宗元请志诸石,措诸壁,编以为二千石楷法⑪。

①嵌(kān)岩:峭壁。　②辇:车。这里指运送。　③九疑:即九嶷山,在今湖南宁远南。　④度(duó):测量。　⑤虺(huǐ):一种毒蛇。　⑥韦公:当时任永州刺史。汉代以来又尊称刺史为使君。　⑦蠲(juān):清洁。⑧釃(shī):疏导。　⑨庑(wǔ):堂下四周的屋子。　⑩谯门:城门上的瞭望楼。　⑪二千石:汉代郡守的俸禄为二千石,后来则成为州郡一级长官的代称。

【译　文】

如果要在城邑中营造深谷、峭壁和深池,那就必须用车子运来山石,开凿山涧沟壑,翻越险阻,耗尽人力,才可能办到。但是想以此得到天然本色的景观,却是完全不可能的。不用耗费人力,因地制宜,又保存其天然之美,这在过去是很难做到的事情,如今却在永州这里实现了。

永州地处九嶷山下,最早来这里规划开发的人,依山修筑起了城市。这里的山石被遮蔽在深草丛中,山泉被掩埋在污泥之下,成了一个毒蛇盘踞、狸鼠出没的处所。好树和恶木,鲜花和毒草,杂居一处,竞相争长。因此被人称为是污秽荒废之地。

韦公来到永州任刺史已有一个多月,政绩甚佳,清平无事。他视察这块地方,觉得不同寻常,才派人割除荒草,疏通水道,割掉的草堆积成山,疏浚后的泉水顿见澄清。烧掉了杂草,疏导了水流,奇特的景致层出不穷。清浊分辨开来,美恶不再混杂,这时再来看那树木,青翠秀丽,舒展自如;看那泉水,微波荡漾,曲折萦回。怪石林立,遍布在四周,有的排列成行,有的如同跪拜,有的站立,有的卧倒。洞穴曲折幽深,石山峥嵘矗立。于是在这里建造起厅堂,以供观赏游览之用。以上这些景物,无不以地势为依托,在堂屋廊檐前一展风姿。就连城外的峰岭岗峦、林木覆盖的山崖,也或隐或现地参加进来,近处与翠绿的原野相连,远处与碧蓝的天空一色,仿佛一齐奔凑汇集到城内来了。

新堂建成后，韦公邀请客人们前来参观，接着又设宴助兴。有人边赞美边表示祝愿说："看到韦公您这番盛举，便知道您的抱负。您因地制宜辟出优美的景观，难道不就意味着顺应习俗来推行教化吗？您芟除恶木毒草而选取嘉树鲜花，难道不就意味着铲除凶暴而保护善良的人们吗？您把浊水化为清流，难道不就意味着惩腐肃贪提倡廉洁吗？您登高望远，难道不就是想让千家万户的百姓都得到安抚晓喻吗？果真如此，那么建这个新堂又何止是为了草木土石清泉令人惬意、山原林麓便于观赏呢！它将使继您之后来治理永州的人，都能够通过这件具体的事而懂得治民理政的大道理啊！"

我请求将上述内容铭刻在石碑上，嵌置在厅壁里，作为刺史们效法的楷模。

钟元凯译

钴鉧潭西小丘记

得西山后八日①，寻山口西北道二百步，又得钴鉧潭②。西二十五步，当湍而浚者为鱼梁③。梁之上有丘焉，生竹树。其石之突怒偃蹇④，负土而出，争为奇状者，殆不可数。其嵚然相累而下者⑤，若牛马之饮于溪；其冲然角列而上者，若熊罴之登于山。

丘之小不能一亩，可以笼而有之。问其主，曰："唐氏之弃地，货而不售。"问其价，曰："止四百。"余怜而售之。李深源、元克己时同游，皆大喜，出自意外。即更取器用，铲刈秽草，伐去恶木，烈火而焚之。嘉木立，美竹露，奇石显。由其中以望，则山之高，云之浮，溪之流，鸟兽之遨游，举熙熙然回巧献技，以效兹丘之下。枕席而卧，则清泠之状与目谋，瀯瀯之声与耳谋⑥，悠然而虚者与神谋，渊然而静者与心谋。不匝旬而得异地者二⑦，虽古好事之士，或未能至焉。

噫！以兹丘之胜，致之沣、镐、鄠、杜⑧，则贵游之士争买者，日增千金而愈不可得。今弃是州也,农夫渔父过而陋之,价四百,连岁不能售。而我与深源、克己独喜得之,是其果有遭乎! 书于石,所以贺兹丘之遭也。

①西山:在永州(今湖南零陵)城西。 ②钴(gǔ)鉧(mǔ)潭:因潭的形状像熨斗而得名。钴鉧,熨斗。 ③浚(jùn):水深。 鱼梁:水中的小土堰,中间留有缺口放置捕鱼工具。 ④突怒:形容石头突起耸立的样子。 偃蹇:形容山石错综盘踞的样子。 ⑤嵚(qīn)然:高耸的样子。 ⑥潧潧(yíng):溪水流动的样子。 ⑦匝(zā):周,满。 ⑧沣(fēng):水名。 镐(hào):古代周武王都城。在今陕西西安长安区西北丰镐村附近。 鄠(hù):在今陕西西安鄠邑区。 杜:在今陕西西安西南。这四处都与当时的都城长安相距不远。

【译 文】

寻到西山以后八天,沿着山口向西北探行二百步,又探得了钴鉧潭。潭西二十五步,正当流急水深处筑有垒土阻水,开缺张网的鱼梁。梁上有个小土丘,丘上生长着竹子树木,丘石或骤然突起、或兀然高耸,破土而起,竞相形成奇奇怪怪形状的,几乎数都数不清;有的倾侧堆垒而趋下,就像牛马在溪边饮水;有的又猛然前突,似乎较量着争向上行,就像熊罴在山上攀登。

这小丘小得不足一亩,似乎可以装进袖子里去一般。我向小丘的主人打听情况,他回答说:“这是唐姓某家废弃的土地,标价出售却卖不出去。”我又问地价多少,答道:“仅仅四百两银子。”我同情小丘的不遇而买下了它。当时,李深源、元克己与我同游,都十分高兴,以为是意想不到的收获。于是就又取来了一应用具,铲除败草,砍掉杂树,燃起了熊熊大火焚烧去一切荒秽。(顿时),佳好的树木似乎挺立起来,秀美的竹林也因而浮露,奇峭的山石更分外显突。由竹木山石间望出去,只见远山高峙,云气飘浮,溪水流淙,鸟兽在自由自在地游玩;万物都和乐怡畅地运技献能,而呈现在这小丘之下。铺席展枕躺在丘上,山水清凉明爽的景状来与双目相亲,潧潧的流水之声又传入耳际,悠远空阔的天空与精神相通,深沉至静的大道与心灵相合。我不满十天中却得到了两处胜景,即使是古时喜嗜风景的人,也未必能有此幸运啊!

唉!凭着这小丘的美景,如果放到长安附近沣、镐、鄠、杜等地,那么爱好游乐的贵族人士竞相争购的,将逐日增价一千两,也愈来愈不能购得。现在弃置在这永州,农人渔夫相经过而看不起它,求价仅四百两,却多年卖不出去,而我与深源、克己偏偏喜爱并获得了它。这难道是确实有所谓遭际遇合吗?我将得丘经过书写在石上,用来庆贺与小丘的遇合。

赵昌平译

小石城山记

自西山道口径北,逾黄茅岭而下,有二道。其一西出,寻之无所得;其一少北而东,不过四十丈,土断而川分,有积石横当其垠①。其上为睥睨梁欐之形②,其旁出堡坞,有若门焉。窥之正黑,投以小石,洞然有水声,其响之激越,良久乃已。环之可上,望甚远,无土壤而生嘉树美箭,益奇而坚,其疏数偃仰,类智者所施设也。

噫!吾疑造物者之有无久矣。及是,愈以为诚有。又怪其不为之于中州③,而列是夷狄④,更千百年不得一售其伎,是固劳而无用。神者傥不宜如是,则其果无乎?或曰:"以慰夫贤而辱于此者。"或曰:"其气之灵,不为伟人,而独为是物。故楚之南少人而多石。"是二者,余未信之⑤。

①垠:边界。　②睥(pì)睨(nì):城上的矮墙。　梁欐:房屋的栋梁。
③中州:指黄河中下游一带文化发达地区。　④夷狄:古代称东方少数民族为夷,称北方少数民族为狄。这里泛指远离中州的边远地区。　⑤此文所写小石城山在今湖南零陵境内,当时为永州所辖。

392

从西山路口一直往北，越过黄茅岭下去，有两条路。一条路通向西，沿着这条路走去，一无所获。另一条路稍微偏北朝东，往前不过四十丈，泥土断裂，川河分流，（就看到小石城山了。）只见许多石块横堆为"城"界，山的上面则石块垒积，宛若城墙梁栋之形。"城"旁有堡坞，那里好像有一道门。朝里一望，黑洞洞的，扔一块小石头进去试试，石块"扑通"入水的声音，清亮激越，隔了许久才消失。环绕着山势走，可以走到山顶，站在山顶之上可以望得很远。这里没有土壤，却生长着嘉树美竹，格外地奇异坚挺；树竹疏密高下，错落有致，好像是智者精心构置的。

啊！我怀疑造物主的有无已经很久了。看到这里的景致，愈发信其有。但又奇怪它不生在中州，却生在这夷狄之邦，哪怕经历了千百年也不能贡献它的技艺，这实在是劳而无用。造化神明如果不应当如此，那么他果真是不存在吗？有人说："这是用来安慰受辱于此的贤人的。"有人说："天地的灵气不钟于伟人，却独独钟于物类。所以楚地之南少伟人而多奇石。"这两种说法，我都不相信。

韦凤娟译

贺进士王参元失火书

得杨八书①，知足下遇火灾②，家无余储。仆始闻而骇，中而疑，终乃大喜，盖将吊而更以贺也。道远言略，犹未能究知其状，若果荡焉泯焉而悉无有，乃吾所以尤贺者也。

足下勤奉养，乐朝夕，惟恬安无事是望也。今乃有焚炀赫烈之虞③，以震骇左右④，而脂膏滫瀡之具⑤，或以不给，吾是以始而骇也。

凡人之言皆曰：盈虚倚伏，去来之不可常。或将大有为也，乃始厄困震悸，于是有水火之孽，有群小之愠，劳苦变动，而后能光明，古之人皆然。斯道辽阔诞漫，虽圣人不能以是必信，是故中而疑也。

以足下读古人书，为文章，善小学，其为多能若是，而进不能出群士之上，以取显贵者，盖无他焉，京城人多言足下家有积货，士之好廉名者，皆畏忌不敢道足下之善，独自得之，心蓄之，衔忍而不出诸口，以公道之难明，而世之多嫌也。一出口，则嗤嗤者以为得重赂。

仆自贞元十五年见足下之文章，蓄之者盖六七年未尝言。是仆私一身而负公道久矣，非特负足下也。及为御史尚书郎，自以幸为天子近臣，得奋其舌，思以发明足下之郁塞，然时称道于行列，犹有顾视而窃笑者，仆良恨修己之不亮，素誉之不立，而为世嫌之所加，常与孟几道言而痛之⑥。

乃今幸为天火之所涤荡，凡众之疑虑，举为灰埃。黔其庐，赭其垣，以示其无有。而足下之才能，乃可以显白而不污，其实出矣，是祝融、回禄之相吾子也⑦。则仆与几道十年之相知，不若兹火一夕之为足下誉也。宥而彰之，使夫蓄于心者，咸得开其喙，发策决科者，授子而不栗。虽欲如向之蓄缩受侮，其可得乎？于兹吾有望于子！是以终乃大喜也。

古者列国有灾，同位者皆相吊。许不吊灾⑧，君子恶之。今吾之所陈若是，有以异乎古，故将吊而更以贺也。颜、曾之养⑨，其为乐也大矣，又何阙焉？

①杨八：名敬之，行八，是柳宗元的亲戚，王参元的好朋友。　②足下：对王参元的敬称。王参元，唐宪宗元和二年（807）进士。他在长安的家遭火灾以后，当时被贬到永州的柳宗元写了这封信给他。　③炀（yàng）：焚烧。　虞：忧，不幸。④左右：这里用不直接称呼对方而称其周围左右之人的方法，表示一种敬意。⑤潃（xiǔ）瀡（suǐ）：是淀粉一类的调料。　⑥孟几道：孟简，字几道。　⑦祝融、回禄：传说中的火神。　⑧许不吊灾：据《左传·昭公十八年》记载，宋、卫、陈、郑四国发生火灾，许国却没有去慰问。　⑨颜、曾：指颜回、曾参，都是孔子的弟子。

【译　文】

　　接到杨八来信,得悉府上遭到火灾,家里什么积蓄都没有了。听到这一消息,我始则大惊,接着又有些疑惑,而最终则大为高兴,因此本来想慰问你的却一变而为向你道喜了。长安离此路远,书信言辞简略,我还不能确知失火的详情,如果真的烧个精光,什么也没有剩下,那我就更要向你祝贺了。

　　你平素小心侍奉双亲,早晚宁静度日,总是希望平平安安不要出什么事儿。却不料现在有大火肆虐的祸患,使你震惊不安,而食用器具,又会有所匮乏,这是我所以一闻讯就十分吃惊的原因。

　　一般人总是说:满中有缺,缺中有满,祸会变成福,福会暗藏祸,得失不会是一成不变的。也许这个人将来大有作为,而开头会遭到种种困苦惊吓,于是有水火的灾难,小人的嫉害,身心经受各种劳苦变故的磨炼,而后能有光明坦荡的前途。说是古代人都是那样过来的。我以为这种说法毕竟太遥远,大而无当,即使古代的圣人也不一定就认为确实可靠,因此我对你的这次遭灾,是否能用得上祸福倚伏的道理,不免有所疑惑。

　　像你这样能读古人的书,又能写文章,对文字训诂又有专长,具备如此众多的才学,而在仕进上却不能高出于一般的士人,以取得显赫的地位,这实在是没有别的原因,而是京城中有不少人说府上广积财富,于是有些以清廉求名的人对此即有所畏惧顾虑,不敢称道你的长处,只好独自藏在肚里,说不出口。公道不易辨清,世情又多猜忌,一旦说出称赞你的话,那班以讽刺为事的小人就以为必是得了你的厚礼了。

　　我从贞元十五年就读到你的文章,放在心里大约有六七年从来也没有向人谈起过。这是我单单考虑一己的得失,而长久地有亏于公道,不只是对不起你个人。等到我做监察御史里行,又任礼部员外郎,自以为有幸得能做皇帝身边的臣子,可以放胆说话,乘此给以推荐,消除你的阻隔。但有时向同辈道及,仍然有相视而暗笑我的。我实在是痛恨自己的品德修养还不足以使人亮察,素来清白的名声还未能确立,而世俗猜疑之心也加于我自身。这点意思我经常与友人孟几道谈起,痛心不已。

现在好了，你的家财被天火烧得精光，众人的疑虑也一举化为灰尘。房屋烧焦了，墙壁烧红了，显示你一无所有。这样一来，你本身的才能，就自然显露出来而不致受到污损，这真是火神所给予你的莫大的资助。我与孟几道十年之久对你的知与，还不及一晚上的火给你带来如此的好名誉呢。这场大火解脱了你，大家也能称扬你，使藏之于心的都能张开嘴，主持考试的能放心选拔你，像过去那样顾虑重重，不敢出头，怕受到讥笑，是不会有的了。对你今后的发展，我从此就信心十足了！这是我最终所以大喜的缘故。

在古代，有哪一个诸侯国遇到灾害，其他诸侯国总是要来慰问的。春秋时，许国不去吊慰邻国，君子对此十分厌恶。现在我说了上面这样的一番话，立意与古人有所不同，所以本来是想慰问却变成祝贺了。颜渊安于清贫、曾参孝以养亲，其乐趣也真可谓大矣，物质上虽有所欠缺，又算得了什么呢？

傅璇琮译

王禹偁（954—1001）字元之，济州巨野（今山东）人，一生经历宋初太祖、太宗、真宗三朝，他于太平兴国八年（983）中进士，当过翰林学士，三任知制诰，但三次受排挤而外放，晚年当过黄州地方长官，所以后人称他"王黄州"。当宋初一方面空洞浮靡的骈文盛行，一方面柳开、穆修等人生涩僻奥的古文崛起之时，王禹偁却从两种文风的两军对垒中看到了各自的弊端，他打出的旗号"夫文，传道而明心"，看上去仍是唐代古文运动中"文以载道"的旧调重弹，但他借着"传道明心"却强调了表现内在心灵感受的意义。既然要表现内在心灵的感受，就不应该把文章写得浮靡空洞或生涩僻奥，而应当"使句之易道，义之易晓"，所以他自己的散文总是写得平易晓畅，既不像骈文那么呆板，又不像宋初古文那么生涩，显得既有古文的自然流畅又有骈文的内在节奏美感，后来的宋代散文家显然继承了这一点，从而开创了注重内在意蕴情致与气韵节奏的绵密细腻文风。下面所选的两篇作品虽然一为议论一为抒情，但都能体现他的风格。

待 漏 院 记

天道不言，而品物亨、岁功成者，何谓也？四时之吏①，五行之佐②，宣其气矣。圣人不言，而百姓亲、万邦宁者，何谓也？三公论道③，六卿分职④，张其教矣。是知君逸于上，臣劳于下，法乎天也。古之善相天下者，自咎、夔至房、魏⑤，可数也。是不独有其德，亦皆务于勤耳。况夙兴夜寐，以事一人，卿大夫犹然，况宰相乎！

朝廷自国初因旧制，设宰相待漏院于丹凤门之右⑥，示勤政也。乃若北阙向曙⑦，东方未明，相君启行，煌煌火城。相君至止，哕哕鸾声⑧。金门未辟，玉漏犹滴⑨。撤盖下车，于焉以息。待漏之际，相君其有思乎！

其或兆民未安，思所泰之；四夷未附，思所来之；兵革未息，何以弭之；田畴多芜，何以辟之；贤人在野，我将进之；佞人立朝，我将斥之；六气不和⑩，灾眚荐至⑪，愿避位以禳之⑫；五刑未措，欺诈日生，请修德以釐之⑬。忧心忡忡，待旦而入。九门既启，四聪甚迩。相君言焉，时君纳焉。皇风于是乎清夷，苍生以之而富庶。若然，则总百官，食万钱，非幸也，宜也。

其或私仇未复,思所逐之;旧恩未报,思所荣之;子女玉帛,何以致之;车马玩器,何以取之;奸人附势,我将陟之;直士抗言,我将黜之;三时告灾,上有忧色,构巧词以悦之;群吏弄法,君闻怨言,进谄容以媚之。私心慆慆,假寐而坐。九门既开,重瞳屡回⑭。相君言焉,时君惑焉。政柄于是乎隳哉⑮,帝位以之而危矣。若然,则死下狱,投远方,非不幸也,亦宜也。

是知一国之政,万人之命,悬于宰相,可不慎欤?复有无毁无誉,旅进旅退⑯,窃位而苟禄,备员而全身者,亦无所取焉。

棘寺小吏王禹偁为文⑰,请志院壁,用规于执政者。

①四时之吏:古代传说天上有掌管春、夏、秋、冬四季变化的官员。 ②五行之佐:指古代传说中掌管金、木、水、火、土五行的辅佐官员。 ③三公:按《周礼》的说法,三公是指太师、太傅、太保。这里指朝廷中的最高一级官员。④六卿:《周礼》中指天官冢宰、地官司徒、春官宗伯、夏官司马、秋官司寇、冬官司空。这里指朝廷中分管各部的大臣。 ⑤咎(gāo)、夔:传说中舜的大臣。咎即皋陶。 房:房玄龄,唐太宗时名相。 魏:魏徵,唐太宗时名相。 ⑥待漏院:宰相上朝时等待皇帝召见的休息处。 丹凤门:汴京皇城的南门。 ⑦北阙:原指宫殿北面的门楼,大臣等候朝见或上书奏事的地方。后为帝王宫禁的通称。 ⑧哕哕(huì):有节奏的铃声。 鸾:通"銮",车铃。 ⑨漏:古代标有刻度的计时工具。 ⑩六气:指阴、阳、风、雨、晦、明六种自然现象。 ⑪灾眚(shěng):灾异。 荐至:接连不断地来。 ⑫禳(ráng):祭祷消灾。 ⑬釐:治理。 ⑭重瞳:眼中有两个瞳子。据说舜、项羽都是重瞳。这里指天子。⑮隳(huī):毁坏。 ⑯旅:众。 ⑰棘寺:即大理寺,掌管刑狱的最高机构。

【译 文】

天道并不说话,而万物却能顺利成长,一年的庄稼能得到好收成,这是为什么呢?就是由于掌握四时和统辖五行的天官们,使四时风雨顺畅通达的结果。皇帝并不说话,而百姓却能亲睦,万国安宁,这是为什么呢?就是由于三公商讨了大计,六卿分掌自己的职责,推广了皇帝的教化的结果。这就可以明白,君主在上清闲安逸,臣子在下辛勤劳苦,是取法于天道的缘故啊!古代善于做宰相治理天下的,从皋陶、夔到房玄龄、魏徵,历历可数。他们不只是有德行,也都是十分勤劳的。再说,早起晚睡,为天子效劳,卿大夫都是这样,何况是宰相呢!

朝廷自建国之初,沿袭前代制度,在丹凤门的右边,设置了宰相待漏院,表示要勤于政务。当北面的宫阙映出一线曙光,东方还没有亮,宰相就从家里动身上朝了。那仪仗队的烛火多么辉煌灿烂啊!宰相到了待漏院,车马停了下来,而那一阵阵有节奏的铃铛声还在回响呢。那时,宫门还没有打开,玉制漏壶里的水还在滴着。于是便收拢车篷,下车到待漏院里稍事休息。在等待早朝的时候,宰相大概有许多考虑吧?

也许考虑的是百姓还没有安居乐业,想着怎样使他们平安富裕;也许考虑的是四方的少数民族还没有服从,想着怎样使他们前来归顺;战争还没有停止,想着用什么方法去平定它;农田还有很多荒芜的,想着用什么办法将它们开垦;有贤能的人才还在民间,我将把他们选拔上来;奸邪的小人还待在朝廷里,我要把他们贬斥出去;天时不正,灾祸不断,我愿意辞掉相位,向上天祷告来消除灾难;各种刑罚还没有废除,社会上欺诈行为经常发生,我要修养德行,加强治理。怀着这样深深的忧虑,等待天亮上殿去。当皇宫的大门一打开,四方八面的情况便顺畅地传入天子的耳朵里,宰相向天子报告了他这些想法,君主一一采纳。社会风气因此而清平,人民生活因此而富裕。如果这样,那么宰相统率百官,享受很高的俸禄,便不是侥幸受宠,而是十分应该的啊!

而有人也许考虑的却是私仇还没有报复,想着怎样驱逐自己的政敌;旧恩还没有报答,想着怎样使自己的恩人荣华富贵;金钱美女,用什么方法搜罗到手;车马古玩,用什么伎俩夺取过来;奸邪小人依附我的权势,我将大力提拔他;正直的人直言指责我,我将无情地把他贬黜;春、夏、秋三季发生灾情,报告上来,皇上忧虑,我要编些花言巧语使他高兴;官吏们贪赃枉法,皇上听到了怨恨的言论,我又要用谄媚的姿态博取他的欢心。这样的宰相私心纷乱不息,坐在待漏院里打瞌睡。当皇宫的大门打开,皇帝屡次注视,宰相对他说些假情况,皇帝被蒙惑了,政权因此毁坏,皇帝也因此而有倒台的危险。如果这样,那么这宰相被下狱处死,或者被流放远方,不是不幸,也是十分应该的呵!

因此,可以明白一国之政,万人之命,都系在宰相身上,难道宰相可以不小心谨慎吗? 此外,还有那种既没有人咒骂,也没有人称赞,随大流进退,窃取高位而一味贪图厚禄,顶个名额而只知道保全自己的人,也是毫不可取的。

大理寺的小官吏王禹偁作这篇文章,希望书写在待漏院的墙壁上,用以劝诫执政的宰相。

陶文鹏译

黄冈竹楼记

黄冈之地多竹①,大者如椽,竹工破之,刳去其节②,用代陶瓦,比屋皆然,以其价廉而工省也。

子城西北隅③,雉堞圮毁④,蓁莽荒秽⑤,因作小楼二间,与月波楼通。远吞山光,平挹江濑,幽阒辽夐⑥,不可具状。夏宜急雨,有瀑布声;冬宜密雪,有碎玉声。宜鼓琴,琴调和畅;宜咏诗,诗韵清绝;宜围棋,子声丁丁然;宜投壶,矢声铮铮然。皆竹楼之所助也。

公退之暇,被鹤氅衣⑦,戴华阳巾⑧,手执《周易》一卷,焚香默坐,消遣世虑。江山之外,第见风帆沙鸟,烟云竹树而已。待其酒力醒,茶烟歇,送夕阳,迎素月,亦谪居之胜概也。

彼齐云、落星⑨,高则高矣;井幹、丽谯⑩,华则华矣。止于贮妓女,藏歌舞,非骚人之事,吾所不取。

吾闻竹工云:“竹之为瓦,仅十稔,若重覆之,得二十稔。”噫! 吾以至道乙未岁,自翰林出滁上;丙申,移广陵;丁酉,又入西掖;戊戌岁除日,有齐安之命;己亥闰三月,到郡。四年之间,奔走不暇,未知明年又在何处,岂惧竹楼之易朽乎? 后之人与我同志,嗣而葺之,庶斯楼之不朽也。

①黄冈:在今湖北黄冈。　　②刳(kū):削刮。　　③子城:城门外的套城或内城,也称"月城"。　　④雉堞(dié):女城城墙上部呈齿状的矮墙。泛指城墙。圮(pǐ):塌。　　⑤榛(zhēn)莽:野草丛生。　　⑥闃(qù):寂静。夐(xiòng):遥远。　　⑦鹤氅(chǎng)衣:鸟羽编织的衣服,道士服。　　⑧华阳巾:道士戴的头巾。　　⑨齐云:五代韩浦所建齐云楼,故址在今江苏苏州。　落星:落星楼,故址在今江苏南京落星山,三国孙权所建。　　⑩井幹(hán):井幹楼,汉武帝时在长安所建。　丽谯:丽谯楼,魏武帝曹操所建。

【译　文】

黄冈地区,翠竹丰茂,大的粗得像椽子。竹工破开它,刮去节疤,用来代替陶瓦。家家户户都用它盖房子,因为竹瓦既便宜又省工。

在月城的西北角,女墙都塌毁了,草木丛生,荒芜污秽。我清理出那块空地,盖了两间小竹楼,跟原有的月波楼接通。登上竹楼,眺望远山,山光尽收眼底;平视江中浅流,好像可以舀取。那景致,清幽寂静,辽远开阔,实在无法一一描绘出来。夏天适宜听骤雨,小楼上有瀑布的轰鸣声;冬天适宜听密雪,小楼上有碎玉落地的沙沙声;适宜弹琴,琴声和谐流畅;适宜吟诗,诗韵清新绝俗;适宜下棋,棋盘上落子声丁丁悦耳;适宜投壶,箭投入壶里也铮铮动听。这些美妙的声音,都是竹楼给予的啊。

办完公事,闲暇时间,披着鹤氅衣,戴上华阳巾,手拿《周易》一卷,焚香默坐,消除世俗杂念。除了水色山光之外,但只见风中白帆,沙洲鸥鸟,暧曃烟云,苍苍竹树罢了。等到醉意全消,煮茶的烟火也熄了,我送走夕阳,迎来皓月,这也是谪居生活中的赏心乐事啊。

那齐云楼、落星楼,高确是高了;井幹楼、丽谯楼,华丽确是华丽了,但它们只不过是用来蓄藏乐妓,叫她们轻歌曼舞,这不是诗人应做的事,我是不屑于去做的。

我听竹工说:"用竹做瓦,只能用十年;如果铺两层,就可以管二十年。"唉!我在至道元年,由翰林学士被贬到滁州,至道二年调到扬州,至道三年又到中书省任职;咸平元年的大年夜,奉命调来齐安,咸平二年闰三月到了郡城。四年之中,奔走不停,还不知道明年又在什么地方,难道还怕竹楼容易朽坏吗?希望后来的人跟我志趣相同,能接着修整它,或许这座竹楼就永远不会朽坏吧!

陶文鹏译

李格非字文叔,济南(今属山东)人。北宋神宗年间当过京东路提点,徽宗时因被定为元祐党人而罢官,死时年六十一岁。

李格非显然远不如他女儿李清照的文学名气大,不过他在北宋中后期也是一个很有影响的文人,可能他对学问的兴趣远远高于对诗文的兴趣,所以他撰写的多是学术文章、政论文章,还写过一本叫《礼记说》的专著,而文学散文较著名的就是一部《洛阳名园记》,下面这篇文章就是这部书的序,但这部《洛阳名园记》和这篇序,也还是着眼于政治鉴戒的,文辞的讲究则又在其次了。好在这篇序语言简洁,逻辑严谨,结构整饬,感慨、叙事、劝诚自然融汇,也有一些文学意味。

书洛阳名园记后

洛阳处天下之中,挟殽、黾之阻①,当秦、陇之襟喉②,而赵、魏之走集③,盖四方必争之地也。天下当无事则已,有事则洛阳必先受兵。予故尝曰:"洛阳之盛衰,天下治乱之候也。"

唐贞观、开元之间④,公卿贵戚开馆列第于东都者,号千有余邸。及其乱离,继以五季之酷⑤,其池塘竹树,兵车蹂蹴⑥,废而为丘墟;高亭大榭,烟火焚燎,化而为灰烬,与唐共灭而俱亡,无余处矣。予故尝曰:"园圃之兴废,洛阳盛衰之候也。"

且天下之治乱,候于洛阳之盛衰而知;洛阳之盛衰,候于园圃之兴废而得。则《名园记》之作,予岂徒然哉?

呜呼! 公卿大夫方进于朝,放乎一己之私,自为之,而忘天下之治忽,欲退享此,得乎? 唐之末路是已。

①殽(yáo):通"崤",崤山,在今河南洛宁北。　黾(méng):黾隘,古隘道名,即今河南信阳西南的平靖关。　②秦:今陕西一带。　陇:今陕西西部及甘肃一带。　③赵:本是战国时国名,这里指今山西、陕西、河北一带。　魏:本是战国时国名,这里指今河南北部、山西西南部一带。　④贞观:唐太宗年号(627—649)。　开元:唐玄宗年号(713—741)。　⑤五季:指后梁、后唐、后晋、后汉、后周五代。　⑥蹴(cù):用脚踢。

【译　文】

洛阳地处天下的中央,挟有崤山、渑池的险阻,正当秦陇的咽喉要害之地,也是赵魏的必经要道,这大约是四方必争之地吧。天下太平,则罢了;如果有事,则洛阳必定先受兵灾。所以我曾经说:"洛阳的盛衰,是天下治乱的征兆。"

唐朝贞观、开元年间,公卿贵戚在东都洛阳营造的馆舍府邸,号称有一千余座。到了唐末,一派扰乱离散,接下来又是惨酷的五代,洛阳的池塘竹树,被兵车践踏,荒废了,成为丘墟;高亭大榭,被烟火焚烧,化为一片灰烬,都与唐朝一同灭亡,没有剩余了。所以我曾经说:"园圃的兴废,是洛阳盛衰的征兆。"

既然天下的治乱,考察洛阳的盛衰可以得知;洛阳的盛衰,考察园围的兴废可以得知,那么,我之作《名园记》,岂是没有用处的吗?

唉!公卿大夫入仕朝廷,一味放纵一己私欲,只知道谋私利而忘却天下的治理,突然想隐退下来享受林泉之福,可以吗?这正是唐朝的末路呀。

韦凤娟译

范仲淹(989—1052)字希文,苏州吴县(今属江苏苏州)人。他是北宋中期著名的政治家。宋仁宗庆历年间他入朝执政时曾推行过一些改革措施,史称"庆历新政",不过很快就失败了,他也因此罢去执政,出任地方官去了。

范仲淹政绩上的名声远远高于文学上的名声,不过这并不意味着他在文学上一无所成,事实上他的诗、词、文都写得不错,特别是下面所选的《岳阳楼记》,更是脍炙人口传诵不绝,而且作为一个有影响的政治领袖人物,他对"专事藻饰,破碎大雅"(《尹师鲁河南集序》)的馆阁太学体文风的批评和对尹洙、欧阳修文风的褒扬,显然能起到一个纯文学家所不能起的作用。

严先生祠堂记

先生①,光武之故人也。相尚以道。及帝握《赤符》②,乘六龙③,

得圣人之时,臣妾亿兆,天下孰加焉?惟先生以节高之。既而动星象④,归江湖,得圣人之清,泥涂轩冕⑤,天下孰加焉?惟光武以礼下之。在《蛊》之上九,众方有为,而独"不事王侯,高尚其事",先生以之。在《屯》之初九,阳德方亨⑥,而能"以贵下贱,大得民也",光武以之。盖先生之心,出乎日月之上;光武之量,包乎天地之外。微先生不能成光武之大⑦,微光武岂能遂先生之高哉?而使贪夫廉,懦夫立,是大有功于名教也。

仲淹来守是邦,始构堂而莫焉。乃复为其后者四家⑧,以奉祠事。又从而歌曰:云山苍苍,江水泱泱。先生之风,山高水长。

①先生:即严光,字子陵,东汉人。年轻时曾与汉光武帝刘秀一同游学,光武帝即位后,他便改名隐居。光武帝接他到京师洛阳,授官谏议大夫,他也不肯接受,回到富春山隐居,以耕钓为生。 ②握《赤符》:指25年儒生彊华向刘秀奉上《赤伏符》。其谶文大意是刘秀发兵,汉室将要恢复。刘秀便以为是天降祥瑞的征兆。这一年刘秀即帝位。 ③乘六龙:六龙指《易·乾》卦的六爻。《易·乾》卦有"时乘六龙以御天",就是说国君凭借六爻的阳气来驾驭天地。 ④动星象:据《后汉书·严光传》记载,严光与光武帝睡在一起时,严光把脚放在光武帝肚子上。第二天太史官就报告说:客星犯帝座甚急。光武帝笑答道:那是我与老朋友严子陵在一起的缘故。 ⑤轩:一种有帷幕而前顶较高的车子。 冕:一种礼帽。这里以轩冕代指官爵。 ⑥亨:通达顺利。 ⑦微:假如不是。⑧复:免除徭役。 后:后裔。

【译 文】

先生是光武帝的老朋友,他们一向以道义相互推重。及至光武帝得"赤符"的祥瑞,乘六龙而称帝,达到了圣人顺应时势的境界,统治亿兆臣民,普天之下有谁超过他的崇高?只有先生以其节操高出其上。后来二人的交谊感应星象异动,先生退隐江湖,达到了圣人超逸清高的境界,视高官厚禄如粪土,普天之下又有谁超过他的谦下?只有光武帝以礼敬甘居其下。《易经》蛊卦"上九"爻的其他爻都在热衷于讲事功,这一爻却独能表示"不事奉王侯,行事高蹈绝俗",这就是先生立身的依据;《易经》屯卦"初九"一爻的象辞讲道:阳刚之气正在发扬,因而能"以尊贵之身礼敬卑贱之人,大得民心",这就是光武帝立身的依据。本来先生的志意就是高出日月之上的,光武帝的气量就是包容天地之外的。但没有先生就不能成就光武帝气量的宏大,没有光武帝难道能促成先生那高超的志意吗!先生让贪婪者变得廉洁,怯懦者变得坚强,这真是大大有功于名教的。

仲淹来本州任地方官后,筑起祠堂祭奠先生,然后又免除先生后嗣四家的赋税,让他们管理祠庙祭祀之事。并从而作歌颂扬道:山高入云,莽莽苍苍,大江流水,浩浩荡荡,先生的高风亮节啊,与山比高,如水绵长!

孙昌武译

岳 阳 楼 记

庆历四年春①,滕子京谪守巴陵郡②。越明年,政通人和,百废具兴。乃重修岳阳楼,增其旧制,刻唐贤、今人诗赋于其上,属予作文以记之。

予观夫巴陵胜状,在洞庭一湖。衔远山,吞长江,浩浩汤汤,横无际涯;朝晖夕阴,气象万千。此则岳阳楼之大观也。前人之述备矣。然则北通巫峡③,南极潇湘④,迁客骚人,多会于此,览物之情,得无异乎?

若夫霪雨霏霏,连月不开,阴风怒号,浊浪排空,日星隐曜,山岳潜形,商旅不行,樯倾楫摧,薄暮冥冥,虎啸猿啼。登斯楼也,则有去国怀乡,忧谗畏讥,满目萧然,感极而悲者矣。

至若春和景明,波澜不惊,上下天光,一碧万顷,沙鸥翔集,锦鳞游泳,岸芷汀兰,郁郁青青。而或长烟一空,皓月千里,浮光耀金,静影沉璧,渔歌互答,此乐何极!登斯楼也,则有心旷神怡,宠辱皆忘,把酒临风,其喜洋洋者矣。

嗟夫! 予尝求古仁人之心,或异二者之为。何哉? 不以物喜,不以己悲。居庙堂之高,则忧其民;处江湖之远,则忧其君。是进亦忧,退亦忧。然则何时而乐耶? 其必曰"先天下之忧而忧,后天下之乐而乐"欤! 噫! 微斯人,吾谁与归!

①庆历四年:即1044年。庆历是宋仁宗的年号。　　②滕子京:名宗谅,河南人。与范仲淹同年进士。《宋史·滕宗谅传》记载他因被诬陷,贬为岳州知州。巴陵郡:即岳州郡,治所在今湖南岳阳。　　③巫峡:在长江上游的四川巫山。④潇湘:湘水与潇水在湖南零陵汇合后也称潇湘。

【译　文】

庆历四年春天,滕子京因事降级,调任岳州知州。到了第二年,就已将这地方治理得政务开明,人民安乐。许多被搁置下来的事业也都兴办起来了。于是又重修了岳阳楼,扩大了它原有的规模,并将唐朝名人和当代作家们的诗赋刻在上面。落成以后,要我写篇文章来纪念这件事。

依我看来,岳州的美景全在洞庭湖。它衔接着遥远的山峦,吞吐着奔腾的长江,浩浩荡荡,无际无涯。清晨阳光灿烂,傍晚阴影迷离,气象开阔,千变万化。这正是洞庭湖的宏伟景观,前辈们早已淋漓尽致地描绘过了。然而常常聚会在这里的被贬官吏、多感诗人,面对这北边通连巫峡,南边远达潇湘的洞庭湖,他们观赏景物的心情,难道任何时候都没有差异吗?

像在那种老是下着蒙蒙细雨,连月都没有一个晴天的时候,惨淡的风在水面呼号,浑浊的浪对天空冲击;日星丧失了晶莹的光芒,山岳潜藏了高大的躯体;桅断桨折,行商无奈停留,虎啸猿啼,暮色渐成昏黑。这个时候,登楼对景,就必然要想念朝廷,想念家乡,惧怕诽谤,惧怕讥刺。风物既然满目萧条,心情也就十分悲痛了。

若是春日晴和,景色明媚;风如睡,浪不惊;无边天色,万顷波光,远近交融,总归一碧;自在的沙鸥时而飞翔,时而聚合;美丽的游鱼东西嬉戏，上下浮沉。岸上的芷，洲上的兰，茂盛喜人，青葱照眼。有时高空云气一扫无余，长天月光千里可见。它跳跃在水面，好比注目难以逼视的金色波涛；而静卧于水中，又如祭神沉入湖底的白色璧玉。留在湖中的渔船里，又忽然飘起了对唱的歌声，真是使人不知多么欢快！这个时候，登楼对景，又必然心胸开朗，精神愉悦，甚至忘掉了人世间的一切光荣和耻辱，而只顾喜气洋洋地迎着和风举起美酒来了。

唉！我曾经探索过古代一些充满爱心的人的想法，却往往并不和那两种人一样。为什么呢？原来他们既不因自然景物之美好而喜悦，也不因个人遭遇的坎坷而悲伤。在朝廷任职，就为百姓生活不富裕而担忧；在民间闲居，就为皇帝政治不清明而担忧。这样，做官发愁，不做官，同样发愁，什么时候才会高高兴兴呢？他们一定会回答说"只有在世上所有的人没发愁之前，自己先已担忧；在世上所有的人都欢乐以后，自己才会高兴啊"！唉！除了这种充满了爱心的人，我还能去追随谁呢！

程千帆译

司马光（1019—1086）字君实，夏县（今山西夏县）人，当过尚书左仆射兼门下侍郎，北宋最著名的政治家之一，也是宋代最好的史学家之一，他主持修撰的《资治通鉴》至今仍被认为是古代最成功的编年史。他的文章写得简练质朴，逻辑性很强但略显单调，也许这是他多写政论文章和史论文章的缘故。不过下面所选的这篇《谏院题名记》却写得很好，既简洁朴实，又很有节奏感，议论、叙事、感叹承接转换很自然，最后那排比的假想句和意味深长的感叹句使文章顿时显示出情感力量和结构变化。

谏院题名记

古者谏无官,自公、卿、大夫至于工、商,无不得谏者。汉兴以来始置官。夫以天下之政,四海之众,得失利病,萃于一官使言之,其为任亦重矣。居是官者,当志其大,舍其细,先其急,后其缓,专利国家,而不为身谋。彼汲汲于名者,犹汲汲于利也,其间相去何远哉!

天禧初①,真宗诏置谏官六员,责其职事。庆历中②,钱君始书其名于版。光恐久而漫灭,嘉祐八年③,刻著于石。后之人将历指其名而议之曰:某也忠,某也诈,某也直,某也曲。呜呼! 可不惧哉?

①天禧:宋真宗年号(1017—1021)。　②庆历:宋仁宗年号(1041—1048)。
③嘉祐八年:1063年。嘉祐是宋仁宗的年号(1056—1063)。

【译　文】

古代没有专司谏诤的官员,上自朝廷公、卿、大夫,下至工匠、商贩,没有谁不可论谏。汉王朝建立后,才设置起谏官。以天下政事之繁杂,四海人口之众多,得失利弊,都集中到一个官职使之建言,它的任务也太重大了。担任这一官职的人,应专注大事而略去小节;先论急切之事而缓置不急之务;只图利于国家而不为一己打算。那些热衷于敢谏之名的人,也与热衷于私利的人一样,与上面的原则相距是多么遥远啊!

天禧初年,真宗有诏设置谏官六员,责成其任职论谏。庆历中,钱君才把他们的名字书写在壁版上。光深恐年久模糊磨灭,于嘉祐八年将它们刻石加以表显。后来人将会一一指着这些名字评论说:某某忠直,某某狡诈,某某刚正,某某圆滑。啊! 难道可以不心存戒惧吗?

孙昌武译

409

钱公辅（约1022—1073）字君倚，常州武进（今江苏）人。宋仁宗时中进士，后来当过越州通判、户部判官、知制诰、邓州知州等官。他本来与王安石是朋友，但意见却常常相左，因此当王安石执政时竟然被排斥出京去当地方行政官员，甚至宋神宗要重新起用他都遭到王安石反对，最后只好去当提举崇福观这样闲散的官员。他是个文人出身的行政官员，能写文章，但主要善于写《治平十议》《帝问》这样的政论，而不善于写叙事抒情的文学散文，这里选的这篇《义田记》显然也不是文学意味很强的作品，不过他运用了史传的笔法，写得很清晰流畅，叙事与感慨中间又插入一段晏子的故事作衬托对比，使文章很有波澜跌宕之感。

义 田 记

范文正公①，苏人也。平生好施与，择其亲而贫、疏而贤者，咸施之。方贵显时，置负郭常稔之田千亩②，号曰"义田"，以养济群族之人。日有食，岁有衣，嫁娶凶葬皆有赡。择族之长而贤者主其计，而时共出纳焉。日食，人一升；岁衣，人一缣③；嫁女者五十千④，再嫁者三十千；娶妇者三十千，再娶者十五千；葬者如再嫁之数，葬幼者十千。族之聚者九十口，岁入给稻八百斛⑤，以其所入，给其所聚，沛然有余而无穷。屏而家居俟代者与焉⑥，仕而居官者罢莫给。

此其大较也。

410

初，公之未贵显也，尝有志于是矣，而力未逮者二十年。既而为西帅，及参大政，于是始有禄赐之入，而终其志。公既殁，后世子孙修其业，承其志，如公之存也。公虽位充禄厚，而贫终其身。殁之日，身无以为敛，子无以为丧。惟以施贫活族之义，遗其子而已。

昔晏平仲敝车羸马⑦，桓子曰⑧："是隐君之赐也。"晏子曰："自臣之贵，父之族，无不乘车者；母之族，无不足于衣食者；妻之族，无冻馁者；齐国之士，待臣而举火者三百余人。如此，而为隐君之赐乎？彰君之赐乎？"于是齐侯以晏子之觞⑨，而觞桓子。予尝爱晏子好仁，齐侯知贤，而桓子服义也。又爱晏子之仁有等级，而言有次第也。先父族，次母族，次妻族，而后及其疏远之贤。孟子曰："亲亲而仁民，仁民而爱物。"晏子为近之。今观文正公之义田，贤于平仲。其规模远举，又疑过之。

呜呼！世之都三公位⑩，享万钟禄，其邸第之雄、车舆之饰、声色之多、妻孥之富，止乎一己而已，而族之人不得其门者，岂少也哉？况于施贤乎！其下为卿，为大夫，为士，廪稍之充、奉养之厚，止乎一己而已，而族之人，操壶瓢为沟中瘠者，又岂少哉？况于它人乎！是皆公之罪人也。

公之忠义满朝廷，事业满边隅，功名满天下，后世必有史官书之者，予可无录也。独高其义，因以遗其世云。

①范文正公：范仲淹，谥文正。　②负郭：靠近城郭。负，倚靠。　稔（rěn）：庄稼成熟。　③缣（jiān）：双丝细绢，这里指一匹丝织物。　④五十千：即五十贯，古代将钱穿成一串，每千个为一贯。　⑤斛（hú）：古代计量单位。　⑥屏（bǐng）：退隐。　⑦晏平仲：名婴，春秋时齐国大夫。　⑧桓子：春秋时齐国贵族。　⑨齐侯：指齐景公。　觞（shāng）：酒器。　⑩都：居。　三公：古时丞相、太尉、御史大夫合称三公，这里泛指高官。

【译 文】

范仲淹,字希文,封文正公,苏州府人。他平生喜欢布施,给人好处,挑选那些亲近的却又是贫穷的、疏远的却又是有学问的人,给予周济。正当他显贵的时候,便购置了靠近城墙的常年有好收成的土地一千亩,称为"义田",用来赡养、接济同族的人,使他们天天有饭吃,年年有衣穿,嫁女儿、娶媳妇、遇灾难、成殓落葬,都给钱财。遴选同族里年龄大而又有德性的人主管账目,按时支出收入。每天给人吃一升粮食,每年给人穿一匹布。嫁女儿的,给五十贯钱,改嫁的给三十贯;娶媳妇的,给三十贯钱,续弦的给十五贯;办丧事的,给的钱和改嫁的数目一样,葬小孩的,给十贯。住在一块儿的族人满九十口,秋收时给他们八百斛稻谷。用这笔收入,供给这群聚居的族人,让他们生活过得很宽裕,没有困乏的时候。那些罢了官回家乡居住、等候任用的人,就给他们接济,外出做官有职位的,就停止供给。

这是义田的大概规矩。

当初,文正公还没有显贵的时候,就曾立下要兴办义田的志愿,然而,二十年来,他的力量没有达到这个地步。等他出任陕西经略安抚招讨副使和参知政事,开始有赏赐、俸禄的银两收进来,终于能实现了他的愿望。文正公死了以后,后代的子孙经管着他的产业,继承他的遗志,好像他仍然活在世上一样。文正公虽然官位很高,俸禄很优厚,但是他一生过着清贫的生活。到死的这一天,他的家里没有钱买棺材成殓,他的儿子没有钱办丧事。只是把布施穷人、养活亲族的道义,传给他的子孙而已。

从前有位晏平仲,坐着破车子,骑着瘦马。桓子对他说:"你这样做,是想隐瞒君王给你的赏赐。"晏子回答说:"自从我做了高官以后,父亲一族的人,没有不坐着车子的;母亲一族的人,没有不吃饱穿暖的;妻子一族的人,没有受冻挨饿的;齐国的读书人,靠着我吃饭的有三百多人。像这样,算是我要瞒住君王赏赐不让人知道呢,还是显扬君王的赏赐呢?"齐侯听了晏子这一番话,便把罚晏子吃的酒,罚给桓子吃。我过去佩服晏子喜欢给人恩惠,齐侯能赏识贤能的人,桓子能够信服大义。我又佩服晏子好仁而分着等级，讲话有伦次，先说父亲的一族，再说母亲的一族，第三说到妻子的一族，最后才说到那些关系疏远却又贤能的人。孟子说："能够亲近自己的亲人，才能施仁爱给老百姓，能施仁爱给老百姓，才能爱惜万物。"晏子差不多就是这样的人。现在从文正公兴办义田的行动来看，他比晏子还要贤惠，义田的体制具有长远意义，恐怕要胜过晏子。

唉！世上有些人身居三公的高位，享受万钟的俸禄，他们宅第雄伟，车辆华丽，歌伎舞女成群，妻妾儿子豪侈，享乐只到他个人而已。但是亲族中不能踏进他家门的人，难道还少吗？何况还要去布施那些贤能的人呢！在三公以下的那些做卿、做大夫、做士的人，官粮充足，俸禄优厚，只知个人享用而已。而亲族的人手拿饭瓢，到处乞讨，穷苦得饿死在沟壑之中，又难道会少吗？何况还要去照顾他人呢！这些人，都是文正公的罪人呀！

文正公的忠诚义气，满朝人都敬仰，他的事业遍布于边陲地区，功劳声名传遍天下，后代一定有史官会记下来的，我可以不再写什么。独独佩服、推崇文正公的道义行为，因而记下它们，留给后代人作为楷模。

吴企明译

李觏（1009—1059）字泰伯，南城（今属江西）人，人称"盱江先生"。宋仁宗皇祐二年（1050）由范仲淹推举任太学助教，后升任直讲。他主要是一个思想家而不是一个文学家，所以他的文章重在阐发道理而不重于文采语词，一般来说都写得比较严肃、深奥而简洁，不像有的思想家那么善于运用比喻，把哲理深入浅出地写得轻松而风趣。不过下面所选的这篇《袁州州学记》还是写得

袁州州学记

皇帝二十有三年，制诏州县立学。惟时守令有哲有愚。有屈力殚虑，祗顺德意；有假官借师，苟具文书。或连数城，亡诵弦声。倡而不和，教尼不行①。

三十有二年，范阳祖君无泽知袁州②。始至，进诸生，知学宫阙状，大惧人材放失，儒效阔疏，亡以称上意旨。通判颍川陈君侁③，闻而是之，议以克合。相旧夫子庙狭隘不足改为，乃营治之东。厥土燥刚④，厥位面阳，厥材孔良⑤。殿堂门庑⑥，黝垩丹漆⑦，举以法。故生师有舍，庖廪有次。百尔器备，并手偕作。工善吏勤，晨夜展力，越明年成。

舍菜且有日⑧。盱江李觏谂于众曰⑨：惟四代之学，考诸经可见已。秦以山西鏖六国，欲帝万世，刘氏一呼而关门不守，武夫健将卖降恐后，何耶？《诗》《书》之道废，人惟见利而不闻义焉耳。孝武乘丰富，世祖出戎行，皆孳孳学术。俗化之厚，延于灵、献。草茅危言者，折首而不悔。功烈震主者，闻命而释兵。群雄相视，不敢去臣位，尚数十年。教道之结人心如此。今代遭圣神，尔袁得圣君，俾尔由庠序践古人之迹⑩。天下治，则谭礼乐以陶吾民⑪；一有不幸，尤当仗大节，为臣死忠，为子死孝。使人有所赖，且有所法，是惟朝家教学之意。若其弄笔墨以侥利达而已，岂徒二三子之羞，抑亦为国者之忧。

①尼(nǐ):阻止。　②范阳:县治在今河北涿州。　袁州:治所在今江西宜春。　③通判:官名,宋代州、府置通判与知州、知府共理政事。　④厥:其。⑤孔:很。　⑥庑(wǔ):堂下周围的走廊、廊屋。　⑦垩(è):白土,用来刷墙。⑧舍菜:入学之初祭祀先圣先师的一种仪式。舍,通"释"。　⑨盱(xū)江:又名汝水,在今江西东部。　谂(shěn):规谏。　⑩庠(xiáng)序:指学校。殷代称庠,周代称序。　⑪谭:通"诞",光大。

【译　文】

　　庆历五年,即宋仁宗继位二十三年的时候,颁下诏书,命令每州每县都要设立学馆。当时的州县地方长官,有的贤能,有的昏昧,对于立学这件事,有人尽心竭力,恭恭敬敬地顺从皇帝的旨意;有人却只是假官借师,随便写个奉诏文书,敷衍塞责。以致有些地区一连几座城邑,都听不到读书的声音。皇帝倡导而下边地方官却不应和,教化受到阻碍,不能推行。

　　宋仁宗继位的第三十二年,范阳人祖无泽出任袁州知州。刚上任,他就召见当地儒生,了解到州里学馆残阙破败的情况。他非常担心长此以往会使人才散失,儒学的功效也日渐淡薄,这样就不符合皇帝的旨意。本州通判颖川人陈侁听说后,很赞同祖无泽的见解,两人商议,意见很一致。他们一起察看了旧有的孔庙,觉得那儿地方狭窄,不适宜改建学馆,于是就商定在它的东面营造新的学馆。那里的土地干燥坚硬,地势向阳,使用的材料也很精良。学馆的殿堂、大门、走廊,涂上淡青色的粉和红色的漆,都按照前代的规矩。因为这样,儒生和老师都有了自己的屋舍,厨房和库房也都排列齐整。百种器具都准备齐全,大家便协力破土动工兴建学馆。由于工匠技艺娴熟,官吏操作勤快,白天黑夜不停地施工,过了一年,学馆便建成了。

　　学馆开学祭祀孔子的日子已经选定,盱江的李觏劝勉大家说:虞、夏、商、周四代兴建学馆、教化百姓的事,只要考查一下经书,就可以知道了。秦国凭借崤山以西的实力,以激烈的战斗战败关东六国,一统天下,还想万代称帝。可是,刘邦率领军队振臂一呼,函谷关的关门便守不住,秦国的许多武臣勇将,都争着投降,惟恐落后,这是为什么呢? 是因为废弃了《诗经》《尚书》的道理,使得人们只贪图私利却不顾仁义道德的缘故。汉武帝刘彻在国富民丰的时代登基,汉光武帝刘秀出身在军队里,他们都认真地提倡学术,不倦地推行儒道。风俗、教化淳厚,一直延续到汉灵帝、汉献帝的时代。当时,那些身处草莽而敢大胆直言向皇帝进谏的人,虽然招来杀身之祸也不悔恨;那些功绩显赫、威震天下的人,一听到皇帝的命令就放下武器。到了汉末,群雄相争,但谁也不敢称帝,这种政治局面尚且维持了数十年。儒家教化道德能维系人心的威力竟然如此巨大。如今遇到了圣明的皇帝,你们袁州地方又得到这样一位贤明的长官,使你们能够通过学馆的教诲追随先哲前贤的踪迹。天下安定的时候,要光大礼乐,陶冶我们百姓的情操。一旦遇到社会动荡,那就更应该依靠道义节操,作为臣子,为效忠而献身,作为儿子,为尽孝而死。要使百姓有所信奉,有所效法,这便是朝廷和家庭重视教化的根本用意。假使有人只是为了谋取功名富贵而去舞文弄墨,这难道仅仅是你们的羞耻吗? 同样也是治理国家的人所忧虑的。

吴企明译

欧阳修(1007—1072)字永叔,自号醉翁,六一居士,永丰(今属江西)人,宋仁宗天圣年间进士,北宋中期重要的政治家之一,当过枢密副使、参知政事。他是被后人称为"唐宋八大家"的散文高手之一,文风变化多端、开阖自如,富于内在的节奏感和韵律感,能兼采古文和骈文的长处熔铸剪裁,使语言自然、意脉畅通,又富于声色音律的变化。但他在文学史上的意义并不仅仅在于他个人的创作,更在于他在北宋文坛上的领袖地位,从他以一个政治家的身份提出一系列富于革新意味的文学思想和以一个主考官身份强行矫正诗文中的弊端时起,北宋文学的革新思潮便逐渐占据了主导地位,一大批富有才华敢于创新的作家也开始登上了文坛,开创了宋代文学的新格局。下面所选的十几篇散文中有政论、有文论、有史论,也有写景抒情的作品,从中可以看到欧阳修"文备众体,变化开阖,因物命意,各尽其工"的特点(吴充《欧阳公行状》),也可以看到逐渐成熟的宋代散文纡徐自然的独特风格。

朋 党 论

臣闻朋党之说,自古有之,惟幸人君辨其君子小人而已。大凡君子与君子,以同道为朋;小人与小人,以同利为朋。此自然之理也。

然臣谓小人无朋,惟君子则有之。其故何哉?小人所好者,利禄也;所贪者,货财也。当其同利之时,暂相党引以为朋者,伪也。及其见利而争先,或利尽而交疏,则反相贼害,虽其兄弟亲戚,不能相保。故臣谓小人无朋,其暂为朋者,伪也。君子则不然。所守者道义,所行者忠信,所惜者名节。以之修身,则同道而相益;以之事国,则同心而共济。终始如一,此君子之朋也。故为人君者,但当退小人之伪朋,用君子之真朋,则天下治矣。

尧之时,小人共工、驩兜等四人为一朋,君子八元、八恺十六人为一朋①。舜佐尧,退四凶小人之朋,而进元、恺君子之朋,尧之天下大治。及舜自为天子,而皋、夔、稷、契等二十二人并列于朝,更相称美,更相推让,凡二十二人为一朋,而舜皆用之,天下亦大治。《书》曰:"纣有臣亿万,惟亿万心;周有臣三千,惟一心②。"纣之时,亿万人各异心,可谓不为朋矣,然纣以亡国。周武王之臣三千人为一大朋,而周用以兴。后汉献帝时,尽取天下名士囚禁之,目为党人。及黄巾贼起,汉室大乱,后方悔悟,尽解党人而释之,然已无救矣。唐之晚年,渐起朋党之论。及昭宗时,尽杀朝之名士,或投之黄河,曰:"此辈清流,可投浊流。"而唐遂亡矣。

夫前世之主,能使人人异心不为朋,莫如纣;能禁绝善人为朋,莫如汉献帝;能诛戮清流之朋,莫如唐昭宗之世。然皆乱亡其国。更相称美、推让而不自疑,莫如舜之二十二臣;舜亦不疑而皆用之。然而后世不诮舜为二十二人朋党所欺,而称舜为聪明之圣者,以能辨君子与小人也。周武之世,举其国之臣三千人共为一朋,自古为朋之多且大莫如周,然周用此以兴者,善人虽多而不厌也。

嗟呼!治乱兴亡之迹,为人君者可以鉴矣!

①八元:传说上古高辛氏的八个有德才的臣子。 八恺:传说上古高阳氏的八个贤臣。 ②"纣有臣亿万"四句:出自《尚书·周书·泰誓》篇。

【译 文】

臣听说关于"朋党"的说法是自古就有的,只希望吾君能辨识他们是君子还是小人罢了。大体说来,君子与君子,是以理想目标相同结成朋党;小人与小人,以暂时利益一致结成朋党。这是很自然的道理呵。

然而臣又认为小人没有朋党,只有君子才有。这是什么缘故呢?(因为)小人所喜的是利禄,所贪的是货财。当他们利益一致的时候,暂时互相勾结而为朋党,这种朋党是虚伪的。等到他们见利而各自争先,或者到了无利可图而交情日益疏远的时候,却反而互相残害,即使对其兄弟亲戚也顾不得。所以臣认为小人无朋党,他们暂时为朋党,是虚伪的。君子就不是这样。他们所依据的是道义,所奉行的是忠信,所爱惜的是名誉和节操。用它们来修养品德,则彼此目标相同又能够互相取长补短;用它们来效力国家,则能够和衷共济,始终如一,这就是君子的朋党。所以做君王的,只应该废退小人虚伪的朋党,而任用君子真正的朋党,只有这样,才能天下大治。

尧的时候,小人共工、驩兜等四人为一朋党,君子则有八元和八恺共十六人为一朋党。舜辅佐尧,废退四凶小人的朋党,进用八元八恺君子的朋党,尧的天下得以大治。等到舜自己做了天子,皋陶、夔、后稷、契等二十二人并列于朝廷之上,彼此递相称美,互相推举谦让,共二十二人为一朋党,舜一一任用他们,天下也得以大治。《尚书》上说:"纣有臣亿万,便有亿万条心;周有臣三千,却只是一条心。"纣的时候,亿万人心各不相同,可说是没有朋党了,然而纣却因此而亡国。周武王的臣子三千人结成一个大朋党,但周却因此而振兴。东汉献帝时候,把天下所有名士都看成党人而予以囚禁,直到黄巾军起来,汉室大乱,这才悔悟,把党人都予释放,可是局面已经无法挽救了。唐朝晚年,又逐渐兴起朋党的说法,到昭宗时,把在朝名士都杀了,有的还被投到黄河里,说是:"这些人自称清流,可以投他们到浊流里去(让他们变成浊流)。"然而唐朝也即随之灭亡了。

那些前代的君主,能让人人各怀异心不结朋党的,莫过于纣;能禁止、断绝好人结为朋党的,莫过于汉献帝;能诛杀清流朋党的,莫过于唐昭宗时代。然而都因此致乱而使他们亡国。而彼此称道赞美、推举谦让而自信不疑的,莫过于舜的二十二臣,舜也并不怀疑他们且都予以任用。然而后代的人并不讥讽舜被二十二人结成的朋党所欺骗,反倒称赞舜是聪明的圣人,因为他能辨识君子和小人呵。周武王时代,推举他的国里臣子三千人合成一个朋党,自古以来结为朋党的,从人数之多与规模之大都莫过于周,可是周却因此而振兴,那是好人即使很多他们也总觉得不够的缘故呵。

唉! 这些治乱兴亡的史迹,做君王的很可以引为鉴戒呢!

李 华译

纵 囚 论

　　信义行于君子,而刑戮施于小人。刑入于死者,乃罪大恶极,此又小人之尤甚者也。宁以义死,不苟幸生,而视死如归,此又君子之尤难者也。方唐太宗之六年①,录大辟囚三百余人②,纵使还家,约其自归以就死。是以君子之难能,期小人之尤者以必能也。其囚及期,而卒自归无后者,是君子之所难,而小人之所易也。此岂近于人情哉?

　　或曰:罪大恶极,诚小人矣。及施恩德以临之,可使变而为君子。盖恩德入人之深,而移人之速,有如是者矣。曰:太宗之为此,所以求此名也。然安知夫纵之去也,不意其必来以冀免,所以纵之乎? 又安知夫被纵而去也,不意其自归而必获免,所以复来乎? 夫意其必来而纵之,是上贼下之情也;意其必免而复来,是下贼上之心也。吾见上下交相贼以成此名也,乌有所谓施恩德与夫知信义者哉? 不然,太宗施德于天下,于兹六年矣,不能使小人不为极恶大罪;而一日之恩,能使视死如归,而存信义,此又不通之论也。

　　然则何为而可? 曰:纵而来归,杀之无赦。而又纵之,而又来,则可知为恩德之致尔。然此必无之事也。若夫纵而来归而赦之,可偶一为之尔。若屡为之,则杀人者皆不死,是可为天下之常法乎? 不可为常者,其圣人之法乎? 是以尧、舜、三王之治,必本于人情。不立异以为高,不逆情以干誉。

①唐太宗六年:即贞观六年(632)。　　②大辟:死刑。

【译 文】

　　诚信礼义只适用于君子,而刑罚诛戮则施加于小人。刑罚之重而至于诛死,本来是罪大恶极,这样的罪犯,又是小人中尤其恶劣的。宁

420

肯为义而死,不肯苟且侥幸而生,却能够视死如归,这是君子也很难做到的事情。而当唐太宗即位的第六年,登录死罪囚犯三百多人,太宗都放他们回家度岁,又约定期限,让他们按期自动回来受死。这是把君子都难于做到的来期望小人中的恶人一定能够做到呵。而那些囚犯到了期限,却终于都自动回来,没有一个超过期限的,这是君子都难于做到的,小人做来却很容易。这难道近乎人情么?

有人说:罪大恶极的,诚然是小人。但等到居上位者对他们施加恩德,也可使他们变为君子。可见恩德感人之深,移人性情之快,竟能做到这样。但我要说:太宗所以这样做,正是为了得到恩德深入人心的名声呵! 怎知他放囚犯们回家,不是事先料到囚犯们希图免死,他们一定会回来,所以才放他们离开的呢? 又怎知囚犯们被放回家,他们不是事先料到自动返回必被赦免,所以才如期返回的呢? 料到他们必然回来才放了他们,是太宗窃得了囚犯们的隐情;料到自己必能免死才又返回,是囚犯们窃得了太宗的心事。我只看到他们上下相窥而成就了各自的美名,哪里真有所谓的施恩德与知信义的事呢? 不然的话,太宗施恩德给天下人,到这时已经六年了,并不能使小人不犯极恶大罪,然而一时放归的恩德却能使小人们视死如归而心怀信义,我认为这又是根本说不通的谬论。

那么怎样做才恰当呢? 我认为:放了这些囚犯,等他们自动归来时,便杀了他们,并不赦免。以后遇到同样的死囚,依旧是放了他们,而他们依旧自动回来,这才可以知道是恩德感化产生的效应了。然而这是现实中绝对不可能有的事。如果放了他们,他们又自动回来,便从而赦免了他们,这只能偶尔做一次;如果屡次这样,那么凡是杀人的就都可以不死,这能成为天下的定法么? 如果不能作为定法,难道还算是天子制定的法么? 因此尧、舜、禹、汤、文、武的治世,一定是从人情出发。不把标新立异看作高明,也不肯违背人情来邀取名誉。

李　华译

释祕演诗集序

予少以进士游京师①，因得尽交当世之贤豪。然犹以谓国家臣一四海，休兵革，养息天下以无事者四十年，而智谋雄伟非常之士，无所用其能者，往往伏而不出，山林屠贩，必有老死而世莫见者，欲从而求之不可得。

其后得吾亡友石曼卿②。曼卿为人，廓然有大志。时人不能用其才，曼卿亦不屈以求合。无所放其意，则往往从布衣野老，酣嬉淋漓，颠倒而不厌。予疑所谓伏而不见者，庶几狎而得之③，故尝喜从曼卿游，欲因以阴求天下奇士。

浮屠祕演者④，与曼卿交最久，亦能遗外世俗，以气节自高。二人欢然无所间。曼卿隐于酒，祕演隐于浮屠，皆奇男子也。然喜为歌诗以自娱。当其极饮大醉，歌吟笑呼，以适天下之乐，何其壮也！一时贤士，皆愿从其游，予亦时至其室。十年之间，祕演北渡河，东之济、郓⑤，无所合，困而归。曼卿已死，祕演亦老病。嗟夫！二人者，予乃见其盛衰，则予亦将老矣。

夫曼卿诗辞清绝，尤称祕演之作，以为雅健有诗人之意。祕演状貌雄杰，其胸中浩然，既习于佛，无所用，独其诗可行于世，而懒不自惜。已老，胠其橐⑥，尚得三四百篇，皆可喜者。

曼卿死，祕演漠然无所向。闻东南多山水，其巅崖崛峍⑦，江涛汹涌，甚可壮也，遂欲往游焉。足以知其老而志在也。于其将行，为叙其诗，因道其盛时以悲其衰。

---

①京师：指北宋都汴梁，在今河南开封。 ②石曼卿：名延年。有诗集，今不存。 ③庶几：也许可以。 ④浮屠：梵文佛陀的音译，这里指和尚。 ⑤济：济州，治所在巨野（今山东巨野南）。 郓：郓州，治所在须昌（今山东东平西

422

北）。　⑥胠(qū)：打开。　橐(tuó)：口袋。　⑦崷崪(lù)：陡峭。

【译　文】

我年轻时中了进士，得以游历京城，广交当代的贤豪。还认为国家统一了，不再用兵，天下休养生息达四十年之久，因此智谋杰出、抱负不凡的人物，没有机会施展才能，往往隐居不出，山林和市井屠贩里面，定有老死都未被发现的人才，想去那儿寻访他们，却未曾遇上。

后来倒遇到现已故世的朋友石曼卿。曼卿这个人，心胸开阔，志向远大。当时的人不能重用他，曼卿也不愿屈己迎合。他无处抒发自己的心意，往往跟那班平民和野老饮酒嬉乐，尽情酣醉，毫不厌倦。我想所谓隐居不让人发现的人，也许会在接近这些人时可以找到，所以常常乐于跟曼卿在一起，想通过他，暗中寻访天下杰出的人物。

祕演和尚，与曼卿交往最久，也能超脱尘俗，讲气节而自视清高。他俩亲密无间。曼卿隐匿在酒肆中，祕演隐匿在寺庙里，都是有奇节特行的男子。又喜欢作诗消遣。当他们尽情纵饮，喝得大醉，歌吟啸傲，并以此求得最大的欢乐时，那情景是多么豪迈啊！当世贤豪之士都愿意跟他们交游，我也常到他们的住处周旋。十年之间，祕演北渡黄河，东到济州、郓州，不曾遇到志同道合的人，落拓而归。曼卿死了，祕演也年老多病。唉！这两个人啊，我竟亲眼看到他们由盛而衰，那么我也将日就衰老的吧。

曼卿的诗极为清秀，他尤称许祕演的作品，认为写得淡雅刚健，饶有诗人意趣。祕演的形貌英俊挺拔，胸襟又阔大，做了和尚以后，再没有施展才能的机会，惟独他的诗例可以流传下去，但他懒得不珍惜自己的作品。到了晚年，打开装诗稿的口袋，还能找到三四百篇哩，都是令人喜爱的。

曼卿死了，祕演茫茫然深感寂寞。听说东南一带有许多名胜，那里奇峰突起，悬崖陡绝，江涛汹涌，气势极为壮观，就想去那里游览。足见他虽然年纪老了，志趣却依然如故。在他将要远游时，我给他的诗集写了序,借此回顾一下他盛年的情景并悲叹他的衰老。

苏仲翔译

卷十 宋文

梅圣俞诗集序

予闻世谓诗人少达而多穷，夫岂然哉？盖世所传诗者，多出于古穷人之辞也。凡士之蕴其所有而不得施于世者，多喜自放于山巅水涯之外，见虫鱼草木、风云鸟兽之状类，往往探其奇怪，内有忧思感愤之郁积，其兴于怨刺，以道羁臣寡妇之所叹①，而写人情之难言。盖愈穷则愈工，然则非诗之能穷人，殆穷者而后工也。

予友梅圣俞②，少以荫补为吏③，累举进士，辄抑于有司，困于州县凡十余年。年今五十，犹从辟书④，为人之佐，郁其所蓄不得奋见于事业。其家宛陵⑤，幼习于诗，自为童子，出语已惊其长老；既长，学乎六经仁义之说，其为文章，简古纯粹，不求苟说于世⑥，世之人徒知其诗而已。然时无贤愚，语诗者必求之圣俞。圣俞亦自以其不得志者，乐于诗而发之。故其平生所作，于诗尤多。世既知之矣，而未有荐于上者。昔王文康公尝见而叹曰⑦："二百年无此作矣！"虽知之深，亦不果荐也。若使其幸得用于朝廷，作为"雅""颂"，以歌咏大宋之功德，荐之清庙，而追商、周、鲁《颂》之作者，岂不伟欤！奈何使其老不得志而为穷者之诗，乃徒发于虫鱼物类、羁愁感叹之言？世徒喜其工，不知其穷之久而将老也，可不惜哉！

圣俞诗既多，不自收拾。其妻之兄子谢景初，惧其多而易失也，取其自洛阳至于吴兴以来所作⑧，次为十卷。予尝嗜圣俞诗，而患不能尽得之，遽喜谢氏之能类次也，辄序而藏之。其后十五年，圣俞以疾卒于京师，余既哭而铭之，因索于其家，得其遗稿千余篇，并旧所藏，掇其尤者六百七十七篇，为一十五卷。呜呼！吾于圣俞诗，论之详矣，故不复云。

①羁臣：宦游或贬谪在异乡做官的人。　②梅圣俞：梅尧臣（1002—1060），字圣俞，宣州宣城（今安徽宣城）人，北宋著名诗人。　③荫（yìn）：指子孙因前辈有功，享受恩典而被赐以官爵。梅尧臣因叔父梅询而受荫，得任河南主簿。④辟（bì）书：招聘文书。　⑤宛陵：今安徽宣城。　⑥说：通"悦"。　⑦王文康：即王曙，谥号文康。宋仁宗时任宰相。　⑧洛阳：即今河南洛阳。　吴兴：今浙江湖州。

【译　文】

我常听到世人们说诗人的做官道路很少有显达的，多数非常穷困。难道真是这样吗？大概因为世上流传的诗歌，多数出于古代穷困之士笔下的缘故罢。大凡胸中确怀才智而又得不到机会施展于世的读书人，多爱把自己远放到偏僻的山头、水边去隐居、游浪。当他们看到虫、鱼、草木、风云、鸟兽等类的各种状貌，往往就得以深入观摩探究它们中间的奇怪奥秘。这时候，他们内心原就郁积着许多对不合理社会的忧思和愤慨，很想写诗来抒发他们的怨恨、讽刺，借以表达逐臣、寡妇这类不幸者们的悲伤、感叹之情，抒写人们难以述说的情怀。这乃是诗人遭遇愈穷困写出的诗才能愈高妙，并非写诗本身使人穷困，当是穷困而又不丧失其志气的人才能达到诗歌创作的高境。

我的朋友梅圣俞，年轻时因先世有功得推恩补到一份小小的官职，虽然几次获得推荐去应考进士，总受到主考部门的压制，被困限在区区的州县之间，已十多年。今年他五十岁了，还得靠别人的聘用，只能给别人做做帮手的差事，许多才智依然只能郁积在自己心里，无法充分展现到实际事业上去。他的家乡在宛陵，幼年就学习诗歌，孩童时写出的诗句已惊动过父老长辈。长大后，学习了六经的仁义学说，写成文章，简朴纯正，毫无苟且取悦于他人的意味。世人不过知道他能诗罢了。

426

但当时人不论高明的或后学的,谈论到诗歌必然会要向圣俞求教。圣俞自己也总把他不得志的心情乐于用诗来抒发,所以他平生的写作,以诗歌为特多。可惜世人虽颇理解他,却没有把他向朝廷举荐的。以前王文康公见了他的诗作,这样赞叹过:"已经两百年没有出现这样的好作品了!"对他理解颇深,可终也未给举荐。如果他有幸得到朝廷重视,写出如《诗经》中雅、颂那样的大作,用来歌咏我们大宋的功业、恩德,献给宗庙,得以追随商颂、周颂、鲁颂作者们的足迹,岂不是很壮观的盛事? 为什么会使他到老还不能得志,有所发挥,而只能写些穷困者的诗歌,通过虫鱼之类细物,发点劳苦的感叹之言? 世人不过是喜爱他诗歌写得工巧,却不知道他已穷困得如此之久的苦恼,他就快要老死了! 如此遭遇,如此命运,难道不是太可惜吗?

圣俞写诗很多,自己没有收集整理。他的内侄谢景初担心它多易散失,特为选取他从洛阳到吴兴这段生活时期里所写的作品,编为十卷。我曾非常爱读圣俞的诗作,一直担心不能得到他的全部作品,对谢氏能这样分别编集他的作品,非常高兴。所以乐为写篇序文,并把这部书珍藏起来。从那以后,十五年又已过去。现在,圣俞终于老病在京都死去了。我已痛哭着为他写了墓铭,又向他家里求索遗文,得到遗稿一千多篇。连同过去所珍藏的,选出其中最好的六百七十七篇,重分为十五卷。逝者如斯,实在太可惜、可叹了啊! 我对圣俞的诗作,过去已谈论过多次,在这里就不再重复了。

徐中玉译

送 杨 寘 序

予尝有幽忧之疾,退而闲居,不能治也。既而学琴于友人孙道滋,受宫声数引①,久而乐之,不知其疾之在体也。

夫琴之为技小矣,及其至也,大者为宫,细者为羽②。操弦骤作,忽然变之,急者凄然以促,缓者舒然以和,如崩崖裂石,高山出泉,而风雨夜至也;如怨夫寡妇之叹息,雌雄雍雍之相鸣也③。其忧深思远,则舜与文王、孔子之遗音也;悲愁感愤,则伯奇孤子、屈原忠臣之所叹也④。喜怒哀乐,动人必深,而纯古淡泊,与夫尧舜三代之言语、孔子之文章、《易》之忧患、《诗》之怨刺无以异。其能听之以耳,应之以手,取其和者,道其湮郁,写其幽思,则感人之际,亦有至者焉。

予友杨君⑤,好学有文,累以进士举,不得志。及从荫调⑥,为尉于剑浦⑦,区区在东南数千里外,是其心固有不平者。且少又多疾,而南方少医药,风俗饮食异宜。以多疾之体,有不平之心,居异宜之俗,其能郁郁以久乎?然欲平其心以养其疾,于琴亦将有得焉。故予作琴说以赠其行。且邀道滋酌酒,进琴以为别。

①宫声:指宫调式,古代以五声中的宫声为主的调式。 引:琴曲的数量单位。 ②宫:是最低音。 羽:是最高音。 ③雍雍:鸟和鸣声。 ④伯奇:周宣王大臣尹吉甫的儿子,为父亲所猜忌,投河自尽。 屈原:战国楚人诗人,受陷害而被长期放逐,最后投汨罗江而死。 ⑤杨君:即杨寘。 ⑥荫(yìn)子孙因前辈有功,享受恩典而被授以官爵。 ⑦剑浦:在今福建南平。

【译 文】

我曾经过度忧劳,退职闲居,也没能治好。后来跟着友人孙道滋学琴,学会了几支曲子,久而久之便爱上了它,也就不觉得自己身上还有病。

琴艺不过是小技,造诣达到很高水平,声音宏亮的就是宫声,声音尖细的就是羽声。骤然弹拨,声音变化,那节拍急切的凄楚而短促,就像山崩石裂,高山上喷泻出泉水,深夜里突来的风雨,那节拍缓慢的悠舒而平和,就像鳏寡男女的叹息,雌雄鸟儿的相和的啼鸣,那份深沉的忧思,简直就是大舜、周文王、孔子留下的声音;那份悲愁感愤,简直就是孤儿伯奇、忠臣屈原的哀叹。那喜怒哀乐之情,感人至深,那纯朴淡泊之意,与尧舜夏商周的言语、孔子的文章、《周易》里的忧患、《诗经》

里的怨刺没有什么两样。如果能用耳听,用手应,选取那些平和的以排解自己的沉郁,抒发自己的幽情,那么它感动人的时候,也会达到这种佳境。

我的朋友杨君,既好学又有文才,多次去考进士,都不被录取。等到仰仗祖辈荫封补缺的机会,才当上剑浦的县尉,而剑浦是东南数千里地之外的一个小小的地方,他的心里自然是感到不公平的。何况他自幼多病,南方又缺医少药,风俗饮食也不适合他。这样以他多病的身体,怀着不平的心情,居于风俗习惯不相适宜的地方,能沉郁地长久支持下去吗?然而,要想抚平他的心来养好他的病,从琴中也许可以得到益处。因此,我写了这篇谈琴的文章送他远行。还邀请道滋一同饮酒,弹琴为他道别。

冀　勤译

五代史伶官传序

呜呼! 盛衰之理,虽曰天命,岂非人事哉! 原庄宗之所以得天下①,与其所以失之者,可以知之矣。

世言晋王之将终也②,以三矢赐庄宗而告之曰:"梁③,吾仇也;燕王④,吾所立;契丹与吾约为兄弟⑤,而皆背晋以归梁。此三者,吾遗恨也。与尔三矢,尔其无忘乃父之志!"庄宗受而藏之于庙。其后用兵,则遣从事以一少牢告庙⑥,请其矢,盛以锦囊,负而前驱,及凯旋而纳之。

方其系燕父子以组,函梁君臣之首,入于太庙,还矢先王,而告以成功,其意气之盛,可谓壮哉! 及仇雠已灭,天下已定,一夫夜呼⑦,乱者四应,仓皇东出,未见贼而士卒离散,君臣相顾,不知所归,至于誓天断发,泣下沾襟,何其衰也! 岂得之难而失之易欤? 抑本其成败之迹,而皆自于人欤?

《书》曰："满招损，谦得益[8]。"忧劳可以兴国，逸豫可以亡身，自然之理也。故方其盛也，举天下之豪杰，莫能与之争；及其衰也，数十伶人困之[9]，而身死国灭，为天下笑。夫祸患常积于忽微，而智勇多困于所溺，岂独伶人也哉！

①庄宗：五代时后唐庄宗李存勖。后梁龙德三年（923）称帝，建都洛阳，国号唐。是年灭后梁，同光三年（925）兵变被杀。　②晋王：即李克用，李存勖之父。唐末平黄巢有功被封河东节度使，封晋王。　③梁：指五代后梁。后梁太祖朱温曾参加黄巢起义，后降唐，封梁王，与李克用父子长期交战。天祐四年（907）代唐称帝，建都汴，国号梁。　④燕王：刘守光，晋王曾封他为燕王。　⑤契丹：居住在辽河上游一带的少数民族，916年建契丹国，后改称辽国。辽太祖耶律阿保机曾与晋王约为兄弟。　⑥从事：三公及州郡长官的僚属，这里泛指一般官员。少牢：古代祭祀，牛、羊、猪各一称太牢，只有羊、猪为少牢。　⑦一夫：指皇甫晖。后唐庄宗杀死大臣郭崇韬，一时人心浮动，军士皇甫晖乘时作乱，攻入邺都。⑧满招损，谦得益：出自《尚书·大禹谟》。　⑨数十伶人困之：926年，伶人郭从谦指挥一部分禁卫军作乱，李存勖中流矢而死。其后李存勖养子李嗣源即位称帝。

【译　文】

唉！盛衰变化的规律，虽说是出于天意，可是怎么能没有人的作用呢！我们探索（后唐）庄宗为什么能够取得政权，又是怎样失掉它的，就可以懂得这个道理。

据说晋王临死的时候，把三支箭赐给了庄宗，告诫他说："梁，是我们的仇敌；燕王，本是我们立的；契丹，曾和我们结为兄弟，可是他们都背叛了晋国，依附于梁。这三件事，是我遗留下的三恨。给你三支箭，不要忘记你父亲的心愿。"庄宗把箭接受下来，收藏在祭祀祖先的太庙里。此后打仗，先派人用一少牢祭祀太庙，然后把箭"请"（取）下来，放在织锦的袋子里，行军打仗的时候，让人背着它走在最前面。等到胜利归来，再把箭送回太庙。

当他俘虏了燕王父子，用带子捆绑起来，把梁国君臣的人头盛在盒子里,送到太庙,把箭还给先王,祭告已经报仇雪恨,了结他的遗愿,这时候精神气概是那样旺盛,真称得起是雄壮的!等到仇敌已经消灭,天下基本安定,一名男子夜里几声呼叫,叛乱者就四面响应,庄宗慌忙间带兵奔向东方,还没有见到敌人,将士就溃散了。君臣间互相干瞪着眼,不知投奔何方是好,乃至于呼天抢地,砍断自己的头发,号啕大哭,又是何等凄惨!究竟是得来困难,失掉容易?还是成功与失败的原因都是由于人的作用呢?

《尚书》说:"自满带来危害,谦虚使人受益。"小心谨慎,勤勤恳恳,可以使国家兴盛,安逸享乐,能够断送自己,这是必然的规律。所以当他强大的时候,天下的英雄都不能和他对抗;转到败落的时候,几十个伶人就可以制服他,以致杀身亡国,为天下人讥笑。祸患和危机,常常是由一些小事积累形成的;一个人的智慧和勇气,往往被他迷恋的东西困扰消磨。这是普遍规律,哪里是只限于几个伶人呢!

赵守俨译

五代史宦者传论

自古宦者乱人之国,其源深于女祸。女,色而已,宦者之害,非一端也。

盖其用事也近而习,其为心也专而忍。能以小善中人之意,小信固人之心,使人主必信而亲之。待其已信,然后惧以祸福而把持之。虽有忠臣、硕士列于朝廷,而人主以为去己疏远,不若起居饮食、前后左右之亲为可恃也。故前后左右者日益亲,则忠臣、硕士日益疏①,而人主之势日益孤。势孤,则惧祸之心日益切,而把持者日益牢。安危出其喜怒,祸患伏于帷闼②,则向之所谓可恃者,乃所以为患也。患已深而觉之,欲与疏远之臣图左右之亲近,缓之则养祸而益深,急之则挟人主以为质。虽有圣智,不能与谋。谋之而不可为,为之而不可成,至其甚,则俱伤而两败。故其大者亡国,其次亡身,而使奸豪得借以为资而起,至抉其种类③,尽杀以快天下之心而后已。此前史所载宦者之祸常如此者,非一世也。

夫为人主者,非欲养祸于内而疏忠臣、硕士于外,盖其渐积而势使之然也。夫女色之惑,不幸而不悟,则祸斯及矣。使其一悟,捽而去之可也④。宦者之为祸,虽欲悔悟,而势有不得而去也,唐昭宗之事是已⑤。故曰"深于女祸"者,谓此也。可不戒哉?

①硕士:旧指学问渊博之士。　　②帷闼(tà):比喻皇室之内。闼,指门内。③抉(jué):挖出。　　④捽(zuó):揪。　　⑤唐昭宗:李晔,889—904年在位。在位期间,他曾采取过一些抑制宦官势力的措施,宦官刘季述等人便于光化三年(900)借机幽禁昭宗,第二年才让他复位。

【译　文】

自古以来,宦者扰乱国家,比女人造成的祸患根子更深。女人,作用不过是在于色,宦者的危害可是不止一条。

因为他们的职责接近君主,容易形成亲密的关系,这些人的心思专门用于揣摩怎样对付皇帝,而且心计狠毒。他们会做些小小的好事,以迎合人的心意,能在小事上表现他们的忠诚,以巩固对他们的好感,使君主必然会信赖、亲近他们。等到已经取得君主的信赖,然后就用祸福来恐吓他,挟制他。这时候尽管朝中有忠臣和正人君子,君主以为他们和自己的关系比较疏远,不如侍奉他的生活起居、成天围着他转的亲近那样可靠。君主和成天不离左右的人越来越亲密,与忠臣、正人君子的关系就越来越疏远,君主的处境自然越来越孤立。处境孤立,生怕发生祸事的恐惧心理就更加深切,于是挟制他的人的地位也就更加牢固。君主的安危,决定于这些人的喜怒,祸患就潜伏在他的左右,过去认为可靠的人,正是现在的祸源。祸患已经很深,君主才察觉出问题,又想同疏远的臣属商量铲除左右亲近的人,行动迟缓,祸患就会发展得更严重;操之过急,那些人就会挟持君主作为人质。这时候尽管有才智之士,也不能够再和他们商议对策。就是能够商议,也没法做,做了也不能成功,甚至可以落得两败俱伤。严重的可以亡国,其次可使个人送命,并引发有权势的坏人乘机起事,把宦官的同类斩草除根,统统杀光,以大快世人之心,才算罢休。过去历史上记载的宦官之祸的结局往往如此,而且不只是一代。

作为君主,并不是故意要在宫中养成祸患,在宫外疏远忠臣和正人君子,这是日积月累逐步发展,客观形势造成的。沉迷于女色,倘若不幸一直执迷不悟,当然招来祸患。可是只要一旦醒悟,把她们抓出来就可以除掉。而宦者造成的祸患,即使醒悟了,已成的形势却没有办法把他们铲除,唐昭宗的事就是这样。所以说"比女人造成的祸患根子更深",就是指此。能够不警惕吗?

赵守俨译

相州昼锦堂记

仕宦而至将相,富贵而归故乡,此人情之所荣,而今昔之所同也。盖士方穷时,困厄闾里,庸人孺子皆得易而侮之,若季子不礼于其嫂①,买臣见弃于其妻②。一旦高车驷马,旗旄导前③,而骑卒拥后,夹道之人相与骈肩累迹,瞻望咨嗟,而所谓庸夫愚妇者,奔走骇汗,羞愧俯伏,以自悔罪于车尘马足之间。此一介之士得志于当时,而意气之盛,昔人比之衣锦之荣者也。

惟大丞相魏国公则不然④。公,相人也。世有令德,为时名卿。自公少时,已擢高科⑤,登显士。海内之士闻下风而望余光者,盖亦有年矣。所谓将相而富贵,皆公所宜素有。非如穷厄之人侥幸得志于一时,出于庸夫愚妇之不意,以惊骇而夸耀之也。然则高牙大纛⑥,不足为公荣;桓圭衮裳⑦,不足为公贵。惟德被生民,而功施社稷,勒之金石,播之声诗,以耀后世而垂无穷,此公之志而士亦以此望于公也。岂止夸一时而荣一乡哉?

公在至和中,尝以武康之节⑧,来治于相,乃作昼锦之堂于后圃。既又刻诗于石,以遗相人。其言以快恩仇、矜名誉为可薄,盖不以昔人所夸者为荣,而以为戒。于此见公之视富贵为何如,而其志岂易量哉?故能出入将相,勤劳王家,而夷险一节⑨。至于临大事,决大议,垂绅正笏⑩,不动声色,而措天下于泰山之安,可谓社稷之臣矣。其丰功盛烈所以铭彝鼎而被弦歌者⑪,乃邦家之光,非闾里之荣也。

余虽不获登公之堂,幸尝窃诵公之诗,乐公之志有成,而喜为天下道也。于是乎书。

①季子:即苏秦。据《战国策·秦策一》记载,苏秦游说秦国失败后回到家里,嫂嫂不为他做饭。 ②买臣:即朱买臣。据《汉书·朱买臣》记载,朱买臣家里很穷,砍柴为生,妻子不耐贫困,离婚另嫁。 ③旄(máo):用牦牛尾做装饰的旗帜。 ④魏国公:即韩琦,字稚圭,北宋相州安阳(今属河南)人。仁宗时曾任陕西安抚使,与范仲淹一起抗御西夏入侵,名重一时。后任枢密副使,参与了"庆历新政"改革,改革失败后出任地方官。此后又任枢密使、宰相,英宗时封魏国公。神宗即位,任司徒,外出兼任相州、大名府等知府。 ⑤擢(zhuó):擢第,科举考试登第。 ⑥高牙大纛(dào):象牙羽毛装饰的大旗,用在军队或仪仗队中。⑦桓圭:古代帝王、三公祭祀朝聘时所执玉器。 衮裳:古代帝王、三公所穿的礼服。 ⑧武康之节:韩琦曾任武康军节度使,兼并州知州,并州治在今山西太原。 ⑨夷:指平时。 险:指处于危难之际。 一节:一致。 ⑩垂绅正笏(hù):沉着稳重的样子。绅,是束在外面的大带。笏,臣属上朝时所持的手板。⑪彝鼎:这里是古代青铜器的通称。

【译　文】

做官做到大将军宰相,富贵之后而回故乡,这是人们引以为荣的事,古往今来心同此理。大凡读书人在失意时,困窘于乡里,就连无见识的人和小孩子,也敢于随意欺侮他,比如苏秦就受到嫂子怠慢,朱买臣也让妻子抛弃了。可是,一旦当他们乘上四匹马拉着的高车,旗帜在前面开道,骑兵在后面跟随的时候,街两边的人肩碰肩脚碰脚地观望喷啧称羡。而那些毫无见识的男男女女，更是吓得出汗，紧张地奔忙，羞愧地俯伏在车马扬起尘埃的地下，以示悔罪。这就是一个读书人得意之时，盛气逼人的阵势，古人将他比作穿锦衣一般荣耀的人。

大丞相魏国公不是这样。魏国公是相州人。世代都有美好的德行，又是当时有名望的人。魏国公在年轻时便已高中进士，荣任显要的官职。海内读书人闻风下拜而瞻望他丰采的情景，已经有好多年了。所谓做将相而享富贵，自然是他早已拥有的。不像那些潦倒之辈一时偶然得意，出乎没有见识的人的意料，便炫耀自己借以吓唬他们。可见，那些豪华的车马仪仗，并不足以使魏国公引以为荣，象征权力的桓圭和华贵的官服，也不足以使他感到高贵。只有将恩惠德行遍施于百姓，为国家建功立业，并将这些铭刻在金石上，以诗乐颂扬，光耀后代，流芳百世，才是魏国公的志向，也是读书人对魏国公推重的原因。岂止是夸耀于一时，荣耀于一地呢？

魏国公在仁宗至和年间，曾以武康节度使的身份兼理相州，在后园修筑了昼锦堂。又在石上刻了诗，留给相州人民。诗中把满足于计较个人恩怨、炫耀自己名誉的行为看作是可鄙的，因为魏国公从不把历来认为荣耀的事当作荣耀，反而以此为警戒。可见，魏国公是怎样看待荣华富贵的，他的志向也绝不是轻易能衡量出来的啊！因此他才能够出将入相为皇室效力，不论是处于天下太平或遭遇患难，始终一个样。至于面临大事，需要决断大的议程，他也同样是整过衣带，拿起手板，不动声色，稳稳当当地把国家治理得如同泰山般牢固，真可以说是安民定邦的良臣。魏国公的这些丰功伟绩，应当刻上彝鼎，谱入歌诗，因为这是国家的光荣，不只是一乡一地的荣耀。

我虽然没有去过昼锦堂，却有幸拜读了魏国公的诗，我深为他的志向得以实现而高兴，也乐于向世人传扬，便写了这篇记文。

冀　勤译

丰乐亭记

　　修既治滁之明年①，夏，始饮滁水而甘。问诸滁人，得于州南百步之近。其上则丰山耸然而特立，下则幽谷窈然而深藏，中有清泉潵然而仰出②。俯仰左右，顾而乐之，于是疏泉凿石，辟地以为亭，而与滁人往游其间。

　　滁于五代干戈之际，用武之地也。昔太祖皇帝尝以周师破李景兵十五万于清流山下③，生擒其将皇甫晖、姚凤于滁东门之外，遂以平滁。修尝考其山川，按其图记，升高以望清流之关，欲求晖、凤就擒之所，而故老皆无在者，盖天下之平久矣。自唐失其政，海内分裂，豪杰并起而争，所在为敌国者，何可胜数？及宋受天命，圣人出而四海一。向之凭恃险阻，铲削消磨，百年之间，漠然徒见山高而水清。欲问其事，而遗老尽矣。今滁介江淮之间，舟车商贾、四方宾客之所不至，民生不见外事而安于畎亩衣食④，以乐生送死。而孰知上之功德，休养生息，涵煦于百年之深也⑤。

　　修之来此，乐其地僻而事简，又爱其俗之安闲。既得斯泉于山谷之间，乃日与滁人仰而望山，俯而听泉，掇幽芳而荫乔木，风霜冰雪，刻露清秀，四时之景无不可爱。又幸其民乐其岁物之丰成，而喜与予游也。因为本其山川，道其风俗之美，使民知所以安此丰年之乐者，幸生无事之时也。

　　夫宣上恩德，以与民共乐，刺史之事也⑥。遂书以名其亭焉。

①滁：滁州，今安徽滁州。　　②潵（wěng）然：涌出的样子。　　③太祖皇帝：即宋太祖赵匡胤，当时他任后周殿前都点检。　李景：即李璟，南唐皇帝。清流山：在今滁州附近。　　④畎（quǎn）亩：田地。　　⑤涵煦（xù）：滋润化育。⑥刺史：宋代习惯作知州的别称。

436

【译　文】

　　我在治理滁州的第二年夏天，才发现滁州的水饮起来很甘甜，于是向滁人打听这泉水的来源，发现就在州南百步之处。那个地方上有挺立高耸的丰山，下有深邃莫测的幽谷，中间有一股清泉，水势滃盛，向上涌出。在这里，无论向上下左右观赏都能令人心旷神怡。于是，凿去岩石，疏通泉流，平整了一块地方，建造起亭子，和滁州人一起到那里游赏。

　　在五代战乱时，滁州是一个经常用兵的地方。从前，太祖皇帝曾率领后周的军队，在清流山下打败了李景的十五万兵，在滁州的东门外，活捉了李景的大将皇甫晖和姚凤，于是平定了滁州。我曾考察过那些山川，按照地图和记载，登高眺望清流关，想找到皇甫晖和姚凤被活捉的地方。可是那些知道往事的老人都不在世了，大概是因为天下太平的日子已经很长久了吧。自从唐朝政治混乱以来，天下分裂，豪杰蜂起，到处割据称王，相互对峙，成为敌国，真是难以数计。直到宋朝承受天命，出了圣人，天下方得统一。从前那些战争时所凭借的险要地势，都逐渐铲除削平了。近百年间，天下安宁无事，处处山高水清。想问问往事，而当年的老人都已不复在世。如今，滁州地处长江淮河之间，是一个过往车船、商人和四方宾客都不到的地方，百姓向来不接触外界的事情，只是安于自己的农耕生活，无忧无虑地度过一生。可是又有谁知道皇上使天下休养生息的恩泽，滋润哺育了民众百年之久呢！

　　我来到此地，喜欢这里地势僻静，政事简明，也喜欢这里的风俗安逸悠闲。既已在山谷间寻得这股清泉，于是每日和滁州人仰而望山，俯而听泉。春天可采撷花草，夏天有绿树荫蔽；到了秋天风霜，冬日冰雪，水清石露，更显清秀，四季风景没有一时不可爱。又幸逢这里的百姓正为丰收欢乐，而高兴与我一同游玩。因此，我依据这里秀丽的山川，来叙说当地民俗风情的淳朴美好，使百姓知道所以能平安地享受丰年之乐，是因为有幸生活在太平的时代。

　　宣扬皇上的恩德，并以此与百姓共享快乐，这本是刺史的职责。于是我写了这篇文章来给这座亭子命名。

张　鸣译

醉翁亭记

环滁皆山也①。其西南诸峰，林壑尤美。望之蔚然而深秀者，琅琊也。山行六七里，渐闻水声潺潺，而泻出于两峰之间者，酿泉也。峰回路转，有亭翼然临于泉上者，醉翁亭也。作亭者谁？山之僧智仙也。名之者谁？太守自谓也②。太守与客来饮于此，饮少辄醉，而年又最高，故自号曰醉翁也。醉翁之意不在酒，在乎山水之间也。山水之乐，得之心而寓之酒也。

若夫日出而林霏开③，云归而岩穴暝，晦明变化者，山间之朝暮也。野芳发而幽香，佳木秀而繁阴，风霜高洁，水落而石出者，山间之四时也。朝而往，暮而归，四时之景不同，而乐亦无穷也。

至于负者歌于涂，行者休于树，前者呼，后者应，伛偻提携④，往来而不绝者，滁人游也。临溪而渔，溪深而鱼肥；酿泉为酒，泉香而酒洌。山肴野蔌⑤，杂然而前陈者，太守宴也。宴酣之乐，非丝非竹，射者中⑥，弈者胜，觥筹交错⑦，起坐而喧哗者，众宾欢也。苍颜白发，颓乎其中者，太守醉也。

已而夕阳在山，人影散乱，太守归而宾客从也。树林阴翳，鸣声上下，游人去而禽鸟乐也。然而禽鸟知山林之乐，而不知人之乐；人知从太守游而乐，而不知太守之乐其乐也。醉能同其乐，醒能述以文者，太守也。太守谓谁？庐陵欧阳修也⑧。

①滁：在今安徽滁州。　②太守：郡的长官。宋代废郡设州，本无太守之职，但人们习惯上也常把知州称太守。　③霏(fēi)：雾气。　④伛(yǔ)偻(lǚ)：脊背弯曲，这里指老人。　提携：搀扶、带领，这里指小孩子。　⑤野蔌(sù)：野

菜。　　⑥射:指投壶游戏中把箭投向壶内。　　⑦觥(gōng):酒器。　筹:酒筹,行酒令时用来计数的签子。　　⑧庐陵:今江西吉安。欧阳修先世为庐陵大族,因而这里他以庐陵人自称。

【译　文】

　　环绕滁州,四面皆山,而西南方向几座山峰的树林和山谷风景尤其幽美。远远望去,那浓绿荫蔚、深幽秀丽的地方,就是琅琊山。沿山路走上六七里,渐渐地就可听到潺潺水声,那从两峰间奔泻而出的,就是酿泉。顺蜿蜒曲径,绕过山峰,忽然看到一座小亭高踞于泉边,亭檐翘起,如飞鸟展翅,这就是醉翁亭。建亭子的人是谁呢? 就是这山上的僧人智仙。给亭子起名的人又是谁呢? 就是自称“醉翁”的滁州太守。太守与客人来这里游玩饮酒,才喝上一点就醉,而且年纪最高,所以就自号“醉翁”。醉翁的意趣不在于酒,而在于山水之间。与自然山水交融的乐趣,是从内心领悟而得,又把它寄寓到了酒中。

　　倘若太阳出来,林间云雾就四下飘散;若烟云归聚,山岩洞穴就昏暝晦暗,这种晴朗阴暗的变化,就是山中清晨与黄昏的景色。野花开放,幽香四溢;林木秀美,枝叶繁茂;风起霜落,天高地洁;溪水浅流,山石显露,这就是山间四季景致的变化。清早往游,傍晚归来,四季的风景又各不相同,这其中的乐趣也就无穷无尽啊。

　　至于那些挑担背物的人在道上唱歌,行路的人在树下歇息,前面的招呼,后面的应答,老老少少,挽扶提携,往来不绝,这是滁州人在游赏山水。在溪边钓鱼,溪水深,鱼肥美;用泉水酿酒,泉水香,酒清醇;还有各种各样的山珍和野菜,错杂摆列在面前,这是太守在宴请宾客。宴饮酣畅的乐趣,不用靠管弦音乐来助兴。投壶的投中了,下棋的得胜了,酒杯和酒筹杂乱交错,人人说笑喧闹,或坐或起,这就是宾客们欢乐的场面。那位面容苍老,满头白发,醉醺醺地倒在众人中间的,就是喝醉了酒的太守。

　　过了一些时候,夕阳渐渐落到山尖,人影开始散乱,这是游宴已罢,宾客们纷纷随从太守归去。树林里枝叶浓密成荫,上上下下一片鸟鸣,这是因为游人离去了，禽鸟便开始欢唱。然而，禽鸟只知栖止山林的快乐，却不知人们游赏山水的快乐；人们只知跟着太守游山玩水的快乐，却不知太守是因他们的快乐而快乐啊！喝醉了，能和大家一起享受这种乐趣；酒醒了，又能用文章把它记叙下来的，这个人就是太守。太守是谁呢？就是庐陵的欧阳修啊。

张　鸣译

秋　声　赋

　　欧阳子方夜读书①，闻有声自西南来者，悚然而听之，曰："异哉！"初淅沥以萧飒，忽奔腾而砰湃，如波涛夜惊，风雨骤至。其触于物也，铮铮铮铮②，金铁皆鸣，又如赴敌之兵，衔枚疾走③，不闻号令，但闻人马之行声。予谓童子："此何声也？汝出视之。"童子曰："星月皎洁，明河在天。四无人声，声在树间。"

　　予曰："噫嘻，悲哉！此秋声也，胡为乎来哉！盖夫秋之为状也，其色惨淡，烟霏云敛④；其容清明，天高日晶；其气栗冽⑤，砭人肌骨；其意萧条，山川寂寥。故其为声也，凄凄切切，呼号奋发。丰草绿缛而争茂，佳木葱茏而可悦。草拂之而色变，木遭之而叶脱。其所以摧败零落者，乃一气之余烈。

　　"夫秋，刑官也⑥，于时为阴；又兵象也，于行为金。是谓天地之义气，常以肃杀而为心。天之于物，春生秋实，故其在乐也，商声主西方之音，夷则为七月之律。商，伤也，物既老而悲伤；夷，戮也，物过盛而当杀。

　　"嗟夫！草木无情，有时飘零。人为动物，惟物之灵，百忧感其心，万事劳其形，有动乎中，必摇其精。而况思其力之所不及，忧其智之所不能！宜其渥然丹者为槁木⑦，黟然黑者为星星⑧。奈何非金石之质，欲与草木而争荣？念谁为之戕贼⑨，亦何恨乎秋声？"

440

童子莫对,垂头而睡。但闻四壁虫声唧唧,如助予之叹息。

①欧阳子:欧阳修自称。　②钪钪(cōng)铮铮:金属相碰撞的声音。
③衔枚:在嘴里衔一根小棒,棒两端引两根带子系在颈后,以防止出声。　④霏
(fēi):云雾飞散的样子。　⑤栗冽:通"凛冽"。　⑥刑官:古代以天地四时与
职官相配,刑官司寇为秋官。　⑦渥(wò)然:润泽的样子。　⑧黟(yī)然:黑
的样子。　⑨戕(qiāng)贼:残害。

【译　文】

夜里,欧阳子正在读书,听到有声音从西南方向传来,不禁悚然而
听,惊道:"奇怪!"这声音初听时淅淅沥沥,潇潇飒飒,忽然变得汹涌澎
湃,像是夜间波涛突起,风雨骤然而至,碰在物体上,钪钪铮铮,犹如金
属相击。再听,又似奔赴战场的军队正衔枚疾进,没有号令,只有人马
行进的声音。于是对童子说:"这是什么声音? 你出去看看。"童子回
答说:"月色皎皎,星空灿烂,浩瀚银河,高悬中天。四下里并没有人
声,那声音来自树林中间。"

我恍然叹道:"唉,好悲伤啊! 原来这是秋天的风声呀,它怎么就来
了呢? 秋天总是这样的,它的色调凄清惨淡,云气消失,烟霭飘散;它的
形貌爽朗清新,天空高远,日色晶明;它的气候清冷萧瑟,悲风凛冽,刺
人肌骨;它的意境冷落苍凉,川流寂静,山林空旷。所以它发出的声音
时而凄凄切切,时而呼啸激昂。秋风未起时,绿草如毯,丰美繁茂,树木
葱茏,令人神怡。然而它一旦来临,拂过草地,草就要变色,掠过森林,
树就要落叶。它用来摧败花草、使树木凋零的,便是一种肃杀之气的
余烈。

"秋天是刑官行刑的季节,它在时令上属阴;秋天又象征着用兵,
它在五行中属金。这就是常说的'天地之义气',它常常以肃杀为意
志。自然对于万物,是要它们在春天生长,在秋天结实。所以秋天在
音乐的五声中又属商声,商声是代表西方的一种声音,而七月的音律是
'夷则'。商,也就是'伤'的意思,万物衰老了,都会悲伤。夷,是杀戮

的意思,凡万物过了繁盛期,就会走向衰败。

"呜呼!草木是无情之物,尚有衰败零落之时。人为动物,在万物中又最有灵性。有无穷无尽的忧愁来煎熬他的心,又有无数琐碎烦恼的事情来劳累他的身体,费心劳神,必然会损耗精力。何况常常思考自己的力量所做不到的事情,忧虑自己的智慧所不能解决的问题,自然会使他鲜红滋润的肤色变得苍老枯槁,乌黑光亮的须发变得花白斑驳。人非金石,为什么却要以不是金石的肌体去像草木那样争一时的荣盛呢?仔细想想吧,伤害自己的到底是什么,又怎么可以去怨恨这秋声呢?"

童子没有应答,低头沉沉睡去,却听得四壁虫声唧唧,像在附和我的叹息。

岑献青译

祭石曼卿文

维治平四年七月日①,具官欧阳修②,谨遣尚书都省令史李敭至于太清③,以清酌庶羞之奠④,致祭于亡友曼卿之墓下,而吊之以文曰:

呜呼曼卿⑤!生而为英,死而为灵。其同乎万物生死,而复归于无物者,暂聚之形;不与万物共尽,而卓然其不朽者,后世之名。此自古圣贤莫不皆然,而著在简册者昭如日星。

呜呼曼卿!吾不见子久矣,犹能仿佛子之平生。其轩昂磊落,突兀峥嵘而埋藏于地下者,意其不化为朽壤,而为金玉之精。不然,生长松之千尺,产灵芝而九茎。奈何荒烟野蔓,荆棘纵横,风凄露下,走磷飞萤?但见牧童樵叟,歌吟而上下,与夫惊禽骇兽,悲鸣踯躅而咿嚘。今固如此,更千秋而万岁兮,安知其不穴藏狐貉与鼯鼪⑥?此自古圣贤亦皆然兮,独不见夫累累乎旷野与荒城!

呜呼曼卿!盛衰之理,吾固知其如此,而感念畴昔,悲凉凄怆,不觉临风而陨涕者,有愧夫太上之忘情。尚飨⑦!

①维:发语词。　治平四年:即1067年,治平是宋英宗年号。　②具官:唐宋以来,公文函牍上应写明官爵品位的地方常简省作"具官"。　③尚书都省:即尚书省。　令史:三省六部及御史台的低级事务员。　李敭(yì):事迹不详。太清:石曼卿故乡,他死后也葬在这里。地在今河南商丘附近。　④清酌:祭祀用的清酒。　庶羞:品多为庶,肴美为羞。　⑤曼卿:石延年,字曼卿,北宋人。工诗善书。官至太子中允、秘阁校理。　⑥狐:狐狸。　貉(hé):形似狸的一种动物。　鼯(wú):即飞鼠。　鼪(shēng):即黄鼠狼。　⑦尚飨(xiǎng):表示希望死者享用祭品。尚,希望。飨,享用。

【译　文】

治平四年七月某日,某官欧阳修恭敬地委派尚书都省令史李敭来到曼卿的故乡太清,以甘洌的清酒和丰盛的珍肴作为祭品,在墓前祭奠亡友曼卿,同时献上这篇祭文倾诉深切的悼念之情:

曼卿啊曼卿! 你生是英杰,死为神灵。那和万物生寄死归一样最终总要消亡的是暂存一时的躯体,而不与万物同归于尽能卓立不朽的是流传后世的英名。自古以来一切圣贤莫不如此,而载入史册的,其光彩就像明亮的日月星辰。

曼卿啊曼卿! 我见不到你虽已很久,但还依稀记得你在世时的情景。你的气度轩昂不凡,仪态俊伟飘逸,胸怀坦荡磊落,才干特异超群。尽管这一切已深埋于地下,想来不会化作腐朽的泥土,而定将变为金玉的精华。不然的话,就长成苍劲的青松挺拔千尺,或生成吉祥的灵芝分出九茎。可怎么现在这里竟弥漫着荒凉的烟云,到处是荆棘纵横丛生,风雨凄凄,霜露降临,磷火幽幽,飞萤舞动? 只见你的墓前,牧童樵夫来来往往边歌边行,受惊的鸟兽三三两两徘徊悲鸣。现在已经是这种样子,再经历上千年万代,又怎么能预料这里不会变为洞穴,让狐貉鼯鼪之类筑巢栖身? 这也是自古以来圣贤们都要遭遇到的情景,难道没有见到吗,那一片连着一片的旷野荒坟!

曼卿啊曼卿！我知道事物盛衰兴亡的道理原本就是如此，可一想起往昔的岁月，悲凉凄怆便油然而生，禁不住临风落泪，惭愧不能像圣人那样对一切超脱忘情。曼卿，这些丰洁的祭品，敬请你来享用！

李逸安译

泷冈阡表

呜呼！惟我皇考崇公①，卜吉于泷冈之六十年②，其子修始克表于其阡③，非敢缓也，盖有待也。

修不幸，生四岁而孤。太夫人守节自誓，居穷自力于衣食，以长以教，俾至于成人。太夫人告之曰："汝父为吏廉而好施与，喜宾客，其俸禄虽薄，常不使有余，曰：'毋以是为我累。'故其亡也，无一瓦之覆、一垄之植以庇而为生，吾何恃而能自守耶？吾于汝父，知其一二，以有待于汝也。自吾为汝家妇，不及事吾姑，然知汝父之能养也。汝孤而幼，吾不能知汝之必有立，然知汝父之必将有后也。吾之始归也，汝父免于母丧方逾年。岁时祭祀，则必涕泣曰：'祭而丰，不如养之薄也。'间御酒食，则又涕泣曰：'昔常不足，而今有余，其何及也！'吾始一二见之，以为新免于丧适然耳。既而其后常然，至其终身未尝不然。吾虽不及事姑，而以此知汝父之能养也。汝父为吏，尝夜烛治官书，屡废而叹。吾问之，则曰：'此死狱也，我求其生不得尔。'吾曰：'生可求乎？'曰：'求其生而不得，则死者与我皆无恨也。矧求而有得耶④？以其有得，则知不求而死者有恨也。夫常求其生，犹失之死，而世常求其死也。'回顾乳者抱汝而立于旁。因指而叹曰：'术者谓我岁行在戌将死⑤，使其言然，吾不及见儿之立也，后当以我语告之。'其平居教他子弟，常用此语。吾耳熟焉，故能详也。其施于外事，吾不能知。其居于家，无所矜饰，而所为如此，是真发于中者耶！呜呼！其心厚于仁者耶！此吾知汝父之将必有后也。汝其勉之。夫养不必丰，要于孝；利虽不得博于物，要其心之厚于仁。吾不能教汝，此汝父之志也。"修泣而志之不敢忘。

先公少孤力学，咸平三年进士及第⑥，为道州判官⑦，泗、绵二州推官⑧，又为泰州判官⑨，享年五十有九，葬沙溪之泷冈⑩。太夫人姓郑氏，考讳德仪，世为江南名族。太夫人恭俭仁爱而有礼，初封福昌县太君⑪，进封乐安、安康、彭城三郡太君⑫。自其家少微时，治其家以俭约，其后常不使过之，曰："吾儿不能苟合于世，俭薄所以居患难也。"其后修贬夷陵⑬，太夫人言笑自若，曰："汝家故贫贱也，吾处之有素矣。汝能安之，吾亦安矣。"

自先公之亡二十年，修始得禄而养。又十有二年，列官于朝，始得赠封其亲。又十年，修为龙图阁直学士、尚书吏部郎中⑭，留守南京⑮。太夫人以疾终于官舍，享年七十有二。又八年，修以非才入副枢密⑯，遂参政事⑰。又七年而罢。自登二府⑱，天子推恩，褒其三世。盖自嘉祐以来⑲，逢国大庆，必加宠锡⑳。皇曾祖府君㉑，累赠金紫光禄大夫、太师、中书令㉒；曾祖妣，累封楚国太夫人；皇祖府君，累赠金紫光禄大夫、太师、中书令兼尚书令；祖妣，累封吴国太夫人；皇考崇公，累赠金紫光禄大夫、太师、中书令兼尚书令㉓；皇妣，累封越国太夫人。今上初郊，皇考赐爵为崇国公，太夫人进号魏国。

于是小子修泣而言曰："呜呼！为善无不报，而迟速有时，此理之常也。惟我祖考，积善成德，宜享其隆。虽不克有于其躬，而赐爵受封，显荣褒大，实有三朝之锡命。是足以表见于后世，而庇赖其子孙矣。"乃列其世谱，具刻于碑。既又载我皇考崇公之遗训，太夫人之所以教而有待于修者，并揭于阡。俾知夫小子修之德薄能鲜，遭时窃位，而幸全大节，不辱其先者，其来有自。

熙宁三年㉔，岁次庚戌，四月辛酉朔，十有五日乙亥，男推诚、保德、崇仁、翊戴功臣㉕，观文殿学士㉖，特进㉗，行兵部尚书㉘，知青州军州事㉙，兼管内劝农使㉚，充京东路安抚使㉛，上柱国㉜，乐安郡开国公㉝，食邑四千三百户，食实封一千二百户，修表。

①皇考:旧时对亡父的敬称。　崇公:欧阳修的父亲欧阳观死后封崇国公。
②泷(shuāng)冈:在今江西永丰的凤凰山上。　③表:墓碑。　阡:墓道。
④矧(shěn):况且。　⑤岁行在戌:指木星运行到戌那一年。岁,岁星,即木星。
古人认为木星十二年绕天一周,因此把木星运行的轨道十二等分,配上十二地支,
用来纪年。　⑥咸平三年:即1000年。咸平,宋真宗年号。　⑦道州:州治所
在今湖南道县。　判官:州府长官的僚属。　⑧泗:泗州治所在今安徽泗县。
绵:绵州治所在今四川绵阳。　推官:与判官一样为州府长官僚属,掌司法。
⑨泰州:治所在今江苏泰州。　⑩沙溪:地在今江西永丰南。　⑪福昌县:
在今河南宜阳一带。　太君:旧时官吏母亲的封号。宋朝大臣的母亲分别加封国
太夫人、郡太君、县太君。　⑫乐安:郡治在今山东惠民。　安康:郡属今陕西。
彭城:郡治在今江苏徐州。　⑬夷陵:今湖北宜昌。　⑭龙图阁直学士:宋代
加给侍从官的荣誉头衔。龙图阁是保管皇帝御书和典籍的地方,设有学士等官,
直学士的品位仅次于学士。　尚书吏部郎中:宋代尚书省吏部设郎中若干人,掌
官员的任免、赠封等事。　⑮留守南京:宋代的南京应天府、西京河南府、北京
大名府各置留守一人,以知府兼任。南京应天府,治所在今河南商丘。　⑯副
枢密:又称枢密副使或同知枢密院事,是中央最高军事机关的副长官。　⑰参
政事:即参知政事,实际上的副宰相。　⑱二府:指枢密院与中书省。　⑲嘉
祐:宋仁宗年号(1056—1063)。　⑳锡:通"赐",赏赐。　㉑府君:后世子孙
对祖先的敬称。　㉒金紫光禄大夫:加金章紫绶的光禄大夫。光禄大夫,在宋代
为文职阶官称号,是散官,正三品。　太师:三公之一,宋代无实职。　中书令:宋
代一般为赠官。　㉓尚书令:宋代赠官,班次在中书令之上。　㉔熙宁三年:
即1070年。熙宁,是宋神宗的年号。　㉕推诚、保德、崇仁、翊戴:这些是宋代赐
给臣属的褒奖之词。　㉖观文殿学士:宋朝制度,免去宰相后才授此官职。实
为皇帝侍从顾问。　㉗特进:宋代文散官第二阶,正二品。　㉘行:兼。宋代
兼任低职为行。　兵部尚书:尚书省兵部长官。　㉙知青州军州事:宋代朝臣
管理州一级地方行政兼管军事,简称知事。青州,治所在今山东益都。　㉚内
劝农使:州官兼管农事。　㉛京东路:辖今河南、山东、江苏一带。路,宋代行政
区划名称。　安抚使:路的军政长官。　㉜上柱国:宋代勋官十二级中的最高
一级。　㉝开国公:宋代封爵十二级中的第六等。

【译　文】

　　唉！想我先父崇国公选择吉地安葬在泷冈之后六十年，他的儿子欧阳修我才能为他在墓道上竖建墓表，这不是我敢故意延缓，而是期待他能得到更多显赫的追封。

　　我实在不幸，生下来刚刚四岁，就失去了父亲。母亲立誓守节，家境日益贫困，就靠她一个人维持全家生计。她抚养我，教导我，终于哺育我长大成人。她告诉我说："你父亲为官清廉，乐于施舍，喜欢交接宾客，俸禄虽然微薄却不求节余，说：'不要为了金钱使我受累。'因此他去世后，没有留下一间房子、一垅土地，让我们能够赖以为生。那么我靠什么安贫自守支撑门户呢？主要是我知道一些你父亲的事情，所以我把全部期望寄托在了你的身上。自我嫁到你家，婆婆已经去世，我没能赶上侍奉她，可我了解到你父亲是个能尽孝道奉养父母的人。你现在没了父亲，年纪又小，我不能预料你将来一定会有什么建树，但我相信你父亲必然能子孙绵延，后继有人。我当初嫁来的时候，你父亲服完母丧刚过一年。每逢年节祭祀，他就必定伤心落泪地说：'祭祀无论怎样丰盛，也比不上父母在世时对他们的微薄奉养。'有时进用酒食，他也会泪流满面地说：'以前家用常常不足，现在生活宽裕了，却再也无法孝敬父母了！'起初一两次，我还以为他是刚刚服完母丧，所以免不了这样哀痛。可是后来见他始终这样，一直到去世时都是如此。我虽然没能侍奉上婆婆，可是通过这件事，就知道你父亲是非常孝顺的。你父亲做官时，曾经在夜里点着蜡烛审阅官府断狱的文书，我见他屡屡停下来叹息，就问他为什么。他便对我说：'这是该判死罪的案子，我想为他寻条活路，可惜没有一点办法。'我问：'犯了死罪的人也可以活命吗？'他说：'我尽力为他开脱，如果还是不成，那么死者和我也都没有遗憾了。况且经我设法努力，有的犯人确实可以免去一死呢！正因为有人能够得到赦免，所以我知道不替他们寻求活路就让他们去死的人是有遗恨的。像这样尽量为判死罪的人开脱，仍然免不了有人被误判处死，何况世上的刑狱之官大多是要治人于死罪呢！'这时他回过头来，看到奶娘正抱着你站在旁边，于是指着你叹息道：'算命的人说我

447

岁星行经戌年时便要死去,假使像他说的那样,我已来不及看到儿子长大成人了,将来一定要把我的话告诉他。'平时他教导别的子弟也常说这些话,我听熟了,所以能详细讲述给你。他在外面办的事,我无从知道。在家里,他从不装腔作势,他做的这一切确实是发自内心的啊。唉! 他的心肠比仁者还要宽厚呢! 这就是我知道你父亲肯定会子孙有继的道理。孩子,你千万要勉励自己按你父亲的教诲去做。说到奉养父母,其实不一定要多么丰厚,关键是要有尽孝之心。做有利别人的事,虽然不能广济博施,让人们普遍受益,但重要的是要有深厚的仁爱之心。我没什么可以教导你的,这些都是你父亲的心愿。"我淌着泪牢牢记下了这些话,一时一刻都不敢忘记。

先父也是幼年丧父,通过刻苦攻读,于咸平三年考中了进士,先后做过道州判官,泗州、绵州推官,还做过泰州判官,享年五十九岁,葬在沙溪的泷冈。先母姓郑,她父亲名德仪,家里世代都是江南的名门大族。母亲为人恭敬勤俭,仁爱有礼,最初封为福昌县太君,后又晋封为乐安、安康、彭城三郡太君。自家境贫寒时起就以节俭持家,后来一贯如此,不让家用超过当初。她说:"我儿子不能苟且迎合当世,现在节俭一点,就可以应付以后的患难日子。"后来我被贬官,全家到了夷陵,母亲仍是谈笑自如说:"你家原本贫贱,所以我早已习惯这样的日子了。你能安于这种生活,我也就安心了。"

自先父去世后二十年,我才开始得到官禄来奉养母亲。又过了十二年,我到朝廷做官以后,才有了赠封亲属的荣耀。又过十年,我任龙图阁直学士、尚书吏部郎中,留守南京时,母亲患病死在了官舍,享年七十二岁。又过八年,没有什么才能的我被任命为枢密副使,接着充任参知政事,七年后被罢免。从我进入二府为官,天子推广恩德,褒奖我家三代,因而自嘉祐以来,每逢国家大庆,必定给予恩赐封赏。先曾祖父一再受赠至金紫光禄大夫、太师、中书令。先曾祖母一再受封至楚国太夫人。先祖父一再受赠至金紫光禄大夫、太师、中书令兼尚书令。先祖母一再受封至吴国太夫人。先父崇国公一再受赠至金紫光禄大夫、太师、中书令兼尚书令。先母一再受封至越国太夫人。当今神宗皇帝即位后第一次郊祀，赏赐先父崇国公的爵位，先母则晋封为魏国太夫人。

于是我流着泪说："唉！行善绝不会没有回报，只不过时间或迟或早罢了，这是世上的常理。想我的祖先，世代积善，终成仁德，理应享受丰厚的报偿。虽然他们在世时没能亲身得到，但是身后能够赐爵受封，恩宠有加，显赫荣耀，褒扬光大，又确有仁宗、英宗、神宗三朝颁发的诏命，这就足以记载下来昭明后世，并庇荫保护他们的子孙了。"于是排列出世系家谱，一一刻在碑上。然后又将先父崇国公的遗训与先母对我的教诲和期待，全都详尽地刻在了墓表上。使人们知道我的德行浅薄，才能有限，只是恰逢时机窃居高位，但却能侥幸保全大节而不辱没祖先，这是有其缘由的。

熙宁三年，岁次庚戌年，四月初一辛酉日，十五乙亥日，子推诚保德崇仁翊戴功臣、观文殿学士、特进、行兵部尚书、知青州军州事、兼管内劝农使、充京东路安抚使、上柱国、乐安郡开国公，食邑四千三百户、食实封一千二百户，修谨立此表。

李逸安译

苏洵（1009—1066）字明允，眉山（今四川眉山）人。他是苏轼、苏辙的父亲，父子三人合称"三苏"，又都名列"唐宋八大家"之中，都擅长散文写作。苏洵的史论、政论写得很好，很善于层层剖析、步步逼近，用抽茧剥笋般的手段阐明主题，有点像《孟子》雄辩的风格，犀利而流畅。而他的其他散文却不如欧阳修，也不如比他小的王安石和苏轼，虽然写来很老练，语言也很简洁，但缺乏内在的神韵与情感的变化，显得质朴而少文采，似乎不如他的议论散文那么精彩。下面所选的几篇都是他的代表作，只是《辨奸论》一篇，有人说是道学家邵伯温为攻击王安石而伪托苏洵之名写的，有人说它确实是苏洵自己

管 仲 论

管仲相威公①，霸诸侯，攘夷狄②，终其身齐国富强，诸侯不敢叛。管仲死，竖刁、易牙、开方用，威公薨于乱③，五公子争立，其祸蔓延，讫简公，齐无宁岁。

夫功之成，非成于成之日，盖必有所由起；祸之作，不作于作之日，亦必有所由兆。故齐之治也，吾不曰管仲，而曰鲍叔④。及其乱也，吾不曰竖刁、易牙、开方，而曰管仲。何则？竖刁、易牙、开方三子，彼固乱人国者，顾其用之者，威公也。夫有舜而后知放四凶，有仲尼而后知去少正卯⑤。彼威公何人也？顾其使威公得用三子者，管仲也。仲之疾也，公问之相。当是时也，吾意以仲且举天下之贤者以对。而其言乃不过曰：竖刁、易牙、开方三子，非人情⑥，不可近而已。

呜呼！仲以为威公果能不用三子矣乎？仲与威公处几年矣，亦知威公之为人矣乎？威公声不绝于耳，色不绝于目，而非三子者则无以遂其欲。彼其初之所以不用者，徒以有仲焉耳。一日无仲，则三子者可以弹冠而相庆矣。仲以为将死之言可以絷威公之手足耶⑦？夫齐国不患有三子，而患无仲。有仲，则三子者，三匹夫耳。不然，天下岂少三子之徒哉？虽威公幸而听仲，诛此三人，而其余者，仲能悉数而去之耶？呜呼！仲可谓不知本者矣。因威公之问，举天下之贤者以自代，则仲虽死，而齐国未为无仲也。夫何患三子者？不言可也。

五伯莫盛于威、文⑧。文公之才，不过威公，其臣又皆不及仲；灵公之虐，不如孝公之宽厚。文公死，诸侯不敢叛晋，晋袭文公之余威，犹得

450

为诸侯之盟主百余年。何者？其君虽不肖，而尚有老成人焉。威公之薨也，一败涂地，无惑也，彼独恃一管仲，而仲则死矣。

夫天下未尝无贤者，盖有有臣而无君者矣。威公在焉，而曰天下不复有管仲者，吾不信也。仲之书⑨，有记其将死论鲍叔、宾胥无之为人⑩，且各疏其短。是其心以为数子者皆不足以托国。而又逆知其将死，则其书诞谩不足信也。吾观史䲡⑪，以不能进蘧伯玉，而退弥子瑕，故有身后之谏。萧何且死⑫，举曹参以自代。大臣之用心，固宜如此也。夫国以一人兴，以一人亡。贤者不悲其身之死，而忧其国之衰，故必复有贤者，而后可以死。彼管仲者，何以死哉？

①管仲：名夷吾，字仲，春秋时齐国人。齐桓公时被任命为卿，在他的辅佐下，齐国一跃而为春秋五霸之一。　威公：即齐桓公。这里改桓为威，是宋代人为避宋钦宗赵桓名讳的缘故。　②攘：排斥。夷狄：古代对少数民族的称呼。③薨（hōng）：周代诸侯之死称薨。　④鲍叔：即鲍叔牙，春秋时齐大夫，曾向齐桓公举荐管仲。　⑤仲尼：孔子字。据史记记载，孔子任鲁国司寇时，鲁大夫少正卯被杀。　⑥非人情：相传竖刁为进齐宫而自阉，易牙杀子而迎合君主，开方原是卫国公子，后来抛弃双亲，到齐国臣事齐桓公，管仲因此认为他们不合人情。⑦絷（zhí）：用绳索绊马足。这里是束缚的意思。　⑧五伯：即五霸。伯，通“霸”。　⑨仲之书：指《管子》，是后人根据管仲的思想言论编纂而成的。⑩宾胥无：齐桓公时大夫。　⑪史䲡（qiū）：春秋时卫国大夫。他多次为卫灵公不用贤臣蘧（qú）伯玉，却宠爱善于逢迎的弥子瑕而进谏，但卫灵公一直不听。于是，他就让儿子在自己死后将尸身放到灵公窗下，表示死后仍要进谏。灵公终于醒悟，用蘧伯玉而不用弥子瑕。　⑫萧何：西汉初丞相。病中向汉惠帝推荐曹参继之为相。曹参任丞相时，也恪守萧何成法。

【译　文】

管仲担任齐桓公的执政（上卿），齐国就称霸诸侯，攘斥夷狄。管仲在世的四十年间，齐国一直国富兵强，诸侯没有敢反叛的。管仲死后，竖刁、易牙、开方掌权。齐桓公在宫廷内乱中悲惨地死去，五个公子彼此争夺继承君位，这个祸端一开，就蔓延不绝，直到一个半世纪以后齐简公被杀田氏代齐,齐国没有一个太平安宁的年份。

事业的成功,不是始成于宣告成功的那一天,一定有它的起因;灾祸的发生,不是始发于实际发生的那一天,也一定有它的前兆。所以齐国的治理,我不说是由于管仲,而要说是由于始荐管仲的鲍叔牙;后来齐国发生了动乱,我不说是由于竖刁、易牙、开方,倒要说是由于没有举贤自代的管仲。为什么这样说呢?竖刁、易牙、开方三个人,他们固然是给齐国制造动乱的奸佞,不过起用他们的,都是齐桓公啊。有了虞舜这个圣人,然后才知道放逐共工、驩兜、三苗、鲧等四凶;有了孔子这个圣人,然后才知道除掉少正卯。(同圣人相比)那个齐桓公算个什么呢?终于使桓公能够起用竖刁、易牙、开方三个人的,正是管仲啊。管仲病笃不起时,桓公问管仲谁可以继他为相。在这个事关齐国日后安危的重要时刻,我以为管仲将要荐举天下的贤者来回答桓公,可是管仲仅仅说了竖刁、易牙、开方三个人违反人之常情,不能亲近而已。

唉!管仲以为桓公当真能够听从他的遗言不重用这三个人么?管仲与桓公二人相处好多个年头了,也应当知道桓公的为人吧?桓公的耳朵一刻也离不了音乐,眼睛一刻也离不了女色,如果不是这三个人,桓公就无从满足他的声色之欲。桓公起先所以不起用他们,只不过因有管仲在世罢了。一旦管仲死了,那么这三个人就可以弹着官帽,彼此庆贺高升了。管仲难道以为临终前的一番嘱咐,就可以捆住桓公的手脚么?齐国并不担心有这么三个人,却担心失去管仲;只要管仲在世,这三个人只不过是并无权势的普通人罢了。不然的话,天下难道还缺少竖刁、易牙、开方这类奸佞之徒吗?即使桓公幸而听从管仲的意见,杀了这三个人,可是其余的奸佞之徒,管仲能够一个不漏地全部除掉吗?唉!管仲可以说是个不懂得为国之本的人了。如果借桓公问他谁可以继任相位的机会,荐举天下的贤者以取代自己当政,那么管仲虽然死了,齐国并不是没有另一个管仲,这三个人又有什么可怕的呢?管仲在谈话中根本不提到他们也是完全可以的。

春秋五霸中没有比齐桓公、晋文公更为强盛的了。晋文公的才能没有超过齐桓公,他的臣子又都不如管仲。此后晋文公之孙晋灵公为政暴虐,不如齐桓公之子齐孝公待人宽厚。然而晋文公死后,诸侯不敢背叛晋国,晋国承袭文公的余威,还能作为诸侯的盟主维持了一百多年。这是为什么呢?晋国后来的国君虽然不贤,可是还有先朝老成持重的大臣在主持大局呢。齐桓公死后,齐国一败涂地,这是毫无疑问的。因为他仅仅依靠一个管仲,而管仲已经死而不能复生了。

天下并不是没有贤能的人,然而往往存在着有贤臣而无明君这种情况。桓公在世时,就武断说天下不再有管仲这样的治国之才,我是决不相信的。传为管仲所著的《管子》一书中,记载管仲临终时,对鲍叔牙、宾胥无二人的人品一一作了评论,并且还记下了他们各自的缺点与不足。在管仲的心目中,认为鲍叔牙等几个人都不能够托付以国家重任。然而管仲又预料到他快要死了,那么《管子》这部书荒诞不实,并不值得相信。我看春秋时卫国大夫史鳅,由于不能使卫灵公进用贤者蘧伯玉而疏远幸臣弥子瑕,所以在死后进行尸谏;汉丞相萧何临终之前,向汉惠帝推荐曹参作为自己的后任。大臣的用心,本来就应该是这样的啊。一个国家往往由于一个贤者执政而兴盛,由于一个贤者去位而灭亡。贤能的大臣并不悲伤自己个人的生命终结,而要忧虑他的国家在自己死后将日趋衰败。所以一定要再有个贤者接替,然后才可以心安理得地告别人世。没有做到这一点的管仲,他有什么理由竟这样撒手而去呢?

吴熊和译

辨 奸 论

事有必至,理有固然。惟天下之静者,乃能见微而知著。月晕而风,础润而雨,人人知之。人事之推移,理势之相因,其疏阔而难知,变化而不可测者,孰与天地阴阳之事?而贤者有不知,其故何也?好恶乱其中,而利害夺其外也。

昔者，山巨源见王衍曰①："误天下苍生者，必此人也。"郭汾阳见卢杞曰②："此人得志，吾子孙无遗类矣。"自今而言之，其理固有可见者。以吾观之，王衍之为人，容貌言语，固有以欺世而盗名者，然不忮不求③，与物浮沉。使晋无惠帝④，仅得中主，虽衍百千，何从而乱天下乎？卢杞之奸，固足以败国，然而不学无文，容貌不足以动人，言语不足以眩世。非德宗之鄙暗⑤，亦何从而用之？由是言之，二公之料二子，亦容有未必然也。

今有人，口诵孔、老之言，身履夷、齐之行⑥，收召好名之士、不得志之人，相与造作言语，私立名字，以为颜渊、孟轲复出⑦，而阴贼险狠，与人异趣。是王衍、卢杞合而为一人也，其祸岂可胜言哉？夫面垢不忘洗，衣垢不忘浣，此人之至情。今也不然，衣臣虏之衣，食犬彘之食⑧，囚首丧面，而谈诗书，此岂其情也哉？凡事之不近人情者，鲜不为大奸慝，竖刁、易牙、开方是也⑨。以盖世之名，而济其未形之患，虽有愿治之主，好贤之相，犹将举而用之。则其为天下患，必然而无疑者，非特二子之比也。

孙子曰⑩："善用兵者，无赫赫之功。"使斯人而不用也，则吾言为过，而斯人有不遇之叹，孰知祸之至于此哉？不然，天下将被其祸，而吾获知言之名，悲夫！

①山巨源：山涛字巨源，西晋人，曾任吏部尚书、太子少傅、右仆射等。 王衍：字夷甫。晋惠帝时任宰相，但他终日清谈，不理政事，后被石勒所杀。②郭汾阳：即郭子仪，唐代名将。因平定安史之乱有功，被封为汾阳郡王。 卢杞：字子良。唐德宗时任宰相。在任职期间，曾陷害杨炎、颜真卿等人，后被贬官。③忮(zhì)：忌恨。 ④惠帝：晋惠帝司马衷，290—306年在位。在位期间，其妻贾后专权，酿成"八王之乱"。 ⑤德宗：唐德宗李适(kuò)，780—805年在位。因猜忌有功大臣而信任卢杞，致使朝政混乱。藩镇叛乱时，曾离京逃命。 ⑥夷、齐：指伯夷、叔齐，商朝末年孤竹国国君之子。相传他们兄弟间互相推让，不肯继任君位，因此逃往周地。周武王伐纣后，他们又誓不食周粟、不踏周地，最后饿死在首阳山。 ⑦颜渊：即颜回，孔子的得意弟子。 ⑧彘(zhì)：猪。 ⑨竖刁、易牙、开方：春秋时齐桓公的宠臣。相传竖刁自阉、易牙烹子、开方抛弃了在卫国

的父母亲来迎合桓公。桓公死后,三人作乱于齐。　　⑩孙子:名武,战国时齐人。

【译　文】

　　事物的归宿有它的必然性,情理的推衍有它的确定性。只有虚中守静以观察事物变化的有识之士,才能一看到刚刚冒出的先机征兆,就预知它们日后必将彰明昭著。月亮四周因云层冰晶的折射而围上了白色光带,预示快要起风。房柱底下的石墩子因地气上升而发潮湿润,预示快要下雨。这是平常的人们都知道的。人事的随时变迁,形势的前后承续,其征兆踪迹远不如大自然中基于阴阳二气交互作用而发生的种种现象那么深远难明,变幻莫测。然而有些贤者反而看不到而无所察觉。这是为什么呢? 原因是他们内为感情上的好恶扰乱了他们的正常思考,外为实际上的利害关系牵制和影响了他们的应有表现啊。

　　从前,晋代的山涛见了尚在童年的王衍,就说:“将来贻误全国老百姓的,一定是这个人物。”唐代的郭子仪见了犹未得志的卢杞,就说:“要是这家伙当政后遂其所欲,我的子孙将都要遭难而死绝了。”在这些话业经验证之后的今天来说,其中的推移相因之理确实是事先可以预料到的。不过在我看来,王衍这个人盛才美貌,清谈玄远,固然可使他借以欺蒙当代,盗取虚名。但是王衍不忌恨不贪求,随波逐流,与世浮沉。假如当时没有晋惠帝司马衷这样低能痴骏之辈,而只要有一个能够守住成业的人来当皇帝,那么纵然有成百上千个王衍,将从哪儿去大乱晋朝的天下呢? 卢杞的奸邪谄佞,固然足以败坏国政。然而卢杞没有学问,没有文才,鬼貌蓝色,貌不惊人,语言粗鄙,话不动听。假如不是由于唐德宗李适心地狭窄,暗于识人,卢杞又从哪里能得到重用以至官为宰相呢? 由此说来,山涛与郭子仪二人当初对王衍、卢杞的预料,或许还有未必令人首肯的地方。

　　现在出现了这样一个人,口头上念着孔子、老子仁义道德的言论,履行了伯夷、叔齐清廉忠贞的操守,聚集了一批爱慕虚名、功名未遂的士人,一起著书立说,私下里彼此取了妄比圣贤的名字,自以为是当代再世的颜渊、孟轲。然而这个人内心却阴险狠毒,他的志向归趋与人们背道而驰。这是把容貌言语足以欺世盗名的王衍和奸邪谄佞足以败坏国政的卢杞两者集合在他一个人身上了。这种人今后于国于民的莫大祸害难道能说得完吗？人们脸上弄脏了，总是不会忘记洗脸；衣服弄脏了，总是不会忘记洗衣服，这是人们最为正常而真实的感情。上面提到的这个人却不是这样，穿着只配奴仆穿的劣质衣服，吃着可供猪狗吃的粗粝食物，像囚犯一样头发蓬乱而不梳，像居丧之家面容肮脏而不洗，而居然高谈《诗经》《尚书》等经典中的圣贤之教，这难道是出于他的真实感情吗？大凡做事不合人之常情矫情做作的人，极少不是大奸大恶的。春秋时齐桓公宠幸的竖刁自阉入宫，易牙杀子为羹，开方母死不归，就是前例。这个人就利用他遍于海内的大名声，来促成目前虽未实际形成但可能传之日后的祸患。要是有决心治理的君主，爱好贤能的宰相，都将推举而重用他。那么这个人对天下的祸害，将是必定发生而毫无疑问的，而且为祸之烈还将远远超过王衍和卢杞。

　　孙武说过："善于用兵的人，并没有辉煌显赫的战功（在敌人还没有形成之前已战而胜之）。"假如上面说的这个人不为朝廷重用，那么我的这些推断的话值得庆幸地说错了，只好让他怀有不被知遇之恨。不过问题是有谁了解这种人的祸害竟有如此严重呢？假如这个人得到了重用，那么举国上下都要蒙受他所造成的极大灾难，那时却将让我得到了善于知人并能事先做出预言的美名，实在太可悲了！

吴熊和译

心　术

　　为将之道，当先治心。泰山崩于前而色不变，麋鹿兴于左而目不瞬①，然后可以制利害，可以待敌。

　　凡兵上义②，不义，虽利勿动。非一动之为利害，而他日将有所不可措手足也。夫惟义可以怒士，士以义怒，可与百战。

456

凡战之道，未战养其财，将战养其力，既战养其气，既胜养其心。谨烽燧③，严斥堠④，使耕者无所顾忌，所以养其财；丰犒而优游之，所以养其力；小胜益急，小挫益厉，所以养其气；用人不尽其所欲为，所以养其心。故士常蓄其怒、怀其欲而不尽。怒不尽则有余勇，欲不尽则有余贪。故虽并天下，而士不厌兵，此黄帝之所以七十战而兵不殆也⑤。不养其心，一战而胜，不可用矣。

凡将欲智而严，凡士欲愚。智则不可测，严则不可犯，故士皆委己而听命，夫安得不愚？夫惟士愚，而后可与之皆死。

凡兵之动，知敌之主，知敌之将，而后可以动于险。邓艾缒兵于蜀中⑥，非刘禅之庸，则百万之师可以坐缚，彼固有所侮而动也⑦。故古之贤将，能以兵尝敌，而又以敌自尝，故去就可以决。

凡主将之道，知理而后可以举兵，知势而后可以加兵，知节而后可以用兵。知理则不屈，知势则不沮，知节则不穷。见小利不动，见小患不避。小利小患，不足以辱吾技也。夫然后有以支大利大患。夫惟养技而自爱者，无敌于天下。故一忍可以支百勇，一静可以制百动。

兵有长短，敌我一也。敢问："吾之所长，吾出而用之，彼将不与吾校；吾之所短，吾蔽而置之，彼将强与吾角，奈何？"曰："吾之所短，吾抗而暴之⑧，使之疑而却；吾之所长，吾阴而养之，使之狎而堕其中⑨。此用长短之术也。"

善用兵者，使之无所顾、有所恃。无所顾，则知死之不足惜；有所恃，则知不至于必败。尺箠当猛虎，奋呼而操击；徒手遇蜥蜴，变色而却步，人之情也。知此者，可以将矣。袒裼而案剑⑩，则乌获不敢逼⑪；冠胄衣甲，据兵而寝，则童子弯弓杀之矣。故善用兵者以形固。夫能以形固，则力有余矣。

①左：附近。　瞬：眨眼。　②上：通"尚"，崇尚。　③烽燧：报警的烽火。白天放烟告警称烽，晚上举火告警称燧。　④斥堠（hòu）：原指探望敌情的土堡。这里指瞭望。　⑤殆：通"怠"，懈怠。　⑥邓艾：三国时魏将。曾领兵从深山险道进攻蜀汉，兵至成都城下，蜀汉后主刘禅投降，蜀汉灭亡。　缒（zhuì）：

457

系在绳子上从高处放下来。　　⑦侮:轻视。　　⑧抗:举。　暴:显露。　　⑨狎:
忽视。　　⑩袒裼(xī):脱衣露体。　案:通"按"。　　⑪乌获:战国时秦国大力士。

【译　文】

做将领的方法,首先应当修养心志,即使是泰山崩倒在眼前,也能
做到面不改色,麋鹿突然从身边跑过,也能做到目不转睛。只有这样,
然后才能够掌握住战争情势变化的利弊,可以准确地对待敌人。

凡是用兵,要崇尚正义,不合乎正义,即便有利,也不轻举妄动。这
并不是因为一动会决定胜败利害,而是因为有一天将会造成十分被动
的局面。只有正义,才能激怒士兵,而士兵一旦为正义所激怒,才可以
使之百战百胜。

大凡战争的道理是:还没有战争的时候,便当积蓄贮备好财力物力,
已经发生战争的时候,要养精蓄锐,既已战争,要保持士气,既已胜利,要
保持斗志。谨谨慎慎、认认真真地做好烽燧报警工作,严格实行侦察探
望,使种田的人没有什么顾忌,如此来积存财力,给予士兵以丰厚的犒
赏,使他们能够得到充分的休整,如此使士兵保存他们的力量。打了小
胜仗,要更振作精神,受到小挫折,要更给予激励,以此来保养士气。用
人时不要满足他的全部要求,以此来保持他的斗志。因此,一定让士兵
经常保持一种旺盛的斗志,有所希求而没有完全得到满足。斗志旺盛,
就会有勇气;欲望无止境,就会有贪心。所以,即使兼并了天下,士兵们
也不会厌恶战争。这就是黄帝经历七十余战,士兵仍然不懈不怠的原
因。不保养人心,即使打了一次胜仗,这支军队也不能再用了。

凡是做将帅的,应该足智多谋而又号令严明;凡是做士兵的,应该
愚昧一点。足智多谋,就能使人感到深不可测,号令严明,就能使人感
到不可冒犯,因此士兵都能不顾自己而听从命令,这样怎么能不愚昧一
点呢? 只有士兵愚昧一点,然后才能够同将帅一起去拼死。

大凡出兵打仗,要了解敌方的主帅和敌方的将领的情况,然后才可
以采取那些冒险的行动。三国时,邓艾翻山越岭,用绳子把士兵吊下悬
崖峭壁去偷袭蜀国,如果不是后主刘禅昏庸无能,那么,即使有百万大

458

军,也可能要束手就擒。而邓艾确实是摸透了蜀国上下的情况,才敢采取如此那般的行动的。所以,古代明智贤能的将领,都能够用自己的一定兵力,去试探敌方的虚实,又能够根据敌方的强弱,准确地估价自己的力量;因此,他对进攻还是回避接战,都能做出自己的决断。

大凡担任主将的方法,在于通晓事理而后才可以举兵;了解情势然后才可以交战;懂得节制约束然后才可以指挥战争。通晓事理就不至于屈服,了解敌我双方的情势就不会沮丧,懂得节制约束就不会陷于困境。看见小利不行动,看见小患不回避,因为这些小利小患,不值得自己去施展本领,只有做到这一步,然后才有可能去对付大利大患。只有善于培养锻炼自己的各种本领,而又能自爱的人,才能无敌于天下。因此,忍耐一次,可以准备上百次的勇敢行为,冷静一下,可以控制上百次的轻举妄动。

军队各有长处和短处,这在敌方和我方都一样。鲁莽地问一句:"如果我方的长处,我拿出来使用它,可是敌方不同我较量;我方的短处,我掩盖起来,搁置起来,可是敌方一定要同我较量,怎么办呢?"回答是:"我方的短处,我故意地把它公开暴露出来,使敌方产生疑惑而退却;我方的长处,我暗中保护住它,从而使敌方疏忽大意,中我的计谋,这就是运用长处和短处的方法。"

善于用兵的人,应该使士兵无所顾忌而有所仰仗。无所顾忌,就明白战死是不值得可惜的;有所仰仗,就知道不至于失败。手中即使只有尺把长的木棍,遇见了猛虎,也可以大喊一声,拿起木棍去打击它;可是,如果空着两手,即使遇到蜥蜴,也会吓得变了脸色而却步不前。这是人之常情。知道这个道理的,就可以带兵了。如果袒胸露臂,紧握着剑柄,那么,即使是乌获那样的大力士,也不敢近前;如果披盔戴甲,抱着武器睡觉,那么,小孩也可以拉弓射箭,把他杀死。所以,善于用兵的人,能利用各种条件来保存自己的力量,而那些能保存自己力量的人,他的力量则是用之不尽的。

徐　放译

张益州画像记

至和元年秋①，蜀人传言有寇至边。边军夜呼，野无居人。妖言流闻，京师震惊②。方命择帅，天子曰："毋养乱，毋助变，众言朋兴，朕志自定。外乱不作，变且中起。既不可以文令，又不可以武竞，惟朕一二大吏。孰为能处兹文、武之间，其命往抚朕师。"乃推曰："张公方平其人③。"天子曰："然。"公以亲辞，不可，遂行。冬十一月，至蜀。至之日，归屯军，撤守备。使谓郡县："寇来在吾，无尔劳苦。"明年正月朔旦④，蜀人相庆如他日，遂以无事。又明年正月，相告留公像于净众寺。公不能禁。

眉阳苏洵言于众曰⑤："未乱易治也，既乱易治也。有乱之萌，无乱之形，是谓将乱。将乱难治。不可以有乱急，亦不可以无乱弛。惟是元年之秋，如器之攲⑥，未坠于地。惟尔张公，安坐于其旁，颜色不变，徐起而正之。既正，油然而退，无矜容。为天子牧小民不倦，惟尔张公。尔繄以生⑦，惟尔父母。且公尝为我言：'民无常性，惟上所待。人皆曰蜀人多变，于是待之以待盗贼之意，而绳之以绳盗贼之法。重足屏息之民⑧，而以碪斧令⑨，于是民始忍以其父母妻子之所仰赖之身，而弃之于盗贼，故每每大乱。夫约之以礼，驱之以法，惟蜀人为易。至于急之而生变，虽齐、鲁亦然。吾以齐、鲁待蜀人，而蜀人亦自以齐、鲁之人待其身。若夫肆意于法律之外，以威劫齐民，吾不忍为也。'呜呼！爱蜀人之深，待蜀人之厚，自公而前，吾未始见也。"皆再拜稽首曰："然。"

苏洵又曰："公之恩在尔心，尔死，在尔子孙。其功业在史官，无以像为也。且公意不欲。如何？"皆曰："公则何事于斯？虽然，于我心有不释焉。今夫平居闻一善，必问其人之姓名与其邻里之所在，以至于其长短、小大、美恶之状，甚者或诘其平生所嗜好，以想见其为人。而史官

460

亦书之于其传，意使天下之人，思之于心，则存之于目。存之于目，故其思之于心也固。由此观之，像亦不为无助。"苏洵无以诘，遂为之记。

公南京人⑩，为人慷慨有大节，以度量雄天下。天下有大事，公可属。系之以诗曰：天子在祚⑪，岁在甲午。西人传言，有寇在垣⑫。庭有武臣，谋夫如云。天子曰嘻，命我张公。公来自东，旗纛舒舒⑬。西人聚观，于巷于涂。谓公暨暨⑭，公来于于⑮。公谓西人："安尔室家，无敢或讹。讹言不祥，往即尔常。春尔条桑⑯，秋尔涤场。"西人稽首，公我父兄。公在西囿，草木骈骈。公宴其僚，伐鼓渊渊。西人来观，祝公万年。有女娟娟，闺闼闲闲。有童哇哇，亦既能言。昔公未来，期汝弃捐。禾麻芃芃⑰，仓庾崇崇⑱。嗟我妇子，乐此岁丰。公在朝廷，天子股肱⑲。天子曰归，公敢不承？作堂严严，有庑有庭⑳。公像在中，朝服冠缨。西人相告，无敢逸荒。公归京师，公像在堂。

①至和元年：即1054年。至和是北宋仁宗赵祯的年号。　②京师：指北宋京城汴梁，即今河南开封。　③张方平：字道安，北宋人，官至太子太保。④朔：阴历初一日。　⑤眉阳：在今四川眉山。　⑥敧(qī)：倾侧。　⑦繄(yī)：是此、这的意思。　⑧重(chóng)足：并起双脚。⑨碪斧：指刑具。碪，通"砧"。　⑩南京：今河南商丘一带。　⑪祚(zuò)：皇位。　⑫垣：墙，这里指边境。　⑬纛(dào)：古代仪仗队或军队的大旗。　⑭暨暨：果敢坚毅的样子。　⑮于于：从容自信的样子。　⑯条：修剪。　⑰芃芃(péng)：茂盛的样子。　⑱庾：露天谷仓。　⑲股：大腿。　肱：肘臂到肩的部分。⑳庑(wǔ)：厅堂四周的廊屋。

【译　文】
　　至和元年秋，蜀人传说敌寇侵犯边境。守卫边境的军队夜里呼叫，城外也没有人敢居住了。谣言流传开来，京师的人都大为震惊。正当准备命令选派将帅时，天子说："不要延误时间，酿成祸乱，也不要因为措施不当，以致助使变乱发生。尽管谣言蜂起，但我的主意是坚定的。所以我认为，外患不足以使人惊慌，只怕内乱从中发生。这既不能用文的方法去感召他们去遵守法度，也不能用武力去同他们较量，我只需要一两个大臣去妥善处理。谁能处理好这种用文的感召教化的方法和用武力去同他们较量的方法之间的关系,我就派谁去安抚军队。"大家推举说:"张公方平就是这样的人。"天子说:"可以。"张公以赡养双亲为由表示推辞,但没有得到允许。于是就出发了。冬十一月,他到了蜀地。到的那天,就遣返了屯守在边境的军队,撤除了边境的守备,并派人到各郡各县去告谕说:"敌寇来了,全由我负责,用不着劳累你们。"第二年的正月初一,蜀地的百姓相互庆贺新年,就像过去一样,竟没有发生什么变乱。第三年正月,人们商定,要把张公的画像留在净众寺里。张公无法说服大家。

眉阳人苏洵对众人说:"还没有发生变乱,容易治理,已经发生变乱,也容易治理。有变乱正在酝酿当中,但还没有发生变乱的迹象,这叫作将发生变乱。将要发生变乱的状况,是最难治理的。既不能因有发生变乱迹象而操之过急,也不能因为变乱还未发生就放松警惕。至和元年秋天的局势,就好像器物已经倾斜,但还没有倒在地上。只有你们的张公,安稳地坐在它旁边,面不改色,慢慢地站起来,扶正了它。扶正之后,又从从容容地退下去了,而且没有骄矜夸耀的神情。帮助天子治理百姓而不知疲倦的,只有你们的张公,你们全靠他的正确措施才生存下来,他就是你们的父母。而且张公曾经对我说过:'百姓没有固定的性情,只看上边如何对待他们。人们都说蜀人常常发生变乱,于是就用对待盗贼的态度去对待他们,用处理盗贼的法令去处理他们。对于本来已经小心翼翼的百姓,却用严刑峻法去管理,于是百姓才忍心拿他们父母妻子所仰赖的身体去投靠盗贼,所以才往往酿成大的变乱。如果用礼去约束他们,用法去役使他们,只有蜀人是最容易治理的。至于逼迫他们而发生变乱,即使是在礼乐之邦的齐鲁地方,也会这样。我用对待齐鲁百姓的办法来对待蜀人,而蜀人也会用齐鲁地方百姓的标准来约束自己。超出法度之外为所欲为,用权势欺压百姓,我不忍心做呀!'唉!爱护蜀人的深厚,对待蜀人的仁慈,在张公以前,我不曾看见过呢!"大家听了,都再三叩拜说:"是这样的。"

苏洵又说:"把张公的恩德铭记在你们心里,你们死了,就铭记在你们子孙的心里。他的功业将由史官来记载,无须用什么画像了。况且张公自己也不会同意。怎么办呢?"大家都说:"张公本来不在乎画像。虽然这样,我们心里却深感不安。现在,就是平时在家里听说有人做了一件好事,都必定要问一问那人的姓名和他所住的地方,一直到他身材的高矮、年岁的大小、容貌的美丑等等。甚至有的人还要问到他的生平和嗜好,由此来想见他的为人。史官也会把这些情况写在他的传记里。意思是让天下的人,不仅在心里都纪念着他,而且在眼里也能看见他。眼睛里留存着他的容貌,所以心里对他的纪念之情也就愈加牢固。这样看来,画像也不是没有作用的呢?"苏洵再没有什么办法反驳他们的了,于是替他们写了这篇画像记。

张公是南京人。为人倜傥豪迈,很有节操,以胸怀宏大闻名于天下。国家遇有大事,张公是可以委托的。我在文章末尾用一首诗来记述他的事迹:当天子在位的甲子那一年,蜀人传来谣言,有敌寇侵犯边境。朝廷的武将谋臣,多得像天上的云。天子接受众人举荐,派张公去安抚平定。张公从东方来,旌旗招展。蜀人争相观看,竟充塞了大街小巷,都说张公神态坚毅,而且十分镇静从容。张公对蜀人宣布说:"安顿好你们的家室,不要再去听谣言。谣言不吉祥,还是去料理生计,像你们平常那样,春天采桑,秋天打谷。"蜀人连连叩头,张公是我们的父兄。张公在蜀地的园林里,园林的草木生长得非常茂盛。张公宴请他们的同僚,击鼓作乐咚咚作响。蜀人纷纷来看望,祝愿张公益寿延年。且看今日:姑娘们长得娇艳美丽,都悠闲自乐在闺阁里。牙牙学语的婴儿,如今已会说话。当初张公还没来,本打算把他们遗弃。如今庄稼长得十分丰茂,宽阔的粮仓林立。妇女和儿童,都为丰年而感到非常欢娱。张公过去在朝廷里,是天子辅佐大臣,现在天子召他回去,他怎敢不遵命?这里兴建起一座庄严的殿堂,有房廊又有庭院。张公画像就安放在殿堂中间,穿着朝服,系着冠带。蜀人互相劝勉,从此不再怠惰和放荡。张公回到了京城,但画像却永留在大殿上。

徐　放译

苏轼（1037—1101）字子瞻，号东坡，眉山（今四川眉山）人。宋仁宗嘉祐二年（1057）中进士，当过杭州、密州、徐州、湖州、颍州等地的行政长官，也当过中书舍人、翰林学士、知制诰等中央文职官员。他在政治上态度比较温和而在个性上却很刚直倔强，和守旧、变法的两派都不太合得来，因而一生坎坷、屡遇风波，遭过贬，下过狱，最后被贬到海南岛，直到元符三年（1100）才被赦免，次年死在北归途中。他是宋代最了不起的文学家，不仅在诗、文、词各方面都有极高的成就，奠定了宋代文学的艺术基调，开拓了前所未有的境界，而且他的作品将传统的积极入世精神、刚直不阿的人格力量和来自佛老庄禅的豁达高旷的心灵境界融为一体，表现了旧时代文人梦寐以求的理想，因而受到后世的极大推崇。他的散文，用他自己的话来说，就是"吾文如万斛泉源，不择地皆可出，在平地滔滔汩汩，虽一日千里无难。及其与山石曲折，随物赋形，而不可知也"（《自评文》），用现代的话来说，就是自然流畅、变化多端、挥洒自如，如行云流水一样姿态横生。下面所选的十七篇作品中有议论、有抒情叙事、有人物碑传，从中可以看到，他的议论文字既有孟子、韩愈那种富于变化、逻辑清晰、气势逼人的特点，又有宋代特有的气脉从容纡徐、语言自然流畅的长处；他的抒情叙事散文则融抒情、叙事、说理于一炉，以胸中感受为主，信笔写来，意脉流动而又摇曳跌宕，一波三折，显得飘逸而自然；他的人物碑传或气势雄健，把情感抒发渗入叙事议论之中，或生动风趣，笔墨经济却姿态传神。可惜的是他有一些精彩的随笔小品未能选入，那些独具风韵的短文读起来味道隽永，绝不比这些篇幅较长的作品逊色。

刑赏忠厚之至论

尧、舜、禹、汤、文、武、成、康之际，何其爱民之深，忧民之切，而待天下以君子长者之道也！有一善，从而赏之，又从而咏歌嗟叹之，所以乐其始而勉其终；有一不善，从而罚之，又从而哀矜惩创之，所以弃其旧而开其新。故其吁俞之声①，欢休惨戚②，见于虞、夏、商、周之书。成、康既没，穆王立而周道始衰，然犹命其臣吕侯③，而告之以祥刑。其言忧而不伤，威而不怒，慈爱而能断，恻然有哀怜无辜之心，故孔子犹有取焉。

传曰："赏疑从与，所以广恩也。罚疑从去，所以慎刑也。"当尧之时，皋陶为士，将杀人，皋陶曰杀之三，尧曰宥之三。故天下畏皋陶执法之坚，而乐尧用刑之宽。四岳曰："鲧可用。"尧曰："不可。鲧方命圮族④。"既而曰："试之。"何尧之不听皋陶之杀人，而从四岳之用鲧也？然则圣人之意，盖亦可见矣。《书》曰："罪疑惟轻，功疑惟重。与其杀不辜，宁失不经⑤。"呜呼！尽之矣。可以赏，可以无赏，赏之过乎仁；可以罚，可以无罚，罚之过乎义。过乎仁，不失为君子；过乎义，则流而入于忍人。故仁可过也，义不可过也。

古者赏不以爵禄，刑不以刀锯。赏之以爵禄，是赏之道行于爵禄之所加，而不行于爵禄之所不加也；刑以刀锯，是刑之威施于刀锯之所及，而不施于刀锯之所不及也。先王知天下之善不胜赏，而爵禄不足以劝也；知天下之恶不胜刑，而刀锯不足以裁也。是故疑则举而归之于仁，以君子长者之道待天下，使天下相率而归于君子长者之道，故曰忠厚之至也。

《诗》曰："君子如祉，乱庶遄已。君子如怒，乱庶遄沮⑥。"夫君子之已乱，岂有异术哉？制其喜怒，而无失乎仁而已矣。《春秋》之义，立法贵严而责人贵宽,因其襄贬之义以制赏罚,亦忠厚之至也。

①吁:表示不以为然的叹息声。 俞:表示应允的声音。 ②休:喜悦。
③吕侯:相传周穆王时任司寇。 ④方:违抗。 圮(pǐ):毁坏。 ⑤经:成规,
原则。 ⑥"君子如祉"四句:出自《诗经·小雅·巧言》。祉,福,引申为喜悦。
遄(chuán),迅速。沮,停止。

【译 文】

尧、舜、禹、汤、文、武、成、康的时候,爱护人民之深,关心人民之切,
完全是用君子长者的态度来对待天下的人!有一点好处,就及时奖励
他,又及时歌唱他、赞美他,这是欢迎他的良好开端,勉励他坚持到底。
有一点错误,就及时处罚他,又及时同情他,这是帮助他革除旧的错误,
开辟新的道路。所以嗟叹应允的声音,欢乐悲哀的情绪,都见于虞、夏、
商、周的书上。成王和康王逝世后,穆王及位,周王朝统治天下的王道
开始衰微,但是还吩咐他的臣子吕侯,告诉他善于用刑的方法。他的话
忧虑而不悲伤,威严而不怨怒,慈爱而能决断,同情地表现出哀怜无罪
者的感情。所以孔子还给予一定程度的肯定。

《尚书》传文说:"准备赏赐时,对有怀疑的,宁可赏赐,这是为了扩
大恩赐。准备处罚时,对有怀疑的,宁可免去,这是为了慎于用刑罚。"
在尧的时候,皋陶为大法官,准备处决一个罪犯,皋陶三次说:"杀。"尧
却接连三次说:"赦免。"所以天下人都怕皋陶执法的坚决,而喜欢尧用
刑的宽大。四方诸侯的首领说:"鲧可以使用。"尧说:"不行,鲧违抗命
令,残害同族的人。"后来又说:"试试他吧。"为什么尧不听从皋陶杀人
的主张,而同意四方诸侯首领用鲧的建议呢?圣人的心意,由此可以见
到了。《尚书》说:"对罪行有怀疑的,就从轻发落;对功劳有怀疑的,就
从重赏赐。与其错杀一个无罪者,宁愿自己承担失刑的责任。"唉!这
几句话把"刑赏忠厚之至"的含义都说尽了。可以赏,可以不赏的,赏
他是超过了仁的范围。可以罚,可以不罚的,罚他是超过了义的规定。
超过了仁的范围,还不失为君子。超过了义的规定,便堕落成残忍的人

了。所以仁的范围是可以超过的,义的规定是不可以超过的。

古时赏赐不用爵位和俸禄,刑罚不用刀子和锯子。赏赐只用爵位和俸禄,这是赏赐的作用只局限在得到爵位和俸禄的人身上,而不能发挥到没有得到爵位和俸禄的人身上。刑罚只用刀子和锯子,这是刑罚的威力只能局限在刀子和锯子使用到的地方,却不能影响到刀子和锯子所没有达到的地方。先王知道天下的好人赏赐不可能普及,而且爵位和俸禄也不足以起到鼓励作用。又知道天下的坏人不可能都处罚到,而且刀子和锯子也不足以制裁他们。所以赏和罚有怀疑的,就完全宽大对待。以君子长者的忠厚态度来对待天下人,使天下的人一同走上君子长者之道。所以说,这是忠厚到了极点。

《诗经》说:"君子如果喜欢听从贤人的话,祸乱就会很快平息。怒责谗人的话,祸乱就会很快停止。"君子对于制止祸乱,岂有奇异的方法么?也不过是控制喜怒,使它不违背仁的原则罢了。《春秋》的原则:立法贵在从严,而处罚人贵在从宽。按照它的表扬和批评的原则来制定赏和罚,这也是忠厚到了极点啊!

马兴荣译

范 增 论

汉用陈平计①,间疏楚君臣。项羽疑范增与汉有私②,稍夺其权。增大怒曰:"天下事大定矣,君王自为之,愿赐骸骨归卒伍。"归未至彭城,疽发背死③。苏子曰:增之去善矣。不去,羽必杀增。独恨其不早耳。

然则当以何事去?增劝羽杀沛公,羽不听,终以此失天下,当于是去耶?曰:否。增之欲杀沛公,人臣之分也。羽之不杀,犹有君人之度也。增曷为以此去哉?《易》曰:"知几其神乎!"《诗》曰④:"相彼雨雪,先集维霰。"增之去,当于羽杀卿子冠军时也⑤。陈涉之得民也,以项燕、扶苏⑥。项氏之兴也，以立楚怀王孙心⑦。而诸侯叛之也，以弑义帝。且义帝之立，增为谋主矣。义帝之存亡，岂独为楚之盛衰，亦增之所与同祸福也。未有义帝亡而增独能久存者也。羽之杀卿子冠军也，是弑义帝之兆也。其弑义帝，则疑增之本也，岂必待陈平哉？物必先腐也，而后虫生之；人必先疑也，而后谗入之。陈平虽智，安能间无疑之主哉？

　　吾尝论义帝天下之贤主也。独遣沛公入关⑧，不遣项羽；识卿子冠军于稠人之中，而擢以为上将。不贤而能如是乎？羽既矫杀卿子冠军⑨，义帝必不能堪。非羽弑帝，则帝杀羽。不待智者而后知也。增始劝项梁立帝，诸侯以此服从；中道而弑之，非增之意也。夫岂独非其意，将必力争而不听也。不用其言而杀其所立，羽之疑增，必自是始矣。

　　方羽杀卿子冠军，增与羽比肩而事义帝，君臣之分未定也。为增计者，力能诛羽则诛之，不能则去之，岂不毅然大丈夫也哉？增年已七十，合则留，不合则去。不以此时明去就之分，而欲依羽以成功名，陋矣！虽然，增，高帝之所畏也。增不去，项羽不亡。呜呼！增亦人杰也哉！

　　①陈平：秦末楚汉相争时，原为项羽部属，后投奔刘邦，成为汉高祖重要谋臣，并历任汉惠帝、吕后、文帝时丞相，封曲逆侯。　　②项羽：名籍，字羽，楚国贵族出身。秦亡后，自称西楚霸王封刘邦为汉王，在与刘邦争夺统治权力的斗争中失败后自杀。　范增：项羽的重要谋臣，曾屡劝项羽杀刘邦而项羽不听。　　③疽：恶疮。　　④"相彼雨雪"二句：出自《诗经·小雅·颊弁》。　　⑤卿子冠军：指宋义。卿子，是对人的尊称。冠军，指楚怀王封宋义为上将，位在其他将领之上。⑥项燕：战国末楚国名将，项羽的祖父。　扶苏：秦始皇长子，被其弟秦二世谋害。⑦心：楚怀王孙子熊心。项梁曾立熊心为怀王。项羽自称西楚霸王后，又尊熊心为义帝。　　⑧关：关中之地。义帝派宋义、项羽救赵，而令刘邦攻咸阳，并约定谁先到达关中，谁就为王。　　⑨矫：假托。义帝封宋义为上将、项羽为次将、范增为末将，派他们率兵救赵，宋义途中畏缩不前，被项羽所杀。

【译　文】

　　汉高祖用陈平的计策，离间楚君臣，使他们相互疏远。于是项羽怀疑范增与汉高祖之间有隐私,逐渐削减他的权力。范增大怒说:"天下的事现在已经大定了,以后君王您自己处理,希望您开恩赐还我的骸骨,让我回到乡里民间。"可是他还没有回到彭城,就背上发痈疽死了。苏子说:范增的离去很对,如果不离去,项羽必定会杀死他。只是遗憾他没有早些离去。

那么,应该以什么事情离去呢?范增劝项羽杀刘邦,项羽不听,结果因此失掉天下。范增应当在这个时候离去吗?不。范增建议杀刘邦,这是做臣子的本分。项羽不同意杀刘邦,说明他还有君主的度量。范增为什么要因这件事离去呢?《易经》说:"知道事情的预兆,大概就是神明吧!"《诗经》说:"看那降雪之前,先凝集降落的只是霰。"范增的离开,应该在项羽杀宋义的时候。陈涉得到人民拥护,是因为借用了项燕和扶苏的名义。项羽的兴起,是因为立楚怀王孙子心为义帝。而后来诸侯的反叛,是因为他杀了义帝,并且立义帝,范增是主谋。义帝的存亡,岂但是关系到楚的盛衰,也关系到范增的祸福。没有义帝死了,而范增独能长久存在的道理。项羽杀宋义,是杀害义帝的先兆。而他杀害义帝,是怀疑范增的根源,哪里一定要等待陈平去离间呢?物类一定是先腐烂了,然后才生出虫来。人必定先有疑心,然后谗言才听得进去。陈平虽然聪明,怎么能够离间那没有疑心的君主呢?

我曾经论义帝是天下的贤明君主。他只派刘邦率兵入关,而不派项羽去;他从许多人中发现了宋义,提拔他为上将。不贤明能够这样吗?项羽既然假托义帝的命令杀了宋义,义帝一定不能忍受。不是项羽杀害义帝,就是义帝杀掉项羽,这是不要等待聪明人才能知道的。范增起初劝项梁立义帝,诸侯因此服从指挥。中途杀害义帝,这不是范增的意思。岂但不是他的意思,并且他必定是极力反对而项羽不听从。不听他的话,杀害了他所立的义帝,项羽对范增的怀疑,必定是从此开始。

在项羽杀掉宋义时,范增和项羽处在平等地位做义帝的臣子,君臣的名分还没有确定。替范增考虑:有力量能够杀死项羽就杀死他,不能够就离开他,这岂不是很果断的大丈夫么!范增的年纪已经七十了,和项羽合得来就留，合不来就走，不在这时候表明去留的态度，却想依靠项羽来成就自己的功名，太不明白了！话虽这样说，范增，是汉高祖害怕的人，范增不离去，项羽也不会被灭亡。唉！范增也算是人中的豪杰啊！

马兴荣译

留 侯 论

古之所谓豪杰之士，必有过人之节，人情有所不能忍者。匹夫见辱，拔剑而起，挺身而斗，此不足为勇也。天下有大勇者，卒然临之而不惊①，无故加之而不怒，此其所挟持者甚大，而其志甚远也。

夫子房受书于圯上之老人也②，其事甚怪。然亦安知其非秦之世有隐君子者，出而试之？观其所以微见其意者，皆圣贤相与警戒之义，而世不察，以为鬼物，亦已过矣。且其意不在书。当韩之亡、秦之方盛也，以刀锯鼎镬待天下之士③，其平居无罪夷灭者不可胜数。虽有贲、育④，无所获施。夫持法太急者，其锋不可犯，而其势未可乘。子房不忍忿忿之心，以匹夫之力，而逞于一击之间。当此之时，子房之不死者，其间不能容发，盖亦危矣。千金之子，不死于盗贼。何者？其身可爱，而盗贼之不足以死也。子房以盖世之才，不为伊尹、太公之谋⑤，而特出于荆轲、聂政之计⑥，以侥幸于不死，此圯上老人所为深惜者也。是故倨傲鲜腆而深折之⑦。彼其能有所忍也，然后可以就大事，故曰："孺子可教也。"

楚庄王伐郑，郑伯肉袒牵羊以迎⑧。庄王曰："其主能下人，必能信用其民矣。"遂舍之。句践之困于会稽⑨，而归臣妾于吴者，三年而不倦。且夫有报人之志，而不能下人者，是匹夫之刚也。夫老人者，以为子房才有余，而忧其度量之不足，故深折其少年刚锐之气，使之忍小忿而就大谋。何则？非有平生之素，卒然相遇于草野之间，而命以仆妾之役,油然而不怪者,此固秦皇之所不能惊,而项籍之所不能怒也。

观夫高祖之所以胜,项籍之所以败者⑩,在能忍与不能忍之间而已矣。项籍唯不能忍,是以百战百胜而轻用其锋;高祖忍之,养其全锋而待其敝,此子房教之也。当淮阴破齐而欲自王⑪,高祖发怒,见于词色。由是观之,犹有刚强不能忍之气,非子房其谁全之!

太史公疑子房以为魁梧奇伟⑫,而其状貌乃如妇人女子,不称其志气。呜呼!此其所以为子房欤!

①卒(cù)然:突然。卒,通"猝"。　　②子房:张良字子房。汉初封为留侯。圯(yí)上老人:即黄石公。据说他在桥上让张良为他拣鞋,与张良约见又两次责怪他迟到,几次考验之后才拿出《太公兵法》一书送给张良。圯,桥。　　③鼎镬(huò):即鼎锅,是杀人刑具。　　④贲(bēn)、育:指孟贲、夏育,古代勇士。⑤伊尹:商初大臣。曾佐商灭夏。　太公:姜太公吕尚,辅佐周武王灭商,为周朝开国大臣。　　⑥荆轲:战国时齐人,为燕太子丹刺杀秦王,失败被杀。　聂政:战国时韩人,为严仲子谋刺韩国韩傀。　　⑦鲜(xiǎn)腆(tiǎn):无礼。　　⑧郑伯:指郑襄公。前597年,楚国伐郑。　　⑨句践:春秋末越国国君。前494年被吴王夫差战败,屈服请和,为人质于吴国三年。　会稽:山在今浙江。⑩项籍:字羽,秦末起兵,后败于刘邦。　　⑪淮阴:指淮阴侯韩信。当刘邦被项羽困于荥阳时,韩信夺得齐地,请自立为假王。刘邦大怒,经张良提醒,才立韩信为齐王,并让他发兵击楚。　　⑫太史公:指《史记》作者司马迁。

【译　文】

古代所说的豪杰之士,必定有超过一般人的节操,以及一般人在感情上不能忍受的气度。普通人一旦受侮辱,就会拔出宝剑站起来,挺身去跟对方拼。但这算不上是勇敢。世上堪称大勇的人,突然面临意外而不惊慌,无故受到侮辱而不愤怒,这是因为他的抱负很大,而他的志向又很远。

张良从桥上老人那里接受了那本书,这事很奇怪。然而怎么知道这位老人不是秦朝时隐居的高士出来考验他?看那老人用以含蓄地表达他的意见的,都是圣人、贤人相互警戒的道理。世人们不加细察,以为他是鬼怪，也太过分了。而且，老人的用意并不在那本书上。当韩国灭亡，秦国正强大的时候，用刀、锯、鼎、镬迫害天下的士人，那些安分守己、毫无罪过而被杀害的人，数都数不清。这时即使有孟贲、夏育那样的勇士，也没有地方可以施展。一个执法非常严厉的政权，它的锋芒不可触犯，而其形势还没有可乘之机。但张良却控制不住内心的愤恨，凭一个普通人的力量，想用大铁椎的一击来达到目的。当时，张良虽然没有被杀死，实在是已经处于死亡的边缘，真是太危险了。富贵人家的子弟，不会死在盗贼手里，为什么呢？因为他的身体宝贵，不值得死在盗贼手里。张良有超过世人的才能，不作伊尹、周公那样安邦定国的打算，却只用荆轲、聂政那样行刺的办法。由于侥幸才得以不死，这是桥上那位老人为他深感惋惜的。因此，老人故意用傲慢无礼的行为深深地折服他，使他能有忍耐之心，然后才可以做成伟大的事业。所以说："年轻人可以教育。"

楚庄王出兵攻打郑国，郑襄公祖露身体牵着羊去迎接。楚庄王说："郑国的国君能够这样屈己尊人，必定能够获得人民的信任。"于是就放弃了进攻郑国。越王勾践被吴国军队围困在会稽山，就投降吴国，做吴王的奴仆，三年没有丝毫厌倦。如果只有报仇的志向，而不屈己尊人，那不过是一个普通人的刚强。那位老人认为张良才能有余，就是担心他的度量不足，所以就深深地折服他青年人刚强锐利之气，使他能够忍住小的愤怒而去完成远大的计划。为什么这样呢？老人和张良从来不相识，在野外突然相遇，却命他做奴仆、婢妾做的事，而张良高高兴兴地做，并不责怪，这样秦始皇自然不能使他惊怕，而项羽也不能使他发怒了。

观察汉高祖所以取胜、项羽所以失败的原因，就在于能够忍耐与不能忍耐罢了。项羽正因为不能忍耐，所以虽然百战百胜却轻易消耗了兵力；汉高祖能够忍耐，保存全部兵力等待项羽的衰亡，这是张良指教他的。在韩信破了齐，想使自己做齐王时，汉高祖大怒，怒气显露在言辞和脸色上。由此看来，他还有刚强而不能忍耐的盛气，除了张良，又有谁能成全他呢？

太史公原以为张良高大魁梧，但实际上他的身材、相貌竟像少妇、少女，和他的志向、气概并不相称。唉！这就是张良之所以为张良的原因吧！

马兴荣译

贾　谊　论

非才之难，所以自用者实难。惜乎！贾生①，王者之佐，而不能自用其才也。

夫君子之所取者远，则必有所待；所就者大，则必有所忍。古之贤人，皆负可致之才，而卒不能行其万一者，未必皆其时君之罪，或者其自取也。

愚观贾生之论，如其所言，虽三代何以远过？得君如汉文，犹且以不用死。然则是天下无尧、舜，终不可有所为耶？仲尼圣人，历试于天下，苟非大无道之国，皆欲勉强扶持，庶几一日得行其道②。将之荆，先之以冉有，申之以子夏③。君子之欲得其君，如此其勤也。孟子去齐，三宿而后出昼④，犹曰："王其庶几召我。"君子之不忍弃其君，如此其厚也。公孙丑问曰："夫子何为不豫？"孟子曰："方今天下，舍我其谁哉？而吾何为不豫？"君子之爱其身，如此其至也。夫如此而不用，然后知天下果不足与有为，而可以无憾矣。若贾生者，非汉文之不能用生，生之不能用汉文也。

夫绛侯亲握天子玺而授之文帝⑤，灌婴连兵数十万⑥，以决刘、吕之雌雄，又皆高帝之旧将，此其君臣相得之分，岂特父子骨肉手足哉？贾生，洛阳之少年。欲使其一朝之间，尽弃其旧而谋其新，亦已难矣。为贾生者，上得其君，下得其大臣，如绛、灌之属，优游浸渍。而深交之，使天子不疑，大臣不忌，然后举天下而唯吾之所欲为，不过十年，可以得志。安有立谈之间，而遽为人"痛哭"哉⑦！观其过湘为赋以吊屈原，

473

萦纡郁闷,趯然有远举之志⑧。其后以自伤哭泣,至于夭绝。是亦不善处穷者也。夫谋之一不见用,则安知终不复用也?不知默默以待其变,而自残至此。呜呼!贾生志大而量小,才有余而识不足也。

古之人,有高世之才,必有遗俗之累。是故非聪明睿智不惑之主,则不能全其用。古今称苻坚得王猛于草茅之中⑨,一朝尽斥去其旧臣,而与之谋。彼其匹夫略有天下之半,其以此哉!愚深悲生之志,故备论之。亦使人君得如贾生之臣,则知其有狷介之操,一不见用,则忧伤病沮,不能复振,而为贾生者,亦谨其所发哉!

①贾生:贾谊,西汉洛阳(今属河南)人。汉文帝时曾召为博士,任太中大夫,后被贬为长沙王太傅和梁王太傅,三十三岁即抑郁而死。 ②庶几:也许可以。表示希望。 ③冉有、子夏:都是孔子弟子。 ④莒:齐地,在今山东淄博一带。 ⑤绛侯:即周勃。秦末随刘邦起事,汉代封为绛侯。 ⑥灌婴:西汉初大臣。与周勃等共谋与齐王联合,平定诸吕,拥立文帝。 ⑦遽:急,突然。 痛哭:贾谊《治安策》中谈当时形势,有"可为痛哭者一,可为流涕者二,可为长太息者六"这样的话。 ⑧趯(tì)然:心情激动、冲动的样子。 ⑨苻坚:南北朝时前秦皇帝,357—384年在位。 王猛:年轻时贩卖畚箕,隐居华山,受苻坚征召而出,屡有升迁。

【译 文】

一个人有才能并不难,真正难的是怎样使自己的才能得到运用。可惜啊!贾谊是辅佐帝王的大才,却不能使自己的才干得到发挥。

君子的志向既然很远大,那就一定要有所等待;所追求的事业既然很宏伟,那就一定要有所忍耐。古代的贤人,都怀有可以成就功业的才能,到头来却不能发挥它的万分之一,这未必都是当时君主的过错,有的实在是自己造成的。

我考察贾谊的言论,如果真能按他所主张的去做,即使是夏商周三代的理想政治又怎能远远超过他?遇上汉文帝这种贤君,尚且因为不用他的才能而死去,那岂不意味着天下如果没有尧、舜,就注定不能有所作为吗？孔子是圣人，遍游天下各诸侯国以求一试（治国之道），只要不是暴虐无道的国家，都想勉强加以扶助，希望能有那么一天实行他的治国之道。将要到楚国去应聘，先让冉有去，再让子夏去（以表明自己的意向）。君子想遇上信任自己的君主，是这样的辛勤努力。孟子离开齐国的时候，在昼这个地方停留了三个晚上才离去，还说："齐王也许会重新召我回朝。"君子不忍心舍弃他的国君，是这样的情意深厚。公孙丑问道："先生为什么不高兴？"孟子说："当今的天下，除了我还有谁（能担当整顿乾坤的重任）呢？那么我为什么要不高兴？"君子爱惜他自己，到达这样的地步。如果像这样做了还不被任用，然后才断定天下确实不值得让他奋发有为，从而可以没有遗憾了。至于像贾谊，并不是汉文帝不能用他，而是他不能利用汉文帝啊。

绛侯周勃亲自握着皇帝的玉印交给汉文帝。灌婴连兵几十万来（帮助文帝）决定刘、吕两大势力的雌雄。他们又都是汉高祖的老部将，那种君臣之间相互投合的情分，岂止是父子兄弟的骨肉之亲呢？贾谊不过是洛阳的一个年轻后生，想让皇帝在一朝一夕的短时间里，完全抛弃元老旧臣和老办法而另搞新的一套，也就太难了。作为贾谊，如果上面能够得到皇帝的信任，下面能够跟周勃、灌婴这班元老大臣处好关系，从容不迫地跟他们交往，（像水的渗物那样）逐渐渗透交融，结成深交，使得皇帝不疑虑，大臣不忌妒，然后全天下的人都可以任凭我的意愿，想怎么做就怎么做。不超过十年，就能实现自己的宏图大志。哪有在刚见面站着交谈的顷刻之间，就突然对皇帝危言耸听地谈论值得痛哭流涕的天下形势呢？我看他经过湘水作赋凭吊屈原，心绪紊乱纠缠，忧郁愁闷，显然有高飞远举的退隐之意。后来终于因为自伤不遇、忧愁哭泣而造成夭折。这正是不善于在困穷不得志的逆境中生存的表现。自己的谋略一次不被采用，又何以见得最终都不再用呢？不懂得默默地自处逆境，来等待时势的变化，却自我伤害到这种地步。唉！贾谊是志向远大而器量褊狭，才能有余而识见不足啊！

古代的人，有超越世人的才能，必定有超脱世俗的毛病。因此不是那种明智通达、不受迷惑的君主，就不可能充分信任使用他。古往今来都称赞前秦苻坚在草野百姓中得到王猛,短时间里全部摒弃他的旧臣而跟王猛一人谋划国事。像苻坚这样一个普通人而夺取了天下的一半,大概就因为这一点吧!我深深地同情贾谊的志向,所以详尽地加以评论。目的正是为了让做君主的知道,如果得到贾谊这种臣子,懂得他们大都有孤高正直、落落寡合的操守性格,一旦不被任用,就会忧伤沮丧,抑郁成疾,不能重新振作。而作为贾谊这样的才人,也应该谨慎地立身处世,不轻易发露啊!

刘学锴译

晁 错 论

　　天下之患,最不可为者,名为治平无事,而其实有不测之忧。坐观其变,而不为之所,则恐至于不可救。起而强为之,则天下狃于治平之安①,而不吾信。惟仁人君子豪杰之士,为能出身为天下犯大难,以求成大功。此固非勉强期月之间,而苟以求名之所能也。天下治平,无故而发大难之端。吾发之,吾能收之,然后有辞于天下。事至而循循焉欲去之,使他人任其责。则天下之祸,必集于我。

　　昔者晁错尽忠为汉②,谋弱山东之诸侯。山东诸侯并起,以诛错为名。而天子不之察,以错为之说。天下悲错之以忠而受祸,不知错有以取之也。

　　古之立大事者,不惟有超世之才,亦必有坚忍不拔之志。昔禹之治水,凿龙门,决大河,而放之海。方其功之未成也,盖亦有溃。冒冲突可畏之患,惟能前知其当然,事至不惧而徐为之图,是以得至于成功。夫以七国之强,而骤削之,其为变岂足怪哉?错不于此时捐其身,为天下当大难之冲而制吴、楚之命,乃为自全之计,欲使天子自将而己居守。且夫发七国之难者谁乎?己欲求其名,安所逃其患?以自将之至危,与居守之至安,己为难首,择其至安,而遗天子以其至危,此忠臣义士所以愤怨而不平者也。当此之时,虽无袁盎③,亦未免于祸。何者? 己欲居守,而使人主自将,以情而言,天子固已难之矣,而重违其议,是以袁盎之说得行于其间。使吴、楚反,错以身任其危,日夜淬砺④,东向而待之⑤,使不至于累其君,则天子将恃之以为无恐。虽有百盎,可得而间哉?

嗟夫! 世之君子欲求非常之功,则无务为自全之计。使错自将而讨吴、楚,未必无功。惟其欲自固其身,而天子不悦,奸臣得以乘其隙。错之所以自全者,乃其所以自祸欤!

①狃(niǔ):习以为常。　②晁错:西汉人,汉景帝时为御史大夫。因为他削减诸侯封地的主张被景帝所采纳实行,吴、楚等七国便借口"诛晁错以清君侧"而起兵反叛。景帝只好听从袁盎的建议,杀晁错而平叛乱。　③袁盎:历任齐相、吴相,因与吴王刘濞有关系,经晁错告发,被废为庶人。七国反叛时,他建议景帝杀晁错。　④淬(cuì)砺:磨炼。　⑤东向:面向东。七国都在京城长安的东或东南边。

【译　文】

天下的祸患,最难办的是表面上太平无事,实际上却隐藏着难以预料的忧患。如果坐视祸患的演变而不加以处置,那就可能发展到不可收拾的地步;如果起来硬性加以解决,天下人又会因为习惯于太平的安乐而不相信我的看法。只有仁人君子豪杰之士,才能挺身而出,为天下冒最大的危难,以求成就不世的功业。这当然不是在个把月的短时间内勉强行事,苟且求名的人所能办到的。天下太平,平白无故地挑起大危难的事端。我引发它,我又能解除它,这就能够振振有词地说服天下人。如果事到临头,自己却胆怯地想避开,让别人承担它的责任,那么天下的祸患,必定会集中在我一个人身上。

从前晁错忠心耿耿,为汉朝谋划削弱华山以东各诸侯国的势力。山东诸侯一齐起兵,以杀晁错(清君侧)为名。而皇帝不加明察,以杀晁错作为说服诸侯退兵的理由。天下人同情晁错因为忠于汉朝而遭受

477

杀身之祸,不知道晁错有自取其祸的原因。

　　古代建立大功业的人,不仅有超越当世的杰出才能,而且一定要有坚忍不拔的意志。从前大禹治水,凿开龙门,疏通黄河,放河水入海。当他尚未成功的时候,当然也会有洪水溃决漫溢、横冲直撞的可怕忧患。正因为事先能预料到它必然会有这种情况,事到临头就不会畏惧,而能从容地想办法对付,因此得以大功告成。试想像吴楚七国那样的强藩,却突然要削弱它们的势力,发生大变乱难道值得奇怪吗!晁错不在这个关键时刻豁出自己的性命,为天下担当这场大危难的冲要,而置吴楚七国于死地,却反而想出自我保全的办法,想让皇帝亲自率领军队迎战而自己留守京城。况且引发七国之乱的危难究竟是谁呢?自己想要获得削藩的美名,又怎能逃避它所带来的祸患?以亲自率领军队迎战这种最大的危险,跟留守京城这种最大的安全(作比较选择),自己明明是发难的祸首,却选择了最安全的差使,而把最危险的任务送给了皇帝。这正是忠臣义士愤怨不平的缘故啊。这种时候,即使没有(进谗的)袁盎,晁错也难以免除祸患。为什么呢?自己想安居留守,而让皇帝亲自带兵作战,从情理上说,皇帝本来就已经很难接受了,因此心里很反感他的(削藩)建议。这样,袁盎的谗言,才能乘机施行。假如吴楚七国反叛时,晁错亲自担当最危险的任务,日夜整练军队,厉兵秣马,面对东面的敌人,严阵以待,使危险的局势不至于牵累皇帝,那么景帝一定会依仗晁错而无所畏惧。这样,即使有一百个袁盎,又怎能挑拨晁错和景帝的关系呢?

　　唉!世上的君子如果想求得不平凡的功业,那就不要专门致力于保全自己的办法。假如晁错亲自率领军队讨伐吴楚,未必不能建功。正因为他想保全自身,而使皇帝不高兴,奸臣才能乘这个空子挑拨离间。(这样说来,)晁错用来自我保全的办法,岂不正是他自取其祸的原因吗?

刘学锴译

478

卷十一　宋文

上梅直讲书

轼每读《诗》至《鸱鸮》①，读《书》至《君奭》②，常窃悲周公之不遇。及观《史》，见孔子厄于陈、蔡之间，而弦歌之声不绝，颜渊、仲由之徒相与问答。夫子曰："'匪兕匪虎，率彼旷野③。'吾道非耶？吾何为于此？"颜渊曰："夫子之道至大，故天下莫能容。虽然，不容何病？不容然后见君子。"夫子油然而笑曰："回，使尔多财，吾为尔宰。"夫天下虽不能容，而其徒自足以相乐如此。乃今知周公之富贵，有不如夫子之贫贱。夫以召公之贤，以管、蔡之亲④，而不知其心，则周公谁与乐其富贵？而夫子之所与共贫贱者，皆天下之贤才，则亦足以乐乎此矣。

轼七、八岁时，始知读书，闻今天下有欧阳公者⑤，其为人如古孟轲、韩愈之徒⑥；而又有梅公者从之游⑦，而与之上下其议论。其后益壮，始能读其文词，想见其为人。意其飘然脱去世俗之乐，而自乐其乐也。方学为对偶声律之文，求升斗之禄，自度无以进见于诸公之间。来京师逾年，未尝窥其门。今年春，天下之士群至于礼部，执事与欧阳公实亲试之⑧，轼不自意获在第二。既而闻之，执事爱其文，以为有孟轲之风，而欧阳公亦以其能不为世俗之文也而取⑨，是以在此。非左右为之先容，非亲旧为之请属⑩，而向之十余年间，闻其名而不得见者，一朝为知己。退而思之，人不可以苟富贵，亦不可以徒贫贱。有大贤焉而为其徒，则亦足恃矣。苟其侥一时之幸，从车骑数十人，使闾巷小民聚观而赞叹之，亦何以易此乐也！传曰"不怨天，不尤人^⑪"，盖"优哉游哉，可以卒岁^⑫"。执事名满天下，而位不过五品，其容色温然而不怒，其文章宽厚敦朴而无怨言，此必有所乐乎斯道也，轼愿与闻焉。

①《鸱(chī)鸮(xiāo)》：《诗经·豳风》中的一篇。古人认为这首诗是周公写给成王，以表明他东征管、蔡之志的。　②《君奭(shì)》：《尚书》中的一篇。古人认为这是周公写给召公，以表明自己心意的。　奭：召公名奭，周文王庶子，与周公共佐成王。　③"匪兕(sì)匪虎"二句：出自《诗经·小雅·何草不黄》。匪，通"非"。兕，犀牛一类的野兽。率，来往奔跑。　④管、蔡之亲：管叔、蔡叔都是周公的弟弟。　⑤欧阳公：即欧阳修，北宋著名文学家。官至参知政事。　⑥孟轲：战国时人。　韩愈：唐代著名文学家。　⑦梅公：梅尧臣，字圣俞，宣州宣城（今安徽宣城）人，北宋著名诗人。官至国子监直讲。　⑧执事：原指左右侍从。这里不直接称呼对方，而称执事，表示尊重。　⑨其文：指苏轼的《刑赏忠厚之至论》。　⑩属：通"嘱"，托付。　⑪不怨天，不尤人：出自《论语·宪问》。　⑫"优哉游哉"二句：出自《左传·襄公二十一年》。

【译　文】

我每次读《诗经》读到《鸱鸮》篇，读《尚书》读到《君奭》篇，常常私下为周公的不幸遭遇而悲叹。等到看了《史记》，看到孔子受困于陈、蔡二国之间，而吟诵之声不绝。颜渊、仲由这些弟子和孔子相互问答。孔子说："《诗经》中有非兕非虎，却奔跑在旷野上的话，我们的道行难道错了么，为什么落到这个地步？"颜渊说："夫子的道行太宏大了，所以天下无法容纳；虽然如此，不被容纳又有什么妨碍？不容才见得是（乱世的）真君子。"孔子闻而心情一爽，笑着说："回呀！如果到你富裕时，我就为你掌管。"试看天下虽不能容纳孔子，他的门徒却能这样从容地取得了精神上的欣慰，我于是明白了周公的富贵，还不如孔子的贫贱。又如像召公的贤明，管叔、蔡叔的骨肉之亲，却不了解周公的用心，那么，周公还能和谁共享富贵之乐呢？反之，和孔子共处贫贱的，却都是天下的贤才，那也足够在逆境中得到乐趣了。

我在七八岁时，才知道读书，曾听说天下有一位欧阳公，他的为人

480

像古代的孟轲、韩愈一类前辈;又有一位梅公随从往来,共同抒发抑扬高下的议论。后来我更长大,才始读到他的文章,由此而想象他的为人,推测他必是潇洒地摆脱世俗之乐而自乐其乐的。那时我正在学讲究声律对偶的应时之文,借此求取微薄的官俸,自知无从进见于诸位前辈之间。后来到京城一年多,也未曾一探他们的门第。今年春天,全国文士都来到礼部,先生与欧阳公都亲自主持考试,我没想到,会列在第二名。不久听说,承先生赏识我的文章,以为有孟轲之风,而欧阳公也以我能写不媚俗之文而录取。原因即在这里。这既非由先生等手下的人先为我疏通,也非亲友为我请托,然而过去十余年间,闻其名而不得见的人物,有一天却成为知己了。转过来想一想,为人固然不可随随便便地获取富贵,也不可平白地沦为贫贱。世有大贤而自己能成为门下,那也足以作立身的依据了。如果乘一时的侥幸机缘,做个有车骑数十人侍从的高官,使街坊小民围观而赞扬,也不能换取我为大贤之徒的乐趣!《论语》上说"不怨天,不尤人",就因自己有"优哉游哉,可以过一辈子那种情趣"。先生名满天下,官级不过五品,风度温和而不生气,文章宽厚诚朴而无怨言,自必有所乐于此道。我很希望能听到您的高教。

金性尧译

喜 雨 亭 记

亭以雨名,志喜也①。古者有喜,则以名物,示不忘也。周公得禾,以名其书②;汉武得鼎,以名其年③;叔孙胜敌④,以名其子。其喜之大小不齐,其示不忘一也。

予至扶风之明年⑤,始治官舍。为亭于堂之北,而凿池其南,引流种树,以为休息之所。是岁之春,雨麦于岐山之阳⑥,其占为有年。既而弥月不雨,民方以为忧。越三月,乙卯乃雨,甲子又雨,民以为未足。丁卯大雨,三日乃止。官吏相与庆于庭,商贾相与歌于市,农夫相与忭于野⑦,忧者以喜,病者以愈,而吾亭适成。

于是举酒于亭上,以属客而告之⑧,曰:"五日不雨可乎?曰:'五日不雨则无麦。'十日不雨可乎?曰:'十日不雨则无禾。'无麦无禾,岁且荐饥⑨,狱讼繁兴而盗贼滋炽。则吾与二三子,虽欲优游以乐于此亭,其可得耶?今天不遗斯民,始旱而赐之以雨,使吾与二三子得相与优游而乐于此亭者,皆雨之赐也。其又可忘耶?"

既以名亭,又从而歌之,曰:"使天而雨珠,寒者不得以为襦⑩;使天而雨玉,饥者不得以为粟。一雨三日,伊谁之力?民曰太守⑪。太守不有,归之天子。天子曰不然,归之造物。造物不自以为功,归之太空。太空冥冥,不可得而名。吾以名吾亭。"

①志:记。 ②"周公得禾"二句:传说周成王曾赐周公异株合穗的谷子,为此,周公写下了《嘉禾》。此文已佚,《尚书》仅有其篇名。 ③"汉武得鼎"二句:西汉武帝于元狩六年(前116)从汾水得一宝鼎,遂改年号为元鼎。④叔孙胜敌:这里指春秋时鲁国的叔孙得臣率兵攻打狄人,俘获其国君侨如。⑤扶风:即凤翔府,治所在今陕西凤翔。苏轼曾于宋仁宗嘉祐六年(1061)任凤翔签判。 ⑥岐山:在今陕西岐山。 ⑦忭:欢乐。 ⑧属(zhǔ)客:劝客饮酒。⑨荐饥:连年饥荒。荐,频频、一再。 ⑩襦(rú):短袄。 ⑪太守:郡的长官。宋时虽已改郡为州或府,但太守仍然用作"知州"或"知府"的别称。

【译 文】

这座亭子以雨命名,是为了表示喜庆。古代逢到喜庆,便以此题名于事物,表示不忘。周公得禾,便以《嘉禾》作他著作的篇名,汉武帝得鼎,便以元鼎作他年号的名称,叔孙得臣打败狄人侨如,便以"侨如"作他儿子名字。喜庆虽有大小不同,表示不忘的用意是一样的。

我到扶风的第二年,才开始营建官邸。在厅堂北面筑了一座亭子,而在南面凿了一口池塘,引水种树,作为休息场所。这年春天,空中落下麦子于岐山之南,占卜后以为是丰年之兆。接着是整月不下雨,百姓很着急。到了三月乙卯日下雨了,隔了九天的甲子日又下雨,百姓却感到不满足。丁卯那天是大雨,下了三天才停止。官吏相互庆贺于衙院,商人相互歌唱于市场,农民相互喜悦于田头。担忧的人为之高兴,患病的人为之痊愈,而我的亭子恰巧也在这时造成。

于是开酒宴于亭上,向客人劝酒而告之:"如果五天不下雨,行么?你们一定会说:'五天不下雨,麦子就长不成了。'十天不下雨呢?又一定会说:'十天不下雨稻子就长不成了。'无麦无稻,年成就要饥荒,讼案增加而盗贼纷起,这样,我和诸位即使想游赏于这座亭中,办得到么?幸喜上天不遗弃下民,刚旱不久便赐雨于人间,使我与诸位能够相互舒畅地欢乐于亭中,这都是雨的恩赐啊!怎么可以忘记呢?"

亭名既已题定,又进而作歌词道:"假使上天下的是珍珠,受寒的人不能当作棉衣;假使上天下的是宝玉,挨饿的人不能当作米饭。如今一雨三日,是谁的力量?百姓说是太守,太守并不有此力量,还是归功于天子,天子又说不对,归功于造物主。造物主不自以为有功,归结到太空,太空渺茫,不可能为亭命名。我就自己以名我亭。"

金性尧译

凌 虚 台 记

国于南山之下,宜若起居饮食与山接也。四方之山,莫高于终南①,而都邑之丽山者②,莫近于扶风③。以至近求最高,其势必得。而太守之居④,未尝知有山焉。虽非事之所以损益,而物理有不当然者。此凌虚之所为筑也。

方其未筑也,太守陈公杖履逍遥于其下,见山之出于林木之上者,累累如人之旅行于墙外而见其髻也,曰:"是必有异。"使工凿其前为方池,以其土筑台,高出于屋之檐而止。然后人之至于其上者,恍然不知台之高,而以为山之踊跃奋迅而出也。公曰:"是宜名凌虚。"以告其从事苏轼⑤,而求文以为记。

轼复于公曰："物之废兴成毁,不可得而知也。昔者荒草野田,霜露之所蒙翳⑥,狐虺之所窜伏⑦。方是时,岂知有凌虚台耶?废兴成毁,相寻于无穷,则台之复为荒草野田,皆不可知也。尝试与公登台而望,其东则秦穆之祈年、橐泉也⑧,其南则汉武之长杨、五柞⑨,而其北则隋之仁寿、唐之九成也⑩。计其一时之盛,宏杰诡丽,坚固而不可动者,岂特百倍于台而已哉!然而数世之后,欲求其仿佛,而破瓦颓垣无复存者,既已化为禾黍荆棘丘墟陇亩矣,而况于此台欤!夫台犹不足恃以长久,而况于人事之得丧,忽往而忽来者欤?而或者欲以夸世而自足,则过矣。盖世有足恃者,而不在乎台之存亡也。"既以言于公,退而为之记。

①终南:终南山,在今陕西西安南。　②丽:附着。　③扶风:在今陕西凤翔。　④太守:郡的长官,宋时虽已改郡为州或府,但仍可沿用这一称呼来指知州或知府。　⑤从事:属吏。当时苏轼在凤翔府任大理评事签判。　⑥蒙翳(yì):遮盖。　⑦虺(huǐ):毒蛇。　⑧祈年、橐(tuó)泉:春秋时秦国的两座宫名,相传分别为秦惠公、秦孝公所造。秦穆公的墓就在这两宫附近。　⑨长杨、五柞(zuò):汉宫名。　⑩仁寿:隋炀帝时所建宫殿。　九成:唐贞观五年改仁寿宫为九成宫。

【译　文】

在南山下建城,起居饮食自然都离不开山。四方的山,没有比终南山更高的,而周围的城郭,也没有比扶风更靠近终南山的了。在靠山最近的地方探求它的最高处,是必然能做到的。然而扶风太守住在这里,竟然不知终南山的存在。这虽然无损于任何事情,却不合情理。因此,后来就筑了凌虚台。

在建凌虚台之前,太守陈公曾拄杖着履,在山下从容游玩,看到林木的上空有重重叠叠的山峦出现,就像墙外有人行走,而墙内的人只能看见行人的发髻似的。太守便说:"那里一定有奇异的去处。"于是让人在山前开凿一个方池,用挖出的土筑成台,一直筑到高出屋檐为止。

尔后,凡到土台上远眺的人,恍惚间不知是因为土台高而看到群峰,反而以为那些山峦是突然间冒出来的。太守说:"这个高台应起名为凌虚。"他把这个意思告诉他的佐吏苏轼,请他为此写一篇记文。

苏轼答复太守说:"事物的废兴成毁,是不可能预见到的。从前这里是荒草野地,霜露覆盖,狐蛇出没,那时,哪会有人知道今日会建起凌虚台呢?废兴成毁相交更迭,永无穷尽,这凌虚台是否又会复为荒草野田,也是无法预料的。我曾与您登台远望,东面是秦穆公的祈年宫、橐泉宫;南面是汉武帝的长杨宫和五柞宫;北面则是隋代的仁寿宫、唐代的九成宫。想当年它们兴盛一时,恢宏奇丽,坚不可摧,那种不可动摇的气魄,何止是凌虚台的百倍!然而几代之后,再想看它们当初的大致面貌,却连破瓦断墙也找不着,早已化作长满庄稼的田地和布满荆棘的荒丘了,更何况凌虚台这样的土台呢?这样的土台尚不可保证其长存,又何况人生的得失是那么来去不定呢?假如有人想以这类东西向世人夸耀而满足,那就错了。世上是有真正可以永久依靠的东西,但绝不在于土台之类的存亡。"我向陈公说了以上的话,便回来作了这篇记文。

岑献青译

超 然 台 记

凡物皆有可观。苟有可观,皆有可乐,非必怪奇伟丽者也。铺糟啜醨①,皆可以醉,果蔬草木,皆可以饱。推此类也,吾安往而不乐?

夫所为求福而辞祸者,以福可喜而祸可悲也。人之所欲无穷,而物之可以足吾欲者有尽。美恶之辨战于中,而去取之择交乎前,则可乐者常少,而可悲者常多。是谓求祸而辞福。夫求祸而辞福,岂人之情也哉?物有以盖之矣。彼游于物之内,而不游于物之外。物非有大小也,自其内而观之,未有不高且大者也。彼挟其高大以临我,则我常眩乱反复,如隙中之观斗,又乌知胜负之所在?是以美恶横生,而忧乐出焉,可不大哀乎！

予自钱塘移守胶西②，释舟楫之安，而服车马之劳；去雕墙之美，而庇采椽之居③；背湖山之观，而行桑麻之野。始至之日，岁比不登，盗贼满野，狱讼充斥，而斋厨索然，日食杞菊，人固疑予之不乐也。处之期年④，而貌加丰，发之白者日以反黑。予既乐其风俗之淳，而其吏民亦安予之拙也。于是治其园圃，洁其庭宇，伐安丘、高密之木⑤，以修补破败，为苟完之计。而园之北，因城以为台者旧矣，稍葺而新之⑥。时相与登览，放意肆志焉。南望马耳、常山⑦，出没隐见，若近若远，庶几有隐君子乎⑧？而其东则庐山⑨，秦人卢敖之所从遁也⑩。西望穆陵⑪，隐然如城郭，师尚父、齐威公之遗烈犹有存者⑫。北俯潍水⑬，慨然太息，思淮阴之功⑭，而吊其不终。台高而安，深而明，夏凉而冬温，雨雪之朝，风月之夕，予未尝不在，客未尝不从。撷园蔬⑮，取池鱼，酿秫酒⑯，瀹脱粟而食之⑰，曰："乐哉！游乎！"

方是时，予弟子由⑱，适在济南，闻而赋之，且名其台曰"超然"。以见予之无所往而不乐者，盖游于物之外也。

①醨(lí)：淡酒。　②钱塘：宋代两浙路治所，地在今浙江杭州。　胶西：山东胶河以西地区，这里指密州。苏轼于宋神宗熙宁三年(1070)调任密州知州。③采椽：采伐的木椽未经修饰。　④期(jī)年：一周年。　⑤安丘、高密：属当时密州的二个县。　⑥葺(qì)：修理。　⑦马耳、常山：二山均在密州城附近。　⑧庶几：可能。　⑨庐山：山在密州城东。　⑩卢敖：秦朝博士。为秦始皇求仙药不得，逃到高密的庐山。　⑪穆陵：穆陵关故址在今临朐东南的大岘山上。春秋时为齐国境界。　⑫师尚父：吕尚，即姜太公。周朝开国大臣，封于齐国。　齐威公：即齐桓公。春秋五霸之一。　⑬潍水：即今潍河。⑭淮阴：西汉淮阴侯韩信，曾在潍水两岸破楚军二十万，汉初因谋反罪被杀。⑮撷(xié)：采摘。　⑯秫(shú)酒：黄米酒。　⑰瀹(yuè)：煮。　脱粟：糙米。⑱子由：苏辙字子由，当时在齐州(今济南)做官。

【译　文】

大凡外物都有其可观赏处。只要值得观赏，便都聊以自娱，不一定非要奇异壮美不可。饮用酒糟淡酒，都能醉人；吃些瓜果蔬菜，全可充腹。以此类推，我往哪里寻不到快乐？

那些追求幸福而躲避祸患的人，认为幸福可喜而祸患可悲。人的欲望总是没完没了，而可以满足个人欲望的外物毕竟有限。美与丑的辨别存于心中，取与舍的抉择摆在面前，于是可乐之事往往很少，可悲之事常常很多，这叫作追求祸患而辞避幸福。求祸而辞福，难道是人之常情吗？这是外物对人有所蒙蔽呀！那些人游心于物之内，而不曾涉想于物之外。万物本无大小之别，从它内部来观察，没有不高不大的；那居高临下、以大凌小逼近我的，常使我头昏目眩、颠三倒四，恰如透过小小的缝隙而观战，又怎能知道谁是胜家，谁是败方？因此美好与丑恶错杂产生，忧愁与欢乐也交替出现，能不感到莫大的悲哀吗！

我从钱塘调任而出守密州，放弃了江河乘船的安逸，忍受着坐车骑马的辛劳；离开了雕梁画栋的殿堂，栖身于粗朴简陋的房舍，背离那湖光山色的美景，来到这遍地桑麻的荒野。刚来的时候，庄稼连年歉收，盗贼漫山遍野，诉讼案件积压甚多，而厨房里索然寡味，整只只以枸杞野菊充饥。人们本来猜度我心情抑郁不乐，但我在这儿住了一年，面容更加丰腴，头上的白发日益变黑。我已然喜欢此地淳朴的风俗，这里的官吏百姓也满意我的愚拙。于是我修治了田园苗圃，清理了庭院房舍，砍伐了安丘、高密的大树，用来修补破败之处，制定出苟且保命的谋划。在园圃的北面，借助城墙建成的一座高台，已经破旧不堪；我就稍加修整，使它焕然一新。我时常与友人一起登台远眺，无所顾忌地纵情欢娱。从台上向南眺望，马耳山、常山在云雾中时隐时现，似近若远，大概那里有隐居的君子吧？高台的东面是庐山，秦朝博士卢敖从这里逃遁得道。从台上往西望去，高高的穆陵关隐约可见，宛如一座城堡，姜太公、齐桓公的流风余韵，有些还保存至今。从高台北面俯瞰潍水，不禁慨然叹息，追思淮阴侯当年的战功，哀叹韩信竟然未得善终。此台高大而安稳，深广而明丽，冬暖而夏凉。无论雨洒雪飘的清晨，还是风清月华的夜晚，我未尝不来此台，宾客也未尝不来陪伴。我们采摘园中的菜蔬，捕捞池中的鲜鱼，酿造高粱美酒，煮食糙米粗饭，边品尝边说："来这里畅游多么快乐！”

　　刚巧在这时，我的胞弟子由在济南做官，听说这情景，便写作一篇赋，并且为高台取名“超然”，以此来显示我无时无处不欢乐。其原因就在于我超然于物外啊！

刘尚荣译

放　鹤　亭　记

　　熙宁十年秋①，彭城大水②。云龙山人张君之草堂③，水及其半扉。明年春，水落，迁于故居之东、东山之麓。升高而望，得异境焉，作亭于其上。彭城之山，冈岭四合，隐然如大环，独缺其西一面，而山人之亭，适当其缺。春夏之交，草木际天，秋冬雪月，千里一色，风雨晦明之间，俯仰百变。山人有二鹤，甚驯而善飞，旦则望西山之缺而放焉，纵其所如，或立于陂田，或翔于云表，暮则傃东山而归④，故名之曰“放鹤亭”。

　　郡守苏轼⑤，时从宾佐僚吏往见山人，饮酒于斯亭而乐之。挹山人而告之曰⑥：“子知隐居之乐乎？虽南面之君，未可与易也。《易》曰⑦：‘鸣鹤在阴，其子和之。’《诗》曰：‘鹤鸣于九皋，声闻于天⑧。’盖其为物清远闲放，超然于尘埃之外，故《易》《诗》人以比贤人君子。隐德之士，狎而玩之，宜若有益而无损者，然卫懿公好鹤则亡其国⑨。周公作《酒诰》⑩，卫武公作《抑》戒⑪，以为荒惑败乱，无若酒者，而刘伶、阮籍之徒⑫，以此全其真而名后世。嗟夫！南面之君，虽清远闲放如鹤者，犹不得好，好之则亡其国。而山林遁世之士，虽荒惑败乱如酒者，犹不能为害，而况于鹤乎？由此观之，其为乐未可以同日而语也。”

　　山人欣然而笑曰：“有是哉！”乃作放鹤、招鹤之歌曰：“鹤飞去兮西山之缺，高翔而下览兮择所适。翻然敛翼，宛将集兮，忽何所见，矫然而复击。独终日于涧谷之间兮，啄苍苔而履白石。鹤归来兮东山之阴。

488

其下有人兮,黄冠草履,葛衣而鼓琴。躬耕而食兮,其余以汝饱。归来归来兮,西山不可以久留。"

①熙宁十年:1077年。熙宁是宋神宗赵顼的年号。 ②彭城:县治在今江苏徐州。 ③云龙:山名,在今徐州南。张天骥隐居在此,故称云龙山人。 ④愫(sù):向。 ⑤郡守:郡的长官。宋时虽改郡为州或府,但也常用此称呼知州或知府。 ⑥挹(yì):酌酒。 ⑦"鸣鹤在阴"二句:出自《易经·中孚》。 ⑧"鹤鸣于九皋"二句:出自《诗经·小雅·鹤鸣》。九皋,深泽。 ⑨卫懿公:据《左传·鲁闵公二年》记载,卫懿公喜欢鹤,平时封鹤以各种爵位,让鹤乘车。后来狄人攻打卫国,卫人因国君好鹤,不愿出战,卫懿公因此亡国。 ⑩《酒诰》:《尚书》中的一篇,传说是周公所作,用来告诫康叔。 ⑪《抑》:《诗经·大雅》中的一篇,相传是卫武公所作,用来自我警戒的。 ⑫刘伶、阮籍:都是西晋"竹林七贤"中人,他们都以纵酒沉醉掩饰自己的政治态度。

【译 文】

熙宁十年的秋天,彭城县遭了大水。云龙山人张天骥的草堂门,竟被水淹到半截的位置。第二年的春天,水退了,山人便迁移到故居东边的东山脚下。登高远眺,发现了一处奇异的地方,就在那里建造了一座亭子。彭城的山啊,岗岭四方合抱,隐约望去好似一个大环,就只缺少西面的一角,而山人的亭子恰好正对着那个缺口。每当春夏之交,草木繁茂,似与天际相接;而秋冬时节,月光雪景,千里一色。若遇风雨晦明之日,山间景象更是俯仰之间变化万千。山人养了两只鹤,驯顺而善飞。每当清晨,即向西山的缺口放出去,任其自由飞翔,有时落在水边田里,有时高翔在白云之端,到傍晚便向东山归来,因此山人把亭子命名为"放鹤亭"。

郡守苏轼,时常同着宾客僚属去拜望山人,在放鹤亭上饮酒,感到十分欢畅。郡守向山人敬酒,并对他说:"您知道隐居的乐趣吗?即使是南面而坐君临天下的人,也是不能和他交换的!《易经》说:'鹤在隐蔽幽深的地方鸣叫,它的小鹤便会随声应和。'《诗经》也曾说:'鹤在沼泽深处鸣叫,它的声音也会直达上天。'这是因为鹤的气质清远闲放,超然于尘世之外，所以《易经》《诗经》都用它来比喻贤人、君子。归隐山林而又道德高尚的贤能之士，亲近它、赏玩它，似乎是有益而无害的，而卫懿公好鹤竟至亡了国。周公作《酒诰》，卫武公作《抑》以为戒，认为能使人放荡迷惑、使政治腐败、国家动乱的，没有比酒更可怕的东西了。然而像刘伶、阮籍这些人，竟是以醉酒来保全了他们的真性，而且名传后世的啊！唉！南面而坐的君主，即便是像鹤这样清高闲逸的飞禽也不能爱好，爱好它就会亡国。而隐居山林，逃避尘世的人，纵使是酒这种能使人放荡迷惑、使政治腐败、国家动乱的东西，也不能伤害他，更何况是鹤呢？由此看来，隐居的乐趣，是没有任何其他事情可以相提并论的。"

山人听了这番话后，笑着说："正是这个道理啊！"于是，我就作了放鹤招鹤的歌："鹤飞去啊！飞向西山的山口。高高地飞翔而向下俯瞰啊，选择一个好地方。骤然收敛羽翼，好像准备降落下来，忽然又好似看到什么，矫健地重又振翅高翔。独自终日飞翔在涧谷之间啊！嘴啄青苔而停落在白石之上。鹤归来啊！飞到东山的北面。山下有一个人啊，头戴黄冠，足着草鞋，身穿葛衣在弹琴。亲自耕作，自食其力，用富裕的食物喂养你们。归来啊归来，西山不可久留。"

马　蓉译

石 钟 山 记

《水经》云①："彭蠡之口有石钟山焉②。"郦元以为下临深潭③，微风鼓浪，水石相搏，声如洪钟。是说也，人常疑之。今以钟磬置水中④，虽大风浪不能鸣也，而况石乎！至唐李渤始访其遗踪⑤，得双石于潭上，扣而聆之，南声函胡，北音清越，桴止响腾⑥，余韵徐歇。自以为得之矣。然是说也，余尤疑之。石之铿然有声者，所在皆是也，而此独以钟名，何哉？

元丰七年六月丁丑⑦，余自齐安舟行适临汝⑧，而长子迈将赴饶之德兴尉⑨，送之至湖口，因得观所谓石钟者。寺僧使小童持斧，于乱石间择其一二扣之，硿硿然⑩。余固笑而不信也。至其夜月明，独与迈乘小舟至绝壁下。大石侧立千尺，如猛兽奇鬼，森然欲搏人；而山上栖鹘⑪，闻人声亦惊起，磔磔云霄间⑫；又有若老人欬且笑于山谷中者，或曰："此鹳鹤也⑬。"余方心动欲还，而大声发于水上，噌吰如钟鼓不绝⑭。舟人大恐。徐而察之，则山下皆石穴罅⑮，不知其浅深，微波入焉，涵澹澎湃而为此也。舟回至两山间，将入港口，有大石当中流，可坐百人，空中而多窍，与风水相吞吐，有窾坎镗鞳之声，与向之噌吰者相应，如乐作焉。因笑谓迈曰："汝识之乎？噌吰者，周景王之无射也⑯；窾坎镗鞳者，魏庄子之歌钟也⑰。古之人不余欺也！"

事不目见耳闻而臆断其有无，可乎？郦元之所见闻殆与余同，而言之不详；士大夫终不肯以小舟夜泊绝壁之下，故莫能知；而渔工水师虽知而不能言，此世所以不传也。而陋者乃以斧斤考击而求之，自以为得其实。余是以记之，盖叹郦元之简，而笑李渤之陋也。

①《水经》：是古代一部专记江水河道的地理书。相传汉代桑钦所著。又说为西晋郭璞著。　②彭蠡：即今鄱阳湖。　③郦元：即郦道元，北魏人，曾为《水经》作注。　④磬：古代石或玉制的打击乐器。　⑤李渤：《辨石钟山记》一文的作者。　⑥枹（fú）：鼓槌。　⑦元丰七年：1084年。元丰，宋神宗年号。⑧齐安：即今湖北黄冈西北。　临汝：治所在今河南。　⑨饶：饶州，治所在今江西鄱阳。　德兴：今江西德兴。　尉：县尉。地方官。　⑩硿硿（kōng）然：象声词。　⑪鹘（hú）：一种猛禽。　⑫磔磔（zhé）：鸟鸣声。　⑬鹳鹤：一种水鸟。　⑭噌（chēng）吰（hóng）：宏亮的钟声。　⑮罅（xià）：裂缝⑯无射（yì）：原为古代十二乐律之一，这里指钟。东周周景王时曾铸成无射钟。⑰魏庄子：春秋时晋大夫。据史传记载，晋侯曾将郑国所送编钟、女乐分一半赐给魏庄子。

【译　文】

《水经》上说："彭蠡湖的湖口，有一座石钟山。"郦道元认为所以

491

得名是因为山下面是深潭，轻微的风鼓起的波浪，冲击着深潭上面的石块，因而发出洪钟般的响声。这种说法，人们往往怀疑它的正确性。现在把钟和磬放置在水中，即使有很大的风和浪，也不能发出响声，更何况是石头呢？到唐代，有一位叫李渤的人，他循着郦道元到过的地方，在深潭上面找到两块石头，敲击着，听它的声音，南面的石头，声音厚重而模糊，北面的石头，声音清亮而高亢，敲击停止后，声音还在响，这余音许久才慢慢消失。李渤便认为找到石钟山命名的原因了。然而对于这种说法，我却更加怀疑。能发出铿铿声音的石块，到处都有，只有这山特别用"钟"来作名称，是什么缘故呢？

元丰七年六月初九，我乘船从黄州去临汝。大儿子苏迈也要到饶州的德兴去做县尉。我送他到达湖口，借这个机会，来到了石钟山。寺院里的和尚让小童拿着斧头，在乱石中挑选其中的几块来敲击，结果发出硿硿的声响。对此，我只是笑笑，并不真的相信。到了夜里，我独自同迈儿坐着小船，划到陡峭的石壁下，巨大的岩壁耸立在水边，高达千尺，形态犹如猛兽和鬼怪，阴森森地，像要扑击我们似的。宿在山上的鹘鸟，听到人声也惊飞起来，磔磔地叫着飞上云霄；又有像老人边咳嗽边笑的声音，有人说："这是鹳鹤。"我正心里惊恐，打算回去，忽然听到从水上发出很大的声音，像打钟敲鼓一样，噌吰噌吰响个不停。船夫十分害怕。我慢慢地观察，原来山下都是石头的洞孔和裂缝，不知到底有多深，微波冲入，在孔隙间激荡澎湃就发出这样的声音来。小船行至两山之间，快要进港口处，有一块大石横在流水中央，石上约可坐百人，中间却是空虚的，有很多洞隙，风卷着水灌进这块大石中，一吞一吐，于是发出窾坎镗鞳的声音，同刚才的响声互相应和，如同奏乐一样。我因而笑着对苏迈说："你知道吗？噌吰的声音，正如周景王的无射钟的声音，眼前这窾坎镗鞳的声音，是魏庄子编钟的声音。古人把这座山命名石钟山，并没有欺骗我们。"

任何事情，不是亲眼所见，亲耳所闻，只凭主观来推断有无其事，行吗？郦道元的所见所闻大概和我一样，但是记载得不清楚。一般士大夫又始终不愿像我这样乘小船夜晚停在陡峭的绝壁之下仔细观察，所以没有能了解真相。打鱼人和船夫虽然知道真相，却又说不出道理来。这就是石钟山用"石钟"命名的来历不能流传于世的原因。那些见识浅陋的人，竟用斧头敲打石块的方法来寻求"石钟"命名的原因，还自以为找到了正确的答案。我记下这次游历的经过，是叹惜郦道元的记载过于简单，又好笑李渤见识的浅陋。

马　蓉译

潮州韩文公庙碑

　　匹夫而为百世师，一言而为天下法，是皆有以参天地之化，关盛衰之运。其生也有自来，其逝也有所为。故申、吕自岳降[①]，傅说为列星[②]，古今所传，不可诬也。孟子曰："我善养吾浩然之气。"是气也，寓于寻常之中，而塞乎天地之间。卒然遇之，则王公失其贵，晋、楚失其富，良、平失其智，贲、育失其勇，仪、秦失其辨。是孰使之然哉？其必有不依形而立，不恃力而行，不待生而存，不随死而亡者矣。故在天为星辰，在地为河岳，幽则为鬼神，而明则复为人。此理之常，无足怪者。

　　自东汉以来，道丧文弊，异端并起，历唐贞观、开元之盛，辅以房、杜、姚、宋而不能救。独韩文公起布衣[③]，谈笑而麾之，天下靡然从公，复归于正，盖三百年于此矣。文起八代之衰，而道济天下之溺，忠犯人主之怒，而勇夺三军之帅，此岂非参天地、关盛衰、浩然而独存者乎！盖尝论天人之辨，以谓人无所不至、惟天不容伪。智可以欺王公，不可以欺豚鱼；力可以得天下，不可以得匹夫匹妇之心。故公之精诚，能开衡山之云，而不能回宪宗之惑；能驯鳄鱼之暴，而不能弭皇甫镈、李逢吉之谤；能信于南海之民，庙食百世，而不能使其身一日安于朝廷之上。盖公之所能者天也，其所不能者人也。

　　始潮人未知学[④]，公命进士赵德为之师，自是潮之士，皆笃于文行，延及齐民，至于今，号称易治。信乎孔子之言："君子学道则爱人，小人学道则易使也。"

潮人之事公也，饮食必祭，水旱疾疫，凡有求必祷焉。而庙在刺史公堂之后，民以出入为艰。前太守欲请诸朝作新庙，不果。元祐五年⑤，朝散郎王君涤来守是邦⑥，凡所以养士治民者，一以公为师。民既悦服，则出令曰："愿新公庙者听。"民欢趋之。卜地于州城之南七里，期年而庙成⑦。

或曰："公去国万里而谪于潮，不能一岁而归。没而有知，其不眷恋于潮也审矣。"轼曰："不然。公之神在天下者，如水之在地中，无所往而不在也。而潮人独信之深，思之至，焄蒿凄怆，若或见之。譬如凿井得泉，而曰水专在是，岂理也哉？"

元丰元年⑧，诏封公昌黎伯⑨，故榜曰"昌黎伯韩文公之庙"。潮人请书其事于石，因作诗以遗之，使歌以祀公。其辞曰：公昔骑龙白云乡，手抉云汉分天章⑩，天孙为织云锦裳⑪。飘然乘风来帝旁，下与浊世扫粃糠。西游咸池略扶桑⑫，草木衣被昭回光。追逐李、杜参翱翔，汗流籍、湜走且僵⑬，灭没倒影不能望。作书诋佛讥君王，要观南海窥衡、湘⑭，历舜九嶷吊英、皇⑮。祝融先驱海若藏，约束蛟鳄如驱羊。钧天无人帝悲伤⑯，讴吟下招遣巫阳。犦牲鸡卜羞我觞⑰，于粲荔丹与蕉黄。公不少留我涕滂，翩然被发下大荒。

①申、吕：指申侯、吕伯。《诗经·大雅·崧高》："维岳降神，生甫及申。"甫即吕伯，申即申侯。　②傅说(yuè)：《庄子·大宗师》说傅说"乘东维，骑箕尾，而比于列星。"　③韩文公：韩愈，字退之，谥文，又称韩文公。　④潮：指潮州，治所在今广东潮安。819年，唐宪宗迎佛骨到宫中，韩愈因劝谏触怒宪宗，被贬到潮州当刺史。　⑤元祐五年：1090年。元祐，宋哲宗年号。　⑥朝散郎：七品文官。　⑦期(jī)年：一整年。　⑧元丰元年：1078年。元丰，宋神宗年号。⑨昌黎：治所在今辽宁义县。韩愈的郡望昌黎。　⑩云汉：指银河。　天章：指天上的日月星辰。　⑪天孙：织女，是天帝之孙。　⑫咸池：传说中太阳沐浴的地方。　⑬僵：仆倒。　⑭要(yāo)：要服，古代离王城极远的地方。　衡：衡山。　湘：湘水。　⑮九嶷：九嶷山，在今湖南。⑯钧天：天的中央。　⑰犦(bó)牲：祭祀用的犎(fēng)牛。　鸡卜：即占卜。　羞：进献。　觞：一种

494

酒器。

【译 文】

　　一个普通人而能够成为百代的师表，一句话而成为天下后世行为的准则，这样的人都是参助天地化育万物，关系国家盛衰兴亡的人。他们所以降生在世上是有来历的，他们的去世也是有某种缘由的。周朝将要兴盛，五岳这样的高山就降其神和之气而生下申侯、吕伯这样贤能的卿士；辅佐殷朝中兴的贤相傅说死后，其精神跨于箕尾二星之间，成为傅说星座。这些事从古传颂到今，不可能是欺骗人的。孟子说："我善于培养我的浩然之气。"这里说的浩然之气，它存在于寻常事物之中，而充满于天地之间。突然遇到这种气，相形之下，王公大臣显不出他们的高贵，晋楚大国显不出他们的富有，张良、陈平显不出他们的智慧，孟贲、夏育显不出他们的勇力，张仪、苏秦显不出他们的辩才。是什么原因使之如此呢？是必然有一种不依靠形体而独立，不依仗外力而运行，不等待出生而存生，不随着死亡而消逝的东西。这种东西，在天上就化为日月星辰，在地上就化为河流山岳，在幽冥处就化为鬼神，在人间就变成了人。这是很普通的道理，不值得奇怪。

　　从东汉以来，道统丧失，文风颓坏，各种异端邪说蜂拥而起，即使经历了唐代贞观开元年代的盛世，起用了房玄龄、杜如晦、姚崇、宋璟这样的贤明卿相，仍不能救弊起衰。只有韩文公从一布衣而为文坛领袖，谈笑间一挥手，天下纷然响应，又都回归正道，到今天已有三百年了。韩文公倡导的文风挽回了从东汉到隋代已经衰败了八代的文风，他指出的道统拯救了天下人心的沦丧，他的忠心引起了君王的大怒，而他的智勇却胜过了三军的统帅。这难道不就是参助天地化育万物、关系国家盛衰兴亡、胸中充满浩然之气的人吗！我曾经谈到天道与人道的不同，认为人凭借智力没有达不到目的的事，而天则容不得虚伪的东西。人的智慧可以欺骗王公大臣，却不能欺骗豚鱼；人们凭借武力可以得到天下，却不能得到普通百姓的心。因此，韩文公真诚的心能够驱散衡山上空的乌云，却不能解开唐宪宗心头的迷失；能够驯服残忍的鳄鱼，而不能消除皇甫镈、李逢吉的诽谤;能取信于南海的百姓世代被他们祭祀,而不能使自身在朝廷有一日安宁。这是因为韩文公所擅长的是顺应天道,不擅长的是处理人事。

起初,潮州人不知道学习,文公就委派进士赵德当他们的老师,从此,潮州的士人都真诚努力地学习礼仪文章,这种风气影响到一般民众,到现在,潮州都被称为容易治理的地方。孔子的话确实正确啊!他说:"君子学习了道德礼仪就会有仁爱之心,平民学习了道德礼仪就容易驱使。"

潮州人祭祀韩文公,有好吃的必先摆到文公的庙中,遇到疾病灾疫,必然祈求文公的神灵保佑。而文公的庙在刺史公堂的后边,人们去祭祀出入很不方便。前任太守在职时,想请求朝廷改建新庙,未得到实施。元祐五年,朝散郎王涤来做这里的地方官,他对待士人及治理百姓,都依照韩文公的做法。百姓心悦诚服之后,他就下令说:"愿意重新修建韩文公庙的人听我的命令。"民众就兴高采烈地着手修建。选择了距潮州城南七里的地方为庙址,用了一年新庙就修成了。

有人说:"文公被贬到距朝廷万里之遥的潮州,不到一年就被召回了,假如他死后有知的话,他肯定是不会留恋潮州的。"我说:"不是这样,文公的精神在天地间,就好像地下的水一样,无处而不在,而潮州人对他的信仰如此之深、思念又如此之切,对着文公高高在天的神灵,我们就好像见到他一样,就如同凿井挖出了水,而说水只存在这个地方,难道有这样的道理吗?"

元丰元年,宋神宗下诏书封韩文公为昌黎伯,因此新庙的匾额上就题写"昌黎伯韩文公之庙"。潮州人请我写一篇关于韩文公事迹的文章准备刻在石碑上,我就作了一首诗给他们,让他们咏歌来悼念文公。这首诗是这样的:您昔日骑神龙驾白云遨游帝乡,广阔的天河和日月星辰就在您的身旁,美丽的织女为您织出云锦般漂亮的衣裳。您飘然而下来自天帝身旁,降临人间为了扫除俗世的鄙陋文章。您西游咸池还经过了扶桑这日出的地方,草木也承受了您的恩泽华光。您追随李白、杜甫与他们一起翱翔,张籍、皇甫湜与您相形惭愧地退避一旁,您高尚的道德光辉夺目使人不能仰望。您曾写出诋佛的奏章劝诫君王，却遭贬斥来到南海这荒远的地方，经过舜的葬地九嶷，凭吊了尧的女儿女英娥皇。火神祝融为您开路，海神率怪物深深躲藏，您所到之处为民除害，驱赶鳄鱼如驱羔羊。九天之上缺少贤才，上帝心中为之悲伤。又派巫阳来到人间，把您召回天上。今天献上我微薄的祭品，还有鲜红的荔枝和香蕉黄黄。您这么快就离开了人间，使我们不由得涕泪成行。请快从天上下来吧，再来这南海之地接受我们的祝飨。

王秀梅译

乞校正陆贽奏议进御札子

臣等猥以空疏①，备员讲读②。圣明天纵③，学问日新。臣等才有限而道无穷，心欲言而口不逮，以此自愧，莫知所为。窃谓人臣之纳忠，譬如医者之用药。药虽进于医手，方多传于古人。若已经效于世间，不必皆从于己出。

伏见唐宰相陆贽④，才本王佐，学为帝师，论深切于事情，言不离于道德，智如子房而文则过⑤，辨如贾谊而术不疏，上以格君心之非，下以通天下之志，但其不幸，仕不遇时。德宗以苛刻为能，而贽谏之以忠厚；德宗以猜忌为术，而贽劝之以推诚；德宗好用兵，而贽以消兵为先；德宗好聚财，而贽以散财为急。至于用人听言之法，治边御将之方，罪己以收人心，改过以应天道，去小人以除民患，惜名器以待有功，如此之流，未易悉数。可谓进苦口之药石，针害身之膏肓。使德宗尽用其言，则贞观可得而复⑥。

臣等每退自西阁，即私相告，以陛下圣明，必喜贽议论。但使圣贤之相契，即如臣主之同时。昔冯唐论颇、牧之贤，则汉文为之太息。魏相条晁、董之对，则孝宣以致中兴。若陛下能自得师，则莫若近取诸贽。夫六经三史，诸子百家，非无可观，皆足为治。但圣言幽远，末学支离，

497

譬如山海之崇深，难以一二而推择。如贽之论，开卷了然，聚古今之精英，实治乱之龟鉴⑦。臣等欲取其奏议，稍加校正，缮写进呈。愿陛下置之坐隅，如见贽面，反复熟读，如与贽言。必能发圣性之高明，成治功于岁月。

臣等不胜区区之意，取进止。

①狠：自谦辞。　　②讲读：指翰林院的侍讲学士和端明殿的侍读学士。
③天纵：天禀，用来称帝王。　　④陆贽：字敬舆（754—805），苏州嘉兴人。唐德宗时任宰相。　　⑤子房：张良字子房。　　⑥贞观：唐太宗的年号（627—649）。
⑦龟鉴：借鉴。龟，用于占卜。鉴，镜子。

【译　文】

臣等以粗浅的学识，充任侍读和侍讲。陛下天赋圣明睿智，学问日益增长。臣等才学有限而圣人的道理学问却无穷无尽，心里想讲解清楚却辞不达意，因此感到惭愧，不知如何才好。私下里以为，人臣向帝王进谏忠言，就如同医生用药，药虽然经过医生之手，药方大都是古代传下来的。假如对治病有效，药方不必都由医生自己来配。

我们觉得唐代的宰相陆贽，才能可以辅佐帝王，学问可以为帝王之师，他的议论能深刻地切中事理，他的言论都合于道德规范，智慧如同张良而文才却超过了他，才辩如同贾谊而谋略却不空疏，对上可以纠正皇帝的失误，对下可以沟通天下人的心志。但他很不幸运，没有遇到贤明的君主。德宗以苛刻为能事，而陆贽劝他要忠厚；德宗以猜忌为权术，而陆贽劝他要诚恳；德宗喜欢用兵打仗，而陆贽劝他以减少战争为要务；德宗喜欢聚敛财富，而陆贽却认为散财于民为急务。至于任用官吏、听取意见、治理边境、驾驭大将的方法，多归罪自己以争取民心，勇于改过以顺应天道，要排除小人为民解难，要珍惜官爵以封功臣，如此等等，不可尽说。可以说进献的是苦口的良药，治疗的是害身的顽疾。假如德宗都能采用陆贽的意见，贞观那样的盛世可重新出现。

臣等每退居西阁，就私下里谈论，以陛下您这样的圣明，一定会喜

498

欢陆贽的意见。只要圣主贤臣意见相合,就如同生活在同一时代。从前冯唐议论廉颇、李牧的贤能,汉文帝为没能遇到这样的贤才而叹息。魏相上书列数晁错、董仲舒的治国之策,汉宣帝采纳了,因此实现了中兴。如果陛下您想找个老师,再没有比选择陆贽更合适的了。六经三史、诸子百家,不是没有什么可看之处,都足以用之治国。但圣人的言论深邃,诸子百家的议论又琐碎,前贤的理论和经验如山一样高峻、海一样深幽,难以一一选择。但陆贽的议论,一看就可明了,它吸收了古今的精华,实在是治理国家的借鉴。我们准备选取他的奏议,稍加校正,誊写清楚献上,希望您把它放在座位旁边,就如同看见了陆贽本人,反复熟读他的奏议,就好像与陆贽面谈,必能使陛下圣明的天性受到更大的启发,完成治理天下的大业就指日可待了。

　　臣等诚恳的心意不能尽于言辞,请陛下裁夺。

王秀梅译

前 赤 壁 赋

　　壬戌之秋①,七月既望,苏子与客泛舟游于赤壁之下②。清风徐来,水波不兴。举酒属客,诵《明月》之诗,歌"窈窕"之章③。少焉,月出于东山之上,徘徊于斗牛之间。白露横江,水光接天。纵一苇之所如,凌万顷之茫然。浩浩乎如冯虚御风④,而不知其所止;飘飘乎如遗世独立,羽化而登仙。

　　于是饮酒乐甚,扣舷而歌之。歌曰:"桂棹兮兰桨,击空明兮溯流光。渺渺兮予怀,望美人兮天一方。"客有吹洞箫者,依歌而和之。其声呜呜然,如怨如慕,如泣如诉,余音袅袅,不绝如缕,舞幽壑之潜蛟,泣孤舟之嫠妇⑤。苏子愀然,正襟危坐而问客曰:"何为其然也?"客曰:"'月明星稀,乌鹊南飞',此非曹孟德之诗乎⑥? 西望夏口⑦,东望武昌⑧,山川相缪,郁乎苍苍,此非孟德之困于周郎者乎⑨? 方其破荆州⑩,下江陵⑪,顺流而东也,舳舻千里⑫,旌旗蔽空,酾酒临江⑬,横槊赋诗⑭,固一世之雄也,而今安在哉?况吾与子渔樵于江渚之上,侣鱼虾而友麋鹿,驾一叶之扁舟,举匏樽以相属⑮。寄蜉蝣于天地⑯,渺沧海之一粟,哀吾生之须臾,羡长江之无穷。挟飞仙以遨游,抱明月而长终。知不可乎骤得,托遗响于悲风。"

苏子曰:"客亦知夫水与月乎?逝者如斯,而未尝往也;盈虚者如彼,而卒莫消长也。盖将自其变者而观之,则天地曾不能以一瞬;自其不变者而观之,则物与我皆无尽也,而又何羡乎?且夫天地之间,物各有主,苟非吾之所有,虽一毫而莫取。惟江上之清风,与山间之明月,耳得之而为声,目遇之而成色,取之无禁,用之不竭,是造物者之无尽藏也,而吾与子之所共适。"

客喜而笑,洗盏更酌。肴核既尽⑰,杯盘狼藉。相与枕藉乎舟中,不知东方之既白。

①壬戌:宋神宗元丰五年(1082)。　②赤壁:这里是指湖北黄冈的赤鼻山,又称赤壁。三国时发生过著名的曹刘大战的赤壁在今湖北蒲圻。　③《明月》:指《诗经·陈风·月出》篇。　窈窕:是它的首章。　④冯:通"凭",依凭。　⑤嫠(lí)妇:寡妇。　⑥曹孟德:曹操字孟德。引诗见《短歌行》。　⑦夏口:即今湖北武汉黄鹄山上。　⑧武昌:今湖北鄂城。　⑨周郎:即周瑜,三国时孙吴的将领。汉献帝建安十三年(208),周瑜率吴军在赤壁大破曹军,时年二十四岁,故称郎。　⑩荆州:今湖北襄阳一带。汉末,刘表为荆州刺史,建安十三年,刘表子刘琮投降曹操不战而破。　⑪江陵:今湖北江陵。　⑫舳(zhú):船后掌舵处。　舻(lú):船前摇棹处。　⑬酾(shī)酒:酌酒。　⑭槊(shuò):长矛。　⑮匏(páo)樽:酒器。匏,一种葫芦。　⑯蜉蝣:春夏之交在水边只能活几小时的一种小飞虫。　⑰肴:菜肴。　核:水果。

【译　文】

元丰五年秋季,七月十六日,大苏先生和客人们一起坐船,游于黄冈赤鼻矶江岸的下面。清风悠悠而来,江面也没有波澜。主人高举着斟满的杯酒劝请坐客,诵读了《陈风·月出》的诗篇,又吟唱了那"舒窈纠兮，劳心悄兮"的首章。一会儿工夫，圆圆的月亮就从东山升起，徘徊漫步于南斗和牵牛两个星座之间。白蒙蒙的雾露横过了江面，闪闪的波光遥接着天边。放任我们的一苇轻舟自在而行，凌驾着万顷烟波而四顾茫然。浩大无边啊，我们好像乘着天风在太空飞行，不知到哪儿才能休止。飘舞翩翩呀，我们仿佛远离人世，自由自在，化为轻举飞升的神仙！

这时，我们饮酒的乐趣也到了高潮，大伙儿就一面敲着船舷，一面又引吭高唱，歌词是：桂树的长棹呀木兰的双桨，划开透明的月色迎着东来的水光。遥远无尽的是我心上的思念，我思念的美人呀在天的那方。有一位客人吹起了洞箫，随着合唱的歌声悠扬伴奏。那呜呜咽咽的声音，好像在哀怨，在思慕，又像在啜泣，在倾诉，尾音又柔又细像将断未断的一缕长丝。幽谷深潭里潜伏着的蛟龙为之而起舞，野水孤舟中守船的寡妇为之而哭泣。大苏先生不禁心情感伤，正襟危坐而问客人说："这箫声为什么这样悲凉呢？"客人说："'月明星稀，乌鹊南飞'，这不是曹孟德的诗么？我们西望夏口，东望武昌，这一片山川缭绕，烟树苍苍的地方，不正是曹孟德当年被周郎困辱而逃跑的古战场么？当初他取得荆州，南下江陵，大军从上游顺流东下的时候，战船衔接，前后千里，旌旗飘舞，蔽日遮天，他那举酒临江，横槊赋诗的气概，也算得是气吞一世的英雄人物了，可是他而今又在哪儿呢？何况，我和你只不过像浪迹江湖洲岛之间的两个渔翁和樵夫，成朋做伴的只有鱼虾和麋鹿，每天驾着一叶小舟，碰面就互相劝酒举壶。永恒的宇宙中寄托着我们蜉蝣似的短暂生命，汪洋无边的大海里，我们不过是渺小的一粟。悲叹人类的寿命不过匆匆片刻，羡慕长江的流水这样无止无穷。只想携带着飞仙而一起遨游，更愿拥抱着明月而万古长终。明知这样好的时机不会让我碰上，只有借箫声把无穷的遗恨寄给江上的悲风。"

大苏先生说："客人，你又理解水和月亮么？江水是这样昼夜不停地东流不返，但又可以说它万古长存而不曾流去；月亮是那样时圆时缺变化不定，但也可以说它一直圆满而并无增减。大概说来，如果从变的方面来观察，整个天地就没有一瞬一息时间停止不动；如果从不变的方面来观察，万物和我们人类都是长存不改的，你又何必羡慕长江的无穷呢？且说，天地间的一切物品，都各自有其主人，假如不是我们所有的东西，哪怕是一丝一毫，我们也不能取用。惟有江上的清风和山间的明月，我们耳朵听来，就是美好的音乐；眼睛看去，就是美丽的图画。我们要取多少，就是多少，从来没有人来禁止干涉；我们要用多少，就有多少，也从来不曾用光用净。这就是造物主留给我们的源源不竭的宝藏，因此我和你都可以尽情地占有和享受。

　　客人高兴地笑了，大家又洗碗涮杯，重斟再饮，直到酒干菜净，杯盘凌乱，大家就我歪你靠地在船上睡着了，连天亮了也不知道。

廖仲安译

后 赤 壁 赋

　　是岁十月之望①，步自雪堂②，将归于临皋③。二客从予，过黄泥之坂④。霜露既降，木叶尽脱，人影在地，仰见明月，顾而乐之，行歌相答。已而叹曰："有客无酒，有酒无肴。月白风清，如此良夜何！"客曰："今者薄暮，举网得鱼，巨口细鳞，状如松江之鲈⑤。顾安所得酒乎？"归而谋诸妇。妇曰："我有斗酒，藏之久矣，以待子不时之需。"

　　于是携酒与鱼，复游于赤壁之下。江流有声，断岸千尺，山高月小，水落石出。曾日月之几何，而江山不可复识矣！予乃摄衣而上，履巉岩，披蒙茸⑥，踞虎豹，登虬龙⑦，攀栖鹘之危巢⑧，俯冯夷之幽宫⑨。盖二客不能从焉。划然长啸，草木震动，山鸣谷应，风起水涌。予亦悄然而悲，肃然而恐，凛乎其不可留也。反而登舟，放乎中流，听其所止而休焉。时夜将半，四顾寂寥。适有孤鹤，横江东来，翅如车轮，玄裳缟衣，戛然长鸣，掠予舟而西也。

　　须臾客去，予亦就睡。梦一道士，羽衣蹁跹，过临皋之下，揖予而言曰:"赤壁之游乐乎?"问其姓名,俯而不答。"呜呼噫嘻! 我知之矣! 畴昔之夜⑩,飞鸣而过我者,非子也耶?"道士顾笑,予亦惊寤。开户视之,不见其处。

①是岁:指作《前赤壁赋》的同一年。　②雪堂:苏轼贬到黄州(今湖北黄冈)做团练副使时在黄冈城外东坡所筑。并因此自号东坡居士。　③临皋:临皋亭,苏轼在黄州所住处。　④黄泥之坂:雪堂到临皋亭的必经之路。坂,山坡。⑤松江:今属上海,出产鲈鱼。　⑥披:分开。　蒙茸:指杂乱丛生的野草。⑦虬(qiú)龙:传说中生有角的龙。　⑧鹘(hú):一种猛禽。　⑨冯(píng)夷:传说中的水神。　⑩畴昔:往日。这里指昨日。

【译　文】

同年的十月半,我从黄冈城外东坡的雪堂来,将回黄冈东门外的临皋亭,两个客人和我同行,经过黄泥坂。深秋霜露凋残之后,一路上树叶已经落光,清晰的人影映在地面,仰头一看,一轮明月已经升起了。主客相顾而笑,一路行歌互相唱答。过一会儿,我叹息说:"有了客人没有酒;有了酒,也没有下酒的菜肴。月这样白,风这样清,叫我们如何消受这美景良宵啊!"一位客人说:"今儿傍晚,我在江上举网,刚好得了一条鱼,而且是巨口细鳞,很像人们说的松江鲈鱼,可是话又说回来,我们又从哪儿才能弄到酒呢?"一到家我就同妻子来商量,妻子说:"我这儿倒有一斗酒,已经储藏好久了,正是为你临时应个缓急的!"

就这样,我们带着酒和鱼,再一次游于赤壁下面。江水发着奔流不息的吼声,赤鼻矶也显出断岸千尺的气势。山势愈高,月亮也显得愈小;水位愈低,石头也露出得愈多。时间相距才多久? 江山的面貌竟变得认不出来了! 我撩起衣襟,舍舟上岸,登上陡险的山岩,拨开丛生的草木,蹲骑着状如虎豹的怪石,攀缘着龙蟠蛇曲似的古树。又爬上健鹘雄鹰盘踞着的危崖险巢,俯视着水神冯夷居住的深宫潭府。就为这些险情,两位客人没有跟我上山来。我破空地长啸了一声,全山的草木都震动了，远近的山谷都回声呼应了，大江的风浪也陡然狂涌起来。连我自己也在静悄之中感到孤独的凄凉，在静肃之中带着无言的恐惧，最后只觉寒风凛冽，使人毛骨悚然，片刻也不敢停留了。赶忙返回小船上，把船划到中流，任它随波逐流自然地靠岸休息了。快到后半夜，我们举目四顾，江山一片寂寥。忽然有孤鹤从东面横江飞来，两翅张开像一个车轮，雪白的大氅下露出玄青色的裙边，戛然一声长鸣，翩然而下掠过我们的小舟，向西飞去了。

　　一会儿客人走了，我也就枕而睡了。梦中有一位道士，披着羽衣，飘飘拂拂地走来，经过临皋亭下面，向我长揖而问：“你们赤壁之游，玩得高兴吧？”我请问他的姓名，他却低头不语。“哎呀！噫嘻！我知道了！昨天夜里，长叫一声，飞过我们船边的，不就是你么？”道士回过头对我笑笑，我就从梦中惊醒了。开门一看，已经不见他的去处了。

廖仲安译

三 槐 堂 铭

　　天可必乎？贤者不必贵，仁者不必寿。天不可必乎？仁者必有后。二者将安取衷哉①？吾闻之申包胥曰②：“人定者胜天，天定亦能胜人。”世之论天者，皆不待其定而求之，故以天为茫茫。善者以怠，恶者以肆。盗跖之寿，孔、颜之厄，此皆天之未定者也。松柏生于山林，其始也，困于蓬蒿，厄于牛羊，而其终也，贯四时，阅千岁而不改者，其天定也。善恶之报，至于子孙，则其定也久矣。吾以所见所闻考之，而其可必也审矣。国之将兴，必有世德之臣厚施而不食其报，然后其子孙能与守文太平之主共天下之福。

　　故兵部侍郎晋国王公③，显于汉、周之际，历事太祖、太宗，文武忠孝，天下望以为相，而公卒以直道不容于时。盖尝手植三槐于庭，曰：“吾子孙必有为三公者。”已而其子魏国文正公④，相真宗皇帝于景德、祥符之间，朝廷清明、天下无事之时，享其福禄荣名者十有八年。今夫寓物于人，明日而取之，有得有否。而晋公修德于身，责报于天，取必于数十年之后，如持左契⑤，交手相付，吾是以知天之果可必也。

吾不及见魏公，而见其子懿敏公⑥。以直谏事仁宗皇帝，出入侍从将帅三十余年，位不满其德。天将复兴王氏也欤？何其子孙之多贤也？世有以晋公比李栖筠者⑦，其雄才直气，真不相上下。而栖筠之子吉甫、其孙德裕⑧，功名富贵略与王氏等。而忠恕仁厚，不及魏公父子。由此观之，王氏之福，盖未艾也。

懿敏公之子巩与吾游，好德而文，以世其家，吾以是铭之。铭曰：呜呼休哉！魏公之业，与槐俱萌，封植之勤，必世乃成。既相真宗，四方砥平⑨，归视其家，槐阴满庭。吾侪小人，朝不及夕，相时射利，皇恤厥德？庶几侥幸，不种而获。不有君子，其何能国。王城之东，晋公所庐，郁郁三槐，惟德之符。呜呼休哉！

①衷：通"中"，恰当，正确。　②申包胥：春秋时楚国大夫，复姓公孙，封申地。　③晋国王公：即王祐。后汉、后周时曾任司户参军、县令等职，宋初官至兵部侍郎，为兵部副长官，死后封晋国公。　④魏国文正公：即王旦。宋太宗时进士，真宗时官至工部尚书、同中书门下平章事，死后封魏国公，谥文正。　⑤左契：契约两联中的一联。　⑥懿敏公：即王素。宋仁宗时官至工部尚书，谥懿敏。⑦李栖筠：字贞一，唐代宗时曾官至给事中。　⑧吉甫：李吉甫，字弘宪。唐宪宗时官至宰相。　德裕：李德裕，字文饶。唐武宗时官至宰相。　⑨砥（dǐ）：磨刀石。

【译　文】

　　天的赏善罚恶是必然的吗？但贤能的人不一定富贵，仁德的人也不一定长寿。天的赏善罚恶不是必然的吗？但仁德的人必然有好的子孙后代，这两种答案哪种是正确的呢？我听说申包胥曾经这样讲过："人的意志可以战胜天命，天的意志也能胜过人为的努力。"世上议论天道的人，都不等天的意志完全表现出来就去责求它，因此认为天是茫茫无知的。善良的人因而倦怠,凶恶的人因而放肆。盗跖的长寿、孔子和颜回的困厄,这都是天的意志还未最终表现出来的缘故。松柏生在山林之中,开始的时候,被蓬蒿围困,被牛羊践踏,但其最终的结果,是四季常青,历经千年仍青翠挺拔,这就是上天的意志啊!善有善报恶有恶报,不在本人也要体现在子孙身上,天的意志是早就定下来的了。以我所见所闻的事实来考察,天是必然要表示它的意志的,这是确实的事情。国家将要兴盛,必然有建立非凡功德的大臣出现,他为国建立了卓越功勋却得不到上天的报赏。但此后他的子孙后代一定能与守成这太平盛世的君主共享天下之福。

已故去的兵部侍郎晋国公王祐,显扬于后汉、后周之际,并辅佐了太祖、太宗两代皇帝,文武才能兼备,忠孝品德高尚,天下人都希望他能出任宰相,但最终因为他性情率直而不为当世所容。他曾经在院子里亲手栽种了三棵槐树,说:"我的子孙后代将来一定有当上三公这样的大官的。"果然后来他的儿子魏国文正公在宋真宗景德、祥符年间就当了宰相,那时正当朝廷政治清明,天下无事之时,享受了荣华富贵一十八年。今天,你把东西寄存在别人家中,明天去取,有可能取到或取不到。而王晋公自身修养德性,希望得到天的报赏,在数十年后得到了上天的必然报答,就好像手里拿着契约,一手交契一手取物一样。从这件事我知道天一定会表示它的意志的。

我没有赶上看见魏公,而见到了他的儿子懿敏公,懿敏公以敢言直谏侍奉仁宗皇帝,出外带兵、入内侍从三十多年,这样的爵位也不足和他的才德相称。是上天要使王氏重新兴盛吗?为什么他的子孙有这么多贤能的人呢?世人有以晋国公和李栖筠相比的,他们的雄才大略真不相上下,而李栖筠的儿子李吉甫、孙子李德裕,他们的功名富贵和王氏差不多,而李氏忠恕仁厚的品德则不如晋魏公父子。从这点来看,王氏的福分还远远未有完结呢!

懿敏公的儿子王巩,与我曾有过交往,他崇尚道德而又善为文章,来继承他家的传统,因此我也把他记下来。铭文为:美好而崇高啊!魏公的事业,与槐树一起萌生。辛勤地栽植培养,经过一代就能长成。当

506

了真宗的宰相，国家四境安康。回到家中一看，槐荫掩映庭院。普通的人，早晨不考虑晚上，乘有利时机追求名利，哪还有时间进行道德修养？也许有侥幸的时候，也可能会不种而获。如果没有你们这些君子，国家就不称其为国。王城的东面，是晋公的住所，郁郁葱葱的三棵槐树，象征着晋公一家的才德。啊！多么美好崇高！

王秀梅译

方 山 子 传

　　方山子①，光、黄间隐人也②。少时慕朱家、郭解为人③，闾里之侠皆宗之。稍壮，折节读书，欲以此驰骋当世，然终不遇。晚乃遁于光、黄间，曰岐亭④。庵居蔬食，不与世相闻。弃车马，毁冠服，徒步往来山中，人莫识也。见其所著帽，方耸而高，曰："此岂古方山冠之遗像乎！⑤"因谓之方山子。

　　余谪居于黄，过岐亭，适见焉。曰："呜呼！此吾故人陈慥季常也，何为而在此？"方山子亦矍然问余所以至此者⑥。余告之故。俯而不答，仰而笑，呼余宿其家，环堵萧然，而妻子奴婢皆有自得之意。余既耸然异之。独念方山子少时，使酒好剑，用财如粪土。前十九年，余在岐山，见方山子从两骑，挟二矢，游西山，鹊起于前，使骑逐而射之，不获。方山子怒马独出，一发得之。因与余马上论用兵及古今成败，自谓一时豪士。今几日耳，精悍之色，犹见于眉间，而岂山中之人哉？

　　然方山子世有勋阀⑦，当得官，使从事于其间，今已显闻。而其家在洛阳，园宅壮丽，与公侯等。河北有田，岁得帛千匹，亦足以富乐。皆弃不取，独来穷山中，此岂无得而然哉？

　　余闻光、黄间多异人，往往佯狂垢污，不可得而见，方山子傥见之欤？

①方山子:即陈慥,太常少卿陈希亮之子。　　②光:光州,治所在今河南潢川。　黄:黄州,治所在今湖北黄冈。　　③朱家、郭解:二人均为西汉时游侠。
④岐亭:在今湖北麻城附近。　　⑤方山冠:汉代乐师戴的帽子,用五彩丝织成。
⑥矍(jué)然:吃惊的样子。　　⑦勋阀:功劳。

【译 文】

　　方山子是光州、黄州一带的隐士。青年时代他仰慕朱家、郭解的为人,乡里的游侠也都推崇他。进入壮年后他改变志趣,发愤读书,想以此在当世逞强;可惜始终没得到机遇。晚年就隐遁于光州、黄州之间一个叫岐亭的地方。住进草屋,粗茶淡饭,不再与俗士交往。他舍弃了必备的车马,毁掉了书生的衣帽,徒步往来于山中,当地没有人认识他。看到他戴的帽子又方又高,都说:"这不是古代方山冠遗留的模样吗?"于是都称呼他为方山子。

　　我贬居到黄州,有一次经过岐亭,恰好遇见他,不禁喊道:"啊! 这不是我那老朋友陈慥(季常)吗? 为什么会流落到这里?"方山子也惊讶地看着我,问我到此地的缘故。我把有关情况告诉他,他先是低头不语,接着又仰天大笑,还招呼我到他家住宿。他的住处四壁空空如也,但妻子儿女奴婢都有一种悠然自得的神情。我感到十分诧异。想起方山子青年时代纵情饮酒,喜好剑术,挥金如土的情景。十九年前,我在岐山,曾见方山子带随从骑两匹马,挟两支箭游西山。前方飞起一只鹊鸟,让随从追赶射杀,没能射中。方山子独自跃马而出,一箭射中鹊鸟。于是我俩在马上讨论起用兵之道及古今成败之理,他自诩是一代豪杰。到如今经过多少时日,那精明强干的神态,仍保留在眉宇间。这哪里像是山中隐士!

　　方山子家族世代建功立业,他理应得到一官半职;假如混迹于官场,今天必能显贵闻达。他家原在洛阳,园圃宅院富丽堂皇,可与公侯之家相比美。河北有田产,每年可得上千匹丝帛,足以过上富贵安乐的好日子了。但他舍弃这一切,偏要来到穷山僻壤。倘无自得之乐,难道会这样做吗?

我听说光州、黄州一带有不少异人，大都假装疯癫，浑身污垢，可总也没机会与他们相见。方山子或许会见过他们吧！

刘尚荣译

苏辙（1039—1112）字子由，眉山（今四川眉山）人。宋仁宗嘉祐二年（1057）中进士，当过尚书右丞、门下侍郎，晚年辞官居于河南许昌，号颍滨遗老。他是苏洵的儿子、苏轼的弟弟，从小受父亲的影响，长大受哥哥的感染，使他的散文风格既有苏洵的简洁雄健，又有苏轼的飘逸潇洒，简洁雄健主要表现在议论文章中，飘逸潇洒则表现在叙事抒情散文中。但他的议论文章比苏洵明快，而不如苏洵浑厚，他的抒情叙事文则比苏轼简洁，却远不如苏轼自由奔放，在"三苏"中可以媲美于其父而赶不上其兄，在"唐宋八大家"中也只能和曾巩同陪末席而难以与其他人比肩争先。

六 国 论

尝读六国世家，窃怪天下之诸侯以五倍之地，十倍之众，发愤西向，以攻山西千里之秦，而不免于灭亡。常为之深思远虑，以为必有可以自安之计。盖未尝不咎其当时之士虑患之疏而见利之浅，且不知天下之势也。

夫秦之所与诸侯争天下者，不在齐、楚、燕、赵也，而在韩、魏之郊。诸侯之所与秦争天下者，不在齐、楚、燕、赵也，而在韩、魏之野。秦之有韩、魏，譬如人之有腹心之疾也。韩、魏塞秦之冲，而蔽山东之诸侯，故夫天下之所重者，莫如韩、魏也。昔者范雎用于秦而收韩①，商鞅用于秦而收魏②。昭王未得韩、魏之心，而出兵以攻齐之刚、寿③，而范雎以为忧，然则秦之所忌者可见矣。

　　秦之用兵于燕、赵，秦之危事也。越韩过魏而攻人之国都，燕、赵拒之于前，而韩、魏乘之于后，此危道也。而秦之攻燕、赵，未尝有韩、魏之忧，则韩、魏之附秦故也。夫韩、魏诸侯之障，而使秦人得出入于其间，此岂知天下之势耶？委区区之韩、魏，以当强虎狼之秦，彼安得不折而入于秦哉？韩、魏折而入于秦，然后秦人得通其兵于东诸侯，而使天下遍受其祸。

　　夫韩、魏不能独当秦，而天下之诸侯藉之以蔽其西，故莫如厚韩亲魏以摈秦。秦人不敢逾韩、魏以窥齐、楚、燕、赵之国，而齐、楚、燕、赵之国，因得以自完于其间矣。以四无事之国，佐当寇之韩、魏，使韩、魏无东顾之忧，而为天下出身以当秦兵。以二国委秦，而四国休息于内，以阴助其急，若此可以应夫无穷，彼秦者将何为哉？不知出此，而乃贪疆场尺寸之利，背盟败约，以自相屠灭。秦兵未出，而天下诸侯已自困矣。至于秦人得伺其隙，以取其国，可不悲哉！

　　①范雎（jū）：战国时魏人。曾游说秦昭王，被任为秦相。　　②商鞅：战国时卫人，姓公孙，名鞅。曾辅佐秦孝公，并用计胜魏军，俘获魏公子卬。因功封于商，又称商鞅。　　③昭王：即秦昭王。前306—前251年在位。　　刚、寿：齐地，均在今山东。

【译　文】

　　我曾经读过《史记》的六国世家，私下里奇怪天下的各诸侯国凭着五倍的土地，十倍的民众，决然向西进兵，去攻打崤山以西方圆千里的秦国，而最后竟不能免于灭亡。我常常深思远虑，认为一定有可以使他们保全自己的谋略。因此我未尝不责备当时六国那班谋士考虑祸患疏忽大意，谋取利益目光短浅，而且不了解天下的形势。

秦国与各诸侯国争夺天下的要害地区,不在齐、楚、燕、赵四国,而在韩、魏两国。各诸侯国与秦国争夺天下的关键地方,也不在齐、楚、燕、赵四国,而在韩、魏两国。韩、魏的存在对秦国来说,好比人的心腹之患。韩、魏两国挡住了秦国的交通要道,掩蔽着崤山以东的各诸侯国,所以天下再没有像韩、魏那样重要的地方了。从前范雎被秦国重用时就建议收服韩国,商鞅被秦国重用时又提出收服魏国。秦昭王在没有得到韩、魏的真心归顺时,就出兵去攻打齐国的刚、寿两地,范雎对此感到忧虑,那么秦国所顾忌的事情就可以看得很清楚了。

　　秦国出兵燕、赵,对秦国来说是危险的事。因为秦国越过韩、魏两国去攻打别国的都城,燕、赵在前面抵抗,而韩、魏又会乘机从后面袭击,这是危险的用兵之道。然而秦国在攻打燕、赵时,不曾有过韩、魏会从后面袭击的忧虑,那是因为韩、魏已归附了秦国的缘故。韩、魏是其他各诸侯国的屏障,却让秦国人能够在它们中间出入往来,这难道可以说是了解天下形势的吗? 丢弃小小的韩、魏,让它们去抵挡强暴如虎狼一样的秦国,它们怎么能不屈服而归顺于秦国呢? 韩、魏两国既屈服而归顺了秦国,这样秦国就能够毫无阻挡地向东方的各诸侯国用兵了,从而使天下普遍地遭受到它的祸害。

　　韩、魏不能独自抵挡秦国,然而天下其他各诸侯国却可以依靠它们来掩护自己,以免遭西方的侵略,所以不如厚待韩国亲近魏国,从而使其弃绝秦国。这样秦国就不敢越过韩、魏来窥伺齐、楚、燕、赵各国,那么齐、楚、燕、赵各国就能够因此而使自己得以保全了。用四个没有战事的国家,去帮助面对强敌的韩、魏,使韩、魏没有东顾之忧,它们就能够为天下其他各诸侯国挺身而出,去抵挡秦兵。让韩、魏两国去对付秦国,而四国在内部休养生息,来暗中帮助解决韩、魏的急难,像这样就可以一直应付下去,那秦国还能干什么呢? 不知道提出这样的谋略,却贪图边界上尺寸之地的小利,背弃破坏盟约,甚至自相残杀。秦兵还未出动,而天下各诸侯国已经把自己搞得狼狈不堪了。以至于秦人能够钻他们的空子,来夺取他们的国家,这能不令人悲伤吗?

吴小林译

上枢密韩太尉书

太尉执事①：辙生好为文，思之至深。以为文者气之所形，然文不可以学而能，气可以养而致。孟子曰："我善养吾浩然之气。"今观其文章，宽厚宏博，充乎天地之间，称其气之小大。太史公行天下②，周览四海名山大川，与燕、赵间豪俊交游③，故其文疏荡，颇有奇气。此二子者，岂尝执笔学为如此之文哉？其气充乎其中而溢乎其貌，动乎其言而见乎其文，而不自知也。

辙生十有九年矣。其居家所与游者，不过其邻里乡党之人；所见不过数百里之间，无高山大野可登览以自广；百氏之书，虽无所不读，然皆古人之陈迹，不足以激发其志气。恐遂汩没④，故决然舍去，求天下奇闻壮观，以知天地之广大。过秦、汉之故都⑤，恣观终南、嵩、华之高，北顾黄河之奔流，慨然想见古之豪杰。至京师，仰观天子宫阙之壮，与仓廪、府库、城池、苑囿之富且大也，而后知天下之巨丽。见翰林欧阳公⑥，听其议论之宏辩，观其容貌之秀伟，与其门人贤士大夫游，而后知天下之文章聚乎此也。太尉以才略冠天下，天下之所恃以无忧，四夷之所惮以不敢发，入则周公、召公，出则方叔、召虎⑦。而辙也未之见焉。

且夫人之学也，不志其大，虽多而何为？辙之来也，于山见终南、嵩、华之高，于水见黄河之大且深，于人见欧阳公，而犹以为未见太尉也。故愿得观贤人之光耀，闻一言以自壮，然后可以尽天下之大观而无憾者矣。

辙年少，未能通习吏事。向之来，非有取于斗升之禄，偶然得之，非其所乐。然幸得赐归待选，使得优游数年之间，将以益治其文，且学为政。太尉苟以为可教而辱教之，又幸矣！

①太尉:指韩琦。宋仁宗时曾任枢密使,掌全国兵权,相当于汉唐时的太尉,故称。　执事:指左右办事人员。不直接称呼对方而称执事,以示尊敬。
②太史公:指汉代司马迁。他曾任太史令。　　③燕、赵:战国时的两个国家,其地相当今之河北、山西、辽宁、陕西的部分地区。　　④汩(gǔ)没:埋没。
⑤秦、汉之故都:秦都咸阳,西汉都长安,东汉都洛阳。　　⑥欧阳公:即欧阳修,宋仁宗至和元年(1054)任翰林学士。嘉祐二年(1057)以翰林学士权知贡举,苏氏兄弟即于此年中进士。　　⑦周公、召公、方叔、召虎:是周朝的四名大臣。

【译　文】

太尉执事:辙生性喜好写文章,对此想得很深。我认为文章是气的外在体现,然而文章不是单靠学习就能写好的,气却可以通过培养而得到。孟子说:"我善于培养我的浩然之气。"现在看他的文章,宽厚宏博,充塞于天地之间,同他气的大小相称。司马迁走遍天下,广览四海名山大川,与燕、赵之间的英豪俊杰交游,所以他的文章疏放不羁,颇有奇伟之气。这两个人,难道单靠执笔学写这种文章就能到此地步的吗?这是因为他们的气充满在内心而溢露到外貌,发于言语而表现为文章,自己却并没有觉察到。

辙出生已经十九年了。我住在家里时,所交往的,不过是邻居同乡这一类人。所看到的,不过是几百里之内的景物,没有高山旷野可以登临观览以开阔自己的心胸。诸子百家的书,虽然无所不读,然而都是古人过去的东西,不能激发自己的志气。我担心就此而被埋没,所以断然离开家乡,去寻求天下的奇闻壮观,以便了解天地的广大。我经过秦朝、汉朝的故都,尽情观览终南山、嵩山、华山的高峻,向北眺望黄河奔腾的急流,深有感慨地想起了古代的英雄豪杰。到了京城,抬头看到天子宫殿的壮丽,以及粮仓、府库、城池、苑囿的富庶而且巨大,这才知道天下的广阔富丽。见到翰林学士欧阳公,聆听了他宏大雄辩的议论,看到了他秀美奇伟的容貌,同他的学生贤士大夫交游,这才知道天下的文章都汇聚在这里。太尉以雄才大略称冠天下,全国人依靠您而无忧无虑,四方各少数民族惧怕您而不敢侵犯,在朝廷之内像周公、召公一样辅君有方,领兵出征像方叔、召虎一样御侮立功。可是我至今还未见到您呢。

况且一个人的学习,不是有志于大的方面,即使学了很多又有什么用呢?辙这次来,对于山,看到了终南山、嵩山、华山的高峻;对于水,看到了黄河的深广;对于人,看到了欧阳公;可是仍以没有谒见您而为一件憾事。所以希望能够一睹贤人的丰采,就是听到您的一句话也足以使自己心雄志壮,这样就算看遍了天下的壮观而不会再有什么遗憾了。

辙年纪很轻,还没能够通晓做官的事情。先前来京应试,并不是为了谋取微薄的俸禄,偶然得到了它,也不是自己所喜欢的。然而有幸得到恩赐还乡,等待吏部的选用,使我能够有几年空闲的时间,将用来更好地研习文章,并且学习从政之道。太尉假如认为我还可以教诲而屈尊教导我的话,那我就更感到幸运了!

吴小林译

黄州快哉亭记

江出西陵①,始得平地,其流奔放肆大;南合湘、沅,北合汉沔,其势益张;至于赤壁之下②,波流浸灌③,与海相若。清河张君梦得谪居齐安④,即其庐之西南为亭,以览观江流之胜,而余兄子瞻名之曰“快哉”⑤。

盖亭之所见,南北百里,东西一舍⑥,涛澜汹涌,风云开阖;昼则舟楫出没于其前,夜则鱼龙悲啸于其下;变化倏忽,动心骇目,不可久视。今乃得玩之几席之上,举目而足。西望武昌诸山⑦,冈陵起伏,草木行列,烟消日出,渔夫、樵父之舍,皆可指数,此其所以为“快哉”者也。至于长洲之滨,故城之墟,曹孟德、孙仲谋之所睥睨⑧,周瑜、陆逊之所驰骛⑨,其流风遗迹,亦足以称快世俗。

昔楚襄王从宋玉、景差于兰台之宫⑩,有风飒然至者,王披襟当之,曰："快哉此风！寡人所与庶人共者耶?"宋玉曰："此独大王之雄风耳,庶人安得共之!⑪"玉之言盖有讽焉。夫风无雄雌之异,而人有遇不遇之变。楚王之所以为乐,与庶人之所以为忧,此则人之变也,而风何与焉? 士生于世,使其中不自得,将何往而非病? 使其中坦然,不以物伤性,将何适而非快? 今张君不以谪为患,收会稽之余⑫,而自放山水之间,此其中宜有以过人者。将蓬户瓮牖,无所不快,而况乎濯长江之清流⑬,挹西山之白云⑭,穷耳目之胜以自适也哉! 不然,连山绝壑,长林古木,振之以清风,照之以明月,此皆骚人思士之所以悲伤憔悴而不能胜者,乌睹其为快也哉!

①西陵:长江三峡之一,在今湖北宜昌西北。　　②赤壁:又名赤鼻山,在今湖北黄冈。苏辙误以为这里即是三国时发生"赤壁大战"的赤壁(在今湖北蒲圻)。③浸灌:形容水势浩大。　　④清河:今属河北。　齐安:即黄州,治在今湖北黄冈。　　⑤子瞻:苏轼的字。　⑥舍:古代三十里为一舍。　　⑦武昌:今湖北鄂城。　⑧曹孟德:曹操字孟德,即三国时魏武帝。　孙仲谋:孙权字仲谋,三国时吴的建国者。　　⑨周瑜:三国时孙吴大将。曾于赤壁大破曹操军。　陆逊:三国时孙吴大将,曾于彝陵(今湖北宜昌东)等地大破蜀军,后任荆州牧,久驻武昌。官至丞相。　⑩楚襄王:战国时楚国国君。　宋玉:战国时楚大夫,辞赋家。　景差:战国时楚国辞赋家。　兰台之宫:在今湖北钟祥。　　⑪"王披襟"以下六句:襄王和宋玉的对话出自宋玉的《风赋》。　　⑫会稽:指钱财赋税事务。⑬濯(zhuó):洗涤。　⑭挹(yì):汲取。

【译 文】

　　长江从西陵峡流出,方始进入平地,它的水流变得奔放浩大。当它南面汇合了湘水和沅水,北面汇合了汉水和沔水,水势越发盛大。到了赤壁之下,江流浩荡,犹如大海一般。清河张梦得君贬官后住在齐安,在靠近其住宅的西南方建造了一座亭子,用来观赏江流的胜景,我的哥哥子瞻为它起名为"快哉亭"。

　　在亭子上望出去,能看到南北百里之遥,东西三十里之远,波涛汹涌澎湃,风云开合多变。白天则船只出没于亭前,夜晚则鱼龙悲鸣于亭下。景色变化万端,动人心魄,惊人眼目,使人不能长时间的观赏。如今却能够在亭子的几案坐席旁尽情赏玩,抬眼就可饱览风光。向西遥望武昌附近的群山,冈峦高低起伏,草木成行成列,当烟雾消散、太阳出来的时候,渔夫、樵夫的房舍都可一一指点数清,这就是亭子所以叫"快哉"的原因吧。至于那长长沙洲的岸边,旧日城郭的废墟,是曹操、孙权曾窥伺争夺的地方,是周瑜、陆逊曾驰骋角逐的场所,想起他们往日的风采,远眺他们旧时的遗迹,亦足以使世俗之人称快。

从前,楚襄王叫宋玉、景差作随从游于兰台宫,有一阵风飒飒吹来,襄王敞开衣襟迎着风说:"这阵风吹得真畅快呀!这是我和百姓共同享受到的吗?"宋玉说:"这只是大王的雄风,百姓哪能和大王共同享受!"宋玉的话大概有讽喻的意味在里面。风并无雄雌的不同,而人却有得意不得意的区别。楚王之所以觉得快乐,和百姓之所以感到忧愁,这是人的境遇的不同,与风有什么关系呢?士子活在世上,假如他心中不安然自得,那么无论到哪里能不痛苦吗?假如他心中坦然旷达,不因外物的影响而伤害自己的性情,那么无论到哪里能不快乐吗?如今张君不因贬官而忧愁,利用处理公务的剩余时间,让自己在山水之间尽情游玩,说明他心中理应有超过常人的东西。即使编蓬草为门,用破瓮口作窗,他生活在这种贫困的环境中也不会有什么不快乐的,更何况能在长江的清流中洗濯,面向西山的白云来观赏,让耳目尽情饱览美景以自求安适快乐呢!如果不是这样,绵延的峰峦,陡峭的山沟,大片的森林,古老的树木,清风吹拂其间,明月当头映照,这些都是使忧郁失意的人所以悲伤憔悴而不能承受的景色,哪里看得出它们能使人快乐的呢!

吴小林译

曾巩(1019—1083)字子固,南丰(今江西南丰)人。宋仁宗嘉祐年间进士,当过地方长官,最后做到中书舍人。他也是名列"唐宋八大家"的北宋散文家之一,他的散文继承了"文以载道"的传统,在史论中常常抒发兴亡盛衰得失成败的道理,在政论中常常论述国计民生法制度数,在叙事文中常常也要夹杂些议论,不过他的议论、叙事、抒情总是结合得比较自然,不让人感到生硬。在北宋诸家里,他的个性风格不太突出,气势不够宏大,锋芒不很锐利,但是结构清晰、层次分明,给人一种"平正古雅"的淳厚敦重感受,读下面所选的两篇作品,就能够感觉到好像是在聆听一个性格敦厚、心地淳正的长者在从容议论。

寄欧阳舍人书

去秋人还,蒙赐书及所撰先大父墓碑铭①,反复观诵,感与惭并。

夫铭、志之著于世②,义近于史,而亦有与史异者。盖史之于善恶无所不书,而铭者,盖古之人有功德、材行、志义之美者,惧后世之不知,则必铭而见之,或纳于庙,或存于墓,一也。苟其人之恶,则于铭乎何有? 此其所以与史异也。其辞之作,所以使死者无有所憾,生者得致其严。而善人喜于见传,则勇于自立;恶人无有所纪,则以愧而惧。至于通材达识、义烈节士,嘉言善状,皆见于篇,则足为后法。警劝之道,非近乎史,其将安近?

及世之衰,人之子孙者,一欲褒扬其亲而不本乎理。故虽恶人,皆务勒铭以夸后世。立言者,既莫之拒而不为,又以其子孙之请也,书其恶焉,则人情之所不得,于是乎铭始不实。后之作铭者当观其人。苟托

517

之非人,则书之非公与是,则不足以行世而传后。故千百年来,公卿大夫至于里巷之士莫不有铭,而传者盖少,其故非他,托之非人,书之非公与是故也。

然则孰为其人而能尽公与是欤?非畜道德而能文章者无以为也③。盖有道德者之于恶人则不受而铭之,于众人则能辨焉。而人之行,有情善而迹非,有意奸而外淑,有善恶相悬而不可以实指,有实大于名,有名侈于实。犹之用人,非畜道德者,恶作辨之不惑④,议之不徇?不惑不徇,则公且是矣。而其辞之不工,则世犹不传,于是又在其文章兼胜焉。故曰非畜道德而能文章者无以为也。岂非然哉?

然畜道德而能文章者,虽或并世而有,亦或数十年或一二百年而有之。其传之难如此,其遇之难又如此。若先生之道德文章,固所谓数百年而有者也。先祖之言行卓卓,幸遇而得铭其公与是,其传世行后无疑也。而世之学者,每观传记所书古人之事,至于所可感,则往往盎然不知涕之流落也⑤,况其子孙也哉?况巩也哉?其追晞祖德而思所以传之之由⑥,则知先生推一赐于巩而及其三世。其感与报,宜若何而图之?抑又思若巩之浅薄滞拙而先生进之,先祖之屯蹶否塞以死而先生显之⑦,则世之魁闳豪杰不世出之士,其谁不愿进于门?潜遁幽抑之士,其谁不有望于世?善谁不为?而恶谁不愧以惧?为人之父祖者,孰不欲教其子孙?为人之子孙者,孰不欲宠荣其父祖?此数美者,一归于先生。

既拜赐之辱⑧,且敢进其所以然。所论世族之次,敢不承教而加详焉?愧甚,不宣。

①先大父:去世的祖父,指曾致尧。宋仁宗六年(1046)欧阳修为曾致尧写了墓碑铭文。　②铭、志:碑文最后的韵文部分称铭,记述死者事迹的散文部分称志。　③畜:通"蓄",积累。　④恶(wū):怎么。　⑤盎(xì)然:伤痛的样子。　⑥晞(xī):仰慕。　⑦屯(zhūn)蹶否(pǐ)塞:指不得志、不顺利。屯、否是《易经》的卦名,屯卦表示艰难,否卦表示隔绝。　⑧辱:对人表示尊敬的谦辞。

【译 文】

去年秋天有人回来，承蒙您写信给我并为先祖父撰写了墓碑铭文，我反复地观览诵读，心中既感激又惭愧。

墓志铭这一文体所以能著称于世，是因为它的意义与史传相近，但也有与史传不同的地方。史传对于传主的善行恶行都不回避，而墓志铭，是由于惟恐古代那些功业德行显著、才能操行出众、志向远大信守节义的人的善行懿德不为后世人所知，因此，就一定用铭文的方式记载下来以显扬于后世。这种铭文有的放入家庙，有的存入墓中，其作用是一样的。假如这个人品行不端又无功业，铭文就没有什么可记载，也就不必有铭文了。这就是铭文与史传不同的地方。铭文的作用，就是使死的人感到没有什么可遗憾的，活着的人以此来表达对死者的哀思和尊敬。而善人喜好自己的生平事迹能记载流传，就会努力有所建树；恶人没有什么事迹可记，就会因此感到惭愧和惶恐。至于那些学识渊博事理通达之人、功业卓著节操高尚之士，他们美好的言论和优秀的事迹，都记载在铭文中，就足以成为后人效法的榜样。铭文这样警戒劝勉的作用，不和史传相近又和什么相近呢？

到了世道衰微的时候，为人子孙的，一心要褒扬自己的亲人而不根据事理。虽然是恶人，也都要镌刻碑铭以夸耀于后世。写铭文的人，既无法拒绝而不写，又因为受其子孙之请求，如果写上死者的恶行，从人情道理上又不应该，于是铭文从此就不真实了。后世想请人写碑铭的人，应当观察作者的为人，假使托付的人不妥当，撰写的铭文既不会公正又不符合事实，铭文就不能够流传于后世。因此千百年来，公卿大夫以至于平民百姓，没有谁没有碑铭，但传下来的却不多，其原因不是别的，就是因为请托的人不合适，写的铭文不公正，不符合事实。

那么谁是适当的人，而能做到写得既公正又符合事实呢？不是道德高尚而又善于写文章的人，是不能做到的。那些道德高尚的人对于恶人，是不会接受为他们撰写铭文的请求的；于普通的人，则能够分辨他们的善恶。而人们的行为，有内心是善的，而表现在行为上则好像不善；有内心是奸诈的，而表现在外表上则好像很善良。有的人，人们对

519

他的评价悬殊但又说不清楚,有的实际大于名声,有的又名不符实。这就好像用人,不是道德高尚的人,怎么能辨别清楚而不迷惑、评论公正而不徇私情呢? 不迷惑不徇私,就会公正而符合事实。铭文能做到以上这点,但文辞不够优美,仍然不能流传,因此写铭文的人又必须擅长文章。所以说不是道德高尚而又擅长文章的人,是写不好铭文的,事实难道不是这样吗?

但是,道德高尚而又擅长文章的人,虽然有时会相继出现,也有数十年或一二百年才出现一个,这种人才的出现很难,能遇到这种人才也是很难。像先生您的道德文章,就是所说的数百年才会出现的人才。我的先祖言论和行为都很杰出,幸运地遇到您能在铭文中给以公正而又符合实际的评价,这样的铭文能流传后世是无疑的了。世上的学者,每当看到所写古人的事迹,看到感人的地方,往往感动的不觉流下泪来,何况是作为子孙的人呢? 又何况是我呢? 我追怀仰慕祖先的高尚道德而思考铭文能够流传后世的原因,就知道先生接受我一人请求所写的铭文而恩泽将及于三代。怎样才能表达我的感激与报答之情呢? 我又想,像我这样浅薄愚钝的人,而受到先生的奖掖,像我的先祖郁郁不得志而死,先生却能使他们显扬于后世,那么世上那些俊伟奇才之士,谁不愿意拜在您的门下呢? 那些现在还遁迹山林没有显扬的人,谁不希望扬名于世呢? 美好的事情谁不愿做,丑恶的事谁不羞愧害怕? 作为人的父亲、祖父的,谁不想好好地教导子孙使其成名? 作为人的子孙的,谁不想使其父祖更加荣耀? 为一人做铭而能达到种种好的效果,都要归功于先生。

我荣幸地受到您的恩赐,并且敢于把我心里的想法向您陈述。关于我们家世的情况,一定遵照您的教诲而详细地审核考究。惭愧万分,书不尽言。

王秀梅译

赠黎安二生序

赵郡苏轼①，予之同年友也②。自蜀以书至京师遗予③，称蜀之士曰黎生、安生者。既而黎生携其文数十万言，安生携其文亦数千言，辱以顾予。读其文，诚闳壮隽伟，善反复驰骋，穷尽事理，而其材力之放纵，若不可极者也。二生固可谓魁奇特起之士，而苏君固可谓善知人者也。

顷之，黎生补江陵府司法参军④，将行，请予言以为赠。予曰："予之知生，既得之于心矣，乃将以言相求于外邪？"黎生曰："生与安生之学于斯文，里之人皆笑以为迂阔，今求子之言，盖将解惑于里人。"予闻之，自顾而笑。

夫世之迂阔，孰有甚于予乎？知信乎古，而不知合乎世；知志乎道，而不知同乎俗。此予所以困于今而不自知也。世之迂阔，孰有甚于予乎？今生之迂，特以文不近俗，迂之小者耳，患为笑于里人。若予之迂大矣，使生持吾言而归，且重得罪，庸讵止于笑乎⑤？然则若予之于生，将何言哉？谓予之迂为善，则其患若此。谓为不善，则有以合乎世，必违乎古；有以同乎俗，必离乎道矣。生其无急于解里人之惑，则于是焉必能择而取之。

遂书以赠二生，并示苏君以为何如也。

①赵郡：即赵州，治所在今河北赵县。　苏轼：宋代文学家。眉州眉山（今属四川）人，祖籍赵郡。　②同年：指同年中考。　③京师：京都。　④江陵府：治所在今湖北江陵。　司法参军：掌刑法的官员。　⑤庸讵（jù）：岂。

【译　文】

赵郡的苏轼，是我同年及第的好友。他从蜀地给我写信，托人带到京师,信中称赞蜀地的读书人黎生和安生。不久黎生带了自己数十万字的文章,安生也带了自己数千字的文章,屈尊来访。读了他们的文章,觉得气势确实宏大雄伟,善于纵横驰骋,将事理讲得非常透彻,他们才华横溢,若无际涯,真可说是杰出俊伟的后起之秀,而苏君也真可谓善于知人啊!

前不久,黎生递补为江陵府司法参军,临行前,请我赠言。我说:"我了解你,是在内心深处,还用得着言语表达吗?"黎生说:"我和安生学习写这些文章,乡里的人都讥笑我们,认为我们迂阔不合时宜。现在请您讲几句话,是为了消释乡里对我们的误解。"我闻听此言,想到自身,不由地笑了。

世上人的迂阔,有谁能比我更甚呢? 我只知道合于古人所讲的道理,而不知道不适宜于今世;只知道一心按古人所讲的道而行,而不知道不合于流俗。这就是困顿到今还不自知的原因。世人的迂阔,有谁能比我更甚呢! 你们二人的迂阔,主要是文章不合流俗,这只不过是小迂罢了,还害怕乡里人耻笑。像我这样的迂阔就大了,假若你们把我的话带回家乡,就更要得罪乡里,哪里只是耻笑呢? 但是我对你们,将说些什么话呢? 认为我的迂阔是好的,它的后果却是这样;认为是不好的,为了迎合当世,必违反古训;为了合乎流俗,必然违背常道。你们不要急于消除里人的误解,何去何从一定能自己选择。

这些话写下来赠给你们二人,也请转苏君一览,看他有什么看法。

王秀梅译

王安石(1021—1086)字介甫,晚号半山,临川(今江西抚州)人。他是北宋政坛上一个最激进的政治家,在宋神宗熙宁年间主持的变法,使他成为十一世纪政治舞台上的风云人物。他和欧阳修、苏洵、苏轼等人一样,都是著名的散文大家,他的散文以简洁凝练、刚健峭拔为特色,和其他人的作品比起来,虽然不那么纡徐摇曳,不那么含蓄蕴藉,词句也不那么讲究雕琢锤炼,但更富于一针见血的锐利和开门见山的明快,这也许和他"务为有补于世"的实用文学观和倔强爽直的个性有关,在下面四篇散文作品中我们能看到一些他的风格,也能感觉到他还有好发议论善于联想的特点。

读孟尝君传

世皆称孟尝君能得士①,士以故归之,而卒赖其力以脱于虎豹之秦。

嗟乎！孟尝君特鸡鸣狗盗之雄耳,岂足以言得士？不然,擅齐之强,得一士焉,宜可以南面而制秦②,尚何取鸡鸣狗盗之力哉？鸡鸣狗盗之出其门,此士之所以不至也。

①孟尝君：即战国时的齐国贵族田文。　②南面：面向南。古代面向南为尊位,帝王总是南面而坐。

【译　文】

世人都称道孟尝君能搜罗人才,人才也因此投在他的门下,而他也终因他们出力相助,得以从凶残的秦国逃走。

唉！其实孟尝君只不过是那些鸡鸣狗盗之徒的头目罢了,哪里称得上能搜罗人才呢？如果他不是这样,凭借齐国强大的国力,即使得到一个真正的人才,也应该可以制服秦国、称雄于诸侯之间,哪还用依靠鸡鸣狗盗之徒呢?鸡鸣狗盗之徒出其门下,这正是真正的人才不去投奔他的原因啊。

丁　夏译

同学一首别子固

江之南有贤人焉,字子固①,非今所谓贤人者,予慕而友之。淮之南有贤人焉,字正之②,非今所谓贤人者,予慕而友之。二贤人者,足未尝相过也,口未尝相语也,辞币未尝相接也③,其师若友,岂尽同哉?予考其言行,其不相似者何其少也!曰:学圣人而已矣。学圣人,则其师若友必学圣人者。圣人之言行,岂有二哉?其相似也适然。

予在淮南,为正之道子固,正之不予疑也。还江南,为子固道正之,子固亦以为然。予又知所谓贤人者,既相似又相信不疑也。子固作《怀友》一首遗予,其大略欲相扳以至乎中庸而后已④。正之盖亦尝云尔。夫安驱徐行,辎中庸之庭而造于其室⑤,舍二贤人者而谁哉?予昔非敢自必其有至也,亦愿从事于左右焉尔,辅而进之其可也。

噫!官有守,私有系,会合不可以常也。作《同学一首别子固》,以相警,且相慰云。

①子固:曾巩字子固,南丰(今江西南丰)人,北宋著名散文家。　②正之:孙侔字正之。曾客居江淮之间,立誓不仕。　③币:指相互赠送的礼物。④扳(pān):通"攀"。　⑤辎(lìn):车轮,这里用作动词。

【译　文】

江南有一位贤人,字子固,他不是当今世俗所说的那种贤人,我敬佩他并和他做了朋友。淮南有一位贤人,字正之,他也不是当今世俗所说的那种贤人,我也敬佩他并和他做了朋友。这两位贤人,不曾相互过往,不曾相互交谈,也没有相互赠送过礼物。他们的老师和朋友,难道都是相同的吗?我注意观察过他们的言行,其不同之处竟是那样少啊。应该说,这是他们学习圣人的结果。他们学习圣人,那么他们的老师和朋友,必然也是学习圣人的。圣人的言行难道还会有什么两样吗?所以他们的相似也就是必然的了。

我在淮南时,向正之介绍过子固,正之不怀疑我的话。回到江南后,向子固说起正之,子固也很相信我的话。于是我又发现这些被人们视为贤人的人,不仅言行相似,又是互相信任而不彼此猜疑的。子固写了一篇《怀友》赠给我,其中的大意是说希望相互帮助,以期最后能达到中庸的境界。正之也常常这样说。循序渐进,初至中庸的门墙而后升堂入室,达到中庸的最高境界,除了这两位贤人还有谁呢?我过去不敢说自己必能达到中庸的境界,但也愿意跟着他们努力去做。有他们的帮助不断上进,大概能达到目的。

唉!做官的有自己的职守,个人也有私事牵挂,我们之间不能经常相聚。因此我写了这篇《同学一首别子固》,用来互相告诫,并且互相慰勉。

丁 夏译

游褒禅山记

褒禅山亦谓之华山①。唐浮图慧褒始舍于其址②,而卒葬之,以故其后名之曰褒禅。今所谓慧空禅院者,褒之庐冢也③。距其院东五里,所谓华山洞者,以其乃华山之阳名之也。距洞百余步,有碑仆道,其文漫灭,独其为文犹可识,曰"花山"。今言"华"如"华实"之"华"者,盖音谬也。

其下平旷,有泉侧出,而记游者甚众,所谓"前洞"也。由山以上五六里,有穴窈然④,入之甚寒,问其深,则其好游者不能穷也,谓之"后洞"。予与四人拥火以入,入之愈深,其进愈难,而其见愈奇。有怠而欲出者,曰:"不出,火且尽。"遂与之俱出。盖予所至,比好游者尚不能十一,然视其左右,来而记之者已少。盖其又深,则其至又加少矣。方是时,予之力尚足以入,火尚足以明也。既其出,则或咎其欲出者,而予亦悔其随之,而不得极乎游之乐也。

于是予有叹焉。古人之观于天地、山川、草木、虫鱼、鸟兽,往往有得,以其求思之深而无不在也。夫夷以近,则游者众;险以远,则至者少。而世之奇伟、瑰怪、非常之观,常在于险远,而人之所罕至焉,故非有志者不能至也。有志矣,不随以止也,然力不足者,亦不能至也。有志与力,而又不随以怠,至于幽暗昏惑而无物以相之⑤,亦不能至也。然力足以至焉,于人为可讥,而在己为有悔。尽吾志也而不能至者,可以无悔矣,其孰能讥之乎?此予之所得也。

予于仆碑,又有悲夫古书之不存,后世之谬其传而莫能名者,何可胜道也哉⑥!此所以学者不可以不深思而慎取之也。

四人者:庐陵萧君圭君玉⑦,长乐王回深父⑧,予弟安国平父、安上纯父。

①褒禅山:在今安徽含山北。　②浮图:梵语音译,有佛、佛塔、佛教徒几个不同意义。这里指和尚。　③庐:居住处。　冢:坟墓。　④窈(yǎo)然:幽深的样子。　⑤相(xiàng):辅助。　⑥胜(shēng):尽。　⑦庐陵:今江西吉安。　⑧长乐:今福建长乐。

【译　文】

褒禅山也叫作华山。唐朝有个慧褒和尚,在这里筑室定居,死后就埋葬在这里。因此,以后这座山就被称为褒禅山。现在的所谓慧空禅院,就是慧褒和尚的房舍和坟墓的所在地。距离禅院东边五里路的地方,有一个洞被称为华山洞,是因为它地处华山的南面而得名的。距离洞口一百多步远的地方,有一块倒伏在路上的石碑,碑上的文字已经模糊不清,只有"花山"两个字还可以辨认出来。现在读"华"字,把它当成"华实"的"华",这是把字音读错了。

山下平坦而空阔,有一道泉水从侧面流出,到这里来游览并题字留念的人很多,这就是所谓"前洞"。从山脚往上走五六里,有一个幽暗深邃的山洞,进去以后,感到寒气袭人。要问它有多深,就连那些特别喜爱游山玩水的人也不能达到尽头。这个洞就叫作"后洞"。我和四个同伴举着火把走进去,越往深处走,前进就越困难,而看到的景致就越发奇妙。同伴中有一位意志松懈而想退出去的叫道:"要是不回去,火把就要烧完了!"于是大家都同他一起出洞来了。估计我们所到达的深度,同那些喜欢游览的人相比,还不及十分之一,然而环顾洞壁左右,来到这里并且刻字留念的人已经很少了。这大概是因为越往深处走,到的人就越少了吧。当我刚从洞里退出来的时候,我的力气还足够继续前进,火把也还足够继续照明。出洞之后,有人就抱怨那个吵着要退出来的人,我也后悔自己跟着别人退了出来,而没有能够尽情享受游览的乐趣。

于是我很有感慨。古代的人,在观察天地、山川、草木、虫鱼、鸟兽这样一些自然现象时,往往都有体会心得,这是因为他们思考得很深入,而且思路宽广,无所不在。平坦而近便的地方,游人就多;艰险而偏远的地方,到达的人就很少了。然而世间的雄奇壮丽和极不寻常的胜景,常常是在艰险偏远而人们很少到达的地方,因此没有坚强意志的人是不能到达的。有志向,不肯轻易地停止前进,但是如果力气不充足,也不能到达。既有志向和力气,又不轻易地松懈,但是到了幽深昏暗而令人迷惘的地方,如果没有外物的辅助,也还是不能到达的。然而如果体力足以到达,而努力不够,以致没有到达,这在别人看来是可以责怪讥笑的,在自己也会产生悔恨。如果我自己已经尽了主观努力,仍然不能到达,那就可以不必悔恨,而别人又会有谁来责怪讥笑我呢?这些就是我的心得。

我对于那块倒伏在路上的石碑,又产生了联想和感慨:由于古代的书籍文献散失,后世的人以讹传讹,许多事物的真实情况就无法弄清了,这样的例子难道说得尽吗?这就是读书求学的人对于学问不能不深入思考而谨慎选择的原因啊。

同游的四个人是:庐陵的萧君圭字君玉,长乐县的王回字深父,我的弟弟安国字平父和安上字纯父。

刘扬忠译

泰州海陵县主簿许君墓志铭

君讳平,字秉之,姓许氏。余尝谱其世家,所谓今泰州海陵县主簿者也①。君既与兄元相友爱称天下,而自少卓荦不羁,善辩说,与其兄俱以智略为当世大人所器。宝元时②,朝廷开方略之选③,以招天下异能之士,而陕西大帅范文正公、郑文肃公争以君所为书以荐④,于是得召试,为太庙斋郎⑤,已而选泰州海陵县主簿。

贵人多荐君有大才,可试以事,不宜弃之州县。君亦尝慨然自许,欲有所为。然终不得一用其智能以卒。噫!其可哀也已。

士固有离世异俗,独行其意,骂讥、笑侮、困辱而不悔,彼皆无众人之求而有所待于后世者也,其龃龉固宜⑥。若夫智谋功名之士,窥时俯仰以赴势物之会,而辄不遇者,乃亦不可胜数。辩足以移万物,而穷于用说之时;谋足以夺三军,而辱于右武之国,此又何说哉?嗟乎!彼有所待而不悔者,其知之矣。

君年五十九,以嘉祐某年某月某甲子葬真州之杨子县甘露乡某所之原⑦。夫人李氏。子男瓌,不仕;璋,真州司户参军⑧;琦,太庙斋郎;琳,进士。女子五人,已嫁二人,进士周奉先、泰州泰兴令陶舜元⑨。

铭曰⑩:有拔而起之,莫挤而止之。呜呼许君!而已于斯,谁或使之?

①海陵县:泰州治所,即今江苏泰州。 主簿:县令助理,掌管文书簿籍。

528

②宝元：宋仁宗年号（1038—1040）。 ③方略之选：即宋仁宗时设的洞识韬略运筹决胜科。 ④范文正公：即范仲淹，曾任宰相及陕西路安抚使，谥文正。郑文肃公：即郑戬，曾任陕西四路都总管兼经略、招讨使，谥文肃。 ⑤太庙斋郎：掌奉宗庙诸陵墓荐享事宜的官员。太庙，天子祖庙。 ⑥龃(jǔ)龉(yǔ)：上下齿不相合。这里指不合时宜。 ⑦嘉祐：宋仁宗年号（1056—1063）。 杨子县：真州治所，在今江苏仪征。 ⑧司户参军：州佐吏，掌民户。 ⑨泰兴：今江苏泰兴。 ⑩铭：写在墓志后用以颂德，一般为韵文。

【译　文】

这位墓主名平，字秉之，姓许。我曾经为他家编录家谱，他就是当今泰州海陵县主簿。许君和他的哥哥许元互相友爱，被天下的人所称赞，而他本人从小就卓绝出众，豪放不羁，擅长于论辩，和他的哥哥都因为有智谋才略而受到当代的大人物器重。仁宗宝元年间，朝廷开设方略科，以此来招收国内有特殊才能的读书人，陕西大帅范文正公（仲淹）和郑文肃公（戬）争着拿许君所写的著作来推荐上去，于是许君被召进京考试，授予太庙斋郎的官职，随后又选任泰州海陵县主簿。

达官贵人们都纷纷推荐说许君有大才，可以任用他干大事，不应该把他弃置在州县。许君也常常情绪激昂地以才能自负，想要有所作为。然而他最终得不到施展自己的智慧才能的机会就去世了。唉，这是多么可悲啊！

读书人中本来就有这样一种人：他们超越于世俗之外，独自按自己的意志行事，受到责骂、讥刺、嘲笑、欺侮和困窘羞辱，却毫不后悔，他们全无一般人对现世的欲望和要求，却对于后世有所期待。这种人因为与世俗相抵触而不得志，本来就是应当的。至于那些富有智慧谋略而热心功名的读书人，他们窥测时局，善于周旋应付，追寻得到权势利禄的机会，然而却总是不得志的，竟然也多得数不过来。他们的论辩足以改变万物，却困厄于用得着游说之才的时代；他们的智谋足以镇服三军，却辱没于崇尚武功的国度。这种现象又怎么理解呢？唉！他们对于后世有所期待而对于现世的遭遇不后悔的原因，大概是可以推知的了。

许君享年五十九岁,于仁宗嘉祐某年某月某日安葬在真州杨子县甘露乡某处的墓地。夫人姓李。儿子许瓛,没有做官;许璋,任真州司户参军;许琦,任太庙斋郎;许琳,是进士。女儿共五人,已出嫁二人,女婿是进士周奉先和泰州泰兴县令陶舜元。

铭文说:既然有人荐拔起用你,就不该排挤阻止你。啊!许君,你最终落到这步田地,是谁使你这样的呢?

刘扬忠译

卷十二　明文

宋濂（1310—1381）字景濂，号潜溪，浦江（今浙江）人。他是一个认真刻苦的读书人，年轻时曾在家乡借书苦读，元朝末年曾被荐举当官，他以父母年老为由坚决推辞，隐居山中写书。明朝建立后，他接受朱元璋的邀请去主持《元史》的修撰，后来官越当越大，当到翰林学士承旨知制诰，被称为"开国文臣之首"，可晚年却因为孙子的牵连被流放，病死在路上。宋濂的散文在明初是很出色的，传记、序跋、游记、奏疏都有些佳作传世，他的笔法很老辣，简洁却不干枯，流畅而不繁缛，很善于征引史事但绝不东拉西扯，跌宕疏荡但绝不故作嚣张。他在文学上主张"宗经""师古"，散文风格很像宋人，虽然有人一再把他的古文和司马迁的古文并提（像王祎为他作的《小传》、李扶九《古文笔法百篇》），但他远远赶不上司马迁的"奇气"和"豪气"，也缺少司马迁散文的变化，多少显得拘谨和老实，外加一点学究的古板。

送天台陈庭学序

西南山水，惟川蜀最奇。然去中州万里，陆有剑阁栈道之险①，水有瞿唐滟滪之虞②。跨马行，则竹间山高者，累旬日不见其巅际，临上而俯视，绝壑万仞③，杳莫测其所穷，肝胆为之掉栗。水行，则江石悍利，波恶涡诡，舟一失势尺寸，辄糜碎土沉，下饱鱼鳖。其难至如此。故非仕有力者，不可以游；非材有文者，纵游无所得；非壮强者，多老死于其地。嗜奇之士恨焉。

天台陈君庭学④，能为诗，由中书左司掾⑤，屡从大将北征，有劳，擢四川都指挥司照磨⑥，由水道至成都。成都，川蜀之要地，扬子云、司马相如、诸葛武侯之所居⑦，英雄俊杰战攻驻守之迹，诗人文士游眺、饮射、赋咏、歌呼之所⑧，庭学无不历览。既览必发为诗，以纪其景物时世之变，于是其诗益工。越三年，以例自免归，会予于京师⑨。其气愈充，其语愈壮，其志意愈高，盖得于山水之助者侈矣。

予甚自愧，方予少时，尝有志于出游天下，顾以学未成而不暇。及年壮可出，而四方兵起，无所投足。逮今圣主兴而宇内定，极海之际，合为一家，而予齿益加耄矣⑩。欲如庭学之游，尚可得乎？

然吾闻古之贤士，若颜回、原宪⑪，皆坐守陋室，蓬蒿没户，而志意常充然，有若囊括于天地者，此其故何也？得无有出于山水之外者乎？庭学其试归而求焉？苟有所得，则以告予，予将不一愧而已也。

①剑阁：今四川剑阁东北大剑山、小剑山之间的栈道，是古代川、陕间的主要通道。　栈道：在峭岩陡壁上搭木形成的道路。　②瞿唐：长江三峡之一，在今四川奉节东。　滟滪：即滟滪堆，瞿唐峡口的险滩。　③仞：古代度量单位，一仞等于八尺。　④天台：天台府，在今浙江天台。　⑤中书左司掾：中书省下所设左司的属员。明代中书省下设左右司。　⑥都指挥司：军事指挥机构。

照磨:都指挥司下属官吏,掌文书宗卷。 ⑦扬子云:扬雄字子云,蜀郡成都人。西汉文学家。 司马相如:蜀郡成都人,西汉文学家。 诸葛武侯:即诸葛亮,官至三国时蜀汉丞相,封武侯。 ⑧射:射覆,酒令的一种。用相连的字句隐物为谜而使人猜测。 ⑨京师:明初京师应天,即今江苏南京。 ⑩耄(mào):年老。 ⑪颜回、原宪:都是孔子学生。

【译 文】

我国西南一带的山水,以四川境内最为奇特。但那里与中原一带相距万里之遥,从陆路去吧,途中有剑阁、栈道之类的险阻;从水路去吧,途中又有瞿唐峡、滟滪堆之类的忧惧。骑着马去吧,沿路层层竹林遮蔽高山,接连走几十天,仰头看不到山顶;登上高处往下俯瞰,陡峭的山谷有几万尺深,茫茫渺渺看不到谷底,令人惊恐万状,肝胆抖颤。乘船去吧,江水悍猛,礁石尖利,波涛险恶,漩涡变幻,船只稍微失去控驭,偏离航道仅有尺寸大小一点点,就被撞成粉末,像泥土般下沉,船中的人便饱了江中鱼鳖的口腹。通往四川的道路艰难到这种地步。因此,不是做官出仕富有财力的人,不能前往游历;不是天生富有感受能力善于抒发的人,即使去游览了,也得不到精神上的享受,说不出个所以然;不是身强体壮的人,入川之后大多老死在那里,不能还乡。喜欢寻奇探胜想到四川去游历的人,每每由于以上种种原因而深深抱憾。

浙江天台籍人士陈庭学君,会写诗。他由中书左司掾,屡次随大将北征,因有功劳,升任四川都指挥司照磨,从水路入川到成都。成都,是四川的要地,又是扬雄、司马相如、诸葛亮等古代著名人物长期生活过的地方。庭学入川以后,凡历代英雄俊杰争战攻取、驻守防御的遗迹,诗人文士游览登临、饮酒射覆、赋诗吟咏、歌唱呼啸的处所,庭学没有不一一去游览的。他既经游览,就一定写诗抒发感受,记写景物时世的变迁。因此他的诗歌在入川以后愈加工妙。过了三年,庭学依照惯例辞官归家,在京城和我会遇。他的精神更加饱满,言谈愈发宏壮,志向意趣益加高远,这大约是因为在川蜀山水中得到了很多的助益吧。

面对庭学的变化,我很惭愧。当我年轻的时候,曾经立志要遍游天下,因学业未成,不得闲暇。到了壮年可以出游的时候,四面八方到处战火纷飞,遍地无处落脚。及至当今圣明天子兴起,天下安定,四海之内,合为一家,而我已经年光老大体力衰惫,想要再像庭学君那样去游历,还能够实现吗?

不过,我听说古代的贤士,如孔子的弟子颜回、原宪等,大都坐守乡里,甘居陋室,由于很少出门与人往来,以致蓬蒿杂草遮没了门户,但他们的志气意趣却经常是很充沛的,好像他们的胸中存在一种足以包容天地万物的精神力量。这是什么原因呢?莫非他们的精神世界中自有高山巨壑、奇美壮丽已经超过了山水之外吗?希望庭学君归去之后,试从这方面探求一下人生的奥秘。如果有什么新的体会,请告诉我。我将不只是惭愧而已。

张　中译

阅 江 楼 记

金陵为帝王之州①,自六朝迄于南唐,类皆偏据一方,无以应山川之王气。逮我皇帝,定鼎于兹②,始足以当之。由是声教所暨③,罔间朔南④,存神穆清,与天同体,虽一豫一游,亦可为天下后世法。京城之西北,有狮子山,自卢龙蜿蜒而来,长江如虹贯,蟠绕其下。上以其地雄胜,诏建楼于巅,与民同游观之乐,遂锡嘉名为"阅江"云。

登览之顷,万象森列,千载之秘,一旦轩露,岂非天造地设,以俟大一统之君,而开千万世之伟观者欤?当风日清美,法驾幸临⑤,升其崇椒⑥,凭阑遥瞩,必悠然而动遐思。见江汉之朝宗⑦,诸侯之述职,城池之高深,关阨之严固⑧,必曰:"此朕栉风沐雨⑨,战胜攻取之所致也。中夏之广,益思有以保之。"见波涛之浩荡,风帆之上下,番舶接迹而来庭⑩,蛮琛联肩而入贡⑪,必曰:"此朕德绥威服,覃及内外之所及也⑫。

四陲之远,益思有以柔之。"见两岸之间、四郊之上,耕人有炙肤皲足之烦⑬,农女有捋桑行馌之勤⑭,必曰:"此朕拔诸水火,而登于衽席者也⑮。万方之民,益思有以安之。"触类而思,不一而足。臣知斯楼之建,皇上所以发舒精神,因物兴感,无不寓其致治之思,奚止阅夫长江而已哉!

　　彼临春、结绮⑯,非不华矣;齐云、落星⑰,非不高矣。不过乐管弦之淫响,藏燕、赵之艳姬,一旋踵间而感慨系之,臣不知其为何说也。虽然,长江发源岷山⑱,委蛇七千余里而入海⑲,白涌碧翻。六朝之时,往往倚之为天堑。今则南北一家,视为安流,无所事乎战争矣。然则果谁之力欤? 逢掖之士⑳,有登斯楼而阅斯江者,当思圣德如天,荡荡难名,与神禹疏凿之功同一罔极。忠君报上之心,其有不油然而兴耶?

　　臣不敏,奉旨撰记。欲上推宵旰图治之功者㉑,勒诸贞珉㉒。他若留连光景之辞,皆略而不陈,惧亵也。

　　①金陵:即今江苏南京。　　②定鼎:传说禹铸九鼎象征天下九州之土。古代以鼎为传国之宝,置于国都,故往往称建都为定鼎。　　③暨:及、到。④罔间:无间隔。　　⑤法驾:天子车驾。　　⑥椒:山巅。　　⑦朝宗:原指诸侯朝见天子,这里借指江河入海。　　⑧阸:通"隘",险要的地方。　　⑨栉(zhì):梳头。　　⑩番:指外国。　　⑪蛮:古代对南方少数民族的泛称。　琛(chēn):珍宝。　⑫覃(tán):延长。　⑬皲(jūn):冻裂。　⑭行馌(yè):给田间耕作的人送饭。　⑮衽席:床席。　⑯临春、结绮:南朝陈后主所建楼,隋军攻入南京时,尽焚于火。　⑰齐云:唐代在今江苏吴县所建,明太祖攻占长江,吴王张士诚群妾在此焚死。　落星:三国时孙吴在今江苏江宁东北落星山上所建楼。　⑱岷山:在今四川北部。　⑲委蛇:通"逶迤"。　⑳逢掖:古代读书人穿的一种袖子宽大的衣服。　㉑宵旰(gàn):宵衣旰食。旰,晚。㉒珉(mín):似玉的石头。

【译　文】
　　金陵原本是适合帝王建都的地方。从六朝到南唐,全都是割据偏安于一方,胸无远志,无法应合山川间蕴蓄的王气。直到我们大明王朝的皇帝在这里开国建都，才足以人天相应，与山川王气相当。从此，王朝的政令风教传达到全国各地，直到最北的朔方最南的海域都无阻隔；神明所注，和穆清高，与天地融为一体，即使一次游赏一次娱乐，也足以成为天下后世的榜样。京城的西北方有座狮子山，从当今皇帝大破陈友谅军队的卢龙山弯弯曲曲地延伸到这里，浩浩长江如同虹霓蟠绕山下。皇上因为这一带江山形势雄伟壮丽，诏令在山顶建筑高楼，与百姓同享游览江山的快乐，因此，赐给它一个美妙的名字叫"阅江"。

在阅江楼上登临观赏的时候，万千景象，依次罗列，金陵之所以被人视为帝王之州的千秋奥秘，豁然显露。这难道不是天地早已安排造设，专等待一统天下的圣明君主，展示千秋万代的壮观景象么？每当风清日丽，皇帝的车驾亲临，登上山巅，倚栏远望，一定会悠然心会，触动深思。皇帝看到长江、汉水滔滔东去，奔向大海，看到四方官长聚集京城，禀奏政情，看到城池高深，关隘严实，要塞坚固，一定会说："这大好江山，都是我顶风冒雨，历经艰难，战胜敌人，攻城取地所获得的。整个中国，幅员广阔，越加要想方设法保全它。"皇帝看到长江波涛浩浩荡荡，看到无数风帆来来去去，看到番邦的船只接连不断来京朝见，蛮国的珍宝络绎不绝来京进贡，一定会说："这大好局面，都是我以仁德安抚，以威严震慑，使政治力量延及国内外所达到的。四方边境，何等广远，越加要想方设法用怀柔政策去收抚那里的人心。"皇帝看到长江两岸之间、京城四郊之上，耕田的人民被烈日烤炙着皮肤，被寒风吹裂了双足，四季不停地艰苦劳作，看到农家妇女采桑养蚕、下田送饭，终日不停地辛勤劳碌，一定会说："这些劳苦民众，都是我从水火中拯救出来，安置在床席上的啊。天下万方有无数的百姓，要更加想方设法使他们过上安宁的生活。"从以上这些方面类推，皇帝在阅江楼上一定还会想到很多很多，不只是某一两个方面。臣下我由此体会到这座高楼的兴建，皇上是想要借它来抒发怀抱，通过观览景物兴发感想，所见所感无不蕴含着有利于政治事业的考虑，哪里仅仅是想要借它来凭眺长江而已呢！

古代那些名为临春、结绮的高阁，不能不说是很华美了；那些名为齐云、落星的高楼,不能不说是很高大了。可它们都只不过是供当时的君主欣赏各种管弦乐器演奏的淫曲艳调、靡靡之音,深藏远从燕、赵等地收罗来的妖艳的美女以供玩乐。结果呢,只过了很短很短的时间,还来不及旋转脚跟,就已经繁华尽逝,家破国亡,令人由此生出无端的兴衰之感,为之慨叹不已。臣下我真不知该怎样评说历史上的这些君王啊!虽然这样,长江发源于岷山,蜿蜒曲折流经七千余里才进入东海,白浪汹涌,碧波翻卷。六朝时期,往往依靠它作为天然壕堑,得以偏安割据。如今天下统一,南北一家,长江被看作是联结两岸土地使国家平安宁定的巨流,再也用不着利用它的天然条件去攻守战伐了。那么,这究竟是靠了谁的力量呢?穿着宽大儒服的读书人,有登上这座高楼观览这条大江的,应当想到圣明天子恩德如天,浩荡无边难以形容,这就如同当初神圣的大禹王凿山引水拯救万民的不朽功业,同样恩德无边。想到这一点,忠君报上的心情,能不油然而生吗?

　　臣下我为人愚钝,不够聪敏,奉皇帝旨意撰写这篇阅江楼记。本意是想要推求皇帝日夜操劳,图谋规划,欲使国家长治久安的不朽功业,铭刻在精美的碑石上,使它永远垂范后世。因此,其他流连光景赞美江山的话语,就一概从略不加陈说,因为我生怕在这样一篇碑记里写入此类内容会亵渎了圣明天子建造阅江楼的崇高本意。

张　中译

刘基 (1311—1375) 字伯温,处州青田 (今浙江) 人。元代末年中进士,当过官,但两次去职,朱元璋起兵后,他当了主要谋臣,是明朝开国的功臣,当到御史中丞兼太史令,封诚意伯。他是民间传说中的一个神秘人物,什么《推背图》《烧饼歌》等预卜未来的迷信玩意儿都好像出自他的手笔,其实这并不可靠。从他留有的诗文来看,他

司马季主论卜

东陵侯既废①,过司马季主而卜焉②。

季主曰:"君侯何卜也?"东陵侯曰:"久卧者思起,久蛰者思启③,久懑者思嚏④。吾闻之蓄极则泄,闷极则达,热极则风,壅极则通。一冬一春,靡屈不伸;一起一伏,无往不复。仆窃有疑,愿受教焉。"季主曰:"若是,则君侯已喻之矣,又何卜为?"东陵侯曰:"仆未究其奥也,愿先生卒教之。"

季主乃言曰:"呜呼!天道何亲?惟德之亲;鬼神何灵?因人而灵。夫蓍,枯草也;龟,枯骨也,物也。人,灵于物者也,何不自听而听于物乎?且君侯何不思昔者也?有昔者必有今日。是故碎瓦颓垣,昔日之歌楼舞馆也;荒榛断梗,昔日之琼蕤玉树也⑤;露蚕风蝉⑥,昔日之凤笙龙笛也;鬼磷萤火,昔日之金缸华烛也⑦;秋荼春荠,昔日之象白驼峰也⑧;丹枫白荻⑨,昔日之蜀锦齐纨也⑩。昔日之所无,今日有之不为过;昔日之所有,今日无之不为不足。是故一昼一夜,华开者谢;一秋一春,物故者新。激湍之下,必有深潭;高丘之下,必有浚谷⑪。君侯亦知之矣,何以卜为?"

①东陵侯:邵平。秦时为东陵侯,汉代被废,在长安城东种瓜。　②司马季主:西汉初一个善于占卜的人。　③蛰:冬眠的动物。　④懑(mèn):郁闷。⑤琼蕤(ruí):美好的花朵。蕤,花朵下垂的样子。　⑥蚕:有作蛩(qióng),即

蟋蟀。　　⑦缸：有作釭(gāng)，即灯。　　⑧象白：象的脂肪。　　⑨荻：与芦苇相似的一种植物。　　⑩蜀锦：四川出产的锦缎。　齐纨(wán)：山东出产的白细绢。　　⑪浚(jùn)：深。

【译　文】

东陵侯在秦亡后废为平民，于是他到司马季主那里去占卜。

司马季主说："君侯您为了什么事要来占卜呢？"东陵侯说："一个人久卧在床，就想要起来，长久地与世隔绝，就想要与人交往，气闷在胸，时间长了就会打喷嚏。我还听人说，蓄积过分，就会发泄；昏闷过甚，就要通达。热极了，要刮风，壅塞到了极致，就会开通。一冬一春之间，不会总是屈而不伸；事物有起有伏，不会总是有去无还。然而我对此私下里还有疑惑，愿听听您的指教。"季主说："照您刚才说的，君侯已经很明白事理了，何必还来占卜呢？"东陵侯说："我总觉得还没有透彻地了解其中深奥的道理，但愿先生能好好开导我。"

季主这才说："唉！天道与谁常在呢？它只照应有德行的人啊！鬼神本身有什么灵验呢？它是靠人事才显现出灵验来的。占卜用的蓍草，只不过是几茎枯草，龟甲也只是几块枯骨罢了，全都是物体而已。人，要比物灵，为什么不相信自己，却去相信物所显现的征兆呢？而且，君侯您何不想想过去呢？有过去才有今日，是互为因果的。因而，你看到的那些碎瓦断墙，曾经是昔日的歌楼舞榭；那些荒树残枝，也曾是盛开的鲜花，临风的玉树。蟋蟀和蝉儿在风露中鸣叫，昔日乃是悠扬的龙笛凤箫；幽绿的鬼磷，闪烁的萤火，谁说不是昔日的金灯华烛呢！那秋日的苦菜，春天的荠菜，乃是从前像白驼峰那样的美味佳肴；至于那丹枫和白荻，又何尝不是昔日昂贵的蜀锦齐纨呢！过去没有的，如今有了，这并不为过；过去有的，如今已消失，那也不为不足。因而，一日一夜间，花开了又谢；一春一秋间，万物凋零而又复苏。需知湍急的河流下，必有静静的深潭；高高的山岭下，必有深深的峡谷。君侯您已经明白这一枯一荣的道理了，何必再占卜呢？"

吕薇芬译

卖 柑 者 言

杭有卖果者①，善藏柑。涉寒暑不溃，出之烨然，玉质而金色。剖其中，干若败絮。予怪而问之曰："若所市于人者，将以实笾豆②，奉祭祀，供宾客乎？将衒外以惑愚瞽乎③？甚矣哉为欺也！"

卖者笑曰："吾业是有年矣。吾赖是以食吾躯④。吾售之，人取之，未闻有言，而独不足子所乎？世之为欺者不寡矣，而独我也乎？吾子未之思也。今夫佩虎符、坐皋比者⑤，洸洸乎干城之具也⑥，果能授孙、吴之略耶⑦？峨大冠、拖长绅者⑧，昂昂乎庙堂之器也⑨，果能建伊、皋之业耶⑩？盗起而不知御，民困而不知救，吏奸而不知禁，法斁而不知理⑪，坐縻廪粟而不知耻⑫。观其坐高堂，骑大马，醉醇醴而饫肥鲜者⑬，孰不巍巍乎可畏、赫赫乎可象也？又何往而不金玉其外，败絮其中也哉！今子是之不察，而以察吾柑！"

予默默无以应。退而思其言，类东方生滑稽之流⑭。岂其忿世嫉邪者耶？而托于柑以讽耶？

①杭：即今杭州。　②笾(biān)豆：古代宴会或祭祀时盛食物的容器，竹制的叫笾，木制的叫豆。　③瞽(gǔ)：盲人。　④食(sì)：喂食。　⑤虎符：即兵符，古代调兵的凭证。　皋比(pí)：虎皮。　⑥洸洸(guāng)：威武的样子。干城：捍卫国家。干，盾牌。　⑦孙：孙武，春秋时军事家。吴：吴起，战国时军事家。　⑧峨：高耸。　长绅：腰上系的长带子。　⑨庙堂：指朝廷。⑩伊：伊尹，商时贤臣，曾辅佐商汤伐夏桀。　皋：皋陶，相传舜时贤臣。　⑪斁(dù)：败坏。　⑫縻：通"靡"，耗费。　廪(lǐn)粟：公家粮仓里的粮食。这里指俸禄。　⑬醇醴(lǐ)：味道醇厚的美酒。　饫(yù)：饱食。　⑭东方生：东方朔，汉武帝近臣。　滑(gǔ)稽：诙谐善辩。

【译 文】

杭州有个果贩子,很会贮藏柑子。虽然经过一冬一夏,柑子仍然不会腐烂,拿出来还那么鲜灵灵的,质地像玉一样晶莹洁润,皮色金光灿灿。可是剖开来一看,中间却干枯得像破棉败絮一般。我很奇怪,就问他:"你卖柑子给人家,是打算让人家放在笾豆之中供祭祀用呢,还是拿去待嘉宾用呢?或者只不过用这种漂亮的外观去迷惑笨拙、盲目的人上当呢?你这样骗人也太过分了!"

卖柑子的笑着说:"我卖这样的柑子已经好多年了,靠着这一营生过活。我卖它,人们买它,从来没听到什么闲言碎语,为什么偏偏只有您不满意而愤愤不平呢?世上骗人的事多着呢,难道只有我一个吗?我的先生,您不想想看!当今佩戴虎符,高坐在虎皮交椅上,那些威严的武将,像是在保卫家国,他们真的就像孙武、吴起那样有韬略吗?那些峨冠博带的文臣,很像是气宇轩昂的栋梁之材,真的能像伊尹、皋陶那样建功立业吗?盗贼四起,他们不懂怎样抵御剿灭;生灵涂炭,他们不知怎样赈济解救;官吏枉法,他们无法挟制禁止;法纪败坏,他们不知该怎样整顿治理,白拿俸禄耗费国库而不知羞耻。你看他们,坐高堂,骑骏马,沉醉于醇酿,饱食着鱼肉。哪个不是威风八面令人望而生畏,气势显赫而不可一世!然而他们又何尝不是外表似金如玉,内里却是破棉败絮呢?如今您对于这些事视而不见,却专门来挑剔我的柑子!"

我默默地无以回答,回来后细细考虑他的话,觉得他很像诙谐滑稽的东方朔一类人物。莫非他果真是个愤世嫉俗的人,是借柑子来讽刺世事的吗?

吕薇芬译

方孝孺(1357—1402)字希直,又字希古,宁海(今浙江)人,明初当过汉中府学教授,建文帝即位后召他当

541

侍讲学士、文学博士，燕王朱棣（即明成祖）起兵，他为建文帝出谋划策，草写诏书反对朱棣，后来朱棣打进京城（今南京），他坚决不肯为朱棣起草登极诏书，因而被杀，并诛十族。方孝孺的文学思想只是沿袭唐宋以来正统的文以载道说，所写的文章大多是议论政治、历史、道德的作品，虽然写来比较豪爽而有气势，颇有些苏轼、王安石的味道，但未免议论有些迂腐，语言有些陈旧，倒是有些精练辛辣的小品文如《越巫》《吴士》写得颇为精彩，可惜这里并没有选入。

深 虑 论

虑天下者，常图其所难，而忽其所易；备其所可畏，而遗其所不疑。然而祸常发于所忽之中，而乱常起于不足疑之事。岂其虑之未周与？盖虑之所能及者，人事之宜然，而出于智力之所不及者，天道也。

当秦之世，而灭诸侯，一天下，而其心以为周之亡在乎诸侯之强耳，变封建而为郡县。方以为兵革可不复用，天子之位可以世守，而不知汉帝起陇亩之中，而卒亡秦之社稷。汉惩秦之孤立，于是大建庶孽而为诸侯①，以为同姓之亲可以相继而无变，而七国萌篡弑之谋。武、宣以后，稍剖析之而分其势，以为无事矣，而王莽卒移汉祚②。光武之惩哀、平，魏之惩汉，晋之惩魏，各惩其所由亡而为之备，而其亡也，皆出于所备之外。唐太宗闻武氏之杀其子孙，求人于疑似之际而除之，而武氏日侍其左右而不悟。宋太祖见五代方镇之足以制其君，尽释其兵权，使力弱而易制，而不知子孙卒困于敌国。此其人皆有出人之智、盖世之才，其于

542

治乱存亡之几,思之详而备之审矣。虑切于此而祸兴于彼,终至乱亡者何哉?盖智可以谋人,而不可以谋天。良医之子多死于病,良巫之子多死于鬼。彼岂工于活人而拙于活己之子哉?乃工于谋人而拙于谋天也。

古之圣人,知天下后世之变非智虑之所能周,非法术之所能制,不敢肆其私谋诡计,而唯积至诚、用大德以结乎天心,使天眷其德,若慈母之保赤子而不忍释。故其子孙虽有至愚不肖者足以亡国,而天卒不忍遽亡之,此虑之远者也。夫苟不能自结于天,而欲以区区之智笼络当世之务,而必后世之无危亡,此理之所必无者也,而岂天道哉!

①庶孽:妾媵所生子女。　　②祚:帝位。

【译　文】

考虑天下大事的人,常常谋求解决那些困难的问题,而忽略了那些容易的问题;防备那些可怕的事情,而遗忘了那些没有引起怀疑的事情。然而祸患常萌发在所忽略的问题上,变乱常产生在不值得怀疑的事情上。难道是他们考虑得不够周到吗?这是由于,人们在考虑时所能想到的,都是人世间本来就应当如此的事情,而超出了人们智力所能达到的范围的,那是天道。

当初秦始皇消灭诸侯,统一了天下,他心中以为周朝灭亡的原因在于诸侯的强大,于是就把分封诸侯的制度改成了郡县的制度。正在他以为从此可以不用再进行战争,皇帝的宝位可以世世代代坐下去的时候,却不知道汉高祖在田野之间兴起,最终推翻了秦朝的政权。汉朝建立以后,从秦朝皇帝孤立无援的失败中吸取教训,于是就大封子弟为诸侯王,以为同姓的血亲关系可以使自己的统治世代相传而不致发生变故,不料吴楚七国却萌发了篡权弑君的阴谋。武帝、宣帝以后,逐渐分割诸侯王的封地,从而削弱了他们的势力,以为这样就可以太平无事了,不料王莽终于篡夺了汉朝的皇位。东汉光武帝对于西汉哀帝、平帝,曹魏对于东汉,晋朝对于曹魏,都从那些促成前代败亡的缘由中吸取教训,而制定了防范的措施。但是,他们后来的败亡却都出于他们所防备的事情以外。唐太宗听到三世之后将会有姓武的人来杀害他的子孙,就搜求有嫌疑的人加以清除,而武则天天天侍候在他身边,他却没有觉察到。宋太祖见到五代时期地方藩镇势力强大,足可挟制他们的君主,便在统一天下后全部解除了武将的兵权,削弱他们的力量,以便容易控制,却没有料到他的子孙最后反而因此受到了敌国的困扰。上述这些人都有超人的智慧、盖世的才能,他们对于产生太平或动乱、生存或灭亡的苗头,可以说,思考得非常详尽,也防备得非常周密了。然而他们仔细谋划了这一方面,祸患却从那一方面发生了,结果招致动乱和灭亡,这是什么缘故呢?原来人的智慧只能考虑到人事,却不能考虑到天意。高明的医生的子女大多死于疾病,高明的巫师的子女大多死于鬼祟。难道他们善于救活别人,却不善于救活自己的子女吗?实际上,他们在应付人事上是聪明的,但在应付天道上却是笨拙的。

古代的圣人,知道天下后世的变化不是人的聪明才智所能考虑周全的,也不是任何巧妙的方法所能控制的,因此不敢任意施展他们的阴谋诡计,而只是积累最大的诚意,运用最高的道德,来迎合天意,使上天器重他们的品德,好像慈母抚养婴儿而不舍得让他离开身边。所以,他们的子孙中虽然有愚蠢、不成材的,足以使国家覆灭,而上天终于不忍心使它立刻覆灭。这才是考虑问题深远的人。如果自己不能迎合天意,却想用一点小小的智巧去控制和驾驭当前世上的事务,认为自己的子孙一定不会有危难和覆灭,这在道理上必然是说不通的,难道还会符合天道吗?

刘世德译

豫 让 论

士君子立身事主,既名知己,则当竭尽智谋,忠告善道,销患于未形,保治于未然,俾身全而主安。生为名臣,死为上鬼,垂光百世,照耀简策,斯为美也。苟遇知己,不能扶危于未乱之先,而乃捐躯殒命于既败之后,钓名沽誉,眩世炫俗,由君子观之,皆所不取也。

盖尝因而论之。豫让臣事智伯①,及赵襄子杀智伯②,让为之报仇,声名烈烈,虽愚夫愚妇,莫不知其为忠臣义士也。呜呼!让之死固忠矣,惜乎处死之道有未忠者存焉。何也?观其漆身吞炭,谓其友曰:"凡吾所为者极难,将以愧天下后世之为人臣而怀二心者也。"谓非忠可乎?及观斩衣三跃,襄子责以不死于中行氏而独死于智伯③,让应曰:"中行氏以众人待我,我故以众人报之。智伯以国士待我,我故以国士报之。"即此而论,让有余憾矣。段规之事韩康④,任章之事魏献⑤,未闻以国士待之也,而规也、章也,力劝其主从智伯之请,与之地以骄其志,而速其亡也。絺疵之事智伯⑥,亦未尝以国士待之也,而疵能察韩、魏之情以谏智伯,虽不用其言以至灭亡,而疵之智谋忠告,已无愧于心也。让既自谓智伯待以国士矣,国士,济国之士也。当伯请地无厌之日,纵欲荒暴之时,为让者,正宜陈力就列,谆谆然而告之曰:"诸侯大夫,各安分地,无相侵夺,古之制也。今无故而取地于人,人不与,而吾之忿心必生;与之,则吾之骄心以起。忿必争,争必败;骄必傲,傲必亡。"谆切恳告,谏不从,再谏之;再谏不从,三谏之;三谏不从,移其伏剑之死,死于是日。伯虽顽冥不灵,感其至诚,庶几复悟,和韩、魏,释赵围,保全智宗,守其祭祀。若然,则让虽死犹生也,岂不胜于斩衣而死乎?让于此时,曾无一语开悟主心,视伯之危亡犹越人视秦人之肥瘠也。袖手旁观,坐待成败,国士之报曾若是乎?智伯既死,而乃不胜血气之悻悻,甘自附于刺客之流,何足道哉?何足道哉?

虽然,以国士而论,豫让固不足以当矣。彼朝为仇敌,暮为君臣,觍然而自得者⑦,又让之罪人也。噫!

①豫让:春秋末年人,曾为晋国贵族范氏、中行氏家臣,后投奔智伯。在赵、魏、韩三家贵族灭智氏之后,他屡次刺杀赵襄子未遂,伏剑自杀。 智伯:春秋时晋国贵族,曾联合韩、赵、魏三家吞并瓜分了范氏、中行氏的土地,后与赵襄子因土

地发生矛盾,引起战争,被赵、魏、韩所灭,并三分其地。　　②赵襄子:春秋时晋国贵族。　　③中行氏:复姓中行。春秋时晋国大夫荀林父因掌中行军,后遂以官为姓。　　④段规:韩康的谋臣。韩康:春秋时晋国贵族。　　⑤任章:魏献的谋臣。魏献:春秋时晋国贵族。　　⑥缔(chī)疵(cī):智伯的家臣。⑦觍(tiǎn)然:厚着脸皮的样子。

【译　文】

　　有道德有学问的人树立了自己的品节和才能,去侍奉君主,既然称为知己,就应当拿出全部的智慧和计谋,真诚地劝告,巧妙地引导,在祸患还没有显露的时候加以消除,维持住政治上的清明安定,不使社会发生动乱,这样可以使自己保全生命,君主也会平安无事。活着是出名的臣子,死后成为上等的鬼魂,美名世世代代流传下去,光辉照耀史册,这才是值得赞美的。如果遇到了知己,不能在没有发生变乱之前拯救危难,却在事情失败之后献出了自己的身躯而死,故意骗取好的名声,迷惑世人,并夸耀于社会,这在君子看来,都是不可取的。

　　我曾按照这个原则评论过豫让。豫让做智伯的家臣,等到赵襄子杀害了智伯,就去替智伯报仇,他的名声显赫,即使是那些没有知识的平民百姓,也没有一个不知道他是忠臣义士的。唉! 豫让的死固然算得上是忠了,只可惜他在如何处理死亡的方式上还存在着不忠的表现。为什么这样说呢? 试看,他身上涂满漆,嘴里吞下炭,改变了容貌和声音,并对他的朋友说:"我所做的这些事情,都是一般人极难做到的,我是想用这种行为来使天下后代做臣子而怀有二心的人感到羞愧啊。"你能说他不忠吗? 等看到他连续三次跳起,用剑去斩赵襄子衣服,赵襄子责备他不为中行氏而死,却单单为智伯而死的时候,豫让回答说:"中行氏像对待一般人那样对待我,所以我也就像一般人那样去报答他。智伯像对待国士那样对待我,所以我也就像国士那样去报答他。"就拿这一点来说,豫让的认识是有欠缺的。段规侍奉韩康子,任章侍奉魏献子,并没有听说把他们当作国士来对待,而段规和任章却尽力劝告他们的主人顺从智伯的要求,割让土地给智伯,使他的志气更加骄盛,从而加速了他的灭亡。缔疵侍奉智伯,也没有把他当作国士来对待,而缔疵能够察觉韩、魏两家的意图,并对智伯进行规劝。虽然智伯没有采纳他的意见以致灭亡,但是缔疵的智谋和忠告,已经使他自己于心无愧了。豫让既然自以为智伯已像对待国士那样对待他了,而所谓国士也就是能解救国家危难的人才。当智伯要求别人割让土地,贪得无厌的时候,当智伯放纵情欲,荒废政务,暴虐无道的时候,作为豫让,他正应该贡献才力,尽自己的职责,恳切地劝告智伯说:"诸侯和大夫应各自安守着自己统治的土地,不要互相侵吞和掠夺别人的土地,这是自古以来的规矩。现在,无缘无故地向别人索取土地,如果别人不给,我那愤恨的心情必然滋生;如果别人给了,那么,我的骄傲自满的心情将因此而增长。有愤恨,就必然会争斗;有争斗,就必然会失败。一骄横,就必然会傲慢;一傲慢,就必然会灭亡。"非常耐心地诚诚恳恳地规劝,如果规劝了不听,就再规劝;再规劝不听,就第三次规劝;如果第三次规劝了仍然不听,那就把伏剑自杀的行动改换到这一天来进行。智伯虽然昏庸和顽固不化,但被他的这种最大的诚意所感动,或许会重新醒悟过来,同韩、魏两家和好,解除对赵地的包围,这样就保全了智氏的祖庙,使他们能按时祭祀,延续不断。假如能够这样,豫让纵然死去了,也和活着一样,岂不比剑斩赵襄子衣服再自杀强得多吗?豫让在这个时刻,竟没有一句话来开导和提醒家主,看着智伯的危难和覆灭就像是越人看着秦人的肥瘦一样。把双手笼在袖子里,站在一旁观看,坐等他的成功或失败,国士对知己的君主的报答难道竟是这样的吗?直到智伯已死,方才愤恨不平,压抑不住感情的冲动,情愿加入刺客一流人的行列,这有什么可以值得称赞的呢?这有什么可以值得称赞的呢?

即使这样,用国士来衡量,豫让自然是够不上标准的。但那些早晨还是仇敌,到晚上就变成君臣,还厚着脸皮自以为得意的人,他们又是豫让的罪人了。唉!

刘世德译

王鏊（1450—1524）字济之，吴县（今江苏）人，弘治年间曾任侍讲学士，一度辞官家居，明武宗即位后任文渊阁大学士，曾力主制裁宦官刘瑾，但刘瑾不但未被制裁，还控制了朝政，于是他只好再次辞官回乡。刘瑾被杀后，朝廷虽几次征召他为官，他都没有接受。王鏊不是一个文学家，但旧时代以文取士，当官者多善于作文，尤其是科举程文，王鏊也不例外，据说当年就有很多国子监生争相传诵他的文章。而当他主持乡试时，又规定考试的人要规规矩矩地写明白的程文，"险诡者一切屏去"（《明史·王鏊传》），这未免有些胶柱鼓瑟，但他自己的文字确实是"尔雅明畅"的，这篇《亲政篇》就写得文字流畅、逻辑清晰，作为一篇呈交皇帝的文章，它还写得很有分寸，在规劝时很注意口吻的和缓，在说理时很讲究语气的委婉。

亲 政 篇

《易》之《泰》曰①："上下交而其志同。"其《否》曰："上下不交而天下无邦。"盖上之情达于下，下之情达于上，上下一体，所以为"泰"。下之情壅阏而不得上闻②，上下间隔，虽有国而无国矣，所以为"否"也。交则泰，不交则否，自古皆然，而不交之弊，未有如近世之甚者。君臣相见，止于视朝数刻；上下之间，章奏批答相关接，刑名法度相维持而已③。非独沿袭故事，亦其地势使然。何也？国家常朝于奉天门，未尝

548

一日废,可谓勤矣。然堂陛悬绝,威仪赫奕,御史纠仪④,鸿胪举不如法⑤,通政司引奏⑥,上特视之,谢恩见辞,惴惴而退,上何尝治一事,下何尝进一言哉? 此无他,地势悬绝,所谓堂上远于万里,虽欲言无由言也。

愚以为欲上下之交,莫若复古内朝之法。盖周之时有三朝:库门之外为正朝,询谋大臣在焉;路门之外为治朝,日视朝在焉;路门之内曰内朝,亦曰燕朝。《玉藻》云⑦:"君日出而视朝,退适路寝听政⑧。"盖视朝而见群臣,所以正上下之分;听政而适路寝,所以通远近之情。汉制:大司马、左右前后将军、侍中、散骑诸吏为中朝⑨,丞相以下至六百石为外朝。唐皇城之北南三门曰承天,元正、冬至受万国之朝贡,则御焉,盖古之外朝也。其北曰太极门,其西曰太极殿,朔、望则坐而视朝,盖古之正朝也。又北曰两仪殿,常日听朝而视事,盖古之内朝也。宋时常朝则文德殿,五日一起居则垂拱殿,正旦、冬至、圣节称贺则大庆殿,赐宴则紫宸殿或集英殿,试进士则崇政殿。侍从以下,五日一员上殿,谓之轮对,则必入陈时政利害。内殿引见,亦或赐坐,或免穿靴⑩,盖亦有三朝之遗意焉。盖天有三垣⑪,天子象之。正朝,象太极也;外朝,象天市也;内朝,象紫微也。自古然矣。

国朝圣节、正旦、冬至大会则奉天殿,即古之正朝也。常日则奉天门,即古之外朝也。而内朝独缺。然非缺也,华盖、谨身、武英等殿,岂非内朝之遗制乎? 洪武中如宋濂、刘基⑫,永乐以来如杨士奇、杨荣等⑬,日侍左右,大臣蹇义、夏元吉等⑭,常奏对便殿。于斯时也,岂有壅隔之患哉? 今内朝未复,临御常朝之后,人臣无复进见,三殿高闳⑮,鲜或窥焉。故上下之情,壅而不通;天下之弊,由是而积。孝宗晚年,深有慨于斯,屡召大臣于便殿,讲论天下事。方将有为,而民之无禄,不及睹至治之美,天下至今以为恨矣。

惟陛下远法圣祖,近法孝宗,尽铲近世壅隔之弊。常朝之外,即文华、武英二殿,仿古内朝之意,大臣三日或五日一次起居,侍从、台谏各一员上殿轮对⑯;诸司有事咨决,上据所见决之,有难决者,与大臣面议之;不时引见群臣,凡谢恩辞见之类,皆得上殿陈奏。虚心而问之,和颜色而道之,如此,人人得以自尽。陛下虽深居九重,而天下之事灿然毕陈于前。外朝所以正上下之分,内朝所以通远近之情。如此,岂有近时壅隔之弊哉? 唐、虞之时,明目达聪,嘉言罔伏⑰,野无遗贤,亦不过是而已。

①《易》:即《周易》,古代卜卦之书,"泰"与"否(pǐ)"是其中的两个卦名。　②阏(è):堵塞。　③刑名:以名分责成行为。古代有刑名之学。　④御史:掌纠劾百官的官员。　⑤鸿胪:明代掌殿廷礼仪的官员。　⑥通政司:明朝所设掌管内外章疏的官署。　⑦《玉藻》:《礼记》中的一篇。　⑧路寝:天子诸侯处理政务及就寝的正室。　⑨大司马:掌全国军事的最高武官。　将军:大司马下设有如大将军、车骑将军、前将军、后将军等武官。　侍中、散骑:皇帝侍从。　⑩穿靴:唐代臣属上朝必须穿朝靴。　⑪三垣:古代分周天恒星为三垣二十八宿。三垣即太微、紫微、天市。　⑫洪武:明太祖年号(1368—1398)。　宋濂:明初曾参与制定礼乐、主修元史,官至翰林学士承旨知制诰,被看作"文臣开国之首"。　刘基:元末进士,明代开国功臣。曾在明初统一战争和典章制度的制订中起过重要作用。　⑬永乐:明成祖年号(1403—1424)。　杨士奇:曾任翰林编纂官,修《太祖实录》。永乐初入内阁,经宣宗至英宗朝长期辅政。　杨荣:官至文渊阁大学士,历仕仁宗、宣宗、英宗三朝。　⑭蹇(jiǎn)义:官至少师,历仕五朝,熟悉典章制度。　夏元吉:官至户部尚书,历仕五朝,主持财政二十七年。　⑮阁(bì):关闭。　⑯台谏:台官和谏官。台官指掌纠劾百官的御史台官员。谏官指谏议大夫、给事中等。　⑰罔:通"不"。

【译 文】

《周易》上的《泰》卦说:"上下沟通就会志向一致。"它的《否》卦说:"上下隔阂就如同没有国家一样。"如此看来,上情下达,下情上举,君臣一体才可称为"泰"。而下情堵塞无法上闻,君臣意见阻隔,国家形同虚设,只能称作"否"了。所以君臣互通声气就会吉利,不通声气就有危机,自古以来都是这个道理。然而上下不通的弊病,还没有像近世这样严重的时候。君主与臣属相见,仅是上朝听政那一会儿时间,君与臣之间,不过以奏章和批复为联系纽带,依靠法令和制度维持关系罢了。这并非仅仅承袭旧例，也是相互地位的悬殊所造成的。为什么这样说呢？君臣总是在奉天门举行朝会，没有一天废止过，可以说是勤勉了。但那殿堂前台阶高耸，典礼仪式威严显赫，有御史督察百官进退，鸿胪卿检举失礼者，通政使导引上奏，皇帝不过看一眼而已，而大臣则谢恩告退，诚惶诚恐下朝。如此理事，皇帝何尝办过一件事，臣属又何尝进献一言呢？这没有其他原因，只是因上下地位悬殊所致，这正如人们所常说的：君臣虽同在一殿，却相隔万里之遥，臣属即使有意见向皇上陈述，又如何有机会开口呢！

　　臣的愚见认为，如果想做到君臣互通声气，不如恢复古代内朝的制度。原来周朝之时，天子有三种设朝的制度：在库门之外所设为"正朝"，天子在这里向臣属咨询谋划国事；在路门之外所设为"治朝"，天子每日的朝会在这里举行；在路门之内所设为"内朝"，又称"燕朝"。《玉藻》说："君主在日出时上朝，退朝后到路寝听政理事。"总之，君主上朝接见群臣，以此来正上下的名分；到路寝处理政事，以此来通晓远近的情况。汉朝的制度：皇帝接见大司马、左右前后将军、侍中、散骑等文武官吏，称"中朝"。接见丞相以下至六百石俸禄的官员，称"外朝"。唐朝皇城北面的南三门称承天门，每年元旦、冬至，皇帝到这里接受各国使节的朝见和进贡，这大概就是古代的外朝。它的北面是太极门，它的西面是太极殿，每月初一、十五，皇帝在此坐朝，接见百官，这大概就是古代的正朝。再往北面是两仪殿，皇帝平时在此坐朝理事，这就是古代的内朝了。宋朝的时候，平日皇帝在文德殿听朝，而臣属每五天向皇帝请安则在垂拱殿。每年元旦、冬至和皇帝寿辰的庆贺则在大庆殿举行，皇帝赐臣属宴饮，是在紫宸殿或集英殿举行，考试进士，就在崇政殿举行了。侍从以下的官员，每隔五天有一位上殿朝见，称为"轮对"，这位官员必须向皇帝陈述当前政事之得失利弊。在内殿引见臣属，有时赏赐他们座位，有时免去他们穿朝靴的礼节，这大概还保留着三朝制度的遗风吧。原来天上有太极、天市，紫微三垣，天子以它们为法。正朝效法太极垣，外朝效法天市垣，内朝效法紫微垣，自古以来就是如此了。

本朝皇帝寿辰、元旦、冬至等大型朝会在奉天殿举行,这就是古代的正朝。平日在奉天门设朝,这就是古代的外朝。然而内朝偏偏缺如,其实内朝并不缺少,那华盖、谨身、武英等殿的朝会,难道不就是古代内朝的遗制吗?洪武年间如宋濂、刘基,永乐以来像杨士奇、杨荣等大臣,每日侍奉在皇帝左右,大臣蹇义、夏元吉等人常在便殿启奏应答政事。在那个时期,难道会产生上下阻隔的弊病吗?现在内朝尚未恢复,皇上驾临平时的朝会之后,臣属们就进见无门了,三座殿高门深锁,很少有人至此一窥。因而君臣上下意见隔绝难以沟通,社会弊病由此越积越多。孝宗皇帝晚年的时候,对这一问题深有感慨,屡次在便殿召见大臣,商讨国事,正待有所作为,但天下百姓却无福气,并没有看到天下大治的美好光景,人们至今引以为憾。

远一些说,愿陛下效法圣明的祖先,近一点说,也要学习孝宗皇帝的作为,全部铲除近世以来上下阻隔的弊病,于日常的朝会之外,再至文华、武英二殿设朝,以效法古代内朝之制。大臣们每隔三天或者五天进宫请安一次,侍从与台谏各派官一员轮流上殿奏事和回答皇上的咨询,各部有事请示裁决,皇上可根据了解的情况加以决断,有难以裁决者,就与大臣们当面计议。这样经常召见群臣,凡属谢恩、告辞一类的公务,有关官员都可以上殿陈述启奏,皇上虚心对他们询问,和颜悦色地指导他们。如此行事,人人都能够畅所欲言。陛下虽然深居宫内,但天下事情都能鲜明而无遗地展现在面前。外朝制度是用来摆正君臣名分的,内朝制度是用来沟通远近情况的。这样做了,难道还会发生近世上下隔绝的弊病吗?尧和舜的时代,人们歌颂帝王耳聪目明,好意见不会沉埋,偏僻地方也没有被弃置的人才,那也不过如我上述所说的罢了。

赵伯陶译

王守仁(1472—1528)字伯安,号阳明,余姚(今浙江)人,明孝宗弘治十二年(1499)中进士,后任刑部侍郎、兵部主事,因触怒宦官被贬到贵州当龙场驿丞,后来宦官被杀,又当了右佥都御史、南京兵部尚书。王守仁是明代最重要的思想家,他关于"心外无物"的哲学和"致良知"的认识论在后世一直影响着不同的学人,也使得后人对他的评价一直众口纷纭。作为一个思想家,散文创作自然是他的副业,不过,既然思想要凭借语言文字来传播,那么他就不能不把散文写得明白流畅,让人看得懂还要喜欢看,所以,他在文字上很下功夫,语言自然清新,主题明白豁朗,特别是他并非一个冬烘的儒师,也不是一个古板的道德家,常常文章中还有"情"有"趣",因而很多以散文名家的人实际上还比不上他。

尊 经 阁 记

经,常道也。其在于天谓之"命",其赋于人谓之"性",其主于身谓之"心"。心也,性也,命也,一也。

通人物,达四海,塞天地,亘古今,无有乎弗具,无有乎弗同,无有乎或变者也,是常道也。其应乎感也,则为恻隐,为羞恶,为辞让,为是非。其见于事也,则为父子之亲,为君臣之义,为夫妇之别,为长幼之序,为朋友之信。是恻隐也,羞恶也,辞让也,是非也;是亲也,义也,序也,别也,信也,一也,皆所谓心也、性也、命也。

通人物,达四海,塞天地,亘古今,无有乎弗具,无有乎弗同,无有乎或变者也，是常道也。以言其阴阳消息之行①，则谓之《易》；以言其纪纲政事之施，则谓之《书》；以言其歌咏性情之发，则谓之《诗》；以言其条理节文之著②，则谓之《礼》；以言其欣喜和平之生，则谓之《乐》；以言其诚伪邪正之辨，则谓之《春秋》。是阴阳消息之行也，以至于诚伪邪正之辨也，一也，皆所谓心也、性也、命也。

通人物，达四海，塞天地，亘古今，无有乎弗具，无有乎弗同，无有乎或变者也，夫是之谓六经。六经者非他，吾心之常道也。是故《易》也者，志吾心之阴阳消息者也；《书》也者，志吾心之纪纲政事者也；《诗》也者，志吾心之歌咏性情者也；《礼》也者，志吾心之条理节文者也；《乐》也者，志吾心之欣喜和平者也；《春秋》也者，志吾心之诚伪邪正者也。君子之于六经也，求之吾心之阴阳消息而时行焉，所以尊《易》也；求之吾心之纪纲政事而时施焉，所以尊《书》也；求之吾心之歌咏性情而时发焉，所以尊《诗》也；求之吾心之条理节文而时著焉，所以尊《礼》也；求之吾心之欣喜和平而时生焉，所以尊《乐》也；求之吾心之诚伪邪正而时辨焉，所以尊《春秋》也。

盖昔圣人之扶人极、忧后世而述六经也③，犹之富家者之父祖，虑其产业库藏之积，其子孙者或至于遗亡散失、卒困穷而无以自全也，而记籍其家之所有以贻之，使之世守其产业库藏之积而享用焉，以免于困穷之患。故六经者，吾心之记籍也，而六经之实，则具于吾心。犹之产业库藏之实积，种种色色，具存于其家，其记籍者，特名状数目而已。而世之学者，不知求六经之实于吾心，而徒考索于影响之间④，牵制于文义之末，硁硁然以为是六经矣⑤。是犹富家之子孙不务守视，享用其产业库藏之实积，日遗亡散失，至为窭人丐夫⑥，而犹嚣嚣然指其记籍曰⑦："斯吾产业库藏之积也。"何以异于是？

呜呼！六经之学，其不明于世，非一朝一夕之故矣。尚功利，崇邪说，是谓乱经。习训诂，传记诵，没溺于浅闻小见，以涂天下之耳目，是谓侮经。侈淫词，竞诡辩，饰奸心盗行，逐世垄断，而犹自以为通经，是谓贼经。若是者，是并其所谓记籍者，而割裂弃毁之矣，宁复知所以为尊经也乎？

越城旧有稽山书院⑧,在卧龙西冈,荒废久矣。郡守渭南南君大吉⑨,既敷政于民,则慨然悼末学之支离,将进之以圣贤之道,于是使山阴令吴君瀛拓书院而一新之⑩,又为尊经之阁于其后,曰:"经正则庶民兴,庶民兴斯无邪慝矣。"阁成,请予一言以谂多士⑪。予既不获辞,则为记之若是。呜呼!世之学者得吾说而求诸其心焉,则亦庶乎知所以为尊经也已。

①阴阳:指自然界对立的两种力量。 消息:指事物的消歇、生长。 ②条理:指一些礼仪准则。 节文:指礼仪制度。 ③极:准则。 ④影响:影子和反响,这里指关于六经的传闻、注释。 ⑤硁硁(kēng)然:浅薄固执的样子。 ⑥窭(jù)人:贫穷的人。 ⑦嚣嚣然:自鸣得意的样子。 ⑧越城:在今浙江绍兴。 ⑨郡守:郡的长官。这里借指知府。 南大吉:绍兴知府。王守仁的门生。 ⑩山阴:绍兴府治。 ⑪谂(shěn):规劝。

【译 文】

经乃是永恒的道理。当它存在于天时就叫作"命",赋予人时就叫作"性",主宰人身时就叫作"心"。心、性、命三者是同一的。

沟通人与万物,遍及四海之内,充塞天地之间,贯穿古往今来,无所不有,无所不同,不会有任何变化者,就是那永恒的道理。当它体现于人的情感时,就化为同情之心、羞耻之心、谦让之心与是非之心。当它反应于事理之中时,就表现为父子间的爱敬、君臣间的忠义、夫妇间的区别、长幼间的次序以及朋友间的信义。这同情、羞耻、谦让、是非之心,这爱敬、忠义、次序、区别、信义之理,说起来是一回事,就是上面所说的心、性、命啊。

沟通人与万物,遍及四海之内,充塞天地之间,贯穿古往今来,无所不有,无所不同,不会有任何变化者,就是那永恒的道理。用它来讲人事与自然阴阳变化、生长消亡的运作,就称作《易》;用它来论国家法纪政事的举措,就称作《书》;用它来记抒发情感的歌咏,就称作《诗》;用它来述礼仪制度的规定,就称作《礼》;用它来谈欢喜平和之音的生成,就称作《乐》；用它来辨真诚与诡诈、邪恶与正直的区别，就称作《春秋》。这阴阳变化、生长消亡的运作直到真诚诡诈、邪恶正直的区别，说起来也是一回事，就是上面所说的心、性、命啊。

沟通人与万物，遍及四海之内，充塞天地之间，贯穿古往今来，无所不有，无所不同，不会有任何变化者，就是那称作"六经"的典籍。六经并非别的东西，乃是我等心中存在的永恒的道理。所以，那称作《易》者，是记述我等心中的矛盾变化的；那称作《书》者，是记录我等心中的法纪政事的；那称作《诗》者，是记载我等心中的情感歌咏的；那称作《礼》者，是记述我等心中的礼仪制度的；那称作《乐》者，是记录我等心中的欢喜平和的；那称作《春秋》者，是记载我等心中的诚伪邪正的。君子对于六经，能从自己心中探求矛盾变化并按时推行者，这就是重视《易》啊；能从自己心中探求法纪政事并按时施行者，这就是重视《书》啊；能从自己心中探求情感歌咏并按时抒发者，这就是重视《诗》啊；能从自己心中探求礼仪制度并按时宣扬者，这就是重视《礼》啊；能从自己心中探求欢喜平和并按时促成者，这就是重视《乐》啊；能从自己心中探求诚伪邪正并及时分辨者，这就是重视《春秋》啊。

古代圣人坚持维护做人的准则，又为后世担忧，所以才有六经的著述。这就像富家人的父、祖辈，惟恐他的产业和积蓄至其子孙手中，有遗失流散的可能，以至于最终贫困得无法生存，因而将家产全部登记在簿再传给他们，以使子孙世世代代守住这些产业和积蓄并享用它们，免除贫穷的困苦。所以六经就是我等心中的账簿，而六经的内容实质，则存在于我等心中。这就犹如产业与库藏的积蓄，种类俱全，都存储于家中，而账簿上登记者，不过是它们的名称、形状、数目罢了。然而世上的一些读书人，不懂得从自己的心中探求六经的实质，却只在一些传闻或文句词义的细枝末节上纠缠不休，浅薄而固执地认为这就是六经了。这种作为正如那些富家人的子孙，不是设法守住和享用他们的产业与库藏积蓄，而是一天天将它们遗失流散，以至于成为穷人乞丐时，还傲慢地指着他们的账簿说："这些是我们的产业与库藏积蓄。"上面所说的那些读书人，与这种富家子孙的行径有什么两样呢？

唉！六经这门学问，不能为世人所正确理解，已经不是一天两天的事情了。追求功利目的，崇尚异端邪说，这就叫"乱经"。专习训诂考据，讲求记忆背诵，沉溺于浅见陋识之中，并以此遮掩天下人的耳目，这就叫"侮经"。夸饰辞藻，竞相诡辩，掩饰奸邪之思与盗贼之行，排除异己，追逐私利，而且还自以为博通经义，这就叫"贼经"。像这样一些人，连上面所说的账簿都一起割裂毁弃了，难道还会晓得重视六经的道理吗？

绍兴原有一座稽山书院，在卧龙山的西面山冈上，已经荒废很久了。绍兴知府渭南人南大吉，在对百姓施行政教之余，慨叹痛悼那种末流之学的支离破碎，计划用圣贤之道教化读书人。于是就让山阴县令吴瀛拓展书院，整修一新，又在书院后面修建了一座尊经阁，说："六经经义一旦解释纯正，百姓就会振作向善，百姓振作向善，就不会有邪恶之人了。"尊经阁落成，南君请我写几句话，用来劝导众读书人。我既然推辞不掉，就写了这样一篇记。唉！世上的读书人，看了我的文章，若能从自己心里得到印证，那么也就差不多懂得怎样才是重视六经了。

赵伯陶译

象　祠　记

灵博之山①，有象祠焉②。其下诸苗夷之居者，咸神而祠之。宣慰安君③，因诸苗夷之请，新其祠屋，而请记于予。予曰："毁之乎，其新之也？"曰："新之。""新之也何居乎？"曰："斯祠之肇也④，盖莫知其原，然吾诸蛮夷之居是者，自吾父、吾祖溯曾、高而上，皆尊奉而禋祀焉⑤，举而不敢废也。"予曰："胡然乎？有鼻之祀⑥，唐之人盖尝毁之。象之道，以为子则不孝，以为弟则傲。斥于唐，而犹存于今；坏于有鼻，而犹盛于兹土也，胡然乎？"

我知之矣：君子之爱若人也，推及于其屋之乌，而况于圣人之弟乎哉？然则祠者为舜，非为象也。意象之死，其在干羽既格之后乎[7]？不然，古之骜桀者岂少哉？而象之祠独延于世。吾于是盖有以见舜德之至，入人之深，而流泽之远且久也。

象之不仁，盖其始焉耳，又乌知其终之不见化于舜也？《书》不云乎[8]："克谐以孝[9]，烝烝乂[10]，不格奸[11]"，"瞽瞍亦允若[12]"。则已化而为慈父。象犹不弟，不可以为谐。进治于善，则不至于恶。不底于奸，则必入于善。信乎象盖已化于舜矣。《孟子》曰："天子使吏治其国[13]。"象不得以有为也。斯盖舜爱象之深而虑之详，所以扶持辅导之者之周也。不然，周公之圣，而管、蔡不免焉[14]。斯可以见象之见化于舜，故能任贤使能，而安于其位，泽加于其民，既死而人怀之也。诸侯之卿[15]，命于天子，盖《周官》之制[16]，其殆仿于舜之封象欤？

吾于是盖有以信人性之善，天下无不可化之人也。然则唐人之毁之也，据象之始也；今之诸苗之奉之也，承象之终也。斯义也，吾将以表于世。使知人之不善虽若象焉，犹可以改；而君子之修德，及其至也，虽若象之不仁，而犹可以化之也。

---

①灵博之山：在今贵州黔西。　②象：传说为舜的同父异母弟，与其父瞽瞍多次谋害舜未遂。舜继位后，不计前嫌，仍封他为有鼻国国君。　③宣尉：即宣尉使。明代少数民族地区设有由当地土人世袭的土司，掌军民事务。最高的土司武职即是宣尉使。　④肇：始。　⑤禋（yīn）祀：祭祀。　⑥有鼻：在今湖南道县北。相传象封于此地。　⑦干羽：舞具。干，盾。羽，雉尾。相传舜曾命禹征伐南方的部落有苗，有苗不服，舜于是"舞干羽于两阶"，表示停止战争，推行礼乐教化，于是有苗归顺。　格：来。引申为归顺。　⑧《书》不云乎：以下两段引文见《尚书·尧典》。　⑨克：能够。　⑩烝烝：淳厚的样子。　乂（yì）：善。　⑪格：至。　⑫允：信实。　若：和顺。　⑬天子使吏治其国：出自《孟子·万章上》。　⑭管、蔡：周公的弟弟。周公代理周成王执政时，二人伙同武庚反叛被镇压。　⑮卿：天子与诸侯的最高臣僚。　⑯《周官》：即《周礼》，记载了周代制度。

【译　文】

灵博山上,有一座象祠。山下居住着的众多苗民,都把象当作神灵来祭祀。宣尉使安君根据众苗民的请求,翻修了象祠的房屋,并且请我作一篇记文。我问他:"毁掉它呢,还是重修它呢?"他说:"重修它。""重修它? 有什么理由吗?"他回答说:"这座祠的来历,大概没有什么人知晓了。然而我们各族中居住此地的人,从我父亲、祖父一直到曾祖、高祖以上,都尊崇象并且祭祀它,按时举行不敢废止。"我说:"为什么这样呢? 有鼻那个地方的象祠,唐朝人就曾毁掉过。象的为人,以做儿子的规范衡量他可称不孝,以做弟弟的规范衡量他可称傲慢无礼。对象的祭祀,废止于唐代,却仍留存于今天;废止于有鼻那个地方,却仍盛行于此地。为什么这样呢?"

我知道其中的道理了:君子喜欢某一个人,就对那个人房屋上停留的乌鸦也产生好感,何况是对待圣人的弟弟呢? 如此看来,祭祀的是舜,而不是象。想那象死的时候,大概是在舜舞干羽致使有苗归顺之后吧! 否则的话,古代那倔强而又凶狠之人难道还少吗? 可对象的祭祀却偏偏延续于世。我通过这个事例更加体会到舜的道德高尚已极,深入人心,他的德泽流传广远并且悠久。

象的品行不端,大概仅是他初期的表现,又怎能知道他后期没有被舜所感化呢?《尚书》上不是这样说过吗:"舜能够用孝德使全家和睦、安定,淳厚善良,不至于邪恶。"又说:"舜的父亲瞽瞍也变得和顺了。"这证明瞽瞍已经变成慈父了。如果象仍不敬爱哥哥,就不能说是全家和睦了。不断向善,修养品德,就不会走向邪恶;不向坏的方面发展,就必然走上善途。的确如此啊,象已被舜所感化了!《孟子》说:"舜派遣官吏治理象的封国。"象就不能为所欲为。这正是舜对象爱得深切、考虑周详,而支持辅导他的方法也很周全啊。否则,像周公那样圣明,他的兄弟管叔、蔡叔却仍免不了身败名裂。这也可以表明象被舜所感化,所以能够任用贤能之人,而且安于职守,恩德施加到百姓身上,已经去世了,人们仍然怀念他。诸侯的卿,由天子直接任命,那《周官》的制度,或许也是仿照舜封象的故事吧!

据此，我更加有理由相信人的本性是善良的，天下没有不能感化的人。如此看来，唐人毁弃象祠，是根据他初期的表现；今天众苗民祭祀他，是根据他后期的表现。这个道理，我准备向天下人说明白，使大家知道，一个人不善良，即使如象一样，也还可以改正；而君子修养品德，达到尽善尽美的时候，即使遇见如同象那样品行不端的人，也还是可以感化转变他的。

赵伯陶译

瘗　旅　文

　　维正德四年秋月三日①，有吏目云自京来者②，不知其名氏，携一子一仆，将之任，过龙场③，投宿土苗家。予从篱落间望见之，阴雨昏黑，欲就问讯北来事，不果。明早，遣人觇之④，已行矣。薄午，有人自蜈蚣坡来，云："一老人死坡下，傍两人哭之哀。"予曰："此必吏目死矣，伤哉！"薄暮，复有人来云："坡下死者二人，傍一人坐哭。"询其状，则其子又死矣。明日，复有人来云："见坡下积尸三焉。"则其仆又死矣，呜呼伤哉！

　　念其暴骨无主⑤，将二童子持畚、锸往瘗之⑥。二童子有难色然。予曰："噫！吾与尔犹彼也。"二童闵然涕下⑦，请往。就其傍山麓为三坎，埋之。又以只鸡、饭三盂，嗟吁涕洟而告之曰：

　　呜呼伤哉！繄何人⑧？繄何人？吾龙场驿丞余姚王守仁也⑨。吾与尔皆中土之产。吾不知尔郡邑，尔乌乎来为兹山之鬼乎？古者重去其乡，游宦不逾千里，吾以窜逐而来此，宜也。尔亦何辜乎？闻尔官吏目耳，俸不能五斗，尔率妻子躬耕可有也，胡为乎以五斗而易尔七尺之躯？又不足，而益以尔子与仆乎？呜呼伤哉！尔诚恋兹五斗而来，则宜欣然就道，胡为乎吾昨望见尔容，戚然盖不胜其忧者⑩？夫冲冒霜露，扳援崖壁，行万峰之顶，饥渴劳顿，筋骨疲惫，而又瘴疠侵其外，忧郁攻

560

其中,其能以无死乎?吾固知尔之必死,然不谓若是其速,又不谓尔子、尔仆亦遽然奄忽也⑪。皆尔自取,谓之何哉!吾念尔三骨之无依而来瘗耳,乃使吾有无穷之怆也。呜呼伤哉!纵不尔瘗,幽崖之狐成群,阴壑之虺如车轮⑫,亦必能葬尔于腹,不致久暴尔。尔既已无知,然吾何能为心乎?自吾去父母乡国而来此,三年矣,历瘴毒而苟能自全,以吾未尝一日之戚戚也。今悲伤若此,是吾为尔者重,而自为者轻也,吾不宜复为尔悲矣。吾为尔歌,尔听之。

歌曰:连峰际天兮飞鸟不通,游子怀乡兮莫知西东。莫知西东兮维天则同,异域殊方兮环海之中。达观随寓兮莫必予宫。魂兮魂兮无悲以恫。

又歌以慰之曰:与尔皆乡土之离兮,蛮之人言语不相知兮。性命不可期,吾苟死于兹兮,率尔子仆,来从予兮。吾与尔遨以嬉兮,骖紫彪而乘文螭兮⑬,登望故乡而嘘唏兮。吾苟获生归兮,尔子、尔仆尚尔随兮,无以无侣悲兮!道傍之冢累累兮,多中土之流离兮,相与呼啸而徘徊兮。餐风饮露,无尔饥兮。朝友麋鹿,暮猿与栖兮。尔安尔居兮,无为厉于兹墟兮。

①正德四年:1509年。正德,明武宗年号,1506—1521年。 ②吏目:掌管官府文书的低级官吏。 ③龙场:在今贵州修文。 ④觇(chān):察看。 ⑤暴:暴露。 ⑥畚(běn):簸箕。 锸(chā):铁锹。 瘗(yì):埋。 ⑦闵然:忧伤的样子。 ⑧繄(yì):句首语气词。 ⑨驿丞:明代所设掌管邮递迎送的官员。正德二年,王守仁因触犯宦官刘瑾,而贬为龙场驿丞。 余姚:今属浙江。 ⑩蹙(cù)然:忧愁的样子。 ⑪遽(jù):急速。 奄忽:死亡。 ⑫虺(huǐ):毒蛇。 ⑬骖(cān):一车驾三或四匹马时,两旁的两匹马叫骖。 紫彪:紫色斑纹的虎。 文螭(chī):有花纹的蛟龙。

【译 文】

正德四年七月三日,一位不知姓名的吏目,携带着一子一仆,自京城赴任,经过龙场,投宿在当地苗人家。我透过院子的篱笆望见他们，本想前往拜访，打听北方的情况，那时阴雨不绝，天色愈显昏黑，也就作罢。第二天一早，派人前去探望，他们却已经上了路。将近中午，有人从蜈蚣坡来，说："蜈蚣坡下死了一位老人，身旁有二人哀哀地哭泣。"我说："这必定是那个吏目死了。可叹啊！"黄昏时分，又有人来，说："蜈蚣坡下死了二个人，一个人坐在尸体旁痛哭。"探问三人的情形，知道是那吏目的儿子也死了。隔了一天，又有人从蜈蚣坡来，说："看到坡下堆积了三具尸体。"那么，那个仆人又死了。呵，呵，令人何其哀伤！

想到他们陈尸荒野，无人收葬，我便叫了二名童仆，带上畚箕、铁锹，前往蜈蚣坡埋尸。起初二童仆显出为难的神色，我说："唉！我同你们，犹如他们三人，彼此都是一回事啊！"二名童仆听了伤心流泪，自愿前往。于是我们在尸体旁的山脚下挖成三个土坑，埋葬了他们。又用一只鸡、三碗饭作为祭奠，长叹流泪，告于鬼魂，道：

呵，呵，令人何其哀伤！你是什么人，你是什么人啊？在此祭奠你的，是龙场驿丞、余姚人王守仁。我和你，都是出生于北方文明之地，但我不知道你的家乡在哪一州哪一县，不知你为什么来做这荒蛮山野的鬼魂？古人不轻易离开家乡，即使外出做官，也不超出千里之遥。我是因得罪朝廷，被流放到此，说来是理所应当。你却有何罪过？听说你的官职不过是吏目，论俸禄不足五斗米。你带着妻子儿女，亲自耕作，可以得到同样的收入，为什么拿你七尺之躯换这区区五斗米的俸禄？这还不够，又添上你的儿子和仆人？呵，呵，令人何其哀伤！你如果真是贪恋五斗米的俸禄而来，就该欢欢喜喜地踏上长途，为什么那一天我望见你的面容，愁眉不展，像是不胜忧苦的样子？想你顶着风霜雨露，攀越悬崖峭壁，奔走于万峰之巅，时饥时渴，劳苦困顿，筋骨疲惫，再加上山间的瘴疠之气从外侵入，忧郁的情绪在内心煎熬，这还能不死吗？我原本知道你必死无疑，却未曾想到如此之快，又未曾想到你的儿子、仆人也匆匆而逝！说来这也是你自招不幸，我又有什么可说？我顾念你们三人的尸骨无依无靠，因而前来埋葬，却使我产生了无穷的悲怆！呵，呵，令人何其哀伤！即使我不收葬你，那幽暗的山崖下有成群的野狐,阴晦的山沟中有滚滚的毒虫,也会将你吞埋在腹中,不致让你长久暴露于荒野。你对这一切当然已经无知无觉,但我又怎能忍心不问呢?自从我离开父母和家乡来到这里已有三年,经受瘴气的毒害而尚能苟且保全,是因为我未尝有一天凄凄戚戚。如今我如此悲伤,是为你的缘故多,为自己的缘故少——我是不宜再为你悲伤了!让我为你唱一支歌,你听着吧。

歌子说:群峰连绵与天相接呵,飞鸟难通;游子四望怀念家乡呵,不辨西东。不辨西东呵,高高的天空却是相同;异乡边地呵,也总在大海环绕之中。达观的人随处寄寓,不必固守家园,游魂呵游魂呵,莫要哀伤,莫要悲痛!

再唱一支歌劝慰说:你我都远离了家乡呵,听不懂蛮人的言语。生死不可预知呵,或许我也会送命此地,那时你就带着儿子、仆人,在我身边跟随吧。我同你游玩嬉戏呵,驾着紫彪和文螭,让我们登高遥望故乡,发出长长的叹息。倘若我有幸生还呵,还有儿子、仆人跟随着你,不会因为没人做伴而悲伤;道路旁累累的坟墓呵,不多是北方流离之士?不妨同他们结伴呼啸,在此徘徊吧!有风露为饮食,不会令你忍渴受饥。你就安居呵,早晨与麋鹿结友,晚间随猿猴栖息。你就安居吧,莫要怀恨做了厉鬼,在这村落里作祟!

骆玉明译

唐顺之(1507—1560)字应德,武进(今江苏)人,嘉靖八年(1529)曾获会试第一名,当过兵部郎中,曾亲自率兵船与倭寇作战,后来升任右佥都御史、代凤阳巡抚,人称荆川先生。在明代中叶文坛上,他是后世称为"唐宋派"的代表人物,所谓"唐宋"其实只是对抗前后七子"文必秦汉"主张的借口,并不见得他们写出来的散文都像"唐宋八大家"。唐顺之一面主张做文章要直抒胸臆、信手拈来，"开口见喉咙"，一面又主张要符合唐宋文的"开阖首尾经纬错综之法"，但从他自己的作品看来似乎还未能把这两方面融为一体，倒是模仿唐宋人的口吻、格局为多，他对于自己的散文有一个评价，是"大率宋头巾气习"，在他看来是一种自谦的赞语，在今天看来却成了一种不打自招的贬词。从下面所选的这篇《信陵君救赵论》中可以看到，他的确揣摩了不少宋人的史论，写得很像苏轼、王安石等人那种开阖跌宕又标新立异的风格。

信陵君救赵论

论者以窃符为信陵君之罪①，余以为此未足以罪信陵也。夫强秦之暴亟矣，今悉兵以临赵，赵必亡。赵，魏之障也。赵亡，则魏且为之后。赵、魏，又楚、燕、齐诸国之障也，赵、魏亡，则楚、燕、齐诸国为之后。天下之势，未有岌岌于此者也。故救赵者，亦以救魏；救一国者，亦以救六国也。窃魏之符以纾魏之患②，借一国之师以分六国之灾，夫奚不可者？

然则信陵果无罪乎？曰：又不然也。余所诛者，信陵君之心也。

信陵一公子耳，魏固有王也。赵不请救于王，而谆谆焉请救于信陵，是赵知有信陵，不知有王也。平原君以婚姻激信陵③，而信陵亦自以婚姻之故，欲急救赵，是信陵知有婚姻，不知有王也。其窃符也，非为魏也，非为六国也，为赵焉耳。非为赵也，为一平原君耳。使祸不在赵，

564

而在他国，则虽撤魏之障，撤六国之障，信陵亦必不救。使赵无平原，或平原而非信陵之姻戚，虽赵亡，信陵亦必不救。则是赵王与社稷之轻重，不能当一平原公子，而魏之兵甲所恃以固其社稷者，只以供信陵君一姻戚之用。幸而战胜，可也，不幸战不胜，为虏于秦，是倾魏国数百年社稷以殉姻戚，吾不知信陵何以谢魏王也。

夫窃符之计，盖出于侯生④，而如姬成之也⑤。侯生教公子以窃符，如姬为公子窃符于王之卧内，是二人亦知有信陵，不知有王也。余以为信陵之自为计，曷若以唇齿之势激谏于王，不听，则以其欲死秦师者而死于魏王之前，王必悟矣。侯生为信陵计，曷若见魏王而说之救赵，不听，则以其欲死信陵君者而死于魏王之前，王亦必悟矣。如姬有意于报信陵，曷若乘王之隙而日夜劝之救，不听，则以其欲为公子死者而死于魏王之前，王亦必悟矣。如此，则信陵君不负魏，亦不负赵；二人不负王，亦不负信陵君。何为计不出此？ 信陵知有婚姻之赵，不知有王。内则幸姬，外则邻国，贱则夷门野人⑥，又皆知有公子，不知有王。则是魏仅有一孤王耳。

呜呼！ 自世之衰，人皆习于背公死党之行而忘守节奉公之道，有重相而无威君，有私仇而无义愤，如秦人知有穰侯⑦，不知有秦王，虞卿知有布衣之交⑧，不知有赵王，盖君若赘瘤久矣。由此言之，信陵之罪，固不专系乎符之窃不窃也。其为魏也，为六国也，纵窃符犹可。其为赵也，为一亲戚也，纵求符于王，而公然得之，亦罪也。

虽然，魏王亦不得为无罪也。兵符藏于卧内，信陵亦安得窃之？ 信陵不忌魏王，而径请之如姬，其素窥魏王之疏也；如姬不忌魏王，而敢于窃符，其素恃魏王之宠也。木朽而蛀生之矣。古者人君持权于上，而内外莫敢不肃。则信陵安得树私交于赵？ 赵安得私请救于信陵？ 如姬安得衔信陵之恩？ 信陵安得卖恩于如姬？ 履霜之渐⑨，岂一朝一夕也哉！ 由此言之，不特众人不知有王，王亦自为赘瘤也。

故信陵君可以为人臣植党之戒，魏王可以为人君失权之戒。《春秋》书葬原仲、翚帅师⑩。嗟夫！ 圣人之为虑深矣！

①符：兵符，是调动军队的凭证。　信陵君：即魏公子无忌，战国时魏安釐王之弟，当时任魏相，其姐为赵相平原君夫人。前259年，秦攻赵，赵求救于魏，魏王派晋鄙救赵，但又惧怕秦国，按兵不动。信陵君听从侯生之计，通过魏王宠妾如姬窃得兵符，杀晋鄙，与赵国合兵击败秦国。　②纾：解除。　③平原君：即赵胜，赵惠文王之弟。　④侯生：即侯嬴，信陵君门下食客。　⑤如姬：魏王宠妾。其父为人所杀，后信陵君为她杀仇人，报了父仇。　⑥夷门：魏国都城大梁的东门。侯生原为夷门的看守。　⑦穰侯：即魏冉，秦昭襄王母宣太后之弟，曾任秦国将军、相国等职。　⑧虞卿：战国时游说之士，赵孝成王时曾任赵相，但他为了帮助朋友脱险，抛弃相印，与朋友一齐逃走。　⑨履霜之渐：《周易·坤》曰："履霜坚冰至。"意思是踩到霜，就知道严冬要来了。　⑩原仲：陈国大夫。他死后，旧友季友私自到陈国将他埋葬。孔子认为这是结党营私的表现。　翚（huī）：即羽父，鲁国大夫。宋国等伐郑，也让鲁国出兵，鲁隐公不答应，翚执意请求，带兵而去。孔子认为这是目无君主的行为。

【译　文】

　　评论的人把盗窃兵符看作是信陵君的罪过，我认为这并不足以怪罪信陵君。那时强秦的横暴气焰咄咄逼人，当时它把全部兵力压到赵国边境上，赵国必定要灭亡了。赵国是魏国的屏障。赵国灭亡了，那么魏国就会步它的后尘。赵国和魏国又是楚、燕、齐各国的屏障。赵国和魏国灭亡了，那么楚、燕、齐各国也会步它们的后尘。天下的局势，没有比这个时候更危险的了。因此挽救赵国，也就是挽救魏国，挽救一国，也就是挽救六国呀。盗窃魏国的兵符以解除魏国的祸患，借用一国的军队来化解六国的灾难，这有什么不可以的呢？

　　那么，信陵君果真没有罪过了么？可以说：又不是这样的。我所要谴责的，是信陵君的本心。

　　信陵君只是一个公子罢了，而魏国本来是有君王的啊。赵国不向魏王请求救援，却再三向信陵君恳请救援，这说明赵国心目中只知道信陵君，而不知道有魏王呀。平原君利用婚姻关系去刺激信陵君，而信陵君自己也因为姻亲的缘故，想赶快救援赵国，这说明信陵君心目中只知道有姻亲，而不知道有魏王呀。可见他盗窃兵符，不是为了魏国，也不是为了六国,只是为了赵国而已。其实也不是为了赵国,不过是为了一个平原君罢了。设使祸患不发生在赵国,而发生在其他国家,那么即便是撤除了魏国的屏障,撤除了六国的屏障,信陵君也肯定不会去救援的。设使赵国没有平原君,或者平原君不是信陵君的姻亲,那么即使赵国就要灭亡了,信陵君也肯定不会去救援的。那么可见,(对于信陵君来说,)赵王与国家的重要性,还比不上一个平原公子,而魏国用来保卫国家的军队,也只是供给他为自己的一个姻亲而使用。幸亏战胜了,还好。如果不幸战败,被秦国俘虏了去,这等于叫魏国建立了几百年的江山垮台,去做个人姻亲的殉葬品。我真不知道信陵君该拿什么来向魏王谢罪呀。

　　这一盗窃兵符的计策,是侯生提出,而由如姬完成的。侯生教信陵公子用计窃符,如姬为信陵公子从魏王卧室内窃出兵符,这说明他们二人心目中也是只知道有信陵君,不知道有魏王啊。我以为信陵君自己为自己打算,(与其去盗窃兵符,)不如用唇亡齿寒的情势,激切地向魏王进谏。如果魏王不听,就拿出自己准备与秦军拼一死战的决心,死在魏王面前,那么魏王必定会感悟的。侯生为信陵君打算,(与其教他用计窃符,)不如面见魏王,劝说他救援赵国。如果魏王不听,就拿出自己准备为信陵君而死的决心,死在魏王面前,那么魏王也必定会感悟的。如姬有心要报答信陵君的大恩,(与其为他去盗窃兵符,)不如趁魏王空暇,日夜劝说他救援赵国。如果魏王不听,就拿出自己准备为信陵公子而死的决心,死在魏王面前,那么魏王也必定会感悟的。这样,信陵君就不会对不起魏国,也不会对不起赵国。侯生和如姬二人就不会对不起魏王,也不会对不起信陵君。为什么不从这方面去想办法呢?信陵君心目中只知道有婚姻关系的赵国,不知道有魏王。在内的宠姬,在外的邻国,地位卑贱的夷门野人,又都是心目中只知道有信陵公子,不知道有魏王。那么这说明魏国只有一个孤立的君王罢了。

　　唉!自从世道衰落以来,人们都对那种背离公道、为私党卖命的行为习以为常,而忘掉了守节奉公的准则。有权倾一时的宰相,却没有权威显赫的君王;有狭隘的私仇,却没有正义的愤怒。就像秦国人心目中只知道有穰侯，而不知道有秦王。虞卿心目中只知道有平民百姓的朋友，而不知道有赵王。这种把君王视如赘瘤的现象已经是由来已久了。由此说来，信陵君的罪过，原来不完全在于盗窃没盗窃兵符。如果他是为了魏国，为了六国，纵然盗窃了兵符也是可以的。而如果他只是为了赵国，为了一个亲戚，纵然向魏王求取兵符，并且正当地得到了它，也是有罪的。

虽然如此，但魏王也不能说是没有罪责的。兵符藏在他的卧室之内，信陵君又怎么能窃得到它呢？信陵君不避忌魏王，竟直接向如姬请求盗窃兵符，是因为他平常看出了魏王的疏忽。如姬不畏忌魏王，竟敢于偷出兵符，是因为她一向依恃魏王对自己的宠爱。木头朽烂了才会有蛀虫滋生啊。古代君王在上面独掌大权，里里外外没有人敢不恭敬。（要是魏王也这样，）那么信陵君怎么能与赵国建立起私人的交情？赵国怎么能私下向信陵君请求救援？如姬怎么能念念不忘报答信陵君的恩情？信陵君怎么能为了获得回报而对如姬施加恩惠？严寒的到来，哪里是经过一朝一夕啊！由此说来，不仅仅大家心目中不知道有魏王，就连魏王也把自己当做赘瘤了。

所以信陵君可以作为臣子结党营私的鉴戒，魏王可以作为君王丢失权力的鉴戒。《春秋》曾记载了葬原仲和翚帅师这两件事。唉！圣人对问题的思虑是多么深远啊！

叶君远译

宗臣（1525—1560）字子相，兴化（今江苏）人，嘉靖年间中进士，当过吏部考功郎，因为写文章悼祭被迫害致死的杨继盛而触怒权臣严嵩，被贬到福建当布政使参议，后来因击退倭寇有功，升任提学副使。宗臣是所谓"后七子"之一，诗文在七个人中却算不得上乘，气魄与骨力都比较弱,但这篇《报刘一丈书》却是传诵于人口的名作,正如黄宗羲所说,它"描写逢迎之状态如画"(《明文授读》卷十九),把官场丑态一针见血地讽刺得淋漓痛快,让人读了既觉得解气,又觉得对这种腐败丑恶现象有一种无可奈何的悲愤。

报刘一丈书

数千里外,得长者时赐一书,以慰长想,即亦甚幸矣;何至更辱馈遗①,则不才益将何以报焉?书中情意甚殷,即长者之不忘老父,知老父之念长者深也。

至以"上下相孚②,才德称位"语不才,则不才有深感焉。夫才德不称,固自知之矣;至于不孚之病,则尤不才为甚。

且今之所谓孚者何哉?日夕策马,候权者之门。门者故不入,则甘言媚词作妇人状,袖金以私之。即门者持刺入③,而主人又不即出见,立厩中仆马之间,恶气袭衣袖,即饥寒毒热不可忍,不去也。抵暮,则前所受赠金者出,报客曰:"相公倦,谢客矣,客请明日来。"即明日又不敢不来。夜披衣坐,闻鸡鸣即起盥栉④,走马推门,门者怒曰:"为谁?"则曰:"昨日之客来。"则又怒曰:"何客之勤也!岂有相公此时出见客乎?"客心耻之,强忍而与言曰:"亡奈何矣,姑容我入。"门者又得所赠金,则起而入之。又立向所立厩中。幸主者出,南面召见,则惊走匍匐阶下。主者曰:"进!"则再拜,故迟不起,起则上所上寿金。主者故不受,则固请;主者故固不受,则又固请。然后命吏纳之,则又再拜,又故迟不起,起则五六揖始出。出揖门者曰:"官人幸顾我⑤,他日来,幸无阻我也!"门者答揖。大喜,奔出。马上遇所交识,即扬鞭语曰:"适自相公家来,相公厚我,厚我!"且虚言状。即所交识亦心畏相公厚之矣。相公又稍稍语人曰:"某也贤,某也贤。"闻者亦心计交赞之。此世所谓上下相孚也。长者谓仆能之乎?

　　前所谓权门者,自岁时伏腊一刺之外⑥,即经年不往也。间道经其门,则亦掩耳闭目,跃马疾走过之,若有所追逐者。斯则仆之褊衷⑦。以此长不见悦于长吏,仆则愈益不顾也。每大言曰:"人生有命,吾惟守分而已。"长者闻之,得无厌其为迂乎?

　　①馈(kuì)遗(wèi):赠送。　②孚(fú):信任。　③刺:谒见时用的名片。④盥(guàn)栉(zhì):洗脸梳头。　⑤官人:对守门人的敬称。　⑥岁时伏腊:指一年中的年节日。岁时,一年四季的春夏秋冬叫岁时。伏腊,指夏天的伏日和冬天的腊日。　⑦褊(biǎn)衷:狭隘的心胸。

【译　文】

　　几千里外,时常得到您的来信,来慰藉我久久思念的心情,就已经让人感到非常欣幸了,怎么能更让您破费馈赠礼物,这叫我将用什么来报答您呢?来信中情意格外深厚,可见您从不曾忘记我的父亲,从而也可以理解我的父亲深深怀念您的缘故了。

　　至于信中用"上下之间要互相信任,才能品德要与职位相称"的话来劝勉我,那我的确是有很深感触的。我的才能品德与职位不相称,这我一向就知道。至于说到上下之间互相不能信任的毛病,在我身上就表现得尤为突出。

　　再说,现今所说的上下信任究竟是怎么一回事呢?有的人从早到晚骑马恭候在当权者的门前。当看门人故意刁难不肯进去禀报时,他就甜言蜜语,做出妇人的媚态,把藏在袖子里的金钱偷偷送给他。等到看门人拿着名片进去之后,主人却又不立刻出来接见,他便只好站在马棚里仆人和马群中间,臭气熏着衣服,哪怕是饥饿寒冷或闷热到不能忍耐,也不敢离去。捱到傍晚,先前那个曾接受金钱的看门人出来,告诉客人说:"相公疲倦了,谢绝再会客,请客人明天再来吧。"而明天又不敢不来。夜里便披衣而坐,一听到鸡叫就连忙起来梳洗,然后骑马跑去推门。看门人厉声喝问:"是谁?"他便回答说:"是昨天来过的那个客人又来了。"看门人怒气冲冲地说:"客人怎么这样勤快,哪有相公这时候就出来会见客人的?"他内心感到羞辱难堪,却极力忍耐着向看门人搭讪:"没办法呀,姑且让我进去吧。"看门人又得到了他送的金钱,就起身放他进去。他仍旧站在上次站过的马棚里。幸亏主人出来了,朝南坐看唤他进见。他便诚惶诚恐地跑过去,趴在台阶下。主人说:"进来!"他就连拜两拜,故意迟迟不站起来,站起后便献上进见的财礼。主人故意不接受,他就再三请求。主人故意坚持不接受,他就又再三请求。然后主人才叫手下人把东西收下。他又连拜两拜,又故意迟迟不站起来。站起后连作了五六个揖方才退出去。出来后给看门人作揖说:"承蒙官人多多关照我,以后再来,希望不要拦阻我啊!"看门人还了礼,他就欣喜若狂地跑出去。骑着马遇见所交往的熟人,便扬起马鞭,得意扬扬地说道:"我刚从相公家出来,相公很看重我,很看重我啊!"并且夸大其词地描述接待他的情景。就连那些熟人,也为相公如此看重他而感到敬畏了。相公又偶尔随意地对人提起:"某人有才干,某人有才干。"听到的人也都心里盘算着怎样附和,一齐称赞他。这就是世上所说的上下之间互相信任了。您说,我能这样做吗?

前边说过的那个有权势的人家,我除了逢年过节投张名片以外,就整年不去了。偶尔经过他的门口,就捂住耳朵,闭上眼睛,快马加鞭急跑过去,好像有人追赶似的。这就是我的狭隘的心胸,我因此长久不被长官喜欢,但我却更加不顾。常骄傲地宣称:"人生在世,有一定的命运,我只要安守自己的本分就行了。"您听了这番话,或许不会讨厌我的迂腐吧?

叶君远译

归有光（1506—1571）字熙甫，昆山（今江苏）人，人称震川先生，中过进士，当过南京太仆寺丞。在明代文坛上，归有光是一个很特殊的人物，他在六十岁中进士之前只是一个乡塾老儒，地位并不高，交游也不广，但文名却很盛；他痛骂当时主盟文坛的王世贞之流是"妄庸巨子"，用"宋元诸名家"的散文来驳斥七子的"文必秦汉"说，却受到了包括王世贞在内的许多文人的推重，这也许是他自己的散文确实写得出色的缘故，尤其是他的一些抒情叙事的短文，清新流畅，情意真切，常常在简淡平易的文字中蕴含了至深至真的情愫，像《项脊轩志》《先妣事略》《寒花葬志》等，下面所选的两篇作品也是他的代表作，似乎不如上面几篇那么感人至深，但《吴山图记》"淡宕有致"，含意深远；《沧浪亭记》感怀兴废，含蓄蕴藉，都很有归有光散文的独特韵味。

吴山图记

吴、长洲二县①，在郡治所，分境而治。而郡西诸山，皆在吴县。其最高者，穹窿、阳山、邓尉、西脊、铜井。而灵岩，吴之故宫在焉，尚有西子之遗迹②。若虎丘、剑池及天平、尚方、支硎，皆胜地也。而太湖汪洋三万六千顷，七十二峰沉浸其间，则海内之奇观矣。

余同年友魏君用晦为吴县③，未及三年，以高第召入为给事中④。君之为县有惠爱，百姓扳留之不能得⑤，而君亦不忍于其民，由是好事者绘《吴山图》以为赠。

夫令之于民诚重矣。令诚贤也，其地之山川草木亦被其泽而有荣也；令诚不贤也，其地之山川草木亦被其殃而有辱也。君于吴之山川，盖增重矣。异时吾民将择胜于岩峦之间，尸祝于浮屠、老子之宫也⑥，固宜。而君则亦既去矣，何复惓惓于此山哉⑦？昔苏子瞻称韩魏公去黄州四十余年而思之不忘⑧，至以为思黄州诗，子瞻为黄人刻之于石。然后知贤者于其所至，不独使其人之不忍忘而已，亦不能自忘于其人也。

君今去县已三年矣，一日与余同在内庭，出示此图，展玩太息，因命余记之。噫！君之于吾吴，有情如此，如之何而使吾民能忘之也？

①吴、长洲：吴县与长洲县均为吴郡辖县，治所同在今江苏苏州。　②西子：春秋时吴王夫差的妃子。　③同年：科举制度中同榜考中的人互称同年。④高第：指考试或官吏考核被列入较高的等第。　给事中：明代掌监察六部、侍中规谏之职的官员。　⑤扳留：挽留。　⑥尸祝：尸是代表鬼神受享祭的人，祝是传告鬼神言辞的人。这里引申为祭祀。　浮屠：这里指佛。　老子：春秋时思想家，后世被认作道教始祖。　⑦惓惓(quán)：恳切的样子。　⑧苏子瞻：苏轼字子瞻。北宋时文学家。　韩魏公：韩琦，北宋大臣，封魏国公。　黄州：治所在今湖北黄冈。

【译　文】

吴县、长洲二县，都在吴郡郡治所在地，划界治理。郡的西面有许多山，都在吴县境内。其中最高的，有穹窿、阳山、邓尉、西脊、铜井等山；而最值得注意的是灵岩山，在那里有春秋时吴国的故宫保存下来，还可以看到西施的遗迹。至于虎丘、剑池和天平、尚方、支硎，都是著名的风景胜地。还有那浩淼无际三万六千顷的太湖，有七十二峰从湖中拔起，那可堪称为海内奇观了。

我的同年好友魏君用晦任吴县县令，不到三年，就因政绩卓异而被召入朝中担任给事中。魏君在吴县时有不少利民的惠政，离任时百姓苦苦挽留而不可得，魏君也舍不得离开他的百姓，于是有一位热心人便画了一幅《吴山图》来送给他。

县令作为一县之长,对百姓来说的确是很重要的。如果他清正贤明,那全县的山川草木也会因得到他的恩泽而焕发光彩;如果他贪鄙昏庸,那全县的山川草木也会因遭到他的祸害而蒙受耻辱。魏君在吴县,可以说是使那里的山川草木也增添光彩了。将来吴县的百姓会在青岩秀峦之间选择一片风景优美的胜地,修建一座神庙来祭祀他,那也是合乎情理的。可是魏君既然已经离开了吴县,为什么还对那里的山川草木深情不忘呢?从前苏子瞻称颂韩魏公离开黄州四十多年而仍念念不忘,以至于情不自禁地写下思念黄州的诗,子瞻为黄州的百姓将这首诗镌刻在石碑上。这以后人们才知道,一个贤明的官吏对于他所治理过的地方,不仅使那里的百姓不会忘怀他,自己也是不能忘怀那里的百姓的。

魏君离开吴县到现在已经三年了,有一天我们同在内庭,他拿出这幅《吴山图》给我看,展玩之时,十分感叹,于是嘱我写一篇文章来记述这件事。啊!魏君对吴县的百姓有如此深厚的感情,吴县的百姓怎么会忘记他呢?

周先慎译

沧 浪 亭 记

浮图文瑛①,居大云庵,环水,即苏子美沧浪亭之地也②。呃求余作《沧浪亭记》,曰:"昔子美之记,记亭之胜也,请子记吾所以为亭者。"

余曰:昔吴越有国时③,广陵王镇吴中④,治南园于子城之西南,其外戚孙承佑⑤,亦治园于其偏。迨淮海纳土⑥,此园不废。苏子美始建沧浪亭,最后禅者居之。此沧浪亭为大云庵也。有庵以来二百年,文瑛寻古遗事,复子美之构于荒残灭没之余,此大云庵为沧浪亭也。夫古今之变,朝市改易。尝登姑苏之台⑦,望五湖之渺茫⑧,群山之苍翠,太伯、虞仲之所建⑨,阖闾、夫差之所争⑩,子胥、种、蠡之所经营⑪,今皆无有矣,庵与亭何为者哉? 虽然,钱镠因乱攘窃,保有吴、越,国富兵强,垂及四世,诸子姻戚,乘时奢僭,宫馆苑囿,极一时之盛,而子美之亭,乃为释子所钦重如此。可以见士之欲垂名于千载,不与渐然而俱尽者⑫,则有在矣。

文瑛读书喜诗,与吾徒游,呼之为沧浪僧云。

①浮图:梵语的音译,这里指佛教徒。　②苏子美:苏舜卿字子美,北宋文学家。曾修沧浪亭,并作《沧浪亭记》。　③吴越:五代十国之一。　④广陵王:钱元璙,吴越王钱镠的儿子。　吴中:泛指今太湖流域一带。　⑤孙承佑:钱镠之孙钱俶的岳父。　⑥淮海纳土:指吴越国降宋,献出淮海一带的土地。⑦姑苏之台:春秋时吴王夫差所建,在今江苏苏州西南的姑苏山上。⑧五湖:泛指太湖一带所有湖泊。　⑨太伯、虞仲:周太王古公亶父的长子、次子。传说是吴国的开创者。　⑩阖闾、夫差:春秋时相继就任的两位吴王。夫差是阖闾之子。　⑪子胥:即伍子胥,春秋时人,曾辅佐吴王夫差伐越。　种:文种,春秋时越国大夫。　蠡:范蠡,春秋时越大夫。　⑫渐然:冰块融化的样子。

【译　文】

文瑛和尚,居住在大云庵,那里四面环水,就是苏子美建造沧浪亭的旧地。他多次请求我写一篇《沧浪亭记》,说:"从前苏子美写的《沧浪亭记》,主要是记景色的优美,请你在文章中记下我修建这个亭子的缘由吧。"

我说:从前吴越立国之时,广陵王统治吴中,在内城的西南面建造了一座南园,他的外戚孙承佑,也在那旁边修建了一座园子。到淮海之地成了宋朝的土地时,这些园子都还没有荒废。这时苏子美才修建沧浪亭,后来一些和尚居住在这里。这样沧浪亭就变成了大云庵。有大云庵以来已历二百年,文瑛探寻历史遗迹,在荒芜残破的旧址上按原样恢复了当年子美的建筑,这样大云庵又变成了沧浪亭。历史经历了巨大的变迁,朝廷和市镇都会随之改变面貌。我曾经登上姑苏台,眺望渺茫的五湖,苍翠的群山,所见之处,太伯、虞仲曾经在那里建国,阖闾、夫差曾经在那里争战,子胥、文种和范蠡曾经在那里经营他们的事业,然而这一切今天都不复存在了,庵与亭又算得了什么呢?虽然是这样,钱镠乘天下大乱窃取了权位,占有吴、越之地,国富兵强,延续了四代,子孙姻戚也借此穷奢极欲,大建宫馆园林,一时看来真是繁盛到了极点,而苏子美建造的沧浪亭,才被和尚如此看重。由此看来,士人想传名于千载,而不像冰块那样很快就完全消失,是有其原因的。

文瑛喜欢读书作诗,跟我们这一类人交往,大家称他为沧浪僧。

周先慎译

茅坤 (1512—1601) 字顺甫,号鹿门,归安 (今浙江吴兴) 人,嘉靖十七年 (1538) 中进士,当过大名兵备副史,后被贬返乡闲居。他与唐顺之、归有光等人的散文观念相近,提倡学习"唐宋"人的古文,所以后世称他们为"唐宋派"。其实在他们看来,"唐宋"文之所以好是它振兴了"古文",所以他们并非只寻流而不遡源,用茅坤的话说,就是"本乎道而按古六艺者之遗"(《韩文公文钞引》),"本之六籍以求圣人之道"(《谢陈五岳序文刻书》),说来说去还是"原道""宗经",只不过他们和"文必秦汉"的七子各找了一个学习的榜样而已。至于他自己的创作,比不上归有光,比不上小几十岁的公安三袁,也比不上他所反对的王世贞,倒是他所编选的《唐宋八大家文钞》,在散文史上值得一提,因为这部书不仅影响很广,而且正式确定了"八大家"的名位。

青霞先生文集序

　　青霞沈君①，由锦衣经历上书诋宰执②。宰执深疾之，方力构其罪，赖天子仁圣，特薄其谴，徙之塞上。当是时，君子直谏之名满天下。已而君累然携妻子出家塞上。会北敌数内犯，而帅府以下束手闭垒③，以恣敌之出没，不及飞一镞以相抗。甚且及敌之退，则割中土之战没者与野行者之馘以为功④。而父之哭其子，妻之哭其夫，兄之哭其弟者，往往而是，无所控吁。君既上愤疆场之日弛，而又下痛诸将士日菅刈我人民以蒙国家也⑤。数呜咽欷歔，而以其所忧郁发之于诗歌文章，以泄其怀，即集中所载诸什是也。

　　君故以直谏为重于时，而其所著为诗歌文章又多所讥刺，稍稍传播，上下震恐，始出死力相煽构，而君之祸作矣。君既没，而一时阃寄所相与谗君者⑥，寻且坐罪罢去。又未几，故宰执之仇君者亦报罢。而君之门人给谏俞君⑦，于是哀辑其生平所著若干卷⑧，刻而传之。而其子以敬，来请予序之首简。

　　茅子受读而题之曰：若君者，非古之志士之遗乎哉？孔子删《诗》，自《小弁》之怨亲，《巷伯》之刺谗以下，其忠臣、寡妇、幽人、怼士之什，并列之为"风"，疏之为"雅"，不可胜数。岂皆古之中声也哉？然孔子不遽遗之者，特悯其人，矜其志，犹曰"发乎情，止乎礼义"，"言之者无罪，闻之者足以为戒"焉耳⑨。予尝按次《春秋》以来，屈原之《骚》疑于怨，伍胥之谏疑于胁，贾谊之疏疑于激，叔夜之诗疑于愤，刘蒉之对疑于亢，然推孔子删《诗》之旨而哀次之，当亦未必无录之者。君既没，而海内之荐绅大夫至今言及君⑩，无不酸鼻而流涕。呜呼！集中所载《鸣剑》《筹边》诸什，试令后之人读之，其足以寒贼臣之胆，而跃塞垣战士之马，而作之忾也，固矣。他日国家采风者之使出而览观焉，其能遗之也乎？

予谨识之。

至于文词之工不工，及当古作者之旨与否，非所以论君之大者也，予故不著。

①沈君：沈炼，字纯甫，别号青霞山人，明代会稽（今浙江绍兴）人。明世宗嘉靖十七年（1538）进士，曾任溧阳花平知县，后又任锦衣卫经历。　②锦衣经历：即锦衣卫的经历官。锦衣卫原是皇室亲军，明代起兼管刑狱、巡捕，明中叶以后，和东厂、西厂同为特务机构。　宰执：这里指宰相严嵩。　③帅府：边境最高军事机关。　④馘（guó）：被杀者的左耳。　⑤菅（jiān）：一种草。　⑥阃（kǔn）寄：指担任军职。阃，是外城城门的门槛，古代常把军事职务称作阃外之事。⑦给谏：给事中和谏议大夫合称，掌纠正过失和规谏。　⑧裒（póu）辑：搜集、编辑。　⑨"发乎情"二句与"言之者无罪"二句：出自《诗经·周南·关雎》序。⑩荐绅：同搢（jìn）绅，古代士大夫垂绅搢笏，因此称士大夫。绅，大带。

【译　文】

青霞先生沈君，以锦衣卫经历之职，而上书斥责宰相。宰相恨之入骨，竭力构成罪名陷害他，幸亏天子仁慈圣明，特地减轻其罪罚，只将他贬谪至塞上而已。那时沈君直谏的声名传遍于天下。于是，沈君只得疲困地携带家小，离家赴边。适逢北方敌兵频频入寇，而帅府以下诸将，束手无策，闭垒不战，任凭敌人出没来去，竟连发一箭以抵抗都做不到。甚而至于在敌人退去之后，便截割我方阵亡者和郊野行人的耳朵以邀功请赏。而父亲哭他们儿子、妻子哭他们丈夫、兄长哭他们弟弟的，比比皆是，无处控诉吁告。沈君既上为边疆防务的日益废弛而愤慨，下为诸将的日日残害人民、杀人如草、蒙骗朝廷而痛心，屡屡抽咽叹息，乃将其悲忧抑郁发之于诗歌文章，以舒泄其情怀，其文集中所载诸篇即是。

沈君本以直谏为时人所重，而他所作诗文又多所讥刺，并颇有流布，于是上下都感到震恐惊慌，乃拼命地煽惑构陷，而沈君的大祸起了。沈君被害后，握军权于一时、一同谗害沈君的人，不久即因罪罢去；又不久，原先宰相中仇恨沈君者也告罢免。于是沈君门人给事中俞君，乃收集编辑其平生所作诗文为若干卷,刊刻而传布之。而其子以敬,来请我作序以置于卷首。

　　我恭读沈君文集后写道:像沈君这样的烈士,不是有古代志士的遗风吗?孔子删定《诗经》,自《小弁》的埋怨父亲、《巷伯》的讥刺谗人而下,那些忠臣、寡妇、隐微之人、怨怼之士的作品,都列之于"风",陈之于"雅",多得数不胜数。它们难道都是古人所谓中和之声吗?然而孔子终究不舍弃它们,那只为悲悯其人、哀怜其情志啊,还说是"发之于情感,而不越乎礼义规范","言者无罪,闻者足可以为鉴戒"呢。我曾考查排比《春秋》以来诸作,屈原《离骚》近乎怨恨,伍子胥进谏近乎逼迫君王,贾谊上疏近乎冲动,嵇康的诗似乎愤愤不平,刘蒉的对策似乎过分。然而若以孔子删《诗》的意思加以编辑,该也未必没有入选者。沈君死后,海内士大夫至今一说到他,无不酸鼻流泪。啊!文集中所载《鸣剑》《筹边》诸篇,试让后人诵读,那足以使贼臣胆寒,而使塞上战士跃马而起,激起他们的愤怒之气,必是毫无疑问的了。日后朝廷派遣的了解下情、采集风谣的使者前来观览,难道能遗漏它们吗?我慎重地记述于此。

　　至于文辞的精美与否,以及与古代作者的意旨相合与否,那与评论沈君的大节无关,因此我不加谈论。

杨　明译

王世贞(1526—1590)字元美,号凤洲、弇州山人,太仓(今江苏)人,嘉靖年间中进士,当到南京刑部尚书。他是"后七子"之一,和李攀龙并称,但李攀龙死得较早,他实际上在李死后成了当时文坛的盟主。虽然他也是"文必西汉,诗必盛唐"之类复古口号的鼓吹者,但似乎他的胸襟比李攀龙等人宽广,对不同的文学思想和文学创作都能宽容。至于他本人的散文创作，则常常超越他们画地为牢的口号，在古奥中见流畅，于奇崛中有清新，比起七子中另六子来似乎高明一些，尤其是他学问广博，知识丰富，笔下文章也常常能显示出学问功底和涵养工夫，因而别有一种淳厚韵味，有时倒有些像宋代散文家的格调。

蔺相如完璧归赵论

蔺相如之完璧①，人皆称之，予未敢以为信也。

夫秦以十五城之空名，诈赵而胁其璧，是时言取璧者情也，非欲以窥赵也。赵得其情则弗予，不得其情则予；得其情而畏之则予，得其情而弗畏之则弗予。此两言决耳，奈之何既畏而复挑其怒也！

且夫秦欲璧，赵弗予璧，两无所曲直也。入璧而秦弗予城，曲在秦。秦出城而璧归，曲在赵。欲使曲在秦，则莫如弃璧；畏弃璧，则莫如弗予。夫秦王既按图以予城，又设九宾②，斋而受璧，其势不得不予城。璧入而城弗予，相如则前请曰："臣固知大王之弗予城也。夫璧非赵璧乎？而十五城秦宝也，今使大王以璧故，而亡其十五城，十五城之子弟皆厚怨大王以弃我如草芥也。大王弗予城而绐赵璧③，以一璧故，而失信于天下，臣请就死于国，以明大王之失信。"秦王未必不返璧也。今奈何使舍人怀而逃之，而归直于秦？是时秦意未欲与赵绝耳。令秦王怒，而僇相如于市④，武安君十万众压邯郸⑤，而责璧与信，一胜而相如族，再胜而璧终入秦矣。吾故曰，蔺相如之获全于璧也，天也。若其劲渑池⑥，柔廉颇⑦，则愈出而愈妙于用。所以能完赵者，天固曲全之哉。

580

①蔺相如:战国时赵人。 完璧:保全了和氏璧。 ②九宾:又称九仪。指设傧相九人接待来人的隆重仪式。宾,通"傧"。 ③绐(dài):欺骗。 ④僇:通"戮"。 ⑤武安君:秦国名将白起,封武安君。 邯郸:赵国都城,今河北邯郸。 ⑥劲渑(miǎn)池:前278年,秦昭襄王与赵惠文王在渑池(今属河南)会盟,秦王欲辱赵王,受到蔺相如的有力还击。 ⑦柔廉颇:蔺相如立功拜为上卿,位在大将廉颇之上,廉颇不服,蔺相如就处处谦让,终于感动廉颇。

【译 文】

蔺相如完璧归赵,人们交口称赞,我却不敢苟同。

想当初,秦国开了一张有十五座城池的"空头支票",诈骗赵国,勒索其"和氏之璧"。这时候,秦国说要取璧,倒是实情,并不是想乘机窥伺赵国的江山的。对赵国来说,能看穿其骗璧的诡计就不给它;看不穿就只好给了它。或者,看得穿而害怕强秦则给了它;看穿了却又不畏凶横则不给它。这件事,给与不给,两句话就解决了,为什么既害怕秦国,偏又去摸老虎屁股,惹它发火呢!

再说,秦国想得到璧,赵国不想奉送,双方本来谈不上什么是非曲直的问题。如果赵国交纳了和氏璧而秦国不让出城池,则错在秦;秦国交出城池而赵国又拿回了璧,则错在赵。如果赵国要让秦国受到天下的非议,就不如放弃璧;如果害怕白白丢了璧,就不如顶住不给。实际上,秦王已经答应按照图纸,交割城池,又安排了派九个大臣陪同客人的隆重仪式,斋戒沐浴,恭谨虔诚地接受赵璧。这势头,是不得不交出城池的。退一万步说,如果秦王骗璧入宫,而又不兑现诺言,那么,蔺相如便可以上前陈述:"小臣早就晓得大王是不会给城的了。这和氏璧,不是赵国的宝贝么?而那十五座城池,也是秦国所珍惜的。现在,假如大王为了一块璧的缘故,放弃了十五座城,城里的子民,都会深深地怨恨大王,说大王把我们像草芥一样抛弃了。当然,大王大可以骗走和氏璧而不给城,为了区区一块璧而失信于天下。小臣也请求死在您的面前,好让天下人都晓得大王言而无信。"这样,秦王权衡利害得失,未必不会把璧双手奉还,而蔺相如为什么却令手下挟璧私逃,把道义的胜利拱手让给了秦国？那时候，秦国还未想与赵国决裂罢了。假如秦王赫然震怒，宰杀相如示众，派遣武安君，领十万大军，兴问罪之师，直逼邯郸，质问赵璧何在？信义何在？可以断言，秦兵初捷就可以使相如灭族；再捷，和氏璧终究落入秦王的口袋里了。所以，我说，蔺相如得以保全和氏之璧，这是天意！至于他在渑池的兀傲倔强，对廉颇的温和谦让，则是斗争策略越来越成熟，越来越高明的表现。总之，赵国幸全，免遭殄灭，那是老天爷保佑，有意偏袒于它的啊！

黄天骥译

袁宏道（1568—1610）字中郎，公安（今属湖北）人，万历年间中进士，当过吴县县令、国子博士、吏部郎中。他和哥哥袁宗道、弟弟袁中道并称"三袁"，被人称为"公安派"。在兄弟三人中他最有才气，诗文写得清新活泼，文学观念也最为大胆，他所谓"独抒性灵，不拘格套"的说法似乎正是他自己诗文的写照。尤其是他的小品文和尺牍都是极精彩的作品，真率自然中见性情，直到五四文学革命之后还成为人们啧啧称赞的对象。下面这篇《徐文长传》写的是和他自己心有灵犀一点通的一代奇才徐渭，也许是他们都信奉"匠心独出"这一创作原则的缘故，他在写徐渭的时候笔端常带感情，虽然是写传，实际是写心，所以不仅把徐渭的"奇"写得极为生动，而且也把自己的"悲"写得酣畅淋漓，以至于有"令天下后世负才不遇者读之一齐下泪"（林云铭《古文析义》卷十六）之评。

徐 文 长 传

　　徐渭，字文长，为山阴诸生①，声名籍甚。薛公蕙校越时②，奇其才，有国士之目。然数奇③，屡试辄蹶。中丞胡公宗宪闻之④，客诸幕。文长每见，则葛衣乌巾，纵谈天下事，胡公大喜。是时公督数边兵，威镇东南，介胄之士⑤，膝语蛇行，不敢举头，而文长以部下一诸生傲之，议者方之刘真长、杜少陵云⑥。会得白鹿，属文长作表，表上，永陵喜⑦。公以是益奇之，一切疏计，皆出其手。文长自负才略，好奇计，谈兵多中，视一世士无可当意者。然竟不偶。

　　文长既已不得志于有司⑧，遂乃放浪曲蘖⑨，恣情山水，走齐、鲁、燕、赵之地，穷览朔漠。其所见山奔海立、沙起云行、雨鸣树偃、幽谷大都、人物鱼鸟，一切可惊可愕之状，一一皆达之于诗。其胸中又有勃然不可磨灭之气，英雄失路、托足无门之悲，故其为诗，如嗔如笑，如水鸣峡，如种出土，如寡妇之夜哭、羁人之寒起。虽其体格时有卑者，然匠心独出，有王者气，非彼巾帼而事人者所敢望也。文有卓识，气沉而法严，不以摸拟损才，不以议论伤格，韩、曾之流亚也⑩。文长既雅不与时调合，当时所谓骚坛主盟者，文长皆叱而奴之，故其名不出于越，悲夫！

　　喜作书，笔意奔放如其诗，苍劲中姿媚跃出，欧阳公所谓"妖韶女，老自有余态"者也⑪。间以其余，旁溢为花鸟，皆超逸有致。

　　卒以疑杀其继室，下狱论死。张太史元汴力解⑫，乃得出。晚年愤益深，佯狂益甚，显者至门，或拒不纳。时携钱至酒肆，呼下隶与饮。或自持斧击破其头，血流被面，头骨皆折，揉之有声。或以利锥锥其两耳，深入寸余，竟不得死。周望言晚岁诗文益奇⑬，无刻本，集藏于家。余同年有官越者，托以钞录，今未至。余所见者，《徐文长集》《阙编》二种而已。然文长竟以不得志于时，抱愤而卒。

　　石公曰⑭：先生数奇不已，遂为狂疾。狂疾不已，遂为圄圄。古今文人牢骚困苦,未有若先生者也。虽然,胡公间世豪杰,永陵英主,幕中礼数异等,是胡公知有先生矣;表上,人主悦,是人主知有先生矣,独身未贵耳。先生诗文崛起,一扫近代芜秽之习,百世而下,自有定论,胡为不遇哉?

梅客生尝寄予书曰⑮:"文长吾老友,病奇于人,人奇于诗。"余谓文长无之而不奇者也。无之而不奇,斯无之而不奇也。悲夫!

①山阴:今浙江绍兴。　诸生:即生员,明清时代经过省级考试取入府、州、县学的学生。　②薛公蕙:即薛蕙,明正德九年(1514)进士,曾任刑部主事,嘉靖中为给事中。　校:考官。　③数奇(jī):运气不好。　④中丞:汉代为御史大夫属官。明代都察院的副都御史与其职相当。　胡公宗宪:即胡宗宪,明嘉靖年间浙江巡抚,后加右都御史衔。　⑤介:甲。　胄:盔。　⑥刘真长:刘惔字真长,东晋时曾任宰相,为人不拘小节。　杜少陵:即杜甫,唐代诗人,曾居少陵(今陕西西安南)附近,自号少陵野老。　⑦永陵:明世宗陵墓名。这里代指世宗。　⑧有司:官吏。　⑨曲糵(niè):酒。　⑩韩、曾:指唐代的韩愈和北宋的曾巩,他们都是唐宋文章八大家中的作家。　⑪欧阳公:北宋欧阳修。"妖韶女"二句:出自他的《六一诗话》。韶,美好。　⑫张太史元汴:张元汴,山阴人,隆庆五年(1577)廷试第一,授翰林修撰,故称太史。　⑬周望:陶望龄字周望。万历年间曾任国子监祭酒。　⑭石公:袁宏道自称。　⑮梅客生:梅国桢字客生。

【译　文】

徐渭,表字文长,是山阴生员,声名很盛。薛公蕙做浙江试官时,对他的才华感到震惊,视之为国士。然而他命运不佳,屡次应试屡次落第。中丞胡公宗宪听说后,把他聘作幕僚。文长每次参见胡公,总是身着葛布长衫,头戴乌巾,挥洒自如,了无顾忌地谈论天下大事,胡公听后十分赞赏。当时胡公统率着几支军队,威震东南沿海,部下将士在他面前,总是侧身缓步,跪下回话,不敢仰视。而文长以帐下一生员对胡公的态度却如此高傲,好议论的人把他比作刘真长、杜少陵一流人物。恰逢胡公猎得一头白鹿,以为祥瑞,嘱托文长作贺表,表文奏上后,世宗皇帝很满意。胡公是以更加器重文长,所有疏奏计簿都交他办理。文长深信自己才智过人,好出奇制胜,所谈论的用兵方略往往切中肯綮。他恃才傲物,觉得世间的事物没有能入他眼目的,然而却总是没有机会一展身手。

文长既然不得志,不被当道看重,于是乃放浪形骸,肆意狂饮,纵情山水。他游历了山东(齐鲁)、河北(燕赵),又饱览了塞外大漠。他所见的山如奔马、海浪壁立、胡沙满天和雷霆千里的景象,风雨交鸣的声音和奇木异树的形状,乃至山谷的幽深冷清和都市的繁华热闹,以及奇人异士、怪鱼珍鸟,所有前所未见,令人惊愕的自然和人文景观,他都一一化入了诗中。他胸中一直郁结着强烈的不平奋争精神和英雄无用武之地的悲凉。所以他的诗有时怒骂,有时嬉笑,有时如山洪奔流于峡谷,发出轰雷般的涛声,有时如春芽破土,充满蓬勃的生机。有时他的诗像寡妇深夜的哭声那样凄厉,有时像逆旅行客冲寒启程那样无奈。虽然他诗作的格调,有时比较卑下,但是匠心独运,有大气象和超人的气概。那种如以色事人的女子一般媚俗的诗作是难以望其项背的。徐文长于为文之道有真知灼见,他的文章气象沉着而法度精严,他不为墨守成规而压抑自己的才华和创造力,也不漫无节制地放纵议论以致伤害文章的严谨理路,真是韩愈、曾巩一流的文章家。徐文长志趣高雅,不与时俗合调,对当时的所谓文坛领袖,他一概加以愤怒的抨击,所以他的文字没人推重,名气也只局限在家乡浙江一带,这实在令人为之悲哀!

文长喜好书法,他用笔奔放有如他的诗,在苍劲豪迈中另具一种妩媚的姿态跃然纸上,欧阳公所谓的"美人迟暮另具一种韵味"的说法,可用之于形容文长的书法。文长以诗、文、书法修养的余绪,涉笔成花鸟画,也都超逸有情致。

后来,文长因疑忌误杀他的继室妻子而下狱定死罪,张元汴太史极力营救,方得出狱。晚年的徐文长对世道愈加愤恨不平,于是有意做出一种更为狂放的样子,达官名士登门拜访,他时常会拒绝不见。他又经常带着钱到酒店,叫下人仆隶和他一起喝酒。他曾拿斧头砍击自己的头颅,血流满面,头骨破碎,用手揉摩,碎骨咔咔有声。他还曾用尖利的锥子锥入自己双耳一寸多深,却竟然没有死。周望声称文长的诗文到晚年愈加奇异,没有刻本行世,诗文集稿都藏在家中。我有在浙江做官的科举同年,曾委托他们抄录文长的诗文,至今没有得到。我所见到的,只有《徐文长集》《徐文长集阙编》二种而已。而今徐文长竟以不合于时,不得申展抱负,带着对世道的愤恨而死去了。

　　石公说:徐文长先生的命途多艰,坎坷不断,致使他激愤成狂疾,狂病的不断发作,又导致他被投入监狱,从古至今文人的牢骚怨愤和遭受到的困难苦痛,再没有能超过徐文长先生的了。但尽管如此,仍有胡公这样的不世之豪杰,世宗这样的英明帝王赏识他。徐文长在胡公幕中受到特殊礼遇,这是胡公认识到了他的价值,他的上奏表文博得皇帝的欢心,表明皇帝也认识到了他的价值,惟一欠缺的,只是未能致身显贵而已。文长先生诗文的崛起,可以一扫近代文坛庞杂卑陋的习气,将来历史自会有公正的定论,又怎么能说他生不逢时,始终不被社会承认呢?

　　梅客生曾经写信给我说:徐文长是我的老朋友,他的怪病比他这个怪人更要怪,而他作为一个奇人又比他的奇诗更要奇。我则认为徐文长没有一处地方不怪异奇特,正因为没有一处不怪异奇特,所以也就注定他一生命运没有一处不艰难,不坎坷。令人悲哀呀!

冯统一译

　　张溥(1602—1641)字天如,号西铭,太仓(今江苏)人,崇祯四年(1631)中进士,授庶吉士。他是明末改良派文人集团"复社"的创始人和领导人之一,因承袭东林党人传统,积极入世抨击时事,曾遭到多次迫害,死时不到四十岁。张溥是个博学多才的学者,在史学评论、政治评论上都很出色,散文写得朴实精练,但文采并不出众,这篇《五人墓碑记》是他最出色的作品，叙事议论感慨转换自如，布局结构回环曲折，有对比、有反衬、有照应，而且充满了激情，有很强的感染力。

五人墓碑记

　　五人者，盖当蓼洲周公之被逮①，激于义而死焉者也。至于今，郡之贤士大夫请于当道，即除魏阉废祠之址以葬之②，且立石于其墓之门，以旌其所为。呜呼！亦盛矣哉！

　　夫五人之死，去今之墓而葬焉，其为时止十有一月耳。夫十有一月之中，凡富贵之子，慷慨得志之徒，其疾病而死，死而湮没不足道者，亦已众矣。况草野之无闻者欤！独五人之皦皦③，何也？

　　予犹记周公之被逮，在丁卯三月之望④。吾社之行为士先者，为之声义，敛资财以送其行，哭声震动天地。缇骑按剑而前⑤，问："谁为哀者？"众不能堪，抶而仆之⑥。是时以大中丞抚吴者⑦，为魏之私人，周公之逮所由使也。吴之民方痛心焉，于是乘其厉声以呵，则噪而相逐，中丞匿于溷藩以免。既而以吴民之乱请于朝，按诛五人，曰：颜佩韦、杨念如、马杰、沈扬、周文元，即今之傫然在墓者也⑧。

　　然五人之当刑也，意气扬扬，呼中丞之名而詈之，谈笑以死。断头置城上，颜色不少变。有贤士大夫发五十金，买五人之脰而函之⑨，卒与尸合。故今之墓中，全乎为五人也。

　　嗟夫！大阉之乱，缙绅而能不易其志者，四海之大，有几人欤？而五人生于编伍之间，素不闻诗书之训，激昂大义，蹈死不顾，亦曷故哉？且矫诏纷出，钩党之捕，遍于天下，卒以吾郡之发愤一击，不敢复有株

587

治。大阉亦逡巡畏义，非常之谋，难于猝发。待圣人之出，而投缳道路⑩，不可谓非五人之力也。

由是观之，则今之高爵显位，一旦抵罪，或脱身以逃，不能容于远近，而又有剪发杜门，佯狂不知所之者，其辱人贱行，视五人之死，轻重固何如哉？是以蓼洲周公，忠义暴于朝廷，赠谥美显，荣于身后；而五人亦得以加其土封，列其姓名于大堤之上。凡四方之士，无有不过而拜且泣者，斯固百世之遇也！不然，令五人者保其首领，以老于户牖之下⑪，则尽其天年，人皆得以隶使之，安能屈豪杰之流，扼腕墓道，发其志士之悲哉？故予与同社诸君子，哀斯墓之徒有其石也，而为之记，亦以明死生之大，匹夫之有重于社稷也。

贤士大夫者，冏卿因之吴公、太史文起文公、孟长姚公也⑫。

①蓼(liǎo)洲周公：周顺昌，号蓼洲，明末吴县(在今江苏)人。明熹宗时任吏部郎中，因得罪魏忠贤而下狱，死在狱中。　②魏阉：即魏忠贤，明熹宗时为秉笔太监，兼管特务机关东厂。阉，指宦官。　③皦皦(jiǎo)：明亮的样子。　④丁卯：即明熹宗天启七年(1627)。　⑤缇(tí)骑(jì)：古代皇帝出行时的随从骑士因服装橘红色，骑马，故称缇骑。后来用为抓犯人的官役的通称，这里指东厂和锦衣卫特务机关的吏役。缇，橘红色。　⑥抶(chì)：笞打。　⑦大中丞：掌管公卿奏事、荐举、弹劾的官员。　吴：即今苏州。　⑧傫(lěi)然：堆积的样子。　⑨脰(dòu)：颈项，这里指头。　⑩投缳(huán)：在路上自缢。缳，绳索。　⑪户牖：门和窗，这里指家中。　⑫冏卿：九卿之一，太仆卿的别称。掌皇帝车马。　太史：史官，明清时由翰林承担太史事务，因此也以此称翰林官。

【译　文】

这五个人，就是在蓼洲周公被捕时，激于义愤而献出生命的。到今天，吴郡的贤德之士向当局请求，准予在被废弃的魏忠贤生祠的旧址上安葬他们，并且在墓门前树立石碑，以表彰他们的事迹。啊！这也算得上是一件盛大的事情呀！

这五个人的牺牲，距离今天为他们营墓安葬，为时不过十一个月。在这十一个月中，那些富贵之家的子弟和意气飞扬、志得意满的官僚人物,因疾病而死,死后即无声无息不再被人提起的,不知道有多少,更不要说那些生活在草野之中的普通百姓了!惟独这五个人声名显扬,皎如日月,这是什么原因呢?

我还记得周顺昌公被捕,是在丁卯年的三月十五日。那时我们东林党中一些行为堪称楷模的人,为他伸张正义,捐集资财给他送行,哭声震天动地。官府的吏役按剑走上前来,斥问:"谁在为他哀哭?"大家忍无可忍,就起来将他们打倒在地。当时以大中丞的官衔担任吴郡巡抚的,是魏忠贤的私党,周公的被逮捕就是由他指使的。吴郡的百姓正为此事十分痛恨他,于是趁吏役们厉声呵斥之机,便群起呼喊,追逐攻击。那位巡抚吓得躲进厕所里,才得以免受惩罚。事后,他以暴乱的罪名向朝廷诬告吴郡的百姓,结果追查处死了五个人,他们是:颜佩韦、杨念如、马杰、沈扬、周文元,也就是现在合并安葬在墓中的五人。

在五个人就刑时,意气昂扬,喊着中丞的名字大骂,谈笑而死。他们的头被放在城上示众,看起来就像活着的一样,神色一点没有改变。有贤德之士花五十金,买下五个人的头盛在匣子里,最后跟尸体合到了一起。所以现在的墓中,是五个人完整的遗体。

唉!当大宦官魏忠贤祸国乱政的时候,那些当官而能不改变志节的,中国之大,有几个人呢?而这五个人出身于平民,平时没有接受过诗书的教育,仅仅为大义所激发,就能置生死于不顾,这又是什么缘故呢?况且当时假诏书纷纷传来,因牵连而逮捕所谓同党的事,遍及全国,终于因为我们吴郡百姓的愤怒抗击,他们才不敢再株连治罪。魏忠贤也因害怕百姓的义愤而犹疑不决,篡夺帝位的阴谋,不敢贸然实施。等到圣明的皇帝即位,魏忠贤在放逐的路上自缢身死,这不能不说五个人起了很大的作用。

由此看来,今天那些职高位显的大官,一旦获罪,有的脱身潜逃,为远近所不容,有的则剪去头发,闭门不出,假装发狂而不知该躲到什么地方去,他们这种可耻的人格和卑贱的行为,比起五个人的壮烈牺牲来,孰轻孰重本来应该是怎样的呢?因此蓼洲周公的忠义显耀于朝廷,被赠予崇高美好的谥号,死后十分光荣;而这五个人也得到加修坟墓的恩宠,列名刻石于大堤之上。凡是四方的有识之士,经过这里没有不到墓前跪拜哭泣的,这实在是百年一遇的荣耀啊!要不是这样,让这五个人都保全脑袋,在自己家中平平安安地活到老,尽享天年,地位高的人都可以把他们当作奴仆来使唤,怎么能使英雄豪杰一类人对他们敬佩仰慕,拜倒于墓前,慷慨激昂地抒发仁人志士的悲壮感情呢?所以我和同社中的各位君子,深为这墓只有墓石而没有碑文感到难过,便特意写了这篇碑记,也借此说明死生意义的重大,普通百姓也是能对国家做出重大贡献的。

文中提到的几位贤德之士是:太仆卿吴公因之,太史文公文起、姚公孟长。

周先慎译